성경 간편 해설서

바이블텔링

구약〔I〕

모세오경

(창세기 · 출애굽기 · 레위기 · 민수기 · 신명기)

성경 간편 해설서 **바이블텔링 구약〔I〕/ 모세오경**

초판 1쇄 2018년 11월 30일
지은이 유동근
펴낸곳 벧엘서원.IMC
편집인 유병헌
등록번호 제 387-2012-000037 호
주소 (14593) 경기도 부천시 원미구 부일로 123, 201호 (상동, 그린프라자)
전화 032.322.3095
팩스 0303.3440.3452
홈페이지 www.bethelbook.co.kr
Email btbook.imc@gmail.com

값 38,000 원

ISBN | 978-89-92014-67-0
ISBN | 978-89-92014-66-3(세트)

BIBLE
TELLING

성경 간편 해설서

바이블텔링

구 약〔I〕

모세오경

(창세기 · 출애굽기 · 레위기 · 민수기 · 신명기)

유동근

벧엘서원

저자 서문

2016년 6월 어느 날, 뒷산을 산책하다가 갑자기 내리는 소나기로 인하여 빗길에 미끄러져 크게 넘어졌습니다. 옆구리에 큰 통증이 느껴졌고, 한동안 숨쉬기도 어려울 정도로 어려운 시간을 보냈습니다. 그때 저는 눕는 것은 매우 불편했고, 앉아 있는 것이 가장 편안했습니다. 그러한 시간을 통해 주님의 십자가 고통을 생각해보며 복음서부터 요약하며 성경을 써보기로 했습니다.

이미 신구약 주석을 쓴 자료가 있고, 또 주님의 은혜로 젊어서부터 늘 성경을 가까이 하며 살았고, 많은 강해 설교의 경험이 있기에 시간이 그리 많이 소요되지는 않았습니다. 신약은 비교적 빠른 시간에 완성했고 구약은 시간이 좀 더 걸렸습니다. 그렇지만 모두 2년이 채 걸리지 않았습니다(신약 1권 구약 5권 예상).

하나님의 크신 은혜에 감사드립니다.

지난 10여년 간, 건강 주시고 은혜 주셔서 〈바이블코어〉신구약 주석 강해집 66권을 쓸 수 있었습니다.(2012년 완성) 〈바이블코어〉주석이 성경 한 절 한 절에 대한 것이라면, 본 요약집〈바이블텔링〉은 한 장 한 장을 쉽게 이해하면서 읽도록 하기 위한 책입니다.

이 책의 특징은 누구든지 성경을 쉽게 이해하며 빠른 시간 내에 전체를 한번에 죽 읽고, 전체적인 그림을 볼 수 있다는 데 있습니다. 이 책을 통해서 이미 그리스도를 믿은 주 안의 신자들뿐 아니라, 아직 주님을 믿지 않는 분들도 하나님의 귀한 말씀인 성경을 이해하는 데 길잡이와 도움이 될 수 있기를 간절히 기도하는 마음입니다. 이 책을 출간하기까지 편집, 교열, 교정에 참여해준 내 아내와, 특히 책의 편집과 디자인 등 전반적인 출판을 감당해준 아들 내외에게 심심한 사의를 표합니다.

모든 영광을 하나님께 돌리며
2018년 5월, 부천 송내에서
유동근 목사

Contents

차 례

출애굽기

레위기

민수기

신명기

추천의 글

피종진 목사 (남서울 교회)

2012년 한 절 한 절의 성경을 해설한 신구약 66권 주석을 완성하신데 이어, 이번에는 성경 한 장 한 장을 이해하기에 쉽도록 요약 정리한 유동근 목사의 바이블텔링이 나왔습니다. 유동근 목사님은 세계 많은 나라를 선교하는 허드슨 테일러와 같은 유능한 선교사이며, 성경에 능통한 스펄전 같은 설교자입니다.

이번 출판한 바이블텔링은 유목사님의 일생에 걸친 성경 연구의 결정체 같은 내용으로서 모든 목회자와 하나님의 말씀을 사랑하는 모든 신자들 뿐 아니라 성경을 전혀 읽어보지 않은 분일지라도 쉽게 이해할 수 있도록 심혈을 기울여 집필한 책입니다. 많은 분들에게 도움이 될 것으로 확신하기에 기쁘고 감사한 마음으로 추천하는 바입니다.

엄신형 목사 (14, 15대 한국기독교 총연합회 대표회장, 예장개혁총연 증경총회장, 중흥교회 담임 목사)

유동근 목사님은 저희 총회의 특별위원회 소위원장이시고, 증경총회장이십니다. 우리 총회가 자랑하는 세계적인 신학자요 선교사입니다. 90년대 복음이 없던 많은 공산권 여러 나라에 복음을 전파하여 교회를 개척한 사도 바울 같은 종입니다. 40여년에 걸쳐 집중적으로 성경만 연구한데다, 30년간의 선교 사역을 통해 교회를 개척하는 가운데 체험하고 얻은 빛을 내용에 가득 담아서 하나님의 자녀들에게 성경을 이해하는데 매우 도움이 되는 그야말로 '성경 이해의 길잡이' 바이블텔링을 집필하였습니다. 독자들에게 매우 유익하리라 확신하며 기쁨으로 추천하는 바입니다.

이영호 목사 (아레오바고 사람들 대표)

유동근 목사님은 성경을 읽으려는 평신도들의 마음을 정확하게 꿰뚫어 보셨습니다. 우리가 성경을 읽을 때 성경의 개요를 빨리 파악하고 읽어야 이해가 빠른데, 생활에 얽매여 살다가 보면 그렇게 하기가 쉽지 않습니다. 저 역시 이런 분야에 여러 책들을 소장하고 있으나 만족스러운 책이 없습니다. 〈저자의 서문〉에서 "누구든지 성경을 쉽게 이해하며 빠른 시간 내에 전체를 한 번에 죽 읽고, 전체적인 그림을 볼수 있다"고 하신 것과 같이, 그런 면에서 성경이해에 큰 도움이 되지 않을까 믿어 의심치 않습니다. 짧은 문장에 구어체로 저술되어 가벼운 마음으로 읽고 참고하기에 큰 도움이 되리라고 믿어 추천합니다. 이 저서가 좋은 안내 자료가 되어 독자들의 신앙이 향상되기를 소망합니다.

정동섭 목사 (가족관계연구소장, 사이비종교 피해대책연맹 총재, 전 침신대,한동대 교수: Ph.D.)

이 책의 저자 유동근 목사는 한국교회가 낳은 탁월한 목회신학자입니다. 신구약에 담겨 있는 진리의 말씀을 언약신학의 관점에서 옳게 해석하여 믿는 자나 불신자 할 것 없이 누구나 유익을 얻을 수 있게 했습니다. 문법적, 역사적, 신학적 해석의 원리를 따라 성경을 알기 쉽게 풀어놓고 있습니다. 먼저 읽은 분이 다른 가족, 친구, 신학생, 목회자들에게 적극적으로 권하여 "바이블 텔링"(Bible Telling)으로 마음과 삶이 새롭게 변화 받는 일이 계속 일어나게 되기를 바라마지 않습니다.

최삼경 목사 (빛과소금교회 담임목사, 인터넷 신문 <교회와신앙> 편집인, 이단전문연구가)

'진리는 절대 우리를 속이지 않으며, 성령은 절대로 우리를 속이지 않는다'는 것을 믿고 34년 동안 목회를 했고, 이단연구도 했고, 성경을 연구하고 설교를 했습니다.

긴 성경을 한 장 한 장 짧고 쉽게 요약해서 한 눈에 한 폭의 그림을 보는 것처럼 전 성경을 잘 볼 수 있도록 씌여진 책입니다. 유능한 선교사요 신학자인 유동근 목사는 한국에 널리 알려지지 않았을지라도 나의 마음 속에 늘 자랑스럽고 귀한 친구요 감춰어진 보배같은 존재라고 생각합니다. 신구약 주석 완간에 이어 신구약 성경 요약서 〈바이블텔링〉을 완성한 유 목사님에게 찬사를 보내며 한국 교회 성도님들에게 큰 유익이 될 것으로 기대하면서 기쁜 마음으로 추천하는 바입니다.

이우회 목사 (총회신학신대원 원장, 총회(호헌) 증경총회장, 복된교회 담임목사)

유동근 목사님은 제가 현재 목회하고 있는 대전 출신이시고 오래 전부터 주 안에서 존경하며 교제하며 지내는 사이입니다. 특히 유동근 목사님은 선교에 열정이 대단하신 분으로써, 현재도 10여 나라 선교를 하시는 정열적인 선교사님이십니다. 또한 후학에도 매우 관심이 있으셔서 오랫동안 국제 신학원을 운영해오셨고, 저희 신학교에도 오셔서 때때로 강의도 해주시던 귀한 학자이십니다. 이번에 바이블텔링이라는 신구약 성경 요약서를 출간하시게 된 것을 진심으로 축하드리며 한국교회에 기쁜 마음으로 추천하는 바입니다.

배동률 목사 (늘푸른 교회 당회장, 예장 개혁총연 증경총회장, 총회 신학총장)

평소의 존경하는 유동근 목사님께서 두번째 주석을 출판함에 있어서 매우 기쁜 마음으로 그간의 노고에 축하드립니다. 유동근 목사는 총회장을 역임하셨으며, 후학들의 귀감이 되어온 신학자이시며, 그리스도 예수님의 교회를 위한 뜨거운 열정을 가지신 선교사이자 양떼를 사랑하시는 목자이십니다.

2012년 10여년에 걸쳐 성경 66권 한절 한절을 잘 해석한 주석을 완간하셔서 전국 서점을 통해 많은 보급으로 목회자님과 신학생들이 애독하는 책이 되었습니다. 금번에 출판되어지는 바이블텔링은 성경 요약서로서 성경 한장한장을 쉽게 이해 할 수 있도록 작성한 대작이라 평가됩니다. 이런 귀한 책이 우리나라에서 나올 수 있게 되어 매우 만족스런 기쁨과 즐거운 마음으로 추천하는 바입니다.

류언근 목사 (비교종교 및 사이비 이단 연구회 아레오바고 협회 이사장. 국제 재난 구조 위원장, 죠이 국제 학교장, 중국 봉천 신학원장)

하나님께서 貴하게 쓰시는 유동근牧師님을 통하여 神學의 꽃이라고 하는 聖經神學的 관점의 「Bible telling」 출간을 먼저 축하드리고 하나님께 영광과 감사를 돌립니다.

말과 글은 꿀을 바른듯 미끄럽지만 썩은 무덤같은 냄새들을 풍기는 정치. 경제. 사회. 문화. 종교지도자들을 접하면서 보석같은 귀한 분들과 살다 가게 해 달라고 기도하게 됩니다.

그 기도의 응답 중 한분이 바로 유동근 목사님이신데 금번에 귀한 「바이블텔링」을 출간케 되어 아낌없는 찬사와 축하와 추천을 하게 됨은 유 목사님과 신세봉 사모님 두분의 인격 때문입니다. 이단연구회인 아레오바고 사람들을 이끄시는 故 이영호 목사님께서 평택 팽성 들판의 비닐하우스에 기거한다는 사실을 아는 이들은 많았지만 구체적으로 그분을 건사한 분은 없었습니다. 저 역시 그 사실을 뒤늦게 알고서 여러분들과 협의했지만 발벗고 나선 이는 한 두 분밖에 없었습니다.

그분들 중에 유 목사님 두 내외분은 해외에 (000)여개의 지교회를 수시로 관리 하시느라 일반 목회를 하시는 목사님들 보다 한량없이 바쁘신데도 이영호 목사님께서 불편하시다면 언제든 달려가서 도우신 信行一致의 삶을 사시는 분이시기에 감히 형님으로 모심을 자랑스럽게 생각합니다. 성령님의 인격과 유 목사님의 인격으로 필터링된 「바이블텔링」을 통해서 무한하신 엘샤다이의 영광이 드러나길 기도하며 추천사에 갈음합니다.

❙ 창세기 ❙

창조의 능력과 신성

[창세기 1:1-2, 로마서 1:20]

1. 하나님의 존재

놀랍게도 성경은 과연 하나님이 존재하시는가에 대한 어떤 증명도 하지 않는다. 지구상에 만물이나 인간이 존재하는 것은 눈으로 보이기에 증명할 필요가 없지만 하나님은 보이지 않으시므로 사람들에게 그 존재 유무를 증명해주시면 좋으련만 그런 말씀이 없다. 대신 구약 성경 시편 14장에는 하나님이 없다고 하는 자들은 어리석은 자들이라고 하며 소행이 부패한 자들이라고 한다.

성경은 사람이 하나님을 알려고 하면 알 수 있는 분이라고 말한다. 신약 성경 로마서 1장 19절은 사람의 속에 하나님을 알만한 지각이 있다고 말씀한다. 20절에는 그분의 만드신 만물을 보고 보이지 않는 하나님의 능력을 알 수 있다고 말씀하신다. 사도바울은 전도할 때 하나님의 존재에 대하여 매우 고차원적인 상상력을 동원해 증명하지 않았고 다만 그분은 "너희에게 비를 주시며 결실기를 주시는 선한 일을 하셔서 음식을 먹고 기쁨으로 너희 마음을 만족케 하시는 분"이라고 말한다. 즉 하나님의 존재를 아는 것은 인간의 마음에 그리 어려운 지성을 요하는 것이 아니라고 한다(행 14:15). 또한 하나님은 그분을 진실로 찾는 자에게 자신의 존재를 나타내신다고도 말씀하신다(렘 29:13, 너희가 전심으로 나를 찾고 찾으면 나를 만나리라). 사도 바울은 하나님은 우리 각 사람에게서 멀리 떨어져 계신 분이 아니므로 혹 더듬어 찾을 수 있다고 말한다(행 17:27).

사람(man)도 각자 이름이 있듯이 우리가 믿는 창조주 하나님도 이름이 있으시다. 하나님(God)의 이름인 '여호와'(Jehovah)란 뜻은 '존재'(Heb, I AM THAT I AM, 나는.. 이다, 출3:13-14)란 뜻이다. 성경은 그분만이 영원부터 영원까지 존재하시는 분임을 선포하며(그러므로 그분은 태초부터 영원까지 존재하신다), 성경의 첫 구절부터 하나님이 천지와 만물의 창조주이심을 선포한다. 성경 첫 마디가 **"태초에 하나님이 천지를 창조하시니라"**(창1:1)이다. 바울은 하나님이 천지와 바다와 그 가운데 만물을 지으신 분이라고 말한다. 욥기서 마지막 부분에 보면 하나님은 인간만이 아니라 바다의 악어나 하마, 지상의 많은 짐승들, 또 특히 빨리 달리는 말(馬), 타조 등을 지으신 분이라고 말한다. 하나님은 전능자이시며 이 우주의 창조자며 주인이시다. 그분이 없이는 만물이 없고 여러분과 내가 있을 수 없다.

그러므로 그분이 창조의 근원이다. 하나님의 지혜와 능력으로부터 온 우주가 있게 된 것이다(시 19:1, 히 1:2-3). 문제는 그분이 보이지 않는 영적인 영역에 계신 분이라는 말이다. 그러니 우리 육안으로 볼 수 없다(아무 사람도 보지 못하였고, 딤전 6:16). 시간과 물질 너머의 영적인 세계가 없다면 성경은 아무 가치가 없는 책이다. 사람의 육신이 죽고 끝이라면 성경은 역시 가치가 없다. 성경에는 보이는 물질세계만이 아니라 보이지 않는 영의 세계가 존재함을 많이 강조하여 말했다. 만물이 시작이 있고 그 시작에 보이지 않는 것에서부터 시작된 것이라면 창조주 하나님의 존재는 만물의 존재 이후 존재하게 된 인간의 작은 머리로 부정할 길이 없다. 창조주가 없이는 온갖 종류의 이 세상 만물이 존재할 수 없기 때문이다(그가 없이는 된 것이 없느니라, 요 1:3). 이 말씀부터 다른 종교의 경전과 그 차원을 달리한다. 성경 말씀에 인간의 참 지혜는 창조주 하나님을 아는 것으로부터 시작한다고 말한다. 이는 모든 만물이 그분으로부터 나왔기 때문이다(롬 11:36).

잠언 9:10 "여호와를 경외하는 것이 지혜의 근본이요 거룩하신 자를 아는 것이 명철이니라"

2. 하나님의 능력

성경에 나타난 최초의 하나님(God)이란 히브리어 단어는 엘로힘(Elohim-맹세하고 자신을 속박하시는 전능자라는 뜻)이며 그분이 신실하시며 강하신 분이며 전능하신 분이시라는 것이다. 그분은 다만 말씀으로 만물을 지으셨으며 현재도 모든 우주와 만물을 그분의 능력의 말씀으로 붙들고 계시다(히 1:3, 11:3). 또한 그분의 속성은 매우 거룩하시고, 성품이 선하시며 자비로우시며 인자하신 분임을 말한다.

성경에서 그분의 말씀은 곧 아들이시며 하나님 자신임을 말하고 있다(요 1:1-3). 만물은 그분의 말씀으로 지어졌고 아들로 말미암아 지어졌다고 말했다(히 1:2). 창조는 그분의 무한하신 능력의 나타남이며 그 지으신 만물을 보고 하나님의 존재를 부인할 수 없다(롬 1:20). 육신의 눈으로 보이지 않는다고 해서 없다고 할 수 없는 것은 오늘 날에 와서 과학자들도 많이 증명하였다. 실상 우주를 이루고 있는 모든 것들도 나누고 또 나누면 최종에 가서는 아무 질량도 없고 물질적이라고 볼 수 없는 입자들로부터 생성되었기 때문이다. 또한 사람의 마음속에 있는 아무 질량도 없는 사랑도 미움도 기쁨도 슬픔도 볼 수 없지만 그런 실제가 없다고 말할 수 없다. 때론 그 보이지 않는 것들이 보이는 것들보다 더 큰 영향을 미칠 수 있는 것은 사실이다. 보이지 않는다고 그것들이 없는 것이라고 너무 빨리 속단해서는 안된다.

3. 하나님의 신성

창세기 1장의 창조에는 하나님의 능력만이 아니라 그분의 속성(attribute)이 나타난다. 하나님은 혼돈과 공허(히, 보후 토후)를 기뻐하시지 않는다. 또한 흑암을 기뻐하시지 않는다. 그분이 창조를 시작하실 때 빛부터 지으셔서 어둠과 빛을 나누셨다. 첫째 날, 둘째 날, 셋째 날은 나누고 드러내는 일을 하셨다. 빛과 어두움을 나누시고 아래 물과 위의 물을 나누시며 궁창을 지으시고 뭍이 드러나게 하셨고, 풀과 씨 맺는 채소와 각기 종류대로 열매맺는 과목을 나게 하셨다. 빛을 보시고, 뭍이 드러나 식물이 자라나는 것을 보시며 기뻐하셨다.

우리는 여기서 하나님이 능력의 하나님이실 뿐 아니라 빛을 좋아하시며 어둠이나 혼돈을 싫어하시는 분임을 알 수 있으며 모든 것을 질서대로 지으시는 것과 생명체가 자라나는 것을 매우 기뻐하시는 분임을 알 수 있다. 그분은 빛과 진리의 하나님이시며 질서있는 분임을 알 수 있다(고전 14:33).

4. 창세기 1장의 창조는 원창조인가 재창조인가?

창세기 1장의 창조 기원에 대한 견해는 크게 무신론적 관점(진화론적 관점)과 유신론적 관점(능력으로 충만한 창조)이 있으며, 유신론적 관점은 고대의 신화와 성경적 관점(①제목설, ②간격이론(중조설,The Gap Theory), ③날-시대이론(The Day-Age Theory), ④문자적 6일 창조론(문자 그대로의 역사 이론, The Literal-Historical Theory))으로 분류 된다.

1) 문자적 6일 창조설

문자적 창조설은 창세기 1장 1절에서 2장 3절까지 각각의 하루를 일일로 보며, 문자적으로 그 의미를 해석함을 원칙으로 하는 해석 이론이다.

보편적으로 창조론을 이야기 할 때 쓰이는 표현으로, 교회에서 많이 적용되어온 성경 해석이다. 이 해석은 창조의 6일이 계속해서 이루어진 문자 그대로의 6일이라고 간주한다. 이 이론에서는 대개 지구가 단지 수천 년의 역사를 갖고 있는 것으로 믿어지며, 지질학적 연대와 생물체의 진화 개념은 완전히 거부된다. 이 이론의 제안자들은 지구 역사와 지질학적 특징들을 설명 할 때, 특별히 창세기의 대홍수 사건을 매우 강조하고 있다. 루터(Martin Luther), 칼빈(John Calvin), 모리스(Henry Morris), 그리고 미국 창조과학회를 포함한 많은 지식 있는 사람들이 이러한 성경적 해석을 지지해 오고 있다.

2) 날-시대 이론 (The Day-Age Theory)

이 이론이 제안하고 있는 것은 창조의 6일이 각각의 시대, 즉 오랜 시간을 의미하는 것이지 결코 문자 그대로 24시간의 하루하루를 의미하지는 않는다는 것이다. 이 이론은 지질학적 연대와 맞도록 짜여져 있으며, 진화론적 사고와 양립될 수 있다. 그러나 이 이론은 성경적으로 그리고 과학적으로도 도저히 생각해 볼 수 없는 것으로서, 그 안에 심각한 문제들을 많이 담고 있다.

예컨대, 만일 창조의 날들이 실제로 오랜 시간을 뜻한다면, 제 3일에 창조되었던 과일 나무들은 어떻게 제 4일에 태양이 창조되기 전에 오랫동안 살아남을 수 있었을까? 이와 비슷하게, 이 이론은 식물들 간에(제 3일), 새들 간에(제5일), 그리고 곤충들 간에(제6일) 존재하는 필수적인 상호 공존 관계들을 제대로 설명할 수 없다.

3) 간격이론(The Gap Theory)

이 이론은 창세기 1장 1,2절과 3절 사이에는 오랜 시간적 간격이 존재한다고 주장하는 이론으로, 문자적 창조설보다는 크게 지지를 받지 못한다.

2절의 땅이 혼돈하고 공허한 상태 이전에 1절의 창조사역을 통한 완전한 창조가 있었다고 본다. 1절의 온전한 상태에서, 혼돈의 상태로 변한 원인을 사탄의 타락과 관계된 것으로 본다. 또한 타락 이전, 이 땅에 생명체가 존재 하였다고 본다. 이 생명체들이 현재 화석의 상태로 나타난다고 보는 견해 이다.

이 이론의 문제점으로는 첫째, 출 20장 11절의 내용과 상충되는 문제가 있고 둘째, 6일 창조 이전에 생명체가 있었다고 하는 성경의 직접적인 표현이 없는 것과 셋째, 이론은 화석학을 변호하기 위한 성격해석이라는 비판이 있다. 넷째, 2절의 "혼돈하고 공허하며"의 어원적 의미는 형태가 없는 미 거주 상태라는 뜻이라는 주장이다.

간격 이론은 재론의 여지가 있음에도 창세기 1장이 이미 있는 것을 가지고 복구하고 회복한 창조의 흔적이 있다는 점을 우리는 부인할 수 없다. 각종 들짐승이나 조류나 사람도 흙을 재료로 지으신 것이다(창 2:7, 19). 첫째날 빛이 있으라고 했지 빛을 창조했다고 하시지 않으셨다. 그리고 첫째날 이전에 어두움이 있었다는 것이 2절의 말씀이고 어두움을 물리치고 빛을 불러오셨다고 볼 수 있는 기록이 있음도 우리는 부정할 수 없다. 우리는 이에 대한 연구가 더욱 필요하다.

1장

태초에 하나님이 천지를 창조하시다

성경은 '태초에'(히, '베레쉬트' 영, 'In the beginning')로 시작한다. 창세기라는 제목이 바로 '시작(genesis)'이라는 뜻이다. 이 책은 3천 5백여 년 전에 하나님의 종 모세가 썼다. 우주는 시작이 있다는 말씀이고 우주 만물을 지으신 창조자가 있다는 말씀이다. 이것은 위대한 선포이다. 성경 외에 이렇게 담대히 우주의 기원을 선포하는 책이 없다. 그것도 첫 장 첫 구절에서 말이다.

불교에서는 이 우주가 무시무종(無始無終)이라고 한다. 시작도 없고 끝도 없다는 말이고, 그들은 시작이 끝이고 끝이 시작이라고 한다. 그러나 성경은 유시유종을 선언하고 있다. 성경 전체를 통해 만물의 시작이 있고 끝이 있음을 알린다. 여기의 창조라는 말은 히브리어로 '바라'인데, 이 동사는 무(無)에서 유(有)를 창조할 때 사용하는 단어이다. 즉 성경 첫 마디에 우주는 시작이 있으며 하나님은 무에서 유를 지으신 분이라고 한다. 여기에 성경의 위엄이 있다. 거짓말이 아니면 사실이다. 둘 중 하나이다. 성경은 그것을 논리로 이해시켜서 증명하려고 노력하지 않는다. 그냥 사실을 선언하듯이 선포한다. "태초에 하나님이 천지를 창조하시니라" 우주의 시작점을 알리는 말씀이고, 무에서 유가 존재하게 되었다는 말씀이다.

그럼 만물과 우주의 생성 이전엔 무엇이 있었나? 요한복음 1장 1절은 "태초에 말씀이 계시니라"고 선포한다. 요한복음의 태초는 창조의 시점 이전을 말한다. 우주 만물의 존재 이전에 무엇이 있었나? 그 시점을 성경은 영원이라고 한다. 지금도 영원은 존재한다. 그 영원은 시간과 창조물을 떠나지 않고 함께 한다고 볼 수 있다. 영원하신 하나님의 안목으로 볼 때 천년의 시간도 하나의 경점과 같고, 천년도 하루와 같다(시 90편, 벧후 3:8). 모든 보이는 만물은 보이지 않는 것으로부터 왔고(히 11:3), 여전히 그 근원은 보이지 않는 신성한 능력이다(롬 1:20).

창세기 1장 첫 부분을 읽어보기로 하자.

"태초에 하나님이 천지를 창조하시니라 땅이 혼돈하고 공허하며 흑암이 깊음 위

에 있고 하나님의 신은 수면에 운행하시니라 하나님이 가라사대 빛이 있으라 하시매 빛이 있었고 그 빛이 하나님의 보시기에 좋았더라 하나님이 빛과 어두움을 나누사 빛을 낮이라 칭하시고 어두움을 밤이라 칭하시니라 저녁이 되며 아침이 되니 이는 첫째 날이니라"[1-5절].

창세기 1장의 창조

우리는 성경에서 창세기 1장의 창조 이야기가 하나님의 창조의 전부가 아님을 짚고 넘어갈 필요가 있다. 그래야 창세기 1장의 창조의 중심을 알게 된다. 하나님의 창조는 물질적인 것, 보이는 만물만이 아니다. 그분의 창조에는 보이지 않는 세계의 것들이 있음을 아는 것은 매우 중요하다. 골로새서 1장 16절은 "만물이 그에게 창조되되 하늘과 땅에서 보이는 것들과 보이지 않는 것들과 혹은 보좌들이나 주관들이나 정사들이나 권세들이나 만물이 다 그로 말미암고 그를 위하여 창조되었고"라고 한다.

우리는 성경에 분명히 출현하는 보좌 주위의 네 생물이나 천사들에 대한 창조를 창세기 1장에서 보지 못한다. 창세기 1장에서는 보좌들, 주관들, 정사들, 권세들 중 보이지 않는 것들에 대한 창조를 볼 수 없다.

또한 창세기 1장 1절의 "태초에 하나님이 하늘들(heavens)과 땅을 창조하시니라"에서의 '하늘들'과 6절 이하의 둘째 날 지으신 '하늘'이 같은 것이 아님을 알아야 한다. 둘째 날 지으신 하늘은 궁창이다. 여기의 하늘은 지구를 둘러싼 그야말로 파란 하늘(sky)이다. 그러나 1장 1절의 하늘들은 보이지 않는 세계와 온 우주를 포함하는 개념이라고 보아도 무방하다. 다시 말해서 창세기 1장의 창조는 지구를 중심으로 한 빛과 하늘, 땅, 수목, 바다의 물고기, 새들, 짐승, 육축, 사람을 지으신 것이지 보이지 않는 세계와 온 우주를 포함한 개념이 아님을 알아야 하겠다. 즉 창세기 1장의 창조는 땅을 회복하시기 위한 하나님의 창조요, 6일 째 마지막에 지으신 사람이 그 모든 창조의 중심임을 알 필요가 있다.

다음으로, 창세기 1장 1절에서는 무(無)에서 유(有)를 지으신 하나님의 창조에 '바라(BARA)'라는 단어를 사용했지만, 정작 1장 전체에서 '바라'는 몇 번 사용되지 않았다. 첫째 날에 빛도 '있으라' 하셨지 '창조했다'고 하시지 않았고, 둘째 날에 궁창도 창조했다고 하지 않고 위의 물과 아래 물을 나누시니 궁창이 생겼다고 했다. 우리는 그 궁창을 창세기 1장 1절에서 언급된 하늘의 창조라고 말할 수 없다. 셋째 날의 땅도 그냥 물 속에 있던 것을 드러나게 하신 것이다. 넷째 날 해와 달과 별들도 창조했다는 단어가 없고 다만 비추게 하셨다고 했다. 15절과 17절은 "하나님이 그것들을 하늘에 두어(placed) 땅에 비추게 하셨다"고 한다. 21절에서 비로소 물고기를 지으실 때 창조(BARA)라는 단어를 사용했으니 새들과 물고기들은 이 6일 동안에 창조하신 것이 분명하다. 그렇게 새들과 물고기가 오늘날 물과 공중에 충만한 것은 그것들을 창조하신 하나님께서 생육하고 번성하라고 축복하셨기 때문이다. 물론 여섯째 날 사람을 지으실 때에는 창조(BARA)라는 단어를 사용했기에 분명 사람은 6천 년 전에 하나님에 의해서 창조된 존재이다. 이에 대하여는 의심할 여지가 없다.

그러면 창세기 1장 1절의 "태초에 하나님이 천지를 창조하시니라"는 말씀은 1장 전체의 6일 간의 창조를 대표하는 말일까? 이것이 우리가 논하고자 하는 다음의 주제이다.

첫 창조와 회복의 창조

우리는 성경 전체를 통해서 하나님께서 하늘들과 땅을 언제 창조하셨는지 모르지만 1장 1절의 '태초'의 시점은 분명히 6일 간의 창조 이전일 것이다. 만일 그렇지 않다면 창세기 1장의 창조에 있어서 의문이 너무나 많게 된다. 그것은 당장 2절부터 문제가 되는데, 하나님은 그분의 창조에 있어서 땅의 상태를 먼저 혼돈과 공허의 상태, 흑암이 가득한 상태, 물로 완전 잠긴 상태로 지으신 다음 거기에서부터 빛을 창조하시고 물을 물러가게 하고 육지를 창조하신 것이 되어야 하며, 그렇다면 창세기 1장의 창조는 먼저 혼돈한 땅, 물로 덮인 땅으로부터 점차적인 창조가 이루어진 것이 되어 버리기 때문이다. 하나님은 말씀의 능력으로 얼마든지 혼돈되지 않은 조화롭고 아름다운 우주를 단번에 창조하실 수 있음을 믿어야 한다. 하나님은 사람도 어설프고 흐리멍덩하게 대충 지어놓으신 다음 다시 창조하실 필요가 없으시다. 아예 처음부터 온전하고 아름다운 사람을 지으실 수 있다. 그래서 어떻게 설명을 하더라도 창세기 1장의 6일 간의 창조는 1차적인 창조가 원래 있고(1-2절), 3절부터는 2차적인 창조라고 해야 논리적이다. 그렇지 않다면 2절의 혼돈하고 공허한 땅, 흑암이 가득한 땅은 어디서 왔단 말인가? 이것은 독자들의 생각을 어지럽게 할지도 모른다. 그러나 성경은 애초부터 그렇게 이해하기 쉬운 책이 아니다.

그래서 우리는 창세기 1장의 창조가 땅을 중심으로, 혼돈하고 공허하게 된 땅을 회복하기 위하여 그 주인공으로 미리 정하셨던 사람을 이 시점에 창조하실 계획으로 6일 간의 창조를 하신 것으로 이해한다. 따라서 창세기 1장 1절에서 태초에 하나님이 천지를 창조하신 것이 꼭 6일 간의 창조를 다 대변하는 것이라고 생각할 필요가 없다. 그러나 그 이전의 창조가 있었다 하더라도 6천년 전 창세기 1장의 6일 간의 창조만큼 의미가 크지 않다. 이 창조가 하나님의 목적과 창조에 있어서 유일한 목적 있는 일이셨다. 그러므로 그 시점을 태초라고 해도 문제가 되지 않는다. 적어도 창세기를 기록한 모세는 그러한 마음으로 창세기 1장 1절과 2절을 별 문제 없이 연이어 기록했을 것이다. 사람이 이 세상에 존재하기 전 이미 장구한 시간이 흘렀고 어떤 일들이 벌어졌었다고 해도 그렇게 깊이 연구하거나 간주할 것이 없다고 본 것이 아닐까?

그러나 그 이전의 창조는 없었다고 말할 수 없다. 왜냐하면 어차피 땅은 물속에 잠겨 있었고 혼돈하고 공허한 땅은 이미 존재하고 있었기 때문이다. 첫째날에 빛이 있으라고 하기 이전에 땅은 존재하고 있었다. 땅이 셋째날 비로소 창조된 것이라고 말하지 말라! 그렇지 않다. 2절에 이미 혼돈하고 공허한 땅이 있었고 물 밑에 잠긴 땅이 있었다.

따라서 우리는 6일 간의 창조 이전 왜 이 땅이 혼돈하고 공허하게 되었으며 물 속에 깊이 잠기게 되었는가를 생각하게 되는 것이다. 그것은 이전의 창조가 있었고 그때 틀림없이 천사들의 창조가 있었다는 것을 생각하지 않을 수 없다. 그리고 한 무리의 천사군단이 하나님을 거역해서 심판을 받고 땅에 거하던 어떤 일종의 영물들도 그 사탄의 거역에 가담하여 심판을 받고 물속에 잠기게 된 것으로 파악한다. 그것이 오늘 날 사탄과 귀신의 기원이라고 믿는다. 그렇지 않으면 천군 천사의 존재, 사탄의 존재, 귀신의 존재는 성경에 언제 피조되었는지 알 길이 없다.

하나님은 그분의 형상을 닮은 사람을 창조하셔서 그분의 아들들이 되게 하고 그들로 하여금 이 땅을 정복하고 다스리며 마귀 사탄 귀신들을 다 불못으로 몰아넣을 때까지 역사하기로 작정하신 것이다. 이것이 성경 전체의 인간에 대한 운명이다.

창세기 1장의 중점

우리는 창세기 1장을 통해서 하나님이 창조의 하나님이시라는 것을 믿을 수 있고 그분의 능력을 알 수 있다. 그것이 회복의 창조라고 해서 모든 창조를 망라하지 않은 것은 아니다. 다만 자세히 적을 필요가 없었던 것이다. 따라서 우리는 창세기 1장을 읽으면서 그분의 창조의 능력을 찬미하지 않을 수 없다. 아마도 첫날의 빛은 그 이전에 어딘가에 있는 빛을 불러왔을 가능성이 있다. 그렇지 않다면 2절의 혼돈과 공허 흑암은 의미가 없게 된다. 당시 우주 어느 곳에도 빛이 없는 그저 캄캄한 상태뿐이라면 혼돈하고 공허한 것이 무슨 의미가 있으며 흑암은 무슨 의미가 있는가? 이 빛은 태양의 빛이 아닌 빛이라서(태양 빛은 넷째 날에 생겨난다), 우리는 창세기를 통해서 태양 빛이 있기 전에 지구에는 저녁과 아침이 생겼다는 것을 알게 된다. 이것은 과학을 뛰어넘는 놀라운 선포이다. 태양 빛을 다 빼고 나서 지구에 저녁과 아침이 생겨나지 않는다면 성경은 그 자체로 그 가치를 잃는다. 그러나 만일 그것이 사실로 입증된다면 그 누가 성경의 권위를 무시할 수 있겠는가?

둘째 날에는 위의 물과 아래 물을 나누었다고 한다. 우리는 이것을 증명할 수 없다. 그러나 6천년 전 지구의 하늘 위에 물이 있었다고 말한다. 또 노아의 홍수 때에 하늘에 창들이 열려 40주야에 비가 쏟아졌다고 말한다. 장래 과학은 이런 것들도 증명해 낼 수 있을 것이다.

창조하실 때마다 하나님께서는 "그대로 되니라"를 반복하셨다. 그런데 6일째 사람의 창조 시에는 '그대로 되니라'가 없다. 그것은 하나님께서 사람을 창조하셨을 때 아직 그분의 뜻을 이루기 위해 완성되지 않은 것이 있음을 나타낼 것이다. 사람이 피조된 후 하나님은 매우 기뻐하셨다. 다른 것들이 지어진 후에는 좋다, 좋다, 하셨지만 사람이 지어진 후에는 '심히 좋다' 하셨다. 그것은 사람이 이 땅을 회복하고 다스리며 정복할 존재이기 때문이다. 그러나 그렇게 하려면 하나님과 함께여야 하고 하나님을 의뢰함으로 되어져야 하는 것이 남아 있었다.

2장

창조의 대략

사람이 피조된 다음날, 곧 사람의 첫날은 안식일이었다. 하나님은 사람이 피조된 직후 하나님과 함께 안식하기를 원하셨다(히 4:1-11). 2장 4절의 창조의 대략을 설명하고자 할 때 땅과 하늘(earth and heaven)이라고 말한 것, 즉 땅을 먼저 언급한 것은 의미가 크다. 창세기 1장의 창조에서도 하나님의 관점은 하늘보다 땅에 있으시다. 그러기에 창세기 1장 2절부터 땅을 관심하신다. "땅이 혼돈하고 공허하며". 하나님의 형상과 모양대로 사람을 창조하신 직후 "땅과 땅에 기는 모든 것을 다스리게 하자" 하셨다. 그리고 "땅에 충만하라", "땅을 정복하라", "땅에 움직이는 모든 생물을 다스리라"[28절] 하셨다. 땅에 기는 것을 정복하는 문제, 땅을 다스리는 문제는 모두 왕국과 관계된다.

2장 5절도 창조의 대략을 설명하면서 "여호와 하나님이 땅에 비를 내리지 아니하셨고", 6절도 "안개만 땅에서 올라와", 그리고 7절에 사람을 지으셨다고 한다. 이것은 하나님의 관심이 땅에 있으시고 사람이 그 창조의 중심이라는 것을 증명한다. 다른 것의 창조는 이렇게 자세히 창조의 대략을 설명하지 않으신다. 사실 창세기에서 6일 간의 창조를 창조의 원시로 기록하였는데, 그렇게 기록한 것은 사람의 창조 때문에 그 시점을 태초로 말한 것이다(창 1:1). 그 목적은 하나님이 사람으로 하여금 이 땅을 다스리고 원수를 정복하게 하여 그분의 왕국을 가져오시기 위함이다. 하나님께서는 오직 인간을 지으신 다음에만 그 코에 하나님의 생기를 불어넣으셔서 사람 속에 영이 있게 하셨다(욥 32:8). 하나님은 영이시며(요 4:24), 따라서 사람은 피조물 중 유일하게 하나님과 영적인 교제(spiritual communication)가 가능한 존재이다. 사람의 영과 하나님의 영이 합한 영이 아니면 악한 영 마귀를 대적하여 이 땅에 왕국을 가져올 수 없다(고전 6:17, 엡 6:10-11).

오늘날 교회가 이 세상에 존재하는 것은 이 땅에서 악한 대적 마귀의 세력을 멸하고 하나님의 왕국을 가져오기 위함이다(마 12:28). 이 목적에 이르지 못한 사역은 아직 주님의 표준에 이르지 못한 것이다. 오늘날 아직도 육체에 사로잡혀 마귀의 권세에 굴복하는 신자들이 얼마나 많은가? 바울은 육체에 있어 행하나 육체대로 싸우지 않는다고 했다(고후 10:4). 육체와 혈기로는 마귀를 대항할 수 없다.

사람을 위한 예비

하나님께서 다른 동물이나 새나 물고기를 위해서는 창조 이외에 뭔가 특별히 예비하신 것을 보지 못한다. 원숭이는 나무에 올라가 살면 되고, 오소리는 굴을 파고 굴 속에 살면 되고, 새는 공중을 날면 되고 가끔 나무에 앉아 지저귀면 된다. 물고기는 물 속에서 살면 된다. 그러나 사람은 땅 위에서 그냥 사는 것이 아니라 땅에다 특별한 곳을 만들어주셨는데 그것이 바로 에덴이다. '에덴'은 그 의미가 즐거운 곳이다. 지금도 가장 아름답고 평화로우며 살기에 좋은 여건을 가진 곳을 에덴동산과 같다고 말한다. 그리고 그 땅에서 보기에 아름답고 먹기에 좋은 나무가 나게 하셨으며 동산 중앙에는 생명나무와 선악을 알게 하는 나무도 있었다.

피조된 사람이 하나님이 원하시는 바대로 땅을 정복하고 다스리며 왕국을 가져오려면 생명나무의 실과를 택해야 했다. 그것은 바로 사람이 하나님과 연합하며, 하나님의 지혜와 능력과 생명을 그 내용으로 삼는 것에 대한 선택을 의미한다. 그러나 그 나무 옆에는 보기에 아름답고 지혜롭게 할 만큼 탐스러운 선악을 알게 하는 나무도 있었다. 즉 생명나무는 사람 혼자서는 살 수 없고 하나님을 의지해서 하나님과 함께 산다는 것의 의미이고, 선악을 알게 하는 나무를 선택함은 인간이 피조된 자신의 머리나 능력으로 산다는 것을 의미한다. 그것이 바로 독립의 원칙이다. 하나님 없이 살아가는 인간, 하나님을 떠난 인간은 부모를 떠나 그를 거역한 것처럼 그 자체가 죄인으로 전락하는 것이다. 더욱이 하나님은 그 실과를 먹지 말라, 네가 먹는 날에는 죽으리라고 하셨다. 이 말씀은 창조주 하나님께서 그분의 사랑하심과 기뻐하심을 따라 지으신 사람에게 하신 최초의 명령이다.

또 에덴에서는 강이 발원하여 네 강이 흘렀다. 사람은 한 면으로 먹어야 하고 다른 면으로 마셔야 한다. 먹고 마시는 것이 인간의 필요이다. 잘 먹고 마시면 인간은 영원히 산다. 계시록 22장에 생명나무가 나오고 생명수의 강이 흐르는데, 이것은 창세기 2장의 에덴의 모습과 비슷한 것이 있다. 주님의 살을 먹고 피를 마시면 영생을 얻는다고 말씀한다(요 6장 참조). 하나님의 사람에 대한 특별한 예비에 감사하고 찬미하자.

아담의 배필

하나님은 먼저 남자를 지으셨다. 그분이 먼저 지으신 것은 뜻이 있다. 그분은 질서의 하나님이시기에 먼저는 먼저이고 나중은 나중이다. 오늘날 여자가 남자보다 우위에 서려 하는 것은 창조의 순리를 어기는 것이다. 하나님은 아담을 보시고 홀로 있는 것이 좋지 못하다고 하시며 그를 위해 돕는 배필을 지으셨다. 아내는 남편의 돕는 배필로 지어진 것을 알아야 한다. 거꾸로 아는 사람들이 많은 것 같다. 하나님께서는 아담을 깊이 잠들게 하시고 옆구리를 열어 갈빗대를 취하여 그 배필인 여자를 만드셨다. 오늘날로 말하면 대수술이다. 아내를 얻기 위해 아담은 깊은 죽음을 거쳤다. 이것이 바로 그리스도의 십자가의 예표이다. 그리스도의 신부인 교회는 그분의 옆구리가 열려 거기서 나온 물과 피로 지어진 것이다. 남자는 창조하셨지만 여자는 남자로부터 나오게 하셨다. 그리고서 하나님이 하와를 아담에게 이끌어 오시니 아담이 그녀를 보자마자 말한다. "이는 내 뼈 중에 뼈요 살 중에 살이로다. 남자에게서 취하여 지어진 존재이니 여자라고 칭하리라." 여자라는 호칭은 남자가 부른 것이다. 또 그 말을 줄여서 하면 아내는 남이 아니라 나 자신(내 뼈, 내 살)이라는 말이다. 그러므로 그들은 벌거벗었어도 서로 부끄러워하지 않았다.

이러한 아담과 하와의 창조 이야기는 에베소서 5장에서 가정의 부부 생활을 가르치는 말씀이 되었다. 그리고 바울은 이를 그리스도와 교회에 적용했다. 남편이 아내의 머리 됨이 그리스도께서 교회의 머리 됨과 같다고 하였다(엡 5:23). 근본적으로 이 말씀들에서 가르치는 것은 남편과 아내는 하나, 곧 한 몸이라는 것이다. 하나인 것을 알면 아내를 사랑하는 것이 어렵지 않다. 누가 자기 몸을 미워하겠느냐며 남편들은 자기 아내를 그리스도께서 교회를 위하여 자신을 주신 것처럼 해야 한다고 하였다(엡 5:25-29). 분리되어 있는 인격체, 즉 남인 줄 알고 대하니 사랑하기가 어려운 것이다. 베드로는 여자는 더 약한 그릇이니 남편은 지식을 따라 아내와 동거하라고 권했다(벧전 3:7). 또 신약의 여러 군데서 여자는 교회 중에서 잠잠해야 한다든지, 권위로 가르치는 것이나 남자를 주관하는 일을 해서는 안 된다고 말했다(고전 14:34-35, 딤전 2:11-15). 또 뭔가 물으려면 집에서 자기 남편에게 물어야 한다(고전 14:35).

3장

인간 타락의 과정

– 뱀이 하와를 꾀다

하나님의 계획을 이룰 사람이 피조된 후 그 모든 상황을 지켜봤을 마귀가 뱀의 모양으로 하와에게 다가왔다. 그리고 말을 걸었다. "하나님이 정말 동산 모든 나무의 실과를 먹지 말라 하시더냐?" 하나님은 사실 동산의 모든 실과를 먹지 말라고 하신 것이 아니었다. 뱀이 만일 '하나님께서 선악과를 먹지 말라 하시더냐?'고 물었다면 그렇다고 대답했을 것이고 대화는 더 이상 나아가지 않았을 것이다. 그러나 뱀은 '모든 실과를 먹지 말라고 하시더냐?'고 물음으로써 상대를 대화로 끌어들이려고 간교한 수법을 사용했다. 일단 뱀은 대화에 성공하면 반은 성공한 것이 된다.

– 하나님께서 금하신 선악과를 먹다

하나님께서 아담에게 다른 말씀도 하셨겠지만 이 선악과를 먹지 말라고 하신 말씀은 매우 강한 명령이었을 것이다. "먹지 말라! 먹는 날에는 정녕 죽으리라!" 간교한 뱀은 바로 그 예민하고도 결정적인 주제를 가지고 나왔다. 목적은 피조된 사람과 하나님과의 관계에 오해와 간격을 일으키기 위한 것이었다. 여자는 그때 뱀과의 대화를 지속해서는 안 되었다. 하와는 즉시 남편 아담에게 물었어야 했다. 그러나 하와는 뱀과의 대화를 계속했다. 여기에 위치의 문제가 있는 것이다. 당신은 어떤 사람을 만나고 대화를 주고받을 위치에 있는가? 많은 사람이 이런 일을 주의하지 않는다. 그리고 말을 주고받은 결과 부패하고 타락하게 된다. 뱀의 목적은 사람을 부패시키는 것이기 때문이다. 만날 필요가 없는 사람은 만나지 말고 대화할 필요가 없는 사람은 대화하지 말아야 안전하다. 그 대화가 옳으냐 그르냐, 뜻이 좋으냐 나쁘냐, 결과가 좋으냐 나쁘냐보다 더 중요한 것은 당신과 그와의 관계가 상호 대화를 할 위치인가이다. 사람의 타락의 가장 근본 원인은 여자가 자기의 위치를 벗어난 것이다.

그러다 보니 하와의 말이 점점 담력과 분명함을 잃어갔다. "먹지도 말고 만지지도 말라 너희가 죽을까 하노라 하셨느니라". 하나님께서는 정녕 죽으리라고 말씀하셨지 죽을까 하노라 하시지 않았다. 그러나 사람이 위치를 벗어나 엉뚱한 데 있다 보면 단호한 어조를 잃게 된다. 상대방의 분위기에 어느 정도 맞춰가면서 말을 하게 되기 마련이다. 그렇게 해서 하와는 뱀의 꾐에 점점 빠져들게 되었다. 뱀은 이미 마음이 흔들린 여자에게 확실하게 결정지어주는 말을 한다. "너희가 결코 죽지 아니하리라". 하나님의 말씀을 완전히 뒤집는 거짓말을 한 것이다. 그리고 한 마디를 덧붙여 완전히 하나님의 사랑을 의심하게 만들었다. "너희가 그것을 먹는 날에는 너희 눈이 밝아 하나님과 같이 되어 선악을 분별할 줄을 하나님이 아심이라". 왜 하나님께서 그 과실을 못 먹게 하였느냐, 먹으면 하나님과 같이 너무 좋은 분별력과 판단력을 가질 것이기 때문이라는 것이다.

그러잖아도 하와의 눈에 그 나무 실과는 먹음직도 하고 보암직도 하고 지혜롭게 할 만큼 탐스럽게 보이던 터였다. '그런 실과를 하나님께서 못 먹게 하시다니, 아, 그런 속내가 있으셨구나!' 하와의 눈이 순간 돌아갔다. 하나님의 마음을 의심하는 생각이 속에 들어왔다. '우리가 너무 좋아지는 것을 막으셨구나. 하나님은 우리가 더욱 좋아지고 발전하고 성공하는 것을 싫어하신 거구나' 하면서 그 나무를 바라보니 역시나 참 좋게 보였다. 그렇게 해서 여자는 그 실과를 따먹고 자기와 함께한 남편에게도 주니 아담은 별 의심 없이 받아먹었다.

선악과를 먹고 나니 아닌 게 아니라 눈이 밝아졌다. 그리고 서로 벗은 것을 알게 되고 부끄러운 것을 알게 되었다. 하나님과 사이가 멀어지고 남편과 아내도 이젠 더 이상 하나가 아니었다. 결국 하나님을 떠난 결과는 서로 서로 나뉘어지는 것이다. 의심이 생겨나고 사랑이 식어지고 따로따로가 되어버리는 것이다. 전에 보이지 않던 것들이 하나하나 훤하게 보이게 된 것이다. 그리고 자신의 부끄러움을 가리기 위해 무화과나무의 잎을 엮어 치마를 만들어 입었다. 그때 날이 서늘해졌다. 마음속에 따뜻했던 사랑의 감정은 다 사라지고 쓸쓸하고 서늘해진 느낌이 가을바람처럼 불어왔다. 그때 동산에 거니시는 하나님의 음성을 들었다. 그들의 타락은 하나님으로 하여금 그들에게 가까이 오시지 못하게 하였다. 하나님은 다만 멀리 동산에서 거닐고 계실 뿐이었다. 그럼에도 그분은 그들에게 뭔가를 말씀하셔야 했다. 그들은 담대히 하나님을 대면하기가 어려워 여호와의 낯을 피하여 동산 나무 사이에 숨었다. 그때 하나님은 아담을 부르시며

"아담아, 네가 어디 있느냐?" 하셨다. 이때부터 하나님은 잃어버린 인류를 찾아 나서셔야 했다.

슬픈 대화

하나님께서 아담에게 "네가 어디 있느냐?" 물으시니 아담은 "내가 동산에서 하나님의 소리를 듣고 내가 벗었으므로 두려워하여 숨었나이다"했다. 그 이전에는 벗었어도 두려움이 없었다. 선악과를 먹고 나니 느낌이 변했는데, 첫째가 자신의 죄(수치)에 대한 양심의 감각이 생긴 것이고 하나님이 두려워진 것이다. 하나님께서 "누가 너의 벗었음을 말했는가? 내가 먹지 말라 한 그 나무 실과를 먹었는가?" 하시자 아담은 솔직하게 잘못을 시인하지 않고 타인에게 그 잘못을 전가하려고 핑계를 댔다. "하나님이 내게 주셔서 나와 함께하게 하신 여자, 그가 내게 주어 내가 먹었습니다." 이는 마치 그 잘못이 하나님께 있다고 말하려는 듯하다. 이렇게 된 데는 첫째로 하나님께 책임이 있고('제가 언제 여자를 달라고 했습니까?' 하는 말투다.) 다음으로는 그 여자가 주어서 먹은 것뿐이라는 말이다. 하나님께서 여자에게 물으시니 여자는 뱀에게 핑계를 댔다. "뱀이 꾀므로 내가 먹었나이다."

첫째로, 아담은 자기가 저지른 일이 얼마나 심각한 것인지를 몰랐다. 그를 통해 생겨날 온 인류에게 몰고 올 죄와 사망의 파장, 그 처참함이 이 한 가지 일로 말미암았다. 그러나 그는 그 행복한 동산 에덴에서 엎드려 통회하며 통곡하지 않았다(결국 하나님의 아들 그리스도께서 겟세마네에서 통곡하셨다). 자백하며 용서를 구하지도 않았다. 다만 하나님께 핑계를 대느라고 급급했다. 자신의 책임감에 대하여도 너무나 무감각했다. 그는 남편으로서 합당한 머리노릇을 하지 못했다. 자신의 위치가 무엇인지도 몰랐다. 아내가 잘못한 것은 사실이다. 그러나 그가 "이는 내 뼈 중의 뼈요 살 중의 살이라"고 한 것이 바로 얼마 전 일이 아닌가! 그녀는 바로 자기 자신이다. 그러나 죄를 지은 후에 남편은 남편, 아내는 아내로 구분되었다. 그녀가 잘못한 것이지 내가 뭐를 잘못했느냐는 말이다. 물론 그 말도 일리가 없는 것은 아니다. 성경은 "아담이 꾀임을 보지 아니하고 여자가 꾀임을 받아 죄에 빠졌다"고 말한다. 그렇다고 해서 남편에게 아무런 책임이 없는 것은 아니다. 물론 여자는 이 일을 경계 삼아서 일생을 종용히 순종하면서 배우라고 하였고, 거룩함과 사랑, 정절과 해산의 고통으로 구원을 받을 것이라고 했다(딤전 2:11-15).

심판

하나님은 뱀부터 심판을 시작하셨다. 사실 뱀은 사탄의 화신이다. 사탄 마귀의 이름이 '옛 뱀'이요 '큰 용'이기 때문이다(계 12:9). 그 자는 사람을 타락시키고 승리했다고 생각했을 것이다. 그자의 유일한 목적과 소원은 하나님의 뜻을 좌절시키고 자기의 왕국을 강화하는 것이기 때문이다. 그래서 그는 아담을 자기 편으로 끌어들였다. 즉 아담과 자기를 일치시킨 것이다. 심판을 통해 뱀은 가장 낮은 바닥에 배로 다니며 흙을 먹는 존재로 전락했다. 누구든지 육체로 살고 피조된 그대로 흙으로 살면 뱀의 밥이 된다.

마귀는 아담을 꾐으로써 자기가 덫에 걸렸다는 것을 몰랐을 것이다. 하나님의 심판은 뱀을 여자의 원수가 되게 하셨고, "너희 후손(씨)도 여자의 후손과 원수가 되게 하리니 여자의 후손은 네 머리를 상하게 할 것이요 너는 그의 발꿈치를 상하게 할 것이라" 하셨다. 뱀이 아담을 유혹하여 타락시킴으로 아담과 연합되었기 때문에 아담을 끝내면 뱀도 따라서 끝나게 되는 엄청난 결과를 가져온다. 이제 하나님께서는 뱀을 잡을 수 있는 합법적이고 공의로운 기회를 마련하신 셈이고 마귀를 심판하실 기회를 잡으신 셈이다. 하나님의 아들이 마지막 아담으로 오셔서 십자가에 죽으심으로 옛 뱀을 십자가에 못 박으신 것이다(민 21:9).

여자에 대한 심판은 이러하다. 여자에게 잉태하는 고통을 주시고 남편의 다스림 아래 복종하게 하시는 것이다. 애를 낳고 기르고 남편에게 복종하는 것은 여자에 대한 하나님의 심판이며 또한 타락한 여인에 대한 구원이요 보호이다. 그래야 죄악된 삶과 방종을 면하게 된다.

남자에게는, 땅이 쉽게 산물을 내지 않고 얼굴에 땀이 흘러야 식물을 먹을 것이라고 하셨다. 그것도 타락한 인간에 대한 보호이며, 구원이다. 느슨할 때 죄가 들어오는 법이다. 쉽게 돈을 버는 자들이 죄에 잘 빠진다. 열심히 일하는 자는 죄를 피할 수 있다. 아담이 타락한 후 하나님은 그를 찾기 시작하셨고, 그의 거역을 심판하신 후 하나님은 양을 잡아 아담과 하와를 위해 가죽옷을 지어 입히셨다. 이것은 예기된 구속의 예표이다. 또한 하나님은 선악과를 먹음으로 죄를 지은 자가 생명나무 실과도 먹어 타락한 상태로 영생하지 않도록 동산 동편에 그룹들과 화염검을 두어 생명나무의 길을 지키게 하셨다. 그리고 아담을 에덴 동산에서 쫓아내어 그의 근본된 토지를 갈게 하셨다. 그렇게 해서 타락한 사람은 에덴동산에서 쫓겨나게 된 것이다.

4장

두 아들을 출산하다

아담과 하와는 인류의 조상으로서 종교적인 사람이었다. 이것을 알 필요가 있다. 오늘날 누구든지 하나님을 안 믿는다고 해도 조상으로 거슬러 올라가면 그 시조는 아담이고 종교적인 가정이며 그들은 하나님을 알았다. 하와는 첫 아들 가인을 낳은 후 "내가 여호와로 말미암아 득남했다"고 했다. 이 말은 '내가 그것을 얻었다'고 기뻐하는 말이다. 하나님은 창세기 3장에서 여자의 씨가 뱀의 머리를 상하게 할 것이라고 했다(15절). 아담과 하와는 뱀에게 속아 타락하게 되었고 생명나무 실과를 먹지 못하고 죽게 되었다. 그들은 그 아름다운 동산 에덴을 잃은 후 뱀에 대해 원한과 분노를 가졌을 것이다. 그리고 아들을 낳자 뱀에게 복수하고 그 머리를 상하게 할 자를 '얻었다'고 한 것이다. 그러나 그것은 하나님의 복음을 잘못 이해한 것이다. 여자의 씨는 결국 마리아로부터 출생하신 그리스도이다. 하와는 다시 아들을 낳았는데 그 이름이 아벨이고 공허하다는 뜻이다. 그는 가인을 낳은 후 자라나는 것을 보며 뱀의 머리를 상하게 할 자가 아니라는 것을 알고 너무나 마음이 공허했던 것이다.

첫 번째 종교적인 행위

아담의 두 아들은 하는 일이 처음부터 달랐다. 아벨은 양치는 자였고, 가인은 농사짓는 자였다. 당시는 노아의 홍수 전이므로 양을 치는 것은 양고기를 먹기 위한 것이 아니었을 것이다. 창세기 3장에서 하나님이 양을 잡아 가죽옷을 지어 입혀주셨을 때 이미 타락한 죄인은 피가 없이는 하나님께 나아갈 수 없다는 것을 알았을 것이다. 그러므로 양을 치는 것은 하나님께 제사를 드리기 위한 용도였을 것으로 보인다.

아담의 두 아들은 다 하나님께 제사를 드렸다. 어쨌든 인류의 조상은 '여호와 신앙'을 기반으로 한다. 오늘날로 말하면 모든 인류는 다 모태교인이다. 그런데 인류 최초의 범죄인 살인 행위가 종교예식으로부터 나왔다는 것은 매우 기이하다. 가인은 땅의 소산으로 제사를 드리고, 아벨은 양의 첫 새끼와 그 기름으로 드렸다. 하나님은 아벨의 제사는 열납하셨으나 가인의 것은 열납하지 않으셨다. 가인의 것은 하나님께서 왜 열납하지 않으셨을까? 그것은 계시가 없이 자신의 생각대로 드렸기 때문이다. 신약 유다서를 보면 가인은 발람, 고라 등과 함께 육체로 행한 자들로 분류된다. 가인은 자기의 열심과 생각대로 제사를 드린 것이다.

아담이 타락한 후 하나님 앞에서 사람의 위치는 달라졌다. 더 이상 피가 없이는 하나님 앞에 나아갈 수 없게 되었다. 예를 들어, 부모에게 잘못하고서 아들이 아무 일도 없다는 듯이 부모에게 나아갈 수 없는 것과 같다. 회개의 눈물과 무릎 꿇는 자세가 없이 전과 같이 나아갈 수 없는 것이다. 아벨은 이것을 알기에 양을 잡았고 "하나님 제가 죽어야 마땅할 자이나 여기 대속하는 양의 피를 가지고 나왔습니다."라고 한 것이다. 가인은 하나님 앞에 아무 문제가 없는 것처럼 자기가 열심히 농사지은 것을 가지고 당당히 하나님께 나아갔다. 우리는 예수의 피를 힘 입어 하나님께 당당히 나아갈 수 있는 것이지 우리 자신의 선행이나 열심을 의지해 나아갈 수 없다. 아담의 타락은 하나님 앞에 우리의 위치를 바꾸어 놓았다.

육체의 행위의 결과

동생의 제사는 열납되고 자신의 것은 받아들여지지 않자 가인의 얼굴빛이 변했다. 그때 가인은 시기심과 분노가 치밀었다. 오늘날도 주님을 위해 무언가를 많이 했다고 하고, 교회에서 많이 수고했다고 하여 사람들이 알아주지 않을 때 분노가 치미는 것은 그 봉사나 일이 은혜가 아니라 자신의 육체의 열심으로 한 것임을 증명한다. 오늘 날 기독교 안의 수많은 분쟁과 원망과 배신과 다툼이 이로 말미암는다. 가인은 마땅히 동생에게서 배워야 했고 자기가 무엇이 잘못되었는지를 점검하고 회개하며 주님께 올바른 식으로 제사를 드려야 했다. 그러나 그는 그렇게 하지 않고 다만 자신이 한 것이 인정되지 않자 심히 분노했다.

여호와께서는 그런 상황에서도 가인에게 말을 거셨다. “너 왜 그렇게 분해하느냐? 왜 얼굴색이 그렇게 변했느냐? 네가 선을 행하였다면 어찌 낯을 들지 못하겠는가? 선을 행하지 않았으면 죄(마귀)가 문에 엎드려 기다리고 있다. 죄의 소원은 네게 있으나 너는 죄를 다스리거라.”고 주의와 경고를 주셨다. 하나님은 그의 속에 동생에 대한 범죄 욕구가 있음을 아시고 경고하신 것이다. 그 후 가인은 동생에게 ‘우리가 들로 나가자’(고대번역본들 참조)고 말했고, 들에 있을 때 동생 아벨을 쳐 죽였다. 이것이 인류 최초의 살인이었다.

하나님의 자비

그런데도 하나님은 살인자 가인에게 말씀하러 오셨다. 이때 아버지 아담과 어머니 하와는 어디 있었는지 모른다. 하와가 뱀을 상하게 할 아들로 여겨 태어났을 때 기뻐하면서 ‘내가 얻었다’라고 외쳤던 아들은 그만 살인자가 되고 말았다. 결국 그녀는 에덴에서 하나님의 명령을 불순종함으로 그녀의 씨에게 죄성을 그대로 물려주고 만 것이다.

여호와께서 물으셨다. “네 아우 아벨이 어디 있느냐?” 가인은 거짓말과 반항으로 대답한다. “내가 어떻게 압니까? 내가 내 아우를 지키는 잡니까?” 하나님은 “네가 무엇을 하였느냐? 네 아우의 핏소리가 땅에서 내게 호소하느니라”. 아벨의 피는 복수를 해달라는 피이다. 그러나 예수의 피는 용서해달라는 피이다. “아벨의 피보다 더 낫게 말하는 뿌린 피니라”(히 12:24). “땅이 입을 벌려 네 아우의 피를 받았은즉 네가 땅에서 저주를 받으리니 네가 밭 갈아도 땅이 효력을 주지 않을 것이요 너는 땅에서 유리하는 자가 되리라”. 가인은 막상 하나님의 심판하시는 말씀을 듣자 정신이 났다. “내 죄벌이 너무 중하여 견딜 수 없습니다. 내가 땅에서 피하여 유리하다가 사람들이 나를 죽이겠습니다.” 남을 죽인 놈이 자기 죽을 것에 대해서는 전전긍긍 하는 법이다. 여호와께서는 “그렇지 않다. 가인을 죽이는 자는 벌을 칠 배나 받을 것이다.” 하시며, 가인에게 표를 주셔서 만나는 자 누구에게든지 죽임을 당하지 않게 해주셨다. 하나님은 그래도 살인자 가인에게 자비를 베풀어 주신 것이다.

인간 문화의 발생

가인은 더 이상 불편하게 여호와 앞에서 살기가 싫어졌다. 그래서 그는 떠나기로 결심했다. 죄를 지은 사람이 자신의 길을 돌이키거나 회개하지 않고서 깨끗한 사람들과 함께하기란 매우 불편한 일이다. 가인은 편안하게 에덴의 동쪽, 놋 땅으로 떠나 살면서 자기만의 문화를 만들었다. 그것이 바로 하나님 없는 인간 문화의 발생이다. 가인은 아들을 낳고 이름을 에녹이라고 하며 그들이 사는 성의 이름을 에녹이라고 하였다. 에녹은 이랏, 이랏은 므후사엘, 므후사엘은 라멕을 낳았다. 라멕 때 와서 일부다처제가 생겨났다. 아다와 실라는 그의 두 아내이다. 아다가 낳은 야발은 육축 치는 자의 조상이 되었고, 아우 유발은 통소 부는 조상이 되었으며, 씰라는 두발가인을 낳았고 그는 동철로 각양 날카로운 기계를 만드는 자의 조상이 되었다. 두발가인의 누이는 나아마였는데 그 뜻이 아름다움, 기쁨이라는 뜻으로서 자기를 예쁘게 보이려고 치장을 하기 시작했다는 뜻이다. 화장, 성형 등의 조상이라고 볼 수 있다. 두발가인은 무기제조의 조상이고, 유발은 음악기구 제조의 조상이다. 하나님 없는 에덴의 동편에서 인간들은 스스로 즐거움을 추구하기 위해 음악을 만들었고, 화장을 해서 예쁘게 보이고 싶어했고, 외부 세력에서 자신을 지키기 위해 무기를 만들어야 했다. 이것이 인간 문화의 시작이다.

라멕의 선포

일부다처의 시작인 라멕은 그 아내들에게 자랑스레 떠들어댔다. 그는 어떤 사람에게 부상을 약간 당했는데 그 젊은 사람을 죽였다고 했다. 이는 자신의 힘을 과시하는 것이며 그 행동을 정당화하는 것이다. 자기들의 조상 가인은 이유도 없이 사람을 죽였지만 자신은 그를 다치게 한 사람을 죽인 것이라고 한 것이다. 그리고 가인을 위해서는 벌이 7배이지만 라멕을 위해서는 77배라고 하였다. 그 역시 자기가 남에게 죽임당할 것을 두려워한 것이다. 이것은 자기 확신이고 자만이다. 자신의 살인행위를 정당화하는 말이다.

셋의 출생

아담이 다시 아내와 동침하여 아들을 낳아 이름을 셋이라 하였고, 하나님께서 가인이 죽인 아벨 대신에 주신 아들이라고 하여 셋이라고 이름하였다. 셋도 아들을 낳고 그 이름을 에노스라 하였고, 그때에서야 비로소 사람들이 여호와의 이름을 불렀다. 에노스란 '연약하고 부서지기 쉬운'이라는 뜻이다. 이때 인간이 자신의 연약함을 알고 여호와가 그에게 필요한 존재임을 인식하며 주의 이름을 부르기 시작한 것이다. "주의 이름을 부르는 자는 구원을 얻으리로다"(롬 10:13).

5장

셋의 족보

아담 자손의 계보(톨도드)를 말하고 있다. 아담은 930세를 살았다. 그가 선악과를 먹고서 죽었다는 것은 영적인 사망을 뜻한다. 그는 선악과를 먹은 후 오래 살았어도 하나님과의 교통과 대화는 끊어지게 되었다. 그리고 주로 한 일은 아이를 낳는 일이었다. 그는 셋(택한 자라는 뜻)을 낳았고, 셋은 에노스를 낳았다. 셋은 죽은 아벨 대신 주신 아들이고, 5장은 셋의 족보이다. 에노스는 90세에 게난을 낳았고 그 후로 815년을 지내며 자녀를 낳았다. 게난은 칠십 세에 마할랄렐을 낳았고, 그 후로 840년을 지내며 자녀를 낳았으며 910세를 살고 죽었다. 마할랄렐은 65세에 야렛을 낳고 그 후로 830년을 지내며 자녀를 낳았으며, 895세를 살고 죽었다. 야렛은 162세에 에녹을 낳았고, 그 후로 800년을 지내며 자녀를 낳았으며 962세를 살고 죽었다.

에녹은 65세에 므두셀라를 낳았고, 그를 낳은 후 3백 년을 하나님과 동행하며 자녀를 낳았고, 365세에 하나님께서 그를 데려가심으로 최초의 휴거자가 되었다. 에녹은 사람이 휴거될 수 있음을 보여준 최초의 사례이다. 므두셀라는 187세에 라멕을 낳았고, 그 후로 782년을 지내며 자녀들을 낳았으며, 969세를 살아서 인류의 최장수를 기록했다. 라멕은 182세에 노아를 낳고 여호와께서 땅을 저주하셔서 수고로이 일하는 우리를 안위하시리라고 하였다. 그 후로 라멕은 595년을 지내며 자녀들을 낳았으며 777년을 살고 죽었다.

노아는 500세 된 후에 셈과 함과 야벳을 낳았다. 이때는 인류가 아주 오래 살았던 시대이다. 왜 하나님은 사람을 그렇게 오래 살게 하셨을까? 여러 가지 이유가 있었을 것이다. 물론 하나님의 주권이다. 많은 사람을 출생케 하시려는 하나님의 긍휼이기도 할 것이다.

나는 원래 사람이 오늘날처럼 칠팔십 세 살고 죽으라고 지으신 것이 아니라고 믿는다. 그러나 인간의 타락은 만물의 부패를 가져왔고, 에덴에서 쫓겨난 후 모든 면에서 상황은 열악하게 변했다. 수명은 점점 줄어들었다. 그 주된 원인은 사람의 죄악이고 만물의 부패이다. 오늘날도 경건하고 말씀을 많이 읽고 기도하는 성도들은 건강하게 오래 산다. 그것은 사실이다. 조지 뮬러는 몸이 상당히 약한 사람이었는데 70세가 넘어서부터 수많은 나라를 다니며 전도하고 93세에 주님께 갔다. 과거에 잘 알고 지내던 노 권사님 한분이 계셨는데, 젊을 때부터 몸이 약하셔서 항상 약을 드시며 살았다고 한다. 그런데 주님을 믿고서 늘 말씀 읽고 기도하는 삶을 사심으로 93세에 주님께 가셨다. 사람이 죄 속에 살면 수명이 감소한다. 말씀과 기도로, 주님과 함께 늘 경건한 삶을 살면 장수하게 된다.

6장

사람이 땅 위에 번성하기 시작하다

6장은 인구의 팽창을 이야기한다. 그렇게 많은 족장들이 오래 살면서 자녀를 낳았으니 사람이 땅 위에 번성하기 시작했다고 말한다. 그때 하나님의 아들들(악한 천사들)이 아름다운 여인들을 바라보고 자기들의 좋아하는 대로 아내를 삼았다. 사람이 많아지면 그 가운데 특별히 아름다운 여인들이 생겨나기 마련이다. 여기서 하나님의 아들들을 셋의 아들들로, 사람들의 딸들은 가인의 딸들로 보는 견해가 있는데, 이것은 합당하지 않다. 많은 학자들이 여기서 하나님의 아들들을 악한 천사들로 본다(저스틴, 이레니우스, 클레멘트, 터툴리안, 19세기 G.H. Pember 등). 이때 피조된 사람들이 극도로 혼잡하게 되었다는 것이다. 이 악한 천사들이 음란하게 사람들과 결합하여 네피림을 생산하게 되었다(유 6, 7절). 호프만이나 델리취 같은 신학자들도 네피림을 타락한 천사들의 후손으로 보았다. 그들은 용사이며 거인이며 고대의 유명한 자들이었다.

홍수로 심판하실 것을 작정하시다

하나님께서는 인간이 육체가 되었으므로 그분의 영이 그들과 영원히 함께하지(다투지) 않겠다고 하셨다. 그 이전에는 하나님께서 사람들과 다투면서라도 함께하셨지만 이제는 사람들과 관계하고 싶지 않으신 것이다. 그리고 그들의 남은 날이 120년이라고 하셨다. 이 120년을 수명의 단축이라고 보는 학자들이 있으나, 대다수의 보편적인 성경학자들은 120년 후에 심판이 있을 것이라고 하시는 말씀으로 보았다(박윤선 박사 등).

하나님은 사람들의 죄악이 관영하는 것을 보시고, 또 그 마음의 생각하는 것이 어려서부터 악함을 보시고 사람 지으신 것을 한탄하시며 홍수로 심판하기로 결정하셨다. 그러나 노아는 은혜를 입었다. 노아는 의인이었고 당대에 완전한 자였다. 그는 에녹처럼 하나님과 동행하였고 셈과 함과 야벳을 낳았었다. 우리는 시대가 아무리 악해도 여전히 시대마다 하나님의 완전한 사람들이 존재함을 보게 된다. 노아가 그러하고, 아브라함이 그러했다. 당시 소돔 성에 의인이 한 사람도 없었지만 아브라함은 하나님의 친구였다. 하나님은 그런 완전한 자인 의인들을 통하여 그분이 하고자 하는 일을 행하신다. 모세도, 다윗도 그러한 자였다. 바울과 루터도 마찬가지이다.

노아에게 방주를 지으라 명하시다

하나님은 노아에게 모든 혈육 있는 자들의 강포가 땅에 가득하니 끝 날이 이르렀다 하시며 '내가 그들을 땅과 함께 멸하리라' 하셨다. "너는 잣나무로 방주를 만들라. 장이 삼백 규빗, 광이 오십 규빗, 고가 삼십 규빗이다." "내가 땅에 홍수를 일으켜 생명의 기식 있는 육체를 천하에서 멸절하겠으니 다 죽으리라 그러나 너와는 내가 내 언약을 세우리라 네 가족들은 다 방주로 들어가라"고 하셨다. 노아는 하나님이 명하신 대로 다 준행하였다. 죄가 양이 차면 하나님의 심판은 반드시 임하게 된다.

7장

홍수로 심판하시다

7, 8장은 홍수의 심판을 다룬다. 노아를 구원하신 것은 그의 세대에 그가 의로운 자였기 때문이다. 하나님은 한 세대 한 세대 의롭고 경건한 자들을 갖고 계신다. 또한 그들을 통해 그분의 뜻을 이루신다. 아브라함, 모세, 다윗 모두 그랬다. 느헤미야, 에스라 시대에도 그러했다. 하나님은 언제나 경건한 자는 핍박 가운데서 건지신다. **베드로 후서 2:9 "주께서 경건한 자는 시험에서 건지시고 불의한 자는 형벌 아래 두어 심판날까지 지키시며".**

노아가 세 아들을 낳은 것은 5백세이며 홍수가 난 것은 600세이다. 노아는 하나님의 명대로 정결한 짐승은 7쌍씩, 부정한 것은 2쌍씩 그 씨들을 유전하기 위해 방주에 들여보냈다. 그 들여보내고 준비하는 기간은 7일이었고 7일 내에 모든 일을 다 준행하였다. 지면에 비가 내리는 일수는 40주야였다. 그때 말씀하신 대로 일 주일 후에 비가 내리기 시작했다. 노아 6백세 2월 17일이었다. 그날 노아와 그 식구 8명이 방주로 들어갔고 모든 짐승들도 각각 암수가 들어가니 하나님께서 방주문을 닫아주셨다. 40일 간 비가 내리니 모든 산이 다 덮였고 방주만 유일하게 물 위에 떠다녔다. 지면에 코로 호흡하는 모든 생물이 다 죽었다. 물이 150일을 땅에 창일하였다.

오늘날 유일한 구원의 방주는 예수 그리스도이시다. 그분 밖에서는 모든 것이 다 저주와 심판 아래 있다. 누구든지 예수 그리스도를 믿으면 그분 안에 있게 되며 심판을 면하게 된다(요 5:24).

8장

홍수를 그치게 하시다

하나님께서 노아와 방주의 모든 생물들을 기억하사 바람을 불게 하여 물을 감하게 하셨다. 하나님께서는 심판 가운데서도 긍휼을 베푸신다. 땅의 깊음의 샘과 하늘의 창이 닫히어 비가 그쳤다. 물이 땅에서 점점 물러갔다. 홍수가 시작된 지 5개월 후인 150일 만에 방주가 아라랏 산에 머물렀다. 그 후 49일이 지나서 까마귀를 내어놓으니 물이 땅에 마르기까지 왕래하였고 비둘기를 내어놓으니 지면에 물이 있으므로 방주로 돌아왔다. 다시 7일을 기다렸다가 비둘기를 내어놓으니 저녁이 되어 입에 새 감람나무 잎사귀를 물고 돌아와 물이 감한 줄을 알았다. 다시 7일을 기다려 비둘기를 내어놓으니 다시 돌아오지 않았다.

노아 601년 1일에 물이 뭍에서 걷혔고, 그날 노아가 방주 뚜껑을 젖히고 보니 물이 걷혔으며 2월 27일에 땅이 말랐다. 홍수의 전 기간은 1년하고도 10일이다. 하나님은 노아와 가족들에게 방주에서 나오라고 하셨다. 그리고 방주에 있었던 모든 생물들도 다 이끌어내어 땅에서 생육하고 번성하라 하셨다. 노아가 여호와를 위하여 단을 쌓고 모든 정결한 짐승과 정결한 새들 중에서 취하여 번제를 드렸더니 여호와께서 그 향기를 흠향하시고 그 중심에 이르시되 "내가 다시는 사람으로 인하여 땅을 저주하지 아니하리니 이는 사람의 마음의 계획하는 바가 어려서부터 악함이라" 하시고, "땅이 있을 동안에는 심음과 거둠, 추위와 더위, 여름과 겨울, 낮과 밤이 쉬지 아니하리라" 하셨다. 어쨌든 홍수 후에 땅의 상태가 여러 가지로 바뀌게 되었음을 시사한다. 그 이전에는 날씨의 변화가 그렇게 현격하지 않았을 수도 있다.

9장

하나님께서 노아와 언약을 세우시다

홍수의 심판 후에 하나님께서는 사람을 창조하실 때와 동일하게 축복하셨다. 이때부터 하나님께서는 사람에게 식물만이 아니라 동물도 먹으라고 하셨다(3절). 그리고 사람이 다른 사람의 피를 흘리면 그 역시 피를 흘리게 될 것인데, 이는 사람은 하나님의 형상대로 지어진 존재이기 때문이다. 신학적으로 말하면, 이때부터 사람이 사람을 통치하는 인간통치시대가 시작되었다. 하나님은 사람이 생육하고 번성하기 원하셨다.

하나님은 노아와 그 가족과 생물들에게 언약을 세우셔서 다시는 땅을 홍수로 심판하지 않겠다고 하셨다. 그리고 그 증표로 무지개를 구름 속에 두셨다. 하나님은 무지개를 구름 속에서 나타나게 하시는 것으로 언약의 증표를 삼으신 것이다. 이것이 하나님께서 인간과 맺으신 최초의 언약이다.

노아와 그 아들들 - 셈, 함, 야벳

방주에서 나온 노아의 아들들은 셈과 함과 야벳이었는데, 함은 가나안의 아비였다. 이 세 아들을 통해 인류가 온 땅에 퍼졌다. 노아가 농사를 하여 포도나무를 심었는데 포도주를 마시고 취하여 그 장막에서 벌거벗었다. 함이 그 아비의 하체를 보고 두 형제에게 고했다. 셈과 야벳은 그 말을 듣고 옷을 가지고 어깨에 메고 뒷걸음질 쳐서 아비의 하체를 덮었고 아비의 하체를 보지 않았다.

노아가 술이 깨어 작은 아들 함이 한 것을 보고 "가나안은 저주를 받아 그 형제의 종의 종이 되기를 원한다고 하였으며, 셈의 하나님을 찬송하리로다, 가나안은 셈의 종이 되고, 하나님은 야벳을 창대케 하사 셈의 장막에 거하게 하시고 가나안은 그의 종이 되기를 원한다"고 하였다. 사람이 속에 거역이 있는 것은 매우 두려운 일이다. 거역이 있는 자는 권위자가 실패하는 것을 좋아한다. 그리고 그것을 화젯거리로 삼는다. 권위자의 실패는 자신의 육체의 방종을 돕는 일이기 때문이다. 그러나 셈과 야벳은 권위자의 수치를 보지 않으려 했다. 여기서 축복을 받는 자와 저주를 받는 자의 차이점을 발견한다. 노아는 홍수 후 350년을 더 살았고 950세에 죽었다.

10장

노아의 아들들의 족보

야벳과 함과 셈의 자손들이 어떻게 퍼져나갔는가를 기록한다. 인류학에서도 인류가 코카서스인, 니그로, 몽골리안, 세 개의 뿌리에서 나왔다고 생각한다. 야벳의 후손은 고멜과 마곡, 두발, 메섹, 깃딤, 도다님 등이다. 많이 들어본 이름들이다.

함의 아들은 구스와 미스라임, 붓, 가나안인데, 구스에게서 니므롯이라는 세상에서 처음 난 영걸이 나왔다. 인류의 첫번째 영웅이 함의 자손에게서 나온 것이다. 그는 여호와 앞에서 특이한 사냥꾼이었다. 오늘날 기독교에서 큰 이단의 교주들은 대개가 나름대로 영웅들이다. 그리고 특이하게 사냥을 할 줄 안다. 영혼을 사냥하는 것이다. 다른 사람들이 애써 수고하여 얻은 신자들을 휩쓸어 담는 재주가 있다. 신약의 사도 바울이나 구약의 다윗은 그런 특이한 사냥꾼이나 영웅이 아니었다. 다윗은 항상 핍박과 고난과 심지어 궁핍에 시달려야 했다. 바울은 말할 것도 없다. 항상 부지런한 농부처럼 수고하고 피땀을 흘려서 열매를 맺었다. 그러나 거짓 교사들은 그 뒤를 따라다니며 그가 수고한 열매를 따 담으려 했다. 디모데 후서를 보면 바울이 수고해서 얻은 많은 사람들이 말년에는 다 떠나갔다.

니므롯은 자기가 힘들이지 않고도 특이하게 사냥을 해서 엄청난 무리를 형성하여 인도자 노릇을 했다. 그들의 나라는 시날 땅의 바벨이었다. 11장의 바벨탑을 쌓아 하나님을 거역한 대 사건에서 니므롯이 그 지도자였다. 함의 아들 가나안이 시돈, 헷, 여부스, 아모리, 기르가스, 히위 족속들을 낳아 결국 그들이 가나안 땅의 주인들이 되었다. 여호수아 때 이스라엘이 요단을 건너 가나안에 들어가서 일곱 부족을 쫓아낼 때의 원주민들이다.

셈은 야벳의 형이며 에벨, 벨렉 등의 자손을 낳았고, 그때부터 세상이 나누어지기 시작했는데, 그 결정적인 계기가 11장의 바벨탑 건설과 하나님의 심판이다.

11장

바벨탑을 쌓다

창세기 11장에서 사람들이 시날 평지에 모일 때까지 온 세상의 언어(langue)는 하나였다. 인간만이 언어를 사용할 수 있는 유일한 피조물이다. 당시 모든 인류가 한 언어를 사용하니 영웅이 나오기가 쉬웠으며 큰일을 도모하기가 쉬웠다. 그들은 동방 시날 평지에 이르러 영원히 흩어짐을 면하자 하고, 성과 대를 하늘 높이 쌓았다. 그들은 자신들의 이름을 내기 원했다. 즉 유명하게 되기를 원한 것이다. 사람들이 많이 모이면 그곳에는 반드시 이름을 내고 싶은 사람들이 나온다. 학교도 그렇고 사회도 그렇고 인간 사회는 어디든지 마찬가지다. 회장이 되고 대표가 되고 의장이 되고 싶은 사람이 나오는 것이다. 오늘날 모든 명예욕, 권력욕의 시작은 시날 땅에서 시작되었다.

그들의 언어를 혼잡케 하시다

여호와께서 그들의 쌓는 성과 대를 보시려고 강림하셨다. 사람들이 하나님을 제치고 인간 자체의 욕망 중 가장 마귀의 본성과 부합하는 높아지려는 것, 즉 교만을 부추기는 일들, 인간의 이름을 최고도로 높이려는 역사는 하나님의 마음에 근심을 가져다주며 결국 그분의 감찰과 심판을 가져온다. 바벨탑은 바로 그런 작품이다. 그분이 보시고 이들의 언어가 하나여서 이렇게 대단한 일을 하게 되었으니 그러한 일을 금지시키기 위해서는 언어를 혼잡케 하셔야 했다. 그때부터 언어가 달라 서로 알아듣지 못하게 되니 자연히 그들은 흩어지고 성 쌓는 일은 중지되었다.

타락한 사람들의 대연합 운동은 위험한 일이다. 결국 그들 가운데 지도자는 니므롯 같은 사람이 된다. 교회는 그러한 인본주의 운동의 산물이 아니다. 오순절 날의 방언은 바벨의 반대 역사이다. 바벨에서는 사람들의 언어를 혼잡하게 하셨으나 오순절의 성령 강림은 혼잡한 언어를 하나 되게 하셨다. 이것이 애초에 방언의 기능이다. 오늘날 어떤 이들은 방언을 한다고 자랑하는데, 그 방언이 서로를 하나 되게 하고 남의 덕을 세우는 것이 아니라면 의미가 없다. 그래서 바울은 방언을 하려면 혼자서 하나님과만 하고, 교회에서는 잠잠할 것이며 통역이 없으면 하지 말라고 했다(고전 14:28). 모든 것은 그 원래의 취지에서 벗어나서는 안 된다.

어떤 교회는 바벨론(히브리어로는 바벨이고 헬라어로는 바벨론이다)이 무엇인지, 신부인 새 예루살렘이 무엇인지도 모르고 무조건 단체가 크기만 하면 좋을 줄로 생각하고 대단한 건물에 대단한 인수를 자랑한다. 그리고 그 지도자는 많은 사람의 추앙을 받는다. 바벨론은 사람, 즉 니므롯의 이름이 높아지는 곳이다. 오늘날 어느 큰 교회 이름을 대면 주 예수의 이름이 나오는가, 아니면 그 지도자의 이름이 나오는가? 그 단체가 형성되어져서 과연 누가 유명해졌는가? 새 예루살렘은 그 중심과 보좌에 하나님과 어린양이 계신다. 계시록 22장의 새 예루살렘을 보면, 그곳에 어떤 지도자의 이름도 없고 다만 열두 문에 이스라엘 열두 지파의 이름이 있고, 맨 밑의 기초석에 열두 사도의 이름이 있다. 문지기가 있는 곳에, 기초석이 있는 곳에 사람들의 이름이 낮추어져 있을 뿐이다. 그곳은 어떤 특별한 사람이 높여지는 것이라고는 볼 수 없다. 교황이 없고 교주가 없는 것이 새 예루살렘이다. 교회라고 하지만 그곳에서 사람이 영광을 받고 그 이름이 높여진다면 그것은 바벨탑 교회이다. 그럼 교회에 인도자가 없어도 된다는 말인가? 그렇지 않다. 교회에 인도자가 있지만 그들은 주님의 이름이 높여지도록 그리스도의 말씀, 진리를 가르치고 본을 보이는 자들이다. 사람이 높여지는 곳은 바벨이지 교회가 아니다. 결론적으로 '바벨' 운동은 인본주의 운동이며 공명주의 운동으로서 하나님의 영광을 위하지 않고 사람의 이름을 높이며 자신들의 이름을 드러내겠다는 집합주의 운동으로서 오로지 자신들의 단체만을 발전시키려는 교권주의 운동이다. 오늘날 이런 운동을 하나님을 위한 것으로 착각하고 열렬히 기도하는 소리를 들을 때마다 탄식스럽다. 육체의 사람들이 대단하게 큰 무리를 형성하고 연합하는 것보다는 산산조각으로 나누어지는 것이 사람들을 더 겸손하게 하고 하나님 앞에 안전할 수 있다. 무조건 하나가 좋다고 하지 말라! 하나님께서는 성전이 돌 하나도 돌 위에 남지 않고 다 무너뜨려지리라고 하셨다. 오직 성령께서 역사하시고 주의 이름이 높여지는 연합이어야 귀하고 좋은 것이다.

셈의 족보

10-32절의 내용은 셈의 자손의 족보이다.(10장 21절부터 32절까지는 셈의 자손이 더욱 번성한 것을 상세하게 기록한다.) 여기 나홀의 이름이 나오고, 나홀은 데라를, 데라는 아브람과 나홀과 하란을 낳았다. 이때를 즈음하여 사람들의 수명이 짧아진다. 롯의 아버지인 하란은 일찍 죽었고, 아브람의 아버지 데라는 205세를 살았다. 이때 이미 아브람은 갈대아 우르에서 영광의 하나님의 부르심을 받고 갈대아 우르를 떠났는데, 그 떠나는 움직임을 주도한 사람은 아버지 데라이지 아브람이 아니었다. 원래 하나님은 아브라함 개인을 부르셨지 부모와 친척을 함께 부르신 것이 아니다. 그러나 아브람의 아버지 데라는 가나안 땅에 들어가기 전 하란에서 죽었다.

●족장시대 근친 결혼의 계통

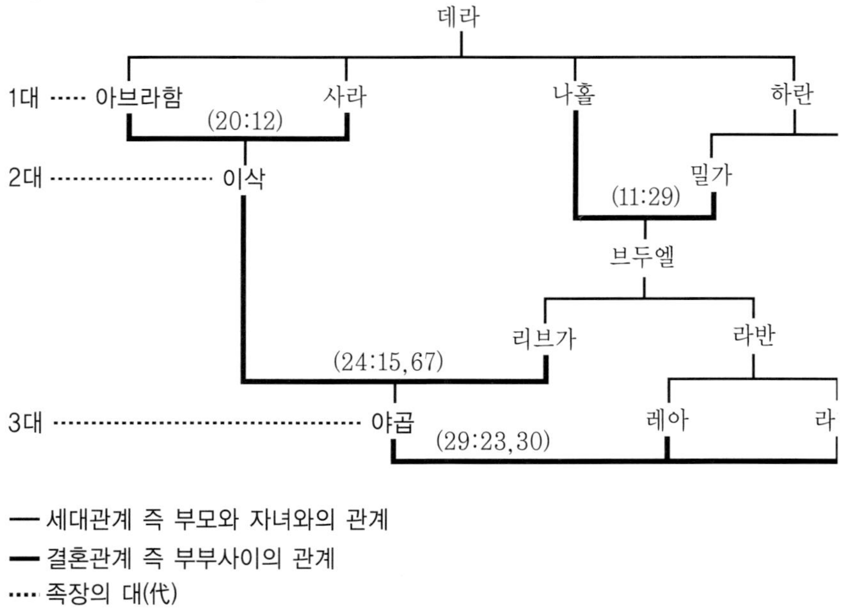

12장

하나님의 부르심

하나님은 비록 아벨, 에녹, 노아가 있었지만, 12장에 올 때에 새로운 시작을 갖고자 하셨다. 그것은 창조된 족속을 버리고 선택한 백성을 얻기 원하신 것이다. 창조된 족속의 머리는 아담이었지만 부르심받은 족속의 머리는 아브라함이다. 하나님은 노아를 통해 세상을 심판하셨지만 그를 부르심받은 자의 조상이 되게 하지는 않으셨다. 하나님은 어떤 일을 하실 때 분명한 기점을 갖고 시작하신다. 하나님께서는 아브람을 새로운 족속의 조상이 되도록 부르셨다. 즉 믿음의 조상이다. 그를 처음 부르신 것은 갈대아 우르에서인데, 이것은 여기 12장에는 기록되지 않고 사도행전 7장에 기록되었다(2-3절). 12장 1-3절은 하란에서의 두 번째 부르심으로 볼 수 있다. 우리는 성경에서 주 예수께서 제자들을 부르실 때도 한 번이 아니라 몇 번씩 부르신 것을 볼 수 있다. 베드로, 요한 등 제자들을 부르신 것도 마태복음 4장, 요한복음 1장, 누가복음 5장 등 다 다른 사건인 것을 볼 수 있고, 어느 시점이 먼저인지 구분하기 어렵지만 그들은 주님께 몇 번 씩 부르심 받아가면서 온전히 따른 것을 알 수 있다. 이것은 마치 초신자를 몇 번 씩 전도하고 심방해서 좋은 신자로 만드는 것과 비슷하다. 베드로의 경우, 3년 반 동안 주님을 따르고, 마지막으로 주님이 십자가로 가시기 전 세 번을 부인하고, 주님이 부활하신 후 고기 잡으러 갔다가 바닷가에서 다시 주님을 따르라고 부르심을 받는 것을 보면, 사람이 주님을 온전히 따르게 되는 것이 간단한 것이 아님을 알 수 있다.

축복의 부르심

왜 하나님은 아브람을 부르셨을까? “내가 너로 큰 민족을 이루게 하고 네게 복을 주어 네 이름을 창대케 하리니…너를 축복하는 자를 내가 복을 내리고…” 축복하시기 위함이었다. 그러나 사람이 축복을 받기 위해서는 믿음이 필요했다. 믿음이 있는 자는 아브라함과 같이 복을 받는다(갈 3:9). 하나님은 사람을 축복하기 원하시지만 축복하시려면 통로가 필요하다. “너는 복의 근원이 될지라”. 어떤 사역자가 좋은 사역자일까? 사실 아브람은 최초의 사역자라고 볼 수 있다. 그의 부르심은 사역의 부르심이다. 사역이란 그를 통하여 많은 사람이 축복을 받게 하는 그릇이 되는 것이다. 그럼 어떻게 해야 그런 축복의 통로와 그릇이 될까? 그의 일생이 주님께 기쁨이 되는 일생이 되어야 한다. 하나님이 기뻐하시는 것은 무엇일까? 바로 믿음이다(히 11:6). 아브람은 여호와의 말씀을 좇아갔다. 그의 나이 75세 때부터이다. 누구든지 아브람처럼 일생 하나님의 말씀을 믿고 순종하며 따른 자들은 축복의 근원이 될 수 있다.

온전하지 않은 믿음

아브람은 우리 모든 사람들처럼 처음부터 온전한 믿음을 갖지는 못했다. 그는 처음 갈대아 우르에서 하나님의 "너의 본토 친척 아비 집을 떠나라"는 명령을 받았을 때 아버지를 떠나지 못했고, 조카 롯도 떠나지 못했다. 떠나기는 떠났지만 주도적인 것은 오히려 아버지 데라였고 또 애비가 없는 불쌍한 조카 롯을 차마 떼어놓지 못했다. 그렇게 모두 함께 고향을 떠났다. 그는 순종했는가? 그렇다. 그러면 완전했는가? 그렇지는 못했다. 그러나 아브람의 귀한 점은 한 발 한 발 완전을 향하여 배우며 순종하며 버리며 따랐다는 것이다. 75세가 되어 가나안에 이르렀을 때는 이미 아버지는 하란에서 죽었고, 조카 롯과 하란에서 모은 소유와 얻은 사람들을 이끌고 들어온 것이다.

가나안 땅에 들어와서 세겜으로, 벧엘로 나아가다

먼저는 세겜 땅 모레 상수리나무에 이르렀다. 세겜은 어깨, 능력이라는 뜻이며, 모레는 지식이라는 뜻이다. 처음 우리가 부르심을 받아 가나안에 들어왔을 때, 즉 신앙을 접했을 때, 우리는 흔히 능력과 지식에 흥미를 갖게 된다. 성경의 놀라운 지식을 흠모하고 거기에 빠지며 또는 능력주의와 은사주의에 매혹되기도 한다.

그러나 거기서 더 나아가 벧엘로 올라가야 한다. 아브람은 벧엘과 아이 사이에 장막을 쳤다. 아이는 무더기라는 뜻이고, 벧엘은 하나님의 집이라는 뜻이다. 은사와 능력주의 신앙에 머물러서는 안 되고 반드시 하나님의 집으로 나아가야 한다. 은사와 능력이 어느 정도 개인적인 것이라면, 벧엘에 이를 때에는 더 이상 개인주의가 없다. 하나님의 집은 그리스도의 몸으로서 모든 지체가 다른 지체와 연결되고 연합된 것이다. 서로 함께해야 하고 개인적으로 혼자 떨어진 존재가 아니므로 여러 지체들 속에 있어야 한다. 여러 지체 가운데 하나인 나이지 은사나 능력이 출중한 나 개인이 아닌 것이다. 나는 많은 지체들 가운데 있는 한 사람이다. 이런 자는 작은 자이고 순종하는 자이다.

하나님의 집으로 나아가려면 능력과 지식의 교만에서 나와야 할 뿐 아니라 무더기를 뒤로 해야 한다. 그리고 벧엘 곧 하나님의 집인 교회의 원래 모형을 바라보고 장막을 쳐야 한다(8절). 무더기란 혼란과 육체와 죄악의 무더기이다. 그런 것을 뒤로 하지 않으면 교회를 위한 발걸음을 내디딜 수가 없다.

아브람의 믿음의 훈련

아브람은 가나안에 머물다 기근이 임하자 애굽으로 내려가려 했다. 그는 함부로 거주지를 옮겨서는 안 되었다. 가나안 땅은 하나님께서 지시하신 땅이다. 아브람은 믿음의 아버지가 되어야 할 사람이고 아버지가 되려면 그 자신이 하나님을 아버지로 알아야 한다. 그러나 기근이 나자 그는 하나님의 지시하심을 깜박 잊어버렸다. 아브람은 그 땅을 귀히 여겨야 했고 아무리 배가 고파도 하나님께서 아버지시니 굶어죽지 않게 하실 분임을 믿었어야 했다.

그는 애굽에 가까이 갈 때 걱정거리가 생겼다. 그것은 아내 사래가 너무 아름다웠기 때문에 애굽 사람들에게 아내를 빼앗기고 자기는 죽임을 당할 것 같았기 때문이다. 그래서 아내와 상의하여 그녀를 누이라 하자고 했다. 아브람의 걱정은 현실이 되었다. 바로의 대신들은 왕을 위해 사래를 궁으로 불러들이고 아브람에게는 양과 소와 노비를 주었다. 여호와께서 그의 아내 사래를 지켜주시기 위해 바로와 그 집에 재앙을 내리시니 바로가 그 원인을 알고 아브람을 불러서 아내를 내어주고 데려가라고 했다. 그래서 아내도 잃지 않고 많은 재산도 얻게 되었다. 아브람은 이 사건을 통해서 하나님이 모든 것을 도우시고 보호하시는 아버지임을 배우게 되었다.

13장

아브람과 롯이 서로 갈라지다

아브람은 애굽에서 나올 때 거부가 되어 나왔다. 그가 가나안에 들어와 벧엘과 아이 사이에 이르니 처음으로 단을 쌓은 곳인데 그곳에서 여호와의 이름을 불렀다. 성도들은 어느 곳에 있어도 주의 이름을 부를 수 있을 것 같지만 그렇지가 않다. 주님이 있으라고 한 곳에 있어야 한다. 아브람의 조카 롯도 재산이 많이 생겼다. 아브람의 가축의 목자와 롯의 가축의 목자가 그 원주민들인 가나안인들 앞에서 서로 다투었다. 그들의 소유가 많기 때문이었다. 세상에서 부자가 되면 가족들 간에 싸움이 나는 것과 비슷하다. 오늘날 교회가 인수가 늘고 교회 재산이 불어나면 분쟁이 생기는 것도 같은 이치이다. 그것도 믿지 않는 사람들 앞에서 싸우는 것이다.

그때 아브람이 롯에게 제안했다. “우리는 한 골육이니 나나 너나 내 목자나 네 목자나 서로 다투게 말자 네 앞에 온 땅이 있지 아니하냐 나를 떠나라 네가 좌하면 내가 우하고 네가 우하면 내가 좌하리라”. 즉 아브람은 조카에게 선택권과 우선권을 주었다. 이렇게 이방인들 앞에서 싸울 것이 뭐가 있느냐? 이젠 나를 떠나거라. 롯도 이젠 아브람이 필요 없을 정도로 많이 가졌고 많이 컸다. 롯은 지체하지 않고 요단 온 들을 택했다. 온 땅에 물이 넉넉하여 여호와의 동산 같기도 하고 애굽 같기도 한 소돔과 고모라 쪽을 택한 것이다. 아브람은 가나안 땅에 거하였고 롯은 평지 성읍 들에 머물며 점점 소돔을 향해 갔다. 내려가는 발걸음은 처음에는 작은 한 걸음이지만 가다보면 마침내 부패와 죄악을 향하게 된다.

아브람이 헤브론으로 옮기다

롯이 떠난 후 하나님은 아브람을 축복하셨다. “동서남북을 바라보라 보이는 땅을 너와 네 자손에게 주리라 내가 네 자손으로 땅의 티끌 같게 하리라”, “너는 일어나 땅을 종과 횡으로 행하여 보라 내가 그것을 네게 주리라”. 이것이 주님의 축복이다. 롯은 내려가고 아브람은 올라간다. 아브람이 이 지점에서 한층 더한 축복을 받은 것은, 떠날 것을 떠나고 분별할 것을 분별했기 때문이다. 그는 하란에서 아버지를 떠났고, 이 지점에서 조카를 떠났다. 아브람은 이 과정에서 이 땅의 부요나 장래를 생각지 않았고 그 모든 선택의 우선권을 롯에게 주었다. ‘네가 좋은 것을 다 가져라’ 한 것이다. 롯은 땅의 부요함을 택하였고, 아브람은 하나님을 택하고 약속의 땅을 택하였다. 그리고 그는 벧엘에서 더 나아가 헤브론에 이르렀다. 세겜, 벧엘, 헤브론은 그가 가나안을 여행하는 동안 머물렀던 중요한 지점들이다. 헤브론은 교통을 의미한다. 하나님의 집이 중요하지만 교통은 더욱 중요하다. 하나님과의 교통, 성령 안의 교통, 성도들과의 교통이 없이는 교회 생활의 실제가 없다.

14장

아브람이 사로잡혀간 롯을 구하다

롯이 좋은 곳이라고 선택하여 살러 간 곳은 소돔과 고모라 쪽이었다. 그런데 그곳에서 전쟁이 일어났다. 강한 네 나라와 비교적 약한 다섯 나라의 싸움이었다. 강한 네 나라의 중심은 시날 왕 아므라벨과 엘람 왕 그돌라오멜 등이었다. 약한 소돔 왕 베라와 고모라 왕 비르사 등 다섯 나라가 12년 동안 엘람 왕 그돌라오멜을 섬기다가 13년째 배신하자 14년에 그돌라오멜과 동맹한 왕들이 르바 족속, 수스 족속, 엠 족속을 치고 호리 족속과 아모리 족속을 쳤다. 그 다섯 왕(소돔과 고모라 왕 등)이 엘람 왕 그돌라오멜과 고임 왕 등 네 왕과 교전하였는데, 네 왕이 소돔과 고모라의 모든 재물과 양식을 빼앗고 소돔에 거하던 조카 롯도 사로잡고 재물까지 노략하여 갔다. 그 전쟁 중에 도망한 자가 와서 히브리 사람 아브람에게 그 조카의 사로잡힘을 말해주니 아브람이 집에서 길리고 연습한 318인을 거느리고 모든 빼앗겼던 재물과 조카 롯과 부녀와 인민을 다 찾아왔다.

멜기세덱이 아브람을 축복하다

아브람이 그돌라오멜과 함께한 왕들을 파하고 돌아올 때 소돔 왕이 사웨 골짜기에 나와 그들을 영접하고 또 살렘 왕 멜기세덱이 떡과 포도주를 가지고 나왔는데 그는 지극히 높으신 하나님의 제사장이었다. 그가 아브람을 축복하며 "천지의 주재이신 하나님이여 아브람에게 복을 주옵소서 너의 대적을 네 손에 붙인 지극히 높으신 하나님을 찬송할지라" 하니 아브람이 그 얻은 것에서 십분지 일을 멜기세덱에게 주었다. 멜기세덱에 대하여는 히브리서에 자세히 나온다. 그는 그리스도의 제사장 직분의 예표가 된 인물이다.

한 편 소돔 왕은 아브람에게 '네가 싸워 이겼으니 물품은 네가 갖고 사람은 내게 보내라'고 하였다. 그때 아브람은 "네게 속한 것은 실 한 오라기나 신들메 끈이라도 취하지 아니하겠다" 하면서 다만 함께 싸움에 참여한 젊은이들의 먹은 것과 동행한 사람들의 몫을 제하면 된다고 하였다. 아브람은 장래 있을 어려움을 위하여 늘 예비한 자였고, 곤경에 처한 형제를 구한 자였다. 그는 이기는 자의 전형이고 롯은 다른 형제의 도움을 받지 않으면 살 수 없는 자였다. 그는 언제나 하나님의 축복을 받는 자였고, 하나님의 종으로서 더 높은 품격을 지킬 수 있도록 구차하게 남의 재물을 소유하려 하지 않았다.

15장

여호와께서 아브람에게서 아들이 태어날 것을 언약하시다

15장부터 하나님께서 아브람의 믿음을 직접적으로 가르치시는 것이 나온다. 그것은 말씀을 통해서이며 그의 가장 절실한 필요를 만지는 것을 통해서이다. 어쩌면 14장의 전쟁 후에 아브람은 싸울 때는 정작 느끼지 못했을 약간의 두려움이 생겼을 수도 있다. 그때 하나님은 두려워말라고 하시며 '내가 너의 방패(shield)라'고 하신다. 또 지극히 큰 상급(형제를 위험에서 구출한 것이 하나님 앞에 크게 잘했다는 뜻)이라고 하시며 격려하신다. 참으로 하나님은 아브람의 아버지시다. 아브람에게 당시 가장 시급한 과제는 자식이 없으니 장래 누가 그의 상속자가 되느냐는 것이었다. 아브람은 하나님께 다메섹에서 데려온 엘리에셀이 그의 상속자가 되는 것이냐고 물었고, 하나님께서는 "그 사람은 아니고 너의 몸에서 날 자가 너의 후사라"고 하셨다. 그리고 아무 자식도 없는 아브람을 이끌고 밖으로 나가 "하늘을 우러러 뭇별을 셀 수 있나 보라 네 자손이 이같으리라" 하셨다. 그때 아브람은 하나님의 그 말씀을 믿었고 그 믿음을 하나님은 의로 여기셨다. 하나님의 말씀을 믿는 믿음, 이것이 신약 믿음의 가장 좋은 모범이다.

여호와께서 가나안 땅을 주실 것을 언약하시다

또 하나님께서는 그에게 '이 땅을 네게 주어 기업을 삼게 하려고 너를 갈대아 우르에서 불러냈다'고 하신다. 그러자 아브람은 "주 여호와여 내가 이 땅을 소유로 받을 것을 무엇으로 알리이까" 하고 물었다. 한 가지는 믿었지만 둘은 못 믿는 수가 있다. 물질적 공급의 하나님은 믿었지만 치료하시는 하나님은 못 믿는 수가 있다. 하나님의 사랑은 믿지만 하나님의 보호하심은 믿지 못하는 수가 있다. 이렇게 믿음이 연약한 자들을 위해 언약이 필요하다. 즉 언약이란 하나님께서 인간의 연약함을 돌아보시고 사람의 차원에 내려오셔서 믿도록 도와주시기 위해 증거를 제시해주시는 것이다.

그때 여호와께서 3년 된 암염소와 수양과 산비둘기와 집비둘기 새끼를 취하여 그 중간을 쪼개어 쪼갠 것을 마주 대하여 놓았다. 해질 때에 아브람에게 깊은 잠이 임하고 큰 흑암과 두려움이 임했는데, 그때 예언의 말씀을 주셨다. "네 자손이 이방에서 객이 되어 400년 동안 그들을 섬기고 그들은 너의 자손을 괴롭게 할 것이다, 그 섬기는 나라를 내가 심판할 것이며 네 자손이 큰 재물을 가지고 거기서 나오며 너는 장수하다가 평안히 조상에게 돌아갈 것이요 네 자손은 사대 만에 이 땅으로 돌아올 것이라" 하셨다. 이 땅이 아브람 자손의 땅이 될지라도 한 동안 괴로움의 시간을 지날 것이라는 말씀이다. 그때 해가 져서 연기 나는 풀무가 보이며 횃불이 쪼갠 고기 사이로 지나갔다. 이것은 하늘의 불이요 하나님께서 아브라함에게 보여주신 언약의 증표이다. 이때 여호와께서 아브람과 더불어 언약을 세우시며 "이 땅을 애굽 강에서부터 큰 강 유브라데까지 네 자손에게 주리라"하셨다. 예수 그리스도의 피로 세우신 용서의 언약, 생명의 언약은 언약 중의 언약, 새 언약이다.

16장

하갈을 통해 이스마엘을 낳다

15장과 16장 사이에는 세월이 좀 흐른 것 같다. 최소한 8-10년은 흘렀을 것이다[3절]. 그래도 자식이 생기지 않자 15장의 '네 몸에서 날 자'라는 말씀에 대한 믿음이 흔들렸을 수 있다. 혹 흔들리지 않아도 내심 긴장이 되었을 수도 있다. 나이는 들어가고 하나님께서 아들을 주신다 했는데 아이는 생기지 않는 것이다. 그때 아브람의 아내 사래가 남편에게 한 가지 제안을 했다. "여호와께서 나의 생산을 허락지 않으셨으니 나의 여종 하갈과 동침하라 그로 말미암아 아들을 얻을까 하노라". 아브람은 선뜻 그 말을 듣고 하갈과 동침했으며 하갈은 아이를 잉태하게 되었다. 하갈은 자기가 임신한 것을 알고 여주인 사래를 멸시하기 시작했다. 사래는 아브람에게 그 사실을 고하고 하갈을 학대했다. 그러자 하갈이 사래 앞에서 도망했는데, 광야 샘 곁에서 여호와의 사자가 그녀를 만나 여주인에게 돌아가라고 했다. 그녀는 다시 돌아왔고 이스마엘이라는 아들을 낳았다. 그때 아브람의 나이가 86세였다. 이스마엘은 아브람이 자기 힘으로 낳은 아들이다. 그에게 믿음이 있었던 것이 사실이지만 믿음이 있는 자는 또한 은혜를 알아야 한다. 믿음과 은혜가 합해져야 역사가 일어난다. 믿음이 있다고 해도 사람의 힘이 들어가면 이스마엘을 낳게 된다.

17장

하나님께서 '아브람'의 이름을 '아브라함'으로 바꿔주시다

16장과 17장 사이에 또 다시 13년의 세월이 흘렀다. 아브람의 99세 때이다. 하나님은 13년 동안 아브람에게 나타나지 않으셨다. 나타나지 않으셨거나 그렇다 할 일이 없이 지나간 것이다. 아마도 아브람은 이스마엘을 사랑하며 시간 가는 줄 모르고 살았을 것이다. 그때 하나님은 아브람에게 "나는 전능한 하나님이라 너는 내 앞에서 행하여 완전하라" 하셨다. 사실 그 이전에 아브람은 완전하지 못했다는 말이다. 그리고 '높여진 아비'라는 뜻의 '아브람'의 이름을 '열국의 아비'라는 뜻의 '아브라함'으로 바꿔주셨다. 그러면서 "내가 너로 심히 번성하게 하리니 나라들이 네게로 좇아 일어나며 열 왕이 네게로 좇아 나리라" 하셨다. 또 아브라함에게 그들 중 모든 남자는 할례를 받으라고 하셨다. 이것이 바로 하나님의 백성이 되는 표시이며 언약의 백성의 표시였다. 그리고 할례를 받지 않은 자는 백성 중에서 끊어질 것인데 이는 언약을 배반했기 때문이라 하셨다. 로마서와 갈라디아서에 의하면 육신으로 낳은 아브라함의 자손이 하나님의 자녀가 아니라, 약속의 자녀가 하나님의 자녀라고 한다(롬 9:8). 이스마엘은 아브라함에게서 났지만 약속으로 낳은 자가 아니라 아브라함의 힘으로 얻은 자이기에 하나님의 자녀가 될 수 없다는 말씀이다. 오직 하나님의 약속을 믿음으로 낳은 아들 이삭만이 하나님의 자녀로 계산이 된다.

하나님께서 '사래'의 이름도 '사라'로 바꿔주시다

하나님께서는 또 아브라함에게 그 아내 이름을 '나의 왕녀'라는 뜻의 '사래'라고 하지 말고 '열국의 어미'라는 뜻의 '사라'라 하라고 하셨다. 이때 와서 아브라함과 사라는 완전해지고 있다. 이름이 바뀌고 있는 것이다. 하나님은 사라에게 복을 주시어 아들을 낳게 해주시고, 그로부터 민족의 열 왕이 나며, 그녀는 열국의 어미가 될 것이라 하신다. 그때 아브라함이 심중에 웃으며 '백 세 된 사람이 어찌 아들을 낳을 수 있겠는가, 사라는 구십 세니 어찌 생산하겠는가' 했다. 그러면서 그저 이스마엘이나 하나님 앞에 살기 원한다고 했다. 그러나 하나님께서는 "사라가 네게 아들을 낳으리니 그 이름을 이삭이라 하라"고 하시며 이스마엘도 크게 번성하게 하겠다고 하셨다. 하나님께서 아브라함과의 말씀을 마치시고 그들을 떠나 올라가셨다.

아브라함이 집안 모든 남자에게 할례를 행하다

아브라함이 그날 말씀하신 대로 아들 이스마엘과 그 집에서 자란 자, 돈으로 산 자 모두 양피를 베고 할례를 행하니 아브라함 99세 때요 이스마엘 13세 때였다.

18장

부지중에 하나님의 사자들을 접대하다

18장에서 아브라함이 손 대접하는 자세와 19장에서 롯이 손 대접하는 자세는 차이가 있다. 아브라함은 따뜻하게 마음을 다해 손님들을 영접했다. 그럴 때 부지중에 천사를 대접하게 되었다(히 13:2). 이때 아브라함을 방문한 세 사람 중은 한 분은 사실 하나님이셨다.

하나님께서 사라에게 아들이 있을 것이라고 약속하시다

하나님은 아브라함의 접대를 기꺼이 받으시고 사라를 찾아 사라에게 기한이 이를 때에 아이가 있으리라고 하셨다. 사라는 속으로 웃었고, 여호와께서는 왜 사라가 웃느냐고 하시며 약속을 재확인해주셨다[14절]. 사라는 두려워서 웃지 않았다고 하였고, 여호와께서는 '아니라 웃었느니라' 하셨다. 하나님은 사람과 마치 친구에게 하듯 말씀하신다. 하나님의 일행이 일어나서 소돔으로 향하고 아브라함은 전송하러 나갔는데, 그때 여호와께서 자신의 하시려는 일을 아브라함에게 숨기겠냐고 하시면서 아브라함은 강대한 나라가 될 것이며 그로 인하여 천하 만민이 복을 받으리라고 하셨다. 이 땅에 한 사람이라도 온전히 주님을 따르는 사람이 있으면 그로 인하여 많은 사람이 축복을 받게 된다.

아브라함이 소돔을 위해 하나님 앞에서 중재하다

두 번째로, 하나님은 소돔과 고모라에 대한 부르짖음이 크고 그 죄악이 심히 무거우므로 가서 보고 그 부르짖음과 같은지를 확인하겠다고 말씀하신다. 아브라함은 하나님께서 조카가 있는 소돔 성, 죄악이 가득한 그 성을 멸하려 하신다는 것을 알았다. 그리고 중보기도를 시작했다. 그 성 중에 의인 50이 있다면 용서하시겠느냐 여쭈었다. 여호와께서는 용서하시겠다고 하셨다. 자신이 없었던 아브라함은 45명, 40명, 20명, 10명까지 줄여가면서 매우 경외하는 말로 여쭈었다. 여호와께서는 10인을 위해서도 멸하지 않겠다고 하셨다. 결국 소돔은 의인 10인이 없었던 것이다. 그 성이 완전히 불로 멸망당한 것을 보면 그러하다. 오늘날 이 나라에 의인이 몇이나 있을까? 하나님께서는 의인들을 찾고 계신다. 주님께서 이 나라를 긍휼히 여기시기 바란다.

19장

소돔의 죄악상

18장에서 아브라함을 방문한 천사는 셋이었는데, 소돔 성의 롯을 방문한 천사는 둘이었다. 18장의 세 천사 중 한 분은 소돔 성의 부르짖음을 듣고 그 성의 죄악을 심판하시기 위해 범죄가 가득한 도시를 사실 확인하러 오신 하나님이시다. 그러나 19장의 두 천사는 롯을 그 멸망 가운데서 구출해내러 온 천사들이다.

롯도 소돔 성문에 앉아 있다가 천사들을 영접하긴 했는데 아브라함과 같이 마음을 다해 따뜻하게 영접하는 느낌이 아니다. "일어나 영접하고 땅에 엎드려 내 주여 돌이켜 종의 집으로 들어와 주무시고 가소서." "우리가 거리에서 밤을 새우리라." "롯이 간청하매 그제서야 돌이켜 그 집으로 들어오는지라".

"그들이 눕기 전에 그 성 사람들 곧 소돔 백성들이 노소를 막론하고 원근에서 다 모여 그 집을 에워싸고 롯을 부르고 그에게 이르되 오늘밤에 네게 온 사람들이 어디 있느냐 이끌어내라 우리가 그들을 상관하리라". 그들은 그야말로 성(性)에 미친 남색자들이었다. 롯은 차라리 자기의 두 딸을 내어주겠으니 너희들 좋을 대로 하고 이런 악을 행하지 말라고 했다(롯은 경건한 자였지만 어느 정도 소돔의 죄악된 문화에 물든 부분이 있다, 죄악의 도시에 산 연유이다). 우리는 여기서 영적인 존재들인 천사들이 시간 안에, 사람들의 눈에 보이도록 물질적인 존재로 나타날 수 있음을 알 수 있다(6장에서 하나님의 아들들이 사람의 딸들을 아내로 삼는 일과 관련지어 생각해보라). 그 사람(천사)들은 소돔 백성들과 어렵게 대화하는 롯을 집으로 끌어들이고 문을 닫고 문밖의 무리의 눈을 다 어둡게 하니 그들은 회개하는 것이 아니라 문을 찾느라고 계속 헤매었다.

소돔의 멸망에서 롯을 구출하시다

그 사람들(천사들)은 롯에게 네게 속한 권속들을 다 이끌어내라고 하면서 여호와 앞에 그 성에 대한 부르짖음이 크므로 그 성을 멸하러 우리를 보내셨고 우리는 멸할 것이라고 한다. 롯이 나가서 그 딸들과 정혼한 사위들에게 이 사실을 말하니 그들이 농담으로 여겼다. 날이 샐 때에 두 천사가 롯에게 아내와 두 딸이나 이끌어내라고 재촉했다. 롯이 지체하니 그 사람들(천사들)이 롯의 손과 아내의 손과 두 딸의 손을 잡아 인도하여 성 밖에 두었다. "여호와께서 그에게 자비를 더하심이었더라".

롯은 재앙을 두려워하여 천사들이 지정하는 산이 아닌 작은 소알이라는 성읍으로 가서 피하게 해달라고 했다. 그러자 천사는 그것도 허락하면서 그 성읍을 멸하지 않겠다고 했다. 그때 여호와께서 유황과 불을 비같이 내리사 소돔 성을 멸하셨다. 롯의 아내는 뒤를 돌아다보다 소금기둥이 되었다. 아브라함도 소돔과 고모라 성의 멸망을 바라보았다. 하나님은 아브라함을 생각하셔서 조카 롯을 구하셨다고 기록한다(29절). 여기서 우리는 중보기도의 위력을 대한다.

롯이 모압과 암몬 자손의 조상이 되다

롯이 소알에 거하기를 두려워하여(소돔과 비슷한 모습들을 대하고 그랬을 것이다) 그제서야 산으로 올라갔다. 그때 두 딸은 자기들에게 배필이 없으니 아버지 롯에게 술을 마시게 하고 동침하여 후손을 전하자고 한다. 그렇게 해서 큰 딸이 낳은 아들은 모압의 조상이 되고 둘째 딸이 낳은 아들은 암몬 자손의 조상이 되었다. 이들은 두고두고 이스라엘에게 어려움이 되는 존재들이었다.

20장

아브라함과 그랄 왕 아비멜렉

이 장은 아브라함이 아직 아들을 낳기 이전의 일일 것이다. 20장에서는 아브라함이 12장에서 한 실수와 똑같은 사건이 반복된다. 그때는 애굽에 내려가 애굽 왕 바로에게 아내를 누이라고 하여 빼앗길 뻔하였는데 이번에는 그랄 왕 아비멜렉에게 똑같은 실수를 한 것이다. 그러나 하나님께서 아브라함을 위해 아비멜렉에게 현몽하셔서 '네가 데려간 여인으로 말미암아 네가 죽으리라(그녀는 남편 있는 여자라)'고 하셨다. 그러자 아비멜렉은 자기가 온전한 마음과 깨끗한 손으로 이렇게 하였고 둘이서 서로 오누이라고 하여 취하려 하였는데 이렇게 의로운 백성도 멸하시느냐고 하면서 하나님께 구하였다. 하나님께서는 "네가 온전한 마음으로 이렇게 한 줄 알았기에 너를 막아서 내게 범죄하지 못하게 한 것이라…그는 선지자라 그 사람의 아내를 돌려보내라" 하셨다. (하나님께서는 하나님을 모르는 자들에게도 그들 수준에 맞추어 대화를 해주시는 것을 볼 수 있다.) 이어서 "그가 너를 위해 기도하리니 네가 돌려보내지 않으면 너와 네게 속한 모든 자가 반드시 다 죽을 것이라"고 하셨다. 그러자 아비멜렉은 아침에 일찍이 일어나 모든 종들을 불러서 이 일을 말해주니 그들이 심히 두려워하였다.

아비멜렉은 아브라함을 불러서 "네가 도대체 무슨 뜻으로 이렇게 하여 우리와 내 나라가 큰 죄에 빠질 뻔하게 하였는가" 하고 추궁하듯 물었다. 아브라함은 대답하기를 이곳 사람들은 하나님을 두려워함이 없으므로 나를 죽이고 내 아내를 빼앗아 갈까 염려해서이며 또 내 아내는 사실 나의 이복누이로서 내 아내가 되었기 때문이라고 좀 궁색한 변명을 하였다. 아비멜렉은 양과 소와 종들을 이끌어 아브라함에게 주고 사라도 돌려보내었다.

또 아비멜렉은 사라에게 은 천개를 네 오라비(아브라함)에게 주어서 그것으로 너와 함께한 여러 사람 앞에서 네 수치를 가리게 하였으니 네 일이 해결되었다고 했다(이는 원문에서 '이는 네 얼굴을 가릴 눈가리개 구입비이니 네 얼굴을 가려서 유혹의 기회를 주지 말라'는 뜻이다). 이는 아브라함이 사라의 얼굴 가리개가 되어야 한다는 뜻이다. 사라가 남편을 오라비라고 부른 것은 다른 사람에게 얼굴 가리개를 열어 주었음을 의미한다. 아브라함이 기도하니 하나님께서 아비멜렉과 그 아내와 여종의 닫았던 태를 고쳐주셔서 출산하게 하셨다.(하나님께서는 이왕에 사라의 일로 아비멜렉의 집의 모든 태를 닫으셨었다.)

아브라함의 두 번의 실수

주님을 사랑하는 신실한 성도라 하더라도, 또 오랜 동안 신앙생활을 해오고 많은 면에서 좋은 진보가 있다 할지라도, 아브라함과 같이 성도들도 빠지기 쉬운 함정이 있을 수 있다. 아브라함은 이것에 있어서 첫 번째 실수를 저질렀을 때 철저히 배우지 못한 것이 원인일 것이다. 사람마다 아킬레스건과 같은 부분이 한두 개씩 있는데, 그것을 콤플렉스 혹은 핸디캡이라고 할 수 있다. 어릴 때 부모의 돌봄과 사랑을 합당하게 받지 못한 것, 오랜 동안 배우자가 없이 홀로 외로이 살아온 것, 두뇌가 좋고 명석한데 어릴 때 가정 형편상 원하는 학업을 이루지 못한 아쉬움, 어릴 때부터 가난으로 인한 멸시와 곤경에 시달려 큰 돈을 벌고자 하는 욕망 등이 있을 수 있다. 사람의 깊은 데 있는 이런 콤플렉스들은 결정적일 때 사람을 나락으로 떨어지게 하여 수치를 당하게 할 수 있다. 그런 콤플렉스를 가진 사람들에게 절호의 기회가 오면 하나님과 주 예수와 성령의 음성은 어디로 간 곳이 없고, 평소 그 사람이 아닌 괴상한 모습으로 나타나기도 하며 아브라함처럼 거짓말도 하게 된다. 그리고 평소의 그 사람답지 않은 반응이 나오게 되는데, 그것은 그에게 큰 수치가 된다. 왜 그런 자리에서 거짓말을 할까? 그 기회만은 반드시 놓치지 않고 싶어서이다. 또 그런 수치스런 부분을 가리고 싶어서이다. 그런 인간의 반응은 거의 본능에 가깝다.

아브라함에게 있어서 그 아내의 일은 그에게 가장 큰 콤플렉스가 되어 있었다. 그것은 두 가지인데, 하나는 공포감 즉 사람들을 두려워하는 문제(자기를 죽이고 아내를 빼앗아 갈 수 있다는)이고. 또 다른 하나는 아내 사라의 얼굴이 자기가 보기에도 너무 예뻤기 때문이다. 두려워하는 일은 꼭 일어나고 만다(욥 3:25 "나의 두려워하는 그것이 내게 임하고 나의 무서워하는 그것이 내 몸에 미쳤구나").

21장

사라가 이삭을 낳다

21장에서는 여호와의 말씀대로 아브라함과 사라에게서 이삭이 출생하였다. 8일 만에 할례를 행하였고, 그때 아브라함의 나이는 100세였다. 이삭이 젖을 떼는 날에 아브라함이 큰 잔치를 베풀었는데, 사라가 하갈의 소생 이스마엘이 어린 이삭을 놀리는 것을 보고 아브라함에게 그 사실을 말하면서 하갈과 그 소생을 내쫓으라고 했다. 하나님은 고민하는 아브라함에게 "사라가 네게 이른 말을 다 들으라 이삭에게서 난 자가 네 씨라"고 하셨다.

하갈과 이스마엘을 내쫓다

아브라함은 아침에 일찍 빵과 가죽부대를 가져다가 하갈의 어깨에 메워주고 아이 이스마엘과 함께 떠나보냈다. 하나님께서는 브엘세바 광야에서 방황하는 하갈을 돌아보시고 이스마엘을 통해서도 큰 민족을 이루게 하리라고 하시면서 샘물을 발견케 하셔서 물을 가죽부대에 채워 목이 말라 우는 아이에게 마시게 하셨다. 그가 바란 광야에 거할 때에 어머니 하갈이 그를 위해 애굽 여자를 아내로 얻어 주었다. 하나님은 긍휼이 크셔서 그분의 종이 실수로 낳은 아들까지도 돌보아 주셨다. 하나님이 여러모로 돌보아 주신다고 해서 그 돌봄을 받는 사람이 반드시 하나님의 뜻을 이룰 하나님의 자녀는 아니다.

아브라함과 아비멜렉이 언약을 맺다

20장의 아비멜렉은 아브라함을 보낸 후에 계속해서 그를 주시했을 것이다. 그 때문에 죽을 경을 치렀기 때문이다. 그는 비골이라는 장군과 함께 아브라함을 찾아왔다. 그리고 서로 불가침 조약을 맺자고 하였다. 아브라함이 항상 하나님의 축복과 보호 아래 있다는 것을 보았기 때문이다. 아브라함은 그 자리에서 아비멜렉의 종들이 자신의 우물을 빼앗은 일을 놓고 그를 책망하였다. 하나님의 축복 아래 있는 사람들은 시간이 지날 때 대적과 처지가 바뀌는 일이 많다. 지난 장에서는 아브라함이 낮은 위치에서 헤맸지만, 21장에서는 그가 아비멜렉을 책망하는 강한 위치에 있게 되었다. 그러자 아비멜렉이 궁색하게 변명했다. "나에게 그 사실을 말하지 않았지 않은가? 나는 듣지 못했다. 누가 그랬는지 잘 모른다." 아브라함은 양과 소를 가져다가 언약하고 일곱 암양을 아비멜렉에게 맹세의 대가로 준다. 그것이 바로 우물을 판 증거이다. 그래서 그곳 이름을 브엘세바라 하였고(맹세의 우물, 혹은 일곱 개의 우물), 아브라함은 그곳에 에셀 나무를 심고 영생하시는 여호와의 이름을 불렀다.

이스마엘은 바란 광야에서 자라 활 쏘는 자가 되었으며(20절), 이삭은 아버지와 함께 브엘세바, 일곱 우물 곁에서 생명나무와 흡사한 상록수 에셀 나무를 심고 영생하시는 여호와의 이름을 불렀다. 즉 하나는 광야에서 거칠게 살면서 활을 쏘고 전쟁하는 자가 되었으며, 다른 하나는 영생하는 샘물 가에서 기도하고 묵상하며 하나님을 경배하는 자가 되었다.

22장

아브라함에게 이삭을 번제로 드리라 하시다

22장에서 아브라함이 이삭을 주님께 제물로 드리는 것은 실로 아브라함의 믿음의 절정을 보여준다. 그 누가 100세에 난 아들을 제물로 드리라고 할 때 순종할 수 있겠는가? 이것은 인간으로서는 불가능한 일이다. 로마서 4장에서는 이 일에 대해 아브라함이 죽은 자를 다시 살리시는 하나님을 믿었다고 했다. 그의 믿음은 절대로 지식과 교리가 아니었다.

1절의 '이 일 후에'란 브엘세바에서 영생하는 하나님의 이름을 부른 일이 있은 후를 가리킬 것이다. 그는 지금까지 훈련을 통해서 하나님을 순종하는 믿음을 배웠다. 한 발 한 발 하나님을 순종하면서 여기까지 왔다. 억지로 순종하는 것은 믿음이 아니다. 22장 전체 내용을 읽어볼 때 아브라함은 눈물도 원망도 없다. 그냥 하나님이 말씀하시면 순종했다. "네 아들 사랑하는 독자 이삭을 데리고 내가 네게 일러준 한 산 거기서 번제로 드리라…아브라함이 아침에 일찍이 일어나 나귀에 안장을 지우고…이삭을 데리고 번제에 쓸 나무를 쪼개어 가지고 떠나…하나님이 일러주신 곳으로 가더니". 아브라함은 종들을 멀리 떼어놓고 이삭과 단 둘이서 하나님께서 일러주신 곳으로 갔다. 믿음의 경지를 이해하지 못하는 자들을 분별해 놓은 것이다. 이삭도 산을 오르면서 의아해하며 물었다. "아버지, 불과 나무는 있는데 제물로 드릴 어린양은 어디 있나요?" 이는 골고다로 향하는 성자와 성부의 대화처럼 들린다. 경건하게 말하거니와 여기서 하나님은 그의 아들을 십자가에 못 박는 연습을 하고 계시는 것 같다.

아브라함의 믿음의 행위로 인해 복을 주시다

"손을 내밀어 칼을 잡고 그 아들을 잡으려 하니…사자가 이르되 그 아이에게 네 손을 대지 말라 그에게 아무 일도 하지 말라 네가 네 아들 독자라도 내게 아끼지 아니하였으니 내가 이제야 네가 하나님을 경외하는 줄을 아노라". 하나님께서는 이삭 대신 한 수양을 예비하셨고 아브라함은 그 수양을 가져다가 아들을 대신하여 번제로 드렸다. 그리고 아브라함은 그 땅 이름을 '여호와 이레'라고 불렀다. 여호와의 사자가 아브라함을 불러 "네가 아들 독자도 아끼지 아니하였으니 내가 네게 복을 주고 네 씨가 하늘의 별과 같고 바닷가의 모래 같게 하리니 네 씨가 대

창세기

적의 문을 얻으리라 네 씨로 말미암아 천하 만민이 복을 받으리니 네가 나의 말을 준행하였음이라" 하셨다. 이 땅에 믿음의 사람들이 생겨나면 하나님의 복은 많은 사람들에게 흐르게 된다.

23장

사라의 매장지를 위해 막벨라 굴을 사다

사라는 127세를 살고 죽었는데, 당시로 보면 오래 살지 못했다. 그들이 헤브론에 있을 때의 일이다. 아브라함은 사라를 위해 슬퍼하며 애통했다. 아브라함이 헷 사람들에게 아내를 위한 매장지를 구하니 그들이 아브라함에게 "당신은 우리 가운데 있는 하나님이 세우신 지도자시니 우리 묘실 중에서 좋은 것을 택하여 당신의 죽은 자를 장사하소서"라고 했다. 아브라함은 일어나서 그 땅 원주민 헷 족속을 향하여 몸을 굽히고 소할의 아들 에브론에게 그의 밭 머리에 있는 막벨라 굴을 충분한 대가를 줄 테니 매장할 소유지로 달라고 했다. 땅 주인 에브론은 모든 사람 듣는 데서 땅을 그냥 드리겠으니 당신의 아내를 장사하라고 했다. 아브라함은 몸을 굽히며 돈을 받으라 하고 에브론은 땅값은 은 사백 세겔인데 받지 않겠다고 하면서 그냥 장사를 지내라고 했다. 그러나 아브라함은 기어이 돈을 주고 매장지를 샀다. 즉 아브라함은 가나안 땅 중에서 오직 매장지만은 돈을 주고 사서 확실하게 자신들의 소유지를 삼았다. 그것은 무슨 뜻인가? 어차피 하나님이 주신 가나안 땅도 영원한 기업이 아니고 그 땅에서 행인과 나그네로서 장막에 거했으나(히 11:9), 부활의 소망만은 확실히 가졌다는 것이다. 그러기에 그녀의 매장지만큼은 분명한 소유지가 되기를 바란 것이다. 후에 아브라함 자신과 이삭, 리브가, 야곱, 레아가 모두 이곳에 장사된다.

24장

아브라함이 늙은 종을 고향에 보내어 이삭의 아내를 구하게 하다

이제 아브라함도 나이 많아 늙었고, 하나님께서는 그의 범사에 복을 주셨다. 아브라함은 그의 집의 모든 소유를 맡은 종을 아들 이삭을 위한 신부감을 데려오라고 고향으로 보내면서 이삭을 데리고 여자가 있는 그곳으로 돌아가서는 안 되고 여자가 이곳으로 와야 한다고 분명히 말했다. 아브라함은 하나님께 그와 및 그의 자손이 거해야 할 땅으로 가나안을 명받았으며 그 땅의 중요성을 알고 있었다. 아들 결혼이 먼저가 아니라 하나님의 말씀을 지키는 것이 먼저였다. 이 모든 것이 믿음의 행위이다.

종은 약대 열 필과 주인의 모든 좋은 것을 가지고 주인 아브라함의 고향 메소포타미아로 갔다. 종은 모든 일을 기도로 행했는데, 그의 기도대로 리브가를 만나게 되었다. 그때 종은 머리를 숙여 하나님께 경배를 드렸다[26절]. 그 소녀의 오라비 이름은 라반이며, 라반이 그 종을 융숭하게 접대하니 종은 자신의 일을 진술하기 전에는 먹지 않겠다고 하며 그곳에 온 목적을 말했다. 그리고 리브가를 만나게 된 정황을 말하고 정말 우연의 일치처럼 기도대로 만나게 되었음을 말해주었다. 그 아비 브두엘과 라반은 그 말을 듣고 이 일은 여호와께로부터 나온 일이니 우리는 가부를 말할 수 없다고 말했다. 종이 하룻밤 자고 내일 데리고 떠나겠다고 하니 라반과 그 어미가 열흘만 있다가 가라고 했다. 종이 주인에게 속히 돌아가야 한다면서 자기를 만류하지 말아달라고 하자 그 소녀에게 물어보자고 했다. 그런데 놀랍게도 리브가가 바로 "가겠나이다" 했다. 그들은 리브가를 축복해주면서 "우리 누이여 너는 천만 인의 어미가 될지라 네 씨로 원수의 성문을 얻게 할지어다"라고 했다.

이삭이 리브가를 아내로 삼다

리브가가 여종들과 함께 낙타를 타고 그 종을 따라 갔는데, 저물 때 이삭이 들에서 묵상하고 있다가 눈을 들어 보니 약대들이 돌아오는 것이었다. 리브가가 눈을 들어 이삭을 바라보고 약대에서 내려 종에게 "들에서 배회하다가 우리에게로 마주 오는 자가 누구냐"고 했다. 종이 '내 주인이니이다' 하자 면박을 취하여 자기 얼굴을 가렸다. 이삭이 리브가를 인도하여 모친의 장막에 들이고 아내를 삼고 사랑하였다. 이삭이 모친 장례 후에 울적하였는데 그녀를 인하여 위로를 얻었다. 이 종은 엘리에셀일 것이고, 그는 모든 일을 이삭을 위해 했다. 오늘날 주의 종들도 이와 같아야 한다. 사람들을 이끌어 유일한 신랑이신 그리스도께 인도하는 일을 해야 한다(고후 11:2-3). 교회는 리브가처럼 "가겠습니다" 하고 모든 일에 즉시 순종해야 한다. 이것이 그리스도와 교회의 가장 아름다운 그림이다. 이 장에는 기도가 많이 있고 또 우연의 일치와 같은 일이 많이 발생한다. 주님의 역사하시는 일 가운데는 그러한 일이 참 많다.

25장

아브라함이 후처를 맞이하여 아들들을 낳다

사라는 127세에 죽었고 그녀가 죽은 후 아브라함이 '그두라'라는 후처를 취하여 아들을 여섯이나 더 낳았다. 그때 아브라함의 나이는 137세였다. 백세에 아들을 낳는 것이 기적인데 137세에 여섯 아들을 낳는 것은 어찌된 일이란 말인가? 어거스틴, 칼빈 등은 이삭을 낳은 후 아브라함의 정력이 소생되었을 것이라고 해석한다. 아브라함은 이삭에게 모든 소유를 물려주었고 서자들에게도 주었으며 향년 175세에 죽었다. 그 자손 중에는 욥기에 나오는 스바와 에스겔에 나오는 드단, 출애굽기 등에 나오는 미디안 등이 있다. 사라의 여종 하갈의 후예는 나바욧, 게달 등이며 이스마엘은 137세에 죽었다.

리브가가 쌍둥이(에서와 야곱)를 낳다

이삭은 40세에 리브가를 취하여 아내를 삼았으며 리브가는 브두엘의 딸이요 라반의 누이였다. 이삭이 그의 아내가 잉태를 못하므로 기도하였더니 여호와께서 기도를 들으심으로 리브가가 잉태했는데 쌍둥이였다. 이 두 아들들이 그녀의 태속에서 서로 싸운 것이다. 여호와께서 말씀하시길 "두 국민이 네 태중에 있구나 두 민족이 네 복중에서 나뉘이리라" 하셨다. 해산 기한이 차니 쌍둥이가 나왔는데 먼저 나온 자는 붉고 전신이 털옷 같아서 이름을 에서라 하였고, 후에 나온 아우는 손으로 에서의 발꿈치를 잡았으므로 그 이름을 야곱이라고 했다. 리브가가 그들을 낳을 때 이삭이 60세였다. 교회나 성도들의 분열도 어떤 사건이나 감정 때문이 아니라 처음 태에서부터 다르기 때문에 일어나는 것이 대부분이다.

에서가 팥죽 한 그릇에 장자의 명분을 팔다

그 아이들이 장성하여 에서는 익숙한 사냥꾼이 되었고 야곱은 조용한 사람이므로 장막에 머물렀다(사실은 이렇게 다른 종류이다). 이삭은 에서의 사냥한 고기를 좋아해서 에서를 좋아하고 리브가는 야곱을 사랑했다. 하루는 야곱이 죽을 쑤었는데, 에서가 들에서 돌아와 심히 피곤하여 야곱에게 "그 붉은 것을 나에게 먹게 하라" 하니 야곱이 "형의 장자의 명분을 내게 팔라"고 하였다. 에서는 자신이 배고파 죽게 되었는데 장자의 명분이 뭐가 중요하냐고 하면서 야곱의 말대로 장자의 명분을 동생에게 팔고 팥죽을 먹고 일어나서 갔다. 성경은 에서가 장자의 명분을 가볍게 여겼기 때문이라고 한다. 장자의 명분이 무엇인가? 하나님의 축복이 있는 신분이다. 그 출생의 순서를 정하고 장자에게 축복을 주시는 분은 하나님이시다. 그러나 에서는 그런 모든 것을 가벼이 여김으로[34절], 그 축복을 야곱에게 탈취당했다. 이것은 그에게 매우 심각한 결과를 가져왔고(모든 장자의 축복을 잃어버림), 후에 아무리 후회하고 슬피 울어도 돌이킬 수 없었다(히 12:16-17).

26장

이삭이 그랄에 거주하다

26장에서는 다시 하나님께서 아브라함의 아들 이삭에게 이 땅의 중요성을 알게 하신다. 당시 흉년이 들어 이삭이 그랄에 내려갔다. 하나님께서는 애굽에 내려가지 말라 하시며 이 가나안 땅에 유하라고 하셨다. 그렇게 해야 하나님께서 번창하는 축복을 주실 것이라는 것이다.

그때 이삭이 그랄에 거하여 아내 리브가를 누이라고 하였으니 이는 아비 아브라함이 두 번이나 했던 실수를 자식대에 다시 한 것이다. 당시 이삭이 오래 그곳에 머물렀는데, 이삭이 그 아내 리브가를 껴안은 것을 블레셋 왕 아비멜렉이 창으로 내다보게 되었다. 그러자 아비멜렉이 이삭을 불러 왜 분명히 네 아내인데 누이라고 했느냐면서 책망했다. 그때 이삭이 한 대답이 부친 아브라함과 똑같다. 아비멜렉은 그 나라 사람들에게 그 아내 리브가를 범하지 못하도록 엄히 명했다.

이삭이 그 땅에서 농사하여 백 배나 얻고 여호와께서 복을 주심으로 거부가 되자 블레셋 사람들이 그를 시기했다. 아비멜렉은 이삭에게 "네가 우리보다 크게 강성하니 우리를 떠나라"고 했다. 이삭은 아버지 아브라함 때에 팠던 우물들을 다시 파곤 했는데, 우물을 팔 때마다 그랄 목자들이 이삭의 사람들과 싸우니 그 우물의 이름들을 에섹(다툼), 싯나(대적함), 르호봇(장소가 넓음)이라고 하였다.

이삭이 아비멜렉으로 더불어 조약을 맺다

이삭이 브엘세바로 올라갔더니 여호와께서 말씀하셨다. "내가 너와 함께 있어 네게 복을 주어 네 자손으로 번창하게 하리라". 아비멜렉이 그 친구 아훗삿과 군대장관 비골과 더불어 이삭에게 왔다. 아버지 아브라함 때에 했던 것처럼 동일하게 불가침조약을 맺자고 온 것이다. 이삭의 가문이 점점 번창함을 보았기 때문이다. 이삭은 그렇게 노력하지 않아도 물을 얻을 수 있었다. 이삭의 특징은 주님으로부터 받는 것이다. 주님의 축복은 언제나 이삭을 따랐다. 결국 이삭을 미워하여 쫓아냈던 아비멜렉이 찾아와 자기들을 해하지 않기로 계약을 맺자고 했다. 이삭이 여호와께 복을 받은 자인 것을 알게 된 것이다. 이삭은 그들을 위해 잔치를 베풀어 먹고 마시게 했다. 그리고 다음날 아침에 일찍이 일어나 서로 맹세한 후에 이삭이 그들을 보냈고 그들은 평안히 갔다. 그날 이삭의 종들이 우물을 파서 물을 얻었다고 보고했다. 주님을 순종하는 자들, 은혜 아래 있는 자들에게는 언제나 축복이 따른다.

27장

이삭이 야곱을 축복하다

이삭은 180세를 살았다. 역시 조용한 사람이 오래 사는 것 같다. 그는 에서의 사냥한 고기를 좋아했는데, 하루는 에서에게 자기가 나이 들어 어느 날 죽을는지 알지 못하니 가서 사냥을 해다가 별미를 만들어 달라고 했다. 그것을 먹고 죽기 전에 에서에게 마음껏 축복하겠다는 것이다.

이삭이 에서에게 말할 때에 그 어머니 리브가가 들었다. 에서는 사냥하러 나가고 어머니 리브가는 아들 야곱에게 염소를 잡아다가 자기가 요리를 해서 별미를 만들어주겠으니 아버지에게 갖다 드리고 축복을 받으라고 했다. 야곱이 자기는 형처럼 털이 없어 매끈매끈한 사람이라고 걱정하자 어머니가 염소새끼의 가죽으로 손과 목의 매끈한 곳을 꾸며주었다. 야곱이 아버지에게 가서 "내 아버지여!" 하니 "네가 누구냐?" 했다. 야곱이 "나는 아버지의 맏아들 에서로소이다" 하니 이삭이 야곱을 만져보며 "음성은 야곱의 음성이나 손은 에서의 손이로다" 하면서 분별하지 못하고 축복해주었다.

"내 아들의 향취는 여호와의 복 주신 향취로다 하나님은 하늘의 이슬과 땅의 기름짐이며 풍성한 곡식과 포도주로 네게 주시기를 원하노라 만민이 너를 섬기고 열국이 네게 굴복하리니 네가 형제들의 주가 되고 네 어미의 아들들이 네게 굴복하며 네게 저주하는 자는 저주를 받고 네게 축복하는 자는 축복을 받을 것이라"(27下-29절).

이삭이 야곱을 축복하기를 마치니 야곱이 그 아버지 이삭 앞에서 나가자 에서가 별미를 만들어 가지고 가서 "아버지여 일어나서 아들의 사냥한 고기를 잡수시고 마음껏 축복해주소서" 했다. 그때 모든 상황을 알게 된 이삭은 크게 떨며 "그러면 사냥한 고기를 가져온 자가 누구냐 너 오기 전에 내가 다 먹고 그를 위해 축복하였은즉 그가 축복을 받으리라"고 했다. 그러자 에서는 방성대곡을 하며 "내게도 축복을 해달라"고 애원했다. 이삭은 "네 아우가 간교하게 네 복을 빼앗았구나" 하면서 너를 위해서는 더 이상 축복할 것이 남아 있지 않다고 했다. 에서는 야곱이 나를 속임이 두 번째라고 하며 전에는 장자의 명분을 빼앗고 이번에는 내 복을 빼앗았다고 하였다. 에서는 소리 높여 울면서 자기에게도 축복하라고 했지만, 이삭은 그에게 "너의 주소는 땅의 기름짐에서 멀고 내리는 하늘 이슬에서 멀 것이며, 너는 칼을 믿고 생활하겠고 네 아우를 섬길 것이며 네가 매임을 벗을 때에는 그 멍에를 네 목에서 떨쳐버리리라"고 대답했다. 에서는 야곱을 미워하여 아버지 이삭이 죽으면 동생 야곱을 죽이려고 계획했다.

에서의 말이 어미 리브가에게 들리니 리브가는 야곱에게 밧단 아람으로 가서 외삼촌 라반의 집에 한동안 피신해 있으라고 했다. 그리고 이삭에게는 야곱이 헷 사람의 딸 중에서 아내를 맞이하면 자기가 더 이상 삶의 낙이 없을 것 같다고 하면서 야곱을 라반에게로 보내는 핑계를 대었다.

28장

이삭이 야곱을 외삼촌 라반에게 보내다

이삭은 야곱을 불러서 축복하고 가나안 사람 중에서 아내를 취하지 말고 밧단아람으로 가서 너의 외조부 브두엘의 집에 가서 외삼촌 라반의 딸들 중에서 아내를 취하라고 당부했다. 그리고 "전능하신 하나님이 네게 복을 주시어 네가 생

육하고 번성하게 하여 네가 여러 족속을 이루게 하시고 아브라함에게 허락하신 복을 네게도 주시되…"라고 축복하면서 야곱을 밧단아람의 라반에게 보냈다. 라반은 야곱의 어머니 리브가의 오라비였다.

야곱이 벧엘에서 꿈을 꾸다

야곱이 브엘세바에서 떠나 하란(밧단 아람의 주요 도시)으로 향하여 가는데 한 곳에 이르러 해가 졌다. 그는 거기서 한 돌을 취하여 머리에 베고 누워 잤다. 꿈에 본즉 사다리가 있는데 그 끝이 하늘에 닿았고, 하나님의 사자들이 거기서 오르락내리락하는 것이었다. 여호와께서 그 위에 서서 "나는 여호와니 너의 조부 아브라함의 하나님, 이삭의 하나님이라 너 누운 땅을 내가 너와 네 자손에게 주리니 네 자손이 땅의 티끌같이 될 것이요 땅의 모든 족속이 너와 네 자손을 인하여 복을 얻으리라 내가 너와 함께 있어 네가 어디로 가든지 너를 지키며 너를 이끌어 이 땅으로 돌아오게 하리니 내가 네게 허락한 것을 다 이루기까지 너를 떠나지 아니하리라" 하셨다.

야곱이 잠이 깨어 "여호와께서 여기 계셨는데 내가 알지 못했구나" 하면서 "두렵도다 이곳이여 다른 것이 아니라 이는 하나님의 전이요 하늘의 문이로다" 하고 일찍 일어나 베개 하였던 돌을 기둥으로 세우고 그 위에 기름을 붓고 그곳 이름을 벧엘이라고 불렀다. 야곱이 거기서 서원하여 "나와 함께 하셔서 평안히 집으로 돌아오게 하시면 내가 기둥으로 세운 이 돌이 하나님의 전이 될 것이요 내게 주신 모든 것에서 10의 1을 반드시 드리겠다"고 했다.

교회는 꿈을 꾸는 곳, 곧 비젼을 보는 곳이어야 한다. 또 사닥다리가 있어서 하늘과 연결된 곳이어야 하며, 주님의 음성과 축복이 있는 곳이고 여호와께서 임재하셔서 두려운 곳이어야 한다. 또한 그분은 모퉁이의 머리돌이신데 그 돌을 베고 꿈을 꾸며 자는, 안식이 넘치는 곳이며 하늘로 향하는 문이 있는 곳이다. 자기가 베고 있는 돌이신 그리스도를 세우고 기름을 붓는 곳이다. 잠을 깨어 기도하고 헌신하는 곳이기도 하다. 벧엘은 교회, 하나님의 집이라는 뜻이다.

29장

야곱이 라반의 딸 라헬을 만나다

야곱은 동방의 밧단아람에 도착하여 목자들과 양떼들을 만나게 된다. 그는 목자들에게 말을 건네며 라반을 아느냐고 묻는다. 그리고 돌을 옮기고 양떼에게 물을 먹이라고 권한다. 야곱은 잘 알지도 못하면서 뭔가 제안도 잘한다. 목자들은 떼가 다 모여야 물을 마시게 할 수 있다며 라반의 딸 라헬이 양떼를 몰고 오고 있다고 말한다. 야곱은 라헬을 보고 우물 아구에서 돌을 옮기고 외삼촌 라반의 양떼에 물을 먹인다. 그리고 라헬에게 입을 맞추고 소리를 내어 운다. 서러움의 눈물이다.

야곱이 라헬을 위해 칠 년을 라반에게 봉사하다

라반은 조카 야곱의 이야기를 듣고 달려 나와 영접하고 모든 이야기를 나눈 후, 한 달을 함께 거하다가 라반이 일의 대가에 대한 문제를 꺼내며 피차 계약하자고 제안한다. 야곱은 라헬을 좋아하니 그를 위해 7년을 삼촌을 위해 일하겠다고 한다. 야곱은 라헬을 너무 사랑하는 나머지 7년을 며칠같이 보내었다. 그러나 막상 결혼한 날 밤에 라반은 라헬이 아닌 언니 레아를 야곱의 방에 들여보냈다. 야곱이 아침에 일어나서 보니 레아였다. 외삼촌 라반에게 따지니 그는 그 지방의 풍습 운운하며 동생을 먼저 보낼 수 없었다 하며 7일을 채우면 동생 라헬도 주겠다 했고 결국 동생 라헬도 야곱에게 주었다. 라반은 야곱에게 라헬을 위해 7년을 더 일하라고 했고, 결국 야곱은 두 아내를 위해 도합 14년을 일한 것이 되었다.

하나님은 먼저 레아에게 아이를 주셨는데 그 이름을 르우벤이라고 했다. 레아는 하나님이 나의 괴로움을 권고하셨다고 하며 이제는 내 남편이 나를 사랑하리라 하였다. 7년 동안 야곱은 라헬만 바라보며 일했을 것이다. 그럼에도 야곱은 레아를 통해 아들을 낳고 또 낳았다. 둘째 아들을 시므온이라고 하였으며, 또 잉태하여 셋째 아들을 낳고서 그를 '연합'을 의미하는 레위라고 했다. '이제는 남편이 나와 연합하리라'는 것이다. 그리고서 네 번째 아들을 낳고는 "내가 이제는 여호와를 찬송하리로다" 하며 그 이름을 유다라고 하였다. 그리고서 그의 생산이 멈추었다.

30장

야곱에게 아들들이 태어나다

30장에서는 야곱의 시련이 시작된다. 첫째는 라헬의 시기이다. 그녀는 아이를 낳지 못하자 야곱에게 "나로 자식을 낳게 하라 그렇지 않으면 내가 죽겠다"고 으름장을 놓는다. 그것은 야곱이 자기를 그만큼 사랑하는 것을 알기 때문이다. 야곱은 그녀에게 화를 내며 내가 하나님을 대신하겠느냐고 한다. 그러자 라헬은 자기의 시녀 빌하를 야곱에게 주어서 그녀를 통해 아들을 얻고자 한다. 그래서 낳은 아들이 첫째는 단이고 다음은 납달리이다. 라헬은 자기가 형과 경쟁에서 크게 이겼다고 했다. 레아도 이에 질세라 자기의 시녀 실바를 야곱에게 주어 아이를 낳게 했다. 실바가 첫째로 낳은 아이가 갓이고, 다음은 레아가 아들을 낳아 '기쁘도다 모든 딸들이 나를 기쁜 자라 하리라' 하면서 그 이름을 '아셀'이라 하였다. 맥추 때에 르우벤의 합환채를 라헬이 사고 야곱을 레아에게 양보하였다. 그래서 그 밤에 야곱은 레아에게 들어가고 그래서 낳은 다섯 번째 아들이 잇사갈이다. 레아는 시녀를 남편에게 주어서 그 대가로 하나님께서 아들을 주셨다고 생각했다. 많은 경우 욕심이 많은 여인들은 영적인 일을 마음대로 해석하는 경향이 있다. 또 레아가 여섯 번째 아들을 낳고 하나님께서 내게 후한 선물을 주셨다고 하며 그 이름을 스불론이라고 했다.

야곱이 고향 본토로 가기를 원하다

하나님께서 라헬을 생각하시고 그 태를 여시어 그녀가 아들을 낳게 되었는데, 하나님이 나의 부끄러움을 씻으셨다고 하며 다른 아들을 더해 주시기를 원하는 마음으로 그 이름을 요셉이라 하였다. 라헬이 요셉을 낳은 때에 야곱은 삼촌 라반에게 나를 내 고향 본토로 가게 해 달라고 요청한다. 라반은 품삯을 정하라고 말하며 자기가 야곱이 온 후에 복을 많이 받은 것을 인정하였다. 야곱은 양과 염소 떼 중에 아롱진 것, 점 있는 것을 골라내어 그것이 자신의 삯이 되리라고 했다. 라반은 자기 것으로 구분한 양 떼를 자기 아들들의 손에 맡기고 야곱의 양 떼와 사흘 길이 뜨게 했으며 야곱은 외삼촌의 양떼를 쳤다. 그때 야곱은 나름 수를 써서 버드나무와 살구나무와 신풍나무 푸른 가지를 취하여 그것들의 껍질을 벗기고 흰 무늬를 내어 양떼가 물을 먹으러 오는 곳에 두었다. 그 떼가 물을 먹으러 올 때 그 앞에서 새끼를 배는데 그럴 때 그 가지 앞에서 새끼를 밴 양들은 다 얼룩얼룩한 것과 점이 있고 아롱진 것들을 낳았다. 튼튼한 양이 새끼를 밸 때에는 양 떼의 눈 앞에 그 가지를 두어 그 가지 곁에서 새끼를 배게 하고 약한 양이면 그 가지를 두지 않으니 그렇게 해서 약한 것은 라반의 것이 되고 튼튼한 것은 야곱의 것이 되었다. 야곱은 매우 번창하여 양 떼와 노비와 낙타와 나귀가 많았다.

31장

야곱이 라반을 떠나다

라반의 아들들이 아버지 라반에게 야곱이 아버지의 소유를 다 빼앗고 아버지의 소유로 거부가 되었다고 하였다. 그 말을 들은 라반은 야곱에 대하여 안색이 전과 같지 않았다. 여호와께서 이때에 야곱에게 '네 조상의 땅 네 족속에게로 돌아가라'고 명하신다. 야곱은 레아와 라헬을 들로 불러내어 두 아내에게 감동적인 일장 웅변을 한다. 과장된 것, 감정에 호소하는 것도 섞여 있다. 전체가 아주 야곱다운 말들이다[5-13절]. 그 말을 들은 두 아내는 야곱에 동조하여 떠나기로 합의한다. "라헬과 레아가 야곱에게 우리가 우리 아버지 집에서 무슨 분깃이 있겠는가 아버지가 우리를 팔고 우리의 돈을 다 먹었으니 아버지가 우리를 외인으로 여기는 게 아닌가 하나님께서 우리에게 주신 재물은 우리와 우리 자식의 것이니 이제 하나님이 당신에게 명하신 대로 행하라".

야곱은 라반에게 말하지 않고 가만히 떠났다. 라반은 그의 형제를 거느리고 7일 길을 좇아가 야곱에게 이르렀다. 밤에 하나님이 라반에게 현몽하여 야곱에게 아무 말도 하지 말라고 하셨다. 여기서 라반과 야곱의 일대 설전이 펼쳐진다[26-43절]. 야곱은 여기서 매우 감명 깊은 간증을 하여 라반의 입을 막는다. 야곱은 자기가 20년 동안 얼마나 삼촌의 집에서 고생하였는가를 말하며, 라반은 여기 보이는 모든 것이 다 내 것이 아니냐고 말한다. 그리고 돌을 쌓아 둘 사이에 증거가 되게 했다. 그곳의 이름을 갈르엣이라 하고 또 미스바라 했는데, 이는 '우리가 서로 떠나 있을 때 여호와께서 나와 너 사이를 살피옵소서'라는 뜻이다. 라반은 아침에 일찍이 손자들과 딸들에게 입 맞추고 축복하고 고향으로 돌아갔다.

32장

야곱이 얍복강에 이르러 하나님과 씨름하다

야곱은 하나님의 택한 자였다. 그러기에 그의 가는 길을 하나님께서 지키셨다. 31장 3절에서 이미 하나님은 야곱에게 '내가 너와 함께하리니 고향으로 돌아가라'고 하셨다. 돌아가는 도중에 야곱은 두 영의 천사들 군대(마하나임의 뜻)를 만났다. 이는 야곱을 지키는 군대이다. 하나님은 이와 같이 그분의 택하신 자들을 위해 모든 것을 하신다.

이 마하나임에 이르렀을 때 야곱은 매우 두렵고 고통스러웠다. 사람들이 에서가 야곱이 온다는 말을 듣고 400명을 거느리고 오고 있다고 전했다. 야곱은 마하나임의 이상을 본 것은 순간 사라지고 큰 두려움과 답답함에 사로잡혔다. 그리고 양과 소와 약대를 두 떼로 나누고 에서가 한 떼를 치면 남은 한 떼는 피하리라고 계획했다. 사람은 다 자기의 한계에서 생각하고 최악의 상황이 그 머리를 지배한다.

그리고 9절부터는 기도를 드리는데, 그 기도는 하나마나 한 기도라고 볼 수 있다. 그냥 두려우니 정신없이 말씀을 드리는 것이다. 우리도 종종 이런 기도를 드린다. '하나님께서 저에게 네 씨로 바다의 셀 수 없는 모래 같게 하리라 하시지 않았습니까? 그러니 제발 저를 살려주십시오.' 하는 것이다. 하나님의 약속은 변치 않는 언약이니 야곱은 그냥 말씀을 믿고 안식하면 되었다.

야곱은 기도할 뿐 아니라 나름 살 길을 모색했다. 그 방법은 형을 위해 예물을 준비하는 것이다. 그리고 암염소 이백, 수염소 이십, 암양 이백, 수양 이십, 암소 사십, 황소 열 마리를 준비했다. 그 예물을 준비한 것도 다 계산적이다. 암수를 적절히 배분하여 두 떼로 나누었다. 그리고 두 떼 사이의 거리도 적당히 벌려놓았다. 그리고 떼를 첫째, 둘째, 셋째 등으로 나누어 에서가 한 떼 한 떼 예물을 보면서 물으면 대답을 잘 하게 하여 그의 마음이 풀어지기를 기대한 것이다.

야곱은 예물을 앞서 보내고 그 밤에 두 아내와 두 여종과 열 한 아들은 얍복

강을 건너게 하였다. 그리고 혼자 남았다. 33장 1-2절을 보면 지금 대적으로 여기는 자기 형 에서를 만나는 그의 행렬의 배치도 매우 계산적이다. 맨 앞에 총알받이로는 여종들과 그 자식들, 다음은 레아와 그 자식들, 그리고 가장 사랑하는 아내 라헬과 요셉은 맨 뒤에 두었다. 그의 삼촌 라반도 대단히 머리를 쓰는 사람인데, 야곱에게는 당하지 못하고 다 뺏겼다.

야곱은 일행을 모두 얍복 나루를 건너게 하고 자기는 홀로 남았는데, 어떤 사람이 날이 새도록 야곱과 씨름을 했다. 야곱은 싸움의 정신으로 가득했다. 그는 상대가 어떤 생각을 가지고 있는지 예상할 수 없었다. 그저 본능적으로 자기의 진영에 들어온 상대를 만나니 싸우러 온 줄로 생각하고 밤새 씨름을 하였는데, 그 사람(실제로는 하나님이시다)은 야곱이 너무 강하다보니 이길 수가 없음을 알고 환도뼈를 쳤다. 실제로 너무 강한 사람은 하나님도 이기지 못하시는 사람이 있다. 야곱은 씨름하다가 자기의 환도뼈가 나간 것을 보고 그분이 전능자시라는 것을 깨달았고 그분께 축복해달라고 졸랐다. 그분은 야곱에게 이름을 묻고 이름을 이스라엘로 바꿔주셨다. 그리고 하나님은 야곱이 구한 대로 그를 축복하셨다. 야곱은 그곳 이름을 브니엘이라 부르고 "내가 하나님을 대면하고도 내 생명이 보존되었다"고 했다. 그는 자신이 죽을 수도 있었음을 알았다. 그러나 하나님의 긍휼로 다만 절름발이가 되었을 뿐이다. 그가 브니엘을 지날 때 해가 돋았고 환도뼈가 위골된 고로 이후로 절게 되었다.

33장

야곱이 형 에서를 만나다

야곱은 형 에서를 만나자 과도하게 일곱 번이나 굽히며 절했다. 그는 목적을 위해서라면 무엇이든 한다. 에서는 동생 야곱을 만나더니 목을 어긋맞기고 입을 맞추고 피차 울었다. 에서가 그 여인들과 자식들을 보고 누구냐 물으니 여종들과 그 자식들, 레아와 그 자식들, 라헬과 그 자식들 순서로 에서에게 나아와 절을 했다. 그리고 에서가 오면서 본 떼는 뭐냐고 하니, 야곱은 "내 주에게 은혜를 입으려 함이라"고 한다. 에서는 내게 있는 것이 족하니 그냥 두라고 한다. 그러나 야곱은 형님의 은혜를 입었다면 꼭 받아달라고 하며 형님의 얼굴을 보니 하나님을 대하는 것 같다고 말한다. 야곱이 강권하니 에서는 선물을 받았다. 야곱이 생각한 것보다 형 에서는 악한 뜻이 없는 것이다.

에서가 야곱의 무리의 앞잡이가 되어주겠다고 하자 다시 겁이 난 야곱은 천천히 가겠으니 먼저 가시라고 한다. 에서가 종 몇만 남겨두려고 하니 그것도 야곱이 말려서 에서는 그냥 떠나갔다. 야곱은 숙곳에 이르러 집을 짓고 우릿간을 지었다. 그리고 마침내 세겜 성에 도착했다.

34장

야곱의 딸이 세겜에게 강간당하다

야곱에게는 레아에게서 낳은 딸(디나)이 하나 있었는데, 그 땅의 딸들을 보러 나갔다가 히위 족속, 하몰의 아들 세겜에게 강간당하였다. 야곱은 이를 들었으나 아들들이 들에서 돌아오기까지 잠잠하고 기다렸다. 세겜의 아비 하몰은 자기 아들에게 딸을 달라고 말하기 위해 야곱의 집에 왔고, 야곱의 아들들은 들에서부터 이를 듣고 모두 심히 노하여 집에 모였다. 강간자 세겜도 아버지 하몰과 함께 와서 야곱과 그 아들들에게 무슨 조건이든지 들을 테니 디나를 아내로 삼게 해 달라고 간청했다. 야곱의 아들들은 그들을 속여서 할례를 조건으로 내걸었는데, 그들이 돌아가서 그대로 하도록 그 성 사람들을 종용하였다. 그들도 야곱에게 와서는 그들의 땅을 다 기업으로 줄 것처럼 말했지만, 자기 성 사람들에게 가서는 만일 우리가 이스라엘과 한 백성이 되면 그들의 모든 가축이 다 우리의 것이 되지 않겠느냐고 사람들을 설득하며 나름 정략적 계산을 하고 있었다[23절].

시므온과 레위가 칼을 차고 세겜 성을 습격하다

그들은 야곱의 아들들의 말대로 모든 남자가 다 할례를 받고 고통이 가장 심한 3일째쯤 시므온과 레위가 칼을 차고 부지중에 성을 습격하여 모든 남자를 죽이고 강간자 세겜도 죽이고 디나를 세겜의 집에서 데려왔다. 게다가 그 성의 양과 소와 나귀 등 모든 재물을 빼앗고 자녀와 아내들을 사로잡고 집 안에 있던 물건들을 다 노략하였다. 아버지 야곱은 심히 놀랐다. "가나안 족속, 브리스 족속이 더 많고 강한데 그들이 나를 치고 죽이리니 나와 내 집이 망하지 않겠느냐?" 하며 겁을 내자 시므온과 레위가 "그들이 우리 누이를 창녀같이 대우함이 가합니까?"라고 대답했다.

35장

하나님께서 야곱에게 벧엘로 올라가라고 하시다

야곱이 숙곳을 떠나 세겜에 머물렀던 때에 그의 나이가 104세 정도였다. 세겜에 머물 때 디나의 강간 사건이 일어나고 시므온과 레위가 그 성을 습격한 사건이 일어났다. 그때 하나님은 야곱에게 벧엘로 올라가라고 말씀하시고, 야곱은 집안 모든 사람에게 이방 신상을 버리고 정결케 하고 벧엘로 올라가자고 말한다. 하나님께서 그 사방 고을들로 두려워하게 하여 아무도 야곱의 아들들을 추격하는 자가 없었다. 그들은 벧엘에 이르러 단을 쌓고 엘벧엘(벧엘의 하나님)이라고 불렀다. 리브가의 유모 드보라가 거기서 죽으니 그를 벧엘 상수리나무 밑에 장사하고 그 나무 이름을 알론바굿(통곡의 상수리나무)이라고 불렀다. 야곱은 어쩌면 그 유모를 어머니처럼 의지했었던 것 같다. 리브가의 유모는 리브가의 아들 야곱을 아들이나 손자처럼 매우 사랑했을 것이다. 야곱은 어머니가 없는 상황에서 어머니의 유모에게 특별한 사랑을 받았을 것이다. 가나안까지 따라온 유모는 벧엘에 왔으나 거기서 죽게 되었다. 야곱은 너무 슬펐다. 오죽하면 통곡이라고 했겠는가!

하나님께서 야곱의 이름을 이스라엘로 바꿔주시다

많은 것을 잡으려 했던 야곱은 하나하나 잃어버리게 되었다. 아직도 잃어버릴 것이 많이 남았지만 말이다. 야곱이 밧단아람에서 돌아오니 하나님이 다시 그를 축복하셨다. 그리고 그의 이름을 이스라엘로 온전히 바꿔주셨다. 사실은 잃어버릴 때 축복하신다. 하나님은 잃어버리고 아무것도 없는 사람을 통해 수많은 축복을 주신다. 하나님께서는 야곱에게 '많은 국민과 열왕이 네게서 날 것이며 아브라함과 이삭에게 준 땅을 네게 주겠다'고 축복하시고서 그와 말씀하시던 곳에서 그를 떠나 올라가셨다.

거기서 그는 돌기둥을 세우고 그 위에 전제물을 붓고 기름을 부으며 그곳의 이름을 벧엘이라고 불렀다. 이스라엘의 이름도, 벧엘의 이름도 마치 처음 지어주시는 것처럼 부른 것은 매우 의미가 있다. 이전에는 이름만 바뀌었지만 이제는 본질도 바뀐 것이다. 세겜은 어깨, 능력이라는 뜻인데, 하나만 알고서 마치 다 아는 것처럼 착각하는 상태라는 뜻도 있다. 숙곳은 '자기만의 우리'라는 뜻이다. '자기들만의 리그'라고 생각할 수 있다. 오늘 날 이런 우월주의 종교집단이 많다. 이런 상태에서는 이방 신상들을 제할 수 없고 하나님의 집을 건축할 수도 없다. 이것들을 제하고 벗어버려야 벧엘 곧 하나님의 집인 교회에 이를 수 있다. 세겜이란 곳은 어디까지나 개인적인 영성이나 능력 추구의 상태일 뿐이다. 벧엘은 단체적인 그리스도의 몸으로서 모든 지체들이 자기를 버리고 오직 성령께서 주시는 은사만을 발휘하여 한 몸을 이루는 단계이다(롬 12, 고전 12 참조).

라헬이 베냐민을 출산하던 중에 죽다

그들이 벧엘에서 떠나 에브랏에 이르니 라헬이 임산하여 심히 신고하였다. 그가 난산할 때 산파가 득남하였다고 하였다. 라헬이 죽으면서 그 아들 이름을 베노니(슬픔의 아들)라고 하였으나 그 아비가 베냐민(오른손의 아들)이라고 불렀다. 그의 가장 사랑하는 아내 라헬이 여기서 죽음을 맞는다. 그리고 에브랏 곧 베들레헴 길에 장사를 지내고 라헬의 묘비를 세웠다.

르우벤이 서모와 통간했다는 것을 듣다

이스라엘(야곱)이 다시 떠나 에델 망대를 지나 장막을 쳤는데, 그때 그 아들 르우벤이 서모 빌하와 통간했다는 것을 이스라엘이 들었다. 그야말로 야곱의 숱한 아픔과 수난의 역사이다.

36장

에서(에돔)의 족보

36장은 에서의 아내들과 더불어 에돔의 족보를 말한다. 에서의 여러 아내들과 그 아들들을 말하면서 에서와 야곱은 두 사람의 소유가 풍부하여 함께 거할 수 없었다고 말한다. 그래서 에서는 야곱을 떠나 세일 산에 거주하게 된 것이다. 에서의 아들들 가운데서 족장들이 많이 나왔다.

에돔이 세일 산에 거하여 가나안의 호리 족속과 섞이다

20절부터는 에돔 자손이 세일 산의 원거주민인 호리 족속과 어떻게 연합하였는가를 말한다. 에서는 이삭의 자손인데 저주받은 가나안의 원 족속 중 하나인 호리 족속과 연합하게 된 것이다. 장자권을 판 것이 작은 일 같지만 한 가지 일에서 말씀을 경홀히 여긴 결과 크게 빗나가게 되었다.

24절부터는 시브온에게 자녀 둘이 있는데 그 하나인 아나가 나귀를 치다가 온천을 발견한 일이 나온다. 그로 말미암아 아나는 그 형 아야보다 앞서게 되고 족장이 되었다. 그들 가운데는 하나님과 관계된 일이 하나도 없고, 세상적으로 성공한 일, 즉 온천수를 발견한 것이 큰 이슈로 기록되었다. 오늘날도 이 세상은 이런 일들을 크게 관심한다.

에돔의 왕들

31절부터는 이스라엘에 왕이 있기 전에 에돔 땅에는 벨라, 요밥, 후삼, 하닷, 삼라, 사울 등의 왕들이 많이 나타났다고 기록한다[31-39절]. 야곱 집에서 왕이 나오기 전에 에돔 집에서는 훨씬 먼저 왕들이 출현했다. 세상적으로는 그들이 먼저 발전하였다는 말이다. 이스라엘은 오랜 후, 모세 시대를 지나고 여호수아 시대를 지나고 사백여 년의 사사 시대를 지나 사울과 다윗 시대에 들어서서야 비로소 왕들이 나타나게 되었다. 실상 국가를 왕들이 다스리는 것은 하나님께서 본래 원하시는 바가 아니다. 하나님이 왕이시기 때문이다.

37장

요셉과 형제들

야곱이 가나안 땅에 거할 때의 이야기이다. 야곱의 약전(generation)이라고 하는데, 결국 중심은 요셉에게 맞추어져 있다. 당시 요셉의 나이가 17세였고, 그들 가족의 직업은 양을 치는 것이었다. 요셉은 배다른 형들과 함께 양을 쳤는데 그는 야곱의 첩 빌하와 실바의 아들들의 비행을 아버지에게 일러바쳤다. 야곱은 느즈막이 얻은 아들 요셉을 매우 사랑했다. 거기에 더해 요셉은 형들에게 자기의 꿈 이야기를 했다. 우리 형제들이 밭에서 곡식단을 묶는데 형들의 단이 내 단을 둘러싸고 내 단에 절하더라고 했고, 또 해와 달과 열한 별이 내게 절하더라고 했다. 요셉의 꿈 이야기를 들은 형들은 요셉을 더욱 미워하고 '네가 우리의 왕이 되어 참으로 우리를 다스리겠느냐'고 했다.

그 형들이 세겜에 가서 양 떼를 칠 때에, 아버지 야곱은 요셉을 형들에게 보내어 형들과 양 떼가 다 잘 있는지 보고 오라고 했다. 요셉이 가다가 길을 잃고 방황하는데, 어떤 사람이 그를 만나 형들이 그곳을 떠나 도단으로 갔다는 이야기를 해주었다.

요셉이 미디안 상인에게 팔려 애굽으로 가다

요셉이 도단에 이르기 전에 형들이 먼저 요셉을 보고 죽이기를 꾀하며 그를 죽여 구덩이에 넣자 하고 그 꿈이 어떻게 되나 보자고 했다. 르우벤과 유다는 요셉을 죽이는 것을 반대하였는데, 결국 유다의 제의로 미디안 상인들에게 요셉을 은 이십에 팔았고 그 상인들은 요셉을 데리고 애굽으로 갔다. 장자였던 르우벤이 자리를 비웠다가 돌아와보니 요셉이 없어진 것을 보고 옷을 찢으며 울었다. 형들은 아버지가 요셉에게 지어준 채색옷에 수염소 피를 발라서 이것이 아버지 아들의 옷이 아닌지 확인해보라고 하면서 요셉이 죽었다고 거짓 보고를 하였다. 유다와 같이 사람을 파는 죄는 가장 크다. 또한 사람을 파는 사람들은 반드시 거짓말을 동반하게 되어 있다. 야곱은 요셉이 죽은 것으로 알고 심히 애통하였으며 나머지 아들들이 위로하였으나 그 위로를 받지 않고 슬피 울면서 "내가 음부로 내려가 아들에게로 가리라"고 했다. 미디안 상인들은 요셉을 데려다가 애굽 왕 바로의 친위대장 보디발에게 팔았다.

38장

유다와 다말의 이야기

38장은 야곱의 아들들 중 특별히 유다에 대하여 말한다. 유다가 형제들과 함께하지 않고 아둘람 사람 히라를 사귄 것이나 가나안 사람 수아라는 자의 딸을 취하여 아내를 삼은 것은 잘못된 일일 것이다. 그리스도인은 단체적인 존재이다. 조용히 혼자 다니며 일하는 사람은 위험한 사람이다. 바울은 언제나 형제들과 함께 사역한 좋은 본을 보여주었다. 어쨌든 유다는 가나안 여자 수아의 딸을 통하여 아들 셋을 낳았다. 엘과 오난과 셀라이다. 유다가 장자 엘을 위해 아내를 취했는데 그녀의 이름이 다말이다. 무슨 일인지는 모르지만 장자 엘이 악을 행하여 하나님이 그를 죽이셨다. 여기서 우리는 사람이 악을 행하면 죽을 수도 있음을 알아야 하겠다. 유다는 엘의 동생 오난더러 형수에게 들어가 본분을 행하라고 하였는데, 오난은 그 씨가 자기 것이 되지 않을 줄 알고 형수에게 들어가서 땅에 설정하였으므로 그도 하나님이 죽이셨다. 유다는 그 며느리 다말에게 수절하고 셋째 아들 셀라가 자라기까지 집에 가 있으라고 했다.

유다는 그 아내 수아의 딸이 죽으므로 위로를 받은 후 딤나에 사는 친구 아둘람 사람 히라에게 갔다. 며느리 다말은 셀라가 장성했어도 자기에게 주지 않는 것을 보고 면박을 취하여 얼굴을 가리고 딤나로 가서 시부와 동침하게 된다. 그때 유다는 다말을 창녀로 알고 염소새끼를 대가로 줄 것을 약속하고 그녀에게 들어갔는데, 다말은 시부에게서 그 약조물로 유다의 도장과 끈과 지팡이를 받아놓았다. 그리고 다말은 돌아가서 다시 과부의 옷으로 갈아입었고 유다는 그녀가 며느리인 것을 알지 못했다. 후에 유다는 염소새끼를 주고 약조물을 찾으러 보냈는데, 그 지방에는 그런 창녀가 없다는 것을 알고 당황해했다.

3개월쯤 후에 유다는 다말이 행음하여 아이를 가졌다 함을 듣고 그녀를 끌어내어 불사르라고 명했다. 그때 다말이 시부 유다에게서 받아놓았던 끈과 지팡이와 도장을 그 앞에 내놓는다. 유다는 며느리 다말이 셋째 아들 셀라를 그녀에게 주지 않으므로 그렇게 한 것을 알고 "그녀는 나보다 옳도다" 하며 다시는 그녀를 가까이 하지 않았다.

다말이 베레스와 세라를 낳다

다말은 쌍둥이를 잉태하여 해산할 때 한 손이 나와서 홍사를 그 손에 매었는데 그 손을 들이고 다른 형제가 먼저 나오는 것이었다. 터뜨리고 나왔다고 해서 그를 베레스라고 부르고 홍사를 맨 아기가 뒤따라 나오니 그를 세라라고 불렀다.

마태복음 1장에 보면, 예수 그리스도께서는 유다가 근친상간으로 낳은 베레스, 헤스론, 람, 아미나답… 이런 족보에서 태어나신 것이다. 우리의 구주 되신 주 예수님은 어떤 특별하고 초자연적인 계보가 아닌 보통 사람들, 죄인들과 분리되지 않은 계보에서 나오신 것을 볼 수 있다. 이것은 참으로 기이하기 이를 데 없다! 지극히 거룩하신 분이 죄인들의 족보에 연루되어 출생하신 것이다. 그것은 곧 우리 죄인을 구속하기 위한 하나님의 은혜이다.

39-40장

보디발의 아내로 인해 요셉이 옥에 갇히다

요셉은 보디발 시위대장 집의 총무가 되었다. 그는 용모가 준수하였는데, 이 때문에 보디발의 아내가 그를 유혹하였다. 용모가 준수한 사람들은 남녀가 다 주의해야 한다. 요셉은 보디발 아내의 매일의 유혹을 물리치고 붙잡힌 옷을 버린 채 도망하는 바람에 결국 감옥에 갇히게 된다.

요셉이 두 관원장의 꿈을 해석하다

때에 바로 왕의 술 맡은 관원장과 떡 굽는 관원장이 요셉과 같은 감옥에 갇히게 된다. 그 둘은 하룻밤에 각각 다른 꿈을 꾸었는데 술 맡은 관원장은 요셉의 해몽대로 전직을 회복하고 떡 굽는 관원장은 사흘 만에 매달려 죽었다. 술 맡은 관원은 자신이 회복되면 요셉을 기억하겠다고 했지만 잊어버렸다. 그러나 어느 날 바로가 꿈을 꾸고서 해몽하지 못하여 번뇌하자 술 맡은 관원장은 요셉을 생각해 내었다. 요셉은 2년 동안 억울하게 옥살이를 했지만, 하나님의 자녀에게는 세상에서 당하는 일 가운데 억울함이란 없다(롬 8:28-39). 거기엔 우리가 알지 못하지만 하나님의 감추인 깊은 뜻이 있다.

41장

요셉이 바로의 꿈을 해석하다

1절의 '만 이 년 후에'란 요셉이 감옥에 있었던 기간을 말한다. 그때 바로 왕이 꿈을 꾸었는데 아름답고 살진 암소 일곱이 있고 흉악하고 파리한 다른 암소 일곱이 있었다. 그런데 흉악하고 파리한 일곱 암소가 아름답고 살진 일곱 암소를 먹었다. 또 하나의 꿈은 한 줄기에 무성하고 충실한 일곱 이삭이 나오고 세미하고 동풍에 마른 일곱 이삭이 나오는데, 세약한 일곱이 충실한 일곱을 삼키었다.

바로는 애굽의 술객들을 다 모아서 이 꿈을 말했는데 해석해주는 사람이 없었다. 그때 술 맡은 관원장이 요셉을 생각해냈다. 그렇게 해서 요셉은 드디어 바로 앞에 서게 되었다. 요셉은 바로의 꿈을 해몽하여 두 꿈 다 칠 년의 풍년과 칠 년의 흉년을 예언하는 것이라고 알려주며 칠 년 풍년 때에 예비해두지 않으면 칠

년 흉년 때에 다 망하게 될 것이며, 모든 백성이 앞의 칠 년 풍년을 기억지도 않을 것이라고 하면서 매 풍년 때에 오분의 일의 양식을 저축해두면 흉년이 들 때 멸망치 않을 것이라고 한다.

요셉이 애굽의 총리대신이 되다

바로와 신하들은 이 말을 매우 좋게 생각하고 바로는 하나님의 신으로 충만한 요셉을 총리대신에 임명했다. 그리고 요셉의 이름을 '사브낫바네아'라 부르고 제사장 보디베라의 딸 아스낫을 주어 아내를 삼게 하였다. 요셉이 바로 앞에 섰을 때가 30세이다. 요셉은 풍년 때에 양식을 한 없이 모았다. 흉년이 들기 전에 요셉이 두 아들을 낳았는데, 첫째가 므낫세이며 그 뜻은 하나님이 나의 고난과 아버지의 집에 대한 향수를 잊어버리게 하셨다는 뜻이다. 그만큼 요셉은 외국을 떠돌며 고향과 아비 집과 형제들을 그리워했던 것이다. 그리고 둘째의 이름을 에브라임이라고 했는데, 하나님이 나의 수고한 땅에서 풍성하게 하셨다는 뜻이다. 요셉의 말과 같이 애굽 온 땅에 칠 년 흉년이 시작되니 각국에는 기근이 있으나 애굽에만 식물이 있으니 애굽 사람들과 각국 백성들이 양식을 사려고 애굽으로 들어와 요셉에게 이르러 양식을 구하는 상황이 되었다.

42장

야곱이 아들들을 애굽에 보내어 곡식을 사오게 하다

애굽에 곡식이 있다는 것이 가나안의 야곱 집에도 들려왔다. 이들은 배가 고프면서도 서로 바라보고 차일피일했다. 야곱은 아들들을 재촉하여 양식을 사오도록 애굽에 보냈는데, 베냐민을 제외한 열 명의 아들들이 갔다. 당시 요셉은 나라의 총리로서 그 땅 모든 백성에게 곡식을 팔았는데, 형들이 와서 그 앞에 절하자 요셉은 보고 형들 인줄 알았지만 형들은 요셉을 알아보지 못했다. 그들이 요셉 앞에 엎드리니(꿈대로 되었다) 요셉은 모르는 체 하고 그들을 정탐꾼으로 몰아붙였다. 그들은 자신들은 정탐이 아니라며 그들 가정 내막을 설명한다. 그러자 요셉은 너희가 만일 너희 말대로 독실한 자들이라면 막내를 데려와서 너희 말의 진실함을 증명하라 하고 그들을 모두 삼 일간 가두어두었다. 이것은 요셉이 형들을 교육하는 것이라고 할 수 있다. 그들은 한 형제의 소중함과 한 형제를 사랑해야 함을 일깨움 받을 필요가 있었다.

시므온을 구류해두고 베냐민을 데려오라 하다

사흘 만에 요셉이 그들에게 '나는 하나님을 경외하니 너희는 이렇게 해서 생명을 보전하라'면서 너희 형제 한 사람만 옥에 갇히게 하고 나머지는 곡식을 가지고 가서 집안의 굶주림을 구하고 막내아우를 데려오라 했다. 그래야 너희 말이 진실함이 있는지 알게 될 것이라는 것이다. 그때 요셉의 형들이 서로 말하기를 '우리가 아우의 일로 범죄했다. 그가 우리에게 애걸할 때 그 마음의 괴로움을 보고도 듣지 않아서 오늘 이 괴로움이 우리에게 임한 것이다.' 하자 르우벤이 '내가 그 아이(요셉)에 대하여 죄를 짓지 말라고 하지 않았더냐. 너희가 듣지 않아서 이제 그 핏값을 치르게 되었다.'고 했다. 그들은 요셉이 그들의 말을 알아듣는 줄을 모르고 서로 이야기한 것이다. 요셉은 그들의 이야기를 듣고 그들을 떠나가서 울었다.

그런 연후에 시므온만 결박하여 가두어 두고 나머지는 곡식과 더불어 자루에 돈까지 도로 넣어서 보냈다. 그리고 형들은 아버지 야곱에게 와서 사실을 다 보고했다. 야곱은 베냐민을 보내야 한다는 것을 받아들이기가 너무 어려웠다. 야곱은 아들들에게, "요셉도 없어졌고 시므온도 없어졌거늘 베냐민도 빼앗아가고자 하니 이는 다 나를 해롭게 함이로다"라고 했다. 맏아들 르우벤이 말해도 야곱은 듣지 않았고 베냐민만은 절대 보낼 수 없다고 했다.

43장

요셉의 형들이 베냐민을 데리고 애굽으로 가다

가나안 땅에 기근이 심하고 애굽에서 가져온 양식을 다 먹으니 야곱은 다시 애굽에 가서 양식을 사오라고 재촉했다. 유다가 말하기를, 애굽의 총리라는 사람이 만일 막내 베냐민을 데려오지 않으면 그의 얼굴을 보지 못하리라 했다고 하면서 아비에게 자기가 동생의 몸을 담보하겠으니 보내달라고 한다. 마지못해 야곱은 지난 번 자루 속에 넣어 보내준 돈을 다시 넣고 많은 선물을 지참케 하여 아들들을 다시 요셉에게 보냈다.

요셉은 베냐민이 그들과 함께 있는 것을 보고 멀리에서 온 형들을 집으로 안내하여 들였다. 그들은 혹시 그들을 잡아 노예로 삼으려는 것은 아닌가 하고 매우 당황해하면서 전번에 자루 속에 있었던 돈과 이번에 양식을 사러 가져온 돈, 그리고 가져온 예물을 요셉에게 주었다. 요셉은 그들에게 '안심하라 두려워하지 말라'하며 그들의 안부며 아버지의 안부를 물었다. "너희가 말하던 그 노인이 안녕하시냐? 지금까지 생존하셨느냐?"

그는 동생 베냐민을 보고서 사랑하는 마음이 북받쳐 급히 울 곳을 찾아 안방으로 들어가서 울고 얼굴을 씻고 나와서 그 정을 억제하고 음식을 차리라 했다. 그들이 요셉과 그 형들과 함께 먹는 애굽 사람들의 상을 각각 따로 차렸는데, 애굽 사람은 히브리 사람과 같이 먹으면 부정을 입는다고 여겼기 때문이다.

그 형들이 요셉 앞에 앉을 때 그들의 나이에 따라 순서대로 앉히니 그들이 서로 이상하게 여겼다. 그리고 요셉이 자기 음식을 그들에게 나눠주고 베냐민에게는 다른 사람보다 다섯 배나 주었다. 요셉의 이 모든 행동은 자기를 아무렇게나 팔아버린 그들에게 한 형제가 얼마나 소중한지를 일깨우는 교육이었고, 요셉 자신을 그들에게 알리려는 암시였다.

44장

베냐민의 자루에 은잔을 넣어두다

요셉은 청지기들에게 그 형들의 각 자루에 곡식을 가득 넣고 돈도 도로 넣게 하고 베냐민의 자루에다가 은잔을 넣게 했다. 그리고 그들이 떠난 후에 그들을 뒤따라가게 해서 주인이 사용하는 은잔을 어찌 도둑질해가느냐고 말하라 했다.

그들은 물론 자신들이 그런 일을 하지 않았기에 당당하게 그 물건이 발견된 자루의 주인은 죽을 것이요 뿐만 아니라 그들 모두가 주인의 종들이 될 것이라고 했다. 그러자 뒤따라온 그 사람은 물건이 발견된 사람만 종이 되고 나머지는 죄가 없다고 했다. 그들이 각각 급히 자루를 땅에 내려놓고 푸니 그 청지기가 나이 많은 사람으로부터 조사하여 가는데 놀랍게도 베냐민의 자루에서 은잔이 나오는 것이었다. 그들이 옷을 찢고 각기 짐을 나귀에 싣고 성으로 돌아와 요셉의 집으로 갔다. 요셉은 사실 그들을 기다리고 있는 중이었다. 그들이 그 앞에서 땅에 엎드리니 요셉이 짐짓 엄하게 추궁했다.

유다의 호소

이때 유다의 감동적인 호소가 시작된다. 무슨 말을 해도 이렇게 은잔이 발견되었으니 달리 그들의 정직을 나타낼 길이 없다면서 이 잔이 발견된 자와 그 형제들이 다 요셉의 노예가 되겠다고 했다. 요셉은 그럴 것이 없고 잔이 발견된 자만 내 종이 되고 나머지는 아버지에게 평안히 돌아가라 한다. 그러자 유다는 아버지 이야기며 그 아들 요셉 이야기며 막내 베냐민 이야기를 하면서 "아비의 생명과 아이(베냐민)의 생명이 결탁되어 있은즉 내가 돌아갈 때에 아이가 함께 하지 않으면 아비가 아이의 없음을 보고 죽으리니 이렇게 되면 늙으신 아버지로 하여금 음부에 돌아가게 하는 것입니다." 라고 했다.

45장

요셉이 형들에게 자신을 알리다

유다의 이야기를 듣던 요셉은 시종하는 자들 앞에서 그 정을 억제하지 못하고 소리를 질러 모든 사람을 자기에게서 다 물러가라 했다. 그리고서 그 형제들에게 자기를 알리고 큰 소리로 울었다. 그 소리가 애굽 사람에게 들리고 바로의 궁중에까지 들렸다.

요셉이 그 형들에게 "나는 요셉이라 내 아버지께서 아직 살아계십니까?" 하자 그 형들이 놀라 대답하지 못했다. 요셉은 형들에게 "내게로 가까이 오십시오. 나는 당신들의 아우 요셉이니 당신들이 애굽에 판 자입니다. 당신들이 나를 팔았다고 해서 근심하지 마십시오. 한탄하지 마십시오. 하나님이 생명을 구원하시려고 나를 당신들 앞서 보내셨습니다. 흉년이 아직 5년이나 남았으니 아버지와 당신들의 아들들을 모두 이곳으로 오게 하십시오. 내가 봉양하겠습니다. 당신들은 나의 애굽에서의 영화와 당신들이 본 모든 것을 내 아버지께 고하고 모시고 내려오십시오." 했다.

요셉의 형들이 왔다는 말이 바로의 궁중에 알려지고 바로 왕도 알게 되자 그들은 모두 기뻐했다. 바로는 요셉에게 '네 형들에게 애굽 땅의 좋은 것을 수레에 싣고 가서 아버지와 그 가족들을 모두 모셔오게 하라.'고 했다. 그러면서 요셉은 형들에게 노중에서 다투지 말라고 했다. 너무 면목이 없는 상황에서는 서로 책임을 전가하며 다툴 수 있기 때문이다. (특히 성격이 과격한 형들에게 당부하는 것일 수 있다.)

야곱은 애굽에서 돌아온 아들들에게서 요셉이 애굽에서 살아 있고 총리가 되었다 함을 듣고 어리둥절하다가 요셉이 보낸 수레를 보고서야 기운이 소생하였다. **"이스라엘이 이르되 족하도다 내 아들 요셉이 지금까지 살아 있으니 내가 죽기 전에 가서 그를 보리라".**

46장

야곱 가족이 애굽으로 내려가다

이스라엘(야곱)이 모든 소유를 이끌고 브엘세바에 가서 그 아비 이삭의 하나님께 희생을 드리니 그 밤에 이상 중에 하나님이 이스라엘에게 "나는 하나님이라 네 아비의 하나님이니 애굽으로 내려가기를 두려워 말라" 하셨다. 또한 "내가 너와 함께 애굽으로 내려가겠고…다시 올라오게 할 것이며…요셉이 그 손으로 네 눈을 감기리라" 하셨다. 이스라엘의 온 가족이 바로가 보낸 수레를 타고 브엘세바를 떠나 애굽으로 갔다. 8-27절은 애굽으로 내려간 자들의 70명의 명단이다.

야곱은 유다를 요셉에게 미리 보내어 자기들을 고센으로 인도하게 하고 다 고센 땅에 이르렀다(28-34절). 그것은 고센이라는 땅이 야곱이 보기에 그들의 목축하는 직업에 합당한 땅이었고(그들의 나그네 인생에서 목축업보다 잘 어울리는 직업이 없다), 가나안 땅에서 멀지 않기 때문이었다. 그들은 언제든지 가나안 땅으로 돌아가야 할 사람들이라는 것을 잘 알고 있었다. 그리고 선민인 그들이 애굽 땅에 깊숙이 박혀 살기를 원치 않았던 것이며 이것은 다 그들의 여호와 신앙의 분별과 정절을 보여준다.

요셉이 그의 수레를 갖추고 고센으로 올라가서 그의 아버지 이스라엘을 맞으며 그에게 보이고 그의 목을 어긋맞겨 안고 얼마 동안을 울었다. 이스라엘은 요셉에게 '네가 지금까지 살아 있고 내가 네 얼굴을 보았으니 지금 죽어도 한이 없다.'고 했다.

요셉은 그 형들과 아버지에게 바로가 불러서 직업이 무엇이냐고 할 때 원래 생업이 목축하는 것이라 하면 애굽 사람들은 목축업을 싫어하니 멀리 고센 땅에 살도록 할 것이라고 했다.

· 야곱의 생애 (창 25:19-46:34)

47장

야곱이 바로를 축복하다

요셉은 바로에게 아버지와 형들과 그들의 양과 소와 모든 소유가 지금 고센 땅에 머물고 있다고 말하고, 형들 다섯을 뽑아 바로를 만나게 하였다. 바로가 요셉의 형들에게 생업을 묻자 그들은 선조부터 목축업을 해왔다고 하면서 고센 땅에서 살게 해달라고 했다.

요셉이 아버지 야곱을 바로에게 인도하니 야곱이 바로를 축복했다. 바로는 야곱에게 나이가 몇이냐고 물었고 야곱은 130세라고 하면서 조상의 나그네 길의 연조에는 미치지 못하나 험악한 세월을 보냈다고 한다. 요셉은 바로의 명대로 라암세스를 그들에게 기업으로 주었다.

요셉은 곡식을 팔아 돈을 거두어 바로의 궁에 가져왔다. 백성의 돈이 떨어지자 다음은 곡식을 내어주면서 짐승을 받았다. 그다음은 전지를 받아서 바로에게 바쳤다. 요셉이 애굽의 전지를 다 사서 바로에게 드리니 애굽 사람이 기근으로 인하여 모든 전지를 다 팔게 되었다. 따라서 요셉은 애굽의 토지법을 새로 세우고 제사장들의 것만 그들에게 속하게 두었다.

야곱은 애굽에 와서 17년을 더 살고 147세에 운명하였다. 이스라엘은 죽을 날이 가까우니 요셉을 불러 자신을 애굽에 장사하지 말고 애굽에서 메어다가 조상의 묘지에 장사하라고 부탁했다. 요셉이 아버지 말씀대로 행하겠다고 하자 야곱은 반드시 그렇게 할 것을 맹세하라고 했고, 요셉이 맹세하니 이스라엘이 침상 머리에서 하나님께 경배했다.

48장

이스라엘이 요셉의 두 아들을 축복하다

요셉은 아버지 야곱이 병들었다는 것을 듣고 두 아들 므낫세와 에브라임을 데리고 아버지에게 왔다. 야곱은 요셉이 그에게 왔다는 말을 듣고 힘을 내어 일어나 침상에 앉아 루스(벧엘)에서 받은 하나님의 축복의 말씀을 전해준다.

하나님께서 전에 가나안 땅 루스에서 야곱에게 나타나 "내가 너로 생육하고 번성하게 하여 네게서 많은 백성이 나게 하고 내가 이 땅을 네 후손에게 주어 영원한 소유가 되게 하리라"고 하셨다는 것이다.

또 야곱은 그가 애굽에 오기 전에 요셉이 낳은 두 아들 므낫세와 에브라임은 자기 것이라고 말한다. 이것은 그들이 야곱의 다른 아들들처럼 독립된 지파를 형성할 것을 가리킨다. 7절에서 야곱은 "내게 관하여는"이라고 하면서 라헬이 밧단아람에서 돌아와 가나안 땅에 들어와서 죽은 것을 말하고(요셉의 어머니 이야기이다), 그를 에브랏 길에 장사지냈다고 한다. 이 모든 이야기는 하늘에 속한 백성의 족보를 요셉에게 알려주는 것이다.

또한 요셉이 두 아들을 데려와 야곱 앞에 세우니 그가 우수를 에브라임에게, 좌수를 므낫세에게 올려놓고 축복의 말을 했다. 요셉이 "아버지여, 그리 마옵소서. 므낫세가 장자니 우수를 그의 머리에 얹으소서."라고 했으나, 야곱이 "나도 안다 내 아들아 나도 안다"라고 하면서 '아우가 그보다 큰 자가 될 것이라'고 하며 에브라임을 므낫세보다 높였다. 야곱은 임종하면서도 조상의 땅으로 돌아갈 것을 꿈꾸고 있다[21-22절]. 이것이 바로 아브라함, 이삭, 야곱-열조들의 귀한 믿음이다.

49장

야곱의 아들들에 대한 유언과 그의 죽음

49장은 야곱이 아들들을 불러놓고 유언한 내용이다. 먼저 르우벤에 대한 말이다. 그는 야곱의 장자이지만 정욕이 물이 끓는 것 같아서 아비의 침상에 올라 더럽혔으므로 탁월하지 못하고 장자권을 잃었음을 말한다. 장자권은 원래 두 배의 축복을 받는 것, 왕이 되는 것, 제사장이 되는 것을 포함하는데, 르우벤이 아비의 침상을 더럽힘으로 왕권은 유다에게로, 제사장은 레위에게로, 두 배의 축복은 요셉에게로 돌아갔다.

다음은 시므온과 레위에 대한 말이다. 야곱은 그들이 형제이며 그들의 칼은 폭력의 도구라고 했다. 그들은 여동생 디나가 세겜의 추장에게 강간당했을 때 분노하여 칼을 차고 가서 세겜 사람들을 죽이고 소의 발목 힘줄을 끊었다. 야곱은 이 일을 말하면서 "내 혼아 그들의 모의에 참예하지 말지어다"라고 했다. 7절에서 야곱은 "내가 그들을 야곱 중에서 나누며 이스라엘 중에서 흩으리로다"고 했다. 시므온은 흩어짐이 저주가 되었으나 레위는 그들의 헌신으로 말미암아 그 흩어짐이 축복으로 바뀌었다.

유다에 대하여는 매우 특별한 축복이 언급된다. 그에게서 그리스도가 출생할 것을 이미 야곱이 예언했다. "홀이 유다를 떠나지 아니하며 치리자의 지팡이가 그 발 사이에서 떠나지 아니하시기를 실로가 오시기까지 미치리니"라고 한다. 이것은 유다 지파에게서 나온 다윗 왕조가 지속되며 결국 그 자손으로부터 그리스도가 출생할 것을 예언한다.

스불론은 해변에 거주하며 그곳은 배 매는 해변이라고 한다. 이는 그로부터 복음 전파가 시작될 것을 예언했다. 잇사갈은 쉴 곳을 보고 좋게 여기며 토지를 보고 아름답게 여기고 어깨를 내려 짐을 메고 압제 아래서 섬긴다고 했는데, 이는 신약의 교회생활을 암시한다.

그리고 단은 길섶의 뱀이요 샛길의 독사이며 말굽을 물어서 그 탄 자를 뒤로 떨어지게 하는 자라고 했다. 단을 예언하면서 야곱은 "주여 나는 주의 구원을 기다리나이다"라고 했다. 그것은 단 지파가 어떻게 하나님을 거역할 것인가를 보기 때문이다.

갓 지파는 싸움을 좋아하는 지파이다. 갓은 박격을 받으나 도리어 그 뒤를 추격한다고 했다. 아셀은 장차 기름지고 소산이 풍부한 땅을 차지할 것을 예언한다. 납달리는 놓인 암사슴이라고 말한다. 이 또한 복음 전파를 암시한다. 요셉은 복음의 증가와 확장을 암시한다.

요셉은 무성한 샘 곁의 가지라고 말하며 그 가지가 담을 넘었다고 말한다. 베냐민은 물어뜯는 이리라고 했는데, 신명기에서는 베냐민에 대해 "여호와의 사랑을 입은 자는 그 곁에 안전히 거하리로다"라고 한다. 사도 바울은 베냐민 지파의 사람이고 과연 그는 원수를 물어뜯는 이리였다.

야곱은 예언을 마친 후, 자기가 죽으면 아브라함과 사라, 이삭과 리브가가 묻힌 막벨라 굴에 장사해달라고 했다.

50장

야곱을 가나안 땅 마므레 앞 막벨라 굴에 장사하다

야곱이 죽으니 요셉이 아비의 얼굴에 구푸려 울며 입을 맞추고, 수종 드는 의원에게 명하여 그 아비의 몸을 향으로 처리하게 했는데 그 기간이 40일이 걸렸다. 그리고 애굽 사람들은 그를 위해 70일을 애곡하였다. 곡하는 기간이 끝나자 요셉은 바로의 궁에 아버지를 가나안 땅에 장사하게 해달라고 전한다. 바로가 허락하니 그들의 어린아이들과 양 떼와 소 떼만 고센 땅에 남겨두고 요셉과 모든 형제들이 아비를 장사하러 가나안 땅으로 올라가는데 많은 병거와 기병이 함께했다. 가다가 요단 강 건너편 아닷 타작마당에 이르러 크게 호곡하고 아비를 위해 7일 동안 애곡하니 그 땅 가나안 백성들이 아닷 마당의 애통을 보고 그 땅 이름을 '아벨 미즈라임'이라고 불렀다. 요셉이 아비를 마므레 앞 막벨라 굴에 장사하고 애굽에 돌아왔다.

요셉이 형들을 위로하다

요셉의 형제들은 그들의 아버지 야곱이 죽었으니 요셉이 과거에 그들이 행한 악을 갚지나 않을까 하여 요셉에게 말을 전하기를, "당신의 아버지가 돌아가시기 전에 명령하여 이르시기를 너희는 이같이 요셉에게 이르라 네 형들이 네게 악을 행하였을지라도 바라건대 그들의 허물과 죄를 용서하라 하셨나니 당신 아버지의 하나님의 종들인 우리 죄를 이제 용서하소서." 했다. 요셉이 그들이 그에게 하는 말을 들을 때에 울었더라고 한다. 또 형들은 그 말을 하고 친히 요셉의 앞에 와서 엎드려 말하기를, "우리는 당신의 종들입니다."라고 했다. 요셉이 그들에게 두려워 말라고 하면서 "내가 하나님을 대신 하리이까 당신들은 나를 해하려 하였으나 하나님은 그것을 선으로 바꾸어 오늘과 같이 만인의 생명을 구원하려고 나를 보내셨으니 두려워 마소서 내가 당신들과 당신들의 자녀를 기르리이다"하고 그들을 간곡한 말로 위로했다.

요셉이 애굽에서 입관되다

요셉은 애굽에서 110세를 살며 에브라임의 자손 3대를 보았고, 므낫세의 아들 마길의 아들들도 요셉의 슬하에서 양육되었다. 요셉이 그 형제들에게 “나는 죽으나 하나님은 너희를 이 땅에서 인도하여 내사 아브라함과 이삭과 야곱에게 맹세하신 땅에 이르게 하리라” 말하고, “하나님이 정녕 너희를 권고하시리니 너희는 여기서 내 해골을 메고 올라가라”고 했다. 아브라함, 이삭, 야곱, 요셉의 마음에는 하나님의 언약에 대한 믿음이 자리하고 있었다. 그들은 약속을 바라며 믿음으로 살았다(히 11:13). 창세기는 요셉이 애굽에서 입관된 것으로 끝난다.

출애굽기

서론

창세기는 '기원'이라는 제목의 책이고 출애굽기는 '떠남'이라는 제목의 책이다. 그리스도인은 시작과 떠남이 있는 사람들이다. 시작은 하나님의 창조와 부르심이며 떠남은 세상으로 예표된 애굽으로부터 탈출하는 것이며, 그것이 곧 구속이다. 창세기가 하나님께서 창조된 인류 가운데서 아브라함 한 사람을 부르시고 그로 한 족속을 이루게 하시어 다루신 기록이라면, 출애굽기는 하나님께서 이스라엘이라는 한 나라를 이루시고 그들에게 율법을 주시고 그분의 나라가 되게 하신 것에 대한 기록이다. 성경에는 하나님의 율법이 기록되어 있지만 또한 은혜가 있다. 율법이 어떤 것인가를 알 때 은혜의 풍성함과 귀함을 더 알게 된다. **"율법이 가입한 것은 범죄를 더하게 하려 함이라 그러나 죄가 더한 곳에 은혜가 더욱 넘쳤나니 이는 죄가 사망 안에서 왕 노릇 한 것같이 은혜도 또한 의로 말미암아 왕 노릇 하여 우리 주 예수 그리스도로 말미암아 영생에 이르게 하려 함이니라"**(롬 5:20-21).

은혜와 율법에 대하여 분명하게 깨닫기 원한다면 신약에 있는 로마서와 갈라디아서를 읽어야 할 것이다. 그러나 그 모든 씨앗은 구약에 이미 들어있다. 그런 의미에서 창세기와 출애굽기의 중요성이 있다. 출애굽기를 읽고 그 내용을 잘 이해할 때 하나님의 은혜의 풍성함을 더욱 알 수 있게 된다. 갈라디아서에 율법에 대하여 많은 말씀이 있지만 그 율법이 주어진 자세한 배경은 출애굽기에 있다. 그러므로 출애굽기를 통하여 하나님의 마음을 더욱 이해할 수 있다. 원래 하나님 마음속에는 사람에게 율법을 주시고자 하는 의도가 없으셨다. 그분은 영원 전부터 사람에게 은혜를 주기 원하셨고 언제나 은혜로 대하기 원하셨다. 그러나 은혜가 무엇인지 모르고 자신이 어떤 존재인지 모르는 인간의 무지가 율법을 불러들인 것이다. 타락한 사람인 우리에게는 율법을 통하여 하나님께로 나아가는 길이 필요하게 된 것이다. 그러므로 율법의 본질을 이해하면 할수록 우리는 하나님께 더욱 가까이 나아갈 수 있게 된다.

출애굽기의 원제는 '웨엘레 쉐모드'로서 '그리고 이것이 그 이름들이라'는 뜻인데, 그것은 창세기의 원제 '베레쉬트'(태초에)가 1장 1절 첫 마디를 딴 것처럼 출애굽기도 그 첫 구절을 제목으로 한 것이다. 이 책은 원래 창세기와 별도의 책이 아니라 한 권으로 되어 있었으며 창세기의 연속이었다. 히브리어 성경을 헬라어로 번역한 70인 역(LXX)에서 그 제목을 엑소더스(exodus)라고 붙였는데, 이후 라틴어 벌겟(Vulgate) 성경과 구미 각국의 성경이 70인 역을 따라서 '엑소더스'라고 하게 되었다.

1장

이스라엘 자손이 애굽에서 학대를 받다

요셉을 알지 못하는 왕이 일어나자 그들이 이스라엘 자손들을 핍박하기 시작했다. 애굽에 이른 이스라엘 자손들은 생육이 중다하고 심히 강대하여졌다. 애굽 왕은 그들 위에 감독들을 세우고 무거운 짐을 지우고 국고성 비돔과 라암셋을 건축하게 하였다. 학대를 받을수록 이스라엘이 더 번식하니 애굽 사람이 이스라엘을 인하여 근심하게 되었다.

애굽 왕은 십브라와 부아라는 자를 불러서 히브리 여인이 애를 낳으면 남자는 죽이고 여자는 살게 하라고 하였다. 그러나 산파들은 하나님을 두려워하여 남자 아이를 살렸으며, 하나님은 그 산파들의 가정을 축복하셨다. 바로는 모든 신민에게 남자 아기가 나거든 하수에 던져버리라고 했다.

2장

물에서 건져진 모세

레위 지파의 가족이 한 아이를 낳았는데, 그가 너무 준수함을 보고 3개월 숨기다가 더 숨길 수 없게 되자 갈 상자를 만들어 역청과 나무 진을 칠하여 그 속에 아기를 담아 하숫가 갈대 사이에 두고서 그 누이가 어떻게 되는지 알려고 멀리 서서 보고 있었다. 그때 바로의 딸이 목욕하러 하수에 내려왔는데, 그녀가 갈 상자를 보고 시녀를 보내어 가져다가 열어보니 아기가 울고 있었다. 공주가 말했다. "히브리 사람의 아이로구나." 그때 누이가 공주에게 가서 "제가 당신을 위해 히브리 여인 중에서 유모를 불러올까요?" 했다. 바로의 딸이 그렇게 하라고 하자 그 소녀는 가서 모세의 어머니를 불러왔다. 바로의 딸은 모세의 어머니에게 삯을 주며 모세를 키웠고 그 아이로 자기의 자식을 삼고 물에서 건져내었다고 하여 이름을 '모세'라고 불렀다.

모세가 장성하여 40세가 되자 자기 동족을 생각하여 밖에 나갔는데 그들이 고되게 일하고 있는 것을 보았다. 그런데 어떤 애굽 사람이 히브리 동족을 때리는 것을 보고 그를 쳐 죽여 모래에 감추었다. 이튿날 다시 나가니 이번에는 자기 동족끼리 싸우는 것이었다. 모세가 그 싸움을 보다가 잘못한 사람에게 "네가 어찌하여 동포를 치느냐?"고 하니, 그 사람 말이 "누가 너로 우리의 주재와 법관을 삼았느냐? 네가 어제 애굽 사람을 쳐 죽인 것같이 나도 죽이려느냐?" 했다. 그 말을 듣고 모세는 일이 탄로난줄 알고 바로의 낯을 피하여 미디안 땅으로 도망을 갔다. 거기서 양을 치는 미디안 제사장의 일곱 딸들을 만나 양 무리에게 물을 먹이도록 도와주었다. 그들의 아비 르우엘은 그 사람을 찾아오라고 하여 데려다 음식을 대접하고 십보라를 그에게 주어서 모세를 사위 삼았다. 그리고 아들을 낳아 이름을 '게르솜(내가 타국에서 객이 되었다는 뜻)'이라 지었다. 그 후 그 애굽 왕은 죽었으며 이스라엘 사람들은 고역으로 인하여 부르짖고 하나님은 그들의 부르짖음을 들으셨다.

여호와께서 호렙 산에서 모세를 부르시다

모세는 장인 이드로의 양 무리를 쳤는데, 광야 서편으로 가다가 호렙 산에 이르렀다. 그때 여호와의 사자가 떨기나무 불꽃 가운데 나타나셨다. 모세가 그 희한한 광경을 보는데(나무에 불이 붙었으나 타지 않음), 여호와께서 불꽃 가운데서 모세를 부르셨다. "모세야, 모세야!" 이에 모세가 "내가 여기 있나이다!"라고 대답하자, 주님은 "이제 내가 너를 바로에게 보내어 내 백성 이스라엘을 애굽에서 인도하여 내게 하리라" 하셨다. 모세가 하나님께 "내가 누구관대 바로에게 가며 이스라엘 자손을 애굽에서 인도하여 낸단 말입니까?"라고 대답하니, 하나님은 "내가 정녕 너와 함께 있으리라 네가 인도하여 낸 후에 이 산에서 하나님을 섬기리니 이것이 내가 너를 보낸 증거니라"고 하셨다. 하나님은 그분의 일을 위하여는 스스로 사람을 선택하고 부르시어 사용하신다.

하나님의 이름은 '스스로 있는 자'이시다

모세가 "그들이 하나님의 이름을 물으면 뭐라고 대답합니까?" 라고 물으니 "나는 스스로 있는 자니라 스스로 있는 자가 나를 너희에게 보냈다 하라"고 말씀하셨다. 여기서 하나님은 자신의 이름을 말씀해주셨다. '스스로 있는 자'란 영어로 'I AM THAT I AM'으로서 '나는…이다'. 즉 '존재'라는 뜻이다. 또 이스라엘 자손에게 이르기를 "너희 조상의 하나님 여호와 곧 아브라함의 하나님, 이삭의 하나님, 야곱의 하나님께서 나를 너희에게 보내셨다 하라" 하셨다. 하나님은 모세에게 "너는 가서 이스라엘 장로들을 모으고 조상의 하나님께서 너희 간고를 보고 애굽의 고난 중에서 너희를 건져내어 젖과 꿀이 흐르는 땅으로 인도하여 내리라" 하면 너의 말을 들을 것이라고 하셨다.

또 애굽 왕에게 가서 "히브리 사람의 하나님 여호와께서 우리에게 임하셨으니 우리가 사흘 길쯤 떠나서 그분께 희생을 드리려 하니 가기를 허락해달라" 말하라 하시면서 "내가 강한 손으로 치기 전에는 애굽 왕이 너희가 가도록 허락하지 않다가…여러 가지 이적으로 그 나라를 친 후에야 그가 너희를 보내리라"고 하셨다. 하나님께서는 애굽 사람으로 이 백성에게 은혜를 입히게 할 것인데, 그들이 애굽을 나갈 때 빈손으로 가지 않을 것이니 여인들은 모두 그 이웃 사람과 자기 집에 거류하는 여인에게 은, 금 패물과 의복을 구하여 자녀를 꾸미라 하셨다.

4장

하나님의 보내심에 대하여 모세가 주저하다

모세는 여전히 머뭇거리면서 이스라엘 장로들이 그의 말을 믿지 않고 여호와께서 그에게 나타나지 않으셨다고 하면 어떻게 하느냐고 한다. 그러자 주님은 “네 손에 있는 것이 무엇이냐?” 하시고, 지팡이를 땅에 던지라 하셔서 던지니 지팡이가 뱀이 되었다. 하나님께서 다시 손을 내밀어 뱀의 꼬리를 잡으라 하시고 잡으니 도로 지팡이가 되었다.

두 번째는, 주님이 모세에게 네 손을 품에 넣으라 하셔서 손을 품에 넣었다가 내어보니 그의 손에 문둥병이 발하여 눈같이 되었다. 다시 품에 넣으라 하셔서 넣었다가 내어보니 전과 같았다. 처음 표적을 행하고 두 번째 표적을 행하여도 믿지 않고 그의 말을 듣지 않으면 나일의 강물을 조금 떠다가 땅에 부으라 하시면서 그 강물이 땅에서 피가 되리라 하셨다.

이 표적은 오늘날 주님을 섬기는 사람들이 인식해야 할 가장 중요한 전제조건이다. 우리가 의지하는 것이 결국 뱀이라는 것과 우리 자신은 문둥병으로 가득한 죄인이라는 것이다. 주님을 섬기는 사람은 오직 하나님만 의지해야지 다른 것을 의지하지 말아야 한다.

여호와께서 숙소에서 모세를 죽이려 하셨다. 이는 그 아들이 할례를 받지 않았기 때문이었다. 하나님은 그분의 종들이 육체로 섬기는 것을 절대 묵과하지 않으신다. 그때 모세의 아내 십보라가 차돌을 취하여 아들의 양피를 베고 모세의 발 앞에 던지며 “당신은 참으로 내게 피 남편입니다!”라고 외쳤다.

한편 여호와께서는 아론에게 광야로 가서 모세를 맞으라 하시니 가서 하나님의 산에서 모세를 만났고, 모세는 여호와께서 그에게 분부하여 보내신 모든 말씀과 명령하신 이적을 아론에게 알려주었다. 모세와 아론이 이스라엘 자손의 모든 장로들을 모으고, 아론은 여호와께서 모세에게 이르신 모든 말씀을 전하고 그 백성 앞에서 이적을 행했다. 백성이 믿으며 여호와께서 이스라엘 자손을 찾으시고 그들의 고난을 살피셨다는 것을 듣고 머리 숙여 경배했다.

5장

모세의 사역의 시작 - 바로의 반대에 부딪힘

하나님의 말씀대로 모세와 아론은 바로에게 가서 "이스라엘의 하나님께서 이렇게 말씀하시기를 내 백성을 보내라 그러면 그들이 광야에서 내 앞에 절기를 지킬 것이니라 하셨다"고 했다. 그러나 바로는 "나는 여호와를 알지 못하니 보내지 아니하리라"고 응수했다. 재차 모세와 아론이 히브리인의 하나님께서 나타나셨으니 광야로 사흘 길쯤 가서 여호와께 제사를 드리도록 허락해달라고 하자 애굽 왕 바로는 모세와 아론이 이스라엘 백성들의 노역을 쉬게 해서 자신들의 일에 차질을 빚는다고 하면서 간역자와 패장들에게 벽돌을 만드는 데 쓸 짚을 주지 말고 그들이 스스로 줍게 하고 벽돌 양은 줄이지 말라고 했다. 오히려 그들의 노역을 훨씬 힘들게 만든 것이다. 벽돌 수를 채우지 못하자 애굽 감독들은 이스라엘 자손의 공사 패장들을 때렸다. 이 패장들이 바로에게 이 일로 호소하자 바로는 너희가 게을러서 딴 생각을 하니 노역을 더 부과하는 것이라고 했다.

이들은 바로에게 말하고 나오면서 모세와 아론이 길에 서 있는 것을 보고 "너희가 우리로 바로의 눈과 그 신하의 눈에 미운 물건이 되게 하고 그들 손에 칼을 주어 우리를 죽이게 하는도다" 하면서 도리어 주님께서 모세와 아론을 살피시고 심판하시기를 원한다면서 원망했다.

모세가 여호와께 돌아와서 아뢰었다. "주여, 어찌하여 이 백성이 학대를 당하게 하셨습니까? 어찌하여 나를 보내셨습니까?…내가 바로에게 들어가서 주의 이름으로 말한 후로부터 그가 이 백성을 더 학대하는데 주께서도 이 백성을 구원하지 않으십니다." 하나님을 섬기는 일은 결코 쉬운 일이 아니다. 처음부터 술술 풀리는 일이 없다. 하나님의 역사는 반드시 대적자 마귀의 공격을 불러오기 때문이다. 사람들로부터 환영과 호응을 받는 것이 아니라 오히려 심한 반대와 핍박을 받게 된다.

6장

모세를 강화시키시는 하나님

하나님께서는 모세에게 “이제 내가 바로에게 하는 일을 네가 보리라 강한 손으로 말미암아 바로가 그들을 보내리라 강한 손으로 말미암아 바로가 그들을 그의 땅에서 쫓아내리라” 하시며 그를 강화시키셨다.

하나님께서는 또 모세에게 “나는 여호와니라” 하시며 “내가 아브라함과 이삭과 야곱에게 전능의 하나님으로 나타났으나 나의 이름을 여호와로는 그들에게 알리지 아니하였고…” 하셨다. 하나님께서는 그들이 거류하는 가나안 땅을 그들에게 주기로 언약하셨는데, 애굽 사람 밑에 탄식하는 백성들의 신음을 듣고 그분의 언약을 기억하며 그분의 편 팔로 재앙을 내려 이스라엘 백성을 무거운 짐 아래서 구원해 내리라고 모세에게 말씀하시면서 이스라엘 백성에게 그대로 고하라고 하셨다.

모세가 그대로 이스라엘 자손에게 전했으나 그들은 마음이 상해서 듣지 않았다. 그래도 하나님께서 모세더러 바로에게 가서 말하라고 하시니까 모세는 ‘나는 입이 둔한 자인데 바로가 내 말을 듣겠습니까’ 하면서 끝내 주저했다.

하나님께서 이 모든 일을 행하심

6장 13절과 28절은 14절부터 27절까지를 감싸고 있다. 12절까지의 말씀은 모세가 너무 어려워하면서 주저하는 상황을 그리고 있으나, 13절에서는 그 상황과는 아무 관계없는 것처럼 단순하게 모세가 그 일을 해냈다는 것을 기록하고 있다. 그러나 그 모든 일을 하나님께서 하게 하셨다고 말한다. 하나님께서 하시면 된다.

모세와 아론의 족보

6장 14절부터 27절까지는 모세와 아론의 족보를 기록하고 있는데, 이는 한면으로 모세와 아론이 출애굽 역사를 훌륭하게 주도한 인물들로서 그들의 분명한 족보를 밝힐 필요가 있기 때문이고, 또 한면으로는 그들이 그렇게 훌륭하게 일하도록 인도하시고 사용하신 분이 결국 하나님 자신이심을 밝히는 것이다.

모세는 두려워하면서 주저하고 물러서려 했지만 하나님께서는 그가 훌륭하게 직임을 수행하도록 도와주셨다. 이와 같이 사람이 하나님께 쓰임받는 문제는 하나님께 달려 있다. 그렇게 하나님께 귀히 쓰임받는 사람들의 영예는 실로 대단한 것이다. 하나님은 충성스럽게 직분을 다한 두 종의 일을 분명하게 기록해 놓으셨다. **"이스라엘 자손을 그 군대대로 애굽 땅에서 인도하라 하신 여호와의 명을 받은 자는 이 아론과 모세요 애굽 왕 바로에게 이스라엘 자손을 애굽에서 내어 보내라 말한 자도 이 모세와 아론이었더라"**[26-27절].

7-11장

모세를 하나님께서 보내신 자로 나타나게 하시다

7장부터 11장까지는 모세와 아론이 바로 앞에서 행한 열 가지 이적을 기록하고 있다(이적으로는 열 가지이고 재앙으로 치면 아홉 가지이다. 지팡이를 던진 것은 재앙이 아니고 이적일 뿐이다). 바로는 열 가지 이적으로 인한 재앙이 다 지나간 후에야 이스라엘을 내보낸다. 실상 마지막 장자를 멸하는 재앙은 모든 재앙을 다 포함한 궁극적인 재앙이다.

"여호와께서 모세에게 이르시되 볼지어다 내가 너로 바로에게 신이 되게 하였은즉 네 형 아론은 네 대언자가 되리니"[7:1].

하나님께서는 그분의 백성을 이끌어내는 데에 모세를 사용하시기 위해 그를 바로 앞에 하나님 같은 존재로 보이게 하셨다. 하나님이 사람을 사용하시려면 그의 품격을 세워주셔야 한다. 바울은 디모데에게 그의 연소함을 업신여김당하지 말라고 당부했다(딤전 4:12). 사역자가 권위를 잃어버리면 그의 말에 아무런 효력이 없게 된다(딛 2:15).

모세는 바로의 궁중에서 40년, 미디안 광야에서 40년, 하나님을 섬기기 위해 이스라엘 백성과 함께 광야에서 40년을 지냄으로 도합 120년을 살았다. 이것은 하나님께서 그의 일생을 그분의 계획과 섭리에 따라 구별하여 역사하셨음을 시사한다. 하나님께서는 종종 사람을 불러 사용하실 때 이와 같이 그의 일생을 때를 따라 정확히 구분하여 사용하시곤 한다. 이것은 하나님이 사람을 사용하심에 일정표가 있음을 암시하고 있다.

열 가지 재앙

1. 애굽 하수가 피가 되다
2. 개구리가 나일 강에서 무수히 생기고 올라오다
3. 티끌이 이가 되다
4. 파리 떼가 가득하다
5. 애굽의 가축에게 심한 돌림병이 생겨 죽다
6. 애굽의 온 땅의 사람들과 짐승들에게 악성 종기가 나다
7. 우박이 애굽 온 땅의 사람과 짐승과 농작물과 삼림에 내리다
8. 메뚜기가 애굽 온 지면을 덮다
9. 캄캄한 흑암이 삼 일 동안 애굽 온 땅에 임하다
10. 애굽 땅의 모든 처음 난 것을 칠 것이라 경고하다

모세와 아론이 바로에게 가서 맨 먼저 행한 이적은 아론의 지팡이를 그들 앞에 던져 뱀이 되게 한 것이다. 바로는 애굽의 술객들을 불렀고 그들도 술법을 써서 동일하게 그들 지팡이를 던져 뱀이 되게 했으나 아론의 지팡이가 그들의 지팡이를 삼켜버렸다. 그러나 바로의 마음은 움직이지 않았다. 바로의 마음이 움직이지 않은 데에는 애굽 술객들의 술법이 일조한 것이다.

다음은 나일 하수의 물을 피로 만든 것이었다. 모세와 아론이 여호와의 명대로 하수를 치니 그 물이 다 피로 변했다. 따라서 하수의 고기가 다 죽고 그 물에서 악취가 나니 애굽 사람들이 하수 물을 마시지 못했다. 애굽의 술객들도 그들의 술법으로 동일한 일을 했다. 애굽 사람들은 애굽 하수를 의지하여 살았다. 그들은 하나님보다 애굽 하수를 더 중히 여기고 있었다. 하나님의 징계는 첫째로 그들이 가장 의지하는 것에 임했다. 예를 들어, 어떤 사람이 자신의 몸을 우상 삼아 주님보다 자신의 육신을 더 위한다면 하나님은 언젠가 그 몸을 징계하시어 몸에 대해 혐오감이 생길 정도가 되게 하실 것이다. 어쨌든 애굽의 술객들도 이러한 이적을 행할 수 있었고 바로는 마음이 강팍하게 되어 모세와 아론의 말을 듣지 않았다.

다음(열 가지 재앙 중 2번째)이적은 애굽 전역에 개구리가 올라오게 하는 것이었다. 모세와 아론은 강들과 운하들과 못 위에 서서 개구리를 애굽 땅 전역에

올라오게 했다. 그런데 애굽 술객들도 자기 요술대로 그렇게 할 수 있었다. 이때서야 바로는 약간의 변화를 보인다. "내가 이 백성을 보내리니 그들이 여호와께 희생을 드릴 것이니라"[8:8]. 그러나 모세의 간구로 개구리가 많은 곳에서 죽어 악취가 나다가 숨을 통하게 될 때쯤 바로는 마음이 다시 강퍅해졌다.

우리는 여기서 이 세 가지 이적에 대하여 생각해볼 필요가 있다. 첫째는 지팡이가 뱀이 되는 것이고, 둘째는 애굽 하수가 피가 되는 것이며, 셋째는 개구리를 애굽 전역에 올라오게 하는 것이다. 모세가 이 세 이적을 행하니 애굽의 술객들도 이 세 이적만큼은 따라서 했다.

아마도 이들이 행한 것은 모세가 행한 것과 같은 사실이 아니라 마술이나 거짓된 이적이었을 것이다. 어쨌든 이 세 가지 이적은 애굽의 술객들도 따라 했는데, 바울은 디모데 후서 3장에서 그들의 이름을 언급했다. "얀네와 얌브레가 모세를 대적한 것같이 저희도 진리를 대적하니 이 사람들은 그 마음이 부패한 자요 믿음에 관하여는 버리운 자들이라 그러나 저희가 더 나가지 못할 것은 저 두 사람의 된 것과 같이 저희 어리석음이 드러날 것임이니라"(딤후 3:8-9).

얀네와 얌브레는 애굽의 술객들이었는데, 바울이 디모데 후서에서 이들을 언급할 때에는 소위 신자들 가운데 있는 대적자들에게 적용하였다. 물론 그들은 마음이 부패한 자요 믿음에 관하여는 버리운 자였다. 이들은 스스로 그리스도인이라고 신앙을 고백하지만 실지로는 자기를 사랑하고 돈을 사랑하며 교만한 사람들이다. 그들은 배반하는 길을 가며 경건의 능력은 부인하고 경건의 모양만을 취한 자들이다. 결국 당시 바울의 대적자들은 이런 자들 가운데서 발견되었다. 그들이 어떻게 바울을 대적하였겠는가? 바울이 하는 일과 유사한 일을 하는 방식으로이다.

여기서 얀네와 얌브레가 모세를 대적한 방식은 모세가 지팡이를 던져 뱀이 되게 할 때 따라서 같은 일을 한 것이다. 물론 거기에 차이는 있다. 왜냐하면 그들이 만들어낸 뱀을 모세가 만든 뱀이 다 삼켜버렸기 때문이다. 그럼에도 바로는 모세가 하는 것을 자신의 술객들도 할 수 있다는 것을 알고 모세의 말을 묵살해버렸다. 모세가 애굽의 하수를 피가 되게 했을 때에도 애굽 술객들이 동일한 일을 행하자 바로는 다시 한 번 마음이 강퍅해졌다. 모세가 애굽 전역에 개구리들이 올라오게 하자, 얀네와 얌브레도 똑같은 일을 할 수 있다는 것을 바로에게 보여주었다. 이것이 그들이 모세를 대적한 방식이었다. 즉 그들은 바로가 모세의 말을 듣지 않도록, 모세의 행하는 이적이 반드시 그가 이스라엘 백성을 애굽에서 이끌어내도록 보내심받은 표가 아니라는 것을 입증하기 위해 그러한 이적을 시연해 보인 것이다.

모세가 지팡이로 티끌을 칠 때 그것들이 다 이가 되었는데, 이 일은 술객들이 따라서 하지 못했다. 이는 없는 것을 있게 하시는 하나님의 생명 능력으로 말미암는다. 이런 생명의 산출은 하나님의 능력이 아니고는 할 수 없는 일이다. 즉 생명의 역사만큼은 참된 하나님의 종들 외에는 결코 행할 수 없는 것이다. 이것이 이적 중의 이적이다. 이는 가장 작은 생명체이지만 대적자들은 이것을 만들어 내지 못했다.

그들이 병을 고치고 귀신을 쫓아내는 등 큰 능력을 행할지 모르지만 십자가의 죽음을 거친 생명은 참된 사도들을 통해서만 흘러나온다(고후 4:10-12). 티끌은 성경에서 무엇을 상징하는가? 피조물로서 가장 작은 단위이다. 창세기 18장 27절에서는 “아브라함이 말씀하여 가로되 티끌과 같은 나라도 감히 주께 고하나이다”라고 했다. 또 많은 성경 구절들에서 티끌이란 작고, 무익하고, 가장 나약한 인생을 말할 때 사용되는 말이다.

그러므로 티끌로 이를 만들었다는 것은 영적으로 볼 때 매우 의미 있다. 이는 생명체 중에서 가장 무익하게 보이는 생명체이다. 그럼에도 살아있는 생명체임에는 분명하다. 우리는 그리스도인 생활 초기에 티끌이 변하여 이가 되는 많은 변화가 일어날 수 있다. 그 생명의 변화가 대단하거나 그리 가치 있어 보이는 것이 아닐 수 있지만, 생명의 성장과 변화를 가져오는 사역은 참된 사역자들이 아니면 불가능하다.

사탄적인 권세와 질병이나 위험 등을 수반하는 사망 권세를 다루는 능력이 하나님의 종들에 의해서 강력하게 역사되는 것은 사실이다. 그러나 이런 역사가 있다고 해서 반드시 하나님의 종의 표시라고 보기는 어렵다. 왜냐하면 얀네와 얌브레 같은 진리의 대적자들도 이런 일을 흉내 내었기 때문이다. 오늘날에도 거짓 능력과 표적이 종종 나타나곤 한다. 따라서 병자가 치유받고 큰 능력이 행사되기도 한다. 그러나 그것이 곧 성령의 능력이 아닐 수 있다. 이것을 아는 것은 매우 중요하다.

그러나 한 가지 분명한 하나님의 종의 표시는 죽음을 거쳐 성도들에게 생명을 나눠주며 사람의 영혼에 생명을 공급하여 살리는 사역 곧 생명의 사역이다. 비록 굼실굼실 기어다니는 이가 되게 하는 것이 아주 작은 역사이고 대단해 보이지 않을지라도 이것은 생명에 속한 사역이다. 이것이 바로 새 창조요 새 사람인 교회, 곧 새로운 피조물이 되게 하는 신약의 사역이다. 이 사역은 놀라운 것이요 천사도 마귀도 흉내낼 수 없는 영원하신 하나님의 생명의 사역이다.

나머지 재앙은 4. 파리 떼 5. 악질 6. 독종 7. 우박 8. 메뚜기 9. 흑암이었으나 바로는 여전히 이스라엘 백성을 내보내지 않았다.

12-15장

마지막 재앙과 유월절 행사

12장에는 마지막 열 번 째 재앙, 장자를 치는 재앙이 있다. 하나님은 이 달로 이스라엘의 달의 시작 곧 해의 첫 달이 되게 하라고 하셨다. 이 달 열흘에 각 집이 어린 양을 잡아 14일까지 간직하였다가 해질 때에 이스라엘 회중이 그 양을 잡고 그 피를 양을 먹을 집 좌우 문설주와 인방에 바르고 그 밤에 고기를 불에 구워 무교병과 쓴 나물과 함께 먹으라고 하시면서 이것이 여호와의 유월절이라고 하였다. 여호와께서 그 밤에 애굽 땅에 두루 다니시면서 애굽 땅의 처음 난 모든 것을 다 치시고 애굽 신들을 심판하실 것이다. "내가 애굽을 칠 때에 그 피가 너희 사는 집에 있어서 너희를 위하는 표적이 될지라 내가 피를 볼 때에 넘어가리니 재앙이 너희에게 내려 멸하지 아니하리라". 그 밤에 너희는 허리에 띠를 띠고 발에 신을 신고 손에 지팡이를 잡고서 급히 먹고 떠나라고 하셨다. 이것이 유월절이다. 그리고 이어서 7일 동안 무교병(누룩 없는 떡)을 먹을지니 누룩을 제하라고 하시며 유교병을 먹는 자는 이스라엘에게서 끊어지리라고 하셨다.

말씀하신 대로 그 밤에 애굽의 모든 처음 난 것을 다 치시되 바로의 장자로부터 옥에 갇힌 자들이나 가축이나 다 치셨다. 그러므로 바로와 그 신하들과 애굽에 큰 부르짖음이 있었으니 처음 난 것 중에 죽임을 당하지 않은 집이 없었다.

그 밤에서야 바로가 모세와 아론을 불러 가서 여호와를 섬기라고 한다. 이스라엘 백성이 애굽 사람들에게 은 금을 구하매 그들이 구하는 대로 주어 그들의 물품을 취하였다. 이스라엘이 라암셋에서 떠나 숙곳에 이르렀는데 장정이 육십만이었다. 이스라엘 백성이 애굽에 거주한 기간은 430년이었다. 돈으로 산 종이나 거류하는 타국인들은 할례를 받은 후에야 유월절에 참여할 수 있다고 하셨다. 그 밤에 하나님은 이스라엘을 애굽에서 이끌어 내셨다. 이 유월절이 신약 성도들이 구속받은 것의 가장 선명한 예표이다. 어린 양이 흘리신 보혈로 구속받은 것이다.

유월절과 무교절의 의미

"여호와께서 모세에게 일러 가라사대… 초태생은 다 거룩히 구별하여 내게 돌리라 이는 내 것이니라… 유교병을 먹지 말라 여호와께서 그 손의 권능으로 너희를 그곳에서 인도하여 내셨음이니라… 칠 일 동안에는 무교병을 먹고 유교병을 너희 곳에 있게 하지 말며 네 지경 안에서 누룩을 네게 보이지도 말게 하라"[13:1-7].

초태생, 즉 처음 난 것을 하나님께 돌려야 함은 구속의 원칙에 근거한 것이다. 이는 그 밤에 애굽의 장자는 다 죽었으나 이스라엘 백성들의 장자는 하나님의 은혜로 다 살았으니 그들은 응당 하나님께 돌려져야 한다. 죽어 마땅한 죄인들이 하나님의 구속 역사를 통하여 살았으니 그들은 마땅히 하나님의 것으로 구별되어야 한다는 것이다.

이는 신약에서 구원받은 성도는 다 하나님의 것임을 암시한다. 고린도 전서 6장에서는 "너희 몸은 너희가 하나님께로부터 받은바 너희 가운데 계신 성령의 전인 줄을 알지 못하느냐 너희는 너희의 것이 아니라 값으로 산 것이 되었으니 그런즉 너희 몸으로 하나님께 영광을 돌리라"(고전 6:19-20)고 하였다. 우리 구속받은 자들은 죄로 죽을 수밖에 없는 자들인데 살게 된 것이다. 따라서 우리는 구속자이신 예수 그리스도께 속한 자들이 되었다.

또한 우리가 여기서 알 수 있는 것은, 누구든지 거듭난 사람은 다 장자로 태어났다는 것이다. 왜냐하면 이스라엘에서 구속함을 받은 자들은 다 장자들이었기 때문이다. 장자들에게는 탁월한 능력과 뛰어난 위엄이 있으며(창 49:3), 그에게는 장자의 명분과 유업이 주어진다. 그러므로 하늘에 있는 교회는 장자들의 교회와 총회라고 불리운다(히 12:23). 르우벤은 음행으로, 에서는 장자의 명분을 경홀히 여김으로 이 귀한 장자권을 상실하였다.

또한 우리가 여기서 알 수 있는 것은, 분별되고 헌신되고 죄 없는 삶을 사는 근거가 구속에 있다는 것이다. 여기서 주님이 말씀하신바 "초태생은 구별하여 내게 돌리라 이는 내 것이니라"는 말씀은 분별과 헌신을 포함하는 말씀이다. 그리스도인의 이러한 분별과 헌신의 근거는 구속함을 받은 것에 있다. 다음으로, 헌신된 자들의 삶은 거룩하고 죄 없는 삶이어야 한다. 그리스도의 구속은 우리로 심판을 면하게 할 뿐 아니라 죄악된 삶에서 벗어나게 한다. 하나님께서 원하시는바 그분의 자녀들의 정상적인 삶은 죄악에서 떠난 삶이지 여전히 죄 가운데 머물러 있는 삶이 아니다. 칠 일 동안 무교병을 먹어야 한다는 것은 그리스도인의 온 일생이 죄 없는 일생이어야 함을 의미한다. 3절은 유교병을 먹어서는 안 되는 이유가 주님이 그 권능의 손으로 그들을 애굽에서 인도해내셨기 때문이라고 한다. 사도 바울은 고린도 전서 5장에서 묵은 누룩(죄악들)을 내어버려야 하는 이유가 '우리의 유월절 양 그리스도께서 희생이 되셨기 때문'이라고 한다. 그분은 우리의 죄를 위해 십자가에서 희생을 당하셨는데 어찌 우리가 더 그 죄악 속에 머물 수 있느냐는 말이다. 그분의 십자가의 사랑을 생각한다면 우리는 더 이상 죄 가운데 살 수 없다.

지중해와 믹돌 사이

"여호와께서 모세에게 일러 가라사대 이스라엘 자손을 명하여 돌쳐서 바다와 믹돌 사이의 비하히롯 앞 곧 바알스본 맞은 편 바닷가에 장막을 치게 하라 바로가 이스라엘 자손에 대하여 말하기를 그들이 그 땅에서 아득하여 광야에 갇힌 바 되었다 할지라 내가 바로의 마음을 강퍅케 한즉 바로가 그들의 뒤를 따르리니 내가 그와 그 온 군대를 인하여 영광을 얻어 애굽 사람으로 나를 여호와인줄 알게 하리라 하시매 무리가 그대로 행하니라"[14:1-4].

이스라엘 백성들은 아빕월 15일에 고센 지역의 라암셋에 집결하여 가나안을 향해 떠났다. 그리고서 라암셋에서 남동쪽으로 50km 지점에 위치한 숙곳에 이르렀고[12:37], 그다음 광야 끝에 위치한 에담에 이르렀다[13:20]. 이때 그들은 하나님으로부터 지중해와 믹돌 사이의 비하히롯 앞 곧 바알스본 맞은 편 바닷가에 장막을 치라는 명을 받았다.

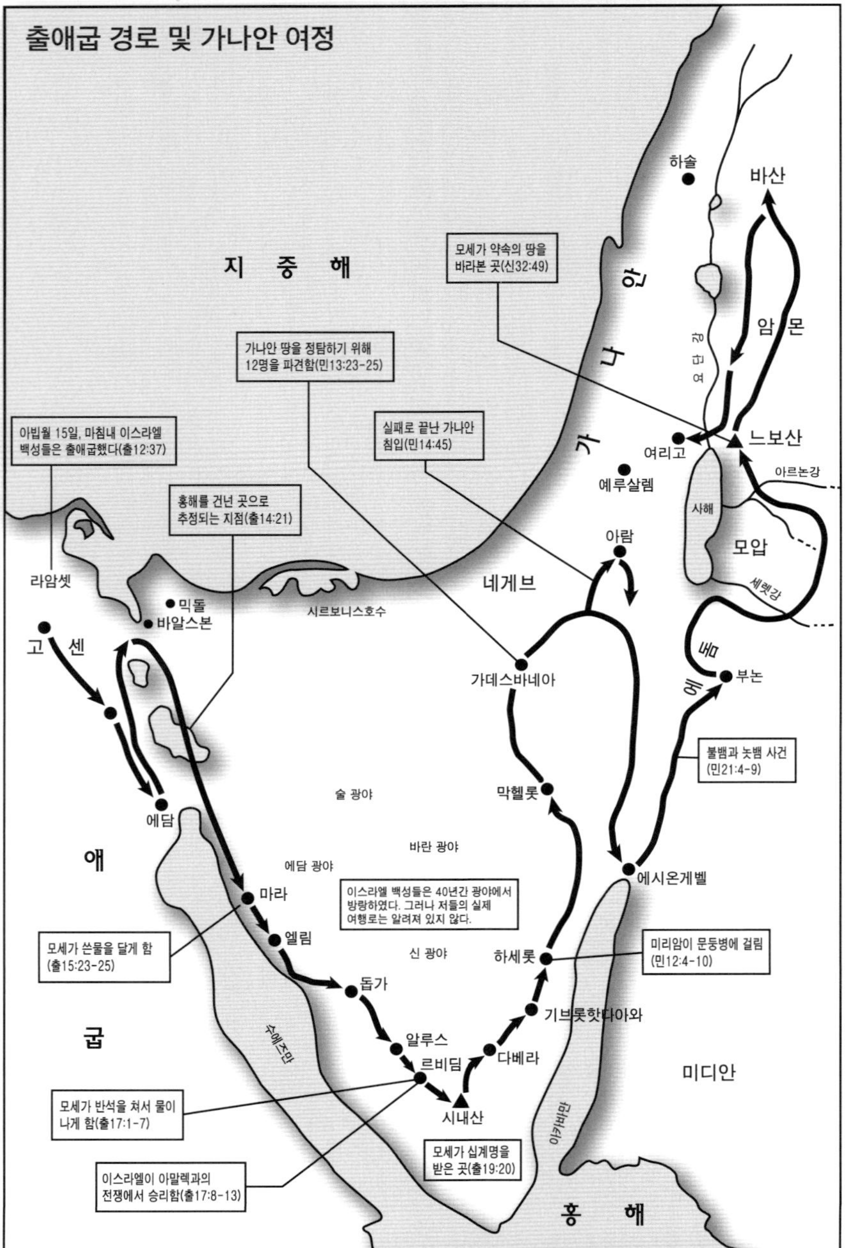

하나님은 이스라엘 백성들이 블레셋 땅을 거쳐 가는 것을 원치 않으시고[13:17] 갑자기 가나안 오른편(동북쪽)으로 인도하신 것이다. 그들은 지금 광야 끝에 있고[13:20] 거기서 한두 구간만 더 가면 하나님께 예배할 수 있는 호렙 산에 이를 수 있었다.

그러나 하나님은 그분의 백성들을 곧장 목적지에 이르게 하지 않으셨을 뿐 아니라 애굽 사람들이 보기에나 이스라엘 사람들 스스로 생각하기에 훨씬 더 어려운 길, 즉 막다른 골목(뒤에서 애굽 군대가 쫓아오면 앞에는 홍해가 놓여 있는)과 같아서 사로잡히게 될 것 같은 지형으로 인도하셨다. 그 비하히롯과 믹돌은 그리스도인 체험에서 진퇴양난의 막바지에 이른 것이라고 할 수 있다. 애굽 왕 바로는 이곳에 진을 친 이스라엘 백성을 보고 "광야에 갇힌 바 되었다"고 말했다.

하나님께서는 애굽 군대가 이스라엘을 쫓아올 것이고 결국 그 군대는 멸망하게 될 것을 아시면서 모든 것을 주관하고 계시지만, 이스라엘 백성들은 아직 이 모든 일이 하나님 손에 있음을 이해하지 못하고 있었다. 이 위급한 순간에 이스라엘 백성에게 보이는 것은 다만 애굽 군대의 육중한 창검들뿐이었다. 그러므로 그들은 심히 두려워했다. 바로는 이스라엘 백성을 다시 사로잡으려고 특별 병거 육백 승과 애굽의 모든 병거를 동원하여 이스라엘을 좇았고, 이스라엘은 바싹 뒤쫓아오는 애굽 군대를 보고 심히 두려워하면서 모세에게 원망과 불신의 말을 쏟아내었다. 그들은 모세가 그들을 광야로 끌어낸 것이 광야에서 그들을 죽이려 한 것이라고 생각했다. **"애굽에 매장지가 없으므로 당신이 우리를 이끌어내어 이 광야에서 죽게 하느뇨… 우리를 버려두라 우리가 애굽 사람을 섬길 것이라 하지 아니하더뇨 애굽 사람을 섬기는 것이 광야에서 죽는 것보다 낫겠노라"**[14:11-12].

두려워 말고 가만히 서서 보라

"모세가 백성에게 이르되 너희는 두려워 말고 가만히 서서 여호와께서 오늘날 너희를 위하여 행하시는 구원을 보라 너희가 오늘 본 애굽 사람을 또 다시는 영원히 보지 못하리라 여호와께서 너희를 위하여 싸우시리니 너희는 가만히 있을지니라"[14:13-14].

그리스도인에게 임하는 많은 환경 가운데서 성도들은 가만히 서 있기를 배

출애굽기

워야 한다. 가만히 서 있는 것이 이기는 비결이요 지혜이다. "너희는 가만히 있을지니라".

"여호와께서 모세에게 이르시되 너는 어찌하여 내게 부르짖느뇨 이스라엘 자손을 명하여 앞으로 나가게 하고 지팡이를 들고 손을 바다 위로 내밀어 그것으로 갈라지게 하라 이스라엘 자손이 바다 가운데 육지로 행하리라"[14:15-16].

여기서 또 한 가지 배울 것이 있다. 여호와께서 길을 여시어 역사가 시작되었다면 더 이상 부르짖고만 있어서는 안 된다는 것이다. 하나님의 종은 주의 성령께서 역사를 시작하시고 말씀하셨다면 백성이 앞으로 나아가도록 손을 내밀어야 한다. 이때 모세는 더 이상 부르짖을 필요 없이 백성이 나아가도록 지팡이를 들고 손을 바다 위로 내밀어 바다가 갈라지게 해야 했다.

여호와 하나님이 이스라엘 백성의 하나님이심을 인해 감사하고 찬미한다. 하나님은 당신의 백성들을 괴롭히고 사로잡으려는 대적을 거꾸러뜨리시고 그들에게 그분이 하나님 되심을 나타내심으로 영광을 얻고자 하신다. 그리고 이스라엘 백성들이 전진할 때에는 앞서서 행로를 인도하시며, 그들에게 대적이 나타나면 진 앞에서 행하던 구름기둥이 그 뒤로 옮겨 하나님의 백성과 대적 사이에 자리를 잡으시고 대적을 막아서셨다. 대적 편에는 구름과 흑암이 있게 하시고 하나님의 백성 편에는 광명한 빛이 비취게 하셨다.

21-31절의 부분은 이스라엘 백성들이 홍해를 건넌 기적의 역사와 이스라엘을 좇았던 애굽 군대의 멸망을 기술한다. 이 역사는 가나안 사람들에게는 큰 두려움이 되는 일이었고(수 9:10) 이스라엘에게는 큰 승리와 찬미가 되는 일이었다(시 136:13, 14). 이 일은 또한 세례(침례)의 모형이 되었다(고전 10:1, 2).

유월절 찬미

"이때에 모세와 이스라엘 자손이 이 노래로 여호와께 노래하니 일렀으되"[15:1上]. 홍해를 건넌 후 이스라엘이 부른 이 노래는 창세기 1장의 창조 후, 사람이 첫 번째로 지어 부른 찬송시이다. 하나님께서 영원 전부터 그리스도 안에서 우리를 선택하시고 예정하셔서 그분의 아들들이 되게 하신 것은 그분의 은혜의 영광을 찬미하게 하려 하심이다. 우리를 그리스도 안에서 그의 피로 말미암아 구속하신 것 역시 영광의 찬송이 되게 하려 하심이다(엡 1:6, 12).

구속받은 이스라엘 백성들은 주님의 역사를 찬미하는 모세의 노래를 부르며 매우 좋았지만 거기에 머물 수 없었다. 그들은 광야 여행을 시작하였는데 처음 맞닥뜨린 어려움이 목마름이었다. 그들은 삼 일 간 물을 찾아 헤매었지만 물을 얻지 못했다. 그들이 마라라는 곳에 이르렀을 때 비로소 물을 찾았는데 그나마 쓴 물이었다. '마라'라는 이름 자체가 '쓰다'는 뜻이다. 이스라엘 백성들에게 구속의 기쁨과 찬양은 그리 오래가지 않았다. 그들은 광야의 노정을 시작하자마자 난관에 봉착했다.

이때 하나님은 모세에게 한 나무를 지시하셨고, 모세가 그 나무를 물에 던졌을 때 그 쓴 물은 단 물로 변하게 되었다. 여기서 우리는 은은하게 제시되고 있는 그리스도의 십자가의 효능을 본다. 이스라엘 백성들은 쓴 물이 한 나무에 의해 단 물로 변한 것을 보고 그 나무에 대하여 깊은 인상을 받았을 것이다. 그 나무는 결국 그리스도께서 달려 돌아가신 십자가의 모형이다.

거기서 하나님은 그들을 위하여 법도와 율례를 정하셨다. 즉 그리스도인들이 길을 가는 법도와 율례는 십자가를 적용하기 시작할 때 비로소 정해질 수 있는 것이다. 어떤 사람이 십자가를 적용하는 법을 모른다면 그의 그리스도인 노정의 모든 원칙과 법도는 공허하고 무익하다.

또한 하나님은 거기서 이스라엘 백성들을 시험하셨는데, 그것은 그들이 하나님의 말씀을 청종하고 의를 행하고 계명에 귀를 기울이며 모든 규례를 지키는가의 문제였다. 이것 또한 하나님께서 마라에서 하신 일이다. 다시 말해서 십자가를 적용하여 쓴 물을 단 물로 바꾸는 이 한 가지 일이 모든 그리스도인 행함의 기초가 된다는 것이다. 하나님께서는 이러한 상태에 이른 사람만을 시험할 가치가 있다고 보신다. 다시 말해서 십자가를 모르는 사람은 시험할 가치조차 없다는 것이다. 십자가를 받아들이고 적용하는 사람에게 하나님은 비로소 그분의 말씀을 청종하고 의를 행하며 규례를 지키는 문제에 관하여 말씀하신다. 그렇게 의를 행하고 모든 규례를 지키는 자에게는 하나님께서 애굽 사람에게 내린 질병의 하나도 내리지 않겠다고 하셨다[26절]. 이것은 율법 이전의 일이므로 신약의 성도들에게 그대로 적용되어질 수 있다. 건강하게 오래 살려면 십자가의 길을 걸어라. 십자가는 우리에게 죄 사함과 치유를 주는 곳이다.

"나는 너희를 치료하는 여호와임이니라". 우리 주님이 우리의 죄만 사하시는 분이 아니라 또한 병을 고치시는 분임을 아는 것은 매우 중요하다. 그리스도는 십자가에서 우리의 죄를 사하셨을 뿐 아니라 우리의 약함과 질병도 담당하셨다.

물 샘 열둘과 종려 칠십 주

"그들이 엘림에 이르니 거기 물 샘 열둘과 종려 칠십 주가 있는지라 거기서 그들이 그 물 곁에 장막을 치니라"[15:27]. 광야에는 쓴 물(마라)이 있을 뿐 아니라 풍부한 물샘과 충분한 나무가 있는 엘림이 있다. 우리 그리스도인 노정이 이러하다. 때로는 쓴 물을 맛보지만 곧 엘림에 이르게 된다. 이러한 체험으로 우리는 메마른 광야를 통과할 수 있는 힘을 얻는다. 주님은 때로 우리를 메마른 환경 안에서 그분의 십자가를 체험하도록 인도하시지만, 풍부한 샘물과 쉴 수 있는 충분한 그늘로 우리를 인도하신다.

열둘과 칠십은 사역의 숫자이다. 열두 제자가 그러하고 칠십 제자도 그러하다. 여기서 우리는 십자가의 길을 따라 자아를 부인하는 사람만이 사역을 위하여 일으켜질 수 있음을 본다. 그들은 사람들에게 풍성한 물을 공급해주고 그늘을 제공해줄 수 있는 사람들이다. 간단히 말해서 엘림은 하나님이 일으키신 다양한 사역을 통해(엡 4:10-13 참조) 이스라엘 백성들의 필요가 충족된 지점이다.

16-18장

신 광야에서

이스라엘 백성은 15장 끝에서 물샘 열둘이 있는 엘림을 떠나 엘림과 시내 산 사이에 있는 신 광야에 이르렀다. 애굽에서 나온 지 2개월 15일째이다. 신 광야는 엘림과 시내 산 사이에 위치해 있다. 엘림은 하나님의 은혜의 공급이 풍성한 지점인 반면 시내 산은 하나님의 백성들이 자발적으로 율법의 종 노릇 아래로 들어간 곳이라 할 수 있다.

이스라엘 온 회중이 그 광야에서 모세와 아론을 원망하여 말하기를, "우리가 애굽 땅에서 고기 가마 곁에 앉았던 때와 떡을 배불리 먹던 때에 여호와의 손에 죽었더면 좋았을 것을 너희가 이 광야로 우리를 인도하여 내어 이 온 회중으로 주려 죽게 하는도다" 하였다.

그들은 신 광야에 이르렀을 때 먹을 것이 없다는 것을 발견하였다. 그들은 하나님의 놀라운 역사와 기적으로 여기까지 왔다. 유월절을 거쳐 홍해를 건너면서 본 많은 기적들은 하나님이 그들을 사랑하시고 돌보시고 있다는 충분한 증거이다. 그러나 그들은 당장 눈앞에 먹을 것이 보이지 않고 배가 고프자 즉시 원망이 터져 나왔다. 모세와 아론을 원망한 것이다.

영적인 길에서 가장 좋지 않은 것이 과거로 회귀하는 생각이다. 과거를 생각하면서 현재를 불평하는 것, 이것은 매우 거역적인 생각이 아닐 수 없다. 그저 피동적으로 따르는 자들은 길을 가다가 어려우면 이런 데 빠진다. 모세 같은 인도자는 이런 생각을 하지 않는다. 그러므로 성도들은 무슨 일을 하든지 자신이 하나님의 인도를 받아 확신을 가지고 해야지 사람을 의지하여 피동적으로 주님을 따라서는 안 된다.

만나를 내리시다

"때에 여호와께서 모세에게 이르시되 보라 내가 너희를 위하여 하늘에서 양식을 비같이 내리리니 백성이 나가서 일용할 것을 날마다 거둘 것이라 이같이 하여 그들이 나의 율법을 준행하나 아니하나 내가 시험하리라 제 육일에는 그들이 그 거둔 것을 예비할지니 날마다 거두던 것의 갑절이 되리라…아침에는 너희가 여호와의 영광을 보리니 이는 여호와께서 너희가 자기를 향하여 원망함을 들으셨음이라…너희의 원망함을 들으셨느니라 하라…그들이 광야를 바라보니 여호와의 영광이 구름 속에 나타나더라"[16:4-10]. 하나님은 때로 사람들의 말과 행동에 무관하게 행하시는 것 같다. 이것은 하나님의 복음적인 행동이다. 그분은 죄가 더한 곳에 은혜가 넘치게 하는 분이시다. 우리는 이미 구약에서도 하나님이 사람들을 은혜로 대하기를 기뻐하시는 분이라는 것을 대한다.

이때 하나님은 율법을 선포하시기 전의 때이므로 그들을 은혜의 원칙으로 대하셨다. 그분은 이스라엘 백성의 원망을 들으셨지만[8, 9, 12절] 전혀 듣지 않으신 것처럼 행하셨다.

하나님은 하늘에서 만나를 내려주겠다고 하시면서 백성들이 일용할 것을 날마다 거두는 일에서 하나님의 율법을 준행하는지 아니하는지를 시험하겠다고 하셨다. 하나님은 우선 그들에게 만나를 내리시어 먹고 사는 데 있어서 하나님을 신뢰하는 법을 배우게 하셨다. 이것은 신앙에 있어서 가장 기본적인 믿음의 법이다. 하루 양식으로 만족해하며 내일을 믿음으로 기다릴 수 있는지를 말하는 것이다. **"내가 이스라엘 자손의 원망함을 들었노라 그들에게 고하여 이르기를 너희가 해질 때에는 고기를 먹고 아침에는 떡으로 배부르리니 나는 여호와 너희의 하나님인줄 알리라 하라 하시니라"**[16:12]. 이스라엘은 아침저녁으로 양식을 먹으면서 자기들을 공급하시고 살게 하시는 분이 여호와 하나님이심을 알아야 했다.

반석에서 생수를 내시다

사람의 기본적인 문제는 먹고 마시는 것이다. 16장에서 그들은 먹는 문제에 부딪혔고 17장에서는 마시는 문제에 부딪혔다. 신 광야에서 그들은 먹는 문제에 부딪혀 하나님을 원망했고 또 하나님의 영광을 보았다. 그리고 하나님은 그들의 필요를 채워주셨다. 그러나 얼마 안 가서 목이 마르자 그들은 다시 하나님을 시험했다. 이렇게 사람은 하나님의 은혜의 공급하심을 쉽게 잊어버린다.

그들이 이렇게 하는 것에 대하여 모세는 그것이 하나님을 시험하는 것이라고 주(註)를 달았다. 즉 여호와 하나님께서 우리 중에 계신가 아니 계신가를 시험하였다는 것이다[7절]. 즉 그들이 모세를 원망하고 모세에게 따진 것은 결국 하나님께 대한 신앙이 사라지거나 의심이 생겼기 때문이라는 것이다.

그들은 마치 모세에게 빚을 독촉하듯이 물을 달라고 요구했다. "우리에게 물을 주어 마시게 하라"[2절]. 그러나 모세는 온유한 심령으로 그들에게 "너희가 어찌하여 나와 다투느냐"고 하였다. 히브리어로 '맛사'란 '시험'을 뜻하고 '므리바'란 다툼을 의미한다. 이스라엘 백성들이 여호와를 시험하여 다툰 곳을 '맛사', 혹은 '므리바'라고 불렀다.

16장에는 사람에게 생명을 주기 위해서 하늘로부터 내려오신 그리스도의 모형이 있으며(만나), 17장에는 그리스도의 완성하신 사역을 통해서 부어주신 성령의 모형이 있다(생수). 그리스도께서 이 땅에 사람이 되어 오신 것은 사람들에게 생명을 주시기 위함이었다(요 10:10). 그분은 사람들에게 생명을 주실 뿐 아니라 또 생수를 주는 분이시다(요 4장 참조).

여기에 하나의 귀한 그림이 있는데, 한 무리의 무지하고 원망하는 사람들이 있고 그와 관계없이 반석을 치는 모세의 지팡이가 있다. 이는 그리스도께서 죄 많은 사람들을 위해 공의의 지팡이에 맞으사 생수를 공급하신 것을 생각나게 한다.

아말렉과의 전투

"때에 아말렉이 이르러 이스라엘과 르비딤에서 싸우니라"[17:8]. 성령의 은사는 믿는이를 영적 전쟁으로 이끈다. 주 예수님이 요단강에서 성령으로 충만케 되어 돌아오신 후, 사십 일 동안 마귀에게 시험을 당하셨다.

"모세가 여호수아에게 이르되 우리를 위하여 사람들을 택하여 나가서 아말렉과 싸우라 내일 내가 하나님의 지팡이를 손에 잡고 산꼭대기에 서리라 여호수아가 모세의 말대로 행하여 아말렉과 싸우고 모세와 아론과 훌은 산꼭대기에 올라가서 모세가 손을 들면 이스라엘이 이기고 손을 내리면 아말렉이 이기더니"[17:9-10]. 이때의 이스라엘의 싸움은 이전의 싸움과 다른데, 이전에 이스라엘이 바로의 군대와 싸운 것은 순전히 하나님께서 하신 것이지만[14:13-14], 아말렉과의 싸움에서는 하나님께서 이스라엘 사람들에게 "우리를 위하여 사람들을 택하여 나가서 아말렉과 싸우라"고 하셨다. 이것은 이스라엘 사람들이 주관적으로 싸움에 나서야 함을 의미한다. 그리스도께서는 십자가에서 우리를 위해(for) 싸우셨고 지금은 성령으로 우리 안에 들어오셔서 우리 안에서(in) 우리와 함께 싸우신다.

산 위에는 기도하는 모세가 있고 산 아래에는 칼날로 아말렉을 쳐서 무찌르는 여호수아가 있다[13절]. 여호수아가 아말렉을 진멸할 수 있는 힘은 산 위에서 기도하고 있는 모세로 말미암은 것이다. 오늘 우리에게는 승천하여 보좌 우편에서 우리를 위하여 간구하시는 중보자 그리스도가 계시며 또 우리 안에서 내주하시며 육체를 멸하시는 성령님이 계시다.

"모세가 단을 쌓고 그 이름을 여호와 닛시라 하고". '여호와 닛시'란 '여호와는 나의 기(旗)'라는 뜻이다. 모세는 아말렉과의 전투에서 승리한 것을 기념하기 위하여 단을 쌓아 후대의 기념물이 되게 하였다[14-16절]. 우리는 늘 육체를 정복하는 승리의 체험을 가져야 하며 기쁘고 감사한 마음으로 '여호와 닛시'를 외칠 수 있어야 한다.

교회의 예표

모세의 장인 이드로가 모세가 돌려보냈던 아내 십보라와 아들 게르솜(이방에서 객이 되었다는 뜻)과 엘리에셀(하나님이 바로의 칼에서 구원하셨다는 뜻)을 데리고 모세가 하나님의 산에 진을 친 곳으로 왔다. 모세가 나가서 그 장인을 영접하고 여호와께서 이스라엘을 바로에게서 구하신 일과 길에서 그들이 당한 고난과 여호와께서 그들을 구하신 모든 것을 다 장인에게 고했다. 이드로가 매우 기뻐하여 여호와 하나님을 찬송하며 "여호와는 모든 신보다 크시므로 이스라엘에게 교만히 행하는 그들을 이기셨도다"고 했다. 또한 그가 번제물과 희생을 가져오니 이스라엘 모든 장로가 하나님 앞에서 떡을 먹었다.

천부장, 백부장, 십부장을 세우다

다음 날 모세가 백성을 재판하느라고 앉아 있고 백성은 아침부터 모세의 곁에 서 있는 것을 보고 이드로가 "어찌하여 네가 홀로 앉아 있고 백성은 하루 종일 네 곁에 서 있느냐?" 물으니 모세가 대답하기를 백성들이 일이 있으면 물으러 오니 그들의 양편의 일을 판단하여 하나님의 율례와 법도를 알려주는 것이라고 하였다. 이 말을 듣고 모세의 장인 이드로는 "그대의 일이 선하지 못하다. 백성의 기력도 쇠하고 너도 일이 너무 중하니 혼자 할 수 없으리라. 방침 하나를 알려줄 테니 그대로 하라. 백성 중에서 재덕이 겸전하고 하나님을 두려워하며 진실무망하며 불의를 미워하는 자들을 뽑아 천부장과 백부장과 오십부장, 십부장을 삼아 그들로 때를 따라 재판하게 하고 무릇 작은 일이면 그들 스스로 하게 하고 큰일이면 네가 맡아서 하라. 그들이 너와 함께 할 것인즉 일이 그대에게 쉬우리라."고 조언했다. 모세가 장인의 말대로 하여 이스라엘 중에서 재덕이 겸전한 자를 뽑아 백성들의 두목을 삼아 천부장, 백부장, 오십부장, 십부장을 삼았다. 그들이 때를 따라 백성을 재판하여 어려운 일은 모세에게 하게 하고 쉬운 일은 자단하였다. 그 후 모세가 장인을 보내니 그가 자기 땅으로 갔다.

출애굽기 17장에는 성령의 부어지심에 대한 예표가 있고, 18장에는 이방인들이 주님께 돌아와서 유대인들과 하나를 이루는 교회의 예표가 있다. 모세는 이스라엘 백성들이 애굽에서 탈출하여 홍해를 건너 광야에 도착하기까지 오직 이스라엘만을 위해 일했다. 이 모든 일이 완성되고 17장에서 반석이 갈라져 생수가 흘러나온 것, 그리스도께서 십자가에서 죽으심으로 성령이 부어지신 것을 예표하는 이 일이 있은 후에 이방인인 아내와 장인이 돌아와서 함께 하나님을 경배하는 것이 18장의 내용이다(12절 참조).

유대인과 이방인이 그리스도 안에서 한 몸이 되는 것이 교회에 관한 놀라운 계시이다. 이것은 다른 세대에서는 어떤 사람에게도 알려진 바 없으며 사도 시대에 오직 바울을 통해서 밝혀진 계시이다(엡 3:1-6). 즉 교회는 오순절 이전에 이 땅에 존재할 수 없었으며, 바로 오순절 날 출생하여 유대인과 이방인이 그리스도 안에서 한 몸이 되는 교회에 관한 놀라운 비밀이 실현된 것이다. 17장에 성령 충만의 예표가 있고 18장에 교회의 예표가 있다는 것은 매우 의미가 깊다.

19장

시내 산 앞에서

애굽 땅에서 나온 이스라엘은 3개월 만에 시내 광야에 이르렀다. 모세가 하나님 앞에 올라가니 하나님께서 모세에게 **"내가 애굽 사람에게 어떻게 했으며 어떻게 독수리 날개로 너희를 업어 내게로 인도하였음을 너희가 보았느니라 세계가 내게 속하였나니 너희가 내 말을 듣고 내 언약을 지키면 너희는 열국 중에서 내 소유가 되고 제사장 나라가 되고 거룩한 백성이 되리라"**[4-5절]고 이스라엘 백성에게 전하라 하셨다.

모세가 내려와서 백성의 장로들을 불러 여호와께서 자기에게 명령하신 것을 그들 앞에 진술하니 백성이 일제히 "우리가 여호와의 명한 대로 다 행하겠습니다."라고 응답했다.

여호와께서는 삼 일 후에 빽빽한 구름 가운데 강림하실 것이라고 하시면서 이틀 동안은 그들을 성결케 하며 옷을 빨게 하라고 하셨다. 그리고 백성을 위하여 주위에 경계를 정하고 삼가 산에 오르거나 그 경계를 침범하지 말라고 하시면서 산을 침범하는 자는 반드시 죽임을 당할 것이라 하셨다.

제 삼일 아침 우레와 번개와 구름이 산 위에 있고 나팔 소리가 심히 크니 진 중 모든 백성이 떨었다. 나팔 소리가 점점 커지고 모세가 말하고 하나님께서 음성으로 대답하셨다. 여호와께서 시내 산에 강림하시고 그리로 모세를 부르셨다. 하나님께서는 모세에게 내려가서 절대로 백성이 산에 오르지 못하도록 경고하라 하시며 나 여호와를 보려고 하다가는 많이 죽을 것이라고 말씀하셨다.

하나님은 원래 사람에게 율법을 주실 의도가 없으셨다. 이것을 아는 것은 매우 중요하다. 하나님은 그분의 백성들을 은혜로 대하기 원하신다. 오늘날은 신약 시대요 은혜 시대이지만 갈라디아 성도들처럼 자신을 율법 아래 두는 일은 가능하다.

그러면 이스라엘은 왜 자신들을 율법 아래 두게 되었는가? 그것은 자신을 몰랐기 때문이다. 그들은 스스로 하나님의 법을 지킬 수 있다고 생각했다. 그들은 자신들이 아무것도 할 수 없는 자라는 것을 알지 못했다. 그러므로 그들에게는 율법이 필요하게 되었고 하나님께서는 그들에게 율법을 주시게 된 것이다.

20-23장

십계명

이스라엘 백성이 시내 산에 도착한 시점은 출애굽한 지 삼 개월쯤 되었을 때이다. 이때 그들은 비로소 하나님의 말씀을 받기 위해 준비되었다. 그들은 애굽에서 400년 이상 종 노릇 하다가 하나님이 세우신 종 모세의 인도 아래서 홍해를 건너 광야에 왔으며, 이제 하나님의 산인 시내 산에서 율법을 받을 준비가 된 것이다. 우선 우리는 출애굽기 20장이 구약을 대표하는 매우 중요한 장이라는 것을 알아야 한다. 왜냐하면 하나님의 율법을 선포하고 있기 때문이다. 하나님께서는 그때의 필요에 따라 그들에게 율법을 주셨다. 그때는 하나님의 백성의 초등학교 시절이다. 초등학교 때에는 초등학문을 가르쳐야 한다. 하나님께서는 그 율법을 주실 때조차도 그들을 매우 사랑스러워하셨다.

우리는 몇 구절을 통해 율법을 주실 때의 하나님의 마음을 엿보기로 하자. 먼저 에스겔 16장 8절을 보겠다. “내가 네 곁으로 지나며 보니 네 때가 사랑스러운 때라 내 옷으로 너를 덮어 벌거벗은 것을 가리우고 네게 맹세하고 언약하여 너로 내게 속하게 하였었느니라 나 주 여호와의 말이니라”. 이 말씀을 보면 이때는 이스라엘 백성이 광야를 지날 때, 곧 그들이 아주 어릴 때이다. 그때에 하나님은 그들을 보면서 네 때가 사랑스러운 때라고 하셨다.

율법이 주어질 때의 광경은 매우 두려운 것이었다(우레, 번개, 나팔소리, 산의 연기). 따라서 이스라엘 백성들은 하나님의 음성을 직접 듣기 원치 않고 모세에게 말해달라고 했다. 이와 같이 옛 언약은 중개자가 필요했던 것이다. 겉으로 볼 때 하나님께서 주신 율법은 어떤 규율 같지만 실제로는 하나님만을 사랑하고 다른 것을 사랑하지 말라는 그분의 마음이 담겨 있으며 또 하나님의 거룩하심과 의로우심을 닮기 원하는 뜻이 들어 있다.

히브리 종에 관한 규례

출애굽기 21장은 히브리 종에 대한 율례이다. “네가 히브리 종을 사면 그가 육 년 동안 섬길 것이요”. 이것은 과연 무엇을 말하는가? 20장은 계명을 말하고 21장은 율례 곧 세칙을 말한다. 물론 이에 대하여 우리는 단순하게 당시 히브리 남자와 여자 노예에 대한 율법과 율례로서 지켜야 할 규범이라고 보지만, 또한 여기에는 예표적인 뜻이 있음을 알아야 한다.

- 히브리 남종에 관하여

“네가 히브리 종을 사면 그가 육 년 동안 섬길 것이요 제 칠년에는 값없이 나가 자유할 것이며”[2절]. 예수께서는 하나님의 종으로 이 세상에 오셨다고 말씀하신다. 구약의 많은 예언도 그러하다. 이사야 42:1, “내가 붙드는 나의 종, 내 마음에 기뻐하는 나의 택한 사람을 보라 내가 나의 신을 그에게 주었은즉 그가 이방에 공의를 베풀리라”.

"그가 단신으로 왔으면 단신으로 나갈 것이요 장가들었으면 그 아내도 그와 함께 나가려니와 상전이 그에게 아내를 줌으로 그 아내가 자녀 간 낳았으면 그 아내와 자식들은 상전에게 속할 것이요 그는 단신으로 나갈 것이로되"[3-4]. 상전이 그에게 아내를 주어서 그 아내가 자식을 낳았을 때에는 아내와 자식들은 남겨두고 단신으로 나가야 한다. 그 아내는 상전이 주었기 때문이며 또 자식들도 그로 인해 태어났기 때문이다. 그런데 우리 주 예수님은 단신으로 오셨다가 단신으로 갈 수 없는 형편이 되셨다. 그분은 이 땅에 오셔서 그분의 제자들, 아버지로 말미암은 자녀들을 얻게 되셨다.

여기서 "상전이 그에게 아내를 줌으로"는 그리스도를 믿은 사람들이 하나님의 자녀로 태어남에 있어서 하나님께서 아내를 주심같이 그분이 역사하신 것을 근거로 우리가 거듭난다는 것이다(요 1:12-13). 우리가 깨닫건대 그리스도인들은 그리스도를 믿음으로 구원받아 하나님 아버지께 속한 자들이 된다. 그리스도께서 이 땅에 오셨기에 하나님의 귀한 자녀들이 있게 된 것이다. 우리는 이런 말씀을 예사로 들어서는 안 된다. 만일 그분이 그냥 하늘로 돌아가신다면 단신으로 돌아가시게 된다. 오! 주님은 단신(독생자)으로 오셨지만 오셔서 많은 자녀를 생산하시게 되었다. 이 땅에 오신 예수를 믿고 영접한 자들은 하나님에게서 난 자들이 된다(요 1:12-13). 히브리서 2장 13절은 그 자녀들이 하나님께서 주신 자들이라고 말씀한다. "볼지어다 나와 및 하나님께서 내게 주신 자녀라". 그분의 자녀들은 이 땅에서 하나님이 주셔서 얻은 자녀들인 것이다. 그러므로 그분은 이 땅에 많은 자녀들을 둔 부모처럼 쉽게 돌아갈 수 없는 형편이 되신 것이다.

"종이 진정으로 말하기를 내가 상전과 내 처자를 사랑하니 나가서 자유하지 않겠노라 하면"[5절]. 이것은 하나의 예표이다. 첫째로는 주 예수님의 예표인데, 육신을 입으신 주님의 상전은 하나님이시다. 주 예수님은 자유할 수 있는 분이시지만 하나님 아버지를 사랑하고 그분의 아내인 교회-하나님 아버지의 소유인-를 사랑하심으로 기꺼이 자유를 취하지 않으셨다. 그분은 이 땅에 오셔서 종처럼 자신을 낮추어 섬기시면서, 또 그분의 자녀들을 사랑으로 섬기시면서 더욱 사랑의 마음이 깊어지신 것이다. 그분은 이 땅에 오셨을 때 십자가에서 그런 죽음을 당하지 않으실 수도 있었다. 그분은 자유로이 하늘로 돌아가실 수도 있었다. 그러나 그분은 6년을 섬기신 후 자유를 취하지 않으시고 계속 종이 되셨다. 상전을 사랑하고 그 자녀들을 사랑함으로 기꺼이 종이 되신 것이다. 주 예수님은 문설주에 귀를 대고 송곳으로 뚫음으로 종신토록 섬기기로 헌신하셨다. 이 계약으로 주 예수님은 하나님과 성도들을 영원히 섬길 수 있는 권리를 획득하신 것이고 아버지는 그것을 기꺼이 허락하신 것이다. 그러므로 그분은 하늘에서 대제사장이 되어 지금도 우리를 섬기고 계신다.

- 히브리 여종에 관하여

21장 2절부터 6절까지는 히브리 남종에 관한 규례이고, 7절부터 11절까지는 여종에 대한 규례인데, 남종보다는 여종이 자유가 없는 것처럼 보인다. 주인에게 더 구속되어 있다는 뜻이다. 이에 대하여 우리가 굳이 해석을 가해 본다면, 히브리 남종은 남편이신 그리스도께 적용할 수 있고 여종은 아내인 교회에게 적용할 수 있다. 남종이신 그리스도는 자유가 있으시지만 우리는 실상 그렇게 자유할 처지가 못 된다. 우리는 부모가 있는 여자처럼, 또 권위 아래서 더욱 자유가 없는 여자 노예처럼 팔리기도 하고 버림받기도 한다. 바울은 이런 사람이었다. 그는 언제나 다른 민족을 향하여 팔리워 갔고 사람들에게 버리워졌다. 이와 같이 아내인 교회는 그리스도께 대하여 보다 구속력 있는 노예의 신분임을 암시할 따름이라고 말할 수 있다.

살인자에 대한 형법

12-14절은 살인자에 대한 형법을 말한다. 살인자는 사형이 원칙이다. 다만 살인한 자가 계획적이 아니고 본의 아니게 사람을 죽인 경우에는 도피 장소가 마련되어 있다(민 35:25, 32절). 14절의 짐짓 살인한 경우는 교활한 꾀를 써서 의도적으로 살인한 것을 말하는데, 그런 경우는 제단에서라도 잡아내려 죽여야 한다. 물론 이것은 개인적으로 살인자를 죽이라는 의미가 아니고 재판권을 가진 자가 그리 해야 한다는 것이다. 계획이나 의도 없이 사람을 죽인 것에 대하여는 "나 하나님이 사람을 그 손에 붙인 것이라"고 말씀한다. 이것은 어떤 사람이 의도하거나 계획하지 않았는데 누군가를 죽이게 되었을 때, 그것은 하나님의 주권에 의한 것임을 암시하고 있다. 이런 경우 하나님은 도피성을 마련해 놓고 그런 사람을 살릴 수 있게 하셨다. 이것은 그리스도의 복음에 대한 암시이다. 구약 성경에는 이곳저곳에 이러한 복음의 사상이 감추어 있다. 의도하거나 계획하지 않았는데 사람을 죽인 것은 실수로 죄를 지은 것인데 이러한 죄인은 하나님

께 용서받을 수 있다.

부모를 치거나 저주하는 자에 대한 형법

"자기 아비나 어미를 치는 자는 반드시 죽일지니라 사람을 후린 자가 그 사람을 팔았든지 자기 수하에 두었든지 그를 반드시 죽일지니라 그 아비나 어미를 저주하는 자는 반드시 죽일지니라"[15-17절]. 성경에서는 부모에 대한 자녀의 태도에 관해서는 매우 엄격하게 다룬다. 그것은 하나님께서 자녀들이 부모를 공경하는 것과 부모에 대해 어떠한 태도를 갖는가를 매우 중요시하신다는 것을 보여준다. 이것은 오늘날의 타락한 말세적 세태와 같지 않다. 자녀가 자기 아비나 어미를 때린다면 성경은 반드시 그를 죽여야 한다고 말했다. 이것은 자연적으로 성립된 부모의 권위를 범한 죄가 얼마나 큰지를 알려 준다.

17절은 아비나 어미를 저주하는 자는 반드시 죽여야 한다고 말한다. 여기서 저주한다는 것은 부모를 모욕하고 훼방하는 것을 가리킨다. 이와 같이 우리는 성경에서 거듭거듭 부모에 대한 자녀의 부당한 태도를 매우 엄중하게 다루고 있음을 알 수 있다.

폭행에 대한 형법

18-19절은 폭행에 대한 형법을 말한다. 사람을 돌이나 주먹으로 때린 경우 그가 죽지 않고 누웠다가 지팡이를 짚고서라도 기동하면 친 자가 형벌은 면하되 손해를 배상하고 완전히 치료되도록 돌봐주어야 한다. 그리고 사람이 남종이나 여종을 때렸을 경우에는 종이 맞아서 당장에 죽으면 형벌을 받게 된다. 사마리아역과 랍비들의 해석에 따르면 죽임을 당하는 것으로 되어 있다. 이 말씀에서 '형벌을 받으려니와'라는 말은 히브리어로 반드시 보복을 당해야 한다는 뜻이다. 상전이 종을 구타했으나 당장 죽지 않고 며칠을 연명한 경우 상전은 형벌을 면하게 된다. 그가 형벌을 면하는 이유는 종을 죽이려는 의도가 없었기 때문일 것이다. 하루나 이틀을 연명하다가 죽은 경우는 상전이 종을 잃는 것으로 충분히 고통을 당한 것이라고 가정되어 형벌을 면하게 되어 있다. 노예는 상전의 금전과 같으므로 상전의 입장에서 상당한 손실의 고통을 겪은 것으로 간주되는 것이다.

임자의 책임에 대한 법

이 부분은 사람을 상해하거나 재산상 손해를 끼친 것에 대하여 보상하고 보복하는 것에 대한 하나님의 규정들이다. 22절에는 '사람이 서로 싸우다가', 26절에는 '사람이 그 남종의 한 눈이나 여종의 눈을 쳐서 상하게 하면', 27절에는 '이를 쳐서 빠뜨리면' 등의 가정이 있다. 이는 타락한 사람들이 지을 수 있는 죄의 항목들이다. 이스라엘 백성들은 다 언약의 율법을 준행하겠다고 말했지만 하나님께서는 사람들이 이러한 죄들을 짓게 될 것을 아셨다. 그리고 한 가지 한 가지 보상하는 법도 규정해 두셨다. 아이 밴 여인을 쳐서 낙태케 하였다면 다른 해가 없을 때 남편의 청구대로 벌금을 내야 한다. 그러나 다른 해가 있다면 생명은 생명으로, 눈은 눈으로, 이는 이로, 손은 손으로, 발은 발로, 데운 것은 데움으로, 상하게 한 것은 상함으로, 때린 것은 때림으로 보복하라고 하셨다.

배상에 관한 법

"사람이 소나 양을 도적질하여 잡거나 팔면 그는 소 하나에 소 다섯으로 갚고 양 하나에 양 넷으로 갚을지니라…도적질한 것이 살아 그 손에 있으면 소나 나귀나 양을 무론하고 갑절을 배상할지니라"[22:1, 4]. 1절은 도적질한 것을 배상하는 것에 관하여 말한다. 소를 도적질하여 잡거나 판 경우는 다섯 배로 보상을 해야 하고 양의 경우는 네 배를 보상해야 한다. 양보다 소를 더 많이 배상해야 하는 이유는 양을 키우는 것보다 소를 키우는 것이 더 사람의 손과 노력을 요하기 때문일 것이다.

레위기 6장에서는 어떤 빼앗은 물건이나 유실물을 얻었을 경우 그 물건을 반환할 때 물건의 오분의 일을 더하여 배상하라고 했다. 이것은 도둑이 다른 사람에게 발각되거나 조사당하기 전에 양심의 가책을 받아 자발적으로 반환하는 경우이기 때문일 것이다.

신약에서 우리는 삭개오가 주 예수님을 영접한 후 자기 재산을 팔아 가난한 자들에게 나누어주고 토색한 것을 사 배나 갚는 것을 볼 수 있는데, 이는 복음의 능력으로만 할 수 있는 것이다(눅 19:1-10). 믿음이 오기 전에 율법은 다만 우리의 할 수 없음을 보여줄 뿐이다.

"도적이 뚫고 들어옴을 보고 그를 쳐 죽이면 피 흘린 죄가 없으나 해 돋은 후이면 피 흘린 죄가 있으리라 도적은 반드시 배상할 것이나 배상할 것이 없으면 그 몸을 팔아 그 도적질한 것을 배상할 것이요"[22:2-3]. 동서를 막론하고 가택 침입은 중죄로 다스린다. 어떤 사람이 야간에 집을 뚫고 들어오면 쳐 죽여도 죄가 없다고 하였으며, 해가 돋은 후면 피 흘린 죄가 있을 것이라고 했다. 대낮이므로 도둑을 쫓아내기 위해 소리를 지르거나 쫓을 방법이 있다고 본 것 같다. 그리고 도적질한 것은 반드시 배상하라고 하였다. 이것도 도적질하는 사람의 정황에 따라서 대응하는 것이 다름을 가리킨다.

도적질한 자는 배상할 것이 없으면 몸을 팔아서라도 배상해야 한다. 이것은 하나님께서 어떤 사람에게 손실을 끼친 것에 대하여 매우 엄격하심을 가리킨다. 그들은 배상할 재산이나 돈이나 짐승이 없다고 다른 말을 하지 말아야 한다. 배상할 것이 없으면 자신을 종으로 팔아서라도 도적질한 것을 배상해야 한다.

"사람이 밭에서나 포도원에서 먹이다가 그 짐승을 놓아서 남의 밭에서 먹게 하면 자기 밭의 제일 좋은 것과 자기 포도원의 제일 좋은 것으로 배상할지니라 불이 나서 가시나무에 미쳐 낟가리나 거두지 못한 곡식이나 전원을 태우면 불 놓은 자가 반드시 배상할지니라"[22:5-6]. 이러한 율례도 사람의 이기심(利己心)을 드러내기 위한 것이다. 율법의 최고 강령은 "네 이웃 사랑하기를 네 몸같이 하라"이다. 이러한 최고 강령을 지키려면 자신의 육체를 알아야 한다. 이렇게 배상함으로써 사람은 자신의 심리를 통해 다른 사람의 심리를 알게 되며, 따라서 자신의 육체의 악함을 알게 된다. 그러면 무엇이 육체의 악함인가? 자기 짐승이 남의 밭에서 먹는 것을 보면 별로 마음이 아프지 않고 남의 손실감이 피부에 와 닿지도 않는다.

6절은 불을 놓아 남에게 손해를 끼쳤을 경우이다.(이것은 원래 농부가 자기 밭에 있는 가라지나 불필요한 잡초들을 태우기 위한 방화였을 것이다.) 그런데 이것이 다른 사람의 농작물, 즉 낟가리나 거두지 못한 곡식에 옮겨 붙은 것이다. 이것은 남에게 해를 끼치려는 의도가 없었다 하더라도 부주의에 해당되는 것이니만큼 방화로 인한 책임을 져야 한다. 사람은 악의에 의한 죄만이 아니라 부주의나 태만으로 남에게 해를 끼친 것도 배상해야 한다.

신용에 관한 규례

22장 7절부터 15절까지는 신용에 관한 규례이다. 어떤 사람이 돈이나 물품(그릇, 가구, 의류 등 재물이 될 만한 집안의 모든 가재 도구를 통칭함)을 남에게 맡겨 지키게 하였다가 그 집에서 도적을 맞거나 물품을 강탈당했을 때, 만일 그 도적이 잡히면 갑절을 배상시키면 되고 그 도적이 잡히지 않으면 그 물건을 맡았던 집 주인이 그 물건에 손댄 여부의 조사를 받아야 한다. 만일 잃은 물건에 대하여 어떤 사람이 이것이 그것이라 하면 두 편이 재판장 앞에 나아가 재판장이 판결하여 죄 있다고 말하는 쪽이 상대편에게 갑절을 배상해야 한다.

우리가 남의 물건을 위탁받는 일에 있어서 비록 그것이 남의 것일지라도 우리 자신의 것과 똑같이 아끼고 잘 보관하기를 배워야 한다. 자기 물건은 잘 보관하고 아껴 사용하지만 남의 것은 부주의하게 다루고 함부로 다루는 것이 사람의 육체이다. 이 또한 불의이며 반드시 갑절을 배상하도록 되어 있다.

10절은 물건이 아닌 소나 양 같은 짐승의 경우이다. 어떤 사람이 자기 짐승을 이웃에게 맡겨 지키게 하였다가 그것이 죽거나 상하거나 몰려갔다(driven away)고 할 때, 본 사람이 없으면 두 사람 사이에 맡은 사람이 그 짐승에 손을 대지 않았다고 여호와로 맹세할 것이고 그 임자는 그대로 믿어야 하며 그 사람은 배상하지 않아도 된다. 그러나 만일 그 짐승이 자기에게 있을 때 도둑 맞았으면(자기 집에서 도둑맞은 것이 확실하면) 관리를 소홀히 하여 잃어버린 것이므로 반드시 배상해야 하고 만일 찢겼으면(맹수에게 물려서 죽은 경우) 그 찢긴 것을 가져다가 증거할 것이고 그 찢긴 것에 대하여는 배상하지 않아도 된다.

이 일에 있어서 어떤 사람이 자기가 손을 대지 않았다고 여호와로 맹세하면 임자는 그대로 믿으라고 하였는데, 이것은 하나님께서 사람이 아무리 악하다 해도 거짓말에 대한 증인으로 하나님을 세울 만큼 양심이 타락되지는 않았을 것을 기대하신 것이라고 본다. 이렇게 하나님을 증인으로 하여 자신이 결코 그 짐승에 손을 대지 않았다고 하면 짐승의 임자는 다만 그 말을 믿어야 하는데, 거기서 더 나아가 의심하고 추궁하는 것은 하나님의 원하시는 바가 아니다. 그가 만일 여호와로 맹세했는데 그 일을 거짓으로 고한 것이라면 그 일은 하나님께서 처리하실 일이 되어버린다. 그러므로 우리는 그러한 사람들의 말을 그대로 믿어야 한다. 만일 의혹을 품고 수사관처럼 끝까지 그의 잘못을 캐내려 한다면 그것은 하나님의 일을 자신이 떠맡는 결과가 된다.

14절과 15절은 이웃에게 빌려온 소나 나귀나 다른 짐승에 관한 율례이다. 오늘날로 말하면 남의 승용차나 화물차를 빌려서 사용한 경우이다. 그럴 때 그 빌려온 짐승이 임자가 함께 있지 않을 때에 상하거나 죽으면 반드시 배상해야 하고 그 임자가 그 짐승과 함께 하였다면 배상하지 않아도 된다. 세를 낸 것도 세를 위하여 왔은즉 배상하지 않아도 된다.

이 구절에서 우리가 배워야 할 것은 다른 사람의 짐승이나 물건을 빌려 쓸 경우에 자신의 것처럼 조심스럽게 잘 관리해야 한다는 것이다. 세를 주고 빌린 것이라 하더라도 매우 조심하여 사용해야 한다.

행음에 관한 규례

22장 16절부터 17절까지는 행음에 관한 규례이다. 결혼하지 않은 여인을 유혹하여 동침한 자는 마땅히 그녀와 결혼해야 한다. 만일 그 아비가 딸을 그에게 주기를 거절한다면 그는 처녀에게 빙폐하는 일례로 돈을 주어야 한다. 여기서 빙폐란 그 여자와 결혼하지 않는 만큼의 손해배상금을 지불하는 것을 말한다. 이것은 남자의 육체 속에 있는 또 다른 악함을 드러낸다. 남자가 젊은 여자를 유혹하여 동침할 시에는 반드시 책임이 뒤따른다는 것을 알아야 한다. 또한 큰 상해와 치욕이 있게 된다. 이 일에 있어서 죄를 범한 사람은 반드시 보상해야 한다. 결혼으로 보상하든지 아니면 금전으로 보상해야 하는 것이다.

이 일을 통해 자녀들의 결혼 문제에 관해서는 부모의 동의가 필요함을 볼 수 있다. 부모의 동의 없이 결혼하는 것은 결코 성경적이 아니다. 주 안에서 부모의 동의가 없으면 결혼은 성립할 수 없다. 결국 다른 여인을 결혼의 의도 없이 범하는 것은 그 자체가 다른 사람에게 해와 손상을 주는 일로서 사랑이 없는 행위이다. 사랑이 있다면 그는 결코 이웃에게 악을 행치 않는다(롬 13:8-10). 결국 간음하지 말라, 살인하지 말라, 탐내지 말라 등의 많은 계명이 있을지라도 네 이웃을 네 몸과 같이 사랑하라 하는 한 말씀 가운데 다 들어 있다. 이러한 간음과 악한 행실들은 모두가 이웃을 진정으로 사랑하지 않기 때문에 일어나는 일들이다.

기타 도덕에 관한 법

18절에서는 무당을 살려 두지 말라 하시고, 19절에서는 짐승과 행음하는 자는 반드시 죽이라고 하신다.

20절에서는 여호와 외에 다른 신에게 희생을 드리는 자들은 멸하라고 하신다. 21절에서는 이방 나그네를 압제하지 말고 그들을 학대하지 말라고 하신다.

22절에서는 고아나 과부를 해롭게 하지 말라고 하시며 그들이 하나님께 부르짖으면 반드시 그 부르짖음을 들을 것이라고 하신다. 어떤 사람이 고아와 과부를 학대하면 하나님의 노가 맹렬하여 그의 아내는 과부가 되고 그의 자녀는 고아가 되게 하실 것이라고 하신다. 이것은 매우 두려운 일이다.

25절에서는 가난하여 돈을 꾸러 온 자에게 돈을 빌려주거든 그에게 채주같이 하지 말라고 하시며 또한 그에게서 이자를 받지 말라고 하신다. 여기서 채주같이 하지 말라는 말은 가난한 이웃, 돈을 빌려간 사람에게 자비를 베풀라는 뜻이다. 돈을 꾸어준 사람은 아무래도 돈을 빌려간 사람보다 부자일 것이다. 돈이 있기 때문에 돈을 빌려준 것이다. 그런 사람은 반드시 이자를 받지 말고 꾸어주어야 하며 돈을 빌려간 가난한 사람에게 채주같이 하지 말고 자비를 베풀어야 한다.

26-27절은 어떤 사람이 이웃의 옷을 보증으로 전당잡았다면 해가 지기 전에 그것을 돌려보내라고 한다. 왜냐하면 그가 야간에 덮고 잘 옷이 없기 때문이다. 그가 밤에 몸을 가릴 게 없어서 하나님께 부르짖으면 하나님께서 그의 부르짖음을 들으신다. 그 전당잡은 자는 돈을 갚지 않은 가난한 자에게 긍휼을 베풀어야 한다. 자비와 긍휼을 가르치는 말씀이다. 하나님은 가난한 자의 편에 서 계시다는 것을 기억하기 바란다.

28절에는 재판장을 욕하지 말고 백성의 지도자들을 저주하지 말라는 율례가 있다. 이는 권세 잡은 자들을 멸시하지 말라는 말씀이다. 하나님은 권위를 거역하는 자들을 결코 기뻐하시지 않는다. 그리스도인들은 권위를 거스르는 자들이 아니요 존경하고 순종하는 자들이다(롬 13장 참조). 거역에 대하여는 하나님께서 철저히 심판하신다는 것을 기억하자. 우리는 이에 대하여 노아의 아들 함, 모세를 거스른 다단과 아비람, 고라 일당을 기억하고 경고로 삼아야 한다.

29절과 30절은 추수한 것과 짜낸 즙을 하나님께 드리는 문제를 말한다. 즉 첫 소산물을 하나님께 드리는 것에 관한 율례이다. 이 율례는 앞의 13장에서 말한 바 있지만 22장에서 다시 한 번 강조되어 있다. 하나님의 백성은 가장 먼저 하나님께 드리기를 배워야 한다. 그리스도인은 소출이 있을 때 가장 먼저 귀한 부분을 하나님께 구별하여 드려야 한다. 그것은 하나님이 그 모든 수확을 얻을 수 있도록 역사하신 분이기 때문이다.

31절은 이스라엘 백성들이 다른 민족들과 구별되어야 함을 말한다. "너희는 내게 거룩한 사람이 될지니"-이렇게 되기 위해서는 들에서 짐승에게 찢긴 것의 고기를 먹어서는 안 된다. 짐승에게 찢긴 것의 고기는 부정한 것이다. 이러한 부정한 고기는 개에게 던져야 한다. 다시 말해서, 이스라엘 백성들은 아무 거나 먹어서는 안 된다. 그들은 정결한 것만 먹어야 한다(레 11장 참조). 신약에서 개는 하나님의 성령의 일을 대적하는 유대주의자들을 의미하고(빌 3:2), 의의 진리를 좇다가 그 거룩한 명령을 저버리고 자기가 토하였던 것에 도로 돌아가는 자들을 의미한다(벧후 2:22).

공평에 관한 법

"너는 허망한 풍설을 전파하지 말며 악인과 연합하여 무함하는 증인이 되지 말며 다수를 따라 악을 행하지 말며 송사에 다수를 따라 부정당한 증거를 하지 말며 가난한 자의 송사라고 해서 편벽되이 두호하지 말지니라"[23:1-3]. 허망한 풍설이란 히브리어로 '쉐마솨웨'로서 근거 없는 소문을 뜻한다. 하나님의 선택된 백성 가운데는 이렇게 근거 없는 소문이 돌아다녀서는 안 된다. 무함하는 증인이란 단순히 거짓으로 증언하는 정도를 넘어서 타인을 함정에 빠뜨리려는 목적을 지닌 증인을 가리킨다. 그리고 다수를 따라 악을 행치 말며 송사에 다수를 따라 부정당한 증거를 하지 말아야 한다. 다수의 횡포와 악이 주 예수를 십자가에 달았다. 하나님은 한 사람 한 사람을 중요하게 여기신다.

"네가 만일 네 원수의 길 잃은 소나 나귀를 만나거든 반드시 그 사람에게로 돌릴지며 네가 만일 너를 미워하는 자의 나귀가 짐을 싣고 엎드러짐을 보거든 삼가 버려두지 말고 그를 도와 그 짐을 부리울지니라"[23:4-5]. 이 부분은 원수에게도 친절을 베풀라는 말씀이다. 이 말씀도 역시 사람의 죄 있는 육체를 드러낸다. 원수의 소나 나귀가 길을 잃은 것을 볼 때 사람의 육체는 결코 그에 대해 선행을 베풀려는 마음이 없다.

하나님께서는 우리를 미워하는 사람의 나귀가 짐을 싣고 엎드러진 것을 보면 버려두지 말고 그를 도와서 그 짐을 부리게 도우라고 하신다. 이것은 원수에게 선행을 베풀라는 말씀이다.

6절부터 9절까지의 말씀은 1절부터 3절까지와 같이 재판에 해당되는 교훈이다. 1절에서 3절까지는 일반 백성들 모두에 해당되며, 6절부터 9절까지는 재판관이나 지도자들에게 하시는 말씀이다. 재판관들은 가난한 자의 송사에 대하여 배경이 없고 힘이 없는 사람이라 하여 억울하게 취급해서는 안 된다는 말씀이다.

또 7절 말씀은 무죄한 자와 의로운 자를 죽이지 말라고 하셨다. 하나님은 악인을 의롭다 하지 아니하겠노라고 하셨다. 8절은 뇌물을 받지 말라고 하면서 뇌물은 밝은 자의 눈을 어둡게 하고 의로운 자의 말을 굽게 한다고 했다. 사람의 육체는 뇌물로 인해 굽어지기 쉬운 특성이 있음을 경고하는 말이다.

안식년과 안식일에 관한 법

10-13절의 말씀은 이스라엘 백성들이 약속의 땅에 들어간 후에 지켜야 할 안식년과 안식일에 대한 것인데, 안식년은 매 칠 년째에는 토지를 휴경시키는 것이다. 그러므로 칠 년마다 한 해는 밭을 갈거나 파종해서는 안 된다. 그 해에는 어떠한 수확도 기대할 수 없다. 다만 그 땅에서 저절로 자라나 얻어진 것들을 이스라엘 백성 중에서 가난한 자들이 먹고 들짐승들이 먹게 되어 있었다. 포도원과 감람원도 동일하게 안식년을 지켜야 했다. 이 말씀은 하나님께서 이스라엘 백성들에게 약속하신 땅이 비옥함을 암시하며, 또한 하나님의 약속의 말씀에 순종하는 것을 배우게 하시려는 것이다. 그들은 육 년 동안의 수확이 이 년 간

의 생계를 지탱시켜 줄 정도로 풍부함을 믿을 수 있어야 했다. 또한 그들은 제 7년째에 쉬면서 그들에게 약속의 땅을 주시어 거기서 나는 산물로 가난한 자들과 들짐승까지도 보살피시는 하나님의 긍휼을 기억해야 했다.

12절의 안식일 준수는 제4계명을 강조한 것처럼 보이는데, 사실 그 강조점이 다르다. 이 구절은 안식일을 지키는 목적이 소나 나귀를 쉬게 하고 계집종의 자식과 나그네로 숨을 돌릴 수 있게 하는 것이라는 데에 중점을 두고 있다. 이 구절에서 볼 때 하나님은 사람이 엿새 동안 열심히 일하고 제 칠일에는 휴식하기를 원하신다. 특별히 주인이 사용하는 소나 나귀, 계집종과 그 자녀, 나그네 등은 주인이 욕심이 많으면 휴식이 없이 계속 고달픈 노동을 하게 됨으로 지쳐 쓰러질 것이다. 하나님은 그러한 고달픈 압제 하에 있는 종들과 심지어 가축까지도 돌보신다.

13절은 안식년과 안식일에 대한 계명을 지킴에 있어서 궁극적인 목적을 살펴볼 수 있는 구절이다. 결국 이 계명들을 지키는 것은 오직 하나님만 섬기고 하나님에게서만 듣기 위해서이다. 이 구절을 통해서 우리는 네 번째 계명과 첫 번째 계명과 두 번째 계명이 모두 연결되어 있음을 볼 수 있다. 즉 앞의 네 계명은 모두 하나님 중심의 계명이다. 하나님 외에 다른 신을 섬겨서도 안 되고 다른 신의 이름을 불러서도 안 되며 다른 신에 대한 말을 들어서도 안 된다.

세 가지 절기에 관한 법

14절부터 19절까지는 히브리인들이 해마다 지키는 삼대 절기에 관한 법이다. 이스라엘의 모든 남자들은 일 년에 삼 차 예루살렘 성전을 순례하게 되어 있었다. 첫 번째는 무교병의 절기이며 그것은 아빕월의 한 주간이었고 유월절과 연결되어 지켜졌는데, 이레 동안 무교병을 먹도록 되어 있었다(이것은 그리스도께서 십자가에 못 박혀 죽으심으로 성취되었다).

그다음은 맥추절이며 맥추절은 칠칠절(오순절)이라고도 부른다. 이 이름은 유월절에 첫 이삭을 드리고(19절, 초실절), 초실절 후 7주 만에 지키는 절기이기 때문에 붙여진 것이다. 이 절기는 추수한 것을 제물로 드리는 절기인데, 신약에서 오순절 날 성령 강림의 사건(행 2장)으로 성취되었다.

마지막으로, 수장절은 양력으로 시월 쯤이며 가을 절기이다. 이때 그들은 들에 초막을 짓고 칠 일 간 종려나무를 가지고 초막에 거했기 때문에 초막절이라고도 불렀다(레 23:34, 42, 요 7:2). 이는 그들의 조상이 사십 년 간 광야에서 초막생활을 한 것을 기념하는 절기이다. 초막절은 결국 그리스도의 재림과 그분의 왕국 때에 믿는이들이 광야 같은 인생길에서 체험했던 많은 승리의 체험들(종려나무 가지로 상징됨)을 기념하는 것으로 성취될 것이다.

17절은 모든 남자는 일 년에 세 번씩 주 여호와께 보여야 한다고 말한다. 19절은 처음 익은 열매의 가장 좋은 것을 가져다가 여호와의 전에 드리라고 한다. 이스라엘 백성의 특징은 처음 난 것이나 가장 귀한 것을 하나님께 드리는 것이다. 이렇게 처음 익은 열매의 가장 좋은 것을 드리는 절기를 초실절이라고도 부르며, 이 절기는 유월절과 긴밀한 관계를 갖는다. 유월절과 관련하여 무교절, 초실절로 진행되는 것이다. 이들이 이 절기를 지키려면 그 땅에 들어가야만 했다. 이들은 그 땅에 들어가서 유월절 후 첫째 안식일 다음날 곡물의 첫 이삭 한 단을 여호와께 흔들어 드려야 했다(레 23:10-14). 안식일 다음날 아침 여호와의 전에 흔들어 드린 첫 열매의 단은 죽은 자 가운데서 살아나신 부활의 그리스도를 예표한다. 그분은 죽은 자 가운데 부활하시어 잠자는 자들의 첫 열매가 되셨다(고전 15:20).

"너는 염소 새끼를 그 어미의 젖으로 삶지 말지니라"[19절下]. 이 말씀은 다소 이해하기가 어렵다. 우리가 생각해볼 수 있는 것은 처음 것을 드릴 때 염소 새끼를 드리는 경우 어미의 젖으로 삶아서 드리지 말라는 것이다. 이 말씀은 신명기 14장 21절에도 있는데, 사실 새끼 염소를 어미의 젖으로 삶는 것은 어미가 새끼를 죽이는 것 같으므로 너무 잔인한 것이다. 하나님은 긍휼과 자비의 하나님이시므로 이런 잔인한 일들을 금하시는 것이다(레 22:28 참조). 이것은 또한 그리스도인이 하나님께 좋은 일을 해드린다는 명목으로 결코 잔인한 일을 해서는 안 되는 것으로 해석할 수도 있다.

명령과 약속

20장 22절부터 23장 33절까지는 소위 '언약서(the book of the covenant)'라 불리우는 결론의 말씀이다. 즉 모세가 시내 산에서 하나님께 십계명과 기타 율례들을 받아 이스라엘 백성들에게 주었는데, 그 말씀들을 잘 순종할 때 축복을 받으며 하나님께서 약속을 이행하시리라는 언약이다.

20절의 '사자'는 히브리어로 '말레악'인데, 여호와의 사자를 가리킨다. 그것은 21절에서 "내 이름이 그에게 있음이니라" 하신 것으로 증명된다. 이 부분의 말씀은 신명기의 요약이라고 볼 수 있다. 신명기에서 가장 강조하는 바가 하나님의 말씀에 대한 순종이다. 이스라엘 백성이 여호와의 사자를 순종치 않을 경우에는 그들의 허물을 사하지 않으실 것이라고 하셨다. 그들이 여호와의 사자를 순종치 않는 것은 하나님의 구속의 큰 사랑을 배반하는 것과 같다(히 2:3 참조).

28절에서는 왕벌을 네 앞에 보내리라고 하셨는데, 여기의 왕벌은 가나안 전쟁에서 하나님이 초자연적인 일을 일으켜 이기게 하셨던 것들을 통칭하는 말이다. 즉 이스라엘 백성들로 그들의 능력을 넘어서 대적들을 이길 수 있도록 역사했던 많은 자연적이거나 초자연적인 도움들을 일컫는 말이다.

29절과 30절은 가나안 땅에서 이스라엘 백성들이 대적들을 쫓아내되 일 년 안에는 쫓아내지 아니하고 그들이 번성하여 그 기업을 얻을 때까지 조금씩 쫓아내리라고 하셨다. 이를 문자적으로 해석한다면, 일거에 가나안 사람들을 다 쫓아내면 그 땅이 비어 있어 들짐승들이 번성하여 이스라엘의 사람과 가축들을 해할까봐 우려해서이다. 말하자면 이스라엘 백성들의 안전을 염려하신 것이다.

24-27장

시내 산에서 언약을 세우시다

"또 모세에게 이르시되 너는 아론과 나답과 아비후와 이스라엘 장로 칠십 인과 함께 여호와에게로 올라와 멀리서 경배하고 너 모세만 여호와에게 가까이 나아오고 그들은 가까이 나아오지 말며 백성은 너와 함께 올라오지 말지니라"[24:1-2].

24장은 출애굽기의 전반부와 후반부 중간에 위치한 장이다. 전반부는 구속의 역사와 율법을 다루고, 후반부는 성막의 건축을 다룬다. 이때 하나님은 모세를 가까이 나아오게 하시고, 모세를 제외한 지도자들은 산에 올라오되 멀리서 경배하게 하셨으며, 백성들은 산에 오르지도 못하고 남아서 다만 모세의 전달하는 말을 듣게 하셨다.

하나님께서 모세만 가까이 나아오고 아론과 나답과 아비후와 이스라엘 장로 칠십 인은 함께 올라오되 멀리서 경배하며 백성들은 함께 올라오지 말라는 말씀에서[2절] 우리는 구약 시대에 아직 하나님께 나아가는 길이 보편적으로 열려 있지 않음을 보게 된다. 가까이 나아오라는 어조는 복음인 반면, 멀리 떨어져 있으라고 하신 것은 율법의 어조이다.

"모세가 와서 여호와의 모든 말씀과 그 모든 율례를 백성에게 고하매 그들이 한 소리로 응답하여 가로되 여호와의 명하신 모든 말씀을 우리가 준행하리이다"[3절]. 여기서 모세가 백성에게 지시한 여호와의 말씀과 율례는 20장 22절부터 23장 33절까지의 모든 말씀을 가리킨다. 이 언약서의 모든 내용을 모세가 공포했을 때 백성들은 한 소리로 "여호와의 명하신 모든 말씀을 우리가 준행하리이다"라고 응답했다.

모세는 여호와의 모든 말씀과 모든 율례를 기록하고, 산 아래에 제단을 쌓고 이스라엘 열두 지파대로 열두 기둥을 세우고 청년들을 보내어 여호와께 소로 번제와 화목제를 드리게 했으며, 모세가 피를 가지고 반은 여러 양푼에 담고 반은 제단에 뿌리고 언약서를 가져다가 백성에게 낭독하여 듣게 하니 그들이 여호와의 모든 말씀을 우리가 다 지키겠다고 했다. 모세는 그 피(여러 양푼에 담아 놓은 피)를 가지고 백성에게 뿌리며 '이는 여호와께서 모든 말씀에 대하여 너희와 세우신 언약의 피니라'고 했다.

"모세와 아론과 나답과 아비후와 이스라엘 장로 칠십 인이 올라가서 이스라엘 하나님을 보니 그 발 아래에는 청옥을 편듯하고 하늘같이 청명하더라 하나님이 이스라엘의 존귀한 자들에게 손을 대지 아니하셨고 그들은 하나님을 보고 먹고 마셨더라"[9-11절]. 이스라엘 백성은 이 시점에서 하나님을 보았는데, 모든 이스라엘 백성이 아닌 이스라엘의 존귀한 자들, 모세와 아론과 나답과 아비후와 장로 칠십 인이 본 것이다. 그들은 하나님을 직접 본 것이 아니라 그분의 발 아래 청옥을 편 듯한 청명한 모습을 본 것이니 이는 주님의 보좌 아래의 모습을 올려다봄으로써 영광의 존재를 보았음을 가리킬 것이다.

모세가 시내 산에 사십 주야를 있다

이 지점에서 하나님은 모세를 산에 올라오라고 부르셨다. **"너는 산에 올라 내게로 와서 거기 있으라 네가 그들을 가르치도록 내가 율법과 계명을 친히 기록한 돌판을 네게 주리라".** 이때 모세는 여호수아를 데리고 산으로 올라가면서 장로들에게 그가 돌아오기까지 기다리라고 했다. 또 아론과 훌이 그들과 함께 있을 것이니 누구나 일이 있는 자는 그들에게 나아가라고 했다.

모세가 산에 오르니 구름이 산을 가렸고, 여호와의 영광이 시내 산 위에 머무르고 엿새 동안 산을 가리더니 일곱째 날에 여호와께서 구름 가운데서 모세를 부르셨다. 산 위의 여호와의 영광이 이스라엘 자손의 눈에 맹렬한 불같이 보였고, 모세는 구름 속으로 들어가서 산 위에 올랐으며 사십 일 사십 야를 산에 있었다.

성소를 지을 예물

하나님께서는 모세를 부르실 때 율법의 돌판을 주겠다고 하셨는데[24:12], 정작 하나님께 올라가자 긴 시간을 할애하여 성막에 대한 식양을 주기 시작하셨다(25장부터 31장까지). 그리고서 돌판은 31장 마지막에 한 구절 말씀하고 주셨다. 그분은 율법을 주시며 그들을 엄하게 대하셨지만, 그들이 율법을 통하여 죄인 됨을 깨닫고 크게 낙심하여 뒤로 물러갈 것을 염려하여 이렇게 하신 듯하다. 하나님께서는 그들이 율법을 통하여 죄인임을 깨닫고 두려워 물러갈 것이 아니라 다시 번제단을 통하여 그분께 나아올 수 있다는 것을 알려주시면서 그 길을 보여주고자 하신 것이다.

그런데 하나님께 나아갈 길이 있는 성막은 이스라엘 백성들이 드리는 예물로 지어진다. 이스라엘 백성들이 드릴 예물은 먼저 금과 은과 놋이었고, 다음으로는 청색, 자색, 홍색실과 가는 베실과 염소털, 그리고 붉은 물 들인 수양의 가죽과 해달의 가죽과 조각목과 등유와 관유에 드는 향품과 분향할 향을 만들 향품과 호마노며 에봇과 흉패에 물릴 보석이었다. 이 예물들의 종류를 보면 하나님의 거처가 어떠한 요소들로 이루어져야 하는지를 가늠할 수 있다.

첫째 앙장은 청색, 자색, 홍색실과 가는 베실로 만들어졌다. 이것은 그리스도의 신성과 인성이 아름답게 조화를 이룬 모습이다. 둘째 앙장은 첫 번째 앙장보다 조금 큰데 염소털로 만들어졌으며, 이는 우리를 위해 죄가 되시고 희생당하신 그리스도를 상징한다. 셋째 앙장은 붉게 물들인 수양의 가죽으로서 죄인을 위해 피 흘려 죽으심으로 이루신 예수 그리스도의 구속을 상징한다. 마지막 넷째 앙장인 해달의 가죽은 색깔이 거무스름하고 매우 견고하여 외부의 환경과 고난에 흔들리지 않고 강인하게 인내하신 그리스도의 인성을 나타낸다.

조각목은 그리스도의 인성을 나타내며 향품은 성령을 나타낸다. 보석은 변화된 인성을 나타낸다. 이 모든 재료들을 통해서 우리는 성막이 한 면으로는 그리스도를 나타내며 다른 한 면으로는 하나님의 거처인 교회를 나타냄을 알 수 있다. 교회 또한 그리스도 자신이라고 할 수 있으므로 그리스도의 모든 요소들이 동일하게 그 안에 들어 있어야 한다(고전 12:12).

25장부터 30장까지는 성막의 기구와 제사장 옷, 관유 등을 제시하고 있는데, 이는 그 순서만으로도 매우 의미가 깊다. 25장부터 27장 19절까지는 언약궤에서부터 놋단과 놋단이 있는 뜰을 만들라고 한다. 그런 다음 언약궤에 좌정하신 하나님 앞에 백성들이 나아올 수 있는 길을 놋단 위의 속죄물을 통하여 열어주고 계신다. 25장 22절에서는 "거기서 내가 너와 만나고"라고 한다. 29장 43절은 또한 그분의 거룩하고 자비로운 의도를 보여준다. "내가 거기서 이스라엘 자손을 만나리니". 45절도 동일하게 그분의 갈망을 드러내신다. "내가 이스라엘 자손 중에 거하여 그들의 하나님이 되리니". 46절에서도 같은 말씀을 주신다. "그들은 내가 그들의 하나님 여호와로서 그들 중에 거하려고 그들을 애굽 땅에서 인도하여 낸 줄을 알리라".

제작 순서의 의미 - 언약궤부터

이와 같이 성막의 건축에서 가장 먼저 만들라고 하신 것은 하나님께서 그분의 백성들을 만나기 위한 언약궤이다. 25장 1절에서 시작하여 27장 19절에서 마치기까지 성막 건축의 시작은 언약궤이고 그 마침은 번제단이라는 것은 매우 의미 있다[27:1-8]. 이것은 하늘 영광의 보좌에 계신 그리스도께서 번제단인 십자가로 오시기까지의 발걸음을 보여준다.

"주님은 하늘의 영원한 하나님의 보좌에서 시발하여, 이 땅 갈보리 십자가의 깊은 곳까지 두루 다니셨다. 언약궤에서 번제단으로 가는 모든 길은 사랑의 발자취로 찍혀 있으며, 번제단에서 하나님의 언약궤로 가는 모든 길은 구속의 피로 뿌려져 있다. 언제나 하나님은 먼저 사람들을 찾아 나서셨다. 인간 스스로는 하나님께 나아갈 수 있는 방법이 없다."(맥킨토쉬)

언약궤는 하나님의 임재하심을 상징하며 그 임재로 인한 간증과 관계된다. 언약궤 다음은 상(床)이다. 이 상은 진설병(陳設餠)을 놓는 상을 말한다. 그 상에는 진설병을 두 줄로 하여 각 줄에 여섯 개씩 도합 열두 개를 놓게 되어 있었다. 언약궤는 증거를 위한 것이고 상(床)은 우리의 충족한 누림을 위한 것이다.

등대

"너는 정금으로 등대를 쳐서 만들되"[25:31]-등대는 성소에 있고 진설병 상 맞은 편에 있으며 지성소의 휘장에 가까이 있다. 등대는 그리스도를 예표하는 동시에 신약의 교회를 예표한다. "일곱 등대는 일곱 교회니라"(계 1:20下). 등대를 쳐서 만들라는 것은 고난받으신 그리스도를 상징한다. 교회는 그리스도의 고난을 통하여 생겨난 존재이다. 고난(치는 것)이 없다면 세상에 빛을 내는 등대인 교회는 생겨날 수 없었다.

결국 등잔은 일곱 개가 되었다[37절]. 등대의 일곱 등잔은 하나님의 일곱 영을 가리킨다(계 4:5). 하나님은 등대와 더불어 불집게와 불똥 그릇도 정금으로 만들라고 하셨다[38절]. 이는 제사장들이 성소에서 등대를 관리해야 함을 의미한다. 오늘날 교회를 섬기는 자들도 동일하게 교회가 등대로서 빛을 잘 발할 수 있도록 심지를 잘라서 그을음을 제하고 기름을 더 채워 넣는 일을 해야 한다.

성막 덮개

26장은 성막을 만들라고 하신다. 성막(tabernacle)은 하나님께서 이 땅에 거하셨던 최초의 거처였으며, 신약의 교회에 대한 가장 포괄적이고도 온전한 모형이라고 볼 수 있다.

25장에서 언약궤와 진설병 상과 금등대를 만든 뒤 성막 덮개로 나아간다. 성막의 덮개는 네 겹으로 되어 있으며 첫 번째 층은 가장 안쪽을 덮는 것으로서 가늘게 꼰 베실과 청색 자색 홍색실로 그룹을 수놓아 만들어야 했다. 그 위를 덮는 것은 염소 앙장이고, 세 번째로 덮는 것은 수양 가죽 덮개이며, 마지막으로는 해달의 가죽이다.

널판

26장 15절부터 널판을 만들라고 하신다. 널판은 교회의 연합의 모습을 보여주고 있다. 즉 널판이 보여주고 있는 것은 진실로 오늘날 그리스도인들의 연합체인 교회를 말한다. 널판은 조각목(아카시아)으로 되어 있으며 북편에 20개, 남편에 20개, 서편에 6개이며, 성막 뒤 모퉁이 편을 위하여는 널판 둘을 만들라고 하였다. 널판이 조각목에 금을 입혀 만들어진 것은 지성소에 있는 언약궤와 같다.

성막 널판들은 보이지 않는 촉으로 연결되어 있지만 띠(bar)를 만들어 금고리에 꿰어 연결시켜야 했다. 이 또한 조각목으로 되어 있고 금으로 싸여진다. 여기서 띠는 성도들의 보이는 연합이다. 성도들이 연합하여 한 몸을 이루기 위해서는 이 두 가지가 다 필요하다고 본다.

장

26장 31절부터는 성막의 문장에 관한 말씀인데, 먼저 알아야 할 것은 31절의 장(veil:휘장)과 36절의 장(screen, entrance:입구)은 다르다는 것이다. 31절의 휘장은 성소와 지성소를 구분하는 장이며, 36절의 장은 성소의 입구의 장이다. 그런데 한 가지 동일한 것은 그 문장을 만드는 재료가 같다는 것이다.

단

27장은 번제단을 만들라고 하신다. 먼저 성막에는 단(altar)이 두 개가 있는데, 하나는 번제단이고 다른 하나는 금향단이다. 번제단은 놋으로 되어 있고 금향단은 금으로 되어 있다. 놋제단은 사람의 죄가 처리되는 십자가를 상징하고 금향단은 성도들의 기도와 헌신의 향기가 보좌에 올라감을 상징한다.

기묘한 것은 성막의 식양을 말하고 있는 25장부터 27장까지에서 번제단을 만드는 것은 말하지만 금향단을 만드는 것은 기록하지 않았다는 것이다. 금향단만큼은 제사장 직분과 헌신이 세워진 후 30장에 가서야 만들라고 기록하고 있다.

성막의 평면도

성막의 평면도를 보면 또 한 가지 기묘한 사실이 있다. 성막은 전체적으로 장이 백 규빗, 광이 오십 규빗의 직사각형이므로 오십 규빗씩의 두 개의 정사각형으로 되어 있다고 할 수 있다. 그런데 그 모든 기구를 설치한 후 살펴보면 성소를 중심으로 한 정사각형에는 언약궤가 그 중심에 있고, 마당을 중심으로 한 정사각형에는 제단이 그 중심에 있음을 알 수 있다. 그러므로 우리는 하나님의 역사에 있어서는 십자가가 그 중심이 되고, 하나님에 대한 체험에 있어서는 그리스도가 그 중심이심을 알 수 있다.

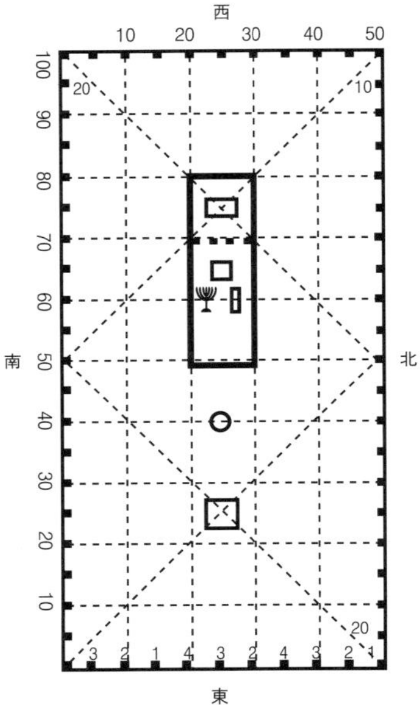

뜰

성막의 뜰은 열린 공간으로서 길이가 100규빗, 너비가 50규빗이며 문의 기둥까지 도합 60개의 기둥이 서 있었다. 각각의 기둥은 놋받침 위에 세워졌고, 기둥의 맨 윗부분은 은으로 입혀져 있었으며, 은으로 된 갈고리는 포장을 지지해 주고, 은 가름대는 기둥 사이를 연결하고 있었다. 뜰의 울타리 막은 전체적으로 세마포 장으로 되어 있는데, 이는 의(義)를 상징한다. 밖에서 볼 때 성막은 깨끗한 흰 색으로서 밖의 세상과 분별되어 있었다.

이 성막의 전체 크기는 남과 북으로 각각 100규빗씩, 동과 서로는 각각 50규빗씩인 직사각형이다. 이는 새 예루살렘과 다른데, 새 예루살렘은 장과 광과 고가 동일한 정육면체로서 일만이천 스타디온씩이었다. 이로 보아 성막의 규모는 뭔가 완전한 것이 아님을 알 수 있다. 이것은 장차 올 좋은 일의 그림자이다. 이것은 절반의 크기로서 아직 이르지 않은 절반을 기대하는 것을 암시하는 듯하다.

등불 관리

"너는 또 이스라엘 자손에게 명하여 감람으로 찧어낸 순결한 기름을 등불을 위하여 네게로 가져오게 하고 끊이지 말고 등불을 켜되…저녁부터 아침까지 항상 여호와 앞에 그 등불을 간검하게 하라…대대로 영원한 규례니라"[27:20-21].

28-29장

제사장 예복

28장과 29장은 제사장의 옷과 그 섬김을 위한 위임식 제사를 말하고 있다. 먼저 우리는 성막을 통하여 영광의 그룹 사이에 계시던 하나님(언약궤로 예표됨)이 이 땅에 인성을 입고 오셨고 죄인의 죄를 속량하기 위해 번제단이 예표하는 바 십자가로 나아가 죽임을 당하신 것을 보았다.

이제 28장에서는 주님이 대제사장으로서 우리를 섬기고 계시는 분임을 볼 수 있다. 성막에서는 죄인이 하나님께 나아갈 수 있는 길을 보여주고, 제사장의 의복과 위임식을 통해서는 그리스도께서 우리를 위해 죽고 부활하시고 승천하사 대제사장이 되시어 우리를 위해 섬기고 계시다는 것을 보여주신다.

우선 출애굽기 후반부의 순서를 보자. 하나님은 이스라엘에게 율법을 주셨는데, 그 목적은 무엇인가? 이는 그들로 하여금 진실로 자신들이 무익하고 무능하고 부패한 자들임을 알게 하려는 것이다. 그들은 율법을 지킬 수 없다. 그들은 율법을 지킬 수 없을 뿐 아니라 멸망하기에만 합당한 죄인들이다. 그러므로 하나님은 그들에게 율법을 주시어 자신의 상태와 처지를 알게 하셨다. 그런 다음 그들에게 성막의 이상을 주셨다. 성막에서 그들은 무엇을 볼 수 있었는가? 하나님께서는 이스라엘이 스스로 할 수 없는 죄인임을 알고 낙심하여 좌절할 것을 염려하셨다. 그래서 그들을 위해 영광의 하나님이 육신을 입고 오셔서 모든 죄의 문제를 해결해주실 것을 보여주셨으며, 성막으로 그 아들의 십자가를 통해 하나님께 나아올 수 있는 길을 보여주셨다. 그러한 구속의 역사를 통하여 하나님께서는 자기를 위한 백성을 얻으시고 그들 가운데 거하기를 원하셨다. 이것이 성막을 통해 보여주시는 바이다. 그런 다음 하나님은 이스라엘이 그분을 섬길 수 있는 길을 열어놓으시고 그 길을 보여주셨다.

제사장이 되기 위해 가장 선행되는 문제는 부르시는 것이고("네게로 나아오게 하여"), 다음은 옷을 입는 것("거룩한 옷을 지어서 영화롭고 아름답게 할지니")이다. 하나님을 섬기는 자들에게는 반드시 이 두 가지가 선행되어야 한다. 오늘날 하나님을 섬기고자 하는 자들이 주의해야 할 것이 이것이다. 반드시 분명한 부르심이 있어야 한다. 우리가 구원받을 때 구원받은 것이 무엇인지 아는 것처럼 부르심을 받을 때에도 부르심을 받은 것이 무엇인지를 알게 된다. 모세가 사역자 된 것이 그러하고 열두 사도들이 그러하며 바울도 그러하다. 그들이 섬기는 자들이 된 것은 주님의 부르심에서 시작되었다. 그는 다메섹 도상에서 주님을 만났을 때 이미 섬기는 사역자가 될 것을 알았다. 주님은 그를 그분의 증인과 사역자로 삼으실 것을 말씀하셨다(행 26:16). 그럴 뿐 아니라 바울은 안디옥에서 사도로 부르심을 받았다. 하나님은 이와 같이 그분의 성막의 봉사를 위하여 스스로 달려 나가 섬기는 자원병을 사용하시는 것이 아니라 그분이 부르신 사람을 사용하신다.

- 에봇

제사장의 의복은 흉패와 에봇과 겉옷과 속옷과 관과 띠이다. 그중에서 가장 먼저 보아야 할 것이 에봇이다. 에봇은 속옷 위에 겉옷을 입고 그 겉옷 위에 긴 조끼처럼 입는 옷이다. 하나님은 제사장들이 이렇게 특별한 옷을 입어야 한다고 하셨다. '에봇'의 사전적인 뜻은 '붙잡다', '매다', '조이다'이다. 이 에봇은 성막을 지을 때와 똑같이 청색 자색 홍색실과 가늘게 꼰 베실이 들어가며 거기에 금실 한 가지가 더 추가된 것이다. 이는 그리스도께서 하늘에 속한 분으로서

(청색), 왕권을 가지신 분이며(자색), 죄인의 죄를 위해 피를 흘리신(홍색) 구속주이심을 말해준다. 또 가늘게 꼰 베실은 그분의 섬세하고 의로우신 인성을 상징하며 거기에 더해진 금실은 그분의 신성의 영광을 말해준다. 그리스도는 이렇게 하늘에 속한 신성한 요소들이 인성 안으로 짜여진 분이시다.

성막을 만드는 재료(출 26:1)와 제사장 옷의 재료가 같은 것(출 28:5)은 새겨 볼 의미가 있다. 주님이 거하시는 처소를 건축하는 재료와 그분을 섬기는 자들이 입는 옷의 재료가 같은데 거기에 금실 하나가 더 추가되었다. 우리가 주님을 섬기기 위해서는 그분의 거처가 되는 것에 더하여 더욱 하나님으로 충만되어야 한다.

- 에봇의 두 견대와 그 위에 호마노 두 개를 금테에 물려 부착시킴

이 에봇에는 두 견대가 있고 그 견대 위에 호마노 두 개를 금테에 물려 붙여야 한다. 이 호마노에는 각각 여섯 지파씩 이스라엘 열두 지파의 이름들을 새겨야 한다. 연치대로 새기라 함은 나이의 순서를 따라 한쪽씩 새기라는 것이며, 연장 지파 여섯 명의 이름을 한 보석에, 연소 지파 여섯 명의 이름을 다른 보석에 새겼고, 전자(연장자)는 오른 편 어깨에, 후자는 왼편 어깨에 붙였다 한다(Josephus). 이 호마노 두 개는 각각 에봇 두 견대에 금테에 물려 붙여야 했다.

이는 그리스도께서 육신을 입고 오신 것은 그분의 택한 백성을 붙들어주시기 위한 것임을 암시한다. 그리스도는 거룩한 신성을 가진 분이시지만 죄인을 위해 구속의 피를 흘리시려고 십자가로 가셨고 거기서 죽으셨다. 그리스도의 이러한 행함이 다 에봇으로 상징되었다. 거기 견대에 있는 호마노 두 개는 그분의 구속된 백성을 가리킨다. 대제사장이신 그리스도는 그분이 선택하시고 구속하신 우리를 견고하게 붙들고 계신다. 하나님께서는 그 이름들을 연치대로 기록할 뿐 아니라 인을 새김같이 기록하라고 하셨다. 그리스도께서는 대제사장으로서 우리를 붙들고 계실 뿐 아니라 결코 지워질 수 없도록 도장을 새김같이(히브리어로 '호탐'(인장반지) – 창 41:42) 새기라고 하신 것이다.

호마노를 금테에 물려 견대에 부착시킨 것은 고정시키기 위한 것이다. 이는 그리스도께서 우리를 견고하게 붙잡고 계심을 의미한다. 그분이 우리를 붙잡고 계시니 우리는 안전하다. 대제사장이신 주님은 우리의 이름들을 호마노에 새기고 붙들어주신다. 호마노는 보석이니 우리가 하나님께 귀한 존재들이라는 것이고 또 금테에 부착시켰다는 것은 우리를 붙잡는 그분의 힘이 신성에 있다는 것을 의미한다.

- 에봇 위에 판결 흉패를 참

대제사장의 의복 중에서 가장 중요한 부분은 판결 흉패이다. 흉패가 가장 먼저 언급되었다. 다음으로 언급된 것이 에봇이다. 흉패는 에봇 위에 차는 것인데, 크기는 장광이 한 뼘씩이고 두 겹으로 네모반듯하다. 여기에는 이스라엘 열두 지파의 이름대로 열두 보석을 물리게 되어 있다. 이 이름들 역시 인을 새기듯 새겼다. 열두 보석을 박은 테를 흉패에 묶기 위해 정금 노끈을 땋은 사슬 모양으로 만들고[22절] 금고리 두 개를 만들어 흉패 위 좌우에 달았다. 그리고 땋은 금 사슬로 흉패 두 끝 두 고리에 꿰어 메고 다른 두 끝은 에봇 앞 두 견대의 금테에 매었다[23-25절]. 금고리 둘을 더 만들어 흉패 아래 양편 가 안쪽 곧 에봇에 닿은 곳에 달았고[26절], 또 금고리 둘을 더 만들어 에봇 앞 두 견대 아래 매는 자리 가까운 편 곧 공교히 짠 띠 윗 편에 달아야 했다[27절]. 청색 끈으로 흉패 고리와 에봇 고리에 꿰어 흉패로 공교히 짠 에봇 띠 위에 붙여 떠나지 않게 하라고 했다[28절]. 아론이 성소에 들어갈 때에는 이스라엘 아들들의 이름을 기록한 이 판결 흉패를 가슴에 붙여 영원한 기념을 삼아야 했다[29절]. 그 흉패 안에는 우림과 둠밈을 넣어서 아론이 여호와 앞에서 이스라엘 자손의 판결을 가슴에 두어야 했다[30절].

판결 흉패와 에봇은 짜는 방법이나 재료가 같다. 이미 말한 바와 같이 에봇은 우리를 붙잡고 계신 그리스도를 상징하고 흉패는 교회인 우리를 상징한다. 그것은 흉패에 달린 열두 보석이 이스라엘 열두 지파를 상징하는 것으로 알 수 있다. 이는 교회가 그리스도의 연장임을 확인할 수 있는 구절이다. 신약 성경은 교회가 그리스도의 몸이라고 말한다. 그리스도는 몸인 교회의 머리시며 몸과 머리는 하나이다. 사람들은 교회라고 말할 때 대개 예배당이나 그리스도인 단체를 가리키지만, 성경은 교회가 그리스도의 몸이요 곧 그리스도 자신임을 계시한다(고전 12:12). 그러므로 그리스도가 아닌 것은 교회라 말할 수 없다. 따라서 사람에게서 나온 의견과 주장이 교회를 좌우할 수 없다. 인간의 변화되지 않은 기질이 교회의 일부로 작용해서도 안 될 일이다. 그러기에 교회 건축을 위해서는 십자가의 역사가 필요하다. 교회는 순전하게 그리스도와 같은 재료로 세워져야 하기 때문이다. 그 재료는 금실과 청색, 자색, 홍색실과 가늘게 꼰 베실이다. 이는 성막을 짜는 것과 동일한 재료이다. 모든 실이 그리스도의 신성과 인성을 나타낸다. 타락한 사람의 육체나 자아는 하나도 포함되지 않았다.

- 흉패에 달린 열두 보석과 우림과 둠밈

교회를 상징하는 열두 보석들은 세 개씩 네 줄로 달려 있었다. 각기 다른 색깔과 다른 모양이지만 질서 있게 차례차례 배열되어 있었다. 이것은 오늘날 교회의 모습이 어떠해야 하는지를 보여준다. 하나님은 결코 무질서한 분이 아니시다. 첫 번째 줄에 있어야 할 것이 두 번째 줄에 있거나 두 번째 줄에 있어야 할 것이 네 번째 줄에 배열되어서는 안 된다. 우리는 이것을 견대의 호마노에 새겨진 열두 이름에서도 볼 수 있는데, 이것은 연치대로(according to their birth) 새겨야 했다. 하나님은 교회 구성원들의 영적 성장 정도를 무시하는 분이 아니시다. 거기에 뭔가 권위와 질서가 있는 법이다.

판결 흉패 안에는 우림과 둠밈이 있는데, '우림(Urim)'은 빛을 뜻하고 '둠밈(Thummim)'은 완전함을 뜻한다. 교회가 하나님 앞에서 그분의 뜻을 구할 때 하나님은 그분의 완전하신 뜻을 판결 흉패의 원칙으로 교회에게 계시하신다.

22절의 금사슬은 노끈처럼 땋아서 보석들을 붙잡아 매도록 흉패 위에 붙였으며, 또한 에봇과 흉패를 연결시켰다. 이것은 성도들이 그리스도께 붙잡혀 있는 상황을 묘사하고 있다. 금사슬이 땋아진 것은 고난받으신 그리스도를 상징한다. 우리를 붙들고 있는 그리스도의 힘은 물론 신성(금사슬)이지만 또한 땋아진 것(고난받으신 인생)에 의한 것이다.

이 겉옷은 대제사장이 입는 것이다. 겉옷은 언제나 직분과 권위를 나타낸다. 이 에봇 받침 겉옷은 그 특징이 청색이라는 데 있고 머리 들어가는 구멍을 갑옷같이 깃을 짜서 튼튼하게 한다는 데 있다. 그리고 옷 가장자리에는 청색, 자색, 홍색 실로 석류를 수놓고 금방울을 간격하여 다는 것이다. 아론이 그 옷을 입고 성소에 들어갈 때에 금방울 소리가 들리게 되어 있었다.

이 겉옷의 색깔은 청색이다. 대제사장은 이 겉옷을 속옷 위에 입고 그 위에 에봇을 입어야 했다. 여기서 청색은 그리스도의 하늘의 속성, 곧 신성을 의미한다. 겉옷의 머리 들어가는 구멍이 갑옷 같다는 것은 그분의 사역이 또 한 면에서 전투였음을 가리킨다. 우리 또한 이 땅에서 주님을 섬기는 일들이 사탄을 대항하는 전투임을 알아야 한다. 사람들은 그리스도께서 이 땅에서 사역하실 때 그분의 신성에 흠집을 내려고, 즉 하늘의 속한 권위인 겉옷을 찢어버리려고 애썼다. 그러나 그분이 입으신 겉옷의 구멍은 깃을 단단하게 짜서 아무도 찢을 수 없었다.

- 제사장들이 쓰는 관

다음은 대제사장들이 쓰는 관에 부착하는 패에 관한 것이다. 이 패는 정금으로 된 것이며 청색 끈으로 관 위에 매되 관 전면에 부착해야 했다. 그리고 그 패에는 인을 새기는 법으로 '여호와께 성결'이라고 새겨야 했다. 그러므로 대제사장은 전면 이마에 관을 썼고 그 관에는 패가 붙어 있는데, 거기에 '여호와께 성결'이라고 새겨져 있었다. 이는 그리스도의 제사장 되심과 그분이 죄건들을 담당하심과 하나님의 열납하심이 그분의 거룩하심으로 말미암았음을 알 수 있다.

- 제사장들의 옷

대제사장은 속옷, 겉옷, 에봇, 견대, 흉패, 금패 달린 관을 모두 착용하였지만 기타 제사장들은 속옷과 모자, 띠, 고의만을 착용하였다. 속옷과 띠는 가는 베실로 만든 것이다. 39절의 '반포 속옷을 짜고'라는 말은 속옷을 수놓아 짜라는 뜻이다(weave the tunic of checkered work of fine linen). 즉 반포 속옷이란 '세마포로 짠 무늬 속옷'을 의미한다. 다비 역에서는 아마도 바둑판 무늬의 수(chekered work)일 것이라고 각주를 달았다. 이 속옷은 대제사장이나 제사장들이 다 입어야 했다. 이 속옷의 직물 구조는 매우 정교하고 섬세하게 수를 놓아 짠 것임을 알 수 있다. 왜냐하면 여기서 '수놓다(damask)'의 히브리어 어근이 무늬를 나타내는 방식의 수를 의미하기 때문이다. 여기서 우리는 우리 주 예수님의 인성이 신성과 매우 조화롭고 아름다운 방식으로 수놓아진 듯 짜여지셨다는 것을 알 수 있고, 하나님을 섬기는 우리 또한 그렇게 섬세하고 아름답게 짜여져 가고 있음을 알 수 있다. 이러한 짜여짐은 밖에서 갖다 붙이는 외적인 작업이 아니고 직물 속으로 무엇인가를 정교하게 짜 넣는 내적인 작업이다.

띠는 섬김을 의미한다. 제사장은 모두 띠를 띠게 되어 있는데, 이 띠 역시 귀한 색실로 수놓은 정교한 띠였다. 일반 제사장들은 예복으로 속옷과 띠와 관에 대하여만 말한다. 이 세 가지는 대제사장의 것과 같을 것이다. 우리 주님은 띠를 띠고 계신다(계 1;13).

고의란 제사장의 아래 속옷(잠방이 혹은 팬티)을 가리킨다. 우리는 하나님의 교회가 성막에서 보듯이 아무것도 사람의 임의로 할 수 없고 모두가 하나님의 지시하심을 따라야 하며, 섬기는 제사장들의 옷도 속옷에 이르기까지 하나님의 정하신 것을 입어야 했다. 다른 옷은 다 기름부음을 받아야 하지만 이 옷만큼은 기름부음받지 않은 평범한 옷인데, 그 옷감은 베이다. 그러므로 순결하고 거룩한 것이다. 제사장도 일반적인 가정생활과 식생활 등 다른 사람이 하는 평범한 일을 다 하지만 여전히 순결하고 거룩하다. 이러한 고의를 입음은 하체를 드러내지 않기 위한 것이므로 제사장들은 평범한 일상생활에서도 범사에 주의하여 수치를 드러내는 일이 없어야 한다. 우리는 하나님을 섬기는 사람들의 겉옷이 중요할 뿐 아니라 속옷 또한 중요함을 알아야 한다. 제사장들은 회막에 들어갈 때마다 이 옷을 입어야 죽음을 면할 수 있다. 특히 하체를 가리라는 말은 주님을 섬기는 자들이 부끄러운 일을 당하지 말아야 한다는 뜻이다.

위임식

28장에서 우리는 제사장의 의복을 보았다. 이제 아론과 그 아들들은 제사장들로서 하나님을 섬기기 위해 제사장 직분을 위임받아야 했다. 누구든지 하나님을 섬기기 위해서는 전제되어야 할 조건들이 있다. 어떤 수속과 조건들을 만족시키지 않는다면 하나님을 섬길 수 없다.

첫째는 헌신이다. 헌신이란 하나님 아닌 것들과 하나님을 섬기는 데 방해되는 것들로부터 자기를 분별하는 것이고 전적으로 자신을 하나님께 드리는 것이다. 그러므로 먼저 헌신(위임)이라는 단어가 나오는 것이다. 하나님을 섬긴다는 것은 곧 헌신을 의미한다. 위임식이란 말과 헌신이라는 말이 동일하다.

9절의 위임이라는 단어(consecrate)에 대해 다비역과 콘코던스에는 '그들의 손을 가득 채우다(fill their hands)'라는 각주가 들어 있다. 이것은 본래 비어 있던 손이 하나님을 섬기기 위해서는 채워져야 함을 의미한다. 즉 제사장들은 원래 손이 비어 있거나 다른 것으로 채워져 있었는데 이제는 주님으로 채워져야 한다는 것이다.

헌신과 분별로 말미암은 위임이 있은 뒤에는 씻음이 필요하다[4절]. 하나님을 섬기는 자는 가장 먼저 깨끗케 되어야 한다. 여기의 깨끗케 됨은 물로 씻는 것인데, 이 물은 말씀의 물이다(엡 5:26). 물로 먼저 씻겨져야 관유로 채워진다.

하나님께서는 그분을 섬기기 위해 헌신한 자들에게 거룩한 옷을 입혀주신다. 그 옷은 섬기는 자를 아름답고 영화롭게 해주는데, 하나님이 우리같이 비천한 자를 섬기도록 부르시어 이러한 옷을 입혀 주시는 것은 참으로 우리를 우대하신 것이 아닐 수 없다. 우리가 하나님을 섬기기 위하여 헌신하는 것은 결코 큰 대가를 지불하여 우리를 희생하는 것이거나 우리를 드림으로 그분을 우대해드리는 것이 아니다.

옷을 입은 후에는 제물을 드려야 한다. 제물에는 먼저 수송아지 하나로 드리는 속죄제가 있고 또 수양 둘을 드리게 되어 있는데, 수양 하나는 번제를 위한 것이고 나머지 하나는 광주리 안에 있는 무교병과 무교 과자와 무교 전병과 함께 위임식 제사를 위한 것이다.

먼저 하나님을 섬기는 사람들은 큰 수송아지의 속죄제를 드려야 한다. 자신이 하나님 앞에 큰 죄인임을 시인하는 자가 아니면 섬기는 자가 될 수 없다(눅 5:8, 딤전 1:15).

둘째는 수양 하나로 드리는 번제인데, 번제는 완전히 불살라 드리는 제사이다. 번제로 온 일생을 분별하여 드리는 자가 아니면 섬기는 자가 될 수 없다. 첫 번째 수양은 번제로 드리고 두 번째 수양은 위임식 제사를 위하여 잡아서 그 피를 취하여 아론과 그 아들들의 오른 귓부리와 오른 손 엄지가락과 오른발 엄지가락에 발라야 했다. 이것은 무슨 뜻인가? 하나님의 크신 구속의 은혜를 받고 하나님께 드려진 사람은 이제부터 그의 귀와 손과 발이 분별되었음을 나타내는 것이다. 즉 나의 귀와 손과 발은 하나님께서 피 값을 주고 사신 것이 되었으니 이제는 분별되어 그분의 것이 되었음을 나타내는 것이다. 이렇게 귀와 손과 발이 피가 발라져 주님의 것으로 분별된 자들이 주님의 종들이다.

이제 가장 중요한 방면에 왔다. 그러면 무엇이 위임이며 헌신인가? 귀와 손과 발에 피를 바른 것은 준비이지 헌신의 내용이 아니다. 헌신의 내용은 이전에 말한 대로 손에 채우는 것이다. 손에 무엇을 채우는가? 그것은 두 번째 수양을 잡아 양의 우편 넓적다리(우편 어깨-흠정역, 다비역)와 기름은 한 쪽에 두고 따로 광주리 속에 있는 무교병과 기름 섞인 과자 하나와 전병하나를 취해서 그들의 손에 주어 요제로 삼아야 한다. 이는 결국 제사장들의 손을 수양의 기름과 전병으로 채워서 요제를 삼아 하나님께 화제로 태워드리기 위함이다. 여기서 양의 넓적다리(어깨)와 기름은 하나님의 능력과 영광 곧 신성을 나타내며, 무교병과 과자 등은 그분의 섬세한 인성을 나타낸다. 결국 위임식에서 그들이 제사장직을 위임받는 것은 그들의 손을 제물로 채워 하나님께 드리는 것이다. 그 제물은 그리스도의 거룩하시고 영광스러우며 능력이 많으신 신성, 성령으로 충만하시고 섬세하시며 고우신 인성을 나타내며, 결국 제사장들은 원래 비어 있던 그들의 손을 이러한 그리스도로 가득 채워 하나님께 제물로 드리는 일을 하는 것이다. 이것이 바로 헌신이 의미하는 바이다. 그러므로 제사장들은 자신의 손을 그리스도로 채워야 한다. 사람들은 그들에게서 그 손에 가득 채워진 그리스도를 볼 수 있어야 한다. 손에 그리스도만을 채우지 아니하고 자신의 인간적인 목표와 성공의 욕망을 가득 채운 자들은 주를 섬기는 자들이 아니요 배를 섬기는 자들이다.

29절과 30절에서는 아론이 죽으면 아들들에게 성의를 돌리라고 하셨다. 하나님의 백성들이 존재하는 한, 섬기는 제사장의 역할은 계속된다. 그리스도께서 우리를 위해 대제사장 직분을 수행하심은 그분이 영원하신 고로 영원히 변치 않고 존재한다.

31절-34절은 위임식 수양을 제사장들이 거룩한 곳에서 먹게 되어 있음을 말한다. 여기서 우리가 알 수 있는 것은 하나님을 섬기는 자들은 하나님과 더불어 먹는 것이 있다는 것이다. 하나님께서는 제사장들이 드리는(불살라진 번제물) 그리스도의 향기를 흠향하시고[25절] 제사장들 또한 자신들이 드린 제물 중 수양의 고기와 광주리의 떡을 먹는다. 이는 제사장들이 그리스도를 섬김을 통해 얻은 제물이 자신에게도 공급과 은혜가 됨을 의미한다.

30장

분향단

먼저 우리가 알 것은 성막 안에 단(altar)이 두 개가 있다는 것이다. 하나는 놋단이요 다른 하나는 이 장에 나오는 금단이다. 놋단은 번제단으로서 그리스도의 십자가의 구속 사역을 상징하는 단이며, 금단은 금향단으로서 그리스도의 중재하시는 사역을 상징하는 동시에 성도들의 기도의 향이 올라가는 곳을 예표한다.

놋단은 회막의 가장 입구에 놓여져 회막에 들어가는 사람이 가장 먼저 접하게 되는 것으로서, 누구든지 하나님의 백성 가운데 참여하려면 먼저 우리 죄를 위해 십자가에 못 박히시고 피 흘리시고 돌아가신 그리스도를 접하지 않으면 안 된다. 이것이 성막에서 번제단이 가장 입구에 위치해 있는 이유이다.

먼저 두 제단이 의미하는 바는 그리스도께 적용되어야 한다. 놋제단은 그리스도의 십자가를 예표하며 금향단은 승천하셔서 중보기도하시는 그리스도를 예표한다. 구속과 화목은 놋 번제단에서 이루어졌고 구속받은 자들을 위한 중보기도는 금 향단에서 이루어진다.

그러므로 성소에 있어서 놋제단으로부터 금향단까지는 그리스도 안에 있는 온전한 구원을 말한다. 죽음으로 인한 구속 사역은 놋제단에서 보였고, 살아계셔서 우리를 위하여 간구하심은 향단으로 보여졌다. 그리스도는 우리에게 구속의 은혜를 주시려고 십자가에 죽으셨다. 이것이 바울이 말한바 "곧 우리가 원수 되었을 때에 그 아들의 죽으심으로 말미암아 하나님으로 더불어 화목되었은즉 화목된 자로서는 더욱 그의 살으심을 인하여 구원을 얻을 것이니라"(롬 5:10)는 말씀이다. 이 말씀에 의하면 우리에게 있어서 구원은 그리스도의 죽으심만이 아니라 그분의 살으심 또한 구원이 된다는 것을 알 수 있다. 단지 우리에게 죄 사함과 의롭다 함의 구원을 주실 뿐 아니라 매일 생활 가운데서 하나님과의 간격을 제하고 새롭게 하나님과의 교제 안에서 구원받을 수 있게 하시는 것이다. 이것이 바로 "자기를 힘입어 하나님께 나아가는 자들을 온전히 구원하실 수 있으니 이는 그가 항상 살아서 저희를 위하여 간구하심이니라(히 7:25)"는 말씀의 의미이다. 우리는 우리 자신의 노력이나 장점에 의해서 구원에 이르는 삶을 사는 것 같지만 사실은 그 배후에 그리스도의 우리를 위한 간구하심이 있다. 이 모든 것이 그리스도의 사역임을 인하여 감사드리자!

생명의 속전

생명을 속하는 문제에 있어서 모든 사람은 공통된 기초 위에 있다. 부자나 가난한 자나 영적 분량이 크거나 작거나 구속의 근거는 모든 사람이 동일하다. 충성되고 은사가 많았던 사도들과 작은 형제들과는 분량에 있어서, 헌신에 있어서는 차이가 있겠지만 그리스도의 구속으로 얻은 은혜 면에서는 하나님 앞에서 동일한 위치에 있다. 위대한 사도들이나 우리같이 작은 자들이나 구속의 은혜를 얻은 면에서는 차별이 없다(롬 3:22 참조)!

그러므로 구속받은 성도들은 생명의 속전을 내는 것이 마땅하다. 하나님은 부자라고 해서 더 내지 말고 가난하다고 해서 덜 내지 말며 모두가 동일하게 반 세겔을 내라고 하셨다. 그리고 이를 회막의 봉사에 쓰라고 하셨다. 구속받은 자들이라면 누구나 하나님 앞에서 회막 곧 성막을 위해 드려야 할 부분이 있다는 것을 깨달아야 한다. 다만 그 나이가 이십 세 이상이어야 한다. 이십 세 이상이란 군대로 편성될 수 있는 나이이다(민 1:3).

물두멍

개인적인 거룩함을 끊임없이 유지하지 않으면 하나님과 참된 교통을 유지할 수 없다. 성막의 기구들 가운데 물두멍이 가장 최종적으로 만들어야 할 항목이다. 우리는 언약궤에서 진설병 상으로, 진설병 상에서 촛대로, 촛대에서 번제단으로, 번제단에서 금향단으로, 금향단에서 물두멍까지 왔다. 물두멍은 제사장이 하나님께 나아가는 데 있어서 가장 중요한 수속이다. 이것은 마치 의사가 환자를 다루기 위해 항상 손을 씻는 것과 같고 사람이 전염병 지역에 다닐 때 늘 손을 씻는 것과 같다.

관유

다음은 관유를 만드는 것이다. '상등'이란 최상품이라는 말이다. 향품 중 최상의 향품이어야 한다는 것이다. 성령은 가장 좋고 뛰어나시다(마 7:11, 눅 11:13). 관유의 제조법을 살펴보면 감람기름 한 힌에 여러 향품들이 더해졌다. 여러 향품은 성령의 여러 가지 은혜를 말한다. 우리는 요한복음 7장 37-39절에서 예수께서 영광을 얻지 못하셨을 때에는 아직 성령이 계시지 않았다는 것을 읽는다. 이는 예수께서 죽음과 부활을 거치신 후에야 성령을 부어주셨음을 증명하는 말이다. 몰약과 계피는 그리스도의 죽음의 방면들을 나타내는 향품들이지만 그분의 온 일생과도 관계가 있다. 그분의 온 일생이 죽음의 일생이다. 아기 예수께 찾아온 동방박사들이 드린 향품 가운데 몰약이 있었던 것도 그 하나의 증거이다. 육계와 창포는 그리스도의 부활과 승천을 나타내는 것이다. 감람기름 한 힌은 순수한 하나님의 영을 나타낸다. 이와 같이 관유는 하나님의 영에 그리스도의 성육신과 인생과 죽음과 부활과 승천 등 그리스도의 신성과 인성이 포함되어 만들어진 것이다. 이 관유가 제조되기 위해 그리스도는 인생과 십자가의 죽음과 부활과 승천을 거치셔야만 했다. 그러므로 오늘 우리가 이 성령 안에 살 때 우리의 삶 속에는 그리스도의 인생과 죽으심의 향기가 있을 수 있고 부활과 승천의 향기가 있을 수 있다.

육계 또한 나무 껍질에서 나는 귀한 향품이다. 고대에 종교적으로 제사에 사용된 것으로 보아 이 또한 죽음과 장사 등에 필요한 향품이었을 것이다. 창포는 못가에나 습한 땅에서 자라는 다년생 풀로서 주로 방향제로 쓰인다. 계피는 계피나무 껍질을 벗겨 만든 방향제이며, 씹으면 달콤한 맛이 난다. 창포와 계피는 그리스도의 부활의 향기와 관계 있는 향품일 것이다. 그러므로 거룩한 관유는 하나님의 영(감람기름)에 그리스도께서 인성 안에서 체험하신 고난과 십자가와 부활의 모든 것이 포함된 것이다.

이 관유가 이렇게 여러 가지 향품으로 제조되어야 하는 이유는 여기에 있다. 그것은 이전에도 성령의 역사가 있었지만 신약 시대에 있는 성령의 역사는 매우 특별하고 기이하다는 것이다. 그것은 그 성령을 좇아 사는 이들로 하여금 그리스도의 성육신과 인생과 죽음과 부활 안에 있는 모든 것을 체험하여 온전히 그러한 형상을 본받은 사람들을 산출해내야 하기 때문이다.

향의 제조

우리는 성막 건축에서 마지막 항목인 향단에서 피울 향을 만드는 법에 이르렀다. 이는 마치 신사가 모든 정장을 다 갖춰 입은 다음 향수를 뿌리는 것과 같다. 하나님은 하나님의 자녀들이 다만 일하는 기계가 되기를 원치 않으시고 향기가 나는 그리스도인이 되기를 원하신다(고후 2:15). 이 향은 특별히 성도들의 기도를 상징한다(시편 14:12, 계 5:8). 관유를 만들 때에는 감람기름과 네 가지 향품의 비율과 무게를 정확하게 측량해서 섞어 만들어야 했다. 그러나 이 향을 만들 때에는 네 가지 향품(소합향, 나감향, 풍자향, 유향)을 섞어 만들되 네 가지 향이 골고루 들어가기만 하면 되고 각기 동일한 중수로만 하면 되었다.

35절에서는 그 향을 만들 때 향 만드는 법대로 만들고 그것에 소금을 쳐서 성결케 하라고 하셨으며, 그 향 얼마를 곱게 찧어서 회막 안 증거궤 앞에 두라고 하셨다. 향이 만들어지기 위해서는 먼저 우리의 삶에서 곱게 다루어지는 역사가 있어야 한다. 우리는 하나님께서 안배하시는 모든 환경의 다루심 속에서 곱게 부서지며 그 다루심을 은혜로 받아들여야 한다. 그런 사람만이 향을 만들어낼 수 있다.

둘째는 소금이 필요하다. 소금은 부패를 방지하고 십자가의 성분을 더하는 것을 예표한다. 우리의 많은 일과 환경 가운데서 기도의 향을 만들어 내려면 우리 자신이 축소되고 감소되며 절여지도록 소금을 받아들여야 한다. 그럴 때만이 우리는 합당한 향을 만드는 자들이 될 수 있다.

셋째는 향품의 종류 네 가지를 동일한 중수대로 해야 한다. 아무리 귀한 진리라고 해도 균형이 없고 중수가 같지 않으면 성도에게서 합당한 향을 내지 못한다.

31장

건축자들

31장은 성막의 건축자들에 관한 기록이다. 하나님께서는 그분의 거처를 건축하는 일에 그분 자신이 사람을 뽑아 사용하셨다. 먼저 하나님께서 지명하신

자는 브살렐이다. 하나님의 일에는 반드시 하나님의 선택하심과 지명하심이 필요하다. 특히 사역의 일에서는 더욱 그러하다. 이 부분의 말씀에서 "브살렐을 지명하여 부르고", "하나님의 영을 그에게 충만하게 하여", "오홀리압을 세워 그와 함께 하며", "내가 지혜를 주어", "다 만들게 할지니", "내가 네게 명한 대로" 등의 말이 그것을 증명한다.

여기 또 다른 면이 있는데, 이 장 6절 말씀에도 그런 암시(지혜로운 마음이 있는 자들-영문 참조)가 있고, 36장 1-2절에 의하면 브살렐과 오홀리압 외에도 하나님은 마음이 지혜로운 자들로 그들과 함께하게 하셨다. 즉 브살렐과 오홀리압은 성막 건축에서 주된 일을 하였지만, 그들 둘만 이 중대한 일을 다 수행한 것이 아니고 여호와께 지혜를 얻고 나아와서 그 일을 하기위해 자원하는 자들도 함께 부르셔서 일을 맡기셨다.

이와 같이 하나님의 거처를 건축하는 사람들은 하나님의 영으로 충만되어야 한다. 그러므로 30장에 먼저 관유가 나오고 다음에 그 관유가 예표하는바 성령으로 충만된 사람들이 있을 수 있는 것이다. 성령이 충만해야 하나님의 거처를 건축하는 일을 잘 할 수 있다. 4절의 '공교한 일'을 다비역에서는 '예술적인(artistic) 일'로 번역했다. 우리는 하나님의 거처인 교회 건축의 일이 예술적인 작품을 만드는 것처럼 섬세하고 기술적인 것이 필요한 일임을 시인한다. 신약에서 바울은 이와 같이 건축의 일에 지혜가 있었던 종이다. 하나님은 그분의 교회를 위해 이런 자들을 불러 성령을 충만케 하시고 일을 맡기신다.

브살렐과 오홀리압 간에도 순서는 있다. 그리스도의 역사에서 둘이 함께 하더라도 거기에 권위와 위임 면에서 차이가 있음을 아는 것은 중요하다. 여기서 하나님은 브살렐을 먼저 부르시어 어떠어떠한 일을 하게 하시고 또 오홀리압을 부르시어 브살렐과 함께하도록 하셨다. 6절의 '그와 함께 하게 하며'라는 말씀은 오홀리압의 위치를 설정해주시는 말씀이다. 물론 브살렐이 주된 건축자이지만 많은 면에서 오홀리압의 은사를 존중하며 함께해야 했을 것이다. 브살렐은 유다 지파의 사람이며 유명한 훌(아말렉 전투에서 모세의 팔을 들어준-17장)의 손자이다. 그러나 오홀리압은 그리 영예롭지 않은 단 지파 출신이다. 그럼에도 하나님께서는 그에게 재주가 있고 지혜가 있다는 것을 아셨으며 그의 출신이 어떠하든 그가 갖고 있는 은사를 귀히 여기시어 그 위대한 건축의 일에 동참하게 하셨다.

6절의 "무릇 지혜로운 마음이 있는 자들에게 내가 지혜를 주어 그들로 내가 명한 것을 다 만들게 하리니"라는 말씀은 우리 모두에게 용기를 주시는 말씀이다. 여기의 무릇이라는 말은 지혜로운 마음이 있는 자는 '누구나'라는 뜻이다. 하나님은 그분의 일을 할 만한 재능을 갖고 있는 사람을 사용하지 않으시는 법이 없다. 그분의 일은 한정이 없으니 그분은 그분의 일꾼들을 한정 없이 부르신다. 이 구절의 "지혜로운 마음이 있는 자들에게 내가 지혜를 주어"라는 말씀은 매우 의미가 깊다. 하나님의 거처를 위해 지혜가 있는 자들이 힘을 다해 그 지혜를 사용한다면 하나님께서는 그들에게 더 지혜를 주시겠다는 말씀이다. 하나님은 없는 자들에게는 그 있는 줄로 아는 것까지 빼앗기게 하시고 있는 자에게는 더 주는 분이시다.

안식일을 지킴과 증거판 둘을 주심

하나님의 백성들은 하나님의 백성으로서의 특징을 지닌다. 그 첫째는 그들 가운데 성막을 세우고 하나님을 모시는 것이고, 다음은 섬기는 자들인 제사장들이며, 그다음은 안식일을 구별하여 거룩하게 지키는 것이다. 안식일을 지키는 문제에 대하여 우리는 먼저 안식의 참된 의미부터 생각해보자. 안식일은 하나님께서 엿새 동안 천지를 창조하시고 일곱째 날 안식하신 것을 기념하여 구별하신 날이다.

"여호와께서 시내 산 위에서 모세에게 이르시기를 마치신 때에 증거판 둘을 모세에게 주시니 이는 돌판이요 하나님이 친히 쓰신 것이더라"[18절]. 하나님은 산에서 모세에게 25장부터 31장까지의 긴 말씀을 주시고 마치신 뒤에 증거판 둘을 주셨는데, 이는 하나님이 친히 쓰신 것이었다. 모세는 이때 산에 올라가서 성막에 관한 식양과 율법의 돌판 둘을 받아 가지고 내려온 것이다.

32장

이스라엘의 배교-금송아지를 만들어 숭배하다

1-3절, "백성이 모세가 산에서 내려옴이 더딤을 보고 모여 아론에게 이르러 가

로되 일어나라 우리를 인도할 신을 우리를 위하여 만들라 이 모세 곧 우리를 애굽 땅에서 인도하여 낸 사람은 어찌 되었는지 알지 못함이니라…모든 백성이…아론에게로 가져오매". 출애굽기는 1장부터 18장까지는 출애굽의 역사와 구속의 예표를 말하고, 19장부터 40장까지는 율법의 수여와 성막의 건축을 말한다. 32장은 모세가 율법을 받으러 산에 올라가 있는 40일 동안 기다리다가 배교한 이스라엘에 대하여 기록하고 있다. 이스라엘 백성은 모세가 산에 올라가기 전에 여호와의 명하신 모든 말씀들을 준행하겠다고 맹세하였다[24:3, 7]. 그러나 그들은 모세가 산에서 하나님의 법을 새긴 돌판을 가지고 내려오기도 전에 율법을 어기고 우상을 만들었다. 이것은 율법이 수여되었던 당초부터 그들의 무능성이 드러나고 그 실패가 예고된 것이다.

"모세가 산에서 내려옴이 더딤을 보고". 믿는이들에게 인도자가 오랫동안 자리를 비우는 것은 큰 시험거리가 된다. 이것은 그들이 진실로 자립적인 신앙을 갖지 않은 것에도 원인이 있다. 오늘날에도 많은 믿는이들이 굳건한 신앙의 지도자가 있을 때에는 주님을 사랑하고 잘 따르며 헌신적인 삶을 살다가 막상 지도자가 떠나면 믿음이 약화되거나 뒤로 물러가는 것을 보게 된다. 인도자의 오랜 부재는 성도들에게 시험거리임에 틀림없다. 이때 이스라엘 백성은 40일이 다 되어도 모세가 나타나지 않자 아론과 함께 하나님을 거역하는 일을 모의했다.

1절의 '일어나라(up, 흠정역)'는 말은 아론을 부추기는 말이다. 백성들은 자기들만으로는 우상을 만드는 일을 하기가 어렵다는 것을 알았다. 그래서 그들은 모세 다음의 인도자로 여겨지는 아론에게 가서 일어나라고 한 것이다.

이때 아론은 백성들의 말을 들었다. 그는 약간 우유부단한 면이 있어서 사람들처럼 정면으로 모세를 대적하는 말은 하지 않았지만 그들을 위해 할 수 있는 일반적인 일은 다 했다. 2절과 3절은, "아론이 그들에게 이르되 너희 아내와 자녀의 귀의 금고리를 빼어 내게로 가져오라 모든 백성이 그 귀에서 금고리를 빼어 아론에게로 가져오매"라고 말한다. 누가 우상을 만드는 금을 모았는가? 아론이다. 아론은 백성들의 반역을 책망하고 바로잡아야 할 위치에 있었음에도 그들의 반역을 저지하지 않았다.

그들은 왜 하필이면 금으로 송아지를 만들었을까? 왜 사자나 호랑이나 코끼리가 아닌 송아지인가? 그것은 그 송아지가 애굽의 신이기 때문이다(겔 20:8, 23:8). 그들은 애굽에서 있었던 몇백 년 동안 애굽의 문화와 종교에 익숙해져 버린 것이다. 그러므로 그들은 하나님을 떠나자 바로 애굽의 종교와 습관으로 돌아가 금송아지를 만들어 살아 계신 하나님을 대치했다.

6절, **"이튿날에 그들이 일찌기 일어나 번제를 드리며 화목제를 드리고 앉아서 먹고 마시며 일어나서 뛰놀더라"**. 그들은 아침 일찍 일어나 번제를 드리고 화목제를 드렸다. 이것은 섞인 것이다. 바벨론이란 무엇인가? 세상적인 것과 영적인 것이 섞인 것이다. 그들은 애굽의 신을 만들어 놓고 이스라엘 식으로 섬겼다.

여기서 우리는 모세의 위대한 중보기도를 볼 수 있다. 하나님은 이스라엘 백성이 우상을 만들어 섬김으로 부패했고 그분을 떠났다고 모세에게 말씀하시면서 이스라엘 백성이 목이 곧은 백성이라고 하셨다. 그리고서 하나님은 "그런즉 나대로 하게 하라"고 하셨다. 여기서 '나대로 하게 하라'는 말씀은 매우 감동적인 말씀이다. 그분은 전능하시고 스스로 계신 하나님이시다.

모세는 하나님께서 만들어 주신 두 돌판을 가지고 산에서 내려왔다. 여호수아가 백성이 떠드는 소리를 듣고 모세에게 진중에서 싸우는 소리가 난다고 하자 모세는 싸우는 소리가 아니라 노래하는 소리라고 단정지어 말했다. 그는 알기 때문이다. 모세의 눈에 먼저 들어온 것은 금송아지였다. 그는 방금 전까지 살아 계신 하나님 존전에서 헤아릴 수 없는 사랑과 자비로 그분의 백성을 대하시며 한 가지 한 가지 말씀하시는 것을 듣고 있었다. 그리고 그들이 우상에 떨어진 것을 아시고 진노하신 것도 알고 있었다. 그런 하나님의 종이 누런 금송아지를 본 느낌이 어떠했겠는가? 그는 그들이 이런 상태로는 하나님의 언약서를 받을 수 없다는 것을 표명해야 한다는 것을 알았다.

모세는 그들이 만든 금송아지를 가져다가 불살랐다. 그리고 그것을 가루로 만들어 물에 뿌려 이스라엘 사람들에게 마시게 했다. 그것은 헛된 우상에 대한 모세의 가장 적절한 표현이요 가르침이었다. 그들은 그 금송아지를 만들어 놓고 그것에 절하며 그것이 자신들을 애굽에서 인도해낸 신이라고 하였다. 모세는 그들에게 그 금송아지가 그렇게 능력 있고 믿을만한 존재가 아니라는 것을 알려주었다. 금송아지는 불에 사르자 완전히 녹아버렸으며, 또 완전히 가루로 부숴졌다. 그것을 물에 타서 홍차처럼 마시니 뱃속으로 들어가 끝나버렸다.

모세는 아론에게 "이 백성이 네게 어떻게 하였기에…" 하며 시작했다. 모세는 산에 올라가면서 아론과 훌에게 모든 것을 맡기고 갔다(24:14). 그러나 그들은 책임을 다하지 않았다. 아론은 궁색한 변명으로 모세의 마음을 진정시키려고만 했다. "내 주여 노하지 마소서 이 백성의 악함을 당신이 아시나이다". 그는 이 시점에서 적당히 얼버무려 모세의 노한 마음을 누그러뜨리려 했다.

아론의 말의 특징은 앞뒤가 맞지 않다는 것이다. 그는 이 백성이 악하다는 것을 알았다. 그렇다면 그는 인도자로서 악한 그들의 말을 듣지 말았어야 했다.

모세는 방자한 백성을 보았다. 아론이 그들로 방자하게 하여 원수에게 조롱거리가 되게 하였다고 말한다. "이에 모세가 진문에 서서 이르되 누구든지 여호와의 편에 있는 자는 나아오라 하매 레위 자손이 다 모여 그에게로 가는지라". 그들에게 각각 칼을 차고 이 문에서 저 문으로 왕래하며 형제와 친구와 이웃을 도륙하라고 명하니 그들이 모세의 말대로 행하매 그날 삼천 명 가량이 죽임을 당했다. 이 일로 인해 레위가 하나님을 섬기는 지파가 된 것이다.

이 일에서 모세는 분명했다. 아론의 잘못이 큰 것이다. 그가 보니 백성이 방자한데 그것은 아론이 그들을 방자하게 만든 것이었다. 여기서 방자하다는 말은 영어로 'out of control'(통제를 벗어난)이다. 모세에게는 하나님을 섬기는 것이 전쟁이었다. 그의 봉사는 다만 봉사가 아니라 전쟁이었던 것이다.

레위 지파의 헌신과 모세의 중보 기도

26절, **"모세가 진 문에 서서 가로되 누구든지 여호와의 편에 있는 자는 내게로 나아오라"**. 어떤 하나님의 백성의 상황은 하나님의 종으로 하여금 결단을 촉구하게 한다. 그것은 특히 하나님께 대한 거역과 배반의 일이 일어났을 때이다. 이 때 모세는 하나님을 위하여 일어나지 않을 수 없었고 과연 누가 하나님께 속한 자인지를 구분하지 않을 수 없었다. 그때 모세 앞에 나온 자들이 레위 자손이었다. 비록 아론은 레위 지파의 우두머리로서 그 일에 관여하였지만 나머지 레위 자손들은 아론을 따라 우상을 숭배하지 않았던 것이다. 모세가 여호와의 편에 선 자들을 부를 때 그들은 즉시 응답하여 하나님 편에 섰다. 이와 같이 하나님의 백성들은 때로 확실하게 태도를 표명하면서 하나님 편에 서야 한다.

모세는 하나님 편에 선 레위 사람들에게 "허리에 칼을 차고 진 이 문에서 저 문까지 왕래하며 각 사람이 그 형제를, 각 사람이 그 친구를, 각 사람이 그 이웃을 도륙하라"고 명했다. 이것은 하나님이 명령하신 것에 따른 것이다. 레위 사람들이 그대로 행함으로 이스라엘 백성 삼천 명 가량이 죽었다. 레위 사람들은 하나님의 명령을 사람과의 관계보다 더 중요하게 생각했다.

30-35절, **"이튿날 모세가 백성에게 이르되 너희가 큰 죄를 범하였도다 내가 이제 여호와께로 올라가노니 혹 너희의 죄를 속할까 하노라 하고 여호와께로 다시 나아가 여짜오되 슬프도소이다 이 백성이 자기들을 위하여 금신을 만들었사오니 큰 죄를 범하였나이다 그러나 합의하시면 이제 그들의 죄를 사하시옵소서 그렇지 않사오면 원컨대 주의 기록하신 책에서 내 이름을 지워 버려주옵소서 여호와께서 모세에게 이르시되 누구든지 내게 범죄하면 그는 내가 내 책에서 지워버리리라 이제 가서 내가 네게 말한 곳으로 백성을 인도하라 내 사자가 네 앞서 가리라 그러나 내가 보응할 날에는 그들의 죄를 보응하리라 여호와께서 백성을 치시니 이는 그들이 아론의 만든바 그 송아지를 만들었음이더라"**. 그날 이스라엘 백성들 삼천 명이 칼에 죽임을 당했다. 이것도 하나의 큰 심판이다. 그렇지만 이스라엘 백성의 죄는 거기서 끝나는 것이 아니다. 그때 죽임을 당하지 않은 사람들은 자기들에게는 책임도, 잘못도 별로 없기 때문에 징계를 당하지 않은 것이고 이제 이 일은 지나간 것이라고 가볍게 생각할지도 모른다. 그러나 그 일은 그렇게 가벼운 일이 아니었다. 적어도 모세는 그 죄악의 심각성을 깊이 느끼고 있었다. 그는 백성들에게 이렇게 말했다. "너희가 큰 죄를 범하였도다 내가 이제 여호와께로 올라가노니 혹 너희의 죄를 속할까 하노라". 모세의 이 말은 레위 지파 사람들에 의해 삼천 명이 죽임당한 것으로 여호와의 진노가 끝나지 않았음을 말해주는 대목이다. 그들은 실로 큰 잘못을 저지른 것이다. 모세는 그들이 행한 것이 큰 죄(a great sin)임을 알기 원했다. 여기서 '혹(perhaps)'이란 하나님께서 용서하실 수도 있지만 용서하지 않으시면 어떻게 하느냐는 걱정이 들어 있는 말이다. 즉 그들의 죄가 용서받기 어려운 것임을 말해주는 것이다.

모세는 11절부터 13절까지의 중재하는 기도를 통해 그들의 멸망을 막았다. 그러나 31-32절에서 모세는 그들의 모든 상황을 확인한 후 다시 한 번 하나님께 나아가 중재하는 기도를 드림으로 그들의 죄를 용서해 달라고 구했다. 모세의 청원은 얼마나 감동적이고 절대적인 것인지! 그는 진정으로 이스라엘 백성들을 사랑하는 주님의 종이었다. 그들은 하나님께 거역할 뿐 아니라 '이 사람 모세'라고 하면서 모세 또한 거역하고 배반했다. 그러나 모세는 이스라엘 백성들을 버리지 않았다. 하나님께서 모세에게 '이들을 다 진멸하고 너를 통해서 새로 큰 민족을 이루겠다' 하실 때에도 모세는 현재의 이스라엘 백성들을 결코 버려둘 수 없었다. 모세는 그들이 자신을 배신하고 멸시한 것을 들었지만, 그들이 금신을 만들어 끔찍한 죄악을 범한 것을 알았지만 결코 그들을 버리지 않았다. 그의 기도는 다만 형식적인 몇 마디의 기도가 아니었다. 가히 사생결단하는 기도라고 말할 수 있다. **"슬프도소이다 이 백성이 자기들을 위하여 금신을 만들었사오니 큰 죄를 범하였나이다 그러나 합의하시면 이제 그들의 죄를 사하시옵소서 그렇지 않다면 원컨대 주의 기록하신 책에서 내 이름을 지워버려 주옵소서"**.

그들은 불법적으로 모세를 버렸지만 모세는 합법적으로 그들을 버릴 기회가 있는데도 버리지 않았다. 도리어 모세는 그들을 위해서 자신을 버려달라고 하나님께 기도했다. 이는 참으로 장차 오실 예수 그리스도의 예표이다. 주 예수님은 자신을 버려 우리를 구원하셨다. 그분은 하나님께 버림을 받으시면서까지 우리를 구원하신 것이다. 모세는 그렇게 감동적으로 기도했지만 하나님은 모세를 버리지 않으셨다. 하나님은 누구든지 죄를 지은 자가 있으면 그를 내 책에서 지워버리겠다고 하셨다. 그것은 모세가 당시 하나님의 책에서 지워질만한 죄를 짓지 않았다는 것을 암시하는 말씀이다. **"여호와께서 모세에게 이르시되 누구든지 내게 범죄하면 그는 내가 내 책에서 지워버리리라"**[33절]. 신약에서 바울이 드린 기도나(롬 9:3) 구약에서 모세가 드린 기도는 모두 동족을 위한 애절한 것으로서 우리 하나님을 섬기는 자들에게 참으로 본이 된다.

32절의 '그러나 합의하시면'에서 히브리어에는 뚜렷하게 '합의한다'는 말이 없다. 다만 '만약 당신이 하고자 하신다면(If you will)'이라는 뜻이다. 따라서 "용서하고자 하신다면 용서하십시오." 또는 "가능하면 용서해 주십시오."라고 번역할 수 있다. 이것은 모세가 이때의 이스라엘의 죄가 그렇게 용서받기 쉬운 죄가 아니라는 것을 깊이 인식하고 있기 때문에 그렇게 기도한 것이라고 보아야 한다. 어떤 죄는 하나님께 매우 심각하다는 것을 알아야 한다. 특히 하나님을 거역하고 배도하는 죄는 크다. 이러한 죄는 하나님을 가장 진노하게 한다. 이때 이스라엘이 범한 죄는 남편에게 있어서 가장 용서하기 어려운 아내의 불륜의 죄이다. 그들은 갑자기 자신들의 살아있는 남편을 버리고 다른 우상을 남편으로 삼고 그 앞에서 놀고 있었던 것이다.

33절의 말씀은 "누구든지 내게 범죄하면 내 책에서 그 이름을 지워버린다"고 하셨는데, 여기서 우리가 인상받는 것은 하나님께는 그분의 책(thy book-32절, my book-33절)이 있다는 것이다. 그리고 그분의 책에는 사람들의 이름이 기록되어 있다. 모세가 32절에서 자기의 이름을 지워달라고 기도했다는 것은 자신의 이름이 현재 하나님의 책에 기록되어 있음을 알고 있었다는 말이다. 그리고 그는 그것이 지워질 수도 있음을 안 것이다.

34절의 "이제 가서 내가 네게 말한 곳으로 백성을 인도하라 내 사자가 네 앞서 가리라 그러나 내가 보응할 날에는 그들의 죄를 보응하리라"는 말씀은 하나님께서 일단 모세의 기도를 들으시고 용서하셨음을 의미한다. 그러나 그 뒤의 말씀은 언젠가 그 죄에 대하여 보응하시겠다는 뜻이 들어 있다.

35절에서는 여호와께서 그들을 치셨다고 했는데, 그것은 아마 어떤 전염병으로 사람들이 많이 죽은 것을 의미할 것이다. 이것은 아론의 만든바 그 송아지를 인함이라고 하셨다.

34절에서 하나님은 모세에게 백성들을 인도하여 하나님이 이미 말씀하신 곳으로 가라고 하시면서 그분의 사자(my angel)가 그들 앞서 가리라고 하셨다. 33장에서 보겠지만 모세는 이 백성들을 주의 백성으로 여겨달라고 기도하였고 주의 목전에 은총을 입게 해달라고 간구하였다. 그것은 하나님께서 이스라엘에 대하여 매우 실망하고 계신다는 것을 모세가 알고 있었음을 암시한다. 그분은 배반한 그들이 약속의 땅에 가는 것을 허락하시고 또 가라고 명령하시지만 그들과 함께 가실 마음은 없으셨다(33:1).

33장

여호와의 노하심과 모세의 청원

1-3절, **"여호와께서 모세에게 이르시되 너는 네가 애굽 땅에서 인도하여 낸 백성과 함께 여기서 떠나서 내가 아브라함과 이삭과 야곱에게 맹세하기를 네 자손에게 주마 한 그 땅으로 올라가라 내가 사자를 네 앞서 보내어 가나안 사람과 아모리 사람과 헷 사람과 브리스 사람과 히위 사람과 여부스 사람을 쫓아내고 너희로 젖과 꿀이 흐르는 땅에 이르게 하려니와 나는 너희와 함께 올라가지 아니하리니 너희는 목이 곧은 백성인즉 내가 중로에서 너희를 진멸할까 염려함이니라 하시니".** 우리는 하나님께서 얼마나 이스라엘 백성들의 죄악에 대하여 진노하셨는가를 알 수 있다. 하나님은 모세의 간절한 중재의 기도를 들으셨지만 그들을 인도하시는 데 있어서는 마음을 바꾸셨다. 원래 하나님은 시내 산에서 성막의 식양을 주시고 그들에게 먼저 성막을 짓고 그분께 경배하게 하며 그들과 회막에서 만나시려고 계획하셨다. 그러나 여기서 하나님은 그들에게 가나안 땅으로 들어가라고 하시면서 그들을 앞서 인도하는 사자를 보내주시겠지만 그분 자신은 함께 가시지 않겠다고 하셨다. 그리고서 그분은 이스라엘 백성들에게 '목이 곧은 백성'이라는 이름을 붙여주셨다.

그들은 강퍅한 사람들이었다. 목이 곧다는 것은 하나님의 가르치심이나 명령에 쉽게 굴복하거나 순종하려 하지 않으며(말씀하시고 또 말씀하셔도 마치 듣지 않은 것처럼 행동하며) 거듭거듭 자신의 성향과 고집과 관점으로 되돌아가 바꾸려 하지 않는 모습을 가리킨다. 우리는 우리 자신이 이런 사람이 되지 않을까 두려워할 필요가 있다.

하나님께서는 차라리 그들과 함께 가지 않는 것이 낫다고 하셨다. 그들과 함께 가시다가 중도에서 그들을 진멸할까 염려한다고 하셨다. 마치 '나는 차라리 너희들의 변심한 모습을 보지 않는 게 낫겠다'고 하시는 것 같다.

4-6절, **"백성이 이 황송한 말씀을 듣고 슬퍼하여 한 사람도 그 몸을 단장하지 아니하니 여호와께서 모세에게 이르시기를 이스라엘 자손에게 이르라 너희는 목이 곧은 백성인즉 내가 순식간이라도 너희 중에 행하면 너희를 진멸하리니 너희는 단**

장품을 제하라 그리하면 내가 너희에게 어떻게 할 일을 알겠노라 하셨음이라 이스라엘 자손이 호렙 산에서부터 그 단장품을 제하니라". 이스라엘 백성들은 하나님이 함께 가시지 않겠다는 말씀을 듣고 슬퍼했다. 여기의 '황송한 말씀'을 흠정역과 미국 표준역 등에서는 '나쁜 소식(evil tidings)'으로, 어떤 다른 번역본에서는 '슬픈 말씀(sad word)'으로 번역했다. 그러므로 '황송한 말씀'이란 그리 적절한 표현이 아니라고 본다. 그들은 하나님의 진노하심에 대해 슬픈 심정으로 그래도 합당하게 처신하고 있었다. 하나님은 그들에게 단장품들을 제하라고 하시면서 "그리하면 내가 너희에게 어떻게 할 일을 알겠노라(I may know what to do unto thee.)"고 하셨다. '너희는 이런 때에 너희 몸을 단장하고 즐거워하면서 아무 일도 없었던 것처럼 행동해서는 안 된다. 너희가 진정으로 슬퍼하면서 우상을 만들어 나를 버린 너희의 죄악을 뉘우치는 표시를 보이거라. 그러면 내가 혹 내 마음을 어떻게 할는지 모르겠다.'고 하시는 것이다.

하나님의 친구 모세의 회막

7-11절, **"모세가 항상 장막을 취하여 진 밖에 쳐서 진과 멀리 떠나게 하고 회막이라 이름하니 여호와를 앙모하는 자는 다 진 바깥 회막으로 나아가며 모세가 회막으로 나아갈 때에는 백성이 다 일어나 자기 장막 문에 서서 모세가 회막에 들어가기까지 바라보며 모세가 회막에 들어갈 때에 구름 기둥이 내려 회막 문에 서며 여호와께서 모세와 말씀하시니 모든 백성이 회막 문에 구름 기둥이 섰음을 보고 다 일어나 각기 장막 문에 서서 경배하며 사람이 그 친구와 이야기함같이 여호와께서는 모세와 대면하여 말씀하시며 모세는 진으로 돌아오나 그 수종자 눈의 아들 청년 여호수아는 회막을 떠나지 아니하니라".** 이때 하나님의 종 모세는 하나님의 입장에 서야 했다. 그는 하나님께서 그들과 함께하시지 않는 이상 그들의 진 안에 머물 수 없었다. 그는 그가 항상 머물던 장막을 취하여 백성들의 진에서 멀리 떨어진 곳에 쳤다. 그리고 그 장막을 회막이라고 하였다. 그렇지만 이 회막은 성막이 건축된 후에 불리운 그 회막과는 다른 것이다.

하나님께서 그분의 장막을 옮기셨다는 것은 그분이 진노하셨다는 표시이다. 하나님은 그분을 버린 이스라엘에게 더 이상 그들과 함께하시지 않는다는 것을 표명하신 것이다. 모세가 여전히 그들의 진 가운데 거했더라면 그들은 아직도 하나님이 그들과 함께하신다고 착각할 수 있었을 것이다. 그러나 모세는 하나님이 더 이상 그들과 함께하시지 않는다는 표시로 진에서 멀리 떨어진 곳에 그의 장막을 쳤다. 그럴 때 진정 여호와를 앙모하는 자가 누구인지 알게 된다. 하나님의 종 모세는 그들의 진에서 하나님의 장막을 멀리 옮겨 분리시켰고, 여호와를 진정으로 앙모하는 자들은 다 진 밖 회막으로 나아갔다[7절].

여호와께서 친히 함께 가겠다고 하시다

12절은 이해하기가 쉽지 않다. "…나와 함께 보낼 자를 내게 지시하지 아니하시나이다"란 누구를 말하는 것인가? 어떤 사람의 말처럼 아론은 이제 자격이 박탈되었으니 다른 사람 혹 여호수아를 지시해 달라는 말인가? 나는 그렇게 생각하지 않는다. 여기서 모세는 하나님께서 함께 가시지 않으신다는 말씀에 대한 자신의 어려운 느낌을 말하고 있는 것이다. 그는 마치 이렇게 말하고 있는 것 같다. '하나님께서는 저더러 이 백성을 인도하여 올라가라고 하시면서 저 혼자 가라고 하십니다. 하나님, 이 백성은 저의 백성이 아니라 당신의 백성이 아닙니까? 왜 저더러만 데리고 올라가라고 하십니까?'

모세가 하나님과 친구나 동반자 이상의 관계에 있다는 것이 이런 구절을 통해 잘 나타난다. 12-13절에서 모세는 하나님께서 자신을 이름으로도 안다고 하셨고 은총을 입었다고 하셨으니 주의 목전에 은총을 입었다면 주의 길을 보여주시고 주님을 알려달라고 하였다. 모세는 무조건 하나님께 함께 가달라고 간청한 것이 아니다. 그는 먼저 하나님께서 자신에게 말씀하신 확고한 말씀에 근거하여 주의 길을 보여달라고 한 것이다. 모세가 지금 말하고 있는 것은 하나님이 함께 가시지 않고 이렇게 자기에게만 올라가라고 하시니 자기는 하나님의 길을 알 수 없게 되었다는 것이다. 따라서 하나님을 알게 해달라는 것이다. 마치 모세는 하나님과의 친분 관계를 사용하여 이스라엘 백성들을 위한 중재에 나서는 것 같다.

모세는 13절 마지막 부분에서 본론 같은 말씀을 드린다. "이 족속을 주의 백성으로 여기소서." 모세는 마치 '당신의 백성을 왜 저에게만 맡기고 올라가라고 하십니까? 저 혼자는 못하겠습니다.'라고 말하는 것 같다. 하나님은 모세의 기도가 무엇을 의미하는지 잘 알고 계셨다. 그리고 14절에서 그분의 뜻을 확고하게 돌이키셨다. "내가 친히 가리라 내가 너로 편히 쉬게 하리라". 이 구절의

"내가 친히 가리라"는 원문에서 "내 얼굴이 가리라", 혹은 "나의 임재가 가리라"는 뜻이다.

모세가 하나님께 그분의 영광을 보여달라고 하다

그러자 모세는 그들이 하나님의 은총을 입은 증거를 보여달라고 했다. "나와 주의 백성이 은총을 입은 줄을 무엇으로 알리이까"[16절]. 그때 하나님은 모세에게 그가 말하는 그 일을 하시겠다고 말씀해 주셨다. 그리고 그의 기도를 하나하나 확인해 주셨다. "너는 내 목전에 은총을 입었고 내가 이름으로도 너를 앎이니라". 하나님은 모세의 기도 내용을 반복하시며 확인해 주셨다. '그래, 너는 은총을 입었고 내가 너를 안다.'고 하시는 것이다. 그러나 모세는 여기서 한 발 더 나아가 확실한 증거로 주의 영광을 보여 달라고 요청했다[18절]. 하나님은 모세의 기도에 완전히 묶이셨다. "내가 나의 모든 선한 형상을 네 앞으로 지나가게 하고 여호와의 이름을 네 앞에 반포하리라". 하나님은 그를 반석 위에 서 있으라 하시고 영광이 지나갈 때 반석 틈에 두고 그분이 지나도록 그분 손으로 그를 덮었다가 손을 거두겠다고 하셨다. 그러므로 모세는 여호와의 등을 볼 뿐 그분의 얼굴은 볼 수 없었다.

34장

인간의 실패와 하나님의 계시의 진보

먼저 우리가 논하고자 하는 것은 우리 하나님은 언약의 하나님이시라는 것이다. 성경의 언약은 첫 것과 두 번째, 옛 것과 새 것 두 언약이 있다. 24장에서 옛 언약의 조인식(調印式)이 있었다. 첫 언약도 피 없이 세운 것이 아니라고 했다(히 9:18). 24장 전체를 옛 언약 조인식이라고 생각하며 읽어보라! 깊은 느낌이 있을 것이다. 그리고 하나님은 모세를 산으로 부르셨고(24:12-16), 돌판에 계명을 새겨주겠다고 하셨다. 그리고 모세는 40일 동안 산에 있으면서 하나님으로부터 성막과 제사장 의복과 다른 많은 것들에 대해 계시받았고(25-31장), 십계명이 새겨진 돌판을 가지고 산에서 내려오게 되었다(32장). 그런데 이스라엘 자손들은 모세가 돌판을 가지고 내려오기도 전에 금송아지 우상을 만들어 하나님의 계명을 위반하는 일을 하고 있었다. 그러므로 모세는 그 돌판들을 깨뜨려버렸고 하나님과의 계약은 파기되었다. 그러나 모세의 간절한 중재(32-33장)에 의

하여 34장에서 하나님은 다시 돌판 둘을 가지고 산으로 올라올 것을 명하셨다. 실상 첫 언약의 온전한 성립은 34장에서야 완성되었다고 말할 수 있다.

어렵게 성립된 첫 언약

이 첫 언약은 이스라엘의 불성실로 인해 파기되고 무산될 위기에 놓여 있었다. 32장은 그 계약 과정에서 계약 무효가 될 만한 가장 위태하고 아슬아슬한 순간을 기록한다. 그러나 그리스도의 대형(對形)인 모세가 이스라엘을 위해 간절하게 중재함으로써 계약은 성립되는 쪽으로 기울어졌다. 여기 34장은 하나님께서 이스라엘과 다시 언약을 맺으시기 위하여 또 한 번 모세를 산으로 부르시는 장면이다. 첫 언약의 성립은 그 자체가 매우 어려운 과정을 거쳐 이루어졌다.

32장에서 가지고 내려온 첫 번째 돌판은[15절] 하나님께서 친히 준비하신 것이다. 그러나 그들의 언약 파기 행위로 깨져버린 첫 번째 돌판과 달리 두 번째 것은 하나님께서 모세에게 준비하라고 하셨다. 사람의 실패는 하나님의 뜻을 더욱 나타내는 기회가 될 수 있다. 사람의 실패나 사탄의 역사가 사람 편에서는 피해와 손실이지만 하나님께는 손실이 되는 경우가 없다. 모든 경우에 하나님은 그분의 뜻과 그분의 어떠하심을 더욱 나타낼 기회를 얻으신다. 어떤 일도 하나님의 역사를 실패케 하거나 손해 보게 하지 못한다.

결국 새 언약에서 하나님은 그분의 법을 사람의 생각과 마음에 기록하시는데, 새 언약의 계약서를 기록하기 위해서는 우리의 마음 판이 준비되어야 한다. 모세는 두 번째에서 모세 자신이 두 돌판을 준비해야 했는데, 이는 처음에는 아직 계시되지 않은 것이었다. 첫 번째 것이 실패로 끝났을 때 두 번째 것을 시작하시면서 하나님은 돌판을 모세더러 준비하라고 하심으로써 그분이 장차 하실 일에 대하여 진일보적인 계시를 하신 것이다. 34장의 두 번째 돌판을 준비하는 일에서 우리는 새 언약의 성립을 향하여 한 걸음 더 나아가는 것을 볼 수 있다. 하나님이 쓰시려는 내용에는 변화가 없다. 그분은 첫 번째 돌판에 있던 것을 두 번째 돌 판에 그대로 기록하고자 하신다.

여호와의 이름의 반포

그분은 자신의 이름을 반포하셨다. 그분은 이스라엘의 금송아지 사건으로 인하여 계약이 깨어졌던 상황을 용서하시고 새로이 계약서를 작성하시기 위해 그분의 이름을 새롭게 선포하신다. "여호와로라 여호와로라". '여호와'라는 이름은 스스로 계신 분, 자존자라는 뜻이다. 그분은 모든 피조물의 근원이시고 모든 능력과 존재의 근원이시다. 이러한 하나님이 피조물인 사람과 언약을 맺으려 하시는 것이다. 그리고 첫 번째로 나타내신 그분의 속성이 자비로우심이다. 은혜롭고 노하기를 더디하시고 인자와 진실이 많은 하나님이라고 선언하신다.

그런데 7절 말씀에는 다시 엄격함과 두려움이 배어 있다. 하나님은 인자를 천 대까지 베풀며 사람의 악과 과실과 죄를 용서하시나 형벌받을 자는 결코 면제하지 않으시며 아비의 악을 삼사 대까지 보응한다고 하신다. 죄악을 용서하시고 인자를 천 대까지 베풀겠다고 하시면서도 형벌받을 자는 결코 면제하지 않으시고 삼사 대까지 보응하시겠다고 하니 두려움이 완전히 배제되었다고 할 수 없다. 이렇게 구약에 나타나신 하나님은 십자가상에서의 완전한 은혜, 완전한 용서의 하나님과는 차이가 있다. 구약에서 율법으로 계약하실 때 나타난 하나님은 사람들을 도덕적으로 엄격하게 다스리시겠다는 의지를 갖고 계시는 듯하다. 형벌받을 자는 결코 면제하지 않으시겠다는 것이 그러하고 아비의 죄악을 삼사 대까지 보응하시겠다는 말씀이 그러하다.

모세는 더 나아가 9절에서 이렇게 기도한다. 이 구절의 기도는 다급한 기도이다. 8절은 모세가 급히 땅에 엎드려 경배하였다고 말한다. 나도 너무나 급박할 때 기도를 한 적이 있는데, 그때는 준비한 기도가 아니라 마음속에 있는 기도이고 참 기도이다. 그 마음에 있는 것이 아니면 그런 기도는 나오지 않는다.

9절, "주여 내가 주께 은총을 입었거든 원컨대 주는 우리 중에서 행하옵소서 이는 목이 곧은 백성이니이다 우리의 악과 죄를 사하시고 우리로 주의 기업을 삼으소서". 여기서 모세는 이 백성이 목이 곧은 백성이라고 하면서 하나님께서 알려주신 그들의 상태를 시인한다. 그리고 그것이 바로 하나님께서 그들 가운데 함께 행해주셔야 하는 이유라고 말씀드린다. 이것은 마치 우리가 기도할 때 우리는 너무 둔하고 어리석으니 더욱 함께 해주셔야 한다고 말씀드리는 것과 같다. 그러면서 모세는 '우리로 당신의 기업을 삼아달라'고 한다. 이것은 어쩌면 하나님께서 삼사 대까지 죄악을 보응하겠다고 하시는 말씀이 마음에 걸려 모세가 간청하는 것인지도 모른다. 모세는 마치 이렇게 말씀드리는 것 같다. "하나님, 이들은 죄를 지은 것이 확실하고 하나님의 공의대로라면 삼사 대까지 이들의 죄를 인수받게 됩니다. 그러면 가나안에 들어가서 터전을 잡아야 할 모든 초기 세대가 다 진멸을 당하게 됩니다. 하나님, 용서해 주시고 그들을 당신의 기업으로 삼으시옵소서." 이는 지금의 이스라엘의 죄를 자손들에게 돌리지 말고 용서하시며 그들을 보존하여 기업으로 삼으시라는 말이다.

첫 언약의 체결과 여호와의 당부하시는 말씀들

10절부터 26절까지는 하나님의 답변이다. 첫째로 하나님은 이제 언약을 세우겠다고 하셨다. 하나님은 정식으로 언약이 조인(調印)되었음을 선포하려 하시는 것이다. 하나님은 이제 가나안의 족속들을 쫓아내겠다고 하시며 그것은 이적이요 여호와의 행위이며 사람들에게 두려운 일이라고 하셨다. 이 일은 전례 없는 일이요 기이한 일을 행하시는 것이라고 하셨다.

하나님께서는 그 땅을 이스라엘에게 주시겠지만 들어가서 조심하라고 말씀하신다. 하나님은 이스라엘 백성이 그곳에 들어가거든 그들과 언약하지 말라고 하셨다. 도리어 그들 가운데 있는 단들과 주상을 깨뜨리고 아세라 상을 찍으라고 하시며 다른 신에게 절하지 말라고 하셨다. 하나님께서 계약서를 완료하시고 그들의 죄를 용서하시면서 다시 한 번 확인하시는 말씀이 십계명 가운데 첫째와 둘째 계명이다. 이 일에 있어서 주의해야 할 두 가지는 그들의 올무에 걸려들지 않도록 함부로 언약하지 말 것과 그들과 혼인하지 말 것이다. 그리고 그 땅에 있는 우상들을 완전히 제거하는 것이다. 그것들을 남겨두는 것 또한 위험한 일이기 때문이다.

결국 하나님은 이스라엘과 언약을 체결하셨다. 모세는 다시 산에 올라가 있던 40일 동안 아무것도 먹거나 마시지 않았다. 그리고 하나님은 언약의 말씀을 그 돌판에 기록해 주셨다. 모세가 그 증거의 두 판을 가지고 시내 산에서 내려오니 모세는 여호와와 말씀하였음을 인하여 그 얼굴 꺼풀에 광채가 났다. 이는 첫째로 하나님을 만난 증표이다. 우리는 "하나님은 빛이시라"(요일 1:5)는 말씀을 이 일을 통해서도 알 수 있다. 빛이신 하나님 앞에 오랜 시간 있다 보니 얼굴에서 광채가 나게 된 것이다. 나는 모세가 하나님과 그렇게 가까운 거리에서 말씀을 들었으리라고 생각지 않는다. 그러나 하나님은 상상할 수 없는 빛 가운데 계시며 그분 앞에서 말씀을 듣는 가운데 반사된 빛이 모세의 얼굴을 변화시켰을 것이다. 오늘날에도 믿는이들이 하나님 앞에서 살면 그 얼굴에서 빛이 날 것이라 믿는다.

35장

안식일 준수

모세는 계약이 체결된 뒤 회중들을 다 모았다(33장). 그들로 하여금 하나님의 명하신 말씀에 순종하게 하려는 것이다. 하나님께서 언약을 다시 체결하신 뒤에 가장 먼저 그들에게 명하신 것은 안식일 준수였다. 이것은 이스라엘이 하나님의 국가로서 가장 먼저 지켜야 할 규례였다. 그들은 이제 회막을 짓는 일에 착수해야 하는데, 하나님이 명하신 그런 중차대한 일을 할지라도 안식일만큼은 휴식해야 했다. 하나님께서는 특히 안식일 준수에 관하여 엄격한 규정을 세우셨다. 그것은 누구든지 그날 일하는 자는 죽이라고 하신 것이다. 불도 피워서는 안 된다. 하나님께서는 이스라엘이 하나님의 창조를 기념하는 안식일을 지키는 것을 보시면서 그들을 인하여 기뻐하고자 하셨다.

성막 건축을 위해 자원하여 헌신하다

하나님께서 이스라엘 백성들의 죄악을 용서하시기 전, 그분은 그들에게 다만 가나안으로 올라가라고만 하셨지 성막에 대해서는 한 말씀도 하지 않으셨다. 그러나 완전한 용서와 화해가 있은 후, 그리고 계약의 체결이 완성된 후에는 성막의 건축에 대하여 말씀하신다. 성막 건축의 목적은 그분이 그들과 함께하시려는 것으로서 예표적인 것이었으며, 그들이 제물을 통하여 그분께 나아오는 길을 열어주기 위한 것이었다. 성막 건축에 있어서, 즉 그분이 거하시는 처소를 건축하기 위하여 가장 먼저 필요한 것은 그들로 건축에 필요한 재료를 드리게 하는 것이었다.

이 거룩한 역사를 위하여 드리는 일에 있어서 하나님은 드릴 수 있는 자격이 '무릇 마음에 원하는 자'라고 하신다[5절]. 그 뒤의 구절들에도 성막 건축을 위하여 재료를 드린 자들에 대하여 '마음이 감동된 자', '무릇 자원하는 자'[21절],

'마음에 원하는 남녀'[22절], '마음이 슬기로운 모든 여인'[25절], '마음에 감동을 받아 슬기로운 여인은…'[26절], '마음에 원하는 이스라엘 자손의 남녀'[29절]라는 표현이 사용되었는데, 이를 통해 우리는 하나님의 거처의 건축은 절대적으로 자원하며 그 마음이 감동된 자들의 헌신을 통해 이루어짐을 알 수 있다. 하나님은 이 일에서 절대로 사람을 강요하거나 억지로 하게 하지 않으신다. 하기 싫은데 억지로 하는 사람은 누구든지 하나님의 처소를 건축하는 자들이 아니며, 또한 그리스도의 종이 아니다(엡 6:6). 그리스도를 섬기는 종들이라면 모두 단 마음으로 기꺼이 온 힘과 뜻과 마음을 다하여 섬긴다. 그분은 그러한 섬김을 받으시기에 합당한 분이시다.

21절의 '자원하는'이란 그의 영이 분발되었다는 뜻이며, 26절의 '감동을 받은'이란 말도 역시 '분발된(stirred)' 혹은 '촉구된(prompted)'이라는 뜻이다. 성막 건축의 역사는 에스라 시대와 마찬가지로 영이 분발되고 촉구된 자들이 없으면 가능하지 않다("그 영이 하나님께 감동을 받고 올라가서", 스 1:5). 그들은 하나님의 영에 의하여 그들의 영이 분발되고 촉구되었다. 어떤 그리스도인이 주님도 사랑하고 여러 면에서 좋지만 그저 일반적인 그리스도인 생활과 상태로 만족하고 그의 영이 하나님의 경륜과 목적과 뜻을 위하여 더욱 분발되고 올려진 상태가 아니라면 그는 성막을 건축하는 귀한 역사에는 몫이 없을 것이다.

그들이 아론과 함께 우상을 만들 때에는 금귀고리만 빼어서 주면 되었다. 그러나 여기서 성막을 건축하기 위해 필요한 것은 금, 은, 놋과 각종 실과 각종 가죽과 기름과 향품과 보석들이었다[5-9절]. 이것은 그들의 모든 것을 다 드려야 함을 의미한다. 우상을 만드는 것은 자신들을 위한 것이다. 우상 숭배는 자신의 쾌락과 누림을 위한 것이다. 그리고 그것을 위해서는 그저 귀고리 하나씩만 빼어서 주면 되었다. 그러나 하나님을 섬기는 일과 그분의 거처를 위하여 헌신하는 것은 다르다. 이것은 영광의 하나님의 거처와 우리의 영원한 거처를 위한 것이며 우리의 유일한 살 길을 얻기 위한 것이다. 이것이 없으면 우리는 살 길이 없고 인생의 의미도 없게 된다. 이것은 이 땅에서 죄인인 우리가 하나님께 나아감을 얻을 수 있는 길이다. 이 일에는 온 일생의 전폭적인 헌신이 필요하다. 주 예수님은 **"이와 같이 너희 중에 누구든지 자기의 모든 소유를 버리지 아니하면 능히 내 제자가 되지 못하리라"**(눅 14:33)고 하셨다.

지혜롭고 기술이 뛰어난 건축자들

하나님의 건축을 위한 일꾼들에게 있어서 첫 번째 일은 하나님이 부르셔서 일하게 하시는 것이다. 마음에 자원하는 자들은 다 할 수 있지만 그들을 책임지고 주도적으로 일하는 자들에 대해서는 하나님의 부르심이 있어야 한다. 가령 말씀을 해설하고 어떤 성경 구절의 의미를 파악하는 일이라든가 중요한 진리를 본래 의미에 맞게 조심스럽게 확정하는 일 등은 아무나 할 수 있는 일이 아니다. 사실 우리는 이런 일 하기를 얼마나 두려워해야 하는지! 교회를 위한 이런 은사들은 하나님께서 주셔야 한다. 신약에서도 사도나 선지자나 교사 등의 은사는 하나님께서 친히 세우셨다(고전 12:28, 엡 4:11). 모든 성도가 다 사도나 선지자가 될 수는 없지만 교회는 이러한 은사자들이 긴급히 필요하다. 우리는 오늘날에도 하나님께서 교회를 위하여 이런 귀한 은사들을 더욱 주시도록 기도해야 한다.

이렇게 택함을 입어 섬기는 사람들의 출신은 다양하다. 하나님은 어디서든지 필요하시면 유용한 그릇들을 부르신다. 브살렐은 훌의 손자로서 이름 있는 사람의 자손이지만 오홀리압은 단 지파 사람이다. 신약에서도 주님은 갈릴리 어부들을 사도로 부르셨고 세리 마태도 부르셨다. 핍박자 바울 같은 사람도 사도로 부르셔서 너무나 유용하게 사용하셨다. 심지어 오네시모같이 주인에게 물질적으로 해를 입히고 도망간 노예도 바울을 만나 그의 사역에 귀히 쓰임받는 종이 되었다. 어떤 사람도 쓰임받을 가능성이 있다. 우리는 이렇게 기도하자. "하나님, 저희를 버리지 마시고 부디 당신의 귀한 그릇으로 사용하여 주소서." 주님께 귀한 그릇으로 사용되려면 불의에서 떠나며 천한 것들에서 자신을 분별해야 한다(딤후 2:19-21).

35장 32-35절의 말씀에서 가장 많이 나오는 단어는 '공교함'이다. 하나님의 집의 건축의 일은 실로 '공교한 일(artistic work-다비 역)'이다. 그러므로 지혜와 지식과 총명이 필요한 것이다. 인간적인 것들이 아닌 성령으로 말미암은 것들이어야 한다. 여기의 재료들이 신약에 와서는 결국 사람으로 바뀐다. 하나님의 생명을 얻은 자들의 조화와 동역과 건축의 역사에서 필요한 것이 바로 이런 것들이다. 지혜와 총명과 지식이 없으면 사람들을 다룰 수 없다. 이는 가히 예술적인 수준의 기술을 요한다. 엄청난 섬세함을 필요로 한다. 그래서 보석을 깎는 일과 나무를 조각하는 일과 여러 가지 색의 실로 수를 놓는 일로 예표되는 것이다. 한 가지도 대충할 수 있는 일이 없다. 모든 일이 고도의 정밀성과 예술성을 필요로 한다. 이 모든 재료들은 신약에 올 때 다 사람들이다. 사람이 보석이나 금이나 나무인 것이다. 그러니 이 귀한 재료들인 사람들을 다루는 일이 쉽겠는가? 사도 바울은 자신을 하나님의 은혜를 얻어 교회를 건축하는 지혜로운 건축자라고 말했다(고전 3:10).

32절에는 공교한 일을 '연구하다(devise)'라는 말이 있다. 하나님을 섬기는 사람들은 자신이 원래 갖고 있는 기술과 재능만을 신뢰해서는 안 된다는 뜻이다. 여기에 궁리와 연구가 필요하다. 하나님의 일은 깊고 심오하다. 성령과 지혜가 있다 하지만 여전히 연구와 고안이 필요하다. 이는 나름대로 일하기 위해 연구하고 고안하는 것이 아니라 원래 하나님께서 하라시는 일을 찾아내어 그대로 하기 위해 고안하는 것이다. 원래 하나님께서 하라시는 일을 찾아내기가 그렇게 쉽다고 생각해서는 안 된다. 많은 사역자들이 이 연구함(devising)을 실행하지 않으므로 실수를 하게 된다. 그들은 너무 자신의 재주를 신뢰한 나머지 깊이 연구를 하지 않으므로 많은 일을 그르치게 되며 사람들을 잃어버리며 상처를 안겨준다.

오홀리압은 성령으로 충만되어 사람들을 가르쳤다. 성막 건축의 일을 위해서는 은사 있는 사람 혼자만 잘해서는 안 된다. 반드시 다른 사람들을 가르쳐야 한다. 바꾸어 말하면 배우지 않고서는 이 일을 할 수 없다.

36장

성막 건축의 명령과 헌물을 드리다

출애굽기 36장부터는 성막 건축의 역사(constuction work)의 시작이다. 의심할 여지없이 성막의 건축은 신약의 그리스도의 몸인 교회 건축의 예표이다. 신약에서 베드로는 우리가 신령한 집으로 세워질 산 돌들이라고 하였고('너희도 산 돌같이 신령한 집으로 세워지고(are being built up)'-벧전 2:5), 특히 건축의 은사를 얻은 사도 바울은 그리스도의 몸인 교회에 관하여 건축의 사상을 많이 전달하였다(엡 2:20-22, 4:12, 16, 고전 14:4). 그 차이는 하나는 예표적인 것이고 다른 하나는 실제적인 것이며, 예표에 있어서는 물질적인 재료로 하는 물질적인 건축인 데 비해 실제에 있어서는 산 돌들(living stones)을 재료로 하는 살아 있고 유기적인 건축이라는 것이다.

건축의 역사를 위하여 재삼재사 필요한 것이 곧 지혜와 총명이다. 몸의 건축을 위해 섬기는 사람들은 특히 건축 재료인 사람을 아는 일에 지혜가 필요하다. 성소를 건축할 사람은 하나님으로부터 얻은 지혜가 있는 사람들일 뿐 아니라 그 마음에 원함이 있는 사람들이었다[2절]. 모세는 이 두 가지를 모두 갖춘 자들을 불러 이 거룩한 일에 동참시켰다. 오늘날에도 원칙은 같다. 재능과 지혜가 있어야 하지만 그것만으로는 안 되고 반드시 자원하는 영이 있어야 한다.

건축자들은 예물을 모세에게서 받았다[3절]. 즉 백성들이 예물을 모세에게 주었던 것이다. 오늘날 그리스도의 몸인 교회를 건축하고자 하는 자들은 건축의 재료인 신자들을 모세로 예표된 주님에게서 받아야 한다. 물론 복음을 전하여 열매를 맺어야 한다. 재료가 있어야 건축할 수 있기 때문이다. 그러나 그러한 복음의 열매까지도 주님이 주시는 것임을 알아야 한다. 우리는 하나님이 주시는 자들과 동역할 수 있다. 우리는 하나님이 붙여주시는 자들과 함께 건축할 수 있다. 하나님이 주시는 것이 없다면 우리는 아무것도 할 수 없다.

3-7절의 내용은 건축의 분위기이다. 백성들이 건축의 재료를 가져오는 헌신의 분위기로 가득하다. 그들은 아침마다 연하여 가져왔다. 그러므로 건축자들이 보기에 쓰고도 남음이 있었다. 언제든지 건축이 이루어지는 분위기는 헌신의 분위기이며 재료가 넘치는 것이 있다.

성막의 건축

이곳에서부터 26-28장에서 명하신바 성막을 실제로 건축하는 역사가 나온다. 이 부분들을 다시 한 번 말할 필요는 없을 것이다. 독자들이 성경 말씀을 읽는 것으로 족하다. 매 장의 성막 건축에서 특징적인 부분들만을 다루겠다.

하나님께서 성막을 계시하실 때의 순서와 건축할 때의 순서가 다르다. 성막을 계시하실 때에는 언약궤로부터 시작해서 진설병상과 등대, 성막, 널판 등의 순서로 나아갔다. 그러나 건축할 때에는 그 집의 뼈대부터 시작했다. 즉 성막부터 지은 것이다. 성막 다음은 널판이고, 널판에 띠를 만들었다. 그리고 청색, 자색, 홍색실과 가늘게 꼰 베실로 수를 놓아 장막 문을 위하여 장을 만들었다. 그 다음 문장의 기둥 다섯과 갈고리와 기둥머리와 놋받침을 만들었으며, 그다음은 언약궤, 진설병상, 등대의 순서로 만들었다. 그리고 번제단과 물두멍을 만들었으며 세마포장과 뜰을 만들었다. 마지막으로 대제사장 아론을 위한 옷과 제사장들이 입을 옷을 만들었다.

36장의 성막과 널판의 건축에서 가장 자주 나오는 말은 '서로 연하다(join)'이다(10, 13, 16, 18, 22절). 13절과 18절에는 '연하여 한 막(a unit)'이 되게 한다는 말이 있다. 이것은 구약의 성막이 여러 재료들이 연결되어 하나의 성막을 이루는 방식으로 건축됨을 의미한다. 이것은 신약의 교회도 원칙상 동일하다. 에베소서 4장 16절은 "그에게서 온 몸이 각 마디를 통하여 도움을 입음으로 연락하고 상합하여 각 지체의 분량대로 역사하여 그 몸을 자라게 하며 사랑 안에서 스스로 세우느니라"고 말한다. 여기서 연락하고 상합한다는 말은 성막 건축에서 서로 연한다는 말과 같은 말이다.

또 한 마디 인상 깊은 말은 '장단을 같게 하라'는 것이다(9, 15절). 이는 성막의 매 폭의 장을 같게 하기 위한 것이다. 이것은 성막의 널판들에도 적용된다. 모든 널판들은 그 치수가 같아야 하기 때문이다. 고린도 전서 12장에 의하면 그리스도의 몸의 지체들은 고르게 될 필요가 있다[24절]. 부족한 지체에게는 존귀를 더해 주어야 하고 이미 충분히 아름다운 지체는 요구할 것이 없다. 이럴 때 몸 가운데 분쟁이 없게 된다. 만일 몸 가운데서 부족한 지체는 무시당하고 존귀한 지체는 더욱더 존귀함을 얻는다면 여기에 고르게 함이 없는 것이다.

37장

언약궤, 속죄소, 진설병 상, 등대, 분향단, 관유, 향을 만듦

36장의 성막 만드는 일은 마음이 지혜로운 모든 사람이 동참하여 만들었다. 그들에 의해 성막 앙장과 염소털 앙장, 널판들, 띠, 간막이 휘장이 만들어졌다. 37장의 언약궤와 진설병 상과 등대와 분향단과 관유와 향품은 브살렐에 의해 만들어졌다. 이렇게 성막 건축에는 브살렐(금, 은, 놋의 일과 보석을 깎아 물리는 일과 나무를 새기는 일)과 오홀리압(조각, 실 작업, 수작업 등)과 많은 지혜로운 사람들이 동원되었다. 그럼에도 가장 중요한 부분은 브살렐이 맡았고 오홀리압은 그와 함께하였으며 또 많은 지혜로운 자들이 자원하여 동참했다. 이들은 모두 브살렐과 오홀리압의 지시와 감독 아래서 순종하며 일했을 것이다. 하나님의 역사에는 이와 같이 인도자가 있으며 거기에 조금의 어지러움도 없다(고전 14:33).

36장부터의 내용은 26장부터의 내용의 반복이다. 26장부터의 내용은 계시이고 36장부터의 내용은 그것을 실행에 옮긴 것을 기록한 것이다. 하나는 청사진이고 하나는 실지의 건축이다.

37장에 가장 많이 나오는 단어는 단연 '금'이다. 모든 항목이 다 금을 주된 요소로 하여 만들어진다. 금은 하나님의 본성을 나타내는 것으로서 변치 않는다는 특징이 있고 깨끗하고 순수하며 가장 가치가 있다. 하나님의 자녀들은 금을 그의 성분으로 소유해야 한다. 불순한 것과 변하는 것은 금이 아니다. 불순한 동기와 여러 가지가 섞여 있는 불순한 의도는 다 하나님의 성분인 금과는 거리가 멀다. 오늘날은 말세로서 배반이 많고 변절이 많다. 이러한 것들은 다 변하는 것이다. 많은 사람들이 세월을 따라 환경을 따라 금전을 따라 변한다. 변함없는 믿음이 참 믿음이다. 변함없는 사랑이 참 사랑이다. 변함없는 순종이 참 순종이다. 모든 변하는 것들은 결코 금이 아니다. 하나님께 속한 것이 아니라는 말이다. 하나님은 회전하는 그림자도 없으시고 변함도 없으시다(약 1:17). 하나님의 교회의 구성원들은 그 특징이 금이어야 한다. 성소와 지성소 안에 갈 때 거의 모든 항목이 금으로 되어 있다.

38장

번제단, 물두멍, 뜰, 세마포 장을 만듦

38장에서는 놋제단[1-7절]과 물두멍[8절]이 만들어졌다. 또한 장막이 세워질 뜰을 둘러치는 세마포 장[9-20절]이 만들어졌다. 그리고 성막을 건축하기 위해 사용된 금, 은, 놋의 총량이 계산되었다.

38장에 많이 나오는 단어는 놋과 은이다. 놋은 심판을 의미하고 은은 구속을 의미한다. 이는 사람이 하나님의 임재 앞에 나아가려면 심판과 구속을 통과해야 함을 의미한다. 심판되지 않고 구속되지 않은 어떤 육체도 하나님의 성소에 들어갈 수 없다. 번제단은 십자가를 예표하고 물두멍은 말씀의 물로 씻음을 상징한다. 십자가에서 죄와 육체가 처리되고 말씀으로 씻어져야만 성소의 항목들을 체험하기 위해 나아갈 수 있다. 주님은 믿는 우리가 온 몸을 씻은 자와 같이 이미 깨끗하다고 하시지만 또 여전히 씻어야 한다.

38장 9-20절은 뜰과 세마포 장을 만든 것의 기록이다. 회막의 울타리를 형성하는 세마포 장의 길이와 너비는 남북이 백 규빗씩이고 동서가 오십 규빗씩이니 미터로 치면 45미터에 22.5미터이다. 즉 그렇게 넓은 면적이 아니다. 이것을 볼 때 우리는 쉽게 이것이 장래 있을 무언가를 생각나게 하는 것임을 알 수 있다. 실제의 것으로 보기에는 너무나 작은 규모가 아닐 수 없다. 하나님께서 이스라엘 자손에게 이것을 만들라고 하실 때 장래 있을 더 좋은 실제의 것을 암시적으로 보이신 것이다.

뜰 사면의 포장은 세마포이다[16절]. 세마포는 고운 실로 되어 있으며 색깔이 희다. 이는 교회가 세상과 분별됨을 의미한다. 세상과의 분별은 이렇게 놋과 은과 세마포로 이루어진다. 심판과 구속과 성도들의 의로운 행실이 분별을 이루는 것이다. 외부 사람들이 교회를 볼 때 그 색깔이 희고 고와야 한다. 또한 그것이 세상과의 경계가 되어야 한다. 교회에 울타리가 없으면 아무 것이나 섞여서 혼잡될 우려가 있다. 선명한 세마포의 경계가 없으면 하나님의 교회의 간증이 없게 된다.

성막 건축의 물목 계산

21-31절은 성소를 건축하기 위해 드려진 재료의 물목(物目)에 대한 계산서이다. 이 부분에서 성막을 만드는 데 소용된 금과 은과 놋의 총량을 계산했다. 이 계산은 모세가 시켜서 아론의 아들 이다말이 했다. 또 이 공사를 주로 맡은 두 사람-브살렐과 오홀리압-을 다시금 언급한다. 금과 놋은 성도들이 자원하여 드린 것을, 은은 생명의 속전 곧 성소의 세겔대로 반 세겔씩 드린 것을 사용하였다. 그러므로 성막 건축에 이스라엘 자손 중 20세 이상 되는 남자는 다 참여한 셈이다. 여기 드린 사람들의 인수가 정확하게 기록되어 있는데, 육십만

삼천 오백 오십 명이다. 이 숫자는 제 1차 인구 조사 때의 결과와 동일하다(민 1:46). 이는 생명의 속전을 지불한 사람들은 모두 군대로 편성될 수 있음을 암시한다.

놋은 칠십 달란트와 이천 사백 세겔인데, 여기에 물두멍에 사용된 놋은 계산되지 않았다. 물두멍은 회막에서 수종 드는 여인들의 거울로 만들어졌는데, 그들은 하나님을 섬기는 일을 하다 보니 그 귀한 일에 자신들의 것을 드리지 않고는 견딜 수 없었을 것이다. 그래서 아마도 이 부분만큼은 자신들의 것을 사용해달라고 간청했을 것이다(고후 8:4). 하나님을 섬기는 일에 가까이 있는 사람들은 누구든지 그 귀함과 영광스러움을 만지게 되고 결국 헌신하지 않을 수 없게 된다. (아마 그들은 물두멍을 만드는 일에 자신들의 것을 드리고는 감독들에게 이것은 부끄러우니 계산에 넣지 말아달라고 부탁한 것 같다. 그들은 이 거룩한 일에 자신들의 것이 드려진 것만으로도 감사하게 여기는 것이다.) 그들은 이전에는 하루에도 몇 번씩 거울을 보면서 단장하고 또 자신의 미(美)를 감상하곤 했을 것이다. 그러나 그들이 하나님의 거처에서 하나님을 섬기는 것의 영광을 본 뒤에는 자신들의 미를 감상할 필요가 없게 되었다. 이는 참으로 아름다운 헌신이다. 그들은 과거의 죽은 몸의 행실과 옛 습관을 처리한 것만으로도 하나님께 감사했을 것이며 또한 그것이 도리어 하나님의 일에 귀히 쓰일 수 있다는 사실에 더욱 감사했을 것이다. 신약 성경에도 자신들의 소유로 주님을 섬긴 자매들의 귀한 헌신이 이곳저곳에 기록되어 있다.

39장

대제사장의 옷, 에봇, 판결흉패, 속옷을 만듦

39장에 '여호와의 명하신 대로'라는 구절이 열 번 나온다[1, 5, 7, 21, 26, 29, 31, 32, 42, 43절]. 이는 제사장의 의복을 만드는 일에서 철저하게 하나님의 명하신 대로 하는 것이 매우 중요함을 보여준다. 하나님을 섬기는 자의 일이 하나님의 명대로 되어야 하는 것이 얼마나 중요하면 열 번이나 거듭해서 이 말을 했겠는가! 출애굽기를 공부하는 사람이라면 누구나 이것에 대해 깊은 인상을 받기 바란다. 이 세상일이라면 모르지만 하나님을 섬기는 일은 결코 사람이 임의로 할 수 없음을 알아야 한다. 반드시 하나님의 말씀과 성경의 본(本)에 통제를 받아야 한다. 이는 장막의 다른 기구들을 만들 때보다 훨씬 강조되었는데, 그것은 다른 일에서보다 사람이 쉽게 임의로 할 수 있기 때문일 것이다. 오늘날에도 하나님의 교회의 문제는 섬기는 자들에게 책임이 더 많다. 즉 임의로 하여 생기는 문제가 성도들보다는 섬기는 자 쪽에 훨씬 더 많을 수 있다는 것을 이미 모세 때에 경고하신 것이다.

이 옷의 특징은 섬김의 옷이라는 것이다. 대제사장의 옷의 두드러진 표시는 흉패이고 거기에 열두 보석이 달려 있다. 또한 견대에는 이스라엘 열두 아들들의 이름이 새겨진 호마노가 있다. 그리고 그것을 단단하게 매어 에봇을 떠나지 않게 해야 한다고 하였다. 즉 제사장은 하나님을 섬기되 그분의 백성인 이스라엘 열두 지파를 섬겨야 한다는 뜻이다. 성도들을 가슴에 품은 자가 아니면 참된 제사장이 아니다. 여기 대제사장의 가슴에는 열두 지파가 다 있다. 참된 하나님의 종이라면 자신이 인도하는 한 무리만을 가슴에 품어서는 안 된다. 이스라엘 전부를 품어야 한다. 어떤 지파가 조금 문제가 있다 해도 그 이름을 제할 수 없다. 이 땅에 있는 하나님의 백성들이 혼란되어 이곳저곳에 흩어져 있다 해도 참된 하나님의 종이라면 그들 모두를 가슴에 품고 기도하며 섬겨야 한다. 하나님은 모든 백성의 하나님이시기 때문이다.

어떤 제사장이 흉패에 보석 한두 개만 달고 있다 하자. 그것이 하나님의 명령대로 만든 것인가? 그렇지 않다. 모든 보석이 다 그 가슴에 달려 있어야 한다. 그리고 그 모든 보석들을 하나님의 것들로 소중히 여겨야 한다. 제사장들은 결코 자신의 가슴에 돌이나 구리나 납덩이가 달려 있다고 여겨서는 안 된다. 다 보석들이요 보물들이다. 또 단단히 붙잡아 매어 잠시도 떠나지 않게 해야 한다. 아무리 어렵게 하고 괴롭혀도 떨쳐버릴 수 없다.

옷의 두 어깨 사이에 구멍을 내되 갑옷 깃같이 그 구멍 주위에 깃을 짜서 찢어지지 않게 해야 한다[23절]. 이는 사탄의 시험이나 어떤 어려움이 있어도 하나님을 섬기는 자의 신분을 탈취당하거나 손상당하지 않게 해야 함을 의미한다. 바울 사도는 디모데에게 '네 연소함을 업신여기지 못하게 하라'고 주의를 주었다. 또한 말과 행실과 믿음과 정절과 사랑에 사람들의 본이 되라고 말했다. 이는 다 하나님을 섬기는 자들의 마땅한 신분을 손상시키지 않기 위함이다. 하나님을 섬기는 자들은 부끄러울 것이 없는 일꾼으로 자신을 하나님께 드리기를 힘써야 한다. 또한 금방울과 석류를 옷 가장자리에 격하여 달아매는 것은 생명의 분량을 나타낸다. 하나님의 종들은 마땅히 생명의 분량과 진보를 사람들에게 나타낼 수 있어야 한다. 바울은 디모데에게 모든 일에 전심전력하여 너의 진보를 모든 사람에게 알게 하라고 말했다(딤전 4:15). 섬기는 자들은 말과 행동만이 아니라 그 옷이 움직이는 소리에서도 사람들에게 생명의 분량을 보일 수 있어야 한다.

머리에 쓴 두건의 패에 새긴 [여호와께 성결]이란 문구와 청색 끈은 섬기는 자의 성결과 하늘에 속함을 나타낸다. 섬기는 자는 그 나타남이 '성결'이어야 한다. 이마는 사람이 그를 쳐다볼 때 가장 먼저 눈에 띄는 부분인데, 사람들이 섬기는 자를 대할 때 가장 먼저 느낄 수 있는 것이 '성결'이어야 한다는 뜻이다.

제사장들이 입는 옷은 속옷이든 겉옷이든 흉패든 관이든 가는 베실로 짜고 청색 자색 홍색실로 수놓는 작업이 필요했다. 여기서 베는 가는 것을 사용한다. 교회를 섬기는 자들은 섬세해야 한다는 것을 말해준다. 결코 굵은 실로 하듯 성도들을 대해서는 안 된다. 사도 바울은 성도들을 매우 섬세하게 다루었다. 또한 베실을 짜는 것(weave)과 수놓는 것(embroider)은 제사장의 옷을 만드는 데에 필수적인 일이었다. 이런 작업은 성막을 만들거나 휘장을 만들 때에도 행해졌다(출 35:35). 또 제사장 옷을 만들 때에는 금실이 사용되었다(28:5). 이 금실은 하나님의 본성을 가리킨다. 제사장 옷은 이 금실과 청색, 자색, 홍색실과 가늘게 꼰 베실로 만들어졌다. 우리는 이를 통해 하나님의 역사는 사람 안에 하나님의 성품과 본성을 짜여지게 하는 것임을 알 수 있다. 금실과 하나님의 여러 성품을 가리키는 청색, 자색, 홍색실이 사람의 인성 안으로 조직되고 수놓아지는 것이다. 이는 얼마나 놀라운 일인지! 더욱이 수놓아진다는 것은 거기에 어떤 형상이 생기는 것을 의미하는데, 이는 틀림없이 그리스도의 형상일 것이다. 거기에 바둑판 모양(chekered)이 수놓아지고 그룹(cherubim)이 수놓아진다. 하나님이 그분의 자녀들에게 원하시는 것은 이렇게 그들이 그분의 성분과 모양으로 짜여지고 수놓아지는 것이다.

성막의 준공과 축복

39장 32절부터 43절까지는 성막의 준공을 말한다. 성막의 준공에는 약 5

개월이 걸렸다. 비교적 짧은 시간이다. 역사상 대부분의 부흥은 단 시간에 일어났다. 하나님의 위대한 역사는 갑자기 일어나는 특징이 있다(대하 29:36). 오순절의 부흥이 그러했고 웨일즈의 부흥이 그러했으며 심지어 한국 평양의 부흥 역사도 그러했다. 당시 평양의 한 교회에서 시작된 회개 운동이 순식간에 전국으로 퍼진 것이다. 비록 하나님의 일이 정교하고 시간이 걸리는 일이지만 하나님께서 일단 역사하시면 짧은 시간 내에도 큰일이 일어난다. 당시 그들은 매우 조화롭고 질서 있게 일을 하여 단 시간에 끝내었다.

이 구절들에서 다시금 한 항목 한 항목 완성된 품목들을 열거한다. 두 번, 세 번, 하나님은 이 성막의 각 항목들을 반복하여 말씀하시는 것을 지루해하시지 않는다. 이는 하나님의 지극히 큰 기쁨이요 관심사이기 때문이다. 성막은 하나님께서 그분의 백성들과 함께하시는 처소요, 만나는 장소이다. 모든 것이 하나님의 명하신 대로 이루어졌다는 말씀이 다시 한 번 강조된다. 하나님의 일에서 그분이 말씀하신 대로 행하는 것보다 중요한 일은 없다. 모세는 그 완성된 모든 것이 하나님의 명하신 대로 된 것을 보고 그들을 축복하였다. 모세는 그리스도의 예표이다. 장래 주님이 다시 오실 때 주님은 우리의 한 일들을 하나하나 보시면서 하나님의 명령과 말씀대로 되었는지를 확인하실 것이며, 모든 것이 그대로 된 것을 보신다면 매우 기뻐하실 것이며(고전 3:10-15 참조) 축복하시고 상을 주실 것이다. 만일 그렇지 않으면 해를 당할 것이다. 이는 우리에게 큰 경고가 되어야 한다. 사도는 그러한 경우 구원은 받되 불 가운데서 얻은 것 같을 것이라고 했다.

40장

정월 초일일에 성막과 모든 부속 시설들을 조립하고 그 안에 기구들을 놓으라고 하심

정월 초일일은 이스라엘이 출애굽한 지 약 1년이 되는 때이다(12:2). 즉 유월절이 첫해 첫달의 시작이고, 회막을 세운 것은 두 번째 해의 시작이다. 여기에 두 번의 귀한 시작이 있다[1-8절].

이렇게 예표에서는 두 번의 별도의 시작이 있는 것 같지만 신약의 적용에서는 그것이 동시에 이루어진다. 그렇다고 해서 실제적인 체험 면에서도 반드시 그런 것은 아니다. 사실적으로는 그러할지라도 체험적으로는 성막의 기구들이나 체계가 제대로 갖추어지지 않은 상황 가운데서도 거듭나는 일이 발생할 수 있기 때문이다. 그러한 믿는이에게 갖추어진 성막의 교회 생활은 또 하나의 새로운 시작이 될 것이다. 그러므로 그리스도인에게 마치 새로 주님을 만나서 새로운 시작을 갖는 것과 같은 경험은 언제라도 있을 수 있다. 따라서 히스기야 왕 때에 성전을 새롭게 한 날도 정월 초하루라는 것이 이해될 수 있다. 구원받은 날이 새롭게 된 날이라면 진정한 교회 생활을 시작하는 날 또한 새로운 날이다. 또 낡아진 교회 생활이 다시 신선하게 회복되는 날이 있다면 그날 또한 우리 인생에서 새로운 시작일 것이다. 우리에게는 항상 이런 정월 초하루의 체험이 필요하다.

한 마디 더 언급한다면, 성령님은 여기서 성막의 모든 부품들을 조립하라고 하시면서 한 항목 한 항목을 다시 말씀하신다. 이에 대해 17절에서는 모세가 명하신 대로 실행하였음을 다시 한 번 말씀하신다.

모든 시설물들과 제사장들에게 기름을 부어 거룩하게 하심

9-15절에는 '거룩하게 하라'와 '거룩하게 되리라'는 말씀이 반복해서 나온다. 우리 편에서 거룩하게 해야 하는 면이 있고, 그렇게 하면 하나님께서 거룩하게 하시겠다는 면이 있다. 하나님께 속한 것과 하나님을 섬기는 일에서 가장 중요한 것은 거룩이다. 거룩이란 먼저 분별되는 것이다. 일반적인 것에서 하나님께로 분별되는 것이다. 이 모든 기구들의 금속이 과거에는 이스라엘 사람들의 귀고리나 가슴핀이나 가락지, 목거리 등으로 쓰이거나 집안에서 이런저런 일로 사용되던 것들이었다. 죄가 없어도 일반적이고 하나님께 속하지 않은 것은 거룩한 것이 아니다. 하나님만을 위하여 다른 모든 것들에서 따로 분리되어 그분께로 분별된 것이어야 거룩한 것이다. 물론 거룩함은 죄 없는 것도 포함한다. 죄와 세속적인 것들이 섞여 있는 것은 진정한 거룩함이 아니다.

하나님은 그분이 사용하시는 것에 반드시 기름을 부으라고 하신다. 기름부음이 있는 것이 거룩하게 된 증거이다. 구약에서 어떤 사람이든지 하나님이 사용하려 하실 때 먼저 그에게 하신 일이 기름을 붓는 것이었다. 기름을 붓는 것은 성령 충만을 가리킨다. 교회의 모든 일과 모든 섬기는 자들은 성령으로 충만되어야 한다. 성령으로 충만되는 것은 그분을 섬기는 은사를 얻기 위한 것만이 아니라 또한 완전히 그분께 귀속되기 위함이다(엡 1:13). 하나님을 섬기는 우리는 매사를 성령을 따라 행하며 성령으로 봉사해야 한다(갈 5:16, 25, 빌 3:3).

모세가 하나님의 명령대로 순종함

16-33절의 부분은 모세가 하나님의 말씀에 따라 성막을 건립하고 그 역사를 완성한 기록이다. 이 부분에서 모세는 하나님이 지시하신 사항을 하나도 임의로 하거나 어기지 않고 그대로 순종하여 행하였다. 그대로 행한 것의 중요성을 부각시키기 위해 이 부분에는 '여호와께서 모세에게 명하신 대로 되니라'는 말씀이 아홉 번이나 기록되어 있다[16, 19, 21, 23, 25, 27, 29, 31, 33절]. 하나님의 명하신 대로 성의가 지어졌다고 말할 때 한 번, 그대로 되었음을 반복적으로 강조함이 열 번이나 있으며[39장], 성막을 세울 때 한 가지 한 가지가 하나님의 말씀하신 대로 되었다는 것이 이처럼 아홉 번이나 반복된다. 마치 창세기에서 창조가 그분의 뜻대로 하나씩 이루어질 때마다 '그대로 되니라', '하나님의 보시기에 좋았더라'고 한 것과 같다. 어떤 사역자들이 있었기에 어떤 작품이 나온 것이다.

성막의 건립에 있어서는 먼저 성막 앙장을 세우고 받침들을 놓고 널판들을 세우고 거기에 띠를 띠었다. 그리고 기둥들을 세웠다. 그런 다음 막을 펴고 그 위에 덮개를 덮었다. 다음은 증거궤를 성막에 들여놓고 장을 드리웠다. 장 밖에 상을 놓고 떡을 진설하고 성막 남편에 등대를 놓아 상과 대하게 하고 등잔에 불을 켰다. 금향단을 장 앞에 두었고 향기로운 향을 살랐다. 성막에 문을 달고, 성막문 앞에 번제단을 두고 번제와 소제를 그 위에 드렸다. 회막에서 드린 첫 번째 제사였다. 물두멍을 회막과 제단 사이에 두고 씻을 물을 두고 아론과 그 아들들로 수족을 씻게 하였다. 성막과 단 사면 뜰에 포장을 치고 뜰의 문장을 달았다. 이같이 모세는 여호와께서 명하신 대로 모든 것을 행했다. 모든 것이 하나님의 지시하신 것에 따른 것이다. 다시 한 번 말하거니와 하나님을 섬기는 자들은 하나님을 섬기는 일에 있어서 모든 것을 하나님의 말씀에 근거해야지 절대로 임의로 섬겨서는 안 된다.

성막에 구름이 덮이고 그 안에 하나님의 영광이 충만함

34절과 35절은 그 후에 회막에 구름이 덮이고 여호와의 영광이 성막에 충만했다고 말한다. 이것은 계속 강조한 바와 같이 성막 건축이 하나님이 산에서 보이신 식양대로 이루어졌기 때문이다. 여기에서 교회가 교회 되기 위한 몇 가지를 보기로 한다.

첫째, 적어도 교회라면 언약궤가 그 중심에 있어야 한다. 이는 그리스도가 그 중심에 계셔야 한다는 뜻이다. 어떤 사람이 중심이 된 단체라면 그것은 하늘의 식양과 다른 것이다. 교회의 중심과 머리는 그리스도이시며, 어떤 사람이나 기관이 중심과 머리가 되어서는 안 된다.

둘째, 회중 모두가 반드시 번제단을 통과해 들어와야 한다. 번제단은 바로 십자가를 예표한다. 누구든지 십자가의 보혈로 씻음과 용서를 받지 못한 자는 그리스도의 몸의 지체가 될 수 없다. 믿지 않는 자와 믿는 자의 구별이 없는 것(세마포 장의 구분이 없는 것)은 하나님의 교회라 할 수 없다.

셋째, 교회의 모든 활동은 기름부음을 받고 거룩케 되어야 한다. 즉 인간적이고 육체적인 활동이 교회를 지배하고 있다면 그것 또한 식양과 다른 것이며 하나님은 그런 곳에 임재하지 않으실 것이다. 이것은 성막의 모든 기구와 섬기는 모든 제사장들이 반드시 기름부음을 받아야 한다는 것에서 알 수 있다.

넷째, 교회 안에서 볼 수 있는 것은 다 금이어야 한다. 성소나 지성소나 보이는 것은 모두 금이었다. 금 외에는 없다. 교회의 내부를 들여다볼 때 하나님의 성품으로 가득해야 한다는 뜻이다.

다섯째, 식양대로 된 금등대가 있어야 한다. 이것은 기름과 빛이 있는 것 외에도 신약에서 금등대는 한 교회에 하나씩인 면이 있다-"일곱 등대는 일곱 교회니라"(계 1:20下). 한 교회가 한 등대가 되어야 한다는 것은 한 교회 그 자체가 완전한 교회요 완전한 간증이 되어야 함을 뜻한다. 교회에는 상부 교회나 하부 교회가 없다. 교회의 상부기관이 있다면 하늘이요 보좌요 성령이시다. 그리고 등대는 하나하나 떨어진 상태로 일곱 개가 존재한 것이므로 신약에서 식양대로 된 교회는 한 교회 그 자체로 온전해야 한다. 온 땅의 교회들은 연합해서 한 교회를 이루지 않았다. 즉 일곱 촛대는 밑판이 연결된 한 촛대가 아니었다. 일곱 교회와 일곱 등대는 상응하는 개념이다.

여섯째, 그 진설병 상에 떡이 열두 개이다. 즉 하나님 앞에서 이스라엘 백성은 각기 열두 지파로 나누어지지 않는다. 만일 어떤 교회에 진설병이 두 개만 놓여 있다면 열 개가 부족한 것이다. 한두 지파만을 분리하여 따로 한두 개의 떡만 진설병 상에 둔 교회는 하나님 앞에서 참된 간증을 지니지 못한다. 우주 가운데에는 오직 그리스도의 한 몸 외에 없으며 우리는 이 하나를 간증하는 자들이 되어야 한다.

일곱째, 분향단이 있어야 한다. 교회는 이 땅에서 하나님께 향연을 올려 드리는 곳이다. 하늘로 올라가는 향연이 없는 것도 교회의 결격 사유가 된다. 다음은 그 덮개가 해달의 가죽인데, 이는 인성을 입으시고 고난을 당하신 예수를 상징한다. 물론 그 안에는 신성과 구속을 나타내는 덮개가 더 있다. 교회는 그 표현과 보호로써 예수 그리스도를 모셔야 한다.

또한 교회에는 성의를 입은 사역자들이 있어야 한다. 신약으로 말하면 사도, 선지자, 목사, 교사 등의 사역자들이다. 이들은 어깨와 가슴에 성도들을 짊어지고 품고 섬기는 자들이다. 물론 신약에서는 모든 성도가 다 제사장이요 섬기는 자들이어야 한다. 그럼에도 여전히 교회에는 은사와 직분 있는 자들이 있다(고전 12:28, 엡 4:11-12).

구름과 함께 움직임

36-38절의 출애굽기 마지막 말씀은 성막이 건립되었을 때 하나님께서 그 성막의 움직임과 함께하셨다고 말하는 것이다. 하나님은 회막이 완성되었을 때 구름으로 인도하셨다. 이스라엘은 구름이 떠오를 때는 진행하였고 떠오르지 않을 때는 진행하지 않았다. 밤에는 불이 그 구름 가운데 있고 낮에는 구름이 성막 위에 있었다. 이는 매우 의미 깊고 중요한 말씀이다. 구름을 성령으로 해석할 수 있다면 불은 말씀이라고 할 수 있다. 성령과 말씀이 교회를 인도한다는 말이다.

| 레위기 |

1장

각종 제사

레위기는 모세가 회막을 건립한 출애굽 제2년 1월 1일부터 시내 산을 떠난 제2월 20일까지 50여 일 동안에 이루어진 일이다. 레위기의 내용은 1-16장까지가 제사법에 관한 것이고, 17-27장까지가 성민으로서의 생활 규칙(Holiness Code)에 관한 것이다.

번제의 규례

출애굽기에서 하나님은 산에서 모세를 부르시고 말씀하셨으나, 레위기에 와서는 회막(tent of meeting)에서 그를 부르시고 말씀하셨다.

회막 안에서 여호와를 섬기기 위해 하나님의 백성들이 해야 할 첫 번째 일은 예물을 드리는 것이다[2절]. **"너희 중에 누구든지 여호와께 예물을 드리려거든 생축 중에서 소나 양으로 예물을 드릴지니라"**고 한다. 예물(corban)이란 말은 히브리어 원문의 '가까이함'(카랍)이란 동사에서 온 낱말로서 접근이란 뜻이 포함되어 있다(막 7:11 참조). 이 코르반이라는 단어는 구약에 80여 회 나타난다.

번제는 온전히 태워진 제물에 중점이 있으며, 하나님의 기뻐하심을 위하여 '자원하여 드려진'(voluntary will) 제물이라는 것에 그 힌트가 있다(3절, KJV 참조). 그리스도는 강요나 억지에 의해서가 아니라 자원하여 자신을 하나님께 제물로 드리셨으며(요 10:17-18) 하나님께 향기로운 제물로 열납되셨다.

번제(burnt-offering)란 죽음에 이르도록 하나님의 뜻을 순종하여 그분의 기쁨이 되도록 흠 없는 자신을 온전히 드린 그리스도를 예표한다. 또한 대치물이 되신 그리스도를 예표하는데[4절], 대속과 형벌의 의미가 가장 먼저인 것은 아니다.

이 번제물 되신 예수님은 가죽을 벗기우셨다[6절]. 그리고 각이 뜨여지셨다. 하나님 앞에서 예수 그리스도께서는 번제물로서 가죽이 완전히 벗겨지셨다. 그분의 온 존재가 다 찢기고 부서졌다. 그것이 하나님의 눈으로 본 예수님의 십자가의 죽으심이다.

제사장 아론의 자손들은 단 위에 불을 두고 불 위에 나무를 벌여 놓고 그 뜬 각과 머리와 기름을 단 윗 불 위에 있는 나무에 벌여 놓으라고 한다. 이제 여기에 불이 있다. 간단히 말해서 가죽을 벗기고 각을 뜬 소(예수 그리스도를 예표하는)를 불에 올려놓고 다 태우는 것이다. 완전히 태워지는 것이 번제(burnt offering)이다.

번제를 드림에 있어서 그 내장과 정강이를 물로 씻으라고 했으며 제사장은 그 전부를 단 위에 불살라 번제를 삼아야 한다고 말한다. **"만일 그 예물이 떼의 양이나 염소의 번제이면 흠 없는 수컷으로 드릴지니"**[10절] 양과 염소의 번제도 소를 드리는 것과 동일하다. 그런데 왜 떼의 양을 드리라고 했는가? 예수님은 이 땅에 오셨을 때 많은 사람 가운데 한 분이 되셨다.

하나님은 모세에게 새로도 번제를 드릴 수 있다고 말씀하신다. 새를 드리려면 산비둘기나 집비둘기를 예물로 삼아 드리라고 하며 제사장은 그것을 단으로 가져다가 머리를 비틀어 끊고 단위에 불사르며 피는 단 곁에 흘리게 하라고 한다.

새의 머리를 비틀어 끊은 후에는 단 위에서 불사른다. 십자가에서 예수님이 죽으신 것은 먼저 죄인들을 향한 것이라기보다 하나님을 향한 것임을 잊어서는 안 된다. 주님은 **"내가 하나님의 뜻을 행하러 왔나이다"**(히 10:9)라고 하셨다.

"멱통과 그 더러운 것은 제하여 단 동편 재 버리는 곳에 던지라"고 한다. 이것은 번제물 되신 예수님이 온전히 정결하고 깨끗한 죽음으로 자신을 드리셨음을 의미한다. 그분은 어떤 허물이나 오염된 것이 전혀 없는 정결한 예물로 드려지셨다.

2장

소제의 규례

1절, **"누구든지 소제의 예물을 여호와께 드리려거든 고운 가루로 예물을 삼아 그 위에 기름을 붓고 또 그 위에 유향을 놓아"**. 2장은 소제를 말한다. 소제라고 번역한 이 단어는 원래 선물(창 4:3, 32:13)로 사용된 단어이다. 히브리어로는 '민하'이다. 원래는 동식물에 관계없이 적용되었는데, 이 레위기에서는 식물성 제물에 한정된다. 특히 이 소제는 고운 가루로 드리는 예물이다. 번제가 동물을 예물로 드리는 것에 비해 소제는 식물(植物)로 드리는 예물이다. 고운 가루란 무엇을 예표하는가? 고운 가루는 이 땅에서 사람이 되어 곱게 갈리신 그분의 인성(人性)을 말한다. 이 땅에서의 그분의 인성은 소제와 같이 고우셨다.

2절, **"아론의 자손 제사장들에게로 가져 올 것이요…여호와께 향기로운 냄새니라"**. 소제 되신 예수님이 이렇게 향기로우시다는 것이다. 소제 역시 단 위에 불살라야 한다. 이런 삶은 여호와께 향기로운 냄새를 드리는 삶이다. 하나님께 향기롭고 기쁨이 되는 제물로 드려지는 삶이어야 한다는 뜻이다. 우리는 이러한 소제가 없다면 어떠한 분이 십자가에 달리셨는가에 대한 조망을 갖지 못할 것이다. 그리스도가 어떠한 분이신가를 설명하려면 많은 동물과 식물과 사람이 필요하다. 이 모든 것을 종합할 때에서야 그리스도에 대한 합당한 조망을 가질 수 있게 된다. 레위기에서 우리는 이러한 그리스도의 인성에 대한 귀한 계시를 갖는다.

4-7절, **"네가 화덕에 구운 것으로…번철에 부친 것으로 소제의 예물을 드리려거든 고운 가루에 누룩을 넣지 말고 기름을 섞어…네가 솥에 삶은 것으로 소제를 드리려거든 고운 가루와 기름을 섞어 만들지니라"**. 여기 화덕이 있다. 소제의 예물을 드릴 때 4절은 화덕에 구워서 드리는 것이 있다. 5절에는 번철에 부친 것으로 드리는 것이 있으며, 7절에는 솥에 삶은 것을 소제로 드리는 것이 있다. 4절의 화덕은 영어로 오븐(oven)이라고 번역하였는데, 이는 세 가지 솥 중에 가장 큰 것이며 진흙으로 만든 가마솥이다. 5절의 번철은 7절의 솥(pan)보다는 조금 크고 4절의 화덕보다는 작은 것이다. 화덕은 남비형 철판(plate)을 가리킨다. 즉 남비로 생각하면 된다. 7절의 솥은 팬(pan)을 의미하는데, 흔히 보는 프라이팬 같은 것이다(흠정역). 화덕에서는 구우라(bake)고 했고 번철에서는 부치라(griddle)고 했으며 솥에서는 삶으라고 했다. 솥은 실제로는 프라이팬 같은 것이므로 프라이팬(솥)에서는 삶는다는 표현보다는 지진다고 하는 것이 맞을 것이다. 이렇게 세 종류로 소제를 굽거나 부치거나 지지라는 것이다.

그러면 왜 이렇게 세 종류가 있겠는지를 생각해보자. 소제가 되기 위해서 우리 주 예수님은 첫째 오븐에서 구워지셨다[4절]. 오븐은 가마솥과 같은 것으로서 오래도록 뜨겁게 달구는 것이다. 프라이팬은 쉽게 열을 받고 쉽게 식는다. 번철(5절, 철판)은 아마 중간쯤 될 것이다. 주님이 이 땅에 계셨을 때 그분의 삶은 구워지는 삶이었다. 가장 오래 달구는 것이 무엇이었겠는가? 가족들의 무지, 오해 등이었을 것이다. 그분의 마을 사람들은 그분에 대하여 매우 불신적이었다. 그분의 가까운 사람들의 무지와 불신은 그분에게 하나의 가마솥과 같았을 것이다. 또한 제자들은 어떠했는가? 그들도 때때로 그분을 달구는 번철과 같아서 가끔 그분을 당황하게 만들었다. 바리새인들은 어떤가? 그들 또한 한 번씩 나타나서 그분을 불사르기에 족한 자들이었다. 그리고 주님은 십자가에서 가장 뜨겁게 마치 프라이팬에서처럼 달궈지고 태워지셨다. 이는 시편 22편에 잘 나타나 있다. 이와 같이 주님의 인생에는 그분을 소제로 만들기 위해 굽는 방법이 많았다는 말이다. 오늘날 소제의 인생을 살아나가는 우리에게도 굽는 종류가 이렇게 다양하다. 프라이팬에 계란을 깨뜨려 넣으면 금방 익는다. 그렇게 뜨거운 것도 있는 반면 화덕처럼 군불을 피워서 오래 두고 굽는 것도 있다. 이 모든 것은 우리가 고운 가루가 되어 하나님께 소제로 드려지기 위한 것이다.

3장

화목제의 규례

3장은 화목제를 말하는데, 예수님이 십자가에 못 박히시고 제물 되신 것에는 번제의 측면이 있고 소제의 측면이 있는가 하면 화목제의 측면도 있다. 인간은 타락함으로 하나님과 원수 관계에 놓이게 되었다. 성도들은 죄 사함 받은 것을 가장 큰 것으로 여기겠지만 하나님 편에서는 먼저 사람과 원수 관계를 해결하고자 하신다. 번제와 소제에 이어 속죄제나 속건제가 올 것 같은데, 화목제가 먼저 있는 것은 하나님께서 죄인의 죄를 해결하시는 것이 그들로 죄의 결과인 심판과 멸망을 면하고, 지옥을 면하고, 천당에 가게 하시려는 것보다 더욱 사람이 하나님과 원수 된 것을 해결하여 화목케 되기를 원하셨기 때문이다(살전 5:10, 고후 5:15,19-21). 화목제는 영어로 'peace-offering'인데, 이는 평강을 위한 제물을 뜻한다. 즉 평화의 제사이다.

우리는 레위기가 없이는 그리스도께서 십자가에서 자신을 드리실 때 그분의 가장 귀한 심정과 마음(내장, 신장, 간장 및 기름 등)이 원수 된 사람을 이끌어 하나님과의 화목을 이루도록 온전히 하나님께 드려지셨다는 것을 알지 못한다. 화목제물은 하나님께서 누리실 뿐 아니라 드리는 우리도 누리게 되어 있다. 번제에서는 다 드려야 하지만 화목제에서는 어떤 부분들을 우리더러 먹으라고 하신다. 번제에 있어서 그리스도의 제물 되심은 온전히 하나님을 위한 것이므로 그분의 가죽을 벗기는 일과 각이 뜨여짐과 내장과 정강이를 씻는 일 등은 하나님께만 보여지는 듯하다. 그러나 화목제에서는 하나님이 우리에게 '이것과 저것은 제사장들인 너희의 몫이다'라고 하신다. 그래서 화목제는 하나님도 누리시고 드리는 제사장도 누리며, 또 화목제를 드리는 예배자들도 함께 누리도록 되어 있다. 그래서 화목제인 것이다.

4장

속죄제의 규례

1장에서 번제, 2장에서 소제, 3장에서 화목제를 말씀하시고, 이제 4장에서 속죄제를 말씀하려 하실 때 다시 한 번 '여호와께서 그에게 일러 가라사대'라고 하신다. 이것은 뭔가 새롭고 중요한 대목을 말씀하시기 시작한다는 것을 시사한다.

2절, **"이스라엘 자손에게 고하여 이르라 누구든지 여호와의 금령 중 하나라도 그릇 범하였으되"**. 금령은 계명을 말한다. 여호와께서 명령하신 말씀들을 하나라도 그릇 범하였다는 것은 죄인 줄 뻔히 알면서도 의도적으로 범하였다는 뜻이 아니다. 부지불식간에 죄를 지었다는 것이다. 그래서 속죄제는 속건제와 구별된다. 속건제는 지은 죄가 한 건 한 건 분명하게 드러난 것에 대한 것이고, 속죄제는 우리 속에 있는 단수의 죄에 대한 것으로서 우리가 부지불식간에 범하는 죄들을 처리하기 위한 것이다. 그런 죄를 짓는 이유는 우리 속에 죄성(罪性)이 있기 때문이다. 그래서 이 제사는 속죄제라고 부른다.

여기서 '그릇 범하여'는 영어로 'sin unintentionally'이다. 의도하지 않고 죄를 범했다는 뜻이다. 육신의 연약함 때문에 어쩔 수 없이 지은 죄, 서두르다 실수하여 지은 죄 등의 뜻이 내포되어 있다. 흠정역에는 '모르고 지은 죄(sin through ignorance)'라고 되어 있다. 우리는 의도함이 없이, 모르고도 죄를 범할 수 있다. 우리 속에 죄가 있기 때문에 알지 못하는 사이에도 죄를 범할 수 있다는 것이다. 여호수아에 나오는 도피성에는 부지중에 고살한 자가 들어가서 대제사장이 죽을 때까지 있다가 해방될 수 있다고 말한다. 부지중 고살한 것도 마찬가지로 의도 없이 죄를 범한 것이다(수 20:3-4). 이것은 바로 복음을 예시하는 말씀들이다.

이렇게 의도하지 않고 죄를 범하는 것을 가리켜 '그릇 범하는 죄'라고 말한다. 따라서 사람은 죄가 없다고 말할 수 없다(요일 1:8). 레위기 4장에서 속죄제는 근본적으로 모르고 범하는 죄를 해결하는 제사이다. 성도들은 주 예수의 십자가의 보혈이 우리가 아는 죄만이 아니라 모르고 범한 죄를 위하여도 흘려졌음을 알아야 한다. 주님은 십자가에서 이렇게 기도하셨다. “이에 예수께서 가라사대 아버지여 저희를 사하여 주옵소서 자기의 하는 것을 알지 못함이니이다”(눅 23:34). 주님은 알지 못하고 범하는 많은 사람의 죄를 위하여도 돌아가신 것이다. 우리는 이렇게 속죄제의 깊은 뜻을 이해하지 않으면 안 된다.

그렇다면 속죄제의 궁극적인 목표는 무엇인가? 죄를 해결할 뿐 아니라 사람이 하나님께 회복되고 인도되어 예배드릴 수 있게 하기 위함이다. 그러나 먼저 죄가 해결됨이 없이는 하나님께 예배할 수 없다. 우리가 하나님께 예배하고 하나님과 교제하는 근거는 우리의 죄가 완전히 사하여진 것이다. 이는 우리 인간의 양심에서 죄의 느낌이 제거되는 것을 넘어서 하나님의 보좌의 공의의 표준에 입각하여 우리의 모든 죄가 다 완전히 사해졌다는 것을 의미한다. 모르고 지은 죄든, 알고 지은 죄든, 모든 죄는 다 예수의 피로 사함을 받는다. 하나님의 거룩과 공의의 표준 앞에서 우리의 모든 죄는 심판을 받고 온전한 사함을 얻으며, 그 근거 위에서 우리는 양심에 평안을 갖게 된다.

결국 이 속죄제란 인간이 죄에 대한 어떤 정죄감이나 불안함이 없이 하나님의 존전에 거하며 예배하며 교제할 수 있도록 하나님께서 우리의 모든 죄악을 처리하신 것을 예표하고 있다. 죄에 대한 하나님의 관점에 따라 죄가 깨끗이 처리되지 않는다면 하나님과 사람의 교제 관계는 회복될 수 없다.

“만일 기름 부음을 받은 제사장이 범죄하여 백성으로 죄얼을 입게 하였으면”. 이제 4장에서는 속죄제에 있어서 네 가지 경우를 말하는데, 그것은 제사장이 범죄하는 경우[3-12절], 이스라엘 온 회중이 범죄하는 경우[13-21절], 그리고 족장이 범죄하는 경우[22-26절], 평민 중 하나가 범죄하는 경우[27-35절]이다. 이러한 네 가지 형태의 경우는 네 종류의 신자들을 말하는 것으로 이해할 수 있는데, 그들의 지위와 믿음의 분량에 따라 그렇게 구분할 수 있다.

번제란 하나님을 만족하게 하기 위하여, 하나님의 뜻을 수행하기 위하여 주님이 자원해서 드리신 제물이었다.

그러나 속죄제에 해당하는 구절들을 보면 조금 다른 면을 볼 수 있다. **“조금**

나아가사 얼굴을 땅에 대시고 엎드려 기도하여 가라사대 내 아버지여 만일 할 만하시거든 이 잔을 내게서 지나가게 하옵소서 그러나 나의 원대로 마옵시고 아버지의 원대로 하옵소서 하시고"(마 26:39). 주 예수님께서는 하나님의 뜻에 순종하시기 위해 번제로 기꺼이 자원해서 온 존재를 드리셨다. 그런데 속죄제를 드리시는 방면에서는 경외함으로 말한다면 약간의 보류가 있으신 것 같다. 주님은 자신을 하나님께 드리는 번제에 있어서는 온 존재를 다 드리셨다. 즉 하나님의 뜻에 순종하시기 위해서는 기뻐하심으로 기꺼이 나아가셨으나 죄를 담당함으로 인하여 하나님의 복되고 사랑스런 얼굴 빛과 임재를 떠나는 것은 꺼려하신 것이다. 그분은 친히 **"나를 보내신 이가 나와 함께하시도다 내가 항상 그의 기뻐하시는 일을 행하므로 나를 혼자 두지 아니하셨느니라"**(요 8:29)고 하신 분이다. 주 예수님은 아버지께서 항상 그분과 함께 하시는 것을 주의하시고 기뻐하신 것이다.

오늘날 우리 그리스도인은 주님의 십자가에서의 죽으심이 개개인의 죄악뿐 아니라 모든 단체의 죄악까지도 포함한 것을 알아야 한다. 즉 한 개인일지라도 그는 이중적인 죄악을 가지고 있을 수 있다. 개인적인 죄악과 단체적인 죄악이 그것이다[13-14절].

5-7장

속죄제를 드려야 할 죄목들

우리는 5장에서 속건제에 대해서 보게 된다. 속건제는 하나하나의 행동에 대하여 낱낱이 죄를 자백하고 용서를 받는 제사이다. 이는 속죄제와 구분되는데, 속죄제는 우리의 내적인 죄성을 말하기 때문에 영어로는 단수로 표현된다(sin-offering). 그런데 우리가 범한 하나하나의 죄를 위한 제사는 속건제라고 한다(trespass-offering). 5장부터의 내용을 읽어보면 속죄제와 속건제에 대하여 정확한 구분을 갖기란 매우 어렵다는 것을 발견한다. 왜냐하면 우리의 본질적인 죄가 결국은 우리가 범하는 하나하나의 죄를 결정짓기 때문이다. 우리의 행동 중에 구체적으로 범하는 죄는 우리 속에 있는 죄의 본질에서 비롯된 것이기 때문에 속에 있는 죄와 밖으로 범하는 죄를 구분하기는 매우 어렵다.

1절에서 증인이 되어 맹세시키는 소리를 듣고도 그 본 일이나 아는 일을 진

숱치 아니할 때 죄가 있다고 했다. 구약에서는 맹세를 하고 지키지 않을 때 죄가 된다. 그런 맹세를 하고서도 증거를 필요로 할 때 말하지 않는 사람, 침묵하는 사람은 죄가 있다. 아무것도 하지 않았다고 죄가 없는 것이 아니다. 이것은 침묵의 죄이다. "도적과 짝하는 자는 자기의 영혼을 미워하는 자라 그는 맹세함을 들어도 직고하지 아니하느니라"(잠 29:24). 어떤 맹세시키는 소리를 들으면 고해야 하는데 고하지 않는 사람은 도적과 짝하는 사람이고 자기 영혼을 사랑하지 않는 사람이라는 것이다.

2절, **"누구든지 부정한 들짐승의 사체나 부정한 가축의 사체나 부정한 곤충의 사체들 무릇 부정한 것을 만졌으면 부지중에라 할지라도 그 몸이 더러워져서 허물이 있을 것이요"**. 본 절의 들짐승이란 실제로 들짐승을 가리키는 것이 아니라 거칠고 제멋대로인 사람들, 다루어지지 않은 사람들, 다스림 아래 있지 않은 사람들을 가리키는 것이라고 볼 수 있다. 죄라고 보이지 않는 것이지만 부정해질 수 있는 것들로서 사람이란 쉽게 부정해질 수 있음을 말한다.

그다음에는 부정한 가축이나 곤충에 접해서 부정해진 경우를 말한다. "부지중에라 할지라도 그 몸이 더러워져서 허물이 있을 것이요"라는 말씀처럼 알지 못하는 사이에 그런 사망을 접했을 때에라도 허물이 있다는 것이다.

그 외에도 부지중에 사람의 부정을 만졌을 때, 무심 중에 맹세의 말을 했을 때 자복하고 속건제를 드리라고 한다. 왜 속죄 제물과 번제물을 같이 드리라고 했는가? 죄를 짓는다는 것은 하나님을 떠난 문제가 생긴 것이다. 따라서 속죄제와 번제를 함께 드린다. 우리의 죄 지은 것을 자백하고 사함받을 뿐 아니라 주님께 우리 자신을 헌신하는 것까지 겸해야 한다는 뜻이다.

속죄제를 드릴 수 있는 방법은 세 가지이다. 하나는 어린 양이고, 하나는 산비둘기나 집비둘기이고, 또 하나는 고운 가루이다.

속건제를 드리는 규례(5:14-6:7)

14-15절, **"여호와께서 모세에게 일러 가라사대 누구든지 여호와의 성물에 대하여 그릇 범과하였거든 여호와께 속건제를 드리되 너의 지정한 가치를 따라 성소**

의 세겔로 몇 세겔 은에 상당한 흠 없는 수양을 떼 중에서 끌어다가 속건제로 드려서". 속건제에 대한 것은 실제적으로 14절부터이다. 속건제(贖愆祭, trespass-offering)는 하나님과 사람에게 허물을 범한 경우의 죄이다. 속건제를 말씀하시기 위해 하나님은 모세에게 새롭게 무언가를 말씀하기 시작하셨다. 이 속건제는 여호와의 성물에 대한 것이다. 이것은 사람과 사람이 상대하여 죄를 지은 것이 아니라 성물에 대하여, 특히 하나님을 섬기는 일에서 죄를 지은 것을 뜻한다. 이렇게 여호와의 성물에 대해서 범과하였을 때에는 속건제를 드리되 수양을 떼 중에서 끌어다가 속건제로 드려야 한다. 6장 전반부는 사람에게 지은 죄를 말한다. 즉 속건제는 하나님께 대한 것과 사람에게 대한 것 두 가지로 구분된다. 이것이 소위 대신속건제(對神贖愆祭)와 대인속건제(對人贖愆祭)이다.

16절, **"성물에 대한 범과를 갚되 그것에 오분 일을 더하여 제사장에게 줄 것이요 제사장은 그 속건제의 수양으로 그를 위하여 속한즉 그가 사함을 얻으리라"**[16절]. 여호와의 성물에 대해서 죄를 지었을 때에도 그릇 범과하였다는 말이 있다[15절]. 대신속건제에서는 이와 같이 그릇 범과하였다(sin unintentionally)라는 말이 있으나 대인속건제에는 그런 말이 없다. 사람에게 범죄하는 것은 어느 정도 다 알 수 있다는 뜻도 되겠다. 여호와의 성물이란 거룩한 것(holy things)을 말한다.

5장과 7장은 연결되어 있으며 속건제의 규례가 있다. 이 속죄제와 속건제의 기초는 번제이며 번제는 하나님께 온전히 드리는 것이다. 그리스도께서 자신을 하나님께 열납되도록 자원하여 드린 것이 번제이다. 그리스도께서 우리를 위하여 속죄제와 속건제가 되신 것은 번제를 기초로 한 것이라고 이해하면 된다[1-2절]. 속건제와 속죄제가 비슷한 것을 볼 수 있다. 그러나 번제는 좀 다르다. 번제에서는 내장의 기름, 고기 할 것 없이 다 불살라졌다. 그러나 속건제와 속죄제에서는 주로 기름만 불사른다. 5장과 7장 사이의 6장은 대인 속건제의 규례가 있다. 모세는 사람의 물건을 잘못 다루는 등 사람에게 잘못하는 것을 여호와께 신실치 못했다고 말한다(6:2).

6장 8-30절까지는 각종 제사법에 대한 추가적 설명이 나온다. 즉 세세한 제사법에 대한 규례를 말한다. 8-13절은 **번제의 규례를 말한다.** 재를 다루는 것이 중요하고, 단 위의 불을 꺼지지 않게 해야 한다. 번제는 죽음의 결과인 재까지도 귀하다는 뜻이다. 14-18**절은 소제의 규례**를 말하며, 소제의 중점은 제사장들이 함께 회막 뜰에서 먹어야 하며 누룩이 없어야 한다. 그러나 기름부음을 받는 날에 드리는 제사장의 소제물은 온전히 불사르고 먹지 말아야 한다. 24-30**절에는 속제죄의 규례**를 말한다.

번제 희생을 잡는 곳에서 속죄제 희생을 잡으라고 하셨다. 주님의 속죄제는 번제와 같은 것이다. 주 예수님은 우리의 죄를 사하기 위해서 그분 자신을 하나님께 번제로 드리셨다. 번제로 드리는 것을 기초로 해서 그분은 우리의 죄를 속하신 것이다. 제사장이 먹을 수 있는 고기가 있고(일반 속죄제 희생의 고기) 먹을 수 없는 고기가 있다(피를 가지고 성소에 들어가 속하게 한 속죄제 희생의 고기는 먹을 수 없다-30절, 히 13:11-12 참조).

8-10장

제사장들의 위임식과 임무 시작 - 아론과 그 아들들의 제사장 위임식

1-7장까지는 번제부터 시작하여 각종 제사를 드리는 문제를 말하고, 8장은 제사장 위임식을 말한다. 하나님께서는 모세에게 아론과 그 아들들과 그 의복과 관유와 속죄제의 수송아지와 수양 둘과 무교병 한 광주리를 이끌고 온 회중을 회막 문에 모으라고 했다. 아론은 당시 대제사장이고 그 아들들은 다 그를 돕는 제사장 무리이다. 제사장 직분을 수행하기 위해서는 의복이 필요하고 제사장들이 기름부음을 받기 위해서는 관유가 필요하며 또 성소의 여러 기구들을 거룩하게 하기 위해서도 관유가 필요하다. 또 이들이 위임식 제사를 드리기 위해서 속죄제의 수송아지와 수양 둘과 무교병 한 광주리가 필요하다. 그리고 온 회중을 회막 문에 모으라고 했다.

레위기 8장과 9장은 위임식 제사에 관한 것이다. 위임식의 히브리어를 영어로 번역하면 'consecration(헌신)' 또는 'ordination(성직수여, 위임식)'이다. 이 위임식은 우리 편에서는 하나님께 헌신하는 것이고 하나님 편에서는 우리에게 그분을 섬길 수 있는 어떤 직분을 수여하고 위임하시는 것이다. 이에 대한 히브리어의 원래 뜻은 '손에 채우다'이다. 하나님을 섬기지 않는 사람은 원래 빈손이다. 그런데 하나님을 섬기기 위해 제사장 직분에 참여하는 사람들은 하나님께서 그 손을 채우셔서 그로 하나님께 무언가를 드릴 수 있게 하신다.

직무의 개시

레위기 9장은 8장과 연결되어 있다. 8장은 제사장의 위임식에 관한 것이며 9장은 그들의 직무를 개시하는 것을 말한다.

"제 팔 일에". 제 팔 일이라는 말이 나온 것은 8장의 위임식 제사를 칠 일간 드렸기 때문이다. 칠 일 간의 모든 제사를 마치고 팔 일째 되는 날 모세가 아론과 그 아들들과 이스라엘 장로들을 불렀다.

모세는 아론과 그 아들들과 장로들을 불러 흠 없는 수송아지의 속죄제를 드리고 수양을 번제로 드리라고 했다. 또 이스라엘 자손들에게 수염소의 속죄제를 드리라고 했다. 또한 송아지와 일 년 되고 흠없는 어린양을 취하여 번제를 드리라고 했다. 아론은 단에 나아가 자기를 위한 속죄제를 드렸다. 피는 단 뿔에 바르고 나머지 피는 단 밑에 쏟았다. 기름과 콩팥과 간 꺼풀은 단 위에 불사르고 고기와 가죽은 진 밖에서 불살랐다. 또한 백성을 위한 예물을 드렸다. 속죄제와 번제와 소제를 드린 것이다[15-17절]. 또한 화목제를 드렸다[18절]. 아론이 기름을 가슴들 위에 놓고 불사르고 가슴들과 우편 뒷다리를 요제로 흔드니 모세의 명대로 하였다. 그때 모세와 아론이 회막에 들어갔다가 나와서 백성을 축복하니 불이 여호와 앞에 나와서 번제물의 기름을 살랐다. 먼저 사람이 불을 사를 때 하나님의 불이 내려온다. 오순절도 마찬가지이다. 먼저 다락방의 기도의 불이 있을 때 하늘의 불이 내려왔다.

나답과 아비후의 죽음

8장과 9장에서는 제사장 제도가 세워져서 제사장들이 거룩한 옷을 입고 제물을 드리는 일이 시작됨을 볼 수 있다. 그러나 인간의 모든 제도가 세워지자마자 실패한다는 것이 성경 전체의 역사이다. 제사장 제도가 영광스럽게 세워지자마자 아론의 아들 중 둘이 잘못된 불로 제사를 드리다가 제물을 사른 그 하늘의 불이 그들을 살라버렸다. 즉 심판이 임한 것이다.

레위기 10장에서는 아론의 두 아들 나답과 아비후가 다른 불을 드리다가 죽은 것을 보게 된다. 나답과 아비후는 정통적인 제사장이다. 그들은 자격이 없어서 죽은 것이 아니다. 그들은 순수한 아론의 혈통이요 자격이 충분한 제사장들이었다. 그들이 기구를 잘못 사용했다는 증거도 없고 제사장 복장에도 흠이 없었을 것이다. 그러나 문제가 된 것은 무엇인가? 그들이 여호와의 명하지 않은 '다른 불'을 드렸다는 것이다. 이는 제단을 거치지 않은 불이다. 스스로 자극을 받아서 자발적으로 열심을 낸 불이 아닌가?

레위기 10장에서 우리에게 보여주는 두 가지 큰 그림이 있다. 첫째는 제사장이 여호와의 명하시지 않은 다른 불을 드리면 죽는다는 것이다. 또 하나는 후반부에서 보듯이 아론이 하나님의 명(먹어야 할 음식을 먹지 않음)을 지키지 않았는데 모세가 듣고서 괜찮다고 말한 것이다. 왜 그런가? 하나님은 사람의 마음의 중심을 보시기 때문이다. 여기에 아론과 그 남은 아들들의 약함이 있다. 인간이기 때문에 약함이 있는 것이다.

아론은 두 아들들에게 임한 하나님의 심판을 보고 자신이 자격이 없음을 느꼈을 것이다. 그는 자기의 아들들에게 임한 일을 자신의 책임으로 느낀 것이다. 그런 상태에서 또 제물을 먹음으로 백성들의 속죄제를 마치는 일을 하는 것이 하나님 눈에 선하게 보이지 않을 수 있다고 생각한 것이다. 물론 이것은 약해진 인간의 생각이다. 그러나 나답과 아비후가 다른 불을 담아 분향하다가 죽임을 당했지만 당시에 드려진 속죄제는 여호와께 드린 것이므로 그것은 유효한 것이다. 그러므로 아론과 남은 아들 엘르아살과 이다말은 그 음식을 거룩한 곳에서 먹어야 했다. 모세는 이에 대해 "내가 명령을 받았느니라"고 했다[13절]. 그러나 아론은 아들들이 속죄제와 번제를 드리다가 죽은 것을 자신의 제사를 주님이 기뻐하시지 않은 것으로 생각하여 오늘은 속죄 제육을 먹을 수 없는 것이 아니냐고 말한 것이다.

11장

"내가 거룩하니 너희도 거룩하라" - 정결한 음식

레위기 11장은 매우 중요한 장이다. 레위기는 1장부터 10장까지가 한 단락이고, 11장부터 마지막 장까지가 또 하나의 단락이다. 지금까지 보았듯이 레위기 1장부터 10장까지에서는 주로 제사의 종류와 제물을 드리는 법과 제사장들의 헌신과 위임식 등을 다루었다. 11장부터는 이제 좀 더 구체적으로 어떻게 제사장들이 삶에서 한 가지 한 가지 거룩하게 되는가를 말하고 있다. 우선 레위기 11장의 가장 중요한 구절을 보겠다. **"나는 너희의 하나님이 되려고 너희를 애굽 땅에서 인도하여 낸 여호와라 내가 거룩하니 너희도 거룩할지어다"**[45절]. 레위기에 음식을 먹는 규례가 있는 이유는 하나님께서 그분의 백성을 거룩케 하려는 것이다. 하나님께서는 그러한 거룩한 백성을 얻으시고 그들의 하나님이 되기를 원하신다. 하나님은 거룩한 백성을 얻으시려고 이스라엘을 애굽에서 구출해 내신 것이다.

하나님의 백성이 거룩하게 되기 위해서는 부정한 것을 먹지 말아야 한다. 부정한 짐승이나 물고기, 곤충 등이다. "약대는 새김질은 하되 굽이 갈라지지 아니하였으므로 너희에게 부정하고". 약대 같은 사람은 열심히 말씀을 듣고 소화하는 것 같은데 생활에 분별이 없다. 말씀을 먹을 때나 먹지 않을 때나 그 나타난 생활이 똑같다. 말씀을 먹었는데도 먹지 않은 사람이나 생활이 똑같은 사람은 부정한 사람이라는 말이다. 간단히 말해서 내적인 생명(inward life)과 외적인 생활(outward behavior)이 일치되지 않는 자들은 합당치 않다. 많은 사람들이 입술의 말은 그럴 듯하고 거룩하지만 삶은 그렇지 못한데, 성경은 그들이 부정한 자들이고 접촉해서는 안 될 자들이라고 말한다. 우리는 행함이 없는 신앙이 얼마나 위험한 것인가를 이해할 필요가 있다. 사반(팔레스타인 지방의 너구리 종류라 함)이나 토끼도 새김질은 하지만 굽이 갈라지지 않아 부정하다고 했다.

물에 사는 것들 중에 강과 바다에 지느러미가 있는 것과 비늘 있는 것은 먹을 수 있다고 말한다. 지느러미와 비늘은 물이 의미하는바 세상을 거슬러 올라갈 수 있게 한다. 이렇게 거슬러 올라가지 못하는 물고기는 부정하니 먹지 말라고 한다.

또한 새들 중에 사체를 먹는 독수리 등은 부정한 새라고 한다. 까마귀도 사체를 먹는다. 그러기에 부정하다. 솔개나 어응, 매 등은 맹금류이다. 이러한 종류는 약한 것들을 쪼아 먹고 억누르고 죽인다. 올빼미, 당아새, 부엉이 등은 어두운 데서 슬피 우는 종류들이다. 따오기, 당아, 올응 등은 아마도 우는 소리가 특이할 것이며, 학과 황새 종류는 모양만 희고 그럴듯하게 모습을 하는 사람들이고, 대승과 박쥐 등은 여기서는 이런 모양 저기서는 저런 모양으로 변신을 잘 하는 사람들을 뜻할 것이다.

이제 곤충에 대해 말하는데, 날개가 있고 네 발로 기어 다니는 곤충은 가증하다고 했다. 그들은 날개가 있어서 날 수 있는 척하고 다닌다. 말하자면 세상을 초월한 듯한 날개를 달고 다닌다. 이 세상에 속하지 않은 그리스도인 행세를 하지만 실제로는 전혀 날지 못한다. 그러한 것이 가증한 것이다. 그들은 입술의 말로만 날아다닌다. 그런 자들에게 날개는 있으나마나 한 날개이다. 날개가 있는데도 네 발로 기어다닌다. 이들은 일종의 경건의 모양만 갖고 있다. 이것은 다 부정한 것이다. 사도는 디모데에게 이런 자들에게서 돌아서야 한다고 권면했다 (딤후 3:5).

그런데 날개가 있고 네 발로 기어다니는 모든 곤충 중에서 그 발에 뛰는 다리가 있어 땅에서 뛰는 것은 먹으라고 했다. 말하자면 이 땅에서 분별될 수 있는 역량을 갖고 있는 것은 먹으라는 것이다. 결국 부정한 사람들은 땅에서 떨어지지 않는 사람들이다. 이 땅을 초월한 삶을 살지 않는 사람들이다. 근본적으로 이 땅에 붙어 있는 종류는 다 부정한 것이다. 땅에서 뛰는 것이 이 땅을 초월하는 것이다.

메뚜기 종류와 베짱이 종류와 귀뚜라미 종류와 팟종이 종류는 정결한 곤충으로서 먹을 수 있다고 말한다. 땅에서 뛸 수 있기 때문이다. 그러나 날개가 있는데 기어다니는 곤충은 부정하니 먹지 말라고 한다. 사람들이 뛰지도 못하면서 날개를 다는 이유는 남들에게 세상을 초월하여 날아다니는 것처럼 보이고 싶기 때문이다. 그러나 실제로는 한 번도 그 날개를 사용하지 않는다. 영적으로 말해서 그런 사람들은 속이는 사람들이고 '척하는' 사람들이다. 날개를 보니 하나님께 완전히 드려지고 헌신한 사람 같은데 실제로는 그렇지 않은 것이다. 아나니아와 삽비라가 이런 유이다. 그들은 겉으로는 전폭적으로 드리는 사람 같았지만 사실은 그렇지 않았다. 그들은 완전히 땅에 붙어 있었다.

12장

정결케 될 필요—여인이 자녀를 낳았을 때의 규례

레위기 12장은 여인이 자녀를 낳았을 때 부정해지기 때문에 언제 정결해지며 어떻게 하여야 정결케 되는가에 대한 규례이다. 먼저는 여인이 잉태하여 남자를 낳았을 때이다[2절]. 남자를 낳았을 때에는 칠 일 동안 부정하고 그것은 경도할 때와 같이 부정한 것이라고 했다. "제 팔일에는 그 아이의 양피를 벨 것이요". 이것은 할례이다. 33일이 지나야 산혈이 깨끗해진다고 하였다. 그 정결케 되는 기간이 차지 아니하면 성물을 만지지도 말고 성소에 들어가지도 말라고 하였다. 여자를 낳으면 2주간 부정하며 산혈이 깨끗해지려면 66일이 지나야 한다고 말한다. 레위기 11장은 외부의 것들을 접촉함으로 부정해지는 것을 막는 것이지만, 12장은 우리 속에서 나오는 부정을 처리하는 길이다.

본 장을 어떻게 해석하겠는가? 아기를 낳는 것은 신약적인 해석으로 복음을 전해서 사람들을 낳는 것이다. 즉 복음 사역의 열매를 얻는 것이다. 이는 레위기의 제사장이 제사를 드리는 것을 이방인을 제물로 드리는 것에 적용한 사도 바울의 말에 근거한다(롬 15:16). 그렇게 적용할 수 있다면 여인이 아이를 낳는 것은 복음을 전하는 일이다. 이는 비단 복음을 전해서 사람들을 하나님께로부터 태어나게 하는 일만이 아니라 많은 적극적인 수고와 역사에 관련된다고 말할 수 있다. 복음을 전하고 교회를 세우며 열심히 하나님이 기뻐하시는 일을 한다 하더라도 그 일을 하면서 여전히 부정한 피를 흘리지 않을 수 없다는 것이다. 아무리 선한 일이라 하더라도 거기에 사람의 천연적인 본성으로 말미암은 혈기와 죄가 묻을 수 있다는 말이다. 하나님은 사람이 근본적으로 부정한 것을 아신다. 하나님이 아니라면 누가 이렇게 거룩하고 주를 위한 일 속에도 부정함이 포함될 수 있다는 것을 알겠는가?

그러하기에 아이를 출산한 뒤 정결케 되기 위한 칠 일이 필요한 것이다. 그런 다음 팔 일째 될 때 양피를 베라고 했다. 남자 아이는 할례를 받아야 한다. 그 낳은 남자 아이가 아무리 사랑스러워도 할례를 시행해야 하는데, 이는 그 육체가 부정하기 때문이다. 어떤 육체든지 다 부정함이 있는 것이다. 하나님은 아이를 거룩하고 깨끗하게 하여 그분의 소유로 얻기를 바라시기 때문에 양피를 베라고 하셨다. 양피를 벤다는 것은 육적인 관계가 청산되어야 함을 의미한다. 귀한 아이를 낳자마자 그 아이와의 육신적인 관계가 끝나야 하는 것이다. 피 남편이 아니라 피 아들이 되는 셈이다(출 4:25).

"그 여인은 오히려 삼십 삼 일을 지나야 산혈이 깨끗하리니". 칠 일간은 부정하고 제 팔 일에 양피를 베라고 했으며, 칠 일은 부정한 것이 분명한 것이라는 것을 알라는 말이고, 출산한 지 도합 40일이 지나야 산혈이 깨끗케 된다고 했다. 그리고 정결케 되는 기한이 차기 전에는 절대로 성물을 만지지 말고 성소에 들어가지 말라고 했다. 우리는 일종의 실패의 체험들을 통해서 다시 한 번 우리의 육체를 죽음에 넘기는 것을 배워야 한다는 것이다. 여기서 실패란 우리의 수고를 통해 드러난 우리의 육체요 자아의 더러움들이다. 우리의 수고와 복음의 열매는 물론 주님이 기억하시겠지만, 조금이라도 불순한 어떤 부분들은 여지없이 나타나고야 말며 그것들은 온전히 제해지고 처리되어야 한다.

또 여자를 낳으면 두 주일 동안 부정하고 산혈이 깨끗하게 되려면 육십육 일이 더 지나야 한다. 육십육 일에 십사 일을 더하면 80일 이다. 사내아이의 두 배이다. 두 가지 모두 두 배이다. 그래야 깨끗케 된다. 그런데 여자를 낳았을 때에는 왜 이렇게 두 배나 더 부정한가? 이것도 참 이해하기 어렵다. 여자를 낳은 경우는 낳은 자의 만족감이 덜할 수가 있다.

아이를 낳는 일이 매우 귀하고 필요한 일이지만, 낳은 후에는 부정을 깨끗케 하는 절차가 필요하다. 이것은 참으로 기이한 일이다. 오늘날 교회 안에 이렇게 아들을, 혹은 딸을 낳은 후에 할례를 행하고 속죄제와 번제를 드리는 것이 있다면 얼마나 거룩하고 정결케 될 것인가? 많은 문제들이 교회에서 일을 많이 하는 사람들에 의해 일어난다. 사내아이를 출산한 경우는 좀 덜하다. 그런데 여자아이를 낳았다는 것은 사역의 결과가 그렇게 만족하지 않다는 것을 시사한다. 그런 경우는 더 오랜 시간 부정하다는 것을 알아야 한다. 어떻게 단정 지어 설명할 수는 없지만 우리는 사역을 하면서 아들을 낳은 것 같은 결과가 있는가 하면 딸을 낳은 것 같은 결과가 있음을 안다.

13-14장

문둥병에 대하여

문둥병은 가장 더러운 질병으로 나병이라고도 부른다. 1800년대에 한센이라는 사람이 발견했다고 해서 한센병이라고도 한다. 1800년대에 이르러서야 인류는 문둥병을 발견했지만 2500년 전에 이미 문둥병이 있었다.

성경에도 베다니 문둥이 시몬의 집이 나온다. 주 예수님이 계실 때에도 문둥병자들이 있었고 그들 중 몇몇은 예수님께 치료받았다. 구약 성경에서 모세의 누이 미리암이 문둥병에 걸린 적이 있다. 그것은 거역과 관계가 있었다. 그리고 엘리사의 사환 게하시도 문둥병에 걸렸었다. 또 유다 왕 웃시야가 문둥병에 걸린 적이 있다. 아람 장군 나아만이란 사람도 문둥병에 걸린 적이 있다. 이처럼 문둥병은 성경 여러 곳에 나온다. 사람의 질병 중에서 문둥병처럼 부정한 질병이 없다. 이 문둥병은 피부병 중에서도 가장 심각한 병이다. 일단 걸리면 치료가 불가능할 뿐 아니라 점점 악화되어서 손가락이 문드러지거나 얼굴 형체가 일그러져 아주 흉하게 된다.

문둥병은 아주 작은 것에서 시작된다. 바로 피부에 딱지가 생기는 것이다. 그 처음은 뭔가 작은 것이 돋아나는 것이다. 아주 심각한 질병이라도 처음에는 아주 작은 것, 사소한 것에서 시작된다. 인류의 가장 심각한 질병, 우리 일생을 망치고 끝내는 아주 심각한 질병도 그 시작은 매우 작은 딱지로부터 출발한다. 어떤 형제가 권위를 거역하는 심각한 영적 질병에 걸렸는데, 그 원인은 매우 작은 것에 있었다. 실상 그 어린 형제가 권위자를 오해한 것에서 문제가 비롯되었는데, 결국 그는 사려 깊지 않음으로 인해서 마침내 거역하고 중상모략을 하게 된 것이다. 이것이 작은 딱지 같은 것으로부터 문둥병이 시작된 예이다. 이처럼 문둥병도 처음에는 다른 작은 피부병처럼 보이기 때문에 구분하기가 어렵다.

환자는 제사장에게 가서 그 피부의 병을 진찰하라고 했다. 진찰하지 않고 대충 보고서 '이것은 문둥병이다' 하면 안 된다. 진찰하고 그 환처의 털이 희어졌으면 우선 의심해 보아야 한다. 그리고 피부가 원래의 피부보다 낮아져서 우묵하여졌으면 그것은 문둥병이다. 털이 희어졌다는 것은 모발을 검게 생성시킬 수 있는 역량, 즉 속에 생명력이 없어졌다는 것이다. 털이 나긴 나는데 힘없이 그냥 나는 것이다. 말하자면 털을 나게 하는 생명력이 상실된 상태이다.

문둥병에 대해서 조금 더 살펴보자. 무엇보다 문둥병은 부정하다(unclean). 물론 모든 죄가 다 문둥병과 같아서 약함도 문둥병이고 허물도 문둥병이지만, 레위기 13장을 읽을 때 문둥병이란 단순한 인간의 약함만을 의미하는 것 같지는 않다. 왜냐하면 모든 환처나 부스럼이나 옴 등이 좋은 것이 아니지만 문제는 그것이 악성으로서 퍼지는 것인가에 있기 때문이다. 여기서는 '퍼진다'는 말이 많이 나온다. 퍼지는 것이면 문둥병이다. 죄악 중에도 전염성이 있어서 교회를 더럽히고 그리스도인들을 파멸시키는 종류의 죄가 바로 문둥병이다. 그냥 단순하게 딱지가 앉았거나 피부에 무엇이 돋거나 색점이 생긴 것은 문둥병이 아니다. 그런데 뭔가 피부 깊은 속에 병이 있어서 겉으로 표출된 것이라면 그것은 문둥병이다. 그것이 흰 털로, 피부의 우묵한 것으로 나타난다. 이것은 부정하다. 우묵하다는 것은 얕은 상처가 아니라 근원적인 깊은 문제가 있는 것이다. 사람도 단순한 실수나 잘못이 있는가 하면 그 사람 속에 사욕과 저의가 있어서 잘못하는 경우가 있는데, 이는 보다 심각한 죄이다. 문둥병은 바로 그런 것이다. 주변에 퍼지며 보다 깊은 곳에 있는 죄, 이것이 문둥병의 특징이다.

집에 발생한 문둥병

14장 33-35절의 말씀은 집에 발생한 문둥병이다. 이는 가나안 땅에 들어가서의 일이다. 기업으로 주는 가나안 땅에 들어가서 어느 집에 문둥병 색점이 생기면 그 집 주인은 제사장에게 와서 무슨 색점이 집에 생겼다고 고해야 했다. 여기서 제사장은 주님이시고 집은 교회를 예표한다. 33절부터 말하는 집에 발생한 문둥병은 교회에 발생한 문둥병에 대한 것이다. 집 주인은 교회의 인도자들, 사역자들, 장로들일 것이다. 문둥병이 생기면 그들이 먼저 고해야 할 분은 주님이시다. 그다음에 주님을 대표하는 하나님의 종들에게 '문둥병이 생긴 것 같다'고 고해야 한다. 이때에는 제사장도 조심해야 한다. 주의 종들도 조심해야 한다는 것이다. 물건들을 비우게 하고 들어가서 살피라고 했다.

37절은 "그 색점을 볼 때에 그 집 벽에 푸르거나 붉은 무늬의 색점이 있어 벽보다 우묵하면"이라고 한다. 이것은 참 이해하기가 어렵다. 어떻게 벽에 문둥병이 생긴다는 말인가? 문둥병이 피부병인 줄 알았더니 집 벽에도 생겨난 것이다. 이 말씀들은 다 예표일 것이다.

제사장은 그 집을 칠 일을 폐쇄하였다가 다시 살피고 또 칠 일 만에 와서 살펴보아야 한다. 색점이 퍼졌으면 색점 있는 돌을 빼어 부정한 곳에 버려야 한다. 또 집 안 사면을 긁게 하고 그 긁은 흙을 성 밖 부정한 곳에 쏟아 버리라고 하신다. 색점 있는 돌을 빼서 버리고 사방을 다 긁어내는 일을 하는 것이다. 사도들의 가르침(특히 서신서들)을 읽을 때 긁어내는 말씀이 있다는 것을 알게 된다. 특히 고린도 전서가 그러하고 갈라디아서가 그러하다. 사방을 긁어내는 이유는 집에서 문둥병이 발한 돌을 하나 빼어버렸다 할지라도 알게 모르게 부정한 것이 번져 있기 때문이다. 그러므로 철저히 긁어내야만 그 영향력, 세균이 소멸되고 죽게 된다.

42절은 "그들은 다른 돌로 그 돌을 대신하며 다른 흙으로 집에 바를지니라"고 한다. 이 경우는 교회 안에 문둥병이 생겼는데 한두 사람에게만 생긴 경우이다. 고린도 교회의 상황과 같다. 고린도 교회에 간음한 한 형제가 있었는데 그 형제는 문둥병에 걸린 것과 같았다. 바울은 적은 누룩이 온 덩이에 퍼지는데 왜 그 사람을 회중에서 내어쫓지 않았느냐고 했다. 이런 경우는 한두 사람을 쫓아내면 해결되는 경우이다.

그런데 문둥병이 발한 돌을 빼고 집 벽을 긁어내었는데도 다시 복발했다면 악성 문둥병이므로 그 집을 헐고 돌과 재목과 그 집의 모든 흙을 성 밖 부정한 곳으로 내어가야 한다. 이는 요한 계시록 2장의 에베소 교회를 생각나게 한다. 그들이 회개하지 않으면 촛대가 그 자리에서 옮겨질 위험에 있었다. 3장의 라오디게아 교회도 동일한 위험에 처해 있었다. 주님의 입에서 토해 내쳐질 정도로 교회(집) 전체가 버려질 위험에 있었던 것이다. 하나님은 교회 안에 작은 문둥병이 생겨 전체를 못쓰게 만들 경우(고전 5장의 말씀처럼 적은 누룩이 온 덩이를 부풀게 한 경우), 버리지 않으실 수 없다고 경고하신 것으로 읽어야 한다.

15장

유출병에 관하여

레위기의 모든 말씀들이 하나님의 교회를 위하여 주신 것이라고 생각할 때 하나님께 깊은 감사를 드린다. 레위기 11장부터 15장까지에서는 성도의 거룩함에 대해서 다루고 있다. 성경에서는 문둥병만이 아니라 유출병이 있어도 부정하다고 했다. 유출병이란 무슨 병인가? 영어로는 'discharge'이다. 15장 1절에서 18절까지는 남자의 유출병에 대해서 말하고, 19절부터 끝까지는 여자의 유출병을 말하고 있다. 남자든 여자든 뭔가 몸에서 유출되는 것이 유출병이다. 남성이나 여성이나 이것은 생리적인 것과 관계가 있으며 내면적인 것이다. 남자의 경우도 어떤 분비물이 계속 흘러나오는 병이다. 남자나 여자나 생리적인 것으로서 비정상적인 유출인 것이다. 여성의 경우는 정상적인 생리 유출의 경우에도 부정하다고 했다.

여기서 우리는 도대체 하나님이 무엇을 말씀하시려고 유출병이 있으면 부정하다고 하시는가에 주목해야 한다. 그 의미는 이런 것 같다. 사람이 타락한 후에는 인간에게서 나오는 모든 것이 다 더럽다. 인간에게서 유출되어 나오는 것은 다 더러운 것이다. 그것이 다른 사람이 모르는 가운데 흘러나오는 은밀한 것일지라도 일단 사람의 분비물은 부정하다.

유출병 있는 사람이 잠시 앉거나 눕기만 해도 그 자리가 부정하다고 했다. 여기서 우리는 알아야 할 것이 있다. 인간은 그 자체가 부정하고 더럽다. 그의 족적 자체가 다 더럽다고 보아야 한다. 어떤 사람은 어떤 성도의 일생을 미화하고 칭송하여 말하는데, 그 자체가 빛이 없는 말이다. 전체가 거룩한 분은 오직 그리스도이며 우리는 그분만 찬양해야 마땅하다. 그럼 유출병 있는 사람은 누구인가? 대개 젊은 사람이다. 특히 혈기가 방장한 사람들이다. 남자든 여자든, 늙은 이들은 몸의 분비물이 거의 없다. 교회에서 열심이 특심하고 목소리가 커서 휘젓고 다니는 사람은 조심하라! 성도들은 주님과 교회를 섬길 때나 전파할 때나 늘 조심하고 두렵고 떨어야 한다. 늘 두렵고 떨지 않는 그런 자들의 자리에는 다 부정한 것과 엉긴 것이 남아 있게 된다(고전 2:3).

4절, **"유출병 있는 자의 눕는 상은 다 부정하고 그의 앉았던 자리도 부정하니"**. 침상과 의자만이 아니라 안장도 부정하다고 했다. 그러므로 하나님의 집에서 뭔가 섬긴다고 하는 열심 내는 사람들은 두려워 떨고 조심해야 한다(딤전 3:15, 4:14-16). 바울은 주님의 일을 하고 또 성령의 은사를 발휘한다고 해도 교회라는 곳에서는 늘 조심해야 한다(삼가라)는 말을 자주 썼다. 조심하는 것을 모르면 주님의 사역을 하기에 합당하지 않다. 사람이 조심하지 않으면 부지불식간에 사람의 분비물이 나온다는 뜻이다. 인간은 근본적으로 하나님의 일을 하기에 합당한 존재가 아니다. 모세는 산에서 부르심을 받을 때 신부터 벗어야 했다(출 3장). 그곳은 거룩한 곳이기 때문이다.

16장

속죄 제사와 피 - 향연과 함께 지성소에 피를 드리는 대속죄제

레위기 16장은 속죄 제사에 관한 것이다. 유대인들은 7월 10일을 대속죄일로 정해놓고 매년 한 번씩 속죄 제사를 드려야 했는데, 그 속죄 제사에 대한 규례를 자세히 기록해 놓은 것이 레위기 16장이다. 우리는 11장에서부터 15장까지 인간이 부정함에 이르게 되는 여러 가지 문제들을 보았고, 이제 16장에서 대속죄제를 말하는 것에 유의해야 한다. 사람은 죄악으로 가득하여 늘 속죄가 필요한 존재이다. 일반 속죄제사에 대하여는 4장부터 5장 13절까지에 기록되어 있지만, 16장의 속죄제사는 특별하다. 이 특별한 날의 대속죄제는 여호와 하나님께서 그들 가운데 거하시기 위한 것이다. 4장의 속죄제사가 단순한 예배와 교제와 누림을 위한 것이라면, 16장의 대속죄제사는 그리스도께서 교회를 얻으시고 그들 가운데 거하시며 그들과의 관계를 확립하시기 위한 대대적인 행사라고 말할 수 있다.

2절, **"여호와께서 모세에게 이르시되 네 형 아론에게 이르라 성소의 장 안 법궤 위 속죄소 앞에 무시로 들어오지 말아서 사망을 면하라 내가 구름 가운데서 속죄소 위에 나타남이니라"**

속죄제를 위한 두 염소

여호와께서는 속죄제를 위하여 두 마리의 숫염소를 취하라고 하셨다. 그리고 제비를 뽑되 하나는 여호와를 위하고 다른 하나는 아사셀을 위하여 드려야 했다[8절]. 그리고 어떤 염소가 여호와를 위한 염소인지, 어떤 염소가 아사셀을 위한 염소인지 표시해 두어야 했다.

9-10절, **"아론은 여호와를 위하여 제비 뽑은 염소를 속죄제로 드리고 아사셀을 위하여 제비 뽑은 염소는 산 대로 여호와 앞에 두었다가 그것으로 속죄하고 아사셀을 위하여 광야로 보낼지니라"**. 여호와를 위하여 제비 뽑은 염소는 속죄제로 드려져 죽임을 당했다. 그러나 아사셀을 위하여 제비 뽑은 염소는 산 대로 여호와 앞에 두었다가 그 염소에게 백성의 죄를 담당시키고 아사셀을 위해서 광야로 보내라고 명하셨다. 이는 하나님이 죄를 알지도 못하신 자로 우리를 대신하여 죄를 삼으신 것을 생각나게 한다(고후 5:21). 또한 예수 그리스도께서는 세상 죄를 지고 가신 하나님의 어린양이셨으며(요 1:29), 시편 103편 12절에서는 "동이 서에서 먼 것같이 우리 죄과를 우리에게서 멀리 옮기셨도다"라고 한다.

11-12절에서, 아론은 자기를 위한 속죄제의 수송아지를 드리는데 자신과 그의 권속을 위하여 속죄하고, 자기를 위한 속죄제 수송아지를 잡고 향로를 취해서 여호와 앞 단 위에서 피운 불로 채우고 또 곱게 간 향기로운 향을 채워 가지고 장 안(지성소)에 들어가야 했다.

13절, **"여호와 앞에서 분향하여 향연으로 증거궤 위 속죄소를 가리우게 할지니…"**. 이와 같이 속죄제를 드릴 때에는 향을 지성소 안에서 피워야 했다. 평상시에는 성소에서 향을 피우지만 속죄제를 드릴 때에는 지성소 안으로 가지고 들어가서 향을 피우게 되어 있었다. 이 속죄 제사는 확실히 4장부터 5장 13절까지에 있는 속죄 제사와 구별되는데, 그때는 그 피를 성소의 장에 뿌리지만 여기서는 지성소에 가지고 들어간다. 그리고 이 제사는 많은 제사장이 아니라 한 사람의 대제사장이 드리게 되어 있다.

지성소 안에 있는 법궤 덮개를 속죄소 또는 시은좌라고 하는데, 속죄소 위에 영광의 그룹이 있고 그 아래 언약궤 안에는 두 돌판과 아론의 싹난 지팡이와 감추인 만나가 들어 있는 항아리가 있었다. 속죄일에는 지성소에서 분향하여 향연으로 증거궤 위 속죄소를 가리도록 되어 있었다. 이 구절에서 우리는 그리스도의 십자가에서의 속죄 제사에 있어서 우리를 위한 그리스도의 중보 기도의 향연이 하나님 앞에 가득하였음을 볼 수 있다. 그리스도께서는 우리 죄인을 구원하기 위해 하나님께 간절히 중보 기도를 드리셨다(요 17장, 히 5:7 참조). 그리스도께서는 그러한 기도의 사역, 기도의 향연과 함께 자신을 속죄 제물로 드리신 것이다. 레위기의 이러한 예표적인 그림이 없이는 그리스도께서 십자가에서 이루신 속죄 사역에 대한 자세한 그림을 볼 수 없다. 그러나 이러한 말씀을 통해서 우리는 그리스도께서 십자가에서 우리 죄인을 위해 피를 흘리며 속죄 제사를 드리실 때 향을 가득히 피워 올리는 가운데 드리셨다는 것을 알 수 있다. 그분은 아무 기도 없이 십자가에 올라가신 것이 아니다.

속죄 제사를 드린 후에는 번제가 드려져야 한다. 이곳 16장은 1-5장에 있는 제사의 순서와 다르다. 그곳에서는 번제가 먼저이고 속죄제가 나중이다. 이곳의 제사는 속죄함을 받을 우리의 이야기다. 완전한 속죄를 받은 뒤에는 마땅히 번제를 드려야 한다. 번제란 자신을 완전히 하나님께 드리는 것을 말한다. 모든 제물을 다 불태워 하나님께 드리는 것이다. 이것은 오늘 우리가 죄 사함을 받았다면 마땅히 자신을 하나님께 드려야 함을 의미한다.

이 구절들에서 보는바 지성소와 회막과 단을 거룩케 하고 제사장과 백성의 회중을 속죄하는 것에서 우리는 속죄 제사의 목표가 그들 가운데 하나님께서 거하시기 위한 것임을 알 수 있다. 그러기에 하나님의 집이요 거처인 지성소와 회막과 단 모든 것이 정결케 될 필요가 있으며, 제사장들과 회중 전체가 정결케 될 필요가 있는 것이다. 교회는 범사에서 부정을 자백하고 회개하며 그분의 피로 씻어져서 거룩케 되어야 살아계신 하나님의 성전으로서 그리스도를 모실 수 있다.

레위기 16장의 제물은 은혜로우신 하나님께서 그분의 아들을 속죄 제물로 이 땅에 보내셔서 우리를 위해 귀한 역사를 이루심을 보여준다. 그리스도는 수송아지이시며 두 방면을 의미하는 두 마리의 수염소이시다. 그리스도께서는 한 마리의 수염소로서 하나님의 영광을 위하여 죽으사 하나님의 보좌의 요구를 다 만족시키셨고, 다른 한 마리의 수염소로서 우리의 모든 죄를 짊어지고 광야로 보내지셨다. 이러한 역사를 이루신 하나님께 감사와 찬양을 드린다!

17장

피에 관한 규례

여기 17장에 또 하나의 명령이 있다. 하나님께서는 모세를 통해서 이스라엘 백성에게 한 가지 명령을 주셨는데, 그것은 곧 이스라엘 집의 누구든지 소나 어린 양이나 염소를 잡을 때 진 안에서 잡든지 진 밖에서 잡든지 먼저 회막 문으로 끌어다가 여호와의 장막 앞에서 여호와께 예물로 드리라는 것이다. 어디서 잡는가가 중요하다. 즉 회막 문에서, 여호와의 장막 앞에서 잡아야 한다.

17장에서는 하나님께 제물을 드릴 때 아무 데서나 잡지 말라고 하신다. 아무 데서나 잡으면 그것은 피 흘리는 죄를 범하는 것이 된다. 오늘 우리가 알아야 할 것은 예수 그리스도께서 우리 죄인을 위해서 피 흘리신 곳, 이스라엘 백성들로 말하면 그 제물을 잡은 곳은 출애굽기 12장에서는 이스라엘 회중 앞이고 레위기 17장에서는 회막 문 앞이라는 것이다. 이는 다 교회와 관련이 있다. 예수 그리스도께서 십자가에서 자신을 주신 것은 교회를 위한 것이며, 우리가 그분의 희생, 그분의 죽음을 필요로 하고 받아들이는 곳도 다름 아닌 교회이다. 교회를 떠나 다른 곳에서는 (들에서나 아무 데서나) 이 희생 제물을 잡을 수 없다. 그러면 피 흘리는 죄를 범하는 것이고 그럴 때 이스라엘 회중 가운데서 끊어지게 되는 것이다. 이처럼 그리스도의 구속 역사, 그리스도의 제물 되심, 그분의 보혈을 흘리심은 결국 교회를 위한 것임을 알 수 있다. 피로 사신 교회라고 하였다(행 20:28). 피와 교회는 뗄래야 뗄 수 없는 관계이다. 성도들은 마땅히 교회에 올 때 그리스도의 십자가와 그 귀한 피를 만나야 할 것이다.

"회막 문으로 가져다가 여호와께 드리지 아니하면…". 이는 회막 문에 올 때 여호와께로 오는 것이라는 말이다. 회막은 곧 여호와께서 거하시며 여호와를 중심 삼는 곳이기 때문이다. 진정한 의미에서 교회란 무엇인가? 어렵게 해석할 필요가 없다. 교회는 다른 것이 아니라 하나님 한 분이 중심이 되시는 곳이다. 그러나 다른 곳에는 유명하고 높이 솟아오른 산의 이름들이 있다. 여로보암이 많은 산당(높은 곳)들을 세웠을 때 하나님께서는 그것을 죄라고 말씀하셨다.

그러면 하나님이 원하시는 것은 무엇인가? 그렇게 푸릇푸릇하게 살아 있는 듯한 그런 곳에서 제사하는 것도 아니고 높은 산에서 제사하는 것도 아니고 낮은 산에서 제사하는 것도 아니다. 오직 참 진리를 순종하는 그리스도의 몸 된 교회인 회막 문 앞에서 제사를 드려야 한다.

레위기 17장에서 성령이 말씀하시고자 하시는 바는 그리스도의 보혈의 소중함을 일깨우고자 하는 것이라 믿는다. 나는 지난 날 주님을 매우 사랑하는 사람들조차 속임을 당하여 점차 그리스도의 보혈의 중요성을 소홀히하는 데로 나아가는 것을 보았다. 우리는 그런 것을 경계해야 한다. 그리스도의 보혈 외에 다른 것을 높이는 교리나 사상을 주의해야 한다. 우리는 오직 그리스도와 그의 십자가에 못 박히신 것을 주목해야 하고 그분의 보혈의 공로를 영원토록 찬미해야 한다. 그분의 보혈이 없다면 믿음도 구원도 없고 교회도 없으며 우리는 다 멸망이요 하늘 아버지께로 나아갈 어떤 길도 없게 된다.

18장

각 방면에서 거룩함을 온전히 이루라 - 도덕적인 거룩함을 이루라

18장에서 하나님은 계속해서 자신이 여호와라고 말씀하신다[5절]. 왜 이 말씀을 거듭하시는가? 그들을 불러내신 분이 바로 여호와 하나님 자신이심을 알려 주시는 것이다. 그래서 그들은 애굽 사람이 되어서도 안 되고 가나안 땅에 들어가서 가나안 사람들처럼 되어서도 안 된다. 하나님께서 불러내신 이스라엘 백성은 하나님의 백성이 되어야 한다. 오직 하나님께 속한, 하나님께로부터 배운, 하나님의 법도를 지키는 민족이 되어야 하기 때문에 그분은 계속적으로 그들에게 '나는 너희 하나님 여호와니라'고 말씀하시는 것이다.

그러면서 이제 6절부터는 근친상간에 관한 죄악들을 기록하고 있다. 쉽게 말해서 성적인 문란, 분별이 없는 성생활의 문제를 열거하고 있는 것이다. 사람이 가장 쉽게 범하며 하늘의 분위기를 해치며 하나님의 백성의 표시를 말살하는 것이 음란이요 성적인 문란이다. 교회로서 첫째로 분별하며 거룩케 되어야 할 것이 음란이다(살전 4:7).

6-20절, "너희는 골육지친을 가까이하여 그 하체를 범치 말라 나는 여호와니

라 네 어미의 하체는 네 아비의 하체니 너는 범치 말라 그는 네 어미인즉 너는 그의 하체를 범치 말지니라 너는 계모의 하체를 범치 말라 이는 네 아비의 하체니라…말지니라". 여기서 우리가 볼 수 있는 것이 무엇인가? 하나님께서는 인간의 육체가 이렇게 악하고 더럽다는 것을 아셨다는 것이다. 하나님께서는 그분의 선택한 백성일지라도 타락한 육체를 가지고 있기 때문에 이러한 죄를 범할 가능성이 있다는 것을 아셨다. 레위기 18장을 읽을 때 성경에 어찌 이런 말씀이 있는지 의아해 할지도 모른다. 그러나 우리는 우리 육체를 믿어서는 안 된다. 하나님의 말씀은 모든 것을 아시는 분의 말씀이기 때문에 우리는 모든 말씀을 우리 인간에게 소용되는 말씀으로 들어야 한다.

22-23절에는 짐승과 교합하는 문제, 동성애의 문제도 다루는데, 이 모든 것이 인간의 육체의 극도의 부패성을 드러내주는 말씀이다. 성도들은 이런 말씀들을 읽을 때 마땅히 두려워하며 자신을 낮추며 자신의 육체의 부패성을 철저히 인식하며 읽어야 할 것이다. 결코 자신의 육체 안에는 이런 더러운 요소가 없다고 생각하여 자신의 정욕적인 육체를 신뢰하는 일이 없어야 한다.

22-24절, **"너는 여자와 교합함같이 남자와 교합하지 말라 이는 가증한 일이니라 너는 짐승과 교합하여 자기를 더럽히지 말며 여자가 된 자는 짐승 앞에 서서 그것과 교접하지 말라 이는 문란한 일이니라 너희는 이 모든 일로 스스로 더럽히지 말라 내가 너희의 앞에서 쫓아내는 족속들이 이 모든 일로 인하여 더러워졌고".** 이러한 일들은 다 하나님을 모르는 가나안 땅의 사람들이 범하는 죄악들이었다. 오늘날 동성애를 합법화해야 한다는 목소리가 있다. 이는 성경에 완전 반대되는 사상이다. 이는 구약만이 아니라 신약 로마서 1장에도 악한 죄로 명기되어 있다(롬 1:27).

종교적인 거룩함을 이루라

하나님은 이제 이스라엘에게 지금까지 말씀하신 내용의 취지를 말씀하시는 듯하다. 하나님께서 계속 그분의 백성에게 말씀하시는 것은 '거룩하라'는 것이다. 하나님은 그분 자신이 거룩하시므로 자녀들인 우리에게도 거룩하라고 명하신다[1-2절].

이것은 명령이요 하나님의 뜻이다. 하나님은 거룩하신 하나님이시므로 그분의 백성이 거룩해야 하는 것은 당연하다. 그러면 거룩하다는 것은 다만 간음이나 음행의 죄악을 피하는 것만을 말하는가? 그렇지 않다. 그것은 가장 기본적인 것일 뿐이다. 그들이 진정으로 거룩케 되기 위해서는 하나님의 속성을 본받아야 한다. 18장은 그 땅에 있는 더러운 죄악들을 받아들이지 않는 것, 즉 육체를 벗어버리고 구습을 좇는 옛 사람을 벗어버리는 것을 말한다. 그런 다음에는 하나님을 닮는 의와 진리 거룩 등 적극적으로 새 사람을 입어야 한다(엡 4:22-24).

19장

- 부모를 공경하고 안식일을 지키라

첫째로 이스라엘은 부모를 공경하고 안식일을 지켜야 한다고 말씀하신다[3절]. 진정으로 거룩하게 되려면 근본을 중요시해야 한다. 그래서 우리는 사람의 위치를 말하는 것이다. 우리는 어디서부터 왔는가? 근본을 알고 행해야 한다.

4절, "너희는 헛것을 위하지 말며 너희를 위해 신상들을 부어 만들지 말라". 이는 다 십계명의 내용이다. 제 1계명과 제 2계명의 "나 외에 다른 신을 네게 두지 말라…우상들을 만들지 말라"는 계명들을 풀어서 설명해 주는 것이다. "너희는 헛것을 위하지 말며". 헛것이 무엇인가? 하나님 외의 것들이다. 지위나 명예, 부귀나 행복 같은 것들이 다 헛것이다. 심지어 교회 안에서의 지위와 성공과 사역의 발전 등도 다 하나님 외의 것들이다. 심지어 하나님 없는 성경 지식이나 율법도 하나님이 아닌 것이요 헛것이다(갈 4:8). 우리는 이러한 것들이 헛것임을 반드시 보아야 한다. 또 "너희를 위하여 신상들을 부어 만들지 말라"고 하셨다. 당신이 만일 헛것을 위하는 사람이라면 거룩함과 동떨어진 삶을 사는 것이다. 오직 살아계신 하나님을 위한 자만이 거룩하게 된다.

- 화목을 이루라

다음은 화목제 희생이다[5절]. 그리스도인들이 주의해야 할 것이 두 가지 있는데, 첫째는 수직적인 것이다. 그것은 하나님을 위한 것, 위를 향한 것, 근본을 향한 것이다. 이것은 안식일을 지키는 문제와 관련이 있다. 신앙의 대상을 바로 하고 우리는 우리를 지으신 분에 대하여, 만물의 근원이신 분에 대하여 합당한 경배와 영광을 돌려야 한다. 그다음은 수평적이다. 즉 성도들과 화목을 누리는 것이다.

화목제란 성도들이 함께 그리스도를 누리는 것이다. 서로 화목함 가운데 그리스도를 누리는 이것이 화목제이다. 그것은 그날과 이튿날까지만 유효하고 제삼일에는 불살라 버려야 했다[6절]. 이것은 우리가 오늘 누리는 화목제는 항상 새롭고 신선해야 함을 의미한다. 거룩이란 이처럼 성도들과의 신선하고 새로운 화목을 포함한다. 낡은 화목은 가증하다고 한다[7절]. 10년이나 20년 전의 친밀함이나 회개를 근거로 화목을 추구하지 말라! 삼 일이 지난 낡은 화목제물을 먹는 자는 백성 중에서 끊쳐진다[8절]. 성물을 더럽혔다는 것이다. 8절까지는 하나님의 백성이 거룩케 되기 위해서 가장 중요한 것이 근본에 관한 문제, 즉 하나님과 부모에 관한 문제이고, 그다음이 성도들과 화평케 되는 문제임을 말한다. 이 말씀은 매우 강하다. 화목제를 신선하게 드리지 못하는 자는 결국 백성 중에서 끊어진다고 하신다. 우리는 교회 안에서 매일매일 신선하고 새로운 화목을 가져야 한다. 이것이 그분의 회중 가운데서 끊쳐지지 않는 비결이다(요 13장 참고).

- 자비로워야 한다

9-10절은 **"땅의 곡물을 벨 때에 너는 밭 모퉁이까지 다 거두지 말고 너의 떨어진 이삭도 줍지 말며 너의 포도원의 열매를 다 따지 말라"**고 하시며 포도원에 떨어진 열매도 줍지 말고 가난한 사람과 타국인을 위하여 버려두라고 하신다. 하나님의 자비로움을 가지라는 것이다.

- 도적질하지 말고 거짓말을 하지 말라

11절은 서로 도적질하지 말고 속이지 말고 거짓말을 하지 말라고 한다. 하나님 자신이 참되고 신실하시기 때문에 하나님의 자녀들 역시 그러한 하나님을 닮아야 한다. 만일 그리스도인이라는 사람이 습관적으로 거짓말을 하고 남의 것을 빼앗으려 한다면 그것은 하나님을 닮은 것이 아니다. 우리가 이런 습성들을 지니고 있다면 절대로 거룩함에 이를 수 없다. 하나님의 자녀들은 그 입술의 말이 진실되고 참되어야 한다.

- 이웃을 사랑하고 압제하지 말라

또한 이웃을 압제하지 말고 늑탈하지 말며 품꾼의 삯을 밤새도록 주지 않아서는 안 된다. 이것이 하나님의 백성의 표시이다.

하나님의 거룩은 장애자들에 대하여도 미친다. 14절, **"귀먹은 자를 저주하지 말며 소경 앞에 장애물을 놓지 말고 네 하나님을 경외하라 나는 여호와니라"**. 또한 재판할 때 불의를 행치 말고 가난한 자의 편을 들지 말며 세력 있는 자라고 두둔하지 말고 공의로 사람을 재판하라고 하신다. 이 세상에는 무조건 약자 편을 드는 사람들이 있는 반면 어떤 사람들은 세력자 편에 서서 그를 두둔하는데, 하나님의 백성은 공정해야 한다[15절].

이스라엘 백성은 거룩한 백성으로서 돌아다니며 사람을 논단하지 말며 네 이웃을 대적하여 죽을 지경에 이르게 하지 말라고 하신다.

다음은 이웃에 대한 사랑이다. 형제를 마음으로 미워하지 말며 이웃을 인하여 죄를 당치 않도록 그를 반드시 책선하라고 하신다[17절]. 원수를 갚지 말며 동포를 원망하지 말며 이웃 사랑하기를 네 몸과 같이 하라고 하신다[18절].

이 모든 것이 다 하나님을 닮은 것이다. 하나님을 닮은 사람들은 절대로 원수를 갚지 않는다. 해를 당할지라도 보응하지 않는다. 그런 사람들이 하나님을 닮은 사람들이다.

- 단일해야 한다

또한 하나님께서는 혼잡된 것을 싫어하신다. "너희는 내 규례를 지킬지어다 네 육축을 다른 종류와 교합시키지 말며 네 밭에 두 종자를 섞어 뿌리지 말며 두 재료로 직조한 옷을 입지 말라"고 하신다[19절]. 혼잡된 것은 하나님의 성품이 아니다. 하나님께서는 창조를 하실 때도 종류대로 창조하셨다. 종류가 분명해야 한다.

만일 어떤 사람이 다른 사람과 정혼했으나 아직 속량되거나 해방되지 못한 여종과 행음했을 때 그들이 형벌을 받으나 죽임은 당하지 않는데, 이는 아직 그 여종이 주인의 소유물이기 때문이다[20절]. 그런 경우 그 남자는 죄를 범한 것이므로 속건제를 드리고 사함을 받아야 한다.

과목을 심었을 때 삼 년 동안은 그 소산을 할례받지 못한 것으로 여겨 먹지 말고 제 사년에는 여호와께 드리고 제 오년부터 그 열매를 먹으라고 하신다. 하나님의 백성은 어떤 작은 일이든지 말씀의 규범을 따라 행해야 함을 느끼게 된다.

- 이방 풍습을 본받지 말라

26-31절의 말씀은 가나안 사람들의 풍습을 좇지 말라는 내용이다. 이 모든 말씀들은 이해하기가 어렵지 않다. 머리 가를 둥글게 깎는 것이라든가 수염 끝을 손상하는 문제 등은 다 희한한 모습으로 사람들의 눈을 끄는 행위들이다. 오늘날도 젊은이들이 머리 모양이나 구레나룻 모양을 희한하게 하는 것과 같다. 또 문신을 하는 사람들도 많다. 이런 일이 모세 당시에도 있었으니 세상 사람들의 일은 예나 지금이나 똑같다는 사실이 놀랍다. 이는 다 세상 유행과 흐름을 따르는 것이요 거룩한 하나님의 백성들이 할 일이 아니라는 말이다.

그리스도인들은 반드시 아비는 아비같이 대해야 하고 어미는 어미같이 대해야 한다(딤전 5:1-2). 나이 드신 어른들에 대해서 반드시 공경하는 마음을 가져야 한다. 그리스도인들이 위아래도 없고 어른도 아이도 없는 그런 무례한 집단처럼 되어서는 안 된다. 그것은 잘못된 것이다. 센 머리 앞에 일어서고 노인의 얼굴을 공경하라고 했다. 근본적으로 그리스도인은 연장자에 대한 존경심이 있어야 한다. 이것은 오늘 교회 안에서 매우 주의해야 할 한 가지 일이다. 타국인이 함께할 때 그들을 학대하지 말고 자기 백성처럼 사랑하라고 하신다. 그들도 애굽에서 종노릇 한 적이 있지 않았느냐고 하신다[34절].

- 공평해야 한다

마지막으로 하나님은 공평한 하나님이시다. 공평한 저울, 공평한 추, 공평한 에바, 공평한 힌을 사용하고 도량형에서 불의를 하지 말라고 하신다[35-37절]. 이 말씀은 하나님이 매우 공평한 분이심을 알려 준다. 그렇기 때문에 우리가 하나님을 닮은 하나님의 자녀들이라면 언제 무엇을 하든지 편벽되이 치우치지 않고 항상 공평을 실행하는 것이 마땅하다.

20장

우상숭배하지 말라

1-5절, **"그 자식을 몰렉에게 주거든 반드시 죽이되…돌로 칠 것이요 나도 그 사람에게 진노하여 그를 그 백성 중에서 끊으리니 이는 그가 그 자식을 몰렉에게 주어서 내 성소를 더럽히고 내 성호를 욕되게 하였음이라…몰렉을 음란히 섬기는 모든 사람을 그 백성 중에서 끊으리라"**. 20장은 우상숭배의 문제이다. 몰렉(Molech)이란 앗수르나 암몬 족속의 가증한 우상으로서 소머리 형상과 사람의 몸의 형상이 합해진 청동 우상이다. 가나안 땅에 들어와 크게 확산되었는데 후일에 가나안에 정착한 이스라엘에게 심각한 영향을 미치게 된다. 이 몰렉 신은 두 팔을 벌리고 아이를 받는 자세로 만들어졌는데, 이는 희생 제물로 바쳐진 아이를 받기 위한 것이다. 이러한 우상은 유다 왕국의 마지막 부분인 아하스, 므낫세 시대에 왕성하였다. 하나님께서 이러한 몰렉 숭배자를 발견하면 그 지방 사람들이 다 돌로 쳐 죽이라고 하셨다. 어느 나라고 교회가 생겨날 때 그 나라의 원래 미신이나 우상숭배의 방식과 혼합되는 경우가 있는데, 이는 하나님께서 매우 경계하시는 부분이다. 우리나라도 토테미즘, 기복신앙 등의 미신이 그리스도의 신앙을 빙자하여 성행하는 경우가 있는데, 이는 하나님 앞에 매우 불경한 일 중의 하나라는 것을 보아야 한다.

6-8절, **"음란하듯 신접한 자와 박수를 추종하는 자에게는 내가 진노하여 그를 그 백성 중에서 끊으리니 너희는 스스로 깨끗케 하여 거룩할지어다 나는 너희 하나님 여호와니라 너희는 내 규례를 지켜 행하라 나는 너희를 거룩케 하는 여호와니라"**. 다음은 음란하듯 신접한 자와 박수를 추종하는 자들이다. 이는 미신적으로 악한 귀신의 힘을 빌어 장래에 될 일을 예언하거나 인간의 길흉화복을 점치는 행위들이다. 오늘날도 이런 일들이 많다. 소위 '오순절 주의'의 영향으로 미국에서부터 이런 일들이 있어왔다. 물론 영국의 부흥에도 후유증으로 그런 일들이 있었고 그로 인하여 쓰여진 책이 '성도들의 영적 전쟁'이다(펜 루이스, 이반 로버츠 著-벧엘서원 간). 이 나라에도 이렇게 무당의 방식으로 그리스도를 전하며 가르치는 자들이 있다. 소위 영서를 쓴다든지, 귀신과 대화를 한다든지, 장래에 일어날 일이나 은사를 점치듯이 알아맞춘다든지 하는 일들은 여기서 말하는 신접한 자와 박수를 추종하는 자들의 일로서 엄히 경계해야 할 것들이다. 부

모가 어떠하더라도 부모를 저주하는 자는 반드시 죽이라고 했다[9절].

10-21절, **"누구든지 남의 아내와 간음하는 자 곧 그 이웃의 아내와 간음하는 자는 그 간부와 음부를 반드시 죽일지니라…누구든지 그 형제의 아내를 취하면 더러운 일이라 그가 그 형제의 하체를 범함이니 그들이 무자하리라"**. 이는 음행에 관한 것이다. 하나님은 그분의 백성이 거룩하기를 원하시되 특별히 음란을 버리고 거룩케 되라고 하신다. 음란과 거룩은 가장 대비가 되는 단어이다(살전4:3-8).

22-24절, **"너희는 내가 너희 앞에서 쫓아내는 족속의 풍속을 좇지 말라 그들이 이 모든 일을 행하므로 내가 그들을 가증히 여기노라 내가 전에 너희에게 이르기를 너희가 그들의 땅을 기업으로 얻을 것이라 내가 그 땅 곧 젖과 꿀이 흐르는 땅으로 너희에게 주어 유업을 삼게 하리라 하였노라 나는 너희를 만민 중에서 구별한 너희 하나님 여호와라"**. 이 구절을 통해서 우리는 하나님께서 이스라엘 백성이 가나안 땅에 들어가서 그 이방 민족의 죄악을 조금도 받아들이지 않기를 원하신다는 것을 볼 수 있다. 하나님은 교회가 이 세상에 속한 문화나 풍속[23절]을 무분별하게 받아들이거나 그 제도를 수용하는 것을 원치 않으신다. 교회의 모든 내용은 '여호와 하나님의 모든 규례와 법도'이다.

우리는 11장에서 이미 어떤 짐승은 먹을 수 있고 어떤 짐승은 먹지 말아야 하고, 어떤 곤충은 정하고 어떤 곤충은 부정한가에 대해서 보았다. 그런데 20장에서 다시 한 번 그 부분의 말씀을 강조하며 되새겨주고 있다[25-26절]. 우리는 레위기 말씀을 통해서 참으로 주님께서 그분의 백성이 거룩케 되는 것을 관심하고 주의하신다는 것을 알 수 있다. 하나님의 백성이 거룩하고 구별된 사람들이 되려면 그분의 말씀을 따라 모든 부정한 것으로부터 분별되어야 할 것이다.

신접한 자나 박수는 하나님께서 근본적으로 멸절하기로 하신 더러운 귀신이나 악한 영에 사로잡혀서 사람들을 죄로 오염시켜 멸망케 하는 악한 일을 하는 자들이다. 이러한 악을 행하는 것은 하나님 보시기에 가장 가증하고 악한 죄이다. 그러기에 그러한 일을 하는 자들은 돌로 쳐 죽이라고 명하신다. 돌로 치는 것은 가장 가증한 죄를 범했을 때 처형하는 방식이다.

21장

거룩한 제사장들과 제물들, 절기들과 성회 - 제사장들의 자격

먼저 알아야 할 것은 신약의 성도들은 모두가 왕 같은 제사장들이라는 것이다. 따라서 신약의 성도들은 아래의 말씀들을 유의해야 한다. 21장의 말씀에서 제사장들은 다른 사람들과 달리 뭔가 주의해야 할 것이 있다고 하신다. 첫째는 죽은 자로 인하여 스스로 더럽히지 말아야 한다는 것이다. 즉 제사장들은 가족들의 상(喪)을 당한 경우 외에는 다른 사람들의 시체를 가까이해서는 안 된다. 시체를 가까이하면 더럽혀지기 때문이다. 제사장들은 하나님을 섬기는 자들로서 죽은 것을 가까이하지 말아야 한다. 하나님께서는 사망을 가까이하는 것을 싫어하신다.

- 제사장의 외모

5절의 말씀은 이해하기가 어렵다. 구약에서는 문자대로 머리털을 대머리처럼 깎지 않으면 되고, 양편 수염, 즉 구레나룻을 깎지 않으면 되고, 살을 베지 않으면 된다. 오늘날도 우리는 근본적인 유대인들이 이 말씀에 따라 머리와 구레나룻을 길게 기르는 것을 본다. 그런데 이를 신약에 적용하여 이해하기는 쉽지 않다. 그러나 여기에도 분명 영적인 의미가 있을 것이다. 머리나 구레나룻을 깎고 성형하는 등 자기의 원래의 생김새를 바꾸는 것을 주님은 기뻐하시지 않는다. 하나님을 섬기는 자로서 부르심을 받은 그대로 지내는 것, 하나님께서 정해 주신 위치에 머무르는 것은 매우 중요하다(고전 7:20).

6절, **"그들은 여호와의 화제 곧 그 하나님의 식물을 드리는 자인즉 거룩할 것이라"**. 이들은 하나님께 음식, 곧 제물을 드리는 자들이다. 하나님께 제물을 드리는 자들은 이러한 것들로부터 분별되어 거룩해야만 자격이 있고 하나님께 열납될 수 있다.

- 제사장의 결혼

이제는 결혼 문제이다. 제사장은 누구와 결혼해야 하는가? 제사장들은 기생이나 부정한 여인을 취하면 안 된다[7절]. 제사장 된 사람은 어떤 사람은 접촉하지 말아야 하고 가까이하지 말아야 하고 더럽혀지지 말아야 한다. 머리털을 대머리로 깎지 말고 구레나룻을 깎지 말고 살을 베지 말라는 것도 그 사람 자신의 문제이다. 그런데 결혼 문제는 그 사람 자신만의 문제가 아니다. 누구하고 결합하느냐 하는 문제가 있는 것이다. 그가 결합하는 사람 때문에도 그는 제사장 자격을 상실할 수 있다.

하나님은 계속 거룩을 말씀하신다. "너는 그를 거룩히 여기라". 그런 사람들은 다 거룩한 사람들로서 신약으로 말한다면 곧 그리스도의 몸의 지체들이다. 섬기는 지체들은 다 거룩한 자들이다. 사실 거룩하지 않은 자가 어떻게 그리스도의 몸의 지체가 되겠는가? 그리스도의 몸은 부활하신 그리스도이기 때문에 그리스도께서 거룩하신 것처럼 몸도 거룩하다. 그리스도께서 부활 안에 계신다면 몸도 당연히 부활 안에 있어야 할 것이다.

"나 여호와 너희를 거룩하게 하는 자는 거룩함이니라". 히브리서 2장 11절에서도 거룩하게 하시는 자와 거룩하게 함을 입은 자들이 다 하나에서 났다고 말씀한다.

- 제사장의 자녀

그다음은 제사장의 자녀 문제이다. 하나님을 섬기는 가정의 자녀들은 조심해야 한다. 아내 때문에 하나님을 섬기는 직분을 상실할 위험에 처할 뿐 아니라 자녀 때문에도 그렇게 될 수 있다. 특히 딸이 행음하면 그것은 그 아비를 욕되게 하는 것이다[9절]. 그렇기 때문에 그런 딸은 불사르라고 했다. 다시 말하지만 하나님을 섬기는 자의 자녀들은 특히 조심해야 한다. 이것이 하나님의 법도이다.

- 대제사장의 분별된 삶

"예복을 입은 대제사장은 그 머리를 풀지 말며 그 옷을 찢지 말며". 그 머리를 풀지 말라는 것은 슬플 때를 두고 하는 말이다. 구약 시대에는 누가 죽거나 너무 슬픈 일이 발생하면 '오호 통제라!' 하면서 머리를 풀어 헤치고 옷을 찢었다. 그런데 대제사장은 머리를 풀거나 옷을 찢어서는 안 된다는 것이다. 이것은 하나님을 아주 가까이서 섬기는 사람들은 감정을 함부로 발산하면 안 된다는 뜻이다. 대제사장은 부모가 돌아가셔도 그 시신에 가까이해서는 안된다[11절]. 매우 엄격하다.

성소에서 나오지 말라는 것은 무슨 뜻인가? 하나님을 섬기는 중에 부모가 돌아가셨어도 성소에서 나와 달려가지 말라는 것이다[12절]. 성소에서 나오지 말고 계속 섬기라는 말씀이다. "이는 하나님의 위임한 관유가 그 위에 있음이니라"는 말씀 다음에 "나는 여호와니라"고 하셨다.

- 제사장의 아내

제사장에게는 누구를 취해서 아내로 삼으라는 말은 없고 다만 기생이나 부정한 여인, 이혼당한 여인을 취하지 말라고 했다. 그러나 대제사장은 반드시 정결한 처녀를 취하여 아내를 삼으라는 단서가 붙어 있다[13-14절]. 그것은 순결하고 정결한 처녀인 교회만이 그리스도의 배필이 될 수 있다는 것이다. 여기에 이런 비밀이 암시되어 있다.

이혼한 여자, 더러운 여자, 기생은 안 된다. 그것은 바벨론이다. 기생이요 음녀이다. 그리스도는 그러한 것들을 취하지 않으신다. 오직 정결한 처녀라야만 그리스도의 신부가 될 수 있다. 주님은 흠과 점과 티가 없고 주름 잡힌 것이 없는 그러한 그리스도의 신부인 교회를 원하신다. "그 자손으로 백성 중에서 더럽히지 말지니 나는 그를 거룩하게 하는 여호와임이니라"[15절].

- 하나님께서 가까이 오는 것을 금하시는 사람들

제사장들은 식물을 드리는 것이 본업이다. 하나님께 식물을 드리는 것은 가장 귀한 일이다. 속죄제를 드리고 속건제를 드리고 또 다른 제물들을 드리는 것이다. 그런데 하나님께서 가까이 오는 것을 금하시는 사람들이 있다. 도대체 어떤 사람들인가? 육체에 흠이 있는 자들이다. "무릇 흠이 있는 자는 가까이 못할지니 곧 소경이나 절뚝발이나 코가 불완전한 자나 지체가 더한 자나".

첫째는 소경이다. 소경은 제사장이라도 식물을 드리러 하나님께 가까이 가지 못한다. 그다음은 절뚝발이이다. 절뚝발이는 정상적으로 걷지 못한다. 갈 길을 알긴 아는데 막상 걸어가는 것을 보면 제대고 걷지 못하고 앞으로 힘차게 전진하는 능력이 없다. 일을 해내는 능력도 없다. 또 코가 불완전한 자이다. 코가 불완전하다는 것은 납작코라는 뜻도 있다. 뭔가 정상적이지 않은 것, 사기적이고, 기괴하며, 이상스런 것의 냄새를 잘 맡지 못한다. 뭐든지 대충 다 좋다고 하는 사람은 제사장이 될 수 없다.

그리고 지체가 더한 자가 있다. 지체가 더한 자는 육발이, 육손이를 가리킨다. 손발가락이 다섯 개라야 하는데 여섯 개, 일곱 개 있는 사람이다. 이것은 기형이다. 히브리어로는 '길게 뻗다', '수가 더하다'라는 뜻이 있다. 히브리어 '사라'라는 말에서 파생된 '사루아'는 덧붙여지거나 길게 뻗은 손 또는 발을 말한다. '리빙 바이블(Living Bible)'에는 여분의 손가락들(extra fingers)이라고 되어 있다. 개역 표준역에는 '길게 뻗은 손가락 또는 발가락'이라고 되어 있다. 이는 무슨 뜻인가? 제사장들은 제물을 드릴 때 손으로 드린다. 성도를 섬기거나 여러 일을 한다. 이때 자신이 섬겨야 할 것이 5만큼인데, 6이나 7을 하려고 욕심을 내는 것은 손을 길게 뻗은 것이고 손가락이나 발가락이 한두 개가 더 붙은 것이다. 왜 더하려 하는가? 대체적으로 자신을 남보다 더 드러내고 나타내려 하기 때문이다. 사욕으로 배를 섬기는 자들이 그러하다. 사람들의 주목과 인정을 더 받아야 하기에 본능적으로 자기의 존재감을 사람들에게 드러내려 하는 것이다.

다음에는 발 부러진 자나 손 부러진 자이다[19절]. 원래는 발이나 손이 있었는데 부러진 사람들이다. 성도들을 섬겨야 할 손이 상했다. 마땅히 성도들을 섬겨야 할 발이 상했다. 곱사등이나 난장이나 눈에 백막이 있는 자나 괴혈병이나 버짐이 있는 자나 불알 상한 자도[20절] 주님을 섬길 수 없다. 곱사등은 땅만 내려다보는 사람이다. 하늘을 바라볼 수가 없다. 하나님을 섬기는 사람들은 반드시 하나님을 향하는 사람들이어야 한다. 그래야 하나님의 자녀들을 하나님께로 인도할 수 있다. 바울 사도 같은 사람이 허리가 펴진 사람이다.

다음에는 난장이가 있다. 난장이는 성장을 하지 못한 사람이다. 얼굴은 분명히 어른인데 키가 너무 작은 것이다. 발육부진 상태이다. 또 눈에 백막이 있는 자들도 있다. 말하자면 백내장이 있는 자이다. 백내장이 있는 사람은 소경처럼 아예 못 보는 것은 아니지만 사물이 뿌옇게 보이는 것이다.

다음은 괴혈병이나 버짐이 있는 자이다. 괴혈병은 심하게 긁는 병이다. 긁으면 아프지 않은가? 어떤 인도자는 봉사한다면서 성도들을 긁는다. 그것은 가려운 데를 긁는 것과 다르다. 아프게 긁어서 성도들을 상하게 하는 것이다. 섬기는 자들이라면 그야말로 마음을 가라앉혀주고 포도주와 기름을 부어주고 평안하게 해주어야 하는데 오히려 가만히 있는 사람을 상처나게 긁는다. 그런 사람은 제사장이 될 수 없고 식물을 드릴 수 없다.

버짐이 있는 자도 마찬가지로 긁는 것과 관계있다. 너무 세게 긁어서 딱지가 생긴 것이 버짐이다. 따라서 괴혈병이나 버짐 있는 것이나 본질적으로 같은 것이다. 우리 속담에 가만 두면 그냥 가라앉을 것을 '긁어 부스럼을 만든다'는 말이 있다. 섬긴다고 하는 사람이 성도들에게 문제가 있을 때 가서 안정시켜주고 기름을 부어주고 화해시켜주고 화목케 하고 서로 사랑하게 해주는 것이 아니라, 문제도 없는데 도리어 긁어 부스럼을 만들며 분란을 일으키는 자들이 있다.

그다음은 불알이 상한 자이다. 이들은 생산 능력이 없는 사람이다. 말을 들어보면 똑똑하고 영적인 지식도 있고 경험도 많은 것 같은데 정작 생산 능력이 없다. 말은 잘 하는데 그 사람이 복음을 전해서 한 사람이라도 얻어지는 것을 보지 못한다. 그를 통해 생명을 얻는 사람도 없고 자라는 사람도 없다. 주님께 이끌리는 사람도 없다. 회개하는 역사도 없고 변화되는 역사도 없다. 그것은 생산 능력이 없는 것이다. 그런 사람들이 불알 상한 자들이다. 말하는 것은 전혀 부족함 없어 보이지만 그러나 실속은 하나도 없는 사람들이다. 이러한 사람들은 하나님께 식물을 드리려고 가까이 와서는 안 된다.

그런 자는 나아와 하나님의 식물을 드리지 못한다고 분명하게 말씀하셨다[21절]. 주님은 우리를 택하시어 흠이 없는 자들이 되기를 원하신다(엡 1:4, 5:27). 이것이 완전히 이루어지는 것은 복음을 통해서이다. 하나님께서는 흠 없이 빛으로 나타나는 그분의 많은 아들들을 얻고자 하신다.

약간의 흠이 있다 해서 그들이 제사장 신분을 완전히 잃는 것은 아니다. 그런 자도 지성물이나 성물을 먹을 수는 있으나 장 안에 들어가지 못한다는 것이다. 제사장의 신분에서는 자격이 있지만 그가 얼마나 충성스럽고, 얼마나 성장하고, 얼마나 분별하고, 얼마나 드리냐에 따라서 제사장직의 특권을 얻을 수도 있고 상실할 수도 있다.

22장

성물

22장에서는 성물의 문제를 다룬다. 21장은 제사장이 어떤 신분, 어떤 상태에서 하나님을 섬겨야 하는가를 말했는데, 하나님께서는 하나님을 섬기는 제사장이 흠이 없기를 원하신다. 따라서 21장은 제사장이 흠이 없어야 함을 말하고, 이제 22장은 제물이 흠이 없어야 함을 말한다.

히브리서를 보면 우리 주 예수님은 제사장이시고 또한 제물이시다. "영원하신 성령으로 말미암아 흠 없는 자기를 하나님께 드린 그리스도의 피가 어찌 너희 양심으로 죽은 행실에서 깨끗하게 하고 살아 계신 하나님을 섬기게 못하겠느뇨"(히 9:14). 예수 그리스도는 흠 없는 제물이시다.

레위기 21장에서는 21절이 대표적인 구절이다. **"제사장 아론의 자손 중에 흠이 있는 자는 나아와 여호와의 화제를 드리지 못할지니 그는 흠이 있은즉 나아와 하나님의 식물을 드리지 못하느니라"**. 하나님의 제사장들은 흠이 없어야 한다. 먼저는 이것을 그리스도께 적용할 수 있으며, 다음은 우리에게 적용할 수 있는데 우리 또한 흠 없는 제사장으로서 하나님을 섬겨야 한다.

제물을 드리는 사람이 부정한 상태로 드리지 말라는 것이 첫 번째 요구이다. 하나님께서는 그분의 백성들, 특히 하나님을 섬기는 제사장들이 그분께 제물을 드릴 때에 그 몸이 부정한 상태로 드리지 말 것을 명하신다[3절]. 그렇게 부정한 상태로 여호와께 성물을 드리는 자는 그분 앞에서 끊쳐지리라고 하셨다. 여호와께서는 제사장들이 부정한 상태로 제물 드리는 것을 허락지 않으신다.

그리고 4절에서는 문둥 환자, 유출병 있는 자는 정하게 된 다음에 성물을 먹으라고 하셨다[4절]. 벌레에 접촉되었다는 것은 자의가 아니라 어쩌다 접촉된 것을 말한다[5절]. 이 말씀도 벌레 이야기를 하고자 함이 아니라 사람과의 관계를 말한 것이다. 자신이 의도하지 않고 원치 않았는데도 벌레에 물리는 수가 있는 것이다. 따라서 벌레에 물린 만한 환경을 피하는 것이 가장 좋다.

그런 사람은 저녁까지 부정하고 몸을 물로 씻으라고 했다[6절]. 어쨌든 하루가 지나야 하는 것이다. 십자가로 옛 창조의 하루가 끝나야 한다. 그리고 말씀의 물로 씻어야 한다. 이렇게 깨끗케 된 상태에서만 성물을 먹을 수 있다. 몸의 자율적인 치유 능력은 이런 경우 하루가 걸린다. 그의 응식이 된다는 것은 그의 분깃이 된다는 것이다[7절]. 어떤 때 여러분이 곤충에게 쏘이듯이 불시에 어떤 상황을 만나 마음이 상하고 열이 났을 때는 바로 대응을 하지 말아야 한다. 하룻밤을 지내면서 기도하고 마음을 안정하여 보라! 주님의 새로운 말씀과 인도가 있을 것이다.

또 스스로 죽은 것이 있다. 어떤 사람이 죽게 해서 죽은 것이 아니고 스스로 죽은 것이다. 죽은 것에는 절대로 피가 없다[8절]. 말하자면 우리가 먹는 성물은 반드시 그리스도의 보혈과 함께한 것이어야 한다. 불교에서 수도하듯이 스스로 마음을 내려놓고 비우는 회개나 죽음이 아니다. 그리스도의 십자가와 성령으로 말미암은 죽음의 적용이어야 한다. 그것이 성물이다. 또한 그리스도께서 십자가에서 죽으신 죽음은 스스로 죽거나 들짐승에게 찢겨 죽은 그러한 죽음이 아니고 우리를 대속하신 죽음이다. 그런데 어떤 사람들은 우리를 구속하신 '그리스도'를 음식으로 취하는 것이 아니라 우리의 대속과 관계없이 훌륭한 인생을 살거나 뜻있는 죽음을 죽거나 순교한 '영적 위인'을 음식으로 취한다.

이 모든 구절들에서 우리는 하나님께서 그분의 백성이 함부로 성물을 먹음으로 자신들을 더럽히지 않기를 원하신다는 것을 보게 된다[9절]. 그것은 하나님 자신이 거룩하시고 또 그분의 백성을 거룩케 하는 분이시기 때문이다. 그리스도만이 우리를 거룩케 하시는 분이다(히 2:11). 우리는 이 말씀들을 통해서 하나님께서 우리를 얼마나 거룩하게 하기를 원하시는지를 알 수 있다.

그러나 제사장이 돈으로 산 사람은 성물을 먹을 수 있다고 하신다. 돈으로 샀다는 것은 예수님의 피의 대가로 샀다는 뜻이다[11절]. 피로 구속함을 받은 사람이다. 원래 식구가 아니었어도 괜찮다. 당신이 예수님의 피로 구속된 사람이라면 다 먹을 수 있다. 그리고 그 집에서 태어난 사람(거듭난 사람)도 먹을 수 있다.

제사장의 딸이면 원래 성물을 먹을 수 있다. 그런데 일반인에게 시집을 갔을 경우, 즉 믿지 않는 사람에게 시집을 갔을 경우, 거제의 성물, 즉 제사장의 음식을 먹을 수 없다. 믿지 않는 사람과 연합하면 자연히 먹을 수 없게 된다는 말이다[12절]. 그러므로 성도들은 결혼에 대해 신중해야 한다.

이 딸이 과부가 되어 집에 돌아왔을 때에는 먹을 수 있다고 하신다[13절]. 일반인과 결합했다가 헤어져서 다시 집에 돌아왔을 때는 먹을 수 있다는 말이다. 이혼을 당하거나 과부가 되면 제사장 집으로 돌아올 자격이 있게 된다.

이 모든 것은 하나님의 집에서 성물을 귀히 여기는 태도를 가지라는 말씀이다. **"성물을 부지중에 먹으면 오분지 일을 더하여 제사장에게 주라"**[14절]고 하신다. 성도들은 하나님의 교회를 중시하는 태도를 지녀야 한다. 교회는 주님의 집이요 그분의 전이니 함부로 대해서는 안 된다.

하나님은 성물을 귀하게 여기고 거룩케 하고 더럽히지 말라고 하신다[15절]. 주님은 그분의 자녀들이 성물을 대하는 태도를 아주 중시하신다. 결코 일반적으로 대하지 못하게 하신다. 하나님을 섬기는 자들, 그리스도를 누리는 사람들에게 하나님께서 알려주시는 것은 우리 자신이 부정한 가운데서 하나님의 성물을 먹고 마셔서는 안 된다는 것이다. 이것은 매우 중요하다.

부정한 상태에서 성물을 먹으면 그 죄로 인하여 형벌을 받게 할 것이라고 하신다[16절]. 그러므로 우리는 성물을 먹기 위해서도 자신을 거룩케 해야 한다. 주님의 신부가 되기 위해서 거룩케 되어야 하지만, 성물을 먹기 위해서도 우리는 거룩케 되지 않으면 안 된다. 이스라엘 자손이나 그중에 우거하는 자가 서원제나 낙헌제를 드리고 싶을 때는 소나 양이나 염소의 흠 없는 수컷으로 드려서 열납되게 하라고 하셨다[18-19절].

흠이 있는 것은 무엇이든 드려서는 안 되며[20절], 누구든지 서원한 것을 갚으려 하든지 자의로 예물을 드리려 하여 소나 양으로 화목제물을 여호와께 드리는 자는 소와 양 중에 흠 없는 것으로 드려서 기쁘시게 받으시도록 해야 한다[21절].

22절에서 눈 먼 것을 드리는 것은 무엇을 말하며 또 상한 것으로 드리는 것은 무엇을 말하는가? 눈 먼 것은 시야가 닫혀있으며 매우 갑갑하고 투명하지 않은 것이다. 그런 자들은 주님을 잘 모른다. 이것이 눈먼 것의 의미라고 생각한다. 또 상한 것과 지체에 베임을 당한 것은 비슷한 것이다. 온전하지 않은 것이다.

"종기 있는 것이나 괴혈병 있는 것이나 비루먹은 것을 너희는 여호와께 드리지 말며". 괴혈병은 습진의 일종이고 비루먹은 것은 버짐인데, 이것들은 다 가려운 것과 관계있다. 우리가 누리는 그리스도는 이렇게 흠이 있는 분이 아니시다. 어떤 부분이 제해지거나 손상된 그리스도, 그분의 거룩함과 온전함이 나타나지 않은 그리스도를 누리는 것을 이렇게 괴혈병 있는 것, 비루먹은 것 등으로 표현한 것이라고 본다. 하나님의 말씀이 건강하고 온전하게 전파될 때 거기에는 이런 버짐이나 비루먹은 것이나 괴혈병이 없고 종기 난 것도 없다. 어떤 소위 그리스도인 모임은 세상의 가라오케 같은 풍류나 사악한 무당의 방식을 도입한 것을 보았다. 그것이 바로 비루먹은 것, 버짐, 괴혈병 등이다.

우양의 지체가 더하거나 덜한 것이란 지체가 약간 길거나 짧거나 더 자랐거나 덜 자랐거나 한 것들로 서원제를 드려서는 안 된다. 그런 것은 낙헌 예물로는 써도 되지만 서원한 것을 갚는 것으로 드리면 열납되지 못한다고 했다[23절].

생식 기관이 상한 짐승은 드리지 말라고 하셨다. 이는 생산 능력이 없기 때문이다. 그리스도를 누리고 체험하고 드리되 우리가 누린 그리스도는 반드시 생산력이 있어야 한다. 24절에 대해, 지식으로만 그리스도를 알면 그것은 불알이 상한 경우라고 말할 수 있다. 상하였거나 치었거나 터짐을 당했다는 것은 어쨌든 그것이 생산의 기능을 발휘하지 못하게 되었다는 것이다. 다만 머리로 아는 진리, 지식 안에 있는 그리스도는 열매를 맺지 못한다. 오늘날 많은 그리스도인들이 지식으로 살아계신 그리스도를 대치하는 것을 본다.

25절은 외인에게서도 이런 것을 받아 하나님께 식물로 드리지 말라고 했다. 거저 주어도 받지 말아야 한다. 연보도 마찬가지다. 온전한 마음으로 드리지 않은 것들, 어물쩡한 마음으로 드린 것들은 하나님께 식물로 드릴 수 없다. 다른 사람들이 그리스도에 대한 좋은 지식을 거저 준다 해도 받지 말고, 그럴 듯해 보이는 교회 성장 방법을 가르쳐 준다고 해도 받지 말아야 한다. 우리는 오직 온전하신 그리스도만을 우리의 제물로 드릴 수 있다. 우리가 믿음으로 말씀을 온전히 받아들일 때, 우리는 이러한 흠 없는 제물이신 그리스도를 온전히 하나님께 드릴 수 있다[25절].

26-27절, **"수소나 양이나 염소가 나거든 칠 일 동안은 그 어미와 같이 있게 하라 제 팔일 이후로는 여호와께 화제로 예물을 드리면 열납되리라"**. 이것은 두 가지로 해석할 수 있다. 첫째는 여호와께 예물을 드리는 자들은 긍휼이 있고 자비가 있어야 한다는 것이다. 새끼를 낳았는데 낳자마자 어미 곁에 있지 못하게 하고 곧바로 잡아서 드리는 것은 너무 잔인한 것이다. 최소한 칠 일 동안은 어미 곁에 두라고 하신다.

다음은 사역의 적용이다. 처음에 주님을 섬기러 나와서 열매를 맺으면 자신이 맺은 열매가 너무 사랑스러워서 마음속에 깊이 자리잡게 된다. 바로 그것이 이 구절에서 말하는 칠 일 안에서 섬기는 것이다. 제 팔일이 아직 안 된 것이다. 그러한 천연적인 애호와 애정들이 십자가로 끝나는 날 당신은 팔 일에 있게 된다.

27절과 28절에서 볼 수 있는 것은, 제물을 드리는 사람에게 인간적인 동정, 긍휼, 자비의 마음이 있어야 한다는 것이다. 감사로 희생을 드리는 데 앞서서 번제가 있고 화목제도 있었다. 그런 다음 감사 제물을 드리는데 그 제물은 이튿날까지 두지 말고 당일에 먹어야 했다. 이것은 우리가 드리는 제물이 날마다 새로워야 함을 뜻한다. 항상 그때그때 새로운 그리스도를 체험해야만 서로 간에 신선하다. "당일에 먹고 이튿날까지 두지 말라 나는 여호와니라".

하나님의 계명을 지키며 행해야 한다. 그래야 그분의 성호를 욕되게 하지 않는다. 31-33절, **"나의 성호를 욕되게 하지 말라 나는 이스라엘 자손 중에서 거룩하게 함을 받을 것이니라"**. 오늘 하나님의 말씀대로 사는 성도들을 통해 하나님은 거룩함을 받기 원하신다.

23장

절기들과 성회

우리는 레위기 21장에서는 제사장이 흠이 없고 온전해야 함을 보았고, 22장에서는 제물이 흠이 없고 온전해야 함을 보았다. 이제 23장에서는 절기의 문제를 다룬다. 23장에는 이스라엘 백성들이 지켜야 할 일곱 절기(안식일을 포함하면 여덟 절기)가 나와 있다. 23장 전체를 통해서 우리는 절기를 통해 말씀하시는 하나님의 말씀의 비밀을 깨닫기 바란다. 이 장은 매우 비밀스럽고 이해하기가 쉽지 않다.

- 성회로 삼을 여호와의 절기들

'성회'라는 말은 히브리어로 '미크라코데쉬'인데, 이 단어는 일반적인 모임보다는 좀 특별한 모임, 큰 모임을 말하며, 영어로는 거룩한 성회(holy convocation)로 번역했다. 23장은 특별한 목적을 위하여 모이는 성회로 공포할 여호와의 절기에 대해 말하고 있다. 이 장에서 말하는 절기를 하나하나 보면 안식일, 유월절, 무교절, 초실절, 오순절, 나팔절, 속죄일, 초막절(혹은 장막절) 등이다. 이 절기들을 다 '여호와의 절기'라고 불렀다. 첫째 절기는 유월절이고 마지막 절기는 초막절이다. 유월절은 그리스도의 구속을 예표하는 절기이고 초막절은 천년왕국을 예표한다. 이 두 가지가 처음과 마지막을 이루고 있으며 그 중간에 여러 절기가 있다.

- 안식일

첫째는 안식일에 대해서 말한다[3절]. 여기 '쉴 안식일'이라는 말은 원문에서 '안식의 안식일'이라는 뜻이다. 안식이라는 말이 두 번 들어가 있다. 영어 성경에는 'sabbath of complete rest'로 되어 있다. 'sabbath'도 안식이라는 뜻이고 'rest'도 안식, 휴식이라는 뜻이다. 헬라어로는 '사바트 사바톤'으로서 같은 말이 반복되어 있다. 이는 '큰 안식일(a great sabbath)'이며 안식일의 중요성을 강조한 말로서 여호와의 안식일이 그만큼 중요함을 말해주고 있는 것이다.

- 유월절과 무교절

첫째 달 십사일 저녁은 여호와의 유월절이다[5절]. 유월절에 대해서는 출애굽기 12장에 자세히 나와 있다. 모세가 이스라엘 백성들을 홍해를 건너 광야로 인도할 때 애굽 왕 바로가 이스라엘 백성이 애굽에서 나가는 것을 허락하지 않자 하나님께서 모세를 통해 열 가지 재앙을 내렸는데, 그중 마지막 재앙이 바로 장자를 멸하는 재앙이다. 그 재앙이 있을 때 어린 양을 잡아서 그 피를 집 문 좌우 설주와 인방에 바르면 살육하는 천사가 그 집은 그냥 지나갔다. 그래서 그 절기의 이름이 유월절(Passover, skip over, 지나가다)이다. 유월절은 예수 그리스도께서 우리 죄인을 위하여 하나님의 어린 양으로서 십자가에서 피 흘리고 죽으신 것을 예표한다. 이는 그리스도의 구속의 죽음과 우리의 구원에 대한 완전한 그림이다.

유월절은 정월 십사 일 저녁이고 그 다음날인 정월 십오 일부터는 무교절이다. 그러므로 신약에는 유월절과 무교절이 같이 쓰이기도 하였다. "유월절이라 하는 무교절이 가까우매"(눅 22:1)라고 하였으며 "유월절 양을 잡을 무교절일이 이른지라"(눅 22:7)라고 하였다. 무교절과 유월절을 굳이 나눈다면, 첫날인 십사 일 저녁은 유월절이고 그 다음날인 십오일부터 일 주일 간은 무교절이다. 무교절에는 무교병을 먹게 되어 있는데, 이 무교병은 누룩이 없는 떡을 말한다. 고린도전서 5장을 보면 누룩 없는 떡을 먹는다는 것은 우리 생활 가운데 죄가 없어야 한다는 것이다. 누룩은 죄를 뜻한다.

- 초실절: 첫 이삭을 한 단을 바치는 절기

곡물 첫 이삭 한 단을 드리는 절기를 초실절이라고 한다[10절]. 일곱 절기 중에서 유월절 다음의 초실절은 예수 그리스도의 부활을 의미한다. 유월절이 예수 그리스도의 죽으심을 의미한다면 초실절은 첫 이삭 한 단을 드리는 것으로서 부활을 의미한다.

12절에서 말한, 단을 흔드는 날에 일 년 되고 흠 없는 수양을 번제로 여호와께 드리는 것은 그리스도의 십자가의 죽으심 곧 하나님께 번제로 드려지신 것을 부활 안에서 하나님께 드리는 것을 의미한다. 그리스도의 부활과 죽음은 나눌 수 없다. 요제 곧 흔드는 것은 예표론(typology)에서 부활을 의미한다.

번제로 수양을 드린 것은 그리스도의 신성을 의미하며, 소제로 고운 가루

에바 십분의 이를 드려 화제를 삼은 것은 그분의 고운 인성을 의미하고, 포도주 힌 사분의 일을 전제로 드린 것은 주님 자신을 온전히 하나님께 쏟아 부으심을 의미한다[13절]. 이와 같이 예수 그리스도의 부활은 그분이 하나님께 온전한 초실절의 예물로서 드려진 것이다.

14절, **"너희는 너희 하나님께 예물을 가져오는 그날까지 떡이든지 볶은 곡식이든지 생 이삭이든지 먹지 말지니 이는 너희가 그 거하는 각처에서 대대로 지킬 영원한 규례니라"**. 초실절의 예물을 드리면 되지 왜 그 예물을 드리기까지 떡이든지 볶은 곡식이든지 이러한 것들을 먹어서는 안 되는가? 왜 하나님은 이스라엘 백성에게 이러한 말씀을 하셨는가? 여기서 떡이라면 그리스도의 몸인 교회를 예표한다. 한 알의 밀이 땅에 떨어져 죽으면 많은 열매를 맺게 된다. 많은 열매들은 많은 거듭난 사람들, 곧 형제들을 가리키고, 그 많은 열매들이 고운 가루로 깨어져서 떡이 될 때 그것은 교회를 예표한다(고전 10:17).

그다음에 볶은 곡식은 무엇인가? 또 생 이삭은 무엇인가? 생 이삭은 전도하는 것이라고 할 수 있다. 불신자를 전도하는 것이다. 한 사람을 전도하여 주님을 믿게 하고 거듭나게 하면 그것이 바로 생 이삭이다. 이삭을 얻은 목적은 그것을 볶아서 결국 떡을 만드는 것이다. 결국 초실절(그리스도의 부활)의 목표는 교회를 이루는 것이라는 뜻이다. 그리스도의 몸인 교회는 부활로 생겨난 것이다. 그러나 그리스도의 부활의 시점에는 아직 교회가 없다. 그러므로 오순절에 교회가 탄생되기까지는 떡이든지 볶은 곡식이든지 생 이삭이든지 먹지 말라는 것이다(요 7:37-38, 고전 12:13). 오순절에서야 떡을 주님께 드리고 누릴 수 있다 (레 23:17, 20 참조).

- 두 번째로 거둔 곡식을 드리는 절기: 교회의 성립과 모임에 대한 예표 [15-21절]

이것은 안식일 이튿날 곧 요제로 단을 가져온 날인 초실절부터 날짜를 세어야 한다[15절]. 칠 안식일의 수효란 일곱 번의 안식일을 보내야 한다는 것이다. 칠 일을 일곱 번 하면 49일이다. 그래서 이것을 오순절(pentecost)이라 하는 것이다. 오순절은 다른 말로 칠칠절이라고 한다. 칠 일을 일곱 번 세어야 하기 때문이다.

이와 같이 예수님은 완전히 성경대로 행하신 분이다. 예수께서 승천하신 날은 부활하신 날로부터 사십 일째 되는 날이었다. 그리고 승천하신 지 열흘 만에, 정확하게 오십 일째에 성령을 부어주셨다. 그래서 그날을 오순절이라 하고 또 맥추절, 칠칠절이라고도 한다.

여기서 부활하신 날(초실절)로부터 오십 일을 세어서 오순절 날 떡 두 개를 구우라고 하셨다. 이것은 참으로 기묘하다. 왜 떡 두 개를 구우라고 하셨을까? "너희 처소에서 에바 십분 이로 만든 떡 두 개를 흔들지니". 이것은 요제를 말하고 부활을 의미한다. "이는 고운 가루에 누룩을 넣어서 구운 것이요". 왜 누룩을 넣었는가? 이 모든 것이 신약에서 그대로 성취되었다. 사실 떡 하나는 유대인들을, 다른 떡 하나는 이방인들을 말한다. 오순절 날에 교회가 생겨났기에 오순절이 교회의 탄생일이다. 고린도 전서 12장 13절에 유대인이나 헬라인이나 다 한 번에 성령 침례를 받은 것으로 되어 있다("우리가 유대인이나 헬라인이나 다 한 성령으로 세례를 받아 한 몸이 되었고"). 그러므로 두 떡은 유대인의 떡과 이방인의 떡이다. 그런데 왜 이 떡에 누룩이 들어가는가? 그것은 이렇게 성령침례를 받은 무리라 하더라도 아직 사람의 타락한 죄의 성분이 완전히 제해진 것은 아니라는 것이다.

18절, **"너희는 또 이 떡과 함께 일 년 되고 흠 없는 어린 양 일곱과 젊은 수소 하나와 수양 둘을 드리되 이들을 그 소제와 그 전제와 함께 여호와께 드려서 번제를 삼을지니 이는 화제라 여호와께 향기로운 냄새며"**. 우리는 오순절의 성령 세례(침례)를 받음으로 그 풍성한 하나님의 영을 얻고 누리게 되었다. 그 오순절 성령 침례의 누림 속에는 어떤 것들이 포함되어 있는가? 이 날에 어린 양 일곱, 수소 하나, 수양 둘을 소제와 전제와 함께 여호와께 번제로 드려야 했다(18절). 드린 제물의 수가 많다. 성령 침례 속에는 유월절의 제물들, 즉 십자가의 요소, 제단의 제물의 요소가 많이 포함되어 있다.

오늘날 성령 세례를 받았다고 하면서 능력만 주장하는 사람들이 있다. 또 어떤 사람들은 황홀경의 누림만을 좋아한다. 물론 성령 세례의 체험 속에는 그러한 것도 있다. 그러나 성령 침례 속에는 십자가 곧 그리스도께서 어린양으로 드려지는 요소가 있다. 그런데 그 누림이 아주 풍성하다. 어린 양 일곱과 젊은 수소 하나와 수양 둘이다. 성령 세례를 통해 교회가 된 그들은 사도의 가르침을 받아 서로 교제하며 기도하기를 힘썼다. 거기에 작은 죄나 거짓도 용납될 수 없었다. 이는 아나니아와 삽비라의 사건을 통해 알 수 있다. 이 모든 것이 성령 세례의 일과 관계된다.

그리고 소제와 전제도 그와 함께 드려진다. 그리스도의 어린 양 되신 요소 외에도 고운 가루 곧 그리스도의 고운 인성도 포함되어 있다. 이와 같이 성령 세례를 받은 사람들은 거기에 고운 인성이 있다. 어떤 사람들은 성령 세례를 받았다고 하면서 전혀 고운 인성(소제의 의미)을 주의하지 않는다. 그것은 틀린 것이다. 왜냐하면 성령 세례는 소제도 포함하고 있기 때문이다. 또 거기에 풍성한 사랑이 있다. 우리가 사도행전 2장과 3장에서 성령 세례를 받은 오순절의 사람들을 볼 때에 그들은 사랑이 풍성했음을 알 수 있다. 아무도 자기 소유와 물건들을 자기 것이라 하지 않았다. 그들은 가난한 사람들을 구제했다. 오늘날 성령 세례를 받았다고 하면서 능력만 행하면 다 되는 것으로 아는 사람들이 있다. 그런 사람들은 매우 거칠고 심지어 강퍅하다는 느낌마저 드는데, 다 온전하지 않은 것이다.

이와 같이 성령 세례에는 거룩한 제물의 요소와 소제의 요소가 있으며, 전제의 요소 곧 희생의 요소도 있다. "번제로 삼을지니". 그 느낌이 번제이다. 성령 세례의 결과는 온전히 자신을 하나님께 제물로 드리는 것이다. 우리는 사도행전에서 사도들이 성령세례를 받은 결과 참으로 자신들을 하나님께 드리는 것을 볼 수 있다. 번제로 드리는 것이다. 성령 세례를 받은 교회의 운명은 어떠하며 어떤 성질을 갖고 있는가? 바로 이 오순절 절기의 성질들을 모두 가진 것이 교회이다.

우리는 앞에서 두 떡에 누룩이 있는 것을 보았다. 그러나 누룩이 있을지라도 여기에 속죄제가 있고 화목제가 있다. 성령 세례를 받은 오순절의 사람들에게는 반드시 하나님께 죄를 자백하는 것이 있다(요일 1장 참조). 누룩 있는 떡이므로[17절] 속죄제가 있고 화목제가 있는 것이다(레 23:19). 아직 우리에게서 죄가 근절되지 않았지만 그리스도께서 우리의 속죄제와 화목제가 되시기 때문에 그것이 우리가 하나님께 나아가는 데 있어서 결코 방해가 되지 않는다. 이렇게 아는 것이 진리를 온전히 아는 것이다. 오순절의 성분 속에는 속죄제도 있고 화목제도 있다는 것을 알아야 한다. 성령 세례를 받았으니 이제는 죄를 회개할 필요도 없다고 말하는 것은 잘못된 가르침이다.

제사장은 그 첫 이삭의 떡과 함께 두 어린양을 여호와 앞에 흔들어 요제로 삼아야 한다[20절]. 요제는 부활을 뜻한다. 그러므로 오순절의 특성 중에는 그리스도의 부활도 있음을 기억해야 한다. 성령의 세례로 태어난 교회는 모든 것을 부활 안에서 행해야 한다는 뜻이다. 오순절도 노동을 해서는 안 되는 안식일이다[21절]. 교회 안에는 안식이 충만해야 한다(히 4장 참조).

오순절에는 왜 곡물을 벨 때 밭모퉁이까지 다 베지 말라고 하시는가? 왜 떨어진 이삭을 줍지 말라고 하시는가? 그것은 하나님의 은혜가 넘치는 것을 암시한다. 이는 곧 오순절의 은혜이다. 교회는 하나님의 축복인데(성령 세례를 받아 교회가 이루어지는 것은 축복이다), 그 은혜는 17절을 보아야 한다. 거기서 제물을 드리는 곳은 '너희 처소'이다. 말하자면 오순절의 제물을 드리는 곳은 '너희 처소', 곧 이스라엘 백성의 처소이다. 이제 22절(곡물을 벨 때 밭모퉁이까지 다 베지 않는 것, 이삭을 줍지 않고 밭에 두는 것)은 누구를 위한 것인가? 가난한 자와 객을 위한 것이다. 객은 외국인, 이방인이다. 하나님께서는 교회가 가난한 자나 다른 나라 사람들도 배려하기 원하신다. 레위기에서 이미 하나님은 은혜가 이스라엘 백성의 지경을 넘어서 이방 세계로 흘러넘칠 것을 염두에 두셨다.

23장 23절부터 32절까지는 나팔절과 속죄일이 나오는데, 이는 이스라엘의 회개를 촉구하여 메시아, 그리스도를 환영하도록 하는 말씀이다.

앞에 있는 절기들은 다 한 해의 전반부에 이루어진다. 그런데 23절부터 나타나는 나팔절과 속죄일과 초막절은 7월부터 있다. 오순절 후, 7월 1일에는 나팔을 불라고 했는데, 이것은 무슨 의미인가? 6월이 이 땅에서의 교회생활의 마침이 된다. 이 나팔절이 시작될 때가 결국 교회 시대의 마지막이다. 교회 시대는 언젠가 끝이 난다. 나팔을 부는 이유는 이스라엘 백성들을 모으기 위해서이다. 흩어진 사람들을 모으기 위해서이다. 하나님께서는 그분의 백성을 모으실 때 나팔을 불게 하신다. 그리고 모아서 다 회개하게 하신다.

여기서 칠 월 곧 그 달 첫 날로 안식일을 삼고 나팔을 불라고 했는데, 이때는 이스라엘 백성을 다 모으시는 때이다. 오순절에 성령을 부어주신 후로 시간이 얼마나 지났는지 모르지만 하나님께서는 나팔을 불어서 그분의 백성들을 모으시고 그들로 다 회개하게 하신다. 오순절 성령 강림 후 이스라엘의 역사는 공백기로 돌아가고 이스라엘을 위한 경륜의 시계는 멈추었다(단 9장 참조). 이제 성령 시대, 교회 시대가 시작되었으며, 교회 시대의 마지막, 곧 세상의 마지막에 나팔이 울려 퍼진다.

- 속죄일

결국 하나님께서 나팔을 불라고 하신 것은 속죄일을 예비하게 하기 위한 것이다. 7월 1일에 나팔을 불고 7월 10일에는 속죄일을 지내라고 하셨다. 속죄일을 어떻게 지내는가? 스스로 괴롭게 하고 화제를 드리는 것이다. 하나님께서는 이스라엘 백성들을 모으시고 그들이 회개하기를 원하셨다.

오순절 성령 세례 이후에 이스라엘 백성들은 하나님을 거절하고 떠났다. 그리스도를 받아들이지 않았다. 그들은 산산이 흩어졌고 멀리멀리 떠났다. 그러한 흩어짐의 역사가 여기에는 나와 있지 않고 감추어져 있지만 이 안에 암시되어 있는 것을 알 수 있다. 그들이 흩어졌고 떠났기 때문에 나팔을 불어 불러 모을 필요가 있는 것이다. 그들이 하나님의 말씀, 복음을 받아들이지 않고 떠났기 때문에 속죄가 필요한 것이다. 그럼에도 하나님은 그분의 백성을 잊어버리지 않으시고 나팔을 불어서 그들을 모으시고 스스로 괴롭게 하라고 말씀하시면서 그들이 통곡하며 회개하기를 원하시는 것이다(단 12:10).

그러면 오순절과 나팔절 사이에는 무슨 일이 있는가? 이스라엘이 이렇게 하나님을 멀리 떠났을 때, 오순절의 성령 세례와 복음 전파의 역사가 발모퉁이에서 이방인에게로 확장되어 이방인들은 미리 나팔 소리를 듣고 속죄함을 받는다. 이 나팔절과 속죄일을 미리 적용받는 사람들이 바로 우리 이방인들이다. 그래서 오늘 우리가 구원을 받으려면 미리 나팔 소리를 듣고 속죄일의 속죄 제사를 지내야 한다. 즉, 복음의 소리를 듣고 죄 사함을 받아야 한다. 그럴 때 우리는 나팔절과 속죄일을 지키는 것이다. 유대인들은 최종적으로 나팔이 울릴 때에서야 비로소 나팔 소리를 듣게 될 것인데, 이는 계시록의 마지막 나팔인 일곱째 나팔이 될 것이다.

속죄에 관한 일에서 우리 자신이 할 것은 아무것도 없다[30-31절]. 그분이 다 하신다. 그리스도의 구속 역사에서 우리가 할 것은 아무것도 없고 그분이 다 하신다. 그러므로 우리는 다만 믿기만 하면 되는 것이다.

- 초막절

33-34절, **"여호와께서 모세에게 일러 가라사대 이스라엘 자손에게 고하여 이르라 칠월 십오일은 초막절이니 여호와를 위하여 칠 일 동안 지킬 것이라"**. 여호와를 위하여 칠 일 동안 지키는 것이기에 여호와의 초막절이라고 부른다. 이 절기는 그리스도인 생활의 결론이며, 곡식을 거두어들이는 것으로 예표된다. 창고는 풍성하게 가득 찼고 이제 그리스도인들에게는 누리는 것만이 남아 있다.

35-36절, **"첫날에는 성회가 있을지니 너희는 아무 노동도 하지 말지며 칠 일 동안에 너희는 화제를 여호와께 드릴 것이요 제 팔일에도 너희에게 성회가 될 것이며 화제를 여호와께 드릴지니 이는 거룩한 대회라 너희는 아무 노동도 하지 말지니라"**. 이 초막절은 결국 천년왕국 시대를 예표하는 절기이다. 우리는 구약에서도 초막절만큼은 여호수아 때로부터 느헤미야 때까지 지켜지지 못했다는 것을 안다. 느헤미야 8장 17절은, "사로잡혔다가 돌아온 회의 무리가 다 초막을 짓고 그 안에 거하니 눈의 아들 여호수아 때로부터 그날까지 이스라엘 자손이 이같이 행함이 없었으므로 이에 크게 즐거워하며"라고 한다. 천년왕국 시대를 예언하는 스가랴서에는 그때에 초막절을 지키는 것이 완전히 회복될 것임을 말해준다(슥 14:16, "예루살렘을 치러 왔던 열국 중에 남은 자가 해마다 올라와서 그 왕 만군의 여호와께 숭배하며 초막절을 지킬 것이라"). 우리는 성경을 통해서 이 초막절이 기묘한 것임을 알게 된다. 천년왕국에 들어가서도 하나님의 백성들은 계속 예물을 드려 하나님을 섬긴다.

칠 일은 사실 천년왕국이다. 칠(7)이란 숫자는 완전함을 나타내는 숫자이며 첫날의 아름다운 나무 실과와 종려 가지 등은 다 승리를 상징한다. 아름다운 것은 성령의 역사를 가리키고 종려 가지는 승리를 뜻한다. 무성한 가지는 풍성한 생명을 뜻한다. 시내 버들은 생명수로 연결됨을 말한다. 다 생명과 연결되고 승리와 연결된다.

41-42절, **"너희는 매년에 칠 일 동안 여호와께 이 절기를 지킬지니 너희 대대로의 영원한 규례라 너희는 칠월에 이를 지킬지니라 너희는 칠 일 동안 초막에 거하되 이스라엘에서 난 자는 다 초막에 거할지니"**. 이스라엘 백성들은 매년 칠 일 동안 초막에 거하며 이 절기를 지켜야 했다. 초막에 거하라고 한 것은 그것이 하나의 기념이기 때문이다. 이스라엘 백성들이 사십 년 간 광야에 있을 때 그들은 항상 장막에 거했다. 그들은 계속 장막을 쳤다가 옮겨서 또 치는 것을 반복했다. 마침내 그들이 가나안 땅에 들어갔을 때, 그때를 기념하면서 초막절을 지킨 것이다. 초막절이란 하나의 기념이다. 우리가 이 땅에 있을 때에 어떻게 생활했던가에 대한 기념이다. 왕국에서는 우리가 이 땅에서 겪었던 모든 것을 기념으로 누리게 된다. 우리가 주님께 충성을 다하여 주님께 드린 많은 것들, 수고한 것들이 그날 다 우리의 누림이 되며 기념이 된다.

24장

금등대

24장 2절부터 4절까지는 금등대를 다루고, 5절부터는 진설병 상을 다룬다. 금등대 불은 항상 켜져 있어야 하는데 이 등불을 켜기 위해서는 기름이 필요하다. 기름은 아무 기름이나 사용할 수 있는 것이 아니라 감람기름이어야 했다. 감람기름은 어떻게 만드는가? 감람을 찧어서 만든다. 여기서 '찧는다'는 영어로 'beating'(친다)이다. 우리는 어떻게 기름을 생산할 수 있는가? 우리의 생활 가운데서 십자가를 거침으로써 가능하다. 그것만이 등불을 켜기에 유용한 기름이다. 십자가 아래서 환경의 압력으로 눌려져서 나온 기름이어야 한다. 또한 그 기름은 반드시 순결해야 한다.

"아론은 회막 안 증거궤 장 밖에서 저녁부터 아침까지 여호와 앞에 항상 등잔불을 정리할지니 너희 대대로 지킬 영원한 규례라". '저녁부터 아침까지'라고 했는데, 주로 등불을 비추어야 하는 시간은 밤이다. 이 등불은 어두운 세상을 비추기 위해 끊쳐져서는 안 된다. 지속적으로 비추어야 한다.

순결한 등대는 작게 말하면 개인이 될 수 있고, 단체적으로는 교회이다. 그런데 이 등대가 순결해야 한다고 했다. 이 등대는 금등대(golden lampstand)인데 그 앞에 '순수한'(pure)이란 수식어가 붙어 있다. 순수한 금등대(pure golden lampstand)이다.

그런데 누가 이것을 정리하는가? 아론이다. 여기서 아론은 예수 그리스도의 예표이다. 그래서 사실상 교회의 모든 성도들이 빛을 비출 수 있도록 등대를 정리하는 일을 하시는 분은 바로 예수 그리스도이시다. 그리스도는 대제사장으로서 등대의 그을음을 제거하거나 또는 여러 불필요한 것들을 잘라내어 빛이 잘 비췰 수 있도록 정리하는 일을 하신다. 우리는 계시록 1장에서 일곱 교회들 사이를 다니시며 교회들을 돌보시는 대제사장이신 예수를 볼 수 있다.

진설병

고운 가루로 떡 열두 개를 구워 순결한 상 위에 두 줄로, 한 줄에 여섯씩 진설하게 되어 있었다[5-6절]. 우리가 하나님의 사역자들이라면 성도들에게 항상 순결하고 따끈따끈한 진설병 같은 말씀을 주어야 한다.

아론은 등대를 정리하는 일을 할 뿐 아니라 진설병 상을 정리하는 일도 해야 했다. 등불은 감람 열매를 찧어서 거기서 나오는 기름을 이스라엘 백성들로 가져오게 하여 항상 기름을 채워 불이 꺼지지 않게 해야 했다. 그리고 그 불이 타오를 수 있도록 등대를 점검하고 정리해야 했다. 그리고 진설병 상을 일주일에 한 번씩 매 안식일에 갈아놓아야 했다. 한 줄에 여섯씩 두 줄로 매 안식일에 갈아놓고 일주일 된 옛 진설병은 가져다가 아론과 그 자손에게 돌리고 거룩한 곳에서 먹으라고 했다[9절].

아론이 하는 일은 항상 기름을 채워 빛을 내도록 하는 것이고, 다음으로는 매 안식일마다 진설병 열두 개를 새로이 진설해 놓아서 묵은 떡은 제사장들과 아론의 자손들로 먹게 하는 것이었다. 진설병 상은 하나님께서 그분의 백성에게 양식을 공급하는 것을 의미한다.

그리고 그 떡은 거룩한 곳에서 먹어야 했다. 먹는 장소도 중요한데, 거룩한 곳은 바로 교회이다. 교회를 다른 말로 하면 거룩한 곳이다. "이 집은 살아 계신 하나님의 교회요 진리의 기둥과 터이니라"(딤전 3:15).

여호와의 이름을 훼방하면

10-11절, **"이스라엘 여인의 아들이요 그 아비는 애굽 사람 된 자가 이스라엘 자손 중에 나가서 한 이스라엘 사람과 진중에서 싸우다가 그 이스라엘 여인의 아들이 여호와의 이름을 훼방하며 저주하므로 무리가 끌고 모세에게로 가니라 그 어미의 이름은 슬로밋이요 단 지파 디브리의 딸이었더라"**. 10절부터 마지막 절까지는 어두운 그림자이다. 9절까지는 거룩한 이야기의 기록인데, 10절부터는 형편없는 일이 한 가지 발생했다. 한 혼혈아가 여호와의 이름을 훼방한 것이다. 그의 어미는 이스라엘 여인이고 그 아비는 애굽 사람이다. 그런데 그가 이스라엘 사람과 진중에서 싸우다가 화가 나서 여호와의 이름을 훼방하고 저주한 것이다. 히브리어 원문에는 '여호와'라는 말이 없다. 다만 '그 이름'을 훼방하고 저주하였다고 했다.

왜 '여호와'라는 이름을 직접적으로 거명하지 않았을까? 물론 그들은 '그 이름'이라고만 해도 여호와의 이름이라는 것을 안다. 그들은 여호와의 이름을 직접 부르면 망령되다고 생각해서 다만 '주(아도나이)'라고 부르곤 했다. 그들은 그 이름을 훼방하고 저주한 그 사람을 모세에게 끌고 갔다. 족보를 따지면 그 어미의 이름은 슬로밋이요 단 지파 디브리의 딸이다.

그들이 그를 가두고 여호와의 명령을 기다리는데 여호와께서 그자를 진 밖으로 끌어내어 그 말을 들은 사람들로 그 머리에 손을 얹게 하고 온 회중이 돌로 그를 치라고 하셨다. 그런 말을 들은 사람들은 그 저주한 자에게 죄를 돌려야 했다.

이것은 하나의 공의이다. 여호와를 훼방하는 것은 죽을 죄를 지은 것이다. 부모를 저주하는 것도 하나님을 저주하는 것과 똑같다. 진 밖으로 끌어내어 돌로 쳐 죽여야 한다. 파상(상처를 낸 것)은 파상으로 갚으라고 하셨다. 이것이 공의의 법이다. "눈은 눈으로, 이는 이로". 이것이 구약 시대를 대표하는 법이다.

22-23절, "외국인에게든지 본토인에게든지 그 법을 동일히 할 것은 나는 너희 하나님 여호와임이니라 모세가 이스라엘 자손에게 고하니 그들이 저주한 자를 진 밖에 끌어내어 돌로 쳤더라 이스라엘 자손이 여호와께서 모세에게 명하신 대로 행하였더라".

25장

시내 산에서 말씀하시다 - 매 칠년의 안식년과 땅의 안식

레위기 1장에서 하나님은 모세를 회막으로 부르셔서 회막에서 말씀하셨다. "여호와께서 회막에서 모세를 불러 가라사대"(레 1:1). 그리고 계속해서 회막에서 말씀하셨다. 그런데 25장에 올 때 "여호와께서 시내 산에서 모세에게 일러 가라사대"(레 25:1)라고 한다. 이것은 어떤 상황인가? 레위기는 다 회막에서 말씀하신 것인 줄 알았는데 25장에 오니까 시내 산에서 말씀하신다.

회막에서 하신 말씀이 주로 하나님을 섬기는 예법에 대해서 가르치신 것이라면, 시내 산에서 하나님이 모세를 통해서 하신 말씀은 다만 예배와 봉사와 교통만을 위한 것이 아니라 통치와 관계된다. 이제부터 살펴보면 이해하겠지만 25장은 내용이 깊고 광대하고 중요하다. 이 25장을 깊이 음미할 때 거기에 많은 깊은 것들이 들어 있음을 알게 된다. 이 장은 특히 희년에 관한 것으로 희년을 선포하는 것이다. 24장까지 회막의 섬김(교회생활)에 대해 말씀하신 하나님은 이제 25장에서 이 땅 전체를 다스리는 궁극적인 목표인 왕국에 이르려 하신다.

제 칠년인 안식년의 소출들, 즉 스스로 난 곡물들, 가꾸지 않은 포도나무의 열매들은 거두지 말아야 했다. 이는 종들과 품꾼들과 객이나 육축이 그 안식년의 소산을 먹도록 하기 위해서다. 하나님은 그분의 택하신 백성들을 위할 뿐 아니라 종들, 품꾼들, 객, 짐승들을 위하신다. 하나님은 실상 온 땅의 치리자이시다. 그분은 이스라엘 백성들이 안식년에 감사하며 누리게 하실 뿐 아니라 종들이나 객들도 먹고 감사하게 하셨고, 짐승들도 먹을 수 있게 하셨다[5-7절].

희년에 관한 법

여기에 희년이라는 말이 있다. 칠 년마다 한 번씩 쉬다가 일곱 안식년을 계수하여 사십 구 년 다음 해인 오십 년째에는 한 번 크게 쉬라는 것이다. 그 해에는 나팔을 크게 불어 쉬는데, 다만 쉬는 것이 아니라 다 원래의 기업으로 돌아가고 그 가족에게로 돌아가라고 했다. 이것은 무엇을 뜻하는가? 또 왜 칠월 십일에 나팔을 불라고 했을까? 칠월 십일은 속죄일이다. 속죄일에 이렇게 하는 것은 그들이 기업을 잃어버리게 된 것이 죄로 인한 것임을 암시한다. 따라서 희년과 속죄일은 관계가 있는 것이다. 속죄가 없이는 희년이 있을 수 없다. 속죄를 위한 예수의 피는 죄로 인하여 상실한 모든 것을 되찾아 주는 의미가 있다.

누가복음 4장 17절부터 19절까지를 보겠다. **"선지자 이사야의 글을 드리거늘 책을 펴서 이렇게 기록한 데를 찾으시니 곧 주의 성령이 내게 임하셨으니 이는 가난한 자에게 복음을 전하게 하시려고 내게 기름을 부으시고 나를 보내사 포로 된 자에게 자유를, 눈먼 자에게 다시 보게 함을 전파하며 눌린 자를 자유케 하고 주의 은혜의 해를 전파하게 하려 하심이라"**. 여기 '주의 은혜의 해'란 바로 희년이다. 영어로는 'Jubilee'이다.

이 희년은 언제 응했는가? 예수 그리스도께서 이 땅에 오셨을 때이다. "이에 예수께서 저희에게 말씀하시되 이 글이 오늘날 너희 귀에 응하였느니라 하시니"(눅 4:21). 즉 이 희년 -모든 이스라엘 백성이 각각 그 기업으로 돌아가고 다 가족에게로 돌아가는 일- 은 예수 그리스도께서 이 땅에 오셔서 특히 십자가의 구속 역사를 이루신 것을 중심으로 하여 응한 것이다. 그래서 그날이 속죄일(7월 10일)이고, 그때 나팔을 불라는 것이다. 영어 '쥬빌리(jubilee)'라는 말은 히브리어 '요벨'에서 나왔는데, 요벨이란 나팔, 곧 수양의 뿔이다. 수양의 뿔을 나팔 삼아 불었기 때문이다.

13-14절, **"이 희년에는 너희가 각기 기업으로 돌아갈지라 네 이웃에게 팔든지 네 이웃의 손에서 사거든 너희는 서로 속이지 말라"**. 이 기업에 대한 것을 이해하려면 이스라엘 백성들이 여호수아 때에 요단강을 건너서 가나안 땅에 들어간 후에 지파별로 기업을 할당받은 것을 알아야 한다. 그런데 들어가서 살다보니 그 기업을 잃어버리는 사람들이 많게 되었다. 가난해져서 그 기업의 땅을 팔다보니 땅과 밭이 없어졌던 것이다. 이런 식으로 원래 할당받았던 기업에 많은 변동이 일어났다. 이것은 죄로 인하여 사람이 잃어버리게 된 기업을 생각나게 한다. 하

나님께서 매 오십 년째에는 다 자기 기업으로 돌아가라고 하신다. 오십 년이 차면 원래 자기의 재산, 자기 지파의 재산을 다시 찾게 된다.

안식년을 지킴으로 얻는 축복

하나님께서는 그분의 법도를 행하며 규례를 지켜 행하면 그 땅에서 안전하게 거할 것이라고 하신다[18-19절]. 또한 땅이 산물을 낼 것이라고 하신다. 여기서 법도를 행하고 규례를 지켜 행한다는 것은 안식년, 희년을 잘 지키는 것이다. 그러면 배불리 먹고 안전히 거하리라고 하셨다.

20절, **"혹 너희 말이 우리가 만일 제 칠년에 심지도 못하고 그 산물을 거두지도 못하면 무엇을 먹으리요 하겠으나"**. 사람들이 하나님의 법도와 규례를 지키지 못하는 것은 하나님의 말씀에 근거한 믿음으로 사는 것이 아니라 사람의 생각으로 돌아가기 때문이다. 하나님은 그분의 백성이 믿음으로 사는 것을 원하신다.

21절, **"내가 명하여 제 육년에 내 복을 너희에게 내려 그 소출이 삼 년 쓰기에 족하게 할지라"**. 제 육 년에는 아예 세 배로 복을 내리겠으니 걱정하지 말고 명령만 지키라고 하신다. 하나님의 능하신 손을 믿으라는 것이다.

22절, **"너희가 제 팔년에는 파종하려니와 묵은 곡식을 먹을 것이며 제 구년 곧 추수하기까지 묵은 곡식을 먹으리라"**. 제 육년에 제 칠년, 제 팔년, 제 구년까지 삼 년 분을 주시는 것이다. 사십 구 년째에도 쉬어야 하고(그것도 안식년이다) 그 다음 해인 오십 년째도 쉬어야 한다. 그리고 그다음 해인 오십 일 년째에는 심어야 한다. 그래서 삼 년 치를 제 육년에 주시지 않으면 안 되는 것이다. 하나님은 그 땅이 그분의 땅이라는 것을 친히 증명하시며, 이렇게 하심으로 그분의 백성들에게 믿음과 순종을 가르치신다. 하나님은 어느 날 그 땅에 여호와의 보좌를 세우실 것이다.

희년을 기준 삼은 토지와 가옥 매매의 법칙

이 구절에서 하나님은 선포하신다. "토지는 다 내 것이요"[23절]. 오늘날도 열국은 이 땅을 놓고 싸우고 있다. 그러나 세초부터 세말까지 하나님의 눈은 이 땅 위에 있다. 이 땅은 주님의 소유이고 사실 우리의 것은 없다. 이 모든 것은 다 왕국의 예표이다. 세상 모든 나라는 결국 주님께 돌아갈 것이다.

25-28절, **"만일 너희 형제가 가난하여 그 기업 얼마를 팔았으면 그 근족이 와서 동족의 판 것을 무를 것이요"**. 근족이란 가장 가까운 친척을 말한다. 여러분의 가장 가까운 친척은 누구인가? 바로 예수 그리스도이시다. 여러분에게 그리스도보다 더 가까운 분은 없다.

"그러나 자기가 무를 힘이 없으면". 사실 당연히 힘이 없다. "희년이 이를 때까지 산 자의 손에 있다가 희년에 미쳐 돌아올지니 그가 곧 기업으로 돌아갈 것이니라". 희년 때까지 기다릴 수밖에 없다는 것이다. 이스라엘 백성들은 무를 자가 없었기 때문에 희년까지 기다렸다. 그런데 마침 예수님이 오셔서 희년을 선포하신 것이다. 예수님은 이스라엘 백성의 근족이시다. "이는 나의 친구의 집에서 받은 상처라"(슥 13:6). 그분은 이스라엘 백성의 가장 가까운 친구이고 친척이시다. 그리고 오늘 우리에게도 가장 가까운 분이시다.

동족이 가난하게 되었을 때는 그를 도와주고 함께 살아나가도록 해야 하며, 그에게는 이식을 취하지 말고 이자를 얻기 위해 돈을 빌려주지 말고 양식도 그렇게 해야 한다.

동족이 가난하게 되어 몸이 팔렸을 경우 그를 노예로 삼지 말고 품꾼이나 우거하는 자같이 대하라고 하신다[39절].

이 구절들에서 '종'은 노예(slave)이다. '품꾼(hired man)'은 노예하고 다르다. 품꾼은 그래도 자유가 있는 일꾼이다. 그렇게 몸이 팔린 동족이 있다고 할 때 종으로 부리지 말고 품꾼이나 우거하는 자같이 함께 지내게 하고 희년까지 섬기게 하라는 것이다. 동족이 아무리 가난하게 되어도 하나님의 자녀들을 고귀하게 잘 다루라는 말씀이다. 왜냐하면 우리는 다 하나님의 품꾼이기 때문이다. 뒤에 42절과 55절을 보면 "이스라엘 자손은 나의 품꾼이 됨이라"고 하셨다. 그리스도의 피로 산 품꾼인 것이다. 그러므로 어떤 사람이 자신의 사역과 전도를 통해서 구원을 받고 영적 도움과 양육을 얻었다 하더라도 자신의 종처럼 여기지 말고 자유롭게 대해야 한다. 전도자들이나 사역자들이라면 특별히 주의해야 할 말씀이다. "품꾼이나 우거하는 자같이 너와 함께 있게 하여 희년까지 너를 섬기게 하라 그때에는 그와 그 자녀가 함께 네게서 떠나 그 본족에게로 돌아가서 조상의 기업을 회복하리라". 이는 모두 복음의 예표이다. 복음을 순종하는 자의 받을 축복과 누림을 예표한다.

하나님께서는 가난하게 된 그분의 백성에 대하여 절대로 엄하게 부리면 안 된다고 하신다[43절]. 하나님은 고아와 과부, 특히 가난한 자들을 주의하신다. 우리는 이런 말씀을 엄중하게 들어야 한다. 가난한 나라의 형제들을 생각할 때 우리는 이 말씀을 마땅히 주의해야 할 것이다.

26장

우상을 만들지 말라

하나님께서는 레위기에서 많은 제사법과 거룩하게 되기 위하여 주의해야 할 것들과 절기 등 하나님의 백성들이 지켜야 할 것들을 말씀하신 뒤에, 마지막으로 주의하고 경계해야 할 것들을 26장에서 요약해서 말씀해주신다. 그것은 첫째로 우상을 만들지 말라는 것이다. 이것은 십계명의 제 2계명으로서 매우 중요한 것이다.

"너희 땅에 조각한 석상을 세우고 그에게 경배하지 말라 나는 너희 하나님 여호와니라". 우상은 하나님 외에 숭배하는 것이요 하나님 외에 마음에 두는 것이며 또 하나님 외에 경배하는 것이다. 하나님의 백성은 오직 하나님만 경배하도록 되어 있다. 그 어떤 것도 하나님 외에는 경배해서는 안 된다. 그리스도인은 오직 하나님만 그 마음에 두어야 하고 그분만을 존경하고 경외하며 섬겨야 한다.

"너희는 나의 안식일을 지키며 나의 성소를 공경하라 나는 여호와니라". 안식이란 그리스도께서 우리 삶의 모든 것이 되게 하는 것이다.

또한 "나의 성소를 공경하라"고 하셨다. 이스라엘 백성 가운데에는 하나의 성막이 있어서 그곳은 하나님이 거주하시는 곳인데, 그 성소를 공경하라고 하신 것이다.

하나님께서는 그분의 규례와 계명을 준행하면 비를 그 시후에 주신다고 하셨다[3-4절]. '그 시후'란 히브리어로 그것들의 때, 말하자면 때에 알맞은 비를 내려주신다는 것이다. 레위기 26장은 신명기의 말씀과 맥을 같이 한다.

계명과 규례를 지키는 자들에게는 풍부한 산출물이 있을 것이다. 곡식이 포도 딸 때까지 익기 때문에 타작이 다 끝나면 포도를 따서 누리면 되고, 포도를 따는 것은 파종할 때까지 미치기 때문에 굶주림이 없게 된다[5절].

6절, "내가 그 땅에 평화를 줄 것인즉 너희가 누우나 너희를 두렵게 할 자가 없을 것이며 내가 사나운 짐승을 그 땅에서 제할 것이요 칼이 너희 땅에 두루 행하지 아니할 것이며". 이렇게 계명을 지키는 가운데 있을 때 그 땅에 평화를 주신다고 했다. 25장부터 땅에 대해 말하기 시작했는데 여기 26장에는 땅에 관한 이야기가 많다. "내가 그 땅에 평화를 줄 것인즉 너희가 누우나 너희를 두렵게 할 자가 없을 것이며". 하나의 영역이 있다. 여기에 하나님께서 친히 다스리시는 왕국이 있다. 그분이 세우신 토지법이 있고 그분이 주인과 종 된 사람들에 대하여 세우신 법이 있다. 우리가 말씀을 준행하는 영역에 있을 때 그 땅이 평화롭게 된다. 그래서 누워도 두렵게 할 자가 없다. 그러나 계명을 지키지 않는 영역 안에 있으면 누워 있을 때도 불안하다. "내가 사나운 짐승을 그 땅에서 제할 것이요". 그러한 영역 안에 있으면 사나운 짐승들이 오지 않는다. 사나운 짐승들이 있다는 것은 그 영역이 계명을 준행하지 않는 영역이라는 것이다.

"칼이 너희 땅에 두루 행하지 아니할 것이며". 칼은 무엇인가? 찌르는 것이다. 여러분이 계명을 준행하지 않는 영역 안에 있을 때 여러분은 많은 찔림을 당한다. 여러분이 진정으로 하나님의 계명을 지키는 영역 안에 있으면 찌르는 칼이 없다는 것을 깨닫게 될 것이다. 왕국은 하나의 영역이다. 한 사람 개인이 주님을 사랑하고 구원을 받고 섬기는 것이 있지만 왕국의 영역도 있다는 것을 알아야 한다. "너희가 대적을 쫓으리니 그들이 너희 앞에서 칼에 엎드러질 것이라"[7절]. 대적을 쫓아내는 힘이 어디에서 오겠는가? 결국 주님께 순종하는 것에서 온다. 창세기 1장부터 하나님은 사람의 창조와 땅과 왕국과 대적을 물리치는 문제를 일관되이 말씀하고 계시다.

8절, **"너희 다섯이 백을 쫓고 너희 백이 만을 쫓으리니 너희 대적들이 너희 앞에서 칼에 엎드러질 것이며"**. 다섯 명이 백을 상대할 수 있다고 말씀하신다. 계명을 순종하고 하나님의 말씀을 지키는 자들은 소수라도 다수를 상대할 수 있다. 주님은 또한 번성하고 창대하게 해줄 것이라고 하신다[9절]. 만일 우리가 하나님의 말씀을 순종하는 자들이 되면 하나님은 반드시 우리에게 돌아오시고 우리를 향하신다. 그리고 친히 우리와 세운 언약을 이행하시어 번성하고 창대하게 하실 것이며 또한 먹을 곡식이 풍성하게 해주실 것이다[10절]. 묵은 곡식을 먹다가 새 곡식을 인하여 묵은 곡식을 치우게 될 것이라고 하신다.

또한 주님께서 자신의 장막을 그들 가운데 세우시고 그들을 싫어하지 않을 것이라고 하신다(11절, 요 14:23 참조). "나는 너희 중에 행하여 너희 하나님이 되고 너희는 나의 백성이 될 것이니라"[12절]. 왜 하나님은 교회를 부르셨는가? 그들의 하나님이 되시고 그분의 백성을 삼기 위함이시다. 그러려면 첫째 우상을 제해야 한다. 하나님 외에 다른 높이는 것이 없어야 한다. 어떤 사람의 이름이나 세력, 물질, 명예, 전통, 그 어떤 것도 우리 가운데 높여지거나 경배를 받아서는 안 된다. 우리 가운데서는 예수 그리스도, 우리 하나님 한 분만이 경배를 받으셔야 한다. 13절, **"나는 너희를 애굽 땅에서 인도하여 내어 그 종 된 것을 면케 한 너희 하나님 여호와라 내가 너희 멍에 빗장목을 깨뜨리고 너희로 바로 서서 걷게 하였느니라"**[13절].

규례와 계명을 청종치 않은 자에 대한 징계

반대로 하나님의 계명을 청종치 않고 지키지 않을 때에는 첫 번째로 폐병과 열병이 생겨서 눈이 어두워지고 생명이 쇠약하게 하신다. 반대로 계명을 지키는 자들의 눈은 점점 밝아진다. "생명이 쇠약하게 할 것이요 너희의 파종은 헛되리니 너희의 대적이 그것을 먹을 것임이며". 수고해서 맺은 열매도 대적에게 빼앗기게 된다[14-17절]. 그들은 겁이 많아서 치는 자가 없어도 도망하게 된다. 사기(士氣)가 없는 것이다. 그들이 하나님의 말씀을 순종하지 않기 때문이다.

"너희가 그렇게 되어도 내게 청종치 아니하면 너희 죄를 인하여 내가 너희를 칠 배나 더 징치할지라"[18절]. 그렇게 징계를 받아도 순종치 아니하면 하나님께서 일곱 배를 더 징벌하겠다고 경고하신다. **"내가 너희의 세력을 인한 교만을 꺾고 너**

희 하늘로 철과 같게 하며 너희 땅으로 놋과 같게 하리니"[19절]. 하나님을 불순종하는 사람들은 다 교만한 사람들이다. 그들이 자신들의 세력을 믿고 교만할 때 하나님께서는 그들을 꺾겠다고 하신다. 이미 눈이 어두워지게 하고 생명이 쇠약하게 하고 씨앗을 뿌린 것을 다 헛되게 하고 자신감이 없게 하시어 그런 약함 가운데 두셨는데도 여전히 깨닫지 못하고 청종치 않으면(영적으로 그 정도 되면 마땅히 깨달아야 한다) 일곱 배나 더 징벌하시는데, 첫째는 교만을 꺾으신다. 하늘로 철과 같게 하며 땅은 놋과 같게 한다고 하셨다. 즉 하늘에서 아무것도 내려오지 않고 땅에서 산출되는 것이 아무것도 없다는 뜻이다.

그래도 순종하지 않는 사람들에게 하나님은 들짐승을 보내어 사나운 핍박과 공격이 있게 한다고 하신다. 그들의 자녀를 움키고 육축을 멸하고 수효를 감소케 하시는데 그래도 사람들은 왜 그런 일이 일어나는지 모른다. 또 너희 도로가 황폐해진다고 했다. 수효가 감소하고 들짐승들이 해를 끼치는 것은 하나님의 징계라는 것을 알아야 한다[21-22절].

"이런 일을 당하여도 너희가 내게로 오지 아니하고 나를 대항할진대 나 곧 나도 너희에게 대항하여 너희 죄를 인하여 너희를 칠 배나 더 칠지라"[23-24절].

이렇게 계속 징계를 하시는 목적은 하나님께로 돌아오게 하려는 것이다. 한 차례 한 차례 징계의 강도를 더하시는 하나님은 오로지 그들이 돌아오기를 원하신다. 여기 "나 곧 나도"라는 말씀은 아주 중요한 말씀이다. 이때에 와서는 하나님께서 '나도 너를 치겠다'고 하신다. 땅이 산물을 내지 않고 하늘이 비를 내리지 않는 것은 간접적인 징계이다. 눈이 어둡게 되는 것도 간접적이다. 그런데 여기서는 하나님께서 "나 곧 나도" 너희를 대항하겠다고 하신다.

전쟁이 일어나고 흉년이 있으며 또 전염병이 있을 것이다. 이는 주님의 재림 전에 있을 상황이다(마 24장 참조). 양식을 저울에 달아준다는 것은 양식이 너무 귀하다는 뜻이다. 이는 기근의 상황이다(계 6장 참조). 그것은 한 사람도 채우지 못하고 전혀 배부르지 않다. 주님의 징계는 먹을 양식을 끊어버리는 것으로도 임한다[25-26절].

그래도 회개하지 않을 때 하나님은 가장 강하게 심판하시고 징책하신다. 이것은 너무 참혹한 징계로서 사람이 자기 자식을 먹을 것이라는 것이다[27-29절].

"그들은 쫓는 자가 없어도…서로 짓밟혀 넘어지리니 너희가 대적을 당할 힘이 없을 것이요 너희가 열방 중에서 망하리니 너희 대적의 땅이 너희를 삼킬 것이라… 나를 거스린 허물을 자복하고 또 자기들이 나를 대항하였으므로 나도 그들을 대항하여 그 대적의 땅으로 끌어갔음을 깨닫고 그 할례받지 아니한 마음이 낮아져서 그 죄악의 형벌을 순히 받으면…내 언약을 기억하고 그 땅을 기억하리라"[37-42절].

"그들이 나의 법도를 싫어하며 나의 규례를 멸시하였으므로 그 땅을 떠나서 사람이 없을 때에 땅이 황폐하여 안식을 누릴 것이요 그들은 자기 죄악으로 형벌을 순히 받으리라"[43절].

"그런즉 그들이 대적의 땅에 거할 때에 내가 싫어버리지 아니하며 내가 야곱과 맺은 내 언약과 이삭과 맺은 내 언약을 생각하며 아브라함과 맺은 내 언약을 생각하고 그 땅을 권고하리라"[44-45절].

하나님은 그러한 백성을 아주 버리지 않으신다고 하신다. 그리고 여전히 언약을 기억하시고 대적의 땅에서 그래도 남은 자를 건지겠다고 하신다. 하나님의 자비와 인자가 무궁하시도다! 이렇게 거역해도 여전히 그들을 위하여 세우신 언약을 기억하겠다고 하신다[45절]. 그 백성이 아무리 거절하고 대항하고 또 하나님의 말씀을 지키지 않고 타락해도, 그래서 하나님이 그들을 대적의 손에 팔아도 결국 그들 가운데서 얼마를 구원하시고 돌이키게 하시고 긍휼을 베풀어주시겠다는 말씀이다.

"이상은 여호와께서 시내 산에서 자기와 이스라엘 자손 사이에 모세로 세우신 규례와 법도와 율법이니라"[46절].

이것은 시내 산에서 주님이 이스라엘과 세우신 규례와 법도와 율법이다. 25장도 시내 산에서 말씀하신 것이고, 26장도 시내 산에서 말씀하신 규례를 반복하고 강화하고 강조하여 지키도록 하시는 말씀이다.

27장

서원 예물의 값

"여호와께서 모세에게 일러 가라사대 이스라엘 자손에게 고하여 이르라 사람을 여호와께 드리기로 서원하였으면 너는 그 값을 정할지니"[1-2절].

레위기는 27장은 부록처럼 붙어 있다. 이 마지막 27장에서는 서원의 문제를 다룬다. 26장에는 하나님께서 그들과 세우신 규례, 법도, 율법을 순종하는 자의 받을 축복과 순종치 않는 자들에 대한 징벌이 기록되어 있다. 이제 27장에는 서원이 있다. 서원이란 히브리어로 '레데르'인데, 이것은 '맹세하다, 헌신하다, 다짐하다'라는 뜻의 '라다르'에서 파생된 것이다. 따라서 이 서원은 하나님을 기쁘시게 하기 위하여 사람이 자원하여 하나님께 헌신할 것을 약속하는 행위를 말한다. 이제 레위기 마지막에 서원의 문제가 있는데, 이는 이해하기가 매우 어려우니 주의해서 보기 바란다.

"사람을 여호와께 드리기로 서원하였으면 너는 그 값을 정할지니". 사람을 주님께 드리기로 서원하였으면 그 값을 정하라고 하신다. 헌신은 대충 말로만 해서는 안 된다. 물건도 제대로 사려면 가격을 정해서 사야 한다.

"너의 정한 값은 이십 세로 육십 세까지는 남자이면 성소의 세겔대로 은 오십 세겔로 하고"[3절]. 성소의 세겔 문제는 출애굽기 30장에 이미 나온다. 출애굽기 30장은 이를 생명의 속전이라고 하였으며 속량을 받는 문제와 관련된 값이다. 이 생명의 속전의 문제는 부자라고 더 낼 필요도 없고 가난하다고 덜 내어서도 안 되었는데, 성소의 세겔로 반 세겔이었다. 모세는 이스라엘 사람들에게서 반 세겔의 속전을 거두어 회막 봉사에 쓰라고 명하였다. 이것은 속죄의 문제이기 때문에 모든 사람이 공통적인 위치에 있고 차별이 없다. 누구든지 그리스도의 보혈 앞에서는 차이가 없이 같은 입장에 서 있다. 자랑할 사람도 없고 더 나은 사람도 없고 더 못한 사람도 없다. 그러나 레위기에서는 서원의 문제와 관련하여 드릴 때 차이가 발생한다. 이는 우리가 주님으로부터 받은 권리에 있어서는 같은 것이나 그 체험과 능력과 유용성에 있어서는 차이가 있음을 의미한다.

20세에서 60세까지의 남자가 서원할 때 그 값이 가장 높다. 성소의 세겔대로 은 50세겔이다. 당시에는 돈을 통용할 때 세 가지로 나누어 통용했다. 성소의 세겔과 일반적인 세겔과 왕궁에서의 세겔이다. 성소의 세겔은 성소 안에서의 일을 위한 것으로서, 성소의 보수, 보전, 관리를 위해 특별히 사용되는 것으로 성소 안에서만 통용되는 화폐 단위이다. 여기서 우리는 서원을 하는 목적이 성소를 위한 것임을 알 수 있다. '성소의 세겔대로'라는 말에서 서원하는 모든 것이 성소를 위한 것이라는 암시를 받기 때문이다. 그러므로 레위기 27장의 핵심이 되는 단어는 '성소'와 '서원'이다, 서원과 성소는 매우 관계가 깊다.

세겔로 계산하여 성소에서의 가치를 볼 때 여자의 경우는 삼분의 이 내지는 절반이다. 남자가 강하다는 뜻이다. 하나님은 교회를 관심하시는데, 교회를 위해서는 강한 남자가 필요하다. 결국 이렇게 드려진 세겔은 성소를 위해서 쓰인다. 성소의 수리를 위해서, 장비를 위해서, 또는 여러 가지 성소의 필요를 위해서 이 세겔이 쓰여지는 것이다. 그럴 때 가장 유용한 나이가 20세에서 60세인데, 남자는 50세겔이고 여자는 30세겔이다. 5세에서 20세까지는 남자는 20세겔이고 여자는 10세겔이다. 1개월에서 5세까지는 남자이면 그 값이 은 5세겔이고 여자이면 3세겔이다. 60세 이상은 남자이면 그 값이 15세겔이고 여자이면 10세겔이다. 이를 통해서 우리는 아무리 어려도 하나님의 교회를 위해서 필요하다는 것을 알 수 있다. 장년 남자의 십분의 일밖에 되지 않는 5세겔짜리라도 어쨌든 주님께 드릴 수 있는 분량이 있고 그 가치가 있다. 그러므로 너무 어리거나 늙어서 서원을 했기에 아무 가치가 없는 성도란 없다[4-7절].

"그러나 서원자가 가난하여 네가 정한 값을 감당치 못하겠으면 그를 제사장의 앞으로 데리고 갈 것이요 제사장은 그 값을 정하되 그 서원자의 형세대로 값을 정할지니라"[8절]. 서원자가 그 돈을 감당할 만하면 문제가 안 되는데, 그 서원자가 드리고 싶어도 가난해서 50세겔이든 30세겔이든 드릴 수 없는 경우에는 그를 데리고 제사장 앞으로 가야 한다. 그래서 제사장이 그 값을 정하되 그 서원자의 형세대로 정하라는 것이다. '형세'는 히브리어로 '야드'인데 손(手)이라는 말이다. 그것은 그 사람의 능력, 힘을 의미한다. 그가 교회를 위해서 드리고 싶은데 힘이 부족할 때, 그 정가를 감당할 능력이 없을 때 제사장은 그 사람의 그 형세대로 정가를 정해주는 것이다.

27장에서 처음에는 사람(자신)을 드리고 다음에는 생축을 드리고 그다음에는 집을 드리고 밭까지 드린다. 그러면 다 드리는 것이다. 주님은 사람이 주님께 자기의 소유를 다 드리기를 원하신다.

여호와께 아주 바친 것들

"오직 여호와께 아주 바친 그 물건은 사람이든지 생축이든지 기업의 밭이든지 팔지도 못하고 속하지도 못하나니 바친 것은 다 여호와께 지극히 거룩함이며 아주 바친 그 사람은 다시 속하지 못하나니 반드시 죽일지니라"[28-29절]. 28절과 29절은 참으로 이해하기가 어렵다. 이 말씀에 대해 어떤 사람은 이것이 여호수아 6장의 여리고 성에서 일어난 일이라 하고 또 어떤 사람은 기브온 사람들에게 해당된다고 설명하기도 한다.

여기서 '아주 바친'의 히브리어는 '하람'인데, '저주를 받은 것' 또는 '파멸을 위해 바쳐진 것'이라는 뜻이다. 아주 바쳐졌다는 것은 저주를 받은 것이고 파멸을 위해 바쳐진 것이고 죽기 위해 바쳐진 것이다. 그렇게 바쳐진 것은 완전히 거룩하다고 했다. 그런 것은 다시 무를 수 없고 아주 바쳐진 그 사람은 다시 속할 수 없고 반드시 죽여야 한다는 것이다.

이 부분의 말씀은 고린도 전서 4장 9절 말씀을 생각나게 한다. "내가 생각건대 하나님이 사도인 우리를 죽이기로 작정한 자같이 미말에 두셨으매 우리는 세계 곧 천사와 사람에게 구경거리가 되었노라". 여기서 사도 바울은 하나님께서 사도인 그들을 죽이기로 작정한 자같이 미말에 두셨다고 했다. 그리고 13절에서는 "비방을 당한즉 권면하니 우리가 지금까지 세상의 더러운 것과 만물의 찌끼같이 되었도다"라고 말한다. 이런 사람들은 저주를 받기로 드려진 자 같다. 파멸을 당하기로 정해진 자 같다. 고린도 후서 4장 10절, "우리가 항상 예수 죽인 것을 몸에 짊어짐은 예수의 생명도 우리 몸에 나타나게 하려 함이라". 12절, "그런즉 사망은 우리 안에서 역사하고 생명은 너희 안에서 하느니라".

여호와께 아주 바친 사람들이란 절대적으로 하나님을 위해서만 드려진 사람들이라고 여겨진다. 이들은 그저 자신을 하나님께 드리는 정도가 아니라 지나치게 드려서 아예 파멸을 당하도록, 죽임을 당하도록 드리는 것이다. 그렇게 드려진 사람이나 물건은 생축이든지 그 기업의 밭이든지 팔지도 못하고 속하지도 못하는데, 이는 아주 바친 것은 다 여호와께 지극히 거룩하기 때문이다. 사람이든 물건이든 밭이든 여호와께 드리되 온전하게 드린 것이다.

십분의 일-피로 구속된 것은 여호와의 것임

"그리고 그 땅의 십분의 일 곧 그 땅의 곡식이나 나무의 과실은 그 십분의 일은 여호와의 것이니 여호와의 성물이라"[30절]. 십일조는 여호와의 것이다. 그런데 그 십분의 일을 속하려면 오분의 일을 더하라고 했다. 이 모든 것은 원칙이다.

소나 양의 십분의 일은 목자의 지팡이 아래로 통과하는 것의 열번째마다 여호와의 거룩한 것이 된다. 그리고 그 우열을 바꾸지 못하며 그것을 바꾸면 둘 다 거룩하게 된다. 십분의 일은 다 여호와의 것이며, 그분에게 응당 드려져야 할 부분이다.

사실 우리는 주님의 것이다. 우리는 주님의 십분의 일에 해당하는 사람들이다. 왜냐하면 주님이 우리를 그분의 피로 사셨기 때문이다.

결국 레위기 27장에서 우리에게 알려주는 것은 하나님의 목적이 성막 곧 교회생활에 있다는 것이다. 하나님께서는 그 안에 거하심으로 그분의 백성들과 함께하기 원하신다. 그러기 위해서 우리에게 필요한 것은 서원하여 우리 자신을 하나님께 온전히 드리는 것이다. 1개월 된 아기부터 60세 이상까지 아무리 나이가 어리거나 많아도 다 드릴 수 있다. 드릴 때 거기에 다 가치가 있다. 3세겔부터 50세겔까지 가치가 없는 사람은 하나도 없다. 드릴 수 있다면 다 드려야 한다. 하나님은 성도들이 50세겔의 큰 가치가 나가는 역할을 하기 원하시지만, 그럼에도 아무리 어리고 약한 지체도 다 몸에 필요함을 계시하신다. 1개월짜리도 세겔이 있다. 드릴 역량이 없으면 형세대로 드릴 수 있다. 어떻게 드릴 줄 몰라도, 심지어 부정한 것이라 할지라도 드릴 마음만 있으면 얼마든지 하나님께 드릴 수 있는 길을 열어 놓으셨다. 그러나 아주 드린 것은 계산 외의 것이라고 말할 수 있다. 그것은 세겔로 그 가치를 셀 수 없는 완전히 다 드려진 것이어서 어떤 가치로도 속할 수도 없는 것이다. 아주 바친 것과 10분지 1의 것들은 온전히 여호와께 속한 것이다.

마지막 구절인 34절은, **"이상은 여호와께서 시내 산에서 이스라엘 자손을 위하여 모세에게 명하신 계명이니라"**고 한다. 구약 레위기에서는 시내 산에서 말씀하셨지만, 이제는 시내 산의 시대가 아니라 시온 산의 시대이다. 은혜 시대이다. 이 모든 말씀은 우리가 생명으로, 은혜로, 진리로 삼을 때에 신약의 교회 안에 적용 가능한 것이다.

민수기

1장

군대 편성과 레위인 직무 분담

이스라엘 백성은 애굽에서 나온 지 두 달 만에 시내 산에 도착했으며(출 19:1), 시내 산에서 성막에 대한 이상과 십계명과 많은 규례들을 지시받았다. 그리고 그들은 제2년 1월 1일에 성막 건립을 완성했는데(출 40:17), 성막 건립 후 시내 산을 떠나기까지 1개월 20일 동안 레위기의 많은 규례들을 지시받았다. 민수기의 시점은 출애굽 제2년 2월 1일 이스라엘 백성들을 계수하는 시점부터 시작하여 출애굽 제 40년 모압 광야에 이르기까지의 역사를 포함한다. 그들은 제2년 2월 20일에 시내 산을 출발했다.

출애굽한 이스라엘 백성들에게 하나님은 먼저 그들이 어떻게 그분을 경배하고 섬기며 어떻게 제물을 드리며 어떻게 거룩하게 되며 어떻게 절기를 지키는가, 다시 말하면 어떻게 하나님의 백성들로서 다른 모든 열국 사람과 구별되어 거룩하게 되며 하나님을 영화롭게 하는가를 말씀하셨다. 그것이 레위기의 내용이다. 그런 다음 민수기에서 하나님께서는 어떻게 그분의 백성이 진을 편성해서 대적에 맞서 싸울 수 있는가를 말씀하시기 시작한다. 그것이 바로 민수기의 내용이다. 그 실제적인 싸움은 여호수아에서 절정에 이른다.

군대 편성

민수기는 애굽 땅에서 나온 후, 제 2년 2월 1일에 말씀하기 시작하신 것이다(민 1:1). 즉 회막을 완성하고 1개월에 걸쳐 레위기의 모든 말씀을 주시고(제 2년 1월 1일, 출40:17), 이제 2월 1일에 시내 광야 회막에서 이스라엘 백성들이 진군하기 위해 인수를 계수하도록 모세에게 말씀하시기 시작한 것이다. 즉 레위기의 말씀을 받고 인수를 계수하여 군대를 편성하고, 그들은 곧 시내 산을 떠나게 된다. 그 기간은 한 달 20일이 걸렸다(민 10:11).

이제 민수기 시작에서 하나님께서는 어떤 예법을 가르치시는 것이 아니라 그 회중들을 계수하라고 말씀하신다. 그들을 하나님의 군대로 편성하기 위한 것이다. 여기의 '회중'이란 말은 히브리어로 '야드'인데, 야드라는 말은 '약속'이라는 뜻이다. 즉 이 회중은 단지 어떤 무리를 일컫는 말이 아니고 '약속의 회중', '약속의 무리', '언약된 백성'을 뜻한다. 이것은 또한 신약의 교회를 예표한다. "모든 회중 각 남자의 수를 그들의 가족과 종족을 따라". 회중에서 여자와 아이는 빼고 남자만을 그들의 가족과 종족에 따라 그 명수대로 계수하라고 하셨다[2절].

이스라엘 백성 20세 이상을 군대대로 계수하라고 말씀하시는데[3절], 여기서 '군대'라는 말이 나온다. 하나님께서는 그분의 백성이 다만 거룩한 무리일 뿐 아니라 군대라고 말씀하신다. 이것은 오늘날 신약의 교회에도 적용되어야 하며, 신약의 교회는 하나님의 군대이다. 출애굽기에서도 몇 번이나 이스라엘 백성을 군대(출 12:17)라고 했다. 레위기는 교회가 하나님께 제물을 드리며 경배하기 위한 무리임을 계시하지만, 민수기는 대적과 전쟁을 해야만 하는 군대임을 계시한다.

각 지파의 각 조상의 가문의 두령 한 사람씩을 뽑으라고 한다[4절]. 여기의 두령은 인도자이다. 하나님께서는 함께할 두령들의 이름을 말씀해 주셨다. 교회가 군대가 되어 대적을 향하여 전투를 벌이려면 인도자들 아래 좋은 질서가 절대 필요함을 암시한다. 하나님의 교회가 혼란한 상태에 있어서는 대적을 이길 수 없다. 오늘날도 어느 교회든지 하나님이 세우신 권위자들과 좋은 질서 안에 있을 때 강한 역사를 수행할 수 있다.

열두 지파 중에서 여기에 기록된 지파는 모두 몇 지파인가? 르우벤, 시므온, 유다, 잇사갈, 스불론, 요셉, 베냐민, 단, 아셀, 갓, 납달리, 열한 지파이다[5-16절]. 여기에 레위 지파가 빠졌다. 레위에 대해서는 다음에 나온다.

17절, "모세와 아론이 지명된 이 사람들을 데리고". '지명된'이란 '하나님께서 지정해 주신'이라는 뜻이다. 그러므로 오늘날 우리가 한 가지 기억해야 할 것은 하나님의 백성들의 인도자는 하나님께서 직접 세우신다는 것이다. "둘째 달 첫날에 온 회중을 모으니 그들이 각 종족과 조상의 가문에 따라 이십 세 이상인 남자의 이름을 자기 계통별로 신고하매"[18절]. 19절부터 27절은 지파 별로 그들의 가족과 종족을 따라 싸움에 나갈 만한 남자를 계수하여 인수를 기록한다. 유다 지파의 숫자가 74,600명으로 제일 많다. 레위 지파는 계수하지 않고 증거막과 기구들 부속품을 관리하게 하였다[50절].

2장

진 배치와 진행 순서

영적 전쟁에 있어서 우리가 반드시 깨달아야 할 것은 이스라엘 백성들처럼 각각 그 기와 종족의 기호 곁에 진을 쳐야 한다는 것이다. 여기서 그 기(旗)는 '그리스도'를 의미한다.

이스라엘 족속은 회막을 동서남북 사면으로 둘러싸고 진을 치게 되어 있었다. 북쪽에는 단과 아셀과 납달리가 있고, 동쪽에는 유다와 잇사갈과 스불론이 있다. 서쪽에는 에브라임, 므낫세, 베냐민이 있고, 남쪽에는 갓, 시므온, 르우벤이 있다. 여기서 중심은 바로 성막이다. 신약의 교회는 그 중심에 그리스도께서 계신다. 그리스도가 그 깃발이시고 그리스도가 또한 중심이시다.

3절, "동방 해 돋는 편에 진 칠 자는 그 군대대로 유다의 진 기에 속한 자라 유

다 자손의 족장은 암미나답의 아들 나손이요". 동방 해 돋는 편에 진 칠 자는 유다의 진기에 속한 자다. 그 족장은 암미나답의 아들 나손이다. 그리스도는 유다 지파에서 나오셨다. 그리스도는 태양이시다. 그러므로 해 돋는 편인 동쪽에 유다 지파가 진을 치게 되어 있었다. "유다 진에 속한 군대의 계수함을 입은 군대의 총계가 십팔만 육천사백 명이라 그들은 제일대로 진행할지니라"[9절].

10절, "남편에는 르우벤 군대의 진 기가 있을 것이라 르우벤 자손의 족장은 스데울의 아들 엘리술이요". 17절, "그다음에 회막이 레위인의 진과 함께 모든 진의 중앙에 있어 진행하되 그들의 진 친 순서대로 각 사람은 그 위치에서 그 기를 따라 앞으로 행할지니라". "그 위치에서". 이 말은 매우 중요하다. 영적 전쟁에서 이기려면 모든 성도들은 각각 자기 위치에 있어야 한다. 성도라면 누구든지 자신이 처해 있는 위치에 서서 반드시 그 위치를 지키며 싸워야 한다.

19절, "단의 진에 속한 계수함을 입은 군대의 총계가 십오만 칠천육백 명이라 그들은 기를 따라 후대로 진행할지니라 하시니라". 하나님께서는 하나님의 백성이 싸우고 전진할 때 질서가 있기를 원하시며 진을 칠 때에도 질서 있기를 원하신다. 하나님께서 진의 위치를 직접 지정해 주셨으며 또 깃발 아래 모이게 하셨다.

32-34절, "이상은 이스라엘 자손이 그 종족을 따라 계수함을 입은 자니 모든 진의 군대 곧 계수함을 입은 자의 총계가 육십만 삼천오백오십 명(603,550)이었으며 레위인은 이스라엘 자손과 함께 계수되지 아니하였으니 여호와께서 모세에게 명하심과 같았느니라 이스라엘 자손이 여호와께서 모세에게 명하신 대로 다 준행하여 각기 가족과 종족을 따르며 그 기를 따라 진 치기도 하며 진행하기도 하였더라".

3장

레위인들의 직무

1-3절, "여호와께서 시내 산에서 모세와 말씀하실 때에 아론과 모세의 낳은 자가 이러하니라 아론의 아들들의 이름은 장자는 나답이요 다음은 아비후와 엘르아살과 이다말이니 이는 아론의 아들들의 이름이며 그들은 기름을 발리우고 거룩히 구별되어 제사장 직분을 위임받은 제사장들이라". 3장은 아론의 가족에 대해

서 말씀하고 계신다. 민수기 1장부터 4장까지에는 크게 나누어 세 종류의 무리가 있다. 첫째는 아론의 가족이고, 둘째는 레위 지파이고, 셋째는 이스라엘 전체 회중이다. 레위인들은 하나님을 섬기는 일에 관련된 모든 직무를 감당했는데, 즉 성막의 많은 기구들을 운반하거나 관리하고 또 제물 드리는 것을 돕는 일을 했다. 그리고 아론과 그 가족은 제물을 드려 예배하는 가장 중요한 일을 감당했다.

4절, **"나답과 아비후는 시내 광야에서 다른 불을 여호와 앞에 드리다가 여호와 앞에서 죽었고 무자하였고 엘리아살과 이다말이 그 아비 아론 앞에서 제사장의 직분을 행하였더라"**. 레위 지파는 제사장 아론 앞에 서서 그에게 시종하게 하였다. 곧 회막의 모든 기구를 지키고, 이스라엘 전체를 위해 성막에서 시무해야 했다. 아론과 그 아들들을 세워 제사장 직분을 수행하게 하되 외인이 가까이 오면 죽이라고 하였다. 하나님은 레위인을 이스라엘의 처음 난 자를 대신하여 그분의 것으로 삼으셨다고 말씀하신다.

14절부터 레위인은 1개월 이상 된 자들을 다 계수에 넣으라고 하신다. 레위의 아들들은 게르손과 고핫과 므라리이다. 21절부터는 게르손, 고핫, 므라리의 가족과 일 개월 이상 된 자의 계수이다. 그렇지만 정작 성소를 섬기는 자들의 나이는 30세 이상 50세까지이다.

레위 지파의 임무에 대해서 기록하고 있다. 우리 믿는이들은 한 면으로는 제사장이고 또 한 면으로는 레위인이다. 구약에는 이렇게 레위인, 제사장, 이스라엘 백성이 나뉘어져 있지만, 신약에 올 때 우리는 한 면으로 왕 같은 제사장이고, 또 한 면으로는 레위인이며, 또 거룩한 백성이다. 이 모든 것이 다 신약의 우리를 예표하고 있다.

우리는 1장과 2장에서 레위인은 계수하지 말라는 말씀을 들었다. "레위 지파만은 너는 계수치 말며 그들을 이스라엘 자손 계수 중에 넣지 말고"(1:49). 그들은 이스라엘 전체 계수 중에 넣어서는 안 되었다. 그들은 특별한 임무를 맡고 있는 자들로서 이스라엘 전체 회중과 구분된 자들이었다.

그런데 여기서 주님이 레위인을 계수할 때는 특별히 일 개월 이상부터 계수하라고 하신다. 이스라엘 백성 전체를 계수할 때는 20세 이상이다. "이스라엘 중 이십 세 이상으로 싸움에 나갈 만한 모든 자를 너와 아론은 그 군대대로 계수하되"(1:3). 그러나 하나님을 섬기는 지파는 일 개월 이상이면 다 유용했다.

우리는 레위의 세 아들의 이름은 반드시 외워두어야 한다. **게르손**이 장자이고, **고핫**이 차남이고, 막내가 **므라리**이다. 오늘날로 말하면 섬유에 해당하는 기구들은 다 게르손 자손이 담당했다. "성막과 장막과 그 덮개와 회막 문장과 뜰의 휘장과 및 성막과 단 사면에 있는 뜰의 문장과 그 모든 것에 쓰는 줄들"을 담당한 것이다. 여기서 '줄들'이란 가령 해달의 가죽이나 수염소 가죽 등을 말뚝에 잡아매는 줄들을 가리킨다. 고핫 자손의 가족은 갓, 시므온, 르우벤이 진을 치는 남편의 성막 가까이에 진을 치게 되어 있었다. "웃시엘의 아들 엘리사반은 고핫 사람의 가족과 종족의 족장이 될 것이며"[30절]. 여기에 고핫 자손의 족장이 있다. 레위 지파에게도 족장이 있고 인도자가 있다. 하나님의 일은 반드시 이렇게 질서가 있다. 무질서하게 아무렇게나 하는 것은 결코 하나님의 일이 아니다. 고핫 자손이 맡은 것들은 가장 중요한 것들이다. 가장 중요한 품목들을 장남이 아닌 차남이 맡았다. 이렇게 하나님께서 사람들에게 일을 맡기실 때 반드시 연장한 사람, 오래 된 사람이라고 해서 중요한 일을 맡기시는 것은 아니다. 고핫은 증거궤와 떡상과 등대와 단들과 성소에서 봉사하는 데 쓰는 기구들과 휘장과 그것에 쓰는 모든 것을 맡았다[30절].

"제사장 아론의 아들 엘르아살은 레위인의 족장들의 어른이 되고 또 성소를 맡을 자를 통할할 것이니라"[32절]. 엘르아살은 아론의 아들이다. 아론의 아들로 레위인 족장들의 어른이 되게 하셨다. 레위인의 족장들은 게르손 자손의 족장, 고핫 가족의 족장, 므라리 가족의 족장 등이다. 그 족장들이 나름대로 하는 것이 아니고 그들을 통할하는 대표가 있다. 그가 바로 아론의 아들 엘르아살이다. 나답과 아비후가 죽었기 때문에 사실상 아론의 장남은 엘르아살이고, 그가 레위의 족장들을 통할하게 되어 있었다. 이처럼 레위 지파의 모든 일들은 다 질서가 있고 그들은 반드시 제사장의 지휘 아래에서 봉사하게 되어 있다. 따라서 올바른 하나님의 백성의 봉사는 반드시 합당한 인도 직분 아래에서 섬기는 것이어야 한다. 자기들 나름대로 봉사하는 것이 없다.

므라리는 주로 목재를 담당했다. 널판과 말뚝 등이 므라리의 몫이었다[33-37절]. 게르손은 섬유에 관련된 것을 짊어졌고, 고핫은 가장 중요한 언약궤, 등대, 떡상 등을 담당했으며, 목재는 말뚝까지 포함하여 다 므라리가 담당했다. 마찬가지로 신약에서도 하나님께서 그분의 종들에게 위임하시는 바가 다 똑같은 것이 아니라, 다양하고 각각 다르다. 바울은 주로 터를 닦는 일을 했고 또 심는 일을 했다. 그러나 그 위에 건축하고 물을 주는 일은 또 다른 사람들이 했다. "나는 심었고 아볼로는 물을 주었으되"(고전 3:6).

38절, **"장막 앞 동편 곧 회막 앞 해 돋는 편에는 모세와 아론과 아론의 아들들이 진을 치고 이스라엘 자손의 직무를 대신하여 성소의 직무를 지킬 것이며 외인이 가까이 하면 죽일지니라"**. "장막 앞 동편 곧 회막 앞 해 돋는 편". 그곳은 유다, 잇사갈, 스불론이 진을 친 곳이다. 이스라엘 자손의 진은 사면에 있는데 레위의 아들들은 셋이다. 게르손 자손과 고핫 자손과 므라리 자손이다. 한 면이 남지 않는가? 그 나머지 한 면에는 모세와 아론과 아론의 아들들이 진을 치게 되어 있었다. 이곳이 동편이다. 이렇게 다 조직적으로 짜여져 있고 허술한 곳이 한 군데도 없다. 그런데 여기서 주님은 다시 한 번 "외인이 가까이하면 죽일지니라"고 말씀하신다. 하나님의 일에 함부로 가까이하다가는 다 죽임을 당하게 된다.

레위인의 일 개월 이상 된 남자의 수효는 이만 이천 명이었다[39절]. 하나님께서는 반드시 그분의 소유에 대하여 소유권을 주장하신다. 이스라엘의 일 개월 이상 된 처음 난 남자를 다 계수하여 명수를 기록하라 하시고 처음 난 자 대신에 레위인을 그분께 돌리라고 하셨다. 그리고 이스라엘 자손의 처음 난 가축 대신에 레위인의 가축을 그분께 돌리라고 하셨다. 왜냐하면 유월절 당시 가축도 처음 난 것은 다 죽었기 때문이다. 그래서 이스라엘 자손들은 어린 양의 피로 구속함을 얻은 모든 처음 난 것을 다 여호와께 돌려야 했다.

42-43절, **"모세가 여호와께서 자기에게 명하신 대로 이스라엘 자손 중 모든 처음 난 자를 계수하니 일 개월 이상으로 계수함을 입은 처음 난 남자의 명수의 총계가 이만 이천이백칠십삼 명이었더라"**. 이스라엘의 자손 중 처음 난 자의 수는 레위인의 수와 다소 차이가 있다. 레위인은 모두 이만 이천 명이었다. 273명이 더 많다.

이것은 처음 난 사람의 수효가 레위인의 수효보다 많으니까 273명만큼은 5세겔씩 계산하여 더 내라는 것이다. 주님은 그분이 취하신 것, 그분께 속한 것은 철저하게 계산하여 다 그분께로 돌리도록 하신다. 그러므로 주님은 우리도 반드시 취하신다. 그분이 그만큼 대가를 지불해서 우리를 사셨기 때문에 우리는 반드시 그분께 돌려져야 한다.

4장

레위인의 직무 분담

4장은 레위인의 직무 분담을 다룬다. 회막의 일을 섬기기 위해서는 30세부터 50세까지의 사람을 계수해야 한다고 말씀한다. 첫째 고핫의 자손들은 함부로 지성물을 만지지 말아야 했다. 지성물이란 영어로 'the most holy things', 즉 가장 거룩한 것들이다.

5-6절, **"진영이 전진할 때에 아론과 그 아들들이 들어가서 칸 막는 휘장을 걷어 증거궤를 덮고 그 위를 해달의 가죽으로 덮고 그 위에 순청색 보자기를 덮은 후에 그 채를 꿰고"**. 먼저 아론과 그 아들들이 증거궤를 운반할 채비를 하는 것이다.

7-8절, **"진설병 상에 청색 보자기를 펴고 대접들과 숟가락들과 주발들과 붓는 잔들을 그 위에 두고 또 항상 진설하는 떡을 그 위에 두고 홍색 보자기를 그 위에 펴고 그것을 해달의 가죽 덮개로 덮은 후에 그 채를 꿰고"**. 그다음 진설병 상을 챙긴다.

9-10절, **"청색 보자기를 취하여 등잔대와 등잔들과 불 집게들과 불똥 그릇들과 그 쓰는바 모든 기름 그릇을 덮고 등잔대와 그 모든 기구를 해달의 가죽 덮개 안에 넣어 메는 틀 위에 두고"**. 등대에 관련된 모든 기구들을 챙기는 방식이다.

11절, **"금제단 위에 청색 보자기를 펴고 해달의 가죽 덮개로 덮고 그 채를 꿰고"**. 금제단(금향단)을 운반하기 위한 준비이다.

12절, "성소에서 봉사하는 데에 쓰는 모든 기구를 취하여 청색 보자기에 싸서 해달의 가죽 덮개로 덮어 메는 틀 위에 두고". 그 외에 성소에서 봉사하는 데에 쓰는 모든 기구를 챙기는 방식이다.

13-14절, "제단의 재를 버리고 그 제단 위에 자색 보자기를 펴고 봉사하는 데에 쓰는 모든 기구 곧 불 옮기는 그릇들과 고기 갈고리들과 부삽들과 대야들과 제단의 모든 기구를 두고 해달의 가죽 덮개를 그 위에 덮고 그 채를 꿸 것이며". 나머지 제단에서 봉사하는 데 쓰는 모든 기구들을 하나하나 챙기는 모습이다.

이와 같이 진행하기 위해 성소의 물건들을 하나하나 챙기는 것은 아론과 그 아들들의 몫이고, 그런 다음 고핫 자손들이 그것들을 메어 운반하는 일을 하게 되어 있었다. "그러나 성물은 만지지 말라 그들이 죽으리라"고 하신다. 고핫 자손은 운반하는 일을 할 뿐 지성물을 만져서는 안 되었다. 그럼에도 하나님께서는 고핫 자손의 봉사를 매우 중요하게 여기시어 그들의 자손이 레위인 중에 끊어지지 않도록 하셔야 했다.

30-50세까지 고핫 자손의 수는 2750명이고, 게르손 자손은 2630명이요, 므라리 자손의 숫자는 3200명으로 그 수가 도합 8580명이었다.

5장

이스라엘이 성전(聖戰)을 위해 군대를 정비하다 -진(陣)이 거룩케 되도록 부정한 자들을 처리하다

1절부터 4절까지의 말씀은, 문둥병 환자나 유출병 환자, 주검으로 부정케 된 자를 진 밖으로 내어보내되 무론 남녀하고 다 내어보내어 그들로 진을 더럽히게 하지 말라는 것이다. 왜 하나님은 이렇게 하시는가? 그분은 거룩한 하나님이시고 따라서 거룩한 회중 가운데 거하시기 때문이다. 그러므로 그 가운데 이러한 부정한 병자가 있을 때 하나님은 그들을 분리시키라고 하셨다. 이스라엘 회중이 거룩해야만 하나님께서 그 회중 가운데 거하실 수 있으시다.

여기서 민수기의 기록 순서를 한 번 고찰해보는 것이 필요하다. 왜 1장부터 4장까지 군대를 편성한 다음 5장에서 진을 깨끗케 하는 문제를 다루는가? 민수기는 하나님의 백성이 전투 대열을 갖추는 것을 기록한 책이다. 가나안 전투를 하기 위해서다. 이 전투에 승리하기 위해서는 먼저 좋은 군대 편성이 필요하다. 그리고 레위 자손들이 엄격한 질서 아래서 각각 맡은바 직분에 따라 성소를 잘 관리하는 것이 필요하다. 이 모든 것은 이스라엘이 군대로 편성되기 위해 매우 긴요한 것들이다. 따라서 우리가 하나님의 대적에 승리하기 위한 군대로 편성되려면 지파별로 좋은 배열이 있어야 할 뿐 아니라 제사장적인 섬김의 질서가 있어야 한다.

그런데 5장의 말씀은 여기서 그치지 않고 그 진 가운데 하나님이 거하시는 것이 중요함을 계시한다. 하나님이 함께 하시지 않는 군대는 이길 수 없다. 문둥병 환자는 특히 거역하는 사람을 가리킨다. 이러한 문둥병은 퍼지는 것이 특징이다. 거역의 질병이 있을 때 이것은 회중 가운데 퍼지게 마련이다. 또 유출병은 몸에서 더러운 뭔가가 흘러나와 오염시키는 것으로서 사람 속에 있는 것, 사람에게서 나오는 것이 다 부정한 것임을 보여 준다. 유출병은 원래 사람 속에 들어있는 것이 다 더러운 것인데 그것이 분비되어 사람들을 더럽힌다는 것을 보여 준다. 이러한 질병, 죄를 갖고 있는 사람들을 회중 가운데 방치해 둘 때 하나님께서는 그러한 회중 가운데 거하실 수 없다.

그리고 또 한 종류는 주검으로 부정케 된 자이다. 이 사망도 퍼져 나온다. 하나님의 생명이 없는 사람, 영의 감각이 없는 사람들은 주위 사람들에게 사망을 퍼뜨려 더럽힌다. 사망 또한 가장 더러운 죄이다. 하나님께서는 이러한 사람들이 있을 때 그들을 다 진 밖으로 내어보내라고 하셨다. 이스라엘 백성은 그같이 행하여 여호와께서 모세로 하신 말씀을 준행했다[4절].

죄를 범한 것에 대하여 보상하는 길

5-7절, "여호와께서 모세에게 말씀하여 이르시되…사람들이 범하는 죄를 범하여 여호와께 거역함으로 죄를 지으면 그 지은 죄를 자복하고 그 죄 값을 온전히 갚되 오분지 일을 더하여 그가 죄를 지었던 그 사람에게 돌려 줄 것이요". 하나님의 말씀은 죄를 지은 대상이 되는 그 사람에게 죄를 자복하라고 하신다. 죄를 지은 사람은 반드시 자복해야 한다. 그것은 자기 죄를 시인하고 회개하며 자기가 지은 죄를 아주 뼈아프게 생각하고 심판하는 것이다.

또한 그 죄 값을 온전히 갚되 오분지 일을 더하여 그가 죄를 지었던 그 사람에게 돌려주라고 하셨는데, 죄는 언제든지 우리가 죄를 지은 대상에게 손해를 끼치게 된다는 것을 알아야 한다. 그러므로 죄를 자복하는 사람은 자기의 죄를 자백할 뿐 아니라 그 죄 값을 온전히 갚되 오분지 일을 더하여 그 죄를 지었던 그 사람에게 되돌려 주어야 한다. 죄를 깨끗이 처리하지 않고는 전쟁에서 이길 수 없다.

의심의 소제

11절부터 15절까지의 말씀은 '의심의 소제'에 관한 것이다. 이 의심의 소제에 관해서 16절부터 22절까지에 자세한 설명이 나온다. 이 의심의 소제는 어떤 사람이 그 아내가 다른 남자와 불륜의 죄를 저지른 것 같다고 의심하는 경우(그런 일이 있든 없든 남편이 의심하는 경우) 드려야 하는 제물이다. 즉, 남편에게 의심이 생겼다면 아내에게 잘못이 없다 하더라도 남편은 그 아내를 제사장에게로 데리고 갈 권한이 있다는 것이다(우리의 남편이신 주님의 시기와 의심은 근거없는 것이 아니다).

고린도 후서 11장 2-3절을 읽어보자. "내가 하나님의 열심으로 너희를 위하여 열심 내노니 내가 너희를 정결한 처녀로 한 남편인 그리스도께 드리려고 중매함이로다 그러나 나는 뱀이 그 간계로 이와를 미혹케 한 것같이 너희 마음이 그리스도를 향하는 진실함과 깨끗함에서 떠나 부패할까 두려워하노라".

우리는 여기서 민수기 5장의 순서를 다시 한 번 묵상해보는 것이 필요하다. 첫째는 문둥병자나 유출병자 등을 진에서 떠나게 하라고 하신다. 다음은 죄를 자복하여 철저히 처리하라고 하신다. 이는 모두가 영적인 전투를 승리로 이끌기 위한 하나님의 행정이라고 보아야 한다. 죄가 있는 한 하나님은 그들 중에 거하실 수 없고 그들은 전쟁에서 승리할 수 없다. 그런 다음 11절부터 죄가 드러나지 않았을지라도 의심이 있는 경우를 말씀한다. 우리는 이로써 하나님이 그분의 백성에 대하여 얼마나 높은 수준의 정결함을 요구하시는지를 알 수 있다. 우리는 하나님께서 의심을 품지 않으실 정도로 거룩함과 순수함에서 절대적이어야 한다. 하나님은 그분의 백성에게 만홀히 여김을 당하지 않으신다. 많은 경우 주님을 사랑하고 그분을 섬기기 위해 다 드리는 것처럼 하지만 그 중심에 다른 것이 있을 수 있다. 의심이 가는 부분이 있는 것이다.

그런데 이 의심의 소제는 원래 소제와 좀 다르다. 첫째는 고운 밀가루가 아닌 보리 가루 에바 십분지 일을 예물로 드리라고 하신다.

16절, **"제사장은 그 여인으로 가까이 오게 하여 여호와 앞에 세우고"**. 이러한 제사를 드릴 때 그 특징은 하나님께 가까이 가게 한다는 것이다. 하나님께서는 이러한 제사를 드리는 사람을 그분께로 가까이 이끄신다. 주님은 참으로 그분의 백성을 사랑하신다. 주님은 이와 같이 의심이 있는 사람일지라도 가까이 이끄신다. 이 말씀에서 우리는 때로 주님께 시험되고 있다는 것을 기억해야 한다. 여기서 제사장은 주님 자신이라고 해석하는 것이 맞다. 주님은 우리를 그분 앞에 세우신다. 이것은 매우 엄중한 일이 아닐 수 없다.

17절, **"토기에 거룩한 물을 담고 성막 바닥의 티끌을 취하여 물에 넣고"**. 이 제사에 관련된 것들은 그렇게 거룩하거나 존귀하지 않다. 그냥 토기이다. 그런데 물만큼은 거룩하다. 이 물은 말씀이다. 우리를 시험하기 위해 오는 환경은 고상한 것이 아닌 매우 천박하고 유치한 말이나 일들일 것이다. 그것과 함께 말씀이 역사하는 것이다. 이 거룩한 물(말씀)에 성막 바닥의 티끌(가장 낮은 것들)을 취하여 넣어서 의심받는 여인이 마셔야 했다. 교회 안에서 때로는 이렇게 티끌 같은 것들을 타서 마시는 유의 시험을 받게 된다는 말이다. 어떤 경우는 사람들의 비방과 욕설, 훼방, 오해 많은 것들이 있을 수 있다. 이런 것은 분명 당신 속에 있는 하나님에 대한 순수한 사랑이 드러나는 기회가 될 수 있다. 그러나 거짓된 믿음과 혼탁한 마음의 소유자는 이러한 때에 또 그러한 상태로 드러나게 된다.

18절, **"여인을 여호와 앞에 세우고 그 머리를 풀게 하고 생각하게 하는 소제물 곧 의심의 소제물을 그 두 손에 두고 제사장은 저주가 되게 할 쓴 물을 자기 손에 들고"**. 이러한 의심을 받는 여인은 그 순간에 존귀함이 없어져 버린다. '머리를 풀었다'는 것은 그 여인의 영예와 고상함이 다 없어져 버린 것을 말한다. 이때가 바로 그 여인이 의심의 소제를 드리고 시험을 받는 순간이다. 그것이 바로 그 여인의 원래 상태이다. 자고 일어났을 때 우리의 머리 모습이 본래 모습이다. 의심의 소제를 드릴 때 우리는 벌거벗은 모습으로 드러나게 된다. 사실 앞에서 본 사도행전 23장 말씀에서 바울이 "회칠한 담이여 하나님이 네 입을 치리로다" 할 때, 바울도 이러한 소제를 드리고 있었다고 생각된다. 거기서 사람들에게 비친 바울의 모습은 그렇게 영예롭지 않았을 것이다. 머리를 푼 것과 비슷하다. 겉으로 보기엔 바울이 자기 목숨이나 건져보려고 안간힘을 쓰는 것 같다. 그의 표현이 보통 세상 사람들이 화를 내는 것과 다를 바 없어 보인다. 그는 고린도 후서에도 그러한 표현을 쓴 적이 있다. "내가 욕되게 말하노라…남이 자랑하니 나도 자랑하겠노라 내가 정신없는 말을 하거니와". 세상 사람들이 열났을 때와 뭐가 다른가? 하나님과 사람들 보기에 어떤 상황에서 영성에 있어서 의심이 있다는 말이다. 그러나 그 속은 주님만이 아신다.

사도행전 23장 2-5절, "대제사장 아나니아가 바울 곁에 섰는 사람들에게 그 입을 치라 명하니 바울이 가로되 회칠한 담이여 하나님이 너를 치시리로다 네가 나를 율법대로 판단한다고 앉아서 율법을 어기고 나를 치라 하느냐 하니 곁에 선 사람들이 말하되 하나님의 대제사장을 네가 욕하느냐 바울이 가로되 형제들아 나는 그가 대제사장인 줄 알지 못하였노라 기록하였으되 너의 백성의 관원을 비방치 말라 하였느니라 하더라".

민수기 5:19-21절, "여인에게 맹세시켜 그에게 이르기를 네가 네 남편을 두고 실행하여 사람과 동침하여 더럽힌 일이 없으면 저주가 되게 하는 이 쓴 물의 해독을 면하리라 그러나 네가 네 남편을 두고 실행하여 더럽혀서 네 남편 아닌 사람과 동침하였으면 (제사장이 그 여인으로 저주의 맹세를 하게 하고 그 여인에게 말할지니라) 여호와께서 네 넓적다리로 떨어지고 네 배로 부어서 너로 네 백성 중에 저줏거리, 맹셋거리가 되게 하실지라". 의심의 소제를 드리는 여인은 제사장의 말을 들으면서 저주의 맹세를 해야 했다. 보리가루는 밀가루보다 거칠다. 소제는 주 예수님의 인간 생활을 예표하는데, 주 예수님은 왜 보리가루가 되셔야 했나? 우리를 위해서다. 그분은 고운 밀가루의 소제이실 뿐 아니라 거친 인생을 사신 소제이시다. 십분의 일이란 적은 양이고 가난한 자를 위한 것이다. 주 예수님은 가난한 인생을 사셨고 사람들로부터 멸시와 핍박을 당하신 분이다. 우리를 위해서다. 그분은 기름도 유향도 없이 그렇게 험한 인생을 우리를 위해 사셨다. 의심의 소제를 드리는 사람은 주님의 그러한 인생을 생각해야 한다. 그리고 그 쓴물을 마셔야 한다. 그 쓴물은 곧 주 예수님의 인생이다. 그러한 주님을 쓴물로 마실 때

의심의 소제를 드리는 사람은 완전히 드러나게 된다.

쓴물이란 의심할 여지없이 주님의 고난의 인생을 말한다. 보리가루도 그러하고 10분지 1에바도 그러하다. 모두가 가난하고 고통스런, 그러나 부활로 가득한 그분의 인생이다.

만일 그녀에게 의심이 되었던 일이 사실로 드러나면 그 물이 창자에 들어가서 넓적다리가 떨어지게 되고 배가 붓게 된다. 즉 그 쓴물이 저주가 되는 것이다. 바울은 사도행전 23장에서 그 의심의 소제로 인한 시험에서 저주를 당하지 않았고 오히려 축복이 되었다. 이렇게 성도들의 동기나 내면까지도 깨끗해야 영적 전쟁에서 승리한다.

6장

나실인의 서원

민수기 5장은 단체적인 죄를 처리하는 문제와 개인적인 범죄를 처리하는 것에 대해 말하며 또한 마음속에 죄를 가지고 있는 경우, 즉 남편이 아내에 대해서 의심이 생긴 경우에 대해서 말한다. 그리스도인에게는 미심쩍은 것, 하나님께서 의심스러워하실 만한 어떤 죄도 있어서는 안 된다.

이제 6장에는 나실인의 서원에 관한 규례가 있다. '나실'이라는 말은 히브리어 '나자르(nazarite)'에서 왔는데, '구별한다'는 뜻이다. 영어로는 'set apart, separate'로서 구별한다, 분별한다는 뜻이다. 봉헌한다는 뜻도 있다. 나실인의 헌신 기간은 최소한 30일이었고, 때로는 7년에 이른 적도 있다고 한다. 또한 종신 나실인으로 헌신한 자도 있다. 구약의 삼손(삿 13:7)과 사무엘(삼상 1:11), 신약의 시작을 가져온 세례 요한(눅 1:15)이 대표적으로 나실인 서원을 한 자들이다. 하나님은 모든 사람이 갈망만 있으면 설사 레위 지파가 아니더라도 온전히 그분께 드릴 수 있도록 길을 열어 놓으셨다(대표적인 나실인 삼손은 단 지파 사람이다).

나실인 서원을 하여 자기 몸을 구별하여 여호와께 드리려 하는 자는 그 구별하는 날 동안 포도주나 독주를 멀리할 뿐 아니라 그것으로 만든 초도 마시지 말고 포도즙도 마시지 말고 생포도도 건포도도 먹어서는 안 되었다. 또 머리에 삭도를 대어서도 안 되며 그냥 머리털을 길게 자라게 해야 했다. 그리고 그 기간 동안은 시체를 가까이 하지 말아야 했는데, 심지어 부모나 형제자매가 죽은 때에라도 가까이 해서는 안 되었다.

그런데 누가 갑자기 그 곁에서 죽어서 그의 머리를 더럽히면 그의 몸을 정결하게 하는 날에 머리를 밀 것이니 곧 일곱째 날에 밀 것이라 하였으며, 여덟째 날에 산비둘기 두 마리나 집비둘기 새끼 두 마리를 가지고 회막문에 와서 제사장에게 줄 것이며 제사장은 그 하나를 속죄제물로, 또 하나는 번제물로 드리라고 했다.

그리고서 자기 몸을 구별하여 여호와께 드릴 날을 새로 정하고 일 년 된 수양을 가져다가 속건제물로 드려야 했다. 자기 몸을 구별한 기간에 그 몸을 더럽혔으므로 지나간 기간이 무효가 되었기 때문이다.

나실인이 "자기의 몸을 구별한 날이 차면"[13절]. 하나님께서는 우리가 일생 가운데 어느 한 기간을 정해서 그 기간만 나실인이 되기를 원하시는 것이 아니고 일생토록 나실인이 되기를 원하신다. 우리에게 있어서 그날이 찼다는 것은 우리의 일생을 마치고 주님을 대할 때를 의미한다. 그런데 그때 드리는 제물은 번제물로서 흠 없는 수양 하나가 필요하고, 속죄제물로 일 년 된 흠 없는 어린 암양 하나가 필요하며, 또 화목 제물로 흠 없는 수양 하나가 필요하다[17절]. 그리고 무교전병과 그 소제물과 전제물이 필요하다. 우리는 아무리 헌신의 삶을 살았다고 해도 여전히 주님과 온전한 화목을 이루지 못하는 삶을 살았음을 고백해야 한다. 소제를 드려야 함은 우리의 헌신의 인생 전체가 온전한 소제로서, 즉 고운 가루인 합당한 인성으로서 살지 못한 면이 있었다는 것이다. 또 우리 자신을 완전히 관제로 쏟아붓지 못한 것도 있을 것이다. 우리가 주님 앞에 갈 때에 여전히 주님께 드려야 할 것이 남아 있을 것이다. 우리는 이 시대에 이러한 의식을 가지고 나실인의 삶을 살아가야 한다. 우리가 아무리 자신을 드릴지라도 우리는 여전히 부족한 사람이라는 것이다.

이제 나실인으로서 서원한 기간이 끝났기 때문에 머리털을 밀고 그 머리털을 화목 제물 밑에 있는 불에 두라고 하셨다[18절]. 이것은 십자가를 의미한다. 우리가 아무리 헌신을 하고 또 자신을 분별하여 참으로 주님께 기념될 만한 나실인의 삶을 살았다 하더라도 우리의 잘라낸 머리털은 주님의 십자가 아래 감취어지고 불태워져야 한다. 드러내어 자랑할 만한 우리의 미덕은 하나도 없다. 오직 주님뿐이다.

19-20절, **"자기 몸을 구별한 나실인이 그 머리털을 민 후에 제사장이 삶은 수양의 어깨와 광주리 가운데 무교병 하나와 무교전병 하나를 취하여 나실인의 두 손에 두고 여호와 앞에 요제로 흔들 것이며 그것과 흔든 가슴과 든 넓적다리는 성물이라 다 제사장에게 돌릴 것이니라 그 후에는 나실인이 포도주를 마실 수 있느니라".** 이 모든 소제물이나 제물들은 주님께 드릴 뿐만 아니라 또 어떤 것들은 제사장에게 돌려야 한다. 나실인들이 이 땅에서 온전히 자신을 구별하여 주님께 드렸을 때 결국은 그날에 주님 앞에서 많은 성도들과 그것을 누리게 된다는 것을 예표로서 말해 주고 있다.

그 후에는 나실인이 포도주를 마실 수 있다. 이는 왕국에서의 누림을 의미하는 것이다. 우리 주님은 최후의 만찬을 세우시면서 제자들에게 이것을 말씀하셨다. "내가 포도나무에서 난 것을 이제부터 내 아버지의 나라에서 새 것으로 너희와 함께 마시는 날까지 마시지 아니하리라"(마 26:29). 이로써 우리가 알 수 있는 것은 우리는 그날에 주님과 함께 새로운 포도주를 누리게 된다는 것이다.

21절은 자기 몸을 구별한 나실인이 드려야 할 예물과 예법이며 이 외에도 힘이 미치는 대로, 서원한 대로 드리라고 하였다. 22-23절은 이러한 나실인들이 일어난 후 아론과 그 아들들에게 이스라엘을 축복하라고 하신다. 언제든지 나실인이 일어날 때 그들 가운데 하나님의 축복이 임한다. 우리는 민수기 5장에서 아무런 죄도 없어야 한다는 것을 보았다. 6장에서는 온전한 헌신을 보았다. 하나님의 자녀들이 이 정도가 되기까지(죄 없는 삶, 온전한 헌신) 순종하고 따라오면 하나님께서 축복하신다. 사도 바울은 빌립보서 2장에서 "만일 너희 믿음의 제물과 봉사 위에 내가 나를 관제로 드릴지라도 나는 기뻐하고 너희 무리와 함께 기뻐하리니"(빌 2:17)라고 말했다. 믿는이들이 이 정도로 헌신하고 순종한다면 하나님은 축복하실 길밖에 없다.

24-26절, **"여호와는 네게 복을 주시고 너를 지키시기를 원하며 여호와는 그 얼굴로 네게 비취사 은혜 베푸시기를 원하며 여호와는 그 얼굴을 네게로 향하여 드사 평강 주시기를 원하노라 할지니라 하라"**. 아버지 하나님 여호와, 아들 예수님 여호와, 성령 하나님 여호와이시다. 여기에 성삼위 하나님의 축복이 있다.

7장

성막이 세워진 후 감독 된 자들이 예물을 드림

민수기 5장에는 의심의 소제가 있고, 민수기 6장에는 나실인의 서원이 있다. 그런 다음 이제 민수기 7장에 왔다. 민수기 7장에는 성막이 세워진 뒤에 성막과 그 기구들에 기름을 발라 거룩하게 구별하여 하나님께 예물을 드리는 장면들이 자세하게 기록되어 있다[1절].

하나님의 집이 건축될 때에 중요한 것은 그 모든 기구에, 즉 하나님의 집에 관한 것에는 한 가지도 빠짐없이 다 기름을 발라서 거룩하게 구별하는 것이다. 하나님께서는 그분의 거처에 속한 모든 것들이 다 기름이 발라져 거룩하게 구별되도록 하신다.

그런 다음 이스라엘 족장들, 곧 종족의 두령들이요 감독 된 자들이 예물을 드렸다[2절]. 이 일은 성막의 건축이 완성된 바로 그날 이루어진 것이 아닐 것이다. 왜냐하면 그 뒤에 몇 가지 일들이 있었기 때문이다. '민수기'란 백성을 계수한 기록이라는 뜻인데, 백성을 계수한 일과 몇 가지 일들이 진행된 뒤에 이러한 성별하는 일이 있었다고 보여진다.

그리고 성막의 모든 기구들에 기름을 발라서 구별하던 그날에 이스라엘 족장들 곧 종족의 인도자들이 예물을 드렸다고 했다. 이렇게 성막(교회)의 건축과 관련하여 반드시 하나님께 예물을 드리는 일들이 있어야 한다. 성막을 건축하기 시작할 때 이스라엘 백성들은 많은 예물을 드렸고, 이제 완성되고 나서도 예물을 드리고 있다.

그러면 여기서 족장들이 드린 예물은 무엇인가? 덮개가 있는 수레 여섯과 소

열두 마리이다. 이 수레들은 성막의 기구들을 운반하기 위한 것이고 이 수레들을 끌기 위해서는 소가 있어야 한다. 여기서 족장 둘에 수레가 하나라고 했는데, 지파에 관계없이 두 지파가 한 수레를 만들어 드린 것이다. 이것은 일종의 동역이다. 두 지파의 동역이 없이는 수레를 만들어 드릴 수 없었다. 그리고 한 족장이 소 한 마리씩을 드렸다. 따라서 우리는 예물을 드린 것에서부터 동역의 원칙을 볼 수 있다. 그렇게 족장들이 드리자 하나님께서는 모세에게 그것을 받아서 레위인들에게 주라고 하셨다. 그래서 회막 봉사에 쓰게 하라는 것이다[4-5절].

게르손 자손들은 성막에서 휘장이나 세마포 장과 같은 섬유에 관련된 것들을 운반하는 일을 맡았다. 섬유이기 때문에 수레가 많이 필요하지는 않아서 수레 둘에 소 넷을 주었다. 수레 하나를 소 두 마리가 끄는 것이다. 이것 또한 동역의 그림을 보여 준다. 두 지파에서 드린 소들이 한 수레를 끄는 것이다. 이렇게 예물을 드리는 일에서부터 이스라엘 백성들은 함께 동역하지 않으면 안 되었다[6-7절].

므라리 자손에게는 게르손 자손의 배 - 수레 넷과 소 여덟 - 를 주었다[8절]. 그것은 므라리 자손이 널판이나 기둥이나 받침과 같은 무거운 목재들을 운반해야 했기 때문이다. 하나님은 더 많은 일을 맡기시는 사람에게는 그만큼 감당할 수 있는 은혜와 능력을 주신다. 므라리 자손은 게르손 자손보다 무겁고 힘든 기구들을 운반해야 하므로 더 많은 수레와 소를 주신 것이다. 그리고 제사장 이다말로 감독하게 했다. 주님을 섬기는 봉사에는 반드시 감독이 필요하다.

고핫 자손에게는 주지 않으셨다[9절]. 그들은 직접 어깨로 메는 일을 했기 때문에 수레가 필요치 않았다. 우리는 여기서 하나님께서 선물(은사)을 나눠주시는 귀한 원칙을 볼 수 있다. 그것은 필요에 따라 공평하게 주신다는 것이다. 므라리 자손은 널판이라든가 기둥이라든가 받침과 같은 무거운 목재들을 운반해야 했기 때문에 수레를 많이 주셨다. 여러분에게 특별한 은사가 없다고 불평하지 말라. 그것은 당신에게 필요 없는 것이기 때문일 것이다. 우리는 우리가 얻은 것을 충분한 것으로 알고 감사드려야 한다. 고핫은 주님의 성물에서 가장 귀한 것을 다루며 어깨에 메는 일을 하니 몸만 사용하면 되지, 수레의 도움이 필요없다. 우리는 주신대로 감사하고 순종하며 섬겨야 한다. 사역과 움직임에 편리한 수레를 주지 않았다고 서운해 하지 말라.

12절부터는 첫째날 유다 지파 암미나답의 아들 나손이 드린 예물로부터 시작하여 둘째날 잇사갈 지파의 느다넬, 제 삼일에 스불론 지파의 엘리압, 제 사일에 르우벤 지파의 엘리술, 제 오일에 시므온 지파의 슬루미엘, 제 육일에 갓 지파의 엘리아삽, 제 칠일에 에브라임 지파의 엘리사마, 제 팔일에 므낫세 지파의 가말리엘, 제 구일에 베냐민 지파의 아비단, 제 십일에 단 지파의 아히에셀, 제 십일일에 아셀 지파의 바기엘, 제 십이일에 납달리 지파의 아히라 등 열두 지파의 족장들이 드린 예물들이 매우 상세하게 기록되어 있다.

8장

아론과 레위인의 직무

8장의 내용은 레위인들의 헌신과 성별과 봉사이다. 그런데 7장의 말씀과 레위인들의 위임식에 관한 말씀 사이에 짧은 부분이 삽입되어 있는데, 그것이 바로 등대에 관한 것이다.

우리는 출애굽기 25장에서 하나님이 모세에게 성막을 지으라고 하시면서 성막에 관계된 많은 항목들을 한 가지 한 가지 상세하게 말씀하시는 것을 본다. 거기에 등대를 만드는 방식이 나오는데, 여기서 하나님은 다시 한 번 모세에게 등대에 관하여 말씀하고 계신다.

우리는 등대에 등잔이 일곱 개가 있다는 것을 알고 있다. 그런데 하나님께서는 이 일곱 등잔이 등대 앞으로 비취게 하라고 하셨다. 등은 금을 쳐서 만든 것으로 밑판에서부터 꽃까지 쳐서 만들게 되어 있다[1-4절]. 이 일을 아론이 책임지고 하라는 것이다. 성소에서 등대의 불을 켜는 것을 대제사장에게 맡기시는 것으로 보아 성소의 봉사 중에서 등불 켜는 것이 매우 중요한 부분임을 알 수 있다.

7장에서 족장들은 십이 일에 걸쳐 매일 한 사람씩 예물을 드렸다. 그런 다음 이제 8장에는 레위인들의 헌신에 관한 말씀이 있다. 그런데 그 사이에 일곱 등잔을 등대 앞으로 비취게 하는 문제가 삽입되어 있다. 7장에서 예물을 드리는 것도 좋은 것이고 8장에서 레위인들이 주님께 거룩하게 분별되고 헌신하는 것도 중요한 것이지만, 그 사이에 결코 없어서는 안 될 것이 있는데 바로 등대의 불을 비취게 하는 것이다. 만일 빛이 없고 캄캄하다면 예물을 드리거나 회막에서 레위인들이 섬기는 일이 불가능하다.

5-6절에서 하나님은 모세에게 이스라엘 중에서 레위인을 취하여 정결케 하라고 말씀하신다. 레위는 이스라엘 열두 지파 중 한 지파로서 하나님을 섬길 수 있는 특권을 부여받은 지파이다. 원래 모든 이스라엘 백성이 하나님을 섬기도록 선택되었지만, 그들이 시내 산 아래서 금송아지를 섬김으로 인해 하나님께서는 그들에게서 그 특권을 박탈하시고 오직 한 지파에게만 그 특권을 부여하셨는데, 그 지파가 바로 레위 지파이다.

7절, **"너는 이같이 하여 그들을 정결케 하되 곧 속죄의 물로 그들에게 뿌리고 그들로 그 전신을 삭도로 밀게 하고 그 의복을 빨게 하여 몸을 정결케 하고"**. 이것은 레위기 14장 8절과 9절에 있는 문둥병자를 정결케 하는 규례와 똑같다. 이는 비단 문둥병 환자만 부정한 것이 아니고 하나님을 섬기려 하는 레위인들, 하나님의 종들도 막상 하나님을 섬기려 하면 다 문둥병 환자와 같이 부정하다는 것을 발견하게 된다.

여기서 우리는 하나님을 섬기기 위해서 필요한 것들이 무엇인지를 본다. 첫째는 빛 가운데 있어야 한다. 밝은 등불이 필요하다. 둘째는 섬기려고 하는 사람은 깨끗케 되어야 한다. 그들은 수송아지 하나로 번제물을 삼고 기름 섞은 고운 가루를 그 소제물로 취하고 수송아지 하나를 속죄제물로 취하라고 하신다[8절]. 이것은 자기의 죄를 자복하지 않은 사람, 회개하지 않은 사람, 씻음받지 않은 사람은 하나님을 섬길 수 없다는 것이다. 자기의 죄를 인정하지 않는 사람은 하나님을 섬길 수 없다.

레위인을 '회막 앞'에 나오게 하라고 하셨는데, '회막 앞'에 나오는 것은 곧 하나님 앞에 나오는 것이었다[9-10절]. 우리는 회막(정당한 교회생활)과 하나님을 나눌 수 없음을 보아야 한다. 하나님은 회막과 함께 움직이신다. 오늘날 교회는 그리스도의 몸이기 때문에 머리와 몸은 하나로 움직인다. 정상적인 교회 생활은 하나님과 함께하는 생활이며 성도들은 이에 대하여 매우 주의하고 경거망동해서는 안 된다.

여기서 주님은 모세에게 레위인을 회막 앞에 나오게 하고 이스라엘 온 회중을 모으고 레위인을 여호와 앞에 나오게 하여 이스라엘 자손으로 그들에게 안수케 한 후에 아론이 이스라엘 자손을 위하여 레위인을 요제로 여호와 앞에 드리라고 하신다. 이는 그들로 여호와를 봉사케 하기 위함이다. 요제는 흔들어 드리는 것이다. 흔들어 드리는 것은 그리스도의 부활을 의미한다. 부활로 섬기지 않으면 참 봉사가 아니다[11-13절]. 하나님은 이스라엘 가운데 레위인을 구별하라고 하시면서 그들이 하나님께 속할 것이라고 말씀하신다.

여기에 '구별'이라는 말이 있고 '내게 속하여'라는 말이 있다. '구별'은 영어로 'separate'이며, 사실 거룩케 하는 것은 구별하는 것이다. 히브리어로 구별한다는 말은 상당히 강한 말이다. 하나님을 섬기는 사람들은 반드시 속된 것에서, 세상에서, 일반적인 것에서 따로 분별되어야 한다.

하나님께서 애굽에서 처음 난 것을 다 멸하실 때 이스라엘의 처음 난 것은 구속하셨다. 그런데 이스라엘의 처음 난 자 대신에 레위인을 취하셨기 때문에 레위인은 하나님의 것이라고 하신다[16-19절]. 하나님께서는 이렇게 그들을 취해서 아론과 그 아들들에게 선물로 주셨다. 일단 완전히 구별해서 하나님께 드리면 그분은 다시 또 선물로 주신다.

20-22절, **"모세와 아론과 이스라엘 자손의 온 회중이 여호와께서 레위인에게 대하여 모세에게 명하신 것을 다 좇아 레위인에게 행하였으되 곧 이스라엘 자손이 그와 같이 그들에게 행하였더라 레위인이 이에 죄에서 스스로 깨끗케 하고 그 옷을 빨매 아론이 그들을 여호와 앞에 요제로 드리고 그가 또 그들을 위하여 속죄하여 정결케 한 후에 레위인이 회막에 들어가서 아론과 그 아들들의 앞에서 봉사하니라 여호와께서 레위인의 일에 대하여 모세에게 명하신 것을 좇아 그와 같이 그들에게 행하였더라"**. 죄에 대한 것은 반드시 깨끗하게 처리해야 한다. 여러분이 만일 하나님을 섬기고 싶다면 반드시 죄를 처리해야 한다.

섬기는 연령

23-24절, **"여호와께서 또 모세에게 일러 가라사대 레위인은 이같이 할지니 곧 이십오 세 이상으로는 회막에 들어와서 봉사하여 일할 것이요"**. 이 말씀은 민수기 4장 3절과 다르다. 거기서는 30세부터 50세까지 회막의 일을 하게 되어 있다. 그런데 여기서는 25세부터이다. 25세부터 30세까지는 견습 기간이다. 5년 동안은 실습하며 잘 배워야 한다. 디모데 전서 3장에 집사에 대하여 먼저 시험해 보라는 말이 있는데, 그것은 집사를 세우기 전에 먼저 견습을 통해 시험해 볼 수 있음을 의미한다. 주님의 교회를 섬기는 것은 중대한 것이므로 일정 기간의 견습을 통한 배움이 요구된다.

25-26절, **"오십 세부터는 그 일을 쉬어 봉사하지 아니할 것이나 그 형제와 함께 회막에서 모시는 직무를 지킬 것이요 일하지 아니할 것이라 너는 레위인의 직무에 대하여 이같이 할지니라"**. 하나님을 섬기는 일은 강할 때에 하는 것이다. '회막에서 모시는 직무'에 대해 흠정역에는 '형제들과 함께(with their brethren)'로 되어 있으며, NIV에는 '형제들을 조력하여(assist their brethren)'로 되어 있다. 히브리어 원어에서는 '시중드는 것'을 뜻한다.

이렇게 50세가 지나서 힘이 약해진 사람들이 자기가 직접 하지 않고 다른 형제가 봉사할 때 시중드는 것도 매우 중요한 일이다. 사람은 사실상 육신의 연령의 제한을 받는다. 그런데 하나님께서 정하신 연령의 제한을 받지 않고 계속해서 앞장서서 섬길 때 하나님의 백성 가운데 문제가 생긴다. 한 걸음 물러나서 강건한 주님의 종들이 섬길 수 있도록 시중드는 것을 배워야 한다. 이러한 것이 레위인의 섬기는 예법이다.

9장

유월절을 지키라 하심

민수기 9장의 말씀은 민수기 1장보다 그 시점이 한 달 먼저이다. 민수기 1장 1절에서는 "이스라엘 자손이 애굽 땅에서 나온 후 제 이년 이월 일일에 여호와께서 시내 광야 회막에서 모세에게 일러 가라사대"라고 했는데, 9장에서는 "애굽 땅에서 나온 다음 해 정월에"라고 했다. 민수기 1장에서는 이스라엘 백성을 가족과 종족을 따라 계수하였는데, 여기이 9장의 일은 그보다 먼저 있었던 일이다. 이때는 아마 회막이 지어진 다음이고 인수를 계수하기 전일 것이다.

출애굽기 40장 2절에서는 "너는 정월 초일일에 성막 곧 회막을 세우고"라고 하셨다. 이것을 볼 때 정월 초일일에 성막이 세워졌고, 민수기 9장 1절에서 정월에 유월절에 관계된 것을 말씀하셨다. 그러므로 이것은 회막이 세워진 후, 그리고 민수기 1장의 백성을 계수하는 일이 있기 전에 하신 말씀으로서 유월절을 지키라는 말씀이다[2절].

유월절의 정기는 정월 십사일이다. 출애굽기 12장에서 유월절의 규례가 처음으로 제정되었는데, 거기서 유월절을 지키는 날짜가 바로 정월 십사일이다. 출애굽기 12장을 보자. **"이 달 십사일까지 간직하였다가 해 질 때에 이스라엘 회중이 그 양을 잡고"**[6절], **"너희는 이 날을 기념하여 여호와의 절기를 삼아 영원한 규례로 대대에 지킬지니라"**[14절], **"정월에 그 달 십사일 저녁부터 이십 일일 저녁까지 너희는 무교병을 먹을 것이요"**[18일].

그렇다면 2절의 "이스라엘 자손으로 유월절을 그 정기에 지키게 하라"는 말씀은 정월에 하신 말씀이지만 십사일보다는 전에 하신 말씀이다. 우리가 이러한 사실을 자세히 살펴보는 이유는 사실을 근거로 할 때 하나님의 말씀의 뜻을 더 잘 이해할 수 있기 때문이다. 이들은 일 년 전, 즉 첫 해에는 유월절을 정기에 규례대로 잘 지켰다. 그리고 다음 해가 되어 회막이 세워졌다. 이제 십사일이 되기 전에 하나님은 모세에게 이스라엘 자손으로 유월절을 정기에 지키게 하라고 말씀하고 계신다. 사실은 하나님께서 이렇게 말씀하시지 않아도 이미 출애굽기에서 "영원한 규례로 대대에 지킬지니라"고 하셨기 때문에 당연히 지켜야 한다. 그런데 하나님께서는 혹시 이스라엘 백성이 그날을 소홀히 할까봐, 또는 잊어버릴까봐 다시 상기시키고 계시는 것이다.

3절, **"그 정기 곧 이달 십사일 해 질 때에 너희는 그것을 지키되 그 모든 율례와 그 모든 규례대로 지킬지니라"**. 그 모든 율례와 그 모든 규례는 출애굽기 12장에 자세히 기록되어 있다. 그러므로 유월절에 대해서 공부하려면 출애굽기 12장을 읽어 보면 된다. 4절, **"모세가 이스라엘 자손에게 명하여 유월절을 지키라 하매"**.

5절, **"그들이 정월 십사일 해 질 때에 시내 광야에서 유월절을 지켰으되 이스라엘 자손이 여호와께서 모세에게 명하신 것을 다 좇아 행하였더라".** 여기서 이스라엘 백성들은 두 번째 유월절을 지켰다. 첫 번째는 애굽에서 나오던 그때 지켰고 이제 성막을 세운 다음 시내 광야에서 두 번째로 유월절을 지킨 것이다. 이스라엘 자손이 여호와께서 모세에게 명하신 것을 다 좇아 행하였다고 했다.

유월절 성수의 예외적인 사례

6-7절, **"때에 사람의 시체로 인하여 부정케 되어서 유월절을 지킬 수 없는 사람들이 있었는데 그들이 당일에 모세와 아론 앞에 이르러 그에게 이르되 우리가 사람의 시체로 인하여 부정케 되었거니와 우리를 금지하여 이스라엘 자손과 함께 정기에 여호와께 예물을 드리지 못하게 하심은 어찜이니이까".** 이때 문제가 하나 생겼다. 그것은 정월 십사일에 유월절을 지켜야 하는데 어떤 사람들이 그 시점에 시체로 인하여 부정케 되어 이스라엘 백성과 함께 정기에 여호와께 예물을 드리지 못하게 된 것이다. 이 문제에 관해서 출애굽기 12장에는 규정이 없다. 이것은 레위기에 있다. **"만일 몸이 부정한 자가 여호와께 속한 화목제 희생의 고기를 먹으면 그 사람은 자기 백성 중에서 끊쳐질 것이요 만일 누구든지 부정한 것 곧 사람의 부정이나 부정한 짐승이나 부정하고 가증한 아무 물건이든지 만지고 여호와께 속한 화목제 희생의 고기를 먹으면 그 사람도 자기 백성 중에서 끊쳐지리라"**(레 7:20-21). 출애굽기 12장의 유월절 규례가 제정된 후, 레위기에서 각종 예물을 드리는 것을 말했다. 그런데 이제 출애굽 제 이년 정월 십사일이 되어 두 번째 유월절을 지키려고 보니까 시체로 인하여 부정케 된 사람들이 생긴 것이다. 그럴 때 그러한 사람들은 어떻게 해야 하느냐는 것이다. 예물을 드릴 수 있느냐 없느냐의 문제가 숙제로 떠올랐다.

8절, **"모세가 그들에게 이르되 기다리라 여호와께서 너희에게 대하여 어떻게 명하시는지 내가 들으리라".** 하나님께서는 모세에게 이스라엘 백성 중 시체로 인하여 부정하게 되었든지 여행 중에 있다 해도 유월절을 지키되 한 달 후에 즉, '이월 십사일에' 지키라고 하셨다.

13절, **"그러나 사람이 정결도 하고 여행 중에도 있지 아니하면서 유월절을 지키지 아니하는 자는 그 백성 중에서 끊쳐지리니 이런 사람은 그 정기에 여호와께 예물**

을 드리지 아니하였은즉 그 죄를 당할지며". 어떤 사유가 없이 유월절을 소홀히하는 사람, 이유 없이 정월 십사일 유월절을 지나쳐 버리는 사람은 죄를 당하게 된다. 하나님께서는 어쨌든 사람이 그분의 아들의 십자가의 고난과 죽음을 경히 여기는 것을 기뻐하지 않으신다.

14절, **"만일 타국인이 너희 중에 우거하여 여호와 앞에 유월절을 지키고자 하면 유월절 율례대로 그 규례를 따라서 행할지니 우거한 자에게나 본토인에게나 그 율례는 동일할 것이니라"**. 유대인만이 아니라 이방인이라도, 그 어떤 사람이든지 유월절을 지키기 원한다면 그 율례대로 그 규례를 따라서 행하라고 하셨다. 이것이 9장 전반부의 내용으로서 유월절에 관한 것이다.

이스라엘의 움직임에 대하여

9장 15절부터 23절까지는 또 다른 내용이다. 즉 이스라엘 백성의 진행에 관한 것이다. 어떻게 머물러 진을 치고 또 진행하는가 하는 문제를 다루고 있다. 우리는 이 짧은 한 장에서 그리스도인 노정에 관한 모든 것을 볼 수 있다.

이 말씀은 이스라엘 백성의 행동 원칙이다. 구름이 머물 때에는 머물러 진을 치고 구름이 떠오를 때에는 진행하는 것이다. 이처럼 그리스도인의 생활 원칙은 성령의 움직이심과 함께하는 것이다. 성령이 가만히 머물러 계시면 우리도 머무르고 성령이 움직이기 시작하시면 움직이는 것이다. 그런데 구름이 오래 머무르는 경우가 있다. 말하자면 성령께서 오래 동안 별 움직임을 보이지 않으시는 경우가 있다는 말이다. 그런 때에는 이스라엘 자손도 오래 머물러야 했다. **"구름이 장막 위에 머무는 날이 오랠 때에는 이스라엘 자손이 여호와의 명을 지켜 진행치 아니하였으며 혹시 구름이 장막 위에 머무는 날이 적을 때에도 그들이 다만 여호와의 명을 좇아 유진하고 여호와의 명을 좇아 진행하였으며"**. 그리스도인은 이렇게 머무는 기간이 오랠 때도 있고 짧을 때도 있다.

10장

나팔 부는 규례

이제 10장에서는 하나님께서 이스라엘 백성 전체 회중을 어떻게 소집하며

민수기

어떻게 진행하게 하시는지를 보겠다. 이 장은 주로 이스라엘 백성이 시내 광야를 떠날 때의 일을 말한다.

이스라엘 백성들은 회중을 소집하거나 진을 진행하게 할 때 은 나팔을 불어야 했다[1-2절]. 이것은 하나님께서 그분의 백성이 움직일 때에 질서 있게 움직이기 원하심을 보여 준다. 두 나팔을 불 때에는 온 회중이 모세에게 나아오고, 하나만 불 때에는 이스라엘 천부장 된 족장들이 나아오며[3-4절], 울려 불 때에는 동편 진들이 진행할 것이고, 두 번째 울려 불 때에는 남편 진들이 진행할 것이라 하셨다. 진행할 때와 회중을 모을 때의 나팔소리가 다르다. 이와 같이 하나님께서는 백성들이 뭔가 소리를 분명하게 구별하여 움직이기를 원하심을 알 수 있다.

9장 후반부에는 하나님의 백성의 움직이는 원칙이 기록되어 있다. 그것은 구름이 머물 때에는 머무르고 구름이 떠오를 때에는 진행하는 것이다. 이것이 움직임의 기본 원칙이다. 그런데 이러한 기본 원칙만 가지고는 충분치 않다. 왜냐하면 그들이 머물러 있을 때에도 때로는 소집해야 할 때가 있기 때문이다. 여기서 주님은 그런 경우에 다양한 나팔소리로 소집의 유형을 알리라고 하시는 것이다.

또한 그들의 땅에서 그들을 압박하는 대적을 치러 나갈 때, 즉 전쟁을 하러 나갈 때에는 나팔을 울려 불라고 하신다[9절]. 진행할 때에 나팔을 울려 불고 싸우러 나갈 때에도 나팔을 울려 부는 것이다. 그럴 때 하나님께서 그들을 기억하시고 대적에게서 그들을 구원할 것이라고 하셨다.

또한 희락의 날과 너희 정한 절기와 월삭에는 번제물 위에와 화목제물 위에 나팔을 불라고 하신다[10절]. 희락의 날이란 어떤 특별한 절기를 말하는 것이 아니고 기쁜 날을 말한다. 뭔가 기쁜 일이 있는 날이다. 가령 법궤를 운반할 때, 성전을 봉헌할 때, 성전을 수축할 때, 에스더서에 나오는 이스라엘 백성이 구원받은 부림절에, 어떤 전쟁에서 승리했을 때 등을 말한다. 이러한 희락의 날과 절기와 월삭에 번제물 위에와 화목제물 위에 나팔을 불면 하나님께서 그들을 기억하시겠다는 것이다.

이년 2월 20일에 구름이 증거막에서 떠올랐다[11절]. 출애굽기 19장 1절을 보면 그들이 애굽을 떠나서 홍해를 건넌 때가 정월 십사일이다. 이때 유월절을 지냈다. 그런 다음 삼 개월 정도 후에 시내 산에 도착했다. 그리고 민수기 9장을 보면 사정이 있어서 유월절을 지내지 못한 사람들을 위해 2월 14일을 정해주심으로 그들을 배려하셨다. 그런 후에 2월 20일이다. 이 날수를 계산해 볼 때 시내 산에 머물렀던 기간이 거의 일 년이 된다. 11개월 정도이다. 11개월 동안 그곳에 있으면서 모세는 시내 산에 올라가 하나님께 율법과 성막의 식양을 받았다. 이러한 많은 일들이 시내 산에 머무는 동안에 일어났다. 그리고 그 기간에 성막을 지었다. 그 모든 일을 마치고 2월 20일이 되자 구름이 증거막에서 떠올랐다. 얼마 만에 떠오른 구름인지 우리는 알지 못한다.

12절, **"이스라엘 자손이 시내 광야에서 출발하여 자기 길을 행하더니 바란 광야에 구름이 머무니라"**. 결국 이들은 시내 광야를 떠나서 바란 광야에 머무른 것이다. 11절에는 구름이 떠오른 것이 있고, 12절에는 구름이 머무른 것이 있다. 그러므로 이들은 9장 후반부에서 말씀하신 대로 구름이 떠오르면 가고 구름이 머무는 곳에는 머물렀다. 신약으로 말하면 성령의 움직이심에 따라 움직인 것이다.

13절, **"이와 같이 그들이 여호와께서 모세로 명하신 것을 좇아 진행하기를 시작하였는데"**. 하나님의 백성들은 이렇게 여호와의 명하신 대로 행해야 하고, 신약의 교회는 구약의 그림처럼 완전히 하나님의 명령을 따라서 움직이는 무리가 되어야 한다. 하나님과 함께 움직이는 무리가 교회이다.

진행할 때는 앞장 서는 무리가 존재하는데, 첫 번째는 유다 자손 진기에 속한 자들이다. 그리고 유다 지파의 족장은 암미나답의 아들 나손이다[14절].

15절에서 28절까지는 각 지파의 족장들이 나온다. **"잇사갈 자손 지파의 군대는 수알의 아들 느다넬이 영솔하였고 스불론 자손 지파의 군대는 헬론의 아들 엘리압이 영솔하였더라 이에 성막을 걷으매 게르손 자손과 므라리 자손이 성막을 메고 발행하였으며…납달리 자손 지파의 군대는 에난의 아들 아히라가 영솔하였더라 이**

스라엘 자손이 진행할 때에 이와 같이 그 군대를 따라 나아갔더라". 이와 같이 열두 지파가 다 군대가 되어 나팔 소리에 따라 전진했다.

모세가 호밥에게 길을 인도해달라고 도움을 청함

29절, **"모세가 그 장인 미디안 사람 르우엘의 아들 호밥에게 이르되 여호와께서 주마 하신 곳으로 우리가 진행하나니 우리와 동행하자 그리하면 선대하리라 여호와께서 이스라엘에게 복을 내리리라 하셨느니라"**. '르우엘의 아들 호밥'이 누구인지 알기란 쉽지 않다. 어떤 사람은 이 호밥이 모세의 장인 이드로의 또 다른 이름이라고 한다. 사사기 4장에서 모세의 장인 이름을 호밥이라고 했기 때문이다[11절]. 또 어떤 사람은 이 호밥이 이드로의 아들이라고 한다.

나의 견해로는 모세의 장인 이드로의 아들일 것이다. 즉 모세의 처남이라는 말이다. 그런데 또 사사기를 보면 이 사람을 겐 사람이라고도 한다(삿 4:11).

30-32절, **"호밥이 그에게 이르되 나는 가지 아니하고 내 고향 친족에게로 가리라 모세가 가로되 청컨대 우리를 떠나지 마소서 당신은 우리가 광야에서 어떻게 진 칠 것을 아나니 우리의 눈이 되리이다 우리와 동행하면 여호와께서 우리에게 복을 내리시는 대로 우리도 당신에게 행하리이다"**. 성경 학자들은 이 구절에 대해서 두 가지 견해를 갖고 있다. 하나는 이 말을 적극적으로 생각하는 것이다. 주님이 인도해 주시지만 이러한 경험자도 필요하다는 것이다. 또 어떤 사람은 이 말 - "당신은…우리의 눈이 되리이다" - 을 한 것은 모세의 실수라고 했다. 이스라엘 백성의 눈은 주님이 되셔야지 어찌 이방 사람 호밥이 되느냐는 것이다. 창세기 15장 19절을 보면 겐 족속은 가나안에 있는 사람들이다. 가나안에서 첫 번째로 언급되는 족속이 겐 족속이다. 그렇기 때문에 이 호밥이라는 사람은 장차 나아갈 그곳의 지형지물을 잘 알고 있었다. 모세는 이러한 그가 자신들의 길에 도움이 될 것으로 생각해서 함께 있어달라고 간곡히 요청한 것이다. 이에 대해 어떤 사람들은 하나님께서 인도하시지만 또 그러한 사람도 필요하다고 생각한다. 어쨌든 모세는 매우 정중하고 간절하게 그에게 요청을 했고 또 그의 능력과 은사를 인정했다.

32절에서 모세가 남아달라고 간청하는 말을 했지만 호밥이 남았다든가 남지 않았다든가 하는 말이 없다. 그럼 어떻게 된 것인가? 이 호밥이라는 모세의 처남이 거기에 남은 것인가, 아니면 군이 자기 고향으로 간 것인가? 잘 모른다. 그렇게 알 필요가 없는 일이라는 뜻도 된다. 그 사람이 남든 남지 않든 별 차이가 없다는 것이다.

그러면 여호와의 산에서 떠나서 삼 일 길을 행할 때 누가 쉴 곳을 찾았는가? **"여호와의 언약궤가 그 삼 일 길에 앞서 행하며 그들의 쉴 곳을 찾았고"**[33절]. 결국 쉴 곳을 찾아준 것은 호밥이 아니라 그리스도이시다. **"그들이 행진할 때에 낮에는 여호와의 구름이 그 위에 덮였었더라"**[34절].

주님은 언약궤로서 그들을 인도하실 뿐 아니라 구름으로 그들을 천막과 같이 덮어주셨다. 구름으로 뜨거운 햇볕을 가려주신 것이다. 쉴 곳을 찾아 주시는 분도 주님이시고 행진할 때 뜨거운 햇볕을 가려주는 분도 주님이시다. 결국 하나님의 백성들은 하나님께서 인도하시고 보호하신다. 우리는 이러한 말씀을 통해서 때때로 우리는 우리의 필요를 위해 다른 사람을 의지하지만 그럴 때 주님이 나서서 우리의 갈 길을 인도하시고 우리의 필요를 돌보심을 본다. 우리는 참으로 위험한 곳을 지나갈 때에 피난처가 되어 주시는 주님을 체험할 수 있다.

35-36절, **"궤가 떠날 때에는 모세가 가로되 여호와여 일어나사 주의 대적들을 흩으시고 주를 미워하는 자로 주의 앞에서 도망하게 하소서 하였고 궤가 쉴 때에는 가로되 여호와여 이스라엘 천만 인에게로 돌아오소서 하였더라"**. 모세가 드린 기도이다.

11장

백성이 여호와의 들으시기에 악한 말로 원망하다

민수기 1장부터 10장까지는 주로 민수기의 기본적인 진리를 확정하는 말씀이며, 또 한 면에서는 군대를 편성하여 그들이 행해야 할 여러 가지 원칙들을 기록한 것이다. 이제 11장부터는 하나님의 말씀의 기본 원칙을 바탕으로 해서 편성된 이스라엘 군대가 어떻게 목적지인 가나안으로 나아가는가를 말한다. 이 장은 그들의 행진과 여정의 시작이라고 볼 수 있다.

이스라엘 백성들은 길을 떠나 시내 산에 도착하여 거기서 상당 기간(일 년 가까이)을 머물렀다. 그리고 이제 다시 가나안을 향하여 여행을 시작했다. 그런데 우리가 여기 11장에서 보는 것은 이 백성들이 움직이자마자 여호와께서 들으시기에 악한 말로 원망하는 일이 발생했다는 것이다. 우리가 성경에서 보는 것은 한편으로 하나님의 완벽하신 설계와 사람에 대한 배려와 관심과 가르치심이며, 또 한편으로는 사람의 실패이다.

1절, **"백성이 여호와의 들으시기에 악한 말로 원망하매 여호와께서 들으시고 진노하사 여호와의 불로 그들 중에 붙어서 진 끝을 사르게 하시매"**. 이스라엘 백성이 모세와 함께 시내 광야를 떠나 여행을 시작했는데, 여행을 시작하자마자 그들의 첫 번째 반응은 악한 말로 원망하는 것이었다. 원망의 내용을 여기에 기록하지는 않았지만 아마 길이 어려운 것에 대한 원망이었을 것이다.

그들이 원망할 때 여호와께서 들으시고 진노하셨다. 그래서 여호와의 불로 그들 중에 붙어서 진 끝을 사르게 하셨다. 그러자 백성들은 모세에게 부르짖었고 모세가 여호와께 기도하니 불이 꺼졌다[2절]. 이것이 그들이 여행을 시작하자마자 첫 번째로 발생한 일(원망)이다. 불이 붙었던 곳을 '다베라(불사름)'라고 불렀다[3절].

4절, **"이스라엘 중에 섞여 사는 무리가 탐욕을 품으매 이스라엘 자손도 다시 울며 가로되 누가 우리에게 고기를 주어 먹게 할꼬"**. '섞여 사는 무리'란 혼잡한 사람들이라는 뜻이다. 이스라엘 백성이 애굽에서 나올 때 그중에는 순수한 이스라엘 사람들 외에 섞여 사는 사람들도 있었다. 언제든지 이와 같이 혈통이 순수하지 않은 혼잡한 사람들이 문제가 된다.

지금까지는 이들이 일반 이스라엘 백성과 똑같이 행동했고 별 어려움이 없었다. 같이 애굽에서 나왔고 홍해를 건넜고 시내 산에서 일 년 가까이 머물면서 여러 가지 일을 함께 했다. 그런데 이제 군대 편성이 마쳐지고 행진을 시작하려고 하자 섞여 사는 무리가 불만 세력이 되었다. 이 구절은 이들이 탐욕을 품었다고 했다. 이 섞여 사는 자들은 죽음을 각오하면서까지 하나님의 약속하신 땅 가나안을 향해 믿음으로 나아가려는 마음이 없었다. 그런데 이러한 혼잡한 사람들이 문제를 일으키면 이스라엘 백성(순수한 믿는이)이 영향을 받게 된다. 순수한 믿는이들이라 할지라도 다 육체가 있기 때문이다.

5절, **"우리가 애굽에 있을 때에는 값없이 생선과 외와 수박과 부추와 파와 마늘들을 먹은 것이 생각나거늘"**. 예전에 푸짐하게 먹었던 것들이 생각나는 것이다. 그런데 문제는 당시 애굽에 있었을 때 그렇게 풍성한 먹을 것만 있었던 것이 아니라 많은 노역도 있었고 고통도 있었다는 것이다. 그들은 바로의 학정 아래서 고된 일에 시달려 탄식하며 한숨짓던 일은 다 잊어버리고, 거기서 구출해 내신 하나님의 은혜는 다 잊어버리고 맛있게 먹던 것들만 생각나는 것이다.

6절, **"이제는 우리 정력이 쇠약하되 이 만나 외에는 보이는 것이 아무 것도 없도다 하니"**. '정력'이라는 말은 히브리어로 '네페쉬'이며, 생명, 영혼이라는 뜻이다(잠 23:2, 전 6:7, 원문 참조).

7절부터는 만나에 대하여 설명한다. **"만나는 깟씨와 같고 모양은 진주와 같은 것이라 백성이 두루 다니며 그것을 거두어 맷돌에 갈기도 하며 절구에 찧기도 하고 가마에 삶기도 하여 과자를 만들었으니 그 맛이 기름 섞은 과자맛 같았더라 밤에 이슬이 진에 내릴 때에 만나도 같이 내렸더라"**[7-9절]. **"백성의 온 가족이 각기 장막 문에서 우는 것을 모세가 들으니라"**[10절上]. 백성이 맨날 만나만 먹으니 정력이 쇠하여 안 되겠으니 고기를 먹게 해달라고 운 것이다. 모세는 이 모든 백성을 그에게 맡기시니 너무 짐이 무겁다고 하면서 이 모든 백성을 자신이 잉태하지도 않았고 생산하지도 않았는데 주님은 자기더러 양육하는 아비가 젖 먹는 아이를 품듯 그들을 품에 품고 주님이 그 열조에게 맹세하신 땅으로 가라 하시느냐고 하소연했다. 모세는 또 이 모든 백성에게 줄 고기를 자기가 어디서 구하겠느냐고 했다. 책임이 너무 중해서 혼자서는 이 모든 백성을 짊어질 수 없으니 차라리 자신을 죽게 하라고 했다. **"주께서 내게 이같이 행하실진대 구하옵나니 내게 은혜를 베푸사 즉시 나를 죽여 나로 나의 곤고함을 보지 않게 하옵소서"**[15절].

주님은 모세에게 칠십 인을 데리고 회막 앞에 이르러 서면 그분이 강림해서 모세와 말하고 거기서 그에게 임한 영을 그들에게도 임하게 하실 것이니 그들이 모세와 함께 백성의 짐을 담당하고 모세 혼자 짐을 지지 않을 것이라고 하셨다.

또 백성에게는 몸을 거룩히 하여 내일 고기 먹기를 기다리라고 하시면서 하루나 이틀이나 닷새가 아니라 한 달 동안 코에서 넘쳐서 싫어하기까지 먹게 할 것이라고 하셨다.

모세는 이 백성이 보행자가 육십만 명인데 어떻게 일 개월 간 고기를 주시겠느냐고 하면서 양떼와 소떼를 잡은들 족하겠느냐고 했다. 주님은 "여호와의 손이 짧아졌느냐 네가 이제 내 말이 네게 응하는 여부를 보리라"고 하셨다.

모세가 나가서 여호와의 말씀을 백성에게 고하고 장로 칠십 인을 모아 장막에 둘러 세우니 여호와께서 구름 가운데 강림하시어 모세에게 말씀하시고 그에게 임한 신을 칠십 장로에게도 임하게 하시니 그들이 예언을 하였다. 그때 엘닷과 메닷이라는 자 두 사람이 진에 머물고 회막에 나아가지 않았는데 그들에게도 신이 임하여 예언을 하니 한 소년이 달려와 모세에게 이 일을 알렸다. 그러자 여호수아가 "내 주 모세여 금하소서"라고 하였다. 모세는 그에게 "네가 나를 위하여 시기하느냐? 여호와께서 그 신을 모든 백성에게 주사 다 선지자 되게 하시기를 원하노라"고 했다.

여호와께서 메추라기를 보내시다

그때 바람이 여호와께로서 나와 메추라기를 몰아 진 곁 이 편 저 편 곧 진 사방 각기 하룻길 되는 지면에 두 규빗 쯤 내리게 하셨다. 백성이 일어나 종일 종야와 그 이튿날도 종일토록 메추라기를 모으니 적게 모은 자도 십 호멜이었다. 그들이 자기를 위해 진 사면에 펴두었다.

33-34절, **"고기가 아직 잇 사이에 있어 씹히기 전에 여호와께서 백성에 대하여 진노하사 심히 큰 재앙으로 치셨으므로 그곳 이름을 기브롯 핫다아와라 칭하였으니 탐욕을 낸 백성을 거기 장사함이었더라"**. 우리가 이 일을 통해 배울 것은 하나님께서 어떤 기도를 들어주실지라도 기뻐하시지 않는 경우가 있다는 것이다. 우리는 하나님께서 기뻐하시는 기도를 해야지 자기의 정욕을 위해서, 자기의 욕구 충족을 위해서 기도해서는 안 된다. 그럴 때 하나님께서 혹 들어 주실지라도 우리의 영혼은 파리하게 된다(시 106:15, "여호와께서 저희의 요구한 것을 주셨을지라도 그 영혼을 파리하게 하셨도다"). '기브롯 핫다아와'라는 지명의 뜻은 '탐욕의

무덤'이다.

"백성이 기브롯 핫다아와에서 진행하여 하세롯에 이르러 거기 거하니라"[35절].

12장

하나님께서 세우신 인도자를 비방하여 벌을 받은 미리암

모세가 구스 여인을 취했는데 이 일로 미리암과 아론이 모세를 비방했다. 이 구스라는 나라는 지금의 에디오피아인데, 에디오피아 여자를 아내로 취한 것이다. 평소에 존경하던 인도자라 하더라도 일단 그에 대하여 불신과 거역의 마음이 생겨나면 자동적으로 그의 잘못된 것들이 이것저것 생각나고 보여지는 법이다. 아론과 미리암은 그 일을 놓고 인도자인 모세를 비방하는 말을 했고, 여호와께서는 이 말을 들으셨다.

그들은 모세가 구스 여인을 취해서는 안 되고 하나님의 종이 그러한 여인과 결혼을 해서는 안 된다고 말한 것이 아니라 '여호와께서 모세와만 말씀하셨느냐? 우리와는 말씀하지 아니하셨느냐?'고 했다. 사실 이 말이 그들 속에 있는 말이다.

우리가 반드시 기억해야 할 것은 권위를 거역하는 말은 수직으로 상승하는 성질이 있다는 것이다. 즉 인도자를 비방하거나 거역하는 말은 여호와께서 들으신다. 하나님의 백성들은 이 점을 매우 두려워해야 한다. 아론과 미리암이 모세를 거역한 것은 곧 하나님을 거역한 것이기 때문에 하나님이 노하신 것이다.

"이 사람 모세는 온유함이 지면의 모든 사람보다 승하더라"[3절]. 이 '온유함'이란 히브리어에서 '자기를 낮추다' 또는 '괴롭힘을 당하다'라는 뜻이 있다. 말하자면 당시 모세는 지면에서 가장 괴로움을 많이 당하는 사람, 하나님의 백성들에게서 가장 많은 괴로움을 당하는 사람이었다는 것이다.

여호와께서는 갑자기 모세와 아론과 미리암에게 너희 삼 인은 회막으로 나아오라 하셨다. 그리고 구름기둥 가운데 강림하셔서 장막문에 서시고 아론과 미리암을 부르셨다[5절]. 그 두 사람이 나아가니 말씀하시기를, **"내 말을 들으라 너희 중에 선지자가 있으면 나 여호와가 이상으로 나를 그에게 알리기도 하고 꿈으로 그와 말하기도 하거니와 내 종 모세와는 그렇지 아니하니 그는 나의 온 집에 충성됨이라"**[6-7절]고 하셨다. 또 여호와께서는 모세와는 대면하여 말하고 은밀한 말로 아니하였다고 하시면서 그는 여호와의 형상을 볼 것인데 어찌하여 '내 종 모세를 비방하느냐'고 하셨다.

9-10절, **"여호와께서 그들을 향하여 진노하시고 떠나시매 구름이 장막 위에서 떠나갔고 미리암은 문둥병이 들려 눈과 같더라 아론이 미리암을 본즉 문둥병이 들었는지라"**. 구름이 장막 위에서 떠나갔다는 것은 주님의 임재가 떠난 것을 가리킨다. 임재는 떠나고 심판이 임했다. 사람의 속에 있는 거역이 드러날 때 곧 문둥병이 들게 된다. 문둥병이 들 때 그는 사람을 가까이 해서는 안 된다.

11절, **"아론이 이에 모세에게 이르되 슬프다 내 주여 우리가 우매한 일을 하여 죄를 얻었으나 청컨대 그 허물을 우리에게 돌리지 마소서"**. 이때 아론은 모세에게 'O my Lord!'(내 주여)라고 했다. 이렇게 심판을 거칠 때 사람은 자기 자리를 찾는다. 어떻게 말하면 아론은 미리암이 심판받는 것을 보고 즉시 자신의 잘못된 것을 깨닫고 회개할 수 있는 사람이기도하다. 모세는 하나님께 기도했다. 13절, **"모세가 여호와께 부르짖어 가로되 하나님이여 원컨대 그를 고쳐 주옵소서"**.

그렇게 중보기도를 할 때 하나님께서는 모세의 기도를 들으시고 미리암을 치료해 주셨다. 그러나 치료해 주셨다고 해서 금방 회복되는 것이 아니라 최소한 칠 일 간은 진 밖에 가두고 그 후에야 진에 들어오게 하라고 하셨다. '하나님의 심판을 받은 너는 한동안 부끄러워할 줄을 알아라.' 이것이 하나님의 처리이다.

미리암의 거역 때문에 이스라엘 백성의 진행이 칠 일 간 지연되었다[15절]. 그러므로 믿음의 노정에서 한 사람의 거역이 있을 때 전체 회중이 길을 가지 못하고 칠 일 동안 지체하게 된다는 것을 알아야 한다. 비록 그 죄를 사함받는다 하더라도 온전히 회복되는 데에는 시간이 걸리므로 전체 하나님의 백성들의 여정에 지장을 주게 되는 것이다.

13장

가나안 땅 탐지 - 하나님의 약속을 불신함

민수기 13장에는 하나님께서 먼저 가나안 땅을 정탐하도록 사람들을 보내는 것처럼 기록되어 있지만, 신명기 1장을 살펴보면 가나안 정탐에 관해서 하나님께서 먼저 시작하신 것이 아니고 이스라엘 백성들에 의해서 정탐이 이루어진 것을 볼 수 있다. 하나님께서 이스라엘 백성들에게 '이 땅을 이미 너희에게 주셨은즉 올라가서 얻으라'고 말씀하셨으므로 가서 얻으면 되었다. 그들에게 만일 믿음이 충분했다면 정탐은 필요치 않았던 것이다.

4-16절, **"그들의 이름은 이러하니라 르우벤 지파에서는 삭굴의 아들 삼무아요 시므온 지파에서는 호리의 아들 사밧이요 유다 지파에서는 여분네의 아들 갈렙이요 잇사갈 지파에서는 요셉의 아들 이갈이요 에브라임 지파에서는 눈의 아들 호세아요…이는 모세가 땅을 탐지하러 보낸 자들의 이름이라 모세가 눈의 아들 호세아를 여호수아라 칭하였더라"**. 모세는 각 지파의 두령 열둘을 정탐하러 보내었다. 여기에는 여호수아와 갈렙도 포함되어 있다. 모세는 그들을 보내어 그 땅을 탐지하라고 하면서 그 거민의 강약과 다소와 땅의 호 불호를 알아보라고 했다. 이들이 땅을 탐지하면서 남방 헤브론에 이르러 보니 아낙 자손 아히만과 세새와 달매, 말하자면 거인들이 살고 있었다.

또 에스골 골짜기에 이르니 포도송이가 얼마나 큰지 두 사람이 포도 한 송이를 막대기에 꿰어 메었고 또 석류와 무화과를 취했다[23절]. 이들은 포도송이를 벤 곳을 '에스골' 골짜기라 칭하였다. 그들은 사십 일 간의 탐지를 마치고 돌아왔다.

그들은 바란 광야 가데스에 이르러 모세와 아론과 이스라엘 백성의 온 회중에게 그 땅의 실과를 보이면서 과연 그 땅은 젖과 꿀이 흐르는 땅이라고 회보하였다. 그 땅에 과일이 풍성하고 젖과 꿀이 흐르며 또 그 땅 거민이 아주 강하고 성읍이 견고하다고 했다. 거기 사는 사람들은 거인들이었고, 사실 아말렉, 헷, 여부스, 아모리 족속들은 다 이스라엘의 대적이었다. 이렇게 보고하자 백성들이 술렁였다.

이때 갈렙은 모세 앞에서 백성을 안돈시키며 말했다. "우리가 올라가서 그 땅을 취하자 능히 이기리라". 이때 갈렙의 나이가 40세쯤 되었다. 그러나 함께 갔던 나머지 사람들은 '그들이 우리보다 강하다'고 하면서 그들이 탐지한 땅은 그 거민을 삼키는 땅이요 그 모든 백성은 신장이 장대하며 네피림 후손 아낙 자손 대장부들을 보았으니 그들은 스스로 보기에도 메뚜기 같다고 하였다.

하나님께서는 이 일로 인해, 즉 바란 광야에서 가나안 땅을 정탐한 자들의 보고를 들은 뒤 분기(憤起)한 이스라엘 백성들의 반응으로 인해 심히 노여워하셨다. 여기서 문제는 불신인데, 이것은 그들의 여러 가지 문제들 중 가장 큰 문제였다. 결국 그들은 불신 때문에 가나안에 들어가지 못한 것이다. 히브리서에서도 이스라엘 백성들이 믿지 아니함으로 들어가지 못했다고 했다(히 4장 참조).

14장

불신으로 가나안에 들어가지 못함

1-10절, "온 회중이 소리를 높여 부르짖으며 밤새도록 백성이 곡하였더라 이스라엘 자손이 다 모세와 아론을 원망하며 온 회중이 그들에게 이르되 우리가 애굽 땅에서 죽었거나 이 광야에서 죽었더면 좋았을 것을 어찌하여 여호와가 우리를 그 땅으로 인도하여 칼에 망하게 하려 하는고 우리 처자가 사로잡히리니 애굽으로 돌아가는 것이 낫지 아니하랴 이에 서로 말하되 우리가 한 장관을 세우고 애굽으로 돌아가자 하매 모세와 아론이 이스라엘 자손의 온 회중 앞에서 엎드린지라 그 땅을 탐지한 자 중 눈의 아들 여호수아와 여분네의 아들 갈렙이 그 옷을 찢고 이스라엘 자손의 온 회중에 일러 가로되 우리가 두루 다니며 탐지한 땅은 심히 아름다운 땅이라 여호와께서 우리를 기뻐하시면 우리를 그 땅으로 인도하여 들이시고 그 땅을 우리에게 주시리라 이는 과연 젖과 꿀이 흐르는 땅이니라 오직 여호와를 거역하지 말라 또 그 땅 백성을 두려워하지 말라 그들은 우리 밥이라 그들의 보호자는 그들에게서 떠났고 여호와는 우리와 함께 하시느니라 그들을 두려워 말라 하나 온 회중이 그들을 돌로 치려 하는 동시에 여호와의 영광이 회막에서 이스라엘 모든 자손에게 나타나시니라".

모세가 여호와의 이름을 위해 백성을 두고 기도하다

여호와께서 이스라엘 백성에게 노하여 전염병으로 그들을 쳐서 멸하고 모세를 통해 그들보다 크고 강한 나라를 이루게 할 것이라 하시자 모세는 중재하는 기도를 하기 시작한다. 이런 일에서 모세가 먼저 생각한 것은 하나님의 이름이요 하나님의 명예였다. 그는 자신을 통해 이루어질 크고 성공적인 일을 위하지 않았다. 다만 하나님께서 만일 이 백성을 멸하신다면 하나님의 이름에 어떠한 영향이 돌아갈 것인가를 생각한 것이다[11-16절].

17-19절에서 그는 **"이제 구하옵나니 이미 말씀하신 대로 주의 큰 권능을 나타내옵소서"**라고 기도하면서 **"여호와는 노하기를 더디 하고 인자가 많아 죄악과 과실을 사하나…주의 인자의 광대하심을 따라 이 백성의 죄악을 사하시되 애굽에서부터 지금까지 이 백성의 죄악을 사하신 것같이 사하옵소서"**라고 했다. 주의 큰 권능을 나타내시라는 것은 곧 하나님의 '용서하시는 능력', 다시 말하면 노하기를 더디 하고 인자가 많아 죄악과 과실을 용서하시는 능력을 나타내시라는 것이다. 사실 오늘 우리가 우리에게 죄 지은 사람을 용서해 주는 것은 일종의 능력이다. 우리가 우리에게 해를 끼친 어떤 사람을 용서하지 못한다면 그만한 능력이 없다는 것이다. 기적을 베푸는 것만 능력이 아니다. 사람을 용서하고 용납하는 것도 능력이다. 그래서 모세는 백성의 죄악을 용서해달라고 구하기 전에 하나님의 큰 권능을 나타내 달라고 기도한 것이다. 하나님은 이 땅에 이렇게 좋은 중보자가 있을 때 백성의 죄를 용서해 주신다. 하나님의 응답은 매우 간단하다. **"내가 네 말대로 사하노라"**[20절].

21-23절, **"그러나 진실로 나의 사는 것과 여호와의 영광이 온 세계에 충만할 것으로 맹세하노니 나의 영광과 애굽과 광야에서 행한 나의 이적을 보고도 이같이 열 번이나 나를 시험하고 내 목소리를 청종치 아니한 그 사람들은 내가 그 조상들에게 맹세한 땅을 결단코 보지 못할 것이요 또 나를 멸시하는 사람은 하나라도 그것을 보지 못하리라"**. 여기서 하나님은 이스라엘 백성들을 용서하셨지만 그들의 불신에 대한 대가는 그들이 받게 하셨다. 죄를 용서해 주시는 것이 한 가지 일이고, 그들의 불신에 대한 대가를 받게 하는 것은 또 다른 일이다. 이스라엘 백성들은 이 가데스에서 하나님의 말씀을 순종치 않고 불신하고 다시 애굽으로 돌아가고자 했던 그 시도로 인해 결국 가나안 땅에 들어가지 못하는 슬픈 결과를 가져오게 되었다.

24절, **"오직 내 종 갈렙은 그 마음이 그들과 달라서 나를 온전히 좇았은즉 그의 갔던 땅으로 내가 그를 인도하여 들이리니 그 자손이 그 땅을 차지하리라"**. 결국은 가나안 땅에 들어간 사람은 갈렙과 여호수아, 두 사람이었다. 장정만 육십만이 넘는 그 많은 사람들이 홍해를 건너서 광야로 들어왔는데, 단 며칠이면 가나안으로 들어갈 그 길을 이렇게 불신함으로 인해 40년 동안 방황하다가 거의 다 죽고 그 가운데서 갈렙과 여호수아 두 사람만 가나안 땅에 들어간 것이다.

하나님께서는 아말렉인과 가나안인이 골짜기에 거하니 내일 돌이켜 홍해 길로 하여 광야로 들어가라고 하셨다[25절]. 이제 하나님은 그들의 노정을 가나안을 향하게 하지 않으시고 광야로 다시 들여보내신다. 이스라엘 백성들은 불신과 거역으로 말미암아 40년의 시험과 훈련의 장소로 내몰린 것이다.

지금까지 이스라엘 백성들이 하나님께 보여 준 것은 다 불신과 거역과 원망이었다. 하나님께서는 "이 악한 회중을 내가 어느 때까지 참으랴" 하셨다[25-26절]. 여호수아와 갈렙 두 사람 외에는 출애굽한 모든 이스라엘 사람들이 다 광야에 엎드러져 죽을 것이다. 두려운 하나님이시다[28-30절].

31-33절, **"너희가 사로잡히겠다고 말하던 너희의 유아들은 내가 인도하여 들이리니 그들은 너희가 싫어하던 땅을 보려니와 너희 시체는 이 광야에 엎드러질 것이요 너희 자녀들은 너희의 패역한 죄를 지고 너희의 시체가 광야에서 소멸되기까지 사십 년을 광야에서 유리하는 자가 되리라"**. 참으로 두려운 말씀이다. 그들은 광야에 엎드러질 것이며 그 자녀들은 그들의 패역한 죄를 지고 그들 시체가 광야에서 소멸되기까지 40년 동안을 광야에서 유리할 것이라고 하신다. 불신의 죄란 이렇게 무서운 것이다. 하나님을 신뢰하지 않는 것은 무섭고 끔찍한 결과를 가져오게 된다.

열두 정탐꾼 중에서 소극적인 보고를 했던 열 명이 가장 먼저 재앙으로 죽었다. 거역의 죄란 이렇게 무서운 것이다. 그리고 장정만 육십만이 넘는 백성들 또한 불신으로 가득했다. 그중에 믿음의 사람은 단 두 사람, 여호수아와 갈렙뿐이었다. 이렇게 적극적인 믿음을 갖고 있는 사람은 하나님의 백성 중에도 희귀하다. 이것은 오늘날 우리에게 큰 경계가 되는 말씀이다.

이스라엘 백성이 굳이 가나안 점령을 시도함

모세가 백성에게 '하나님께서 노하셔서 그들을 광야에서 멸망하게 하실 것이며 여호수아와 갈렙 외에는 가나안에 들어가지 못할 것이라'는 말씀을 전하자 이스라엘 백성은 슬퍼했다[39절]. 그들은 그제서야 그들이 죄를 지었다는 것을 깨달은 것이다[40절]. 죄를 지은 것을 알았어도 이미 때는 늦었다. 하나님께서는 그들을 징계하기로 결정하셨고 그들이 결코 가나안 땅에 들어가지 못하리라고 말씀하셨으며 돌이켜 광야로 들어가라고 하셨다.

모세가 하는 말을 듣고 이스라엘 백성이 크게 슬퍼하며 아침에 일찍이 일어나 산꼭대기로 올라가면서 말하기를 "보소서 우리가 여기 있나이다 우리가 여호와의 허락하신 곳으로 올라가리니 우리가 범죄하였음이니이다" 하였으나 모세는 "너희가 어찌하여 이제 여호와의 명령을 범하느냐…여호와께서 너희 중에 계시지 아니하니 올라가지 말라 너희가 패할까 하노라"고 했다. 그들은 그래도 산꼭대기로 올라갔고 여호와의 언약궤와 모세는 진을 떠나지 않았다.

45절, **"아말렉인과 산지에 거하는 가나안인이 내려와 쳐서 파하고 호르마까지 이르렀더라"**. 그 결과는 패배였다.

15장

가나안 땅에서 여호와께 드릴 예물

민수기 15장에서는 14장 끝부분의 비참한 결과와 아무 관계가 없는 듯이 주님이 모세에게 말씀하기 시작하신다. 2-3절, **"너희가 내가 주어 거하게 할 땅에 들어가서 여호와께 화제나 번제나 서원을 갚는 제나…여호와께 향기롭게 드릴 때에는"**. 그 땅에 들어가서 제물을 드리는 문제를 말씀하고 계시는 것이다. 14장 마지막 부분에서 "여호와께서 너희 중에 계시지 아니하니 올라가지 말라"고 단호하게 말씀한 그 하나님께서 15장에 와서는 마치 그런 일이 없었던 것처럼 밝게 말씀하고 계신다. 폭풍우가 개인 후에 맑은 하늘이 펼쳐지는 것 같다.

하나님께서는 이스라엘 백성들이 약속의 땅 가나안에 들어가서 어떤 생활을 하기 원하시는가? 15장에서 하나님은 그분의 갈망, 곧 하나님께서 얻고자 하시는 백성의 모습을 그리고 계신다. 그래서 15장은 전체가 우리 '하나님의 꿈'이라고 말할 수 있다. 하나님은 어떤 모습의 백성을 얻고자 계획하고 계시는가? 첫째로는 제물을 드리는 백성이다.

3-5절, **"여호와께 화제나 번제나 서원을 갚는 제나 낙헌제나 정한 절기제에 소나 양으로 여호와께 향기롭게 드릴 때에는…고운가루 에바 십분지 일에 기름 한 힌의 사분지 일을 섞어 여호와께 소제로 드릴 것이며…어린양이면 전제로 포도주 한 힌의 사분 일을 예비할 것이요"**. 그 제물이 어린 양이면 전제로 포도주 한 힌의 사분 일을 예비하라고 했다. 기본적인 제물 위에 포도주를 붓는 것은 그 제물이 더 잘 태워져 향기롭고 귀하게 되도록 하려는 것이다[5절].

이제 제물이 수양인 경우이다. 이렇게 어린 양, 수양, 수송아지의 경우에 부가되는 제물의 양이 각각 다르다[6절]. 가나안 땅에 들어가서 화제나 번제나 서원을 갚는 제나 낙헌제나 정한 절기제에 소나 양으로 향기롭게 드릴 때에는 고운가루 에바 십분지 일에 기름 한 힌의 사분지 일을 섞어 드리고 드리는 제물이 어린 양일 때에는 전제로 포도주 한 힌의 사분지 일을 예비해야 한다. 그리고 수양일 때, 수송아지일 때에는 부가되는 소제나 전제의 양이 각각 다르다[7-10절]. 수송아지를 드릴 경우, 수양을 드릴 경우, 어린 수양이나 어린 염소를 드릴 경우에 그 마리 수마다 이 위와 같이 행하되 너희 예비하는 수효를 따라 각기 수효에 맞게 하라고 했다. 드려지는 제물에 따라서 고운 가루나 기름이나 포도주를 그 수효에 맞게 드리라는 것이다[11-12절].

그리고 타국인에 관한 말씀이다. 이스라엘 백성들은 그야말로 아브라함을 조상으로 한 하나님의 선택된 백성이다. 본토 소생이나 타국인이나 너희 중에 대대로 있는 자가 누구든지 여호와께 향기로운 화제를 드릴 때에는 너희 하는 그도 그리 할 것이라고 하였다[13-14절]. **"하나님은 홀로 유대인의 하나님뿐이시뇨 또 이방인의 하나님은 아니시뇨 진실로 이방인의 하나님도 되시느니라"**(롬 3:29). 여기서 유대인이나 이방인이나 율례가 똑같이 적용된다고 하셨다.

14장에서 "너희가 결단코 들어가지 못하리라"고 말씀하시던 하나님께서 15장에서는 거듭거듭 '나의 인도하는 땅에 들어가거든'이라고 말씀하신다. 이러한 성경은 하나님만이 쓰실 수 있다. 14장은 모든 것이 암울하다. 그것은 사람의 무능함과 거역으로 인한 실패 때문이다. 사람 편에서 볼 때에는 모든 것이 절망적이다. 그러나 이제 15장은 사람 편에서 말하고 있는 것이 아니다. 하나님은 그분 자신을 신뢰하시고 그분이 하실 수 있음을 담보로 해서 지금 말씀하고 계시는 것이다.

여기서 주님은 그 땅에 들어갈 뿐 아니라 그 땅의 양식을 먹을 것이라고 하신다("그 땅의 양식을 먹을 때에"- [19절]). 우리 하나님은 그들이 반드시 이렇게 될 것을 확신하신다. 여기서 '거제'란 들어올려 드리는 제물이다. 히브리어로는 '테루마'이고 영어로는 'heave-offering'이다. 히브리어 '테루마'에서 '룸'이라는 어간은 높이 들어올린다는 뜻이다. 그래서 거제는 그리스도의 승천을 상징한다. 요제는 흔들어 드리는 것이고 거제는 들어올려 드리는 것이다. 요제는 그리스도의 부활을 상징하고 거제는 그리스도의 승천을 상징한다. 따라서 이스라엘 백성들은 그 땅에 들어가서 언제나 승천하신 그리스도를 누려야 한다. 그들은 그 땅에서 살지만 땅에 속하여 살면 안 된다. 언제나 승천하신 그리스도 안에서, 주님과 함께 보좌에 앉은 위치에서 살아야 한다(골 3:1-3).

20-21절, **"너희의 처음 익은 곡식 가루 떡을 거제로 타작마당의 거제같이 들어 드리라 너희의 처음 익은 곡식 가루 떡을 대대에 여호와께 거제로 드릴지니라"**. 그들은 그 땅에 들어가서 양식을 먹을 때에 처음 익은 곡식 가루를 하나님께 드려야 했다. 그들의 모든 삶은 음식을 먹는 것부터 하나님께 드리는 것으로 시작해야 한다는 것이다. 그것은 그들의 일상적인 삶이 온전히 하나님께 드려지는 것을 의미한다.

그릇 범죄했을 경우 드리는 제물

22절에 "너희가 그릇 범죄하여"라는 말이 있다. 그릇 범죄한다는 것은 무의식적으로 범죄한다는 뜻이다. 무의식적으로 실수한 경우, 또는 자기도 모르게 죄를 지은 경우이다. 말하자면 앞에서 말한 여러 제물들을 드릴 때 율례대로 하지 못했다거나 양식을 먹을 때 처음 익은 곡식 가루를 여호와께 거제로 드리지 못했을 경우 등을 말한다.

23-24절, **"곧 여호와가 모세로 너희에게 명한 모든 것을 여호와가 명한 날부터 이후 너희의 대대에 지키지 못하여 회중이 부지중에 그릇 범죄하였거든 온 회중은 수송아지 하나를 여호와께 향기로운 화제로 드리고 규례대로 그 소제와 전제를 드리고 수염소 하나를 속죄제로 드릴 것이라"**. 회중이 범죄했으면 반드시 회개를 해야 한다. 그 속죄제는 수송아지와 수염소로 드리는 것이며, 그러면 사함을 얻는다[25-26절]. 그러나 한 사람의 범죄는 일 년 된 암 염소로 족하다[27절]. **"제사장은 그 그릇 범죄한 사람이 그릇하여 여호와 앞에 얻은 죄를 위하여 속죄하여 그 죄를 속할지니 그리하면 사함을 얻으리라"**[28절].

29절, **"이스라엘 자손 중 본토 소생이든지 그들 중에 우거하는 타국인이든지 무릇 그릇 범죄한 자에게 대한 법이 동일하거니와"**. 여기서도 그릇 범죄한 사람에 대한 법이 이스라엘 본토 소생이나 그들 중에 우거하는 타국인이 동일하다고 했다. 15장에 와서는 하나님께서 타국인을 우대하고 계신다.

30절, **"본토 소생이든지 타국인이든지 무릇 짐짓 무엇을 행하면 여호와를 훼방하는 자니 그 백성 중에서 끊쳐질 것이라"**. "본토 소생이든지 타국인이든지 무릇 짐짓 무엇을 행하면". 이것은 고의적인 죄를 말한다. 이것은 신약 히브리서에도 있다(히 6장). '짐짓 죄를 범하는 것'은 그릇 범죄한 것과 다르다. 22절에는 '그릇 범죄한' 것이 있고 여기 30절에는 '짐짓 범죄하는' 것이 있다. 이것은 알면서도 반항적으로 손을 높이 들어 심히 거역적인 얼굴로 범하는 죄를 말한다. 히브리어로는 '베야드 라마'이다. 고의적으로, 반항적으로 짓는 죄이다. 영어로는 'defiantly'로서 '독립적으로' 또는 '반항적으로'라는 뜻이다. 그러한 사람은 알면서도 고의적으로 여호와를 훼방하는 것이다. **"그런 사람은 여호와의 말씀을 멸시하고 그 명령을 파괴하였은즉 그 죄악이 자기에게로 돌아가서 온전히 끊쳐지리라"**[31절].

안식일에 일을 한 사람에 대하여

32절부터는 안식일에 어떤 사람이 나무를 한 사건이 나온다. 이것이 바로 짐짓 죄를 범하는 것이다. 하나님의 법도를 알고도 고의로 하나님의 명령을 어긴 것이다. 그럴 때 하나님은 그런 사람을 용서하지 않으신다. 그는 이스라엘 자손이므로 안식일을 구별하여 거룩히 지켜야 함을 알고 있었다. 그러나 그는 굳이 안식일날 나무를 한 것이다. 이러한 죄가 짐짓 짓는 죄(베야드 라마)이며 용서받을 수 없다. 온 회중이 그를 진 밖에 끌어내어 돌로 쳐 죽이라고 하셨다[32-36절].

옷단 귀에 술을 만들고 청색끈을 거기에 더하라 하심

15장 마지막 부분에서 하나님은 이스라엘 백성에게 그들의 옷단 귀에 술을 만들고 청색 끈을 그 술에 더하라는 명령을 주셨다. 왜 청색 끈을 달아야 했는가? 그것은 그것을 볼 때마다 하나님의 모든 계명을 기억하고 준행하며 방종한 마음과 눈의 욕심을 좇지 않게 하려는 것이었다. 그럼으로써 하나님의 거룩한 백성이 되기를 원하신 것이다[37-40절]. 그 색깔이 청색인 것은 그들이 광야나 가나안 백성이 아니라 하늘 백성이라는 표시이다.

16장

고라와 다단과 아비람의 거역

1절, **"레위의 증손 고핫의 손자 이스할의 아들 고라와 르우벤 자손 엘리압의 아들 다단과 아비람과 벨렛의 아들 온이 당을 짓고"**. 고라는 신약 유다서에도 기록되어 있는 사람이다. 거룩한 하나님의 말씀에 고라의 이름은 거역의 대표적인 이름으로 기록되었다. 너무나 두려운 일이다. 신약에서 유다는 고라의 패역을 이야기했다. 여기의 패역은 '배역' 또는 '거역'이라고 번역할 수 있다. 말하자면 구약 시대에 대표적인 배역자의 이름이 바로 고라인 것이다. 그런데 이 고라는 레위의 증손이요 고핫의 손자이다. 레위 지파는 하나님을 섬기는 지파인데, 그 지파에서 거역이 일어난 것이다. 자세히 연구해 보면 이 고라는 모세와 촌수가 그리 멀지 않다. 아마 사촌 이내로서 가까운 집안사람이다. 그리고 우리가 잘 알다시피 고핫과 므라리와 게르손은 레위 자손의 임무 중에서 가장 중요하고 고상한 직무를 맡았는데, 그중에서도 고핫은 지성소의 기구들을 짊어지는 가장 중요한 일을 맡고 있었다.

그 외에도 아비람이 있고 또 온이 있다. 이들이 당을 지은 것이다. 갈라디아서 5장에서는 당을 짓는 것이 육체의 일이라고 말한다[20절]. 성도들 가운데서 보편적인 그리스도인의 교제가 아닌 아주 특별한 느낌을 주고받는 교제, 몇몇

특정한 사람만 통하는 교제를 갖는 것은 건강하지 않다. 사실 그 특별한 대화의 내용, 그들만 통하는 의견 등은 일반적으로 성도들 앞에 내놓을 수 없는 것들이다. 어둠 속에서 그들 간에는 아주 특별한 애정이 생겨나게 된다. 이것이 바로 당을 짓는 것이다.

그들 가운데에는 족장들이 있었는데, 이들은 백성 가운데서 뽑힌 250명이었다. 그리고 이미 백성 가운데서 유명하게 된 사람들이었다. 이것을 통해 우리는 아무 이름도 없고 지위도 없는 사람들은 대개 거역하지 않는다는 것을 알 수 있다. 여기서 고라와 다단과 아비람과 온, 그리고 회중 가운데 유명한 족장 이백 오십 인이 일어나서 모세를 거역할 때 겉으로 보면 모세와 아론은 끝났다.

3절, **"그들이 모여서 모세와 아론을 거스려 그들에게 이르되 너희가 분수에 지나도다 회중이 다 각각 거룩하고 여호와께서도 그들 중에 계시거늘 너희가 어찌하여 여호와의 총회 위에 스스로 높이느뇨"**. 거역의 사건을 접할 때마다 거기에 한 가지 특징이 있는데, 그것은 그들의 말에 일리가 있다는 것이다. 일리가 없는 것으로는 거역하지 않는다. 옳게 보이는 어떤 이유가 있는 것이다. 여기서 '분수에 지나치다'고 한 것은 히브리어에서 '너무 많이 가졌다'는 뜻이다. 말하자면 '너무 많이 소유하려고 한다'는 것이다. 그들 거역자들 눈에 모세와 아론은 너무 많이 가졌다.

거역하는 사람들은 자신의 판단을 믿는다. 왜냐하면 같은 각도에서 상황과 사태를 보는 사람들이 많이 있기 때문이다. 아마도 더 많은 사람들이 그들과 같은 각도에서 사태를 볼 것이다. 각도가 달라지면 같은 일이 전혀 다르게 보이기 때문이다.

이런 말을 들었을 때 인도자 모세는 즉시 이것이 거역이라는 것을 알았다. 그런 거역이 있을 때 영적인 사람의 태도는 무엇인가? 엎드리는 것이다. 모세는 즉시 엎드렸다[4절]. 거역보다 하나님을 노하시게 하는 것이 없기 때문이다.

모세는 거역의 말을 듣고 엎드렸다가 고라와 그 모든 무리에게 말했다. **"아침에 여호와께서 자기에게 속한 자가 누구인지, 거룩한 자가 누구인지 보이시고…그**

가 택하신 자를 자기에게 가까이 나아오게 하시리니…" 모세는 먼저 각기 향로를 취하여 내일 여호와 앞에서 그 향로에 불을 담고 그 위에 향을 두라고 했다. 이는 모세와 아론도 그렇게 하겠다는 말이다. 모세는 여기서 이렇게 말하는 듯하다. '과연 누가 거룩한 자인지를 하나님으로 하여금 증명하시게 하겠다. 여러분과 내가 말하는 것은 아무 소용이 없다. 향로를 가지고 내일 나아오라.' 하나님께서 증명하시게 하면 된다. 그러면서 모세는 "레위 자손들아 너희가 너무 분수에 지나치느니라"고 했다[5-7절].

사실 레위 자손들은 다른 지파들보다 하나님을 가까이서 섬길 수 있는 특권이 있었고, 이것은 결코 작은 일이 아니었다. 그런데 그들은 그것으로 모자라서 지금 뭔가를 더 얻으려 하고 있다. 그러면 이들이 더욱 섬기고 싶어서 섬기기를 구하는 것인가? 아니다. 그들은 모세와 아론이 갖고 있는 지위, 사람들에게서 얻는 영광과 칭송과 존경을 자기들이 받고 싶은 것이다[8-9절].

앞에서 고라는 일반 백성들 편에서 그들을 위하는 것처럼 말했지 자기가 제사장 직분을 구한다고 말한 적이 없다. 고라는 마치 이스라엘 백성들을 대변해서 이렇게 말하는 것 같다. '모든 이스라엘 백성들이 다 거룩하고 그들 가운데 하나님이 계시기 때문에 당신들이 그렇게 높아지지 않아도 이들은 얼마든지 모든 것을 다 할 수 있다. 이들에게는 자유가 있고 권리가 있다. 왜 당신들이 그렇게 높아져서 많은 특권을 독점하느냐?' 지금 이들은 백성들의 권리와 자유를 말하고 있는 듯하다. 그 말을 듣고 있노라면 고라는 그야말로 민중을 위한 자요, 민중의 권익을 위하는 선함이 가득한 사람 같다. 그들을 위해서 지금 헌신적으로 봉사하는 것처럼 보인다.

그러나 모세는 그가 지금 구하고 있는 것이 무엇인가를 정확하게 알았다. 고라 일당이 거역한 것은 실상 자신들의 임무인 레위인의 봉사에 만족하지 않고 모세와 아론이 수행하고 있던 제사장 직분을 탐했기 때문이었다[10절].

11절, **"이를 위하여 너와 너의 무리가 다 모여서 여호와를 거스르는도다"**. 제사장 직분을 구하여 거역한 사람들은 이스라엘 회중 가운데 자신들을 머리로 한 새로운 근본을 세우고자 했던 것이다. 다시 말해서, 하나님께서는 모세와 아론을 통해 인도하고 계시는데 그들은 고라를 인도자로 세우겠다고 하는 것이다.

12-13절, **"모세가 엘리압의 아들 다단과 아비람을 부르러 보내었더니 그들이 가로되 우리는 올라가지 않겠노라 네가 우리를 젖과 꿀이 흐르는 땅에서 이끌어내어 광야에서 죽이려 함이 어찌 작은 일이기에 오히려 스스로 우리 위에 왕이 되려 하느냐"**. 이쯤 되면 고라 일당은 이제 완전히 모세와 아론의 권위를 인정하지 않는 것이다. 이들 생각에 모세의 인도자적 권위는 이미 끝났다. 그들이 어느 정도 모세와 대화를 나누었는지는 몰라도 이제 모세 말은 들으려고도 하지 않는다. 지금 이 고라와 다단과 아비람 일당은 애굽을 젖과 꿀이 흐르는 땅이라고 말하고 있다. 모세는 하나님께서 약속하신 땅 가나안이 젖과 꿀이 흐르는 땅이라고 계속 말해 왔다. 거역자들의 생각과 말은 영적인 것과는 완전 반대이다. 그들은 모세와 아론이 애굽에서 백성을 이끌어내어 스스로 왕이 되려 한다는 것이다[13절]. 거역자들의 생각이 하나님의 세우신 것과 완전히 정반대가 되는 것은 기이하지만 오늘 날도 사실이다.

이 고라 일당은 이 백성들을 최고로 위하는 것 같은 말을 하고 있다. **"네가 우리를 젖과 꿀이 흐르는 땅으로 인도하여 들이지도 아니하고 밭과 포도원도 우리에게 기업으로 주지 아니하니 네가 이 사람들의 눈을 다 빼려느냐"**[14절].

"모세가 심히 노하여 여호와께 여짜오되 주는 그들의 예물을 돌아보지 마옵소서". 여기에서 모세가 노한 것은 그들이 자기를 거역해서가 아니다. 이 모든 말이 하나님의 약속, 하나님의 인도하심을 정면으로 부정하고 의심하고 거역하는 말이기 때문이다. 그 말에 대해 모세는 심히 노했다.

15절, **"나는 그들의 한 나귀도 취하지 아니하였고 그들의 한 사람도 해하지 아니하였나이다 하고"**. 아마도 그들은 모세의 재물 문제도 논한 것 같다. 즉 사람들의 재물을 탐했다고 여론을 조성한 것이다. 그러기에 그렇게 많은 사람들이 동조한 것이라고 본다. 가장 인도자들에 대한 불신을 조장하는 말은 재물에 대한 것이다. 재물에 의문부호를 다는 말을 퍼트리면 사람들은 대번 인도자에 대한 신뢰가 흔들린다.

고라가 온 회중을 회막문 앞에 모았다. 모세와 아론은 단 두 사람뿐이다. 숫자로 볼 때 고라 당은 250명이 넘고 모세와 아론은 둘뿐이니 그야말로 게임이 끝났다. 그 거룩한 곳에서 하나님께 분향하는 제사장 아론도 이제 향로를 가지고 배역자들과 함께 회막 문 앞에 서 있다. 이렇게 되자 고라는 더 힘이 생긴 것 같다. 거기서 그는 두 사람을 대적하려고 했다. 그때 여호와의 영광이 온 회중에게 나타나셨다[19절]. 그들은 하나님도 많은 사람의 편이라고 생각하고 확신하며 당당히 서 있었다.

20-21절, **"여호와께서 모세와 아론에게 일러 가라사대 너희는 이 회중에게서 떠나라 내가 순식간에 그들을 멸하려 하노라"**. 여호와께서 나타나셔서 모세와 아론더러 이 회중에게서 떠나라고 하셨다. 함께 서 있지 말라고 하셨다. '내가 순식간에 그 회중을 멸하겠다'고 하셨다. 그때에 이 두 사람이 엎드렸다.

22절, **"그 두 사람이 엎드려 가로되 하나님이여 모든 육체의 생명의 하나님이여 한 사람이 범죄하였거늘 온 회중에게 진노하시나이까"**. 여기서 모세와 아론은 주동자가 있다는 것을 하나님께 말씀드렸다. 한 사람이 범죄하였다고 말한 것이다. 그러므로 거역에서 가장 악한 것은 주모자이다. 여기 이 한 사람은 바로 고라이다. 여기서 모세는 처음으로 형제들 앞에서 엎드렸는데 그것은 실상 하나님 앞에 엎드린 것이었다. 그는 온 회중을 위해 간구하였고 온 회중이 보존되도록 하나님께 기도했다. 하나님께서는 모세와 아론의 기도를 들으시고 그렇다면 회중을 배역자들(고라와 다단과 아비람의 장막)에게서 떠나게 하라고 하신다[23-24절]. 성도들은 악인들과 함께 있지 말아야 한다.

25절, **"모세가 일어나 다단과 아비람에게로 가니 이스라엘 장로들이 좇았더라"**. 12절에서 모세가 다단과 아비람에게 오라고 하니까 그들은 '우리는 올라가지 않겠노라'고 했다. 이제 하나님의 종이 그 거역자들에게 가고 있는 것이다. 모세는 참으로 온유한 사람이다. 거역하는 사람은 오라고 해도 오지 않는다. 그러자 모세가 그들에게 친히 갔다. 그들에게 무언가를 말하기 위해 간 것이다. 그때에 이스라엘 장로들이 좇았다고 했다. 거역의 상황에서 더 낮아진 것은 모세인 것을 알 수 있다.

26절, **"모세가 회중에게 일러 가로되 이 악인들의 장막에서 떠나고 그들의 물건은 아무것도 만지지 말라 그들의 모든 죄 중에서 너희도 멸망할까 두려워하노라 하매"**. 모세는 이스라엘 백성들에게 이 악인들의 장막에서 떠나라고 했다. 그리고 그들의 물건은 아무것도 만지지 말라고 했다. "그들의 모든 죄 중에서 너희도 멸망할까 두려워하노라". 우리는 여기서 하나님의 심판과 진노의 범위가 있음을 본다.

27절, **"무리가 고라와 다단과 아비람의 장막 사면을 떠나고 다단과 아비람은 그 처자와 유아들과 함께 나와서 자기 장막문에 선지라"**. 이들은 지금도 거역하고 있으며 모세의 말을 전혀 듣지 않고 가치 있는 말로 여기지 않는다. 그들은 모세가 잘못된 것이 너무나 분명하기에 그의 말을 들어야 할 일고의 가치도 느끼지 않는 것이다. 그리고 그들은 담대하게 그들의 처자와 유아들과 함께 장막문에 서 있다. 그런데 기묘하게도 여기에 고라의 처자와 유아들은 들어 있지 않다. 아마도 고라의 자손들은 가장 주모자의 자녀들인데도 불구하고 그 일에 참여하지 않은 것 같다. 이때에 거역한 자들의 가족까지도 다 멸망을 당했는데, 26장을 보면 "그러나 고라의 아들들은 죽지 아니하였더라"[11절]고 말한다.

28절, **"모세가 가로되 여호와께서 나를 보내사 이 모든 일을 행케 하신 것이요 나의 임의로 함이 아닌 줄을 이 일로 인하여 알리라"**. 지금 거역하는 사람들, 고라, 다단, 아비람 등은 모세가 이 일을 자기 임의로 한다고 생각하는 것이다. 거역자들 눈에는 하나님이 보이지 않는다. 그들의 눈에는 하나님의 종이요 지도자가 일개 사람으로만 보이는 것이다. 그 자신이 임의로 고안해서 무언가를 도모하는 것으로 보이는 것이다. 여기서 모세가 뭐라고 말했는가? "나의 임의로 함이 아닌 줄을 이 일로 인하여 알리라". 모세는 지금 자기 임의로 이스라엘 백성들을 인도하는 것이 아니다. 하나님께서는 호렙 산에서 모세를 부르셨고 거기서 "너는 가서 내 백성을 인도해 내라"고 하셨다.

29-30절, **"곧 이 사람들의 죽음이 모든 사람과 일반이요 그들의 당하는 벌이 모든 사람의 당하는 벌과 일반이면 여호와께서 나를 보내심이 아니어니와 만일 여호와께서 새 일을 행하사 땅으로 입을 열어 이 사람들과 그들의 모든 소속을 삼켜 산 채로 음부에 빠지게 하시면 이 사람들이 과연 여호와를 멸시한 것인 줄을 너희**

가 알리라". 여기서 모세는 자신과 여호와를 일치시켰다. 자기가 하고 있는 일이 여호와의 일이라는 것을 말하고 있다. 모세를 통한 역사를 멸시하는 그들은 곧 여호와를 멸시하는 것이다.

31-33절, **"이 모든 말을 마치는 동시에 그들의 밑의 땅이 갈라지니라 땅이 그 입을 열어 그들과 그 가족과 고라에게 속한 모든 사람과 그 물건을 삼키매 그들과 그 모든 소속이 산 채로 음부에 빠지며 땅이 그 위에 합하니 그들이 총회 중에서 망하니라"**.

이 사람들은 땅이 갈라질 줄은 몰랐을 것이다. 지금까지의 징계는 다 여호와의 불이 하늘에서 임하는 것과 같은 식으로 수행되었기 때문에 땅이 갈라져서 그들을 삼킬 줄은 모른 것이다. 심판은 위에서 불이 내려오는 것만이 아니다. 밑이 갈라져 빠지는 수도 있다.

34-35절, **"그 주위에 있는 온 이스라엘이 그들의 부르짖음을 듣고 도망하며 가로되 땅이 우리도 삼킬까 두렵다 하였고 여호와께로서 불이 나와서 분향하는 이백오십 인을 소멸하였더라"**. 이백오십 인의 족장들은 어떻게 되었는가? 여호와께로서 불이 나와서 소멸해 버렸다. 거역자들은 회개할 기회도 없이 단번에 철저히 심판을 받은 것이다. 세상에 이보다 두려운 일이 어디에 있는가!

41절, **"이튿날 이스라엘 자손의 온 회중이 모세와 아론에게 원망하여 가로되 너희가 여호와의 백성을 죽였도다 하고"**. 이 일은 겨우 하루가 지난 후에 일어났다. 우리가 알듯이 고라, 아비람, 다단, 그리고 족장 이백오십 인 등은 모세를 거스르다 죽었다. 이스라엘 회중은 바로 전날 그 일을 다 보았다. 그런데 이제는 그 죽은 사람들 때문에 살아남은 많은 사람들 사이에 또 문제가 일어난 것이다. 그들은 모세보다 죽은 사람들과의 관계가 더 귀하게 느껴졌고 그들이 왜 모세 때문에 죽어야 하느냐고 생각했다. 그러다보니 모세가 하는 일이 잘못되었다고 느껴진 것이다. 이때문에 일만 사천 칠백 명이 또 죽었다. 그들은 이렇게 두렵고 엄중한 사건이 눈앞에서 일어났는데도 조금도 바뀌지 않았다.

모세와 아론이 백성을 위해 중재하다

42절, **"회중이 모여 모세와 아론을 칠 때에 회막을 바라본즉 구름이 회막을 덮었고 여호와의 영광이 나타났더라"**. 거역은 죄 중에 가장 끔찍한 죄이며 하나님의 보좌를 찌르는 죄이다. 사탄이 옛적 에덴에서 일으킨 사건이 바로 배역이다. 그런데 기이한 일은 평소에 나타나지 않던 하나님의 영광이 사람들이 배역이 있을 때 나타난다는 사실이다. 기묘하게도 거역의 사건이 발생할 때마다 우리는 하나님의 빛과 강력한 임재를 체험하게 된다.

여기서 주의 종들의 태도가 어떤가를 볼 수 있다. 하나님의 진노가 있을 때에 백성들 가운데 염병이 퍼져서 죽어가고 있었다. 그때 모세는 아론에게 향로를 취하여 단의 불을 그것에 담고 그 위에 향을 두어 급히 그것을 가지고 회중에게로 가서 그들을 위하여 속죄하라고 했다. 아론이 모세의 명을 좇아 향로를 가지고 회중에게로 달려가 백성을 위해 속죄하고 산 자와 죽은 자 사이에 섰을 때에 염병이 그쳤다[43-48절].

이때 고라의 일로 엄청나게 많은 사람이 죽었다. 염병으로 죽은 사람만도 14,700명이다. 만일 모세와 아론의 속죄 제사가 조금만 더 늦었더라면 훨씬 더 많은 사람이 죽었을 것이다. 이와 같이 하나님의 종들은 힘을 다해서 하나님의 백성들이 손실과 해를 당하는 것을 줄이려는 사람들이다.

50절, **"염병이 그치매 아론이 회막문 모세에게로 돌아오니라"**.

17장

아론의 지팡이에 싹이 남

민수기 17장에서는 16장의 고라의 배역에 대한 근본적인 처리를 보게 된다. 16장에서는 하나님께서 배역하는 고라와 다단과 아비람 일당을 산 채로 음부로 빠지게 하셨다. 이제 17장에서 하나님께서는 근본적으로 이스라엘 백성들이 그들 가운데 있는 인도 직분의 권위를 인정하지 않는 것과 그로 인해 혼란과 원망의 말들이 있는 것을 처리할 필요를 느끼셨다. 그러므로 이스라엘 백성들의 인도 직분에 대한 불신과 원망하는 분위기, 또는 거역적인 마음을 근본적으로 처리하기 위해서는 17장에서 아론의 지팡이에 싹이 나는 기적적인 역사가 필요했던 것이다. 하나님은 모세에게 이스라엘의 종족에 따라 지팡이 열둘을 취하여 각각 그 이름을 쓰고 레위 지파는 아론의 지팡이에 아론의 이름을 쓰라고 하셨다. 그리고 그것들을 증거궤 앞에 두게 하셨다[1-5절].

민수기 16장의 문제는 하나님께서 위임하신 대로 그 위치에서 섬기지 않고 교만한 마음, 다른 사람보다 높이 되려는 마음, 다른 은사를 시기하는 마음으로 하나님의 세우신 질서와 하나님의 택하심을 무시하고 무너뜨리려 함으로 야기된 것이다. 그렇기 때문에 민수기 17장에서 하나님은 하나의 원칙을 세우신다. 사람들의 입을 막으시고 누가 하나님께서 세우신 자인지를 스스로 증명해 보이시려는 것이다.

6-8절, **"모세가 이스라엘 자손에게 고하매 그 족장들이 각기 종족대로 지팡이 하나씩 그에게 주었으니 그 지팡이 합이 열둘이라 그중에 아론의 지팡이가 있었더라 모세가 그 지팡이들을 증거의 장막 안 여호와 앞에 두었더라 이튿날 모세가 증거의 장막 안에 들어가 본즉 레위 집을 위하여 낸 아론의 지팡이에 움이 돋고 순이 나고 꽃이 피어서 살구 열매가 열렸더라"**. 그 지팡이들을 하룻밤 증거궤 앞에 두었다. 이것은 죽음의 밤이다. 누가 하나님께서 택하신 제사장인가, 누가 하나님께서 세우신 종인가를 보려면 이와 같이 하룻밤을 지내야 한다. 그 밤은 흑암의 밤이다. 그 밤을 지날 때에 사망을 통해서 생명의 열매를 맺게 된다. 이러한 때에 참으로 하나님께서 택하신 자들은 잠잠해야 한다. 잠잠히 하룻밤을 증거궤 앞에, 여호와 앞에 있어야 한다. 다른 지팡이들은 다 원래대로였지만 아론의 지팡이에는 움이 돋고 순이 나고 꽃이 피고 살구 열매가 맺혔다. 죽음과 부활을 통해 열매 맺은 것을 하나님께서는 그분이 선택하신 종의 표시로 삼으셨다.

10절, **"여호와께서 또 모세에게 이르시되 아론의 지팡이는 증거궤 앞으로 도로 가져다가 거기 간직하여 패역한 자에 대한 표징이 되게 하여 그들로 내게 대한 원망을 그치고 죽지 않게 할지니라"**. 이 아론의 지팡이는 증거궤 앞에 도로 가져다 거기 간직해 두어서 패역한 자에 대한 표징이 되게 하라고 하셨다. 그러한 표징은 오늘날 교회 안에도 적용되어야 된다. 오늘날 하나님의 백성 가운데 하나님께서 세우신 자에 대한 원망의 말이 있을 때 그에 대한 하나의 표징이 있는데, 그것이

민수기

바로 아론의 싹난 지팡이이다. 그 지팡이의 열매를 보고 하나님의 권위를 보아야 하며 거역과 원망의 말을 그쳐야 한다.

11-12절, **"모세가 곧 그같이 하되 여호와께서 자기에게 명하신 대로 하였더라 이스라엘 자손이 모세에게 말하여 가로되 보소서 우리는 죽게 되었나이다 망하게 되었나이다 다 망하게 되었나이다"**. 16장에서 고라는 이스라엘 회중이 각각 다 거룩하다고 외쳤다. 그러나 하나님의 심판을 거친 뒤에 이들의 말은 극단적으로 변했다. **"가까이 나아가는 자 곧 여호와의 성막에 가까이 나아가는 자마다 죽사오니 우리가 다 망하여야 하리이까"**[13절].

18장

제사장과 레위인의 직무

18장에는 제사장들과 레위인들일지라도 죽지 않을 수 있는 길을 말씀해 주고 계신다. 레위인은 레위인으로서 그들에게 맡겨진 일이 있다. '네 직무' 곧 아론의 직무와 장막의 모든 직무이다. 레위인들은 아론의 직무를 돌보아야 하며 장막의 모든 직무를 수행해야 했다. 다만 그들은 더 깊은 성소의 기구는 접촉해서는 안 되었다[3절]. 이와 같이 하나님의 일에는 하나님이 배정하신 일의 구분이 있으며, 거역이란 하나님이 정해주신 위치를 떠나는 것이다. 거역의 결과, 즉 자신의 위치를 떠난 결과는 사망이다. 죽지 않는 길은 하나님이 주신 위치에 서서 섬기는 것이다.

레위인은 더 이상 제사장의 일을 탐내지 말고 아론을 도와 일을 해야 했다[4절]. 자신의 위치에서 섬기는 것이 얼마나 중요한지 모른다. 여기에 거듭 '합동하여'라는 말이 있다. 영어로는 'join'이다. 하나님의 백성은 반드시 연합해서 섬길 줄 알아야 한다. 레위라는 말 자체가 연합을 뜻한다. 이는 신약에서 그리스도의 몸의 생활을 말하는 것이다. 하나님의 백성들은 하나님을 섬길 때 연합해서 섬기는 것이지 단독적으로 섬기는 것이 아니다. 어떤 그리스도인이 좋은 그리스도인일지라도 아직 권위와 순복을 모르고 다만 스스로의 열심으로 하나님을 위해 일하는 것만을 안다면 거기 큰 부족함이 있게 된다.

민수기 18장 1절부터 7절까지는 제사장의 직분과 레위인의 직분이 구분된 것을 말해 준다. 이제 8절부터는 제사장과 레위인의 보상에 대해서 말씀하고 있다. 하나님은 그분을 섬기는 자들에게 반드시 보상하심을 알 수 있다. 우리가 하나님이 주신 은사와 그 위치에 머무르는 것이 얼마나 중요한지!

제사장의 몫

8절, **"여호와께서 또 아론에게 이르시되 보라 내가 내 거제물 곧 이스라엘 자손의 거룩하게 한 모든 예물을 너로 주관하게 하고 네가 기름 부음을 받았음을 인하여 그것을 너와 네 아들들에게 영영한 응식으로 주노라"**. 주님이 제사장 아론에게 하신 말씀이다. 주님의 거제물, 곧 이스라엘 자손의 거룩하게 한 모든 예물을 아론으로 주관하게 하시고 그것을 그와 그 아들들에게 영영한 응식으로 주시는 것은 그가 기름부음을 받았기 때문이다. 기름부음을 받지 않으면 섬길 수 없다.

여기서 주님은 아론에게 지성물 중에 불사르지 않은 것은 다 네 것이라고 하셨다[9-10절]. 불사른 것은 다 주님께 드려지는 것으로서 주님께 돌아가고, 불사르지 않은 부분들은 다 아론에게 돌아가게 되어 있다. 많은 성경 교사들은 이것을 제사장들에 대한 물질적인 보상으로 해석한다.

제사장들에게는 가장 좋은 것을 주신다. 이스라엘 백성들이 여호와께 드리는 첫 소산을 제사장들에게 주시는 것이다. 여기서 '제일 좋은'이라는 말은 영어로 'the best'이다. 히브리어로는 '헬레보'인데, 가장 기름진 것을 가리킨다. 가장 좋은 부분이다. 이러한 제일 좋은 기름과 제일 좋은 포도주와 곡식을 제사장에게 주셨다. 이것이 제사장의 분깃이다.

13절, **"그들이 여호와께 드리는 그 땅 처음 익은 모든 열매는 네 것이니 네 집에 정결한 자마다 먹을 것이라"**. 그 땅 처음 익은 모든 열매가 다 아론의 것이다. 그것을 아론의 집의 정결한 자마다 먹으라고 하셨다. 여러분이 자신의 분량에 따라 제사장 직분을 수행한다면 반드시 가장 좋은 어떤 것이 보상으로 주어질 것이다.

15절, **"여호와께 드리는 모든 생물의 처음 나는 것은 사람이나 짐승이나 다 네**

것이로되 사람의 처음 난 것은 반드시 대속할 것이요 부정한 짐승의 처음 난 것도 대속할 것이며".

20절, **"여호와께서 또 아론에게 이르시되 너는 이스라엘 자손의 땅의 기업도 없겠고 그들 중에 아무 분깃도 없을 것이나 나는 이스라엘 중에 네 분깃이요 네 기업이니라"**. 제사장의 분깃은 이 땅에 속한 어떤 것이 아니라 하나님 자신이라는 말씀이다. 또 하나님께서 그들의 모든 필요를 돌보신다는 말씀이기도 하다.

제물을 먹기 위해서는 거역이 처리되어야 함

나는 모세의 이 부분의 기술이 참으로 의미가 깊다고 본다. 근원적으로 거역이 처리되지 않으면 진정한 제물을 먹지 못한다. 하나님께서는 고라의 배역의 문제가 17장에서 온전히 처리된 후에야 이스라엘 백성들에게 제물을 먹을 것을 요청하고 계신다(18:8-14). 여러분의 거역이 진정으로 처리될 때 비로소 진정한 예물을 먹는 사람으로 준비된 것이라고 보면 된다. 나는 성도들이 거역의 문제가 합당하게 처리되지 않고 분쟁과 편당이 있는 채로 만찬을 대하는 죄가 얼마나 큰 것인가를 보기 바란다.

16절, **"그 사람을 속할 때에는 난 지 일 개월 이후에 네가 정한 대로 성소의 세겔을 따라 은 다섯 세겔로 속하라 한 세겔은 이십 게라니라"**. 모든 사람은 다 대속의 필요가 있다. 앞에서 처음 난 것을 하나님께 돌려드리는 것은 대표의 의미이다. 처음 난 것이란 오늘날로 말하면 구원받은 사람이다. 왜냐하면 구원받은 모든 사람은 다 주님의 것이기 때문이다. 이 구절에서 하나님의 백성은 다 성소의 세겔대로 은 다섯 세겔로 속하라고 하셨다. 따라서 그들이 구속받은 목적은 성소를 위해서이다. 성소의 세겔은 성소를 보전하고 수리하는 데 필요한 비용이다. 그러므로 우리가 구속받은 것은 성소, 오늘날로 말하면 교회를 위한 것이다. 따라서 이 단계에 와서야 성도들은 비로소 주님의 몸에 유용하게 된다.

레위인의 몫

21절에서는 하나님께서 이스라엘의 십일조를 레위 자손에게 기업으로 다 주어서 그들의 하는 일 곧 회막에서 하는 일을 갚겠다고 하신다. 이렇게 하나님께서는 레위 자손들이 하는 봉사에 대해서 보상을 하신다. 사실 하나님은 어떤 종류의 봉사든지 하나님을 위한 것이라면 다 보상하신다. 이렇게 해서 제사장 직분과 레위 직분이 세워졌고, 이들은 그렇게 섬기면 되었다. 그리고 이후에는 이스라엘 자손이 회막에 가까이 오면 안 된다고 하시면서 그러다 죄를 당하여 죽을 수도 있다고 하신다[22절]. 하나님의 일에서는 하나님께서 정해주신 직분과 위치를 넘어서면 안 된다. 사도 바울은 고린도 전서 12장에서 이렇게 말했다. **"다 사도겠느냐 다 선지자겠느냐 다 교사겠느냐"**[29절].

레위인의 십일조

레위인들은 그중에서 아름다운 것, 가장 좋은 것을 취하여 여호와께 드리고 나머지는 그들이 누리면 되었다[30절]. 그것은 그들에게 타작마당의 소출과 포도즙 틀의 소출같이 되리라고 하셨다. 말하자면 나머지 십분의 구는 그들의 누림을 위한 것이다. 다시 한 번 정리해 보면, 이스라엘 백성들은 가장 좋은 것으로 십분의 일을 레위인에게 드리고, 레위인들은 그중에서 또 가장 귀한 십분의 일을 취해서 여호와께 드린다. 그것이 제사장 아론의 몫이다. 그러므로 우리는 여기서 하나의 순환을 볼 수 있는데, 모든 것이 다 하나님께로부터 나와서 하나님께로 돌아간다는 것이다.

드려야 할 것을 드리지 않는 것은 죄를 짓는 것이다. 회막의 생활은 실제로 가장 좋은 것을 주님께 드리는 것이다. 드리되 가장 좋은 것을 드리는 것이다. 이것이 회막 생활이다. 가장 좋은 것을 주님께 드림이 없는 생활은 회막 생활이 아니다. 드리되 가장 좋은 것, 아름다운 것, 최상품을 하나님께 드려야 한다. 그래야 죽지 않는다고 하신다[32절].

고라는 거역했고 다른 사람의 직분을 탐냈다. 그래서 결국 망했다. 이제 하나님께서는 레위 자손에게 이렇게 말씀하신다. '너희는 그렇게 하지 말아라. 다만 너희 위치에서 섬기면서 가장 좋은 것을 주님께 드려라.' 자신을 드리는 생활이 죄와 사망을 면하는 길이다.

19장

부정을 깨끗게 하는 규례-붉은 암송아지의 재

14장의 가데스 바네아에서의 거역과 16장에서의 고라와 다단과 아비람의 거역 등 이스라엘 백성들 가운데 커다란 죄악이 있은 뒤에 하나님께서는 많은 말씀을 하셨다. 그런데 이 19장은 그 모든 말씀의 결론과 같은 말씀으로서 민수기에서 가장 중요한 장이라고 할 수 있다. 14장의 거역과 16장의 거역에 참여하지 않았다 하더라도 그 사망의 상황에 있었던 모든 이스라엘은 부정을 깨끗케 하는 씻음이 필요했다.

2절, **"여호와의 명하는 법의 율례를 이제 이르노니 이스라엘 자손에게 일러서 온전하여 흠이 없고 아직 멍에 메지 아니한 붉은 암송아지를 네게로 끌어오게 하고"**. 주님께서 이제 가장 중요한 율례를 주려고 하신다. "온전하여 흠이 없고 아직 멍에 메지 아니한 붉은 암송아지를 네게로 끌어오게 하고". 이 장은 붉은 암송아지의 제물에 대해 말씀하고 있다. 이 붉은 암송아지는 제물 중에서 매우 특이하다. 첫째는 색깔이 붉다. 둘째는 레위기에서 제물로 드려지는 송아지는 대개 수송아지인데 이것은 암송아지이다. 성경에서 수컷(남성)은 강함을 상징하고 진리의 측면을 상징하며, 암컷(여성)은 약함을 상징하고 체험의 측면을 상징한다. 객관적인 진리는 수컷으로 대표되고 주관적인 체험은 암컷으로 대표된다.

그리고 '아직 멍에 메지 않은' 것이어야 하는데, 여기의 멍에는 바로 죄의 멍에를 말한다. 주 예수님은 이 땅에 오셨을 때 구유에 나셔서 십자가에 올라가실 때까지 한 번도 죄의 멍에를 메신 적이 없다. 그분은 오로지 하나님의 뜻과 그분의 명령만을 따랐으며 결코 죄의 멍에를 메신 적이 없는 분이다. 영어로는 'In which is no defect', 즉 그 안에 흠이 없었으며, 'on which a yoke has never been placed', 그분은 아무런 멍에도 메신 적이 없었다. 말하자면 그리스도는 내적으로는 전혀 흠이 없고 외적으로는 전혀 죄의 멍에를 메어 보지 않으신 분이라는 말이다.

주님은 이스라엘 자손들로 이 붉은 암송아지를 네게로 끌어오게 하라고 하셨다. 우리는 레위기 1장부터 7장까지에서 많은 제사법을 배웠다. 거기에는 번제, 속죄제, 속건제 등 많은 제사가 언급되는데, 한 번도 붉은 암송아지를 말한 적이 없다. 만일 이 제물이 레위기에 나오는 제물 중 하나라면 하나님은 반드시 이 붉은 암송아지의 제물도 레위기 1장부터 7장까지의 제물에 포함시키셨을 텐데 이 붉은 암송아지의 제물은 민수기 19장에 와서야 드리게 하신 것이다. 그러면 왜 레위기에는 붉은 암송아지의 제물이 없고 민수기 19장에 와서야 비로소 언급되는지, 여기에 어떠한 차이가 있는지를 잠시 살펴볼 필요가 있다.

레위기에 나오는 기본적인 제물들은 회막문 앞에서 또는 제단 앞에서 잡아 제단에 드려진다. 그런데 여기서 붉은 암송아지는 먼저 모세와 아론에게 끌어오게 하고 그들은 그것을 제사장 엘르아살에게 줄 것이며, 그는 그것을 '진 밖으로 끌어내어서' 자기 목전에서 잡게 하라고 했다[3절]. 이로써 우리는 붉은 암송아지의 제물을 드리는 일이 매우 특별한 것임을 볼 수 있다. 그것은 이 제물이 진 밖으로 끌어내졌기 때문이다.

4절, "제사장 엘르아살은 손가락에 그 피를 찍고 그 피를 회막 앞을 향하여 일곱 번 뿌리고". 구약의 예표와 신약의 복음의 말씀에서 예수 그리스도의 십자가의 공로는 우리 죄를 단번에 영원히 완전하게 사했다는 것을 증명해 주고 있다. 모든 성도들이 반드시 알아야 할 것은 예수 그리스도께서 십자가에서 죽으실 때 우리의 모든 죄를 단번에 완전히 다 해결하셨다는 것이다. 우리의 죄는 더 이상 남아 있지 않다. 우리는 힘차게 우리의 구속주 되신 예수의 공로를 찬양해야 한다. 이것이 '피를 찍어서 회막 앞을 향하여 일곱 번 뿌려야' 하는 이유이다. 이로써 우리는 우리 양심에 평강을 얻을 수 있고 더 이상 정죄를 받지 않는다. 다시 말하지만 죄 사함의 유일한 근거는 그리스도의 십자가이다.

5절은 이 암소 곧 붉은 암송아지를 불사르되 그 가죽과 고기와 피와 똥을 불사르게 하라고 말한다. 우리 주 예수님이 십자가에 못 박혀 죽으신 것은 일종의 불살라짐이다. 그것은 그분이 극도로 고통받으셨음을 의미한다. 시편 22편에서 기자는 그리스도의 고난받으심을 묘사하면서 "내 힘이 말라 질그릇 조각 같고 내 혀가 잇틀에 붙었나이다(15절)"라고 했다.

6절, "동시에 제사장은 백향목과 우슬초와 홍색실을 취하여 암송아지를 사르는

민수기

불 가운데 던질 것이며". 백향목은 가장 큰 나무이고 우슬초는 가장 작은 식물이다. 모든 사람들과 모든 것들을 포함한다는 의미이다. 이 모든 것들을 취해서 암송아지를 사르는 불 가운데 던지라고 했다.

그런 다음 제사장은 옷을 빨고 몸을 씻은 후에야 진에 들어갈 수 있으며 송아지를 불사른 자도 옷을 빨고 몸을 씻어야 했다. 그리고 이들은 저녁까지 부정하다고 했다[7-9절]. 왜 이들이 부정하게 되는가? 그것은 주님을 십자가에 못 박히게 한 사람들은 물론이고 (주님이 십자가에서 죽으심으로 우리에게 구원을 베푸셨고 그 효능은 우리에게 죄 사함과 생명을 가져다주었지만) 모든 인류의 죄가 그분을 십자가에 못 박히게 한 것이므로 누구나 다 죄가 있음을 예표하고 있는 것이다.

시체를 만진 자

11절부터는 어떤 사람들이 부정한지를 예시하고 있다. 첫째는 사망의 상황에서 뚜껑을 열어 놓고 덮지 않은 사람이 부정하고, 둘째는 들에서 칼에 죽은 사람이 부정하다. 이 장의 말씀을 자세히 읽을 때 하나님은 그분의 백성들이 얼마나 거룩하고 정결하기를 원하시는지 알 수 있다. 11절은 사람의 시체를 만진 자가 부정하다고 말하였고, 13절은 시체를 만지고 정결케 하지 아니하면 여호와의 성막을 더럽게 한다고 하였다. 16절에는 시체뿐 아니라 사람의 뼈나 무덤을 만져도 부정하게 된다고 하였다. 이런 말씀들은 성도라 하더라도 쉽게 부정케 될 수 있음을 말해주는 구절이다. 이스라엘 백성들은 많은 거역과 죄악의 상황에 노출되었다. 거역은 사망이다. 요한일서는 형제를 미워하는 자는 사망에 처한 자라고 말한다. 거역은 미움의 극치이다.

만일 어떤 사람이 죄가 없다고 한다면 그는 스스로를 속이는 자이며 진리가 그의 속에 있지 않다(요일 1:8). 영적으로 성숙한 사람이 있을 수 있지만 그가 상대적으로 온전한 것이지 절대적으로 온전한 것은 아니다. 사도 바울도 자신이 죄인 중의 괴수라고 말했다. 우리가 하나님의 교회 안에서 잘 생활하기 위해서는 죄와 관계된 부정한 것들을 접할 때마다 계속해서 잘 씻는 것이 필요하다.

14절에는 심지어 죽은 사람이 있는 장막에만 들어가도 부정하게 된다는 말씀이 있다. 우리는 단순히 불신자들과 접하는 자체만으로도 부정하게 될 수 있다는 것을 인식해야 한다. 밭에 튀어나온 사람의 뼈를 무의식적으로 만져도 부정하게 되니 우리 그리스도인이 얼마나 쉽게 부정하게 될 수 있는가를 상상할 수 있다. 무덤을 만진 자도 부정하고 발이나 손으로 죽은 사람의 뼈를 접촉할 때에도 부정하게 된다. 그러므로 이 땅에는 부정케 될 수 있는 요소가 얼마나 많겠는가!

17-18절, **"그 부정한 자를 위하여 죄를 깨끗하게 하려고 불사른 재를 취하여 흐르는 물과 함께 그릇에 담고 정한 자가 우슬초를 취하여 그 물을 찍어서 장막과 그 모든 기구와 거기 있는 사람들에게 뿌리고 또 뼈나 죽임을 당한 자나 시체나 무덤을 만진 자에게 뿌리되"**. 이 말씀을 볼 때 우리는 너무나 쉽게 부정해질 수 있다. 죽은 사람이 있는 곳에 가도 부정해지고 시체를 만져도 부정해지고 무덤을 만져도 부정해진다. 게다가 이 말씀에 의하면 정결케 하는 물을 뿌린 자도 그 옷을 빨아야 하고 정결케 하는 물을 만지는 자도 저녁까지 부정하다. 그러나 칠 일간 부정한 것보다는 좀 덜하다. 다른 사람을 정결케 하는 일을 하는 사람도 어쨌든 조금은 부정해진다. 정한 자는 과연 누구일까? 유일하게 정한 분은 그리스도이시다. 우리 모두는 교회생활 안에서 성도들에 의해 언제나 씻어질 필요가 있다(요 13장 참조).

이렇게 볼 때 민수기에서 19장의 위치는 너무도 중요하다. 하나님은 참으로 거룩한 백성을 원하신다. 하나님께서는 그분의 백성들 가운데 한 사람이라도 부정한 것을 접촉하고 그대로 있기를 원치 않으신다. 그들이 비록 직접적으로 큰 범죄와 사망을 접하지 않았더라도 가까이 있었다는 것 자체로 부정하게 되며, 언제나 씻어져야 할 필요가 있는 것이다. 그리스도의 제물 되심과 죽으심은 이러한 부정을 씻는 물도 준비하신 것이다. 이것이 민수기 19장의 의미이다. 이는 요한복음 13장과 매우 관련이 있다. 또한 요한 일서 1장의 자백과 씻음과도 관계가 있다. 우리는 언제나 크고 작은 부정을 성도들과의 교제와 기도와 자백을 통하여 씻어야 한다. 하나님께서는 우리가 언제나 그분과 막힘없는 교제를 가질 수 있도록 아들의 죽으심으로 인하여 붉은 암송아지의 잿물을 예비하셨다. 우리는 끊임없이 이것을 적용함으로 정결함을 유지하여 주님과 늘 막힘없는 교제를 가질 수 있기 바란다.

20장

사십 년이 지나서 다시 가데스에 도착하다 - 백성이 목마름으로 원망함

1절, **"정월에 이스라엘 자손 곧 온 회중이 신 광야에 이르러서 백성이 가데스에 거하더니 미리암이 거기서 죽으매 거기 장사하니라"**. 여기의 정월은 출애굽한 지 40년 정월이다. 이 지점에서 이스라엘 백성들의 사십 년 방랑 생활은 거의 마쳐지게 된다. 결국 민수기를 통해서 이스라엘 백성의 40년 광야생활에서 몇 가지 사례만 기록되었는데 그것은 바로 거역이다. 거역으로 시작해서 거역으로 끝났다. 이스라엘 백성들이 가데스에서 정탐꾼을 보낸 후, 하나님을 거역하여 광야로 들어가 방황하다가 또 거역하고 거역하고, 다시 가데스까지 돌아오는 데 40년이 걸린 셈이다. 어떤 사람이 40년을 걷고 또 걸어 행군했는데 결국 40년 전 떠났던 바로 그 자리에 다시 돌아온 것에 비할 수 있다. 가데스라는 지점에서 얼마 안 가면 호르산이 나오는데 거기서 아론이 죽게 된다. 20장 1절에서 미리암이 죽은 때는 제 40년 정월이고, 제사장 아론이 죽은 때는 제 40년 5월 1일이다(민 33:38). 이때 아론의 나이는 123세이고 모세는 120세이다.

여기 나오는 가데스라는 지명은 민수기 13장에서 이미 언급된 지명이다[26절]. 13장에서는 바란 광야 가데스라고 했고 20장에서는 신 광야의 가데스라고 했는데, 사실 신 광야와 바란 광야는 인접해 있다. 그래서 아마도 '바란 광야 가데스' 또는 '신 광야에 이르러 가데스에' 거했다고 말했을 것이다. 이스라엘 백성들은 출애굽한 지 2년 정도 후에 하세롯에서 진행하여 바란 광야에 진을 쳤다(12:16). 그런데 바란 광야에서 무슨 일이 있었는가? 거기서 열두 정탐꾼을 보냈다. 이 열두 정탐꾼이 가나안 땅을 탐지하고 돌아와서 모세와 아론에게 그 상황을 보고한 곳이 바로 바란 광야 가데스이다. 그때 가데스에서 이스라엘 백성들은 크게 실패를 했다. 열두 정탐꾼 중에서 열 명이 소극적인 보고를 했는데 온 백성이 소극적인 보고를 믿고 울면서 그 땅에 들어가지 않고 돌아가야겠다고 함으로 하나님의 약속을 불신하고 거역했던 것이다. 그 결과 하나님께서는 40년 동안 이스라엘 백성들을 광야에서 방황하게 하셨다. 그들의 불신과 거역이 광야에서 40년 동안 방황하게 만든 것이다.

그런데 지금 20장에서 이스라엘 백성들은 다시 가데스에 있다. 우리는 이것을 매우 슬프고 가슴 아픈 심정으로 읽을 수밖에 없다. 왜냐하면 40년이 지나서 바로 그 자리에 다시 와 있기 때문이다.

"미리암이 거기서 죽으매". 하나님께서는 거역한 이스라엘 백성이 40년 동안 광야에서 방황하다가 다 쓰러져 죽을 것이라고 하셨다. 그 세월 동안 많은 일이 발생했고 하나님의 심판이 있었으며 많은 사람들이 광야에서 쓰러져 죽었다. 그리고 제 40년 정월에 이 지점에서 미리암이 죽었다. 미리암이 누구인가? 우리는 출애굽기에서 이스라엘 백성들이 홍해를 건넌 후에 아론의 누이 선지자 미리암이 손에 소고를 잡고 춤을 추며 찬양한 것을 본다. 거기서 그녀는 참으로 놀라운 찬양을 발했다. "너희는 여호와를 찬송하라 그는 높고 영화로우심이요 말과 그 탄 자를 바다에 던지셨음이로다"(출 15:21). 이렇게 이스라엘 백성 가운데 귀한 선지자였던 미리암은 40년이 되었을 때에 가데스에서 죽고 거기에 장사된다.

미리암은 홍해를 건널 당시에는 아주 좋았지만 또 어떤 지점에 이르러서는 인도자인 모세를 비방하고 거역하는 일에 앞장섰다가 문둥병에 걸려 백성들의 진행을 일 주일 동안 지연시키기도 했다. 우리가 미리암을 통해서 한 가지 배울 수 있는 것은 출발이 좋더라도 중도에서 변하여 하나님께 죄를 지을 수도 있다는 것이다. 그럼에도 불구하고 미가서 6장 4절을 보면, "내가 너를 애굽 땅에서 인도하여 내어 종 노릇 하는 집에서 속량하였고 모세와 아론과 미리암을 보내어 네 앞에 행하게 하였었느니라"고 말씀하신다. 하나님께서 미리암을 백성을 인도하는 사람으로 인정하신 것이다. 하나님은 공의로우셔서 사람의 공은 공대로, 실패는 실패대로 인정하시는 것을 볼 수 있다.

2절, "회중이 물이 없으므로 모여서 모세와 아론을 공박하니라". 40년이 지나서 다시금 가데스에 이르렀을 때에도 이들의 원망하고 거역하는 정신은 사라지지 않았다. 그들은 모여서 모세와 아론을 공박하였다.

이들은 물이 없자 다시 마음이 상했다. 그리고 백성의 인도자인 모세와 다투면서 자기의 형제들이 죽을 때 그들도 죽었으면 좋을 뻔했다고 불평하고 있다[3절]. 이것은 모세를 극도로 실망시킨 말이었을 것이다. 그들은 고라의 배역 사건 후 염병으로 백성들이 죽는 것을 보았고 모세와 아론의 속죄와 중보로 구원을 받은 것도 보았다. 그러나 지금 그들은 다 잊어버리고 다시 그 일을 떠올리며 반역적인 말을 하고 있다.

4-5절, **"너희가 어찌하여 여호와의 총회를…애굽에서 나오게 하여 이 악한 곳으로 인도하였느냐 이곳에는 파종할 곳이 없고 무화과도 없고 포도도 없고 석류도 없고 마실 물도 없도다"**[4-5절]. 모세와 아론은 총회 앞을 떠나 회막문에 엎드렸다[6-7절].

"여호와께서는 모세에게 지팡이를 가지고 형 아론과 함께 회중을 모으고 그들의 목전에서 너희는 반석에게 명하여 물을 내라 하라 네가 그 반석으로 물을 내게 하여 회중과 그들의 짐승에게 마시울지니라"고 하셨다[7-8절].

9-11절, **"모세가 그 명대로 여호와의 앞에서 지팡이를 취하니라 모세와 아론이 총회를 그 반석 앞에 모으고 모세가 그들에게 이르되 패역한 너희여 들으라 우리가 너희를 위하여 이 반석에서 물을 내랴 하고 그 손을 들어 그 지팡이로 반석을 두 번 치매 물이 많이 솟아 나오므로 회중과 그들의 짐승이 마시니라"**. 여기서 모세는 가장 큰 실수를 하고 말았다. 모세와 아론은 총회를 그 반석 앞에 모으고 모세가 그들에게 말했다. "패역한 너희여 들으라"(listen now, you rebels). 이때 하나님은 이스라엘 백성에 대해 그렇게 화를 내거나 진노하지 않으셨다. 다만 반석을 명해서 물을 내게 하여 그 물을 백성에게 마시우라고 하셨다. 그런데 이 지점에 이르러서 모세는 참지 못하고 이스라엘 백성들에게 "패역한 너희여 들으라" 하면서 지팡이를 들어 노한 모습으로 반석을 두 번 쳤다.

"우리가 너희를 위하여 이 반석에서 물을 내랴"고 했는데, 여기서 '우리'란 누구인가? 모세와 아론, 그리고 아마 하나님까지 포함시켰을 것이다. 모세가 반석을 두 번 친 것은 그가 극도로 화가 났다는 것을 표명한 것이다. 어떤 사람들은 한 번만 쳐야 하는데 두 번을 친 것이 잘못되었다고 하지만, 정확하게 말해서 한 번도 칠 필요가 없었다. 왜냐하면 하나님은 모세에게 "너희는 반석에게 명하여 물을 내라 하라"고 하셨지 반석을 치라고 하지 않으셨기 때문이다. 여기서 우리는 모세가 하나님을 잘못 대표한 것을 보게 된다.

반석을 치는 것은 이미 전에 한 번 했다. 그것은 출애굽 직후 르비딤에서 있었던 일이다. 그 일이 출애굽기 17장에 기록되어 있다. “여호와께서 모세에게 이르시되 백성 앞을 지나가서 이스라엘 장로들을 데리고 하수를 치던 네 지팡이를 손에 잡고 가라”(출 17:5). 하수를 쳐서 그 물이 피가 되게 한 지팡이, 그것은 그야말로 율법의 지팡이요 공의의 지팡이이다. 그 지팡이가 결국은 주 예수님을 쳐서 그의 피로 만민이 구속을 얻게 되었다. 그러므로 그 지팡이는 매우 의미 깊은 것이다.

“내가 거기서 호렙산 반석 위에 너를 대하여 서리니 너는 반석을 치라 그것에서 물이 나리니 백성이 마시리라 모세가 이스라엘 장로들의 목전에서 그대로 행하니라 그가 그곳 이름을 맛사라 또는 므리바라 불렀으니 이는 이스라엘 자손이 다투었음이요”(출 17:6-7). 이때에 르비딤의 므리바에서 반석은 이미 한 번 갈라졌다. 그러므로 이제 모세는 반석을 다시 칠 필요 없이 다만 명하면 물이 나오게 되어 있다. 즉 예수 그리스도께서 십자가에서 한 번 침을 당하심으로 모든 것이 해결되었다. 그러므로 두 번 치는 것은 하나님의 구속의 경륜과 행정에서 옳지 않은 것이다. 그런데 이 지점에서 모세는 너무 화가 나자 하나님의 엄중한 일에 누를 끼쳤다. 어쨌든 모세가 심각한 실수를 했을지라도 하나님께서는 백성들에게 물을 공급하시기 위해 물을 많이 솟아나게 하여 회중과 그 짐승을 마시게 하셨다.

12절, **“여호와께서 모세와 아론에게 이르시되 너희가 나를 믿지 아니하고 이스라엘 자손의 목전에 나의 거룩함을 나타내지 아니한 고로 너희는 이 총회를 내가 그들에게 준 땅으로 인도하여 들이지 못하리라 하시니라”**. 이 일로 결국 모세는 이스라엘 총회를 가나안 땅에 인도하여 들이지 못하게 된다.

13절, **“이스라엘 자손이 여호와와 다투었으므로 이를 므리바 물이라 하니라 여호와께서 그들 중에서 그 거룩함을 나타내셨더라”**.

이제 가데스에서 모세는 이스라엘 백성을 이끌고 가나안 땅으로 들어가기 위해 있다. 그런데 에돔 땅을 통과해야 여리고로, 예루살렘으로, 아이 성으로 들어가기가 쉽다. 그 길이 직선이다. 이 에돔은 누구인가? 에서의 다른 이름이다. 모세는 가데스에서 에돔 왕에게 사자를 보내며 “당신의 형제 이스라엘의 말에 우리의 당한 모든 고난을 당신도 아시거니와 우리 열조가 애굽으로 내려갔으므로…애굽인이 우리 열조와 우리를 학대하였으므로 우리가 여호와께 부르짖었더니 우리 소리를 들으시고 천사를 보내사 우리를 애굽에서 인도하여 내셨나이다" 하면서 사정을 말하라고 했다. 말하자면, 너희 동생이 이렇게 고생을 했고 이제 하나님께서 우리를 이렇게 애굽에서 인도해 내셨는데 우리가 당신의 변방 모퉁이 한 성읍 가데스라는 곳에 있으니 우리로 당신의 땅을 통과하게 해주면 통과하는 동안 우물물도 거저 마시지 않고 다른 농작물도 해치지 않을 것이며 오직 왕의 대로(King's highway – 지금으로 말하면 고속도로)로만 행하겠노라는 것이다[14-17절].

그러나 에돔 왕은 단칼에 거절하면서 "내가 나가서 칼로 너를 맞을까 염려하라"고 했다[18절]. 이스라엘은 다시 한 번 간청하면서 대로로 통과할 것이고 짐승이 물을 마시면 값을 낼 것이고 도보로 통과할 것이니 아무 일도 없을 것이라 했다[19절]. 그러나 에돔 왕은 많은 백성을 거느리고 나와서 강한 손으로 막았다[20절].

21절, **"에돔 왕이 이같이 이스라엘의 그 경내로 통과함을 용납지 아니하므로 이스라엘이 그들에게서 돌이키니라"**. 결국 그들은 왕의 대로를 통과하는 직선 길로 가지 못하고 돌이켰다. 여기서 신명기 한 구절을 보겠다. 신명기 23장 7절, "너는 에돔 사람을 미워하지 말라 그는 너의 형제니라". 이런 상황에도 불구하고 하나님은 이스라엘 백성에게 에돔 사람을 미워하지 말라고 하셨다.

이제 이스라엘 백성은 가데스를 떠나 호르산에 이르렀는데[22절], 호르산은 에돔 땅 변경에 있었다. 거기서 여호와께서 모세와 아론에게 말씀하시기를, 아론은 그 열조에게 돌아가고 이스라엘 자손에게 주신 그 땅에는 들어가지 못할 것이라고 하신다. 그것은 므리바 물에서 모세와 더불어 하나님의 말씀을 거역했기 때문이라는 것이다[23-24절].

25-28절, **"너(모세)는 아론과 그 아들 엘르아살을 데리고 호르산에 올라 아론의 옷을 벗겨 그 아들 엘르아살에게 입히라 아론은 거기서 죽어 그 열조에게로 돌아가리라 모세가 여호와의 명을 좇아 그들과 함께 회중의 목전에서 호르산에 오르**

니라 모세가 아론의 옷을 벗겨 그 아들 엘르아살에게 입히매 아론이 그 산꼭대기에 서 죽으니라 모세와 엘르아살이 산에서 내려오니". 호르산에 올라간 것은 결국 아론이 운명하기 위한 것이다. 제사장은 옷을 벗는 날, 섬김을 다하는 날이 그가 이 땅에서 숨을 거두는 날이다.

29절, **"온 회중 곧 이스라엘 온 족속이 아론의 죽은 것을 보고 위하여 삼십 일을 애곡하였더라"**. 이스라엘 백성들은 때때로 모세와 아론을 거역하고 또 다투었지만 막상 아론이 죽자 그들은 아론이 그들을 인도하며 행한 모든 것을 기억하면서 슬퍼하고 애곡하였다. 사람은 이렇게 살았을 때보다 죽었을 때 그의 진가가 드러나는 법이다.

21장

장대에 달린 놋뱀

1절, **"남방에 거하는 가나안 사람 곧 아랏의 왕이 이스라엘이 아다림 길로 온다 함을 듣고 이스라엘을 쳐서 그중 몇 사람을 사로잡은지라"**. 이스라엘 백성들은 에돔 땅을 가로질러 왕의 대로로 진행할 수 없게 되었을 때 아다림 길로 갈 수밖에 없었다. 그때 남방에 거하는 가나안 사람 곧 아랏의 왕이 이스라엘 사람들이 아다림 길로 온다 하는 것을 듣고 기습 공격을 감행하여 몇 사람을 사로잡았다. 우리가 이 장면에서 한두 가지 볼 수 있는 것은, 하나님의 백성들이 전진하는 길에는 장애가 많다는 것이다. 즉 그리스도인들의 노정에는 예상치 않은 어려움들이 발생한다는 말이다. 그렇게 어려운 상태에 있는 이스라엘을 가까운 친척인 에돔이 도와주었는가? 아니다. 그는 도와줄 만한 관계인데도 도와주지 않았다. 그래서 길을 바꾸어 다른 길로 가려니까 이제 대적이 기습 공격을 해온 것이다. 상당히 어려운 상황이다. 게다가 이스라엘 백성 중 몇 사람이 사로잡혔다. 그때 이스라엘이 여호와께 서원을 하면서 기도했다.

2-3절, **"이스라엘이 여호와께 서원하여 가로되 주께서 만일 이 백성을 내 손에 붙이시면 내가 그들의 성읍을 다 멸하리이다 여호와께서 이스라엘의 소리를 들으시고 가나안 사람을 붙이시매 그들과 그 성읍을 다 멸하니라 그러므로 그곳 이름을 호르마라 하였더라"**. '호르마'란 완전히 멸했다는 뜻이다.

4절, **"백성이 호르 산에서 진행하여 홍해 길로 좇아 에돔 땅을 둘러 행하려 하였다가 길로 인하여 백성의 마음이 상하니라"**. 이스라엘 백성들은 직선 통로로 가지 못하고 홍해 길을 따라서 에돔 땅을 둘러 행해야 했다. 그래서 길이 멀어지니까 그들은 속이 상했다.

5절, **"백성이 하나님과 모세를 향하여 원망하되 어찌하여 우리를 애굽에서 인도하여 올려서 이 광야에서 죽게 하는고 이곳에는 식물도 없고 물도 없도다 우리 마음이 이 박한 식물을 싫어하노라 하매"**. 6절, **"여호와께서 불뱀들을 백성 중에 보내어 백성을 물게 하시므로 이스라엘 백성 중에 죽은 자가 많은지라"**. 많은 사람들이 원망하다가 이 불뱀에 물려 죽은 것이다.

7절, **"백성이 모세에게 이르러 가로되 우리가 여호와와 당신을 향하여 원망하므로 범죄하였사오니 여호와께 기도하여 이 뱀들을 우리에게서 떠나게 하소서 모세가 백성을 위하여 기도하매"**. 그들은 원망하다가 불뱀에 물려서 독소가 몸에 퍼져 죽어가고 있었다. 그것은 죄의 독소이다.

8-9절, **"여호와께서 모세에게 이르시되 불뱀을 만들어 장대 위에 달라 물린 자마다 그것을 보면 살리라 모세가 놋뱀을 만들어 장대 위에 다니 뱀에게 물린 자마다 놋뱀을 쳐다본즉 살더라"**.

이 '장대(standard)'는 기호, 표준이라는 뜻이다. 이사야 11장 10절에는 예수 그리스도에 대한 예언이 있는데, 거기에 '기호'라는 말이 있다. "그날에 이새의 뿌리에서 한 싹이 나서 만민의 기호로 설 것이요 열방이 그에게로 돌아오리니". 이사야서의 기호와 이 구절의 장대(standard)가 같은 말이다. 그러므로 "불뱀을 만들어 그 기호 위에 달라 물린 자마다 그것을 보면 살리라"고 할 수 있다. 우리 주 예수님이 십자가에 달리신 것은 바로 장대에 높이 달린 놋뱀과 같이 우리 모든 사람들의 죄악을 치료하시기 위한 것이다.

우리는 이렇게 원망하다가 뱀에 물린 사람들로서 다 이러한 죄의 독성을 갖고 있다. 이러한 자들을 위한 하나님의 치료법은 기호를 높이 드시는 것이다. 십자가에서 예수 그리스도께서는 뱀에게 물려서 죽어 가는 죄인들을 살리기 위해 놋뱀처럼 높이 달리셨다. 요한복음 3장에서 주 예수님은 친히 니고데모에게 이것을 말씀하셨다. “모세가 광야에서 뱀을 든 것같이 인자도 들려야 하리니”(요 3:14).

이사야 45장 22절에서 주님은 “땅 끝의 모든 백성아 나를 앙망하라 그리하면 구원을 얻으리라 나는 하나님이라 다른 이가 없음이니라”라고 하셨다. “나를 앙망하라 그리하면 구원을 얻으리라”는 구절을 흠정역에서는 “나를 바라보라 그리하면 구원을 얻으리라(Look unto Me and be saved)”라고 했다. 우리가 구원받는 길은 주님을 바라보는 것이다.

16-17절, **“거기서 브엘에 이르니 브엘은 여호와께서 모세에게 명하시기를 백성을 모으라 내가 그들에게 물을 주리라 하시던 우물이라 그때에 이스라엘이 노래하여 가로되 우물물아 솟아나라 너희는 그것을 노래하라”**. 이제 브엘이라는 곳에 이르렀다. 이 브엘은 매우 특이한 곳으로서 주님이 이스라엘 백성의 필요를 따라 정상적으로 물을 공급해 주신 곳이다. 사실 이스라엘 백성들은 어디를 가든 다투고 싸워서 물을 얻은 것이 아니다. 우리가 출애굽기와 민수기의 기록을 보면 이스라엘 백성이 항상 모세와 아론에게 물을 달라고 대들어서 물을 얻어 마신 것 같지만 항상 그런 것은 아니다. 주님이 자연스럽게 물을 주셔서 마시는 곳들이 있었다. 다만 그런 일은 평상적인 것이어서 언급되지 않은 것 뿐이다.

민수기 33장을 보면 이스라엘 백성들이 진행한 노정이 나온다. 마흔 두 군데의 노정이 기록되어 있는데, 이러한 노정들에서 빠뜨리지 않고 기록한 것이 물에 관한 이야기이다. “마라에서 발행하여 엘림에 이르니 엘림에는 샘물 열둘과 종려 칠십 주가 있으므로 거기 진 쳤고”(9절). “알루스에서 발행하여 르비딤에 진 쳤는데 거기는 백성의 마실 물이 없었더라”(14절). 이렇게 물이 없는 곳은 물이 없다고 기록했다. 이스라엘 백성들이 계속 진행할 때 그들의 주된 관심사는 무엇이었는가? 물이다. 이 물은 오늘 신약에서 영적으로 말하면 성령이다. 이와 같이 그리스도인 노정에서 가장 중요한 것이 성령이다. 바꿔 말하면, 그리스도인 노정에서 가장 문제가 되는 것은 성령이 없는 것이다.

18절, **“이 우물은 족장들이 팠고 백성의 귀인들이 홀과 지팡이로 판 것이로다 하였더라 광야에서 맛다나에 이르렀고”**. 이 우물물이 풍족하게 나오게 하려면 먼저 인도자들이 앞장서야 한다. 어느 그리스도인 모임이든지 그들 가운데 물이 풍족하려면 먼저 인도자들이 우물을 파야 한다. 그런데 이 우물은 무엇으로 파는가? 홀과 지팡이로 판다. 이 홀이나 지팡이는 다 권위를 나타낸다. 하나님께서는 물을 내게 하실 때마다 모세로 하여금 지팡이를 사용하게 하셨다. 가서 명할 때에도 지팡이를 가지고 가서 명하라고 하셨다. 이렇게 지팡이는 권위를 뜻한다. 생명의 권위를 가진 사람들이 온 무리를 위해서 물이 나오게 할 수 있는 것이다.

앞 구절들[23-29절]에서 헤스본 왕 시혼을 멸한 것처럼, 32-35절은 바산 왕 옥과 싸워서 그 땅을 점령했다는 말이다. 우리는 여기서 한 가지 교훈을 배울 수 있다. 그것은 길을 돌아가도 다 뜻이 있다는 것이다. 그들은 결국 길을 돌아서 감으로 이 나라 저 나라를 쳐서 다 빼앗았다. 직선 통로로 갔으면 아모리인의 땅 헤스본도 못 얻고 바산의 땅도 못 얻었을 것인데, 돌아가다 보니까 많이 얻게 된 것이다. 백성들은 길이 어렵다고 원망했지만 하나님이 백성들을 인도하시는 것은 이와 같이 어디로 돌아가든 다 의미가 있다. 아모리가 공격하자 이스라엘은 그들을 쳐서 점령하고 또 바산 왕 옥을 쳐서 파했다. 이것이 결국 가나안을 정복할 때 가나안 사람들의 간담을 서늘하게 한 요인이 되었다. 전쟁을 하려면 일단 기선을 제압해야 한다.

그러므로 하나님의 백성들은 모세와 같이 하나님의 백성들을 인도하는 인도자들의 인도에 대해 판단하거나 원망할 필요가 없다. 돌아서 가든 곧장 가든 다 하나님께서 그들을 붙잡고 계신다. 그러므로 민수기 33장에는 그 마흔 두 개의 모든 지점들이 이스라엘 백성들이 반드시 거쳐야 할 곳들처럼 기록되어 있다. 하나님께서는 그 지점들을 다 귀히 여기신다. 하나님이 인도하시는 지점들은 다 귀하고 의미가 있음을 인해 하나님을 찬미한다.

22장

발락과 발람의 이야기(1)

이스라엘 백성들이 계속 행진을 해서 이제 사십 년 간의 방황이 거의 끝나가는 지점에 이르렀다. 지금 그들은 가나안 땅을 바라보며 요단 건너편에 있다.

이제 요단을 건너서 가나안의 첫 번째 성인 여리고를 정복해야 한다. 그래서 모압 평지에 진을 치고 준비하고 있는 중이다. 바로 이 모압 평지에서 하나님의 종 모세는 신명기의 말씀을 이스라엘 백성에게 전해 주었다.

그런데 이 마지막 지점에서 이스라엘 백성들은 모압이라는 아주 간교하고 교묘한 대적을 마주하게 된다. 여기서 발람이라는 이방 선지자가 등장하는데, 사실 이스라엘은 모압을 공격하려고 하지 않았지만 모압 왕 발락은 이스라엘이 자기들을 공격할 줄 알고 두려워서 미리 수를 쓴 것이다. 그는 발람을 불러 이스라엘을 저주하는 방식으로 예언하게 하려고 했다. 이스라엘의 공격을 막아보려고 묘안을 낸 것이다.

우리는 이 마지막 순간에, 얼마 안 있으면 요단을 건너서 가나안으로 들어가게 되는 마지막 지점에서 이스라엘이 가장 간교한 대적에게 기습 공격을 당하는 것을 본다. 이때 대적은 물리적으로 나오지 않고 종교적인 방식을 사용했다. 발람이라는 이방 선지자를 고용해서 이스라엘 백성을 저주하게 한 것이다. 종교적인 대적은 가장 간교한 마귀의 술책이다.

2-6절, **"십볼의 아들 발락이 이스라엘이 아모리인에게 행한 모든 일을 보았으므로 모압이 심히 두려워하였으니 이스라엘 백성의 많음을 인함이라…그가 사자를 브올의 아들 발람의 본향 강변 브돌에 보내어 발람을 부르게 하여 가로되 보라 한 민족이 애굽에서 나왔는데 그들이 지면에 덮여서 우리 맞은편에 거하였고 우리보다 강하니 청컨대 와서 나를 위하여 이 백성을 저주하라 내가 혹 쳐서 이기어 이 땅에서 몰아내리라"**.

아마 발람은 당시에 이 나라 저 나라에서 유명한 선지자였던 것 같다. 그때에 발락은 무력으로 이스라엘을 쳐서 파하기가 어렵다고 생각한 나머지 먼저 선지자를 불러 이스라엘을 저주하게 해서 약화시킨 다음에 쳐서 이기려고 계략을 세웠다. 그래서 발람을 불러 오라고 사람들을 보낸 것이다. 여기서 발람은 손에 예물을 잔뜩 가지고 온 모압의 장로들과 미디안의 장로들에게서 발락의 말을 들었다. "이스라엘을 저주하라. 그렇게 해서 그들이 약화되면 내가 그들을 쳐서 몰아낼 것이다." 발람은 그의 존재감을 한껏 느끼고 있었다. 그가 슬쩍 뭔가를 해주기만 하면 평소 원하는 것을 얻을 수 있는 위치에 있다고 생각했다. 바로 그때 모압의 귀족들이 가져온 대단한 선물은 발람에게 어떤 느낌을 주었고 그는 그것에 마음이 움직였다. 그 밤에 모압의 귀족들이 발람의 집에 유했는데, 하나님께서 발람에게 그들이 누구냐고 물으셨다[9절]. 이러한 하나님의 질문은 순수하지 않은 사람의 폐부를 찌르는 질문이다. 발람은 하나님께 장황하게 설명한다[10-11절].

12절, **"하나님이 발람에게 이르시되 너는 그들과 함께 가지도 말고 그 백성들을 저주하지도 말라 그들은 복을 받은 자니라"**. 하나님께서는 이렇게 뜻을 분명하게 발람에게 말씀하셨다. 하나님은 모호하신 분이 아니다. "그들과 함께 가지도 말고 그 백성을 저주하지도 말라". "발람이 아침에 일어나서 발락의 귀족들에게 이르되 너희는 너희 땅으로 돌아가라 내가 너희와 함께 가기를 여호와께서 허락지 아니하시느니라". 그러자 발락이 다시 더 높은 귀족들을 많이 보냈다[15절]. 발락의 귀족들은 돌아가서 발람의 흔들리는 마음을 읽고 발락에게 그대로 보고했다.

"그들이 발람에게로 나아가서 그에게 이르되 십볼의 아들 발락의 말씀에… 내가 그대를 높여 크게 존귀케 하고 그대가 내게 말하는 것은 무엇이든지 시행하리니 청컨대 와서 나를 위하여 이 백성을 저주하라 하시더이다". 그러자 발람이 발락의 신하들에게 대답하기를, 발락이 그 집에 은과 금을 가득히 채워서 내게 줄지라도 나는 여호와 내 하나님의 말씀을 어기어 덜하거나 더하지 못하겠다고 했다[17-18절].

이번에는 가지 않겠다는 말이 빠졌다. 가기는 가지만 금은보화가 소용없다고 한 것이다. 하나님의 말씀을 '덜하거나 더하거나' 하지 못한다는 건 무슨 말인가? 지난 번 기도했을 때 하나님께서는 그분의 뜻을 더 이상 물을 것도 없이 확실하게 말씀하지 않으셨는가! 발람은 또 그들에게 유하라고 하면서 '여호와께서 내게 무슨 말씀을 더 하실는지 알아보겠다'고 한다[19절].

20절, **"밤에 하나님이 발람에게 임하여 이르시되 그 사람들이 너를 부르러 왔거든 일어나 함께 가라 그러나 내가 네게 이르는 말만 준행할지니라"**. 하나님은 발람이 원하는 것을 하라고 하신다. 하나님께서는 이와 같이 인간의 자유 의지를 극도로 존중하는 분이시다. 하나님은 속으로 가고 싶은 마음에 구하는 발람에게 가라고 하신 것이다. 여기 말씀을 읽어보면 발람은 마지못해 따라가는 사람이 아니라 자발적으로 앞장서서 가는 사람이다[21절].

22절, **"그가 행함을 인하여 하나님이 진노하심으로 여호와의 사자가 그를 막으려고 길에 서니라 발람은 나귀를 타고…"**. 여호와의 사자가 발람의 길을 막기 위해 앞에 서 있는데 발람의 눈에는 그가 안 보이고 나귀의 눈에만 보였다. 나귀가 발람보다 영적인(?) 눈이 더 밝았던 것이다. 그럼 왜 발람에게는 여호와의 사자가 보이지 않았을까? 돈을 탐하는 마음이 가득하여 눈이 어두워졌기 때문이다. 나귀는 길에서 뭔가를 보고 피해서 밭으로 들어갔는데 발람은 탐심으로 눈이 어두워 아무것도 보지 못하는 고로 목적지를 향하여 급히 가려고 나귀를 채찍질했다[21-23절]. 발람은 나귀가 여호와의 사자를 피하여 그 발을 담에 비비어 상하게 하니 더욱 성질이 나서 나귀를 때렸다.

여기서 기적이 일어나 나귀가 말을 했다. "내가 네게 무엇을 하였기에 이같이 세 번을 때리느뇨?" 이때는 사람이 짐승만도 못하다[26-28절]. "발람이 나귀에게 말하되 네가 나를 거역하는 연고니 내 손에 칼이 있었더면 곧 너를 죽였으리라"[29절]. 이 발람은 돈 땜에 정신이 나가 나귀가 말하는 것이 기적인 줄도, 놀라운 일인 줄도 모르고 대화에 열중했다. **"나귀가 발람에게 이르되 나는 네가 오늘까지 네 일생에 타는 나귀가 아니냐 내가 언제든지 네게 이같이 하는 행습이 있더냐 가로되 없었느니라 때에 여호와께서 발람의 눈을 밝히시매 여호와의 사자가 손에 칼을 빼어들고 길에 선 것을 보고 머리를 숙이고 엎드리니 여호와의 사자가 그에게 이르되 너는 어찌하여 네 나귀를 이같이 세 번 때렸느냐 보라 네 길이 내 앞에 패역하므로 내가 너를 막으려고 나왔더니"**[31-32절]. 여호와의 사자가 발람에게 '네 길이 내 앞에 패역하다'고 말씀하신다.

34절, **"발람이 여호와의 사자에게 말씀하되 내가 범죄하였나이다 당신이 나를 막으려고 길에 서신 줄 내가 알지 못하였나이다 당신이 이를 기뻐하지 아니하시면 나는 돌아가겠나이다"**. 여기 발람의 말은 언뜻 듣기에는 좋은 것 같지만 사실은 좋은 말이 아니다. "내가 범죄하였나이다", "당신이 이를 기뻐하지 아니하시면

나는 돌아가겠나이다"라는 말은 발람이 중심에서 자기의 행동과 자기의 품은 마음을 회개하는 말이 아니다. "발람이 발락의 귀족들과 함께 가니라". 결국 그는 함께 갔다[35절]. 발람은 "아닙니다. 돌아가겠습니다." 하지 않았다. 그는 가고자 하는 마음으로 가득했기 때문에 간 것이다. 발람을 움직이는 것은 돈이고 자신의 생계였다.

발락은 발람에게 특별대우를 해주고 있다[36-37절]. **"발람이 발락에게 이르되 내가 오기는 하였으나 무엇을 임의로 말할 수 있으리이까 하나님이 내 입에 주시는 말씀 그것을 말할 뿐이니이다"**[38절]. 직업적인 사역자의 전형이다. 발람은 매우 신령한 사람처럼, 하나님을 매우 순종하는 사람처럼 행동하며 말했다.

39-40절, **"발람이 발락과 동행하여 기럇후솟에 이르러서는 발락이 우양을 잡아 발람과 그와 함께 한 귀족을 대접하였더라"**. 그는 모압에 와서 아주 후한 접대를 받고 있다. 41절, **"아침에 발락이 발람과 함께 하고 그를 인도하여 바알의 산당에 오르매 발람이 거기서 이스라엘 백성의 진 끝까지 보니라"**.

23장

발락과 발람의 이야기(2)

발람은 결국 발락에게 말하기를 **"나를 위하여 여기 일곱 단을 쌓고 거기 수송아지 일곱과 수양 일곱을 준비하라"**고 한다[1절]. 발람은 익숙한 복술가처럼 뭔가 식을 갖추어 제대로 하려는 것처럼 행세한다. 발락이 발람의 말대로 준비한 후에 발락과 발람이 매단에 수송아지 하나와 수양 하나를 드렸다[2절]. 3절에 대해서는 조금 이해가 필요한데, 발람이 발락에게 번제물 곁에 서라고 하고서 자기는 다른 곳으로 간 것은 바로 사술을 행하려는 것이다. 당시에 마술이나 점성술을 하는 사람들이 이런 식으로 혼자 서서 음성을 듣곤 하는 풍습이 있었다고 한다[3절].

발람의 첫 번째 예언

여호와께서 발람의 입에 말씀을 주시면서 발락에게 돌아가서 이렇게 말하라 하셨고[5절], 그는 발락에게 돌아가서 노래를 지어 말하기 시작했다. 모압 왕 발락이 그를 데려다가 이스라엘을 저주하라 하는데, 하나님께서 저주하지 않으신 자를 어찌 자기가 저주하겠느냐면서 그들을 바라보니 이 땅 열방 중에 뛰어난 족속으로 번성할 것이라는 내용이다.

발락이 이 노래를 들으니 이스라엘을 저주하는 것이 아니라 축복하는 것이었다. 그래서 다른 지점, 다른 각도에서 보면 저주가 나올 거라면서 발람을 데리고 비스가 산으로 데려갔다. 먼저 번처럼 단을 쌓고 제물을 드리고 발람이 그들에게서 떨어져 있는데, 여호와께서 또 발람의 입에 말씀을 주셨고, 그는 노래를 지어 다음과 같이 말했다.

발람의 두 번째 예언

"발락이여 일어나 들을지어다 십볼의 아들이여 나를 자세히 들으라…
내가 축복의 명을 받았으니 그가 하신 축복을 내가 돌이킬 수 없도다
여호와는 야곱의 허물을 보지 아니하시며
이스라엘의 패역을 보지 아니하시는도다
여호와 그의 하나님이 그와 함께 계시니 왕을 부르는 소리가 그중에 있도다
하나님이 그들을 애굽에서 인도하여 내셨으니 그 힘이 들소와 같도다
야곱을 해할 사술이 없고 이스라엘을 해할 복술이 없도다
이때에 야곱과 이스라엘에 대하여 논할진대
하나님의 행하신 일이 어찌 그리 크뇨 하리로다
이 백성이 암사자같이 일어나고 수사자같이 일어나서
움킨 것을 먹으며 죽인 피를 마시기 전에는 눕지 아니하리로다". [20-24절]

이스라엘은 주님이 축복하시고 사랑하시는 민족이며 능하신 하나님께서 그들을 애굽에서 인도해내어 그들과 함께하시니 당할 자 없다는 내용이다.

발람이 입을 열기만 하면 이스라엘에 대한 축복이 나오니 발락은 발람에게 차라리 아무 말도 하지 말라고 한다. **"발락이 발람에게 이르되 그들을 저주하지도 말고 축복하지도 말라 발람이 발락에게 대답하여 가로되 내가 당신에게 고하여 이르기를 여호와께서 말씀하신 것은 내가 그대로 하지 않을 수 없다고 하지 아니하더이까"**[25-26절].

발락은 또 다시 발람을 다른 곳으로 데려가면서 혹 거기서는 발락을 위해 이스라엘을 저주하는 말이 나올지도 모른다고 했다. 발락은 자기가 원하는 대로 예언하도록 발람을 이리저리 끌고 다니고 있다. 이렇게 해서 선지자 발람은 모압 왕 발락에게 재물로 고용된 사역자가 되었다[27-28절]. 그래서 그를 삯군이라고 하는 것이다(유 11). 그러면서도 일부 하나님을 위하고 순종하는 것처럼 하니 더 가증한 것이다.

24장

발락과 발람의 이야기(3)

발락이 발람을 데리고 광야가 내려다보이는 브올 산 꼭대기로 갔고, 발람은 그에게 동일하게 단을 쌓고 제물을 준비하라고 일렀다. 발람은 그래도 선지자인지라 하나님께서 자기가 이스라엘을 축복하는 것을 선하게 여기신다는 것을 알았다. 그래서 전과 같이 사술을 쓰지 않고 그 얼굴을 광야로 향하여 눈을 들어 이스라엘이 그 지파대로 거하는 것을 보았다. 그때 하나님의 신이 그에게 임하여 세 번째로 노래를 지어 예언하게 된다.

발람의 세 번째 예언

"브올의 아들 발람이 말하며 눈을 감았던 자가 말하며
하나님의 말씀을 듣는 자, 전능자의 이상을 보는 자,
엎드려서 눈을 뜬 자가 말하기를
야곱이여 네 장막들이, 이스라엘이여 네 거처들이 어찌 그리 아름다운고
그 벌어짐이 골짜기 같고 강가의 동산 같으며
여호와의 심으신 침향목들 같고 물가의 백향목들 같도다
그 통에서는 물이 넘치겠고 그 종자는 많은 물가에 있으리로다
그 왕이 아각보다 높으니 그 나라가 진흥하리로다
하나님이 그를 애굽에서 인도하여 내셨으니 그 힘이 들소와 같도다
그 적국을 삼키고 그들의 뼈를 꺾으며 화살로 쏘아 꿰뚫으리로다
꿇어앉고 누움이 수사자와 같고 암사자와도 같으니 일으킬 자 누구이랴
너를 축복하는 자마다 복을 받을 것이요
너를 저주하는 자마다 저주를 받을지로다"[3-9절].

이 세 번째 예언에서 발람은 이스라엘의 아름다움에 대해 이야기하고 있다. 7절에서 말하는 아각 왕은 당시 근방에서 가장 힘 있는 왕이었던 것 같다. 오늘날로 말하면 미국 대통령쯤 되는 것이다. 그런데 발람은 예언 중에서 이스라엘 왕이 아각보다 높겠고 이스라엘 나라가 가장 진흥할 것이라고 했다. 이것은 다윗 시대에 사실로 이루어졌고 장래 왕국 시대에 완전하게 이루어질 것이다.

발람의 마지막 예언

발람이 이렇게 예언하자 발락이 발람에게 노하여 손뼉을 치며 말했다. **"내가 그대를 부른 것은 내 원수를 저주하라 함이어늘 그대가 이같이 세 번 그들을 축복하였도다"**[8-10절]. 발락은 그가 발람을 존귀하게 하려고 했는데 여호와께서 그것을 막으셨다고 말한다[11절]. 발람은 자기가 전에 은금보화를 집에 가득 채워 줄지라도 여호와의 말씀을 어기고 선악간에 자기 마음대로 행할 수 없다고 하지 않았느냐며, 이 백성 이스라엘이 후일에 당신의 백성에게 어떻게 할 것인지를 알려주겠다고 했다. 이것이 발람의 마지막 예언이다.

"브올의 아들 발람이 말하며 눈을 감았던 자가 말하며
하나님의 말씀을 듣는 자가 말하며
지극히 높으신 자의 지식을 아는 자, 전능자의 이상을 보는 자,
엎드려서 눈을 뜬 자가 말하기를
내가 그를 보아도 이때의 일이 아니며
내가 그를 바라보아도 가까운 일이 아니로다
한 별이 야곱에게서 나오며 한 홀이 이스라엘에게서 일어나서
모압을 이 편에서 저 편까지 쳐서 파하고
또 소동하는 자식들을 다 멸하리로다
그 원수 에돔은 그들의 산업이 되며
그 원수 세일도 그들의 산업이 되고
그 동시에 이스라엘은 용감히 행동하리로다
주권자가 야곱에게서 나서 남은 자들을 그 성읍에서 멸절하리로다"[15-19절].

또 이어서 발람은 이스라엘의 대적인 아말렉의 최후와 가인 족속의 쇠미한 결말을 노래한다. 그리고 25절은 발람이 일어나 자기 곳으로 돌아갔고 발락도

자기 길로 갔다고 말한다.

여기까지 볼 때 발람이라는 선지자가 그리 잘못한 것 같지 않다. 왜 신약에서 사도들이 발람에 대해 그렇게 나쁘게 말했는지 이해가 가지 않을 수도 있다. 신약 몇 군데를 읽어 보겠다. **유다서 11절, "화 있을진저 이 사람들이여, 가인의 길에 행하였으며 삯을 위하여 발람의 어그러진 길로 몰려갔으며"**. 여기서 발람을 삯을 위하여 어그러진 길을 간 사람이라고 말한다. **베드로 후서 2장 15-16절, "저희가 바른 길을 떠나 미혹하여 브올의 아들 발람의 길을 좇는도다 그는 불의의 삯을 사랑하다가 자기의 불법을 인하여 책망을 받되 말 못하는 나귀가 사람의 소리로 말하여 이 선지자의 미친 것을 금지하였느니라"**.

발람의 이야기를 통해 우리는 놀라운 예언을 한다고 해서 좋은 하나님의 종이 아니라는 것을 본다. 발람의 예언 자체는 그 내용이 아주 선하고 영적이라고 할 수 있다. 하나님의 영이 임해서 한 말이기 때문이다. 그러나 그는 삯군이었다. 여기서 발람과 발락이 각각 자기 곳으로 돌아갔다고 했는데, 사실 발람은 그냥 돌아간 것이 아니라 은밀하게 뭔가를 하고 돌아갔다. 발람이 이스라엘을 축복하고 메시아의 통치를 예언하는 등 놀라운 예언을 했는데 왜 사도들은 그를 악한 선지자라고 했겠는가? 오늘날 그들의 말만 듣고서는 그 사악함을 알기 어려운 많은 발람들이 있다. 그 말은 놀랍지만 은밀하게 넌지시 하는 그들의 행동은 하나님의 백성을 아주 해롭게 한다.

여기에는 발람의 네 편의 예언만 기록되어 있지만, 사실 그는 은밀하게 발락에게 계책을 주고 간 것이다. 성경의 이 부분 저 부분을 조합해보면 발람이 일어나 자기 곳으로 돌아가기 전에 앉아 있으면서 뭔가 한 것을 알 수 있다. 이것은 31장의 말씀을 통해서 증명이 되는데, 16절에서 **"보라 이들이 발람의 꾀를 좇아 이스라엘 자손으로 브올의 사건에 여호와 앞에 범죄케 하여 여호와의 회중에 염병이 일어나게 하였느니라"**고 한다. 즉 모압 여인들과의 음행 사건의 비극은 발람의 꾀에서 비롯된 것이다. 그 결과가 25장에 나와 있다.

25장

바알브올에서 일어난 음행 사건

1절, **"이스라엘이 싯딤에 머물러 있더니 그 백성이 모압 여자들과 음행하기를 시작하니라"**. 여기서 이스라엘 백성들이 음행을 하게 된 동기가 바로 발람에게 있다. 그가 한 예언은 하나님께서 하라시는 대로 했으므로 문제가 없어 보인다. 그런데 24장 25절은, "발람이 일어나 자기 곳으로 돌아갔고"라고 말한다. 즉 어딘가에 앉아 있었다가 일어나 돌아간 것이다. 그리고 발락도 자기 길로 갔더라고 한다. 그때 그들이 앉아서 함께 먹고 마실 때 발람이 모압 왕 발락에게 한 가지 꾀를 제시해준 것으로 보인다. "보라 이들이 발람의 꾀를 좇아 이스라엘 자손으로 브올의 사건에 여호와 앞에 범죄케 하여 여호와의 회중에 염병이 일어나게 하였느니라"(민 31:16). 여호와의 회중에 염병이 일어나게 된 것은 다름 아닌 발람의 계략 때문이라고 말한다.

2-3절, **"그 여자들이 그 신들에게 제사할 때에 백성을 청하매 백성이 먹고 그들의 신들에게 절하므로 이스라엘이 바알브올에게 부속된지라 여호와께서 이스라엘에게 진노하시니라"**. 발람의 꾀는 바로 이것이다. 공식 예배에서는 하나님께서 하라시는 대로 했지만 발락과 함께 앉아서 사적으로 이야기할 때 슬며시 비책을 말해준 것이다. '너희 나라 여자들이 아름답지 않느냐? 신앙이나 교리적으로 이스라엘을 미혹하기란 어렵다. 일단 너희 나라 여자들을 풀어 음행으로 이스라엘 남자들의 마음을 사로잡고서 우상에게 절하도록 하면 된다.'고 꾀를 가르쳐준 것이다. 이때 하나님께서는 이스라엘에게 진노하여 염병을 보내어 수많은 사람을 죽게 하셨다. 이것이 바로 발람이 생각해낸 꾀이다. 그는 아주 사악한 자다. 발락에게 이스라엘이 우상에 연루되면 하나님께로부터 큰 심판이 있을 것을 알려 준 것이다.

24장까지 읽어보면 발람이 크게 잘못한 것이 없어 보인다. 그러나 25장에 올 때 이런 일을 행한 것이 드러났다. 그는 하나님께서 우상숭배를 가장 싫어하신다는 것을 알았기 때문에 이스라엘 사람들을 모압 여자들로 더불어 음행하게 하고 그들에게 이끌려 우상숭배를 하게 하면 하나님께서 그들에 대해 진노하셔서 크게 심판하실 것이라고 생각한 것이다.

그가 예언할 때는 다른 말을 하지 않고 하나님께서 시키신 말만 했지만 다른 방식으로 꾀를 베풀어서 자기를 초청하여 후히 대접한 그들에게 뇌물과 밥값을 준 것이다. 그가 한 일은 이렇게 교묘하게 감취어 있다. 쉽게 말해서 공석(公席)에서는 하나님을 위했지만 사석(私席)에서는 간교하게 죄를 지은 것이다. 사석에서 한 이야기는 성경에 나오지 않았지만 전체적인 정황을 볼 때 발람은 바로 이러한 꾀를 내어 이스라엘의 수많은 사람을 죽게 만든 것이다.

이 모압 여인들과의 음행에 누가 연루되었느냐면 바로 백성의 두령들이다[4절]. 그들이 잘못한 것이니 두령들을 잡아 목매어 달라고 하시면서 그러면 여호와의 진노가 이스라엘을 떠날 것이라고 하셨다. **"모세가 이스라엘 사사들에게 이르되 너희는 각기 관할하는 자 중에 바알브올에게 부속한 사람들을 죽이라 하니라 이스라엘 자손의 온 회중이 회막문에서 울 때에 이스라엘 자손 한 사람이 모세와 온 회중의 목전에 미디안의 한 여인을 데리고 그 형제에게로 온지라 제사장 아론의 손자 엘르아살의 아들 비느하스가 보고 회중의 가운데서 일어나 손에 창을 들고 그 이스라엘 남자를 따라 그의 막에 들어가서 이스라엘 남자와 그 여인의 배를 꿰뚫어서 두 사람을 죽이니 염병이 이스라엘 자손에게서 그쳤더라 그 염병으로 죽은 자가 이만사천 명이었더라"**[5-9절]. 이 일로 이만사천 명이 죽었다. 이것이 발람의 탐욕의 끔찍한 결과이다. 이때 비느하스가 하나님을 기쁘시게 했다. 하나님은 이와 같이 하나님의 백성들의 죄를 철저하게 심판하고 미워하는 것을 기뻐하신다[10-13절].

14-18절, **"죽임을 당한 이스라엘 남자 곧 미디안 여인과 함께 죽임을 당한 자의 이름은 시므리니 살루의 아들이요 시므온 인의 종족 중 한 족장이며 죽임을 당한 미디안 여인의 이름은 고스비니 수르의 딸이라 수르는 미디안 백성 한 종족의 두령이었더라 여호와께서 모세에게 일러 가라사대 미디안인들을 박해하며 그들을 치라 이는 그들이 궤계로 너희를 박해하되 브올의 일과 미디안 족장의 딸 곧 브올의 일로 염병이 일어난 날에 죽임을 당한 그들의 자매 고스비의 사건으로 너희를 유혹하였음이니라"**.

이때 미디안 사람들이 궤계로 이스라엘 백성을 박해했다고 하시면서 하나님은 미디안 사람들을 박해하라고 하셨다. 우리는 민수기 22장부터 25장까지에서 전적으로 발람의 일을 보았다. 오늘날 하나님의 교회는 참 이스라엘이다. 하나님께서는 그분의 교회가 건축되어 참되게 전진하기를 원하신다. 그런데 그 가운데에는 또한 많은 방해하는 역사가 있다. 우리는 고라의 배역을 보았고 또 많은 백성들의 거역을 보았으며 심지어 인도자의 실수도 보았다.

그리고 오늘 이 부분의 말씀에서 우리가 본 것은 하나님의 교회 가운데 있는 삯군들의 일이 얼마나 교회에 큰 피해를 주는가 하는 것이다. 삯을 위하여 일하는 사람들은 결코 하나님의 역사에 도움이 되지 않는다. 그것은 깊이 감추인 것이기 때문에 드러나지 않지만 그러한 사람들로 인해 하나님의 백성은 엄청나게 큰 해를 입는다. 그들은 하나님을 위하는 것 같고 하나님을 위해서 말하는 것 같고 하나님을 섬기는 것 같지만 실제로는 그 마음이 금전에 끌리고 있기 때문에 결국 하나님의 백성들에게 크게 해를 끼치게 된다.

26장

이스라엘 백성을 다시 계수함과 중요한 규례들 - 이스라엘을 다시 계수하심

1-2절, **"염병 후에 여호와께서 모세와 제사장 아론의 아들 엘르아살에게 일러 가라사대 이스라엘 자손의 온 회중의 총수를 그 조상의 집을 따라 조사하되 이스라엘 중에 무릇 이십 세 이상으로 능히 싸움에 나갈 만한 자를 계수하라 하니"**. '염병 후에'라는 말은 22장부터 25장까지에 기록된, 발람으로 인하여 백성에게 심판이 임한 후를 말한다. 그때 이방 선지자 발람의 꾀로 인해 음행과 우상숭배에 연루되어 염병으로 죽은 이스라엘 사람의 수가 이만사천 명이었다. 그 염병 후에 여호와께서는 모세와 제사장 아론의 아들 엘르아살에게 다시 이스라엘 회중의 총수를 계수하라고 명하셨다.

우리는 여기서 한 가지를 생각해 볼 필요가 있다. 지금 이스라엘 백성들은 모압 평지에 와 있다. 이때가 출애굽 제40년이다. 아론이 죽은 후니까 40년 5월 이후가 될 것이다. 출애굽 제2년 2월 1일에도 인구 조사를 한 적이 있는데 지금 38년 만에 하나님께서는 이스라엘 백성의 인구를 다시 한 번 조사하게 하신다.

많은 사건들이 심판을 초래했고 그 결과 많은 사람들이 죽었다. 이제 이십 세 이상으로 싸움에 나갈 만한 자의 인수를 계산해 보니까 육십만 일천 칠백 삼십 명이다. 38년 전의 인수보다 1,820명이 적다. 그런데 처음에 계수되었던 육십여만 명은 다 죽고 그중에 둘만 생존했으니 그들이 곧 여호수아와 갈렙이다. 이것은 너무나 두려운 일이다.

26장은 민수기에서 가장 긴 장이다. 그러나 이것은 인수를 계수하는 장이기 때문에 그렇게 많은 설명이 필요하지 않으므로 중요한 요점만 설명하겠다.

"이스라엘의 장자는 르우벤이라 르우벤 자손은 하녹에게서 난 하녹 가족과 발루에게서 난 발루 가족과 헤스론에게서 난 헤스론 가족과 갈미에게서 난 갈미 가족이니 이는 르우벤 가족들이라 계수함을 입은 자가 사만 삼천 칠백 삼십 명이요"[5-7절]. 르우벤 가족은 38년 전 계수했을 때보다 2,770명이 감소했다. 좀 많이 감소된 편이다.

8-10절, **"발루의 아들은 엘리압이요 엘리압의 아들은 느무엘과 다단과 아비람이라 이 다단과 아비람은 회중 가운데서 부름을 받은 자러니 고라의 무리에 들어가서 모세와 아론을 거스려 여호와께 패역할 때에 땅이 그 입을 열어서 그 무리와 고라를 삼키매 그들이 죽었고 당시에 불이 이백오십 명을 삼켜 징계가 되게 하였으나"**. 르우벤 지파에 불미스러운 일이 있었는데, 그것은 몇몇 족장이 고라의 반역에 가담한 것이다. 이러한 일들은 오늘날 우리 교회 생활에 경고가 된다. 광야 생활을 결산할 때 어떤 사람들은 그의 영적 노정에서 반역한 적이 있는 사람이라고 기록되는 것이다. 다단과 아비람은 부르심을 받은 자들인데 고라의 무리에 가담했다. 그들은 모세와 아론을 거스려 여호와께 패역했고 그 결과 땅이 입을 벌려서 그들을 다 삼켰다. 그래서 르우벤 지파가 감소된 것이다. 38년 만에 인수를 조사했을 때 열두 지파 중에서 일곱 지파는 증가했고 다섯 지파는 감소했다. 이 르우벤은 감소한 지파에 속한다.

11절, "그러나 고라의 아들들은 죽지 아니하였더라". 이 구절은 특별하다. 고라가 그 거역의 주동자임에도 불구하고 고라의 아들들은 아버지의 거역에 참여하지 않았다. 우리는 시편에서 고라의 자손들이 매우 경건하고 아름다운 시편들을 남긴 것을 본다. 이러한 패역자를 조상으로 두었다 하더라도 그들이 그러한 죄악에 참여하지 않으면 긍휼을 얻는 것을 볼 수 있다. 우리는 특별히 이 11절이 기록되어 있음을 의미 있게 읽는다. 아버지가 거역의 주동이지만 아들들은 거기에 참여하지 않은 것이다. 그들은 도리어 아버지의 거역 사건을 통하여 깊은 교훈을 얻었다. 그것은 인간의 깊은 거역적인 타락성이다. 그러므로 그들은 자신들을 철저히 심판할 수 있었고 새 세대로서 가나안에 들어갈 수 있었던 것이다.

12-14절, **"시므온 자손은 그 종족대로 이러하니 느무엘에게서 난 느무엘 가족과 야민에게서 난 야민 가족과 야긴에게서 난 야긴 가족과 세라에게서 난 세라 가족과 사울에게서 난 사울 가족이라 이는 시므온 종족들이니 계수함을 입은 자가 이만 이천 이백 명이었더라"**. 이들은 어떤가? 엄청나게 감소했다. 열두 지파 중에서 다섯 지파가 감소했는데 그중에서도 가장 많이 감소한 지파가 바로 시므온 지파이다. 그들은 38년 전에 계수했을 때에는 59,300명이었는데 지금은 22,200명이다. 무려 37,100명이 감소한 것이다. 그 이유는 시므온 지파 중에 시므리라는 사람이 있었는데, 그가 마지막 사건 때 간음을 범했고(25:14) 당시 그 죄악으로 인한 염병으로 이만 사천 명이 죽었기 때문이다. 시므온 지파의 한 족장이 형편없는 음행의 죄를 범함으로써 결과가 아주 비참하게 되었다.

갓 자손도 5,150명이 감소했다. 지금까지 감소한 지파들-르우벤, 시므온, 갓, 이 세 지파를 보았다. 그다음에 칭찬받을 만한 좋은 지파가 나온다.

19-22절, **"유다의 아들은 에르와 오난이라 이 에르와 오난은 가나안 땅에서 죽었고 유다의 자손은 그 종족대로 이러하니 셀라에게서 난 셀라 가족과 베레스에게서 난 베레스 가족과 세라에게서 난 세라 가족이며 또 베레스 자손은 이러하니 헤스론에게서 난 헤스론 가족과 하물에게서 난 하물 가족이라 이는 유다 종족들이니 계수함을 입은 자가 칠만 육천 오백 명이었더라"**. 이들은 인수가 가장 많다. 38년 전에도 이들은 인수가 가장 많은 지파로 칠만 명이 넘었다. 그리고 지금에 와서는 1,900명이 증가했다. 어쨌든 이들의 인수는 단연 으뜸이다. 유다 지파는 왜 이렇게 축복이 있는가? 다른 지파는 이만 명, 삼만 명인데 왜 유다는 칠만 명이나 되는가? 우리가 민수기 전반부에서 보았지만 유다 지파는 언제나 선봉이다. 전쟁에서 항상 앞장서는 지파로서 제 일대로 진행한다(삿 1:2).

하나님께서 기뻐하시는 믿는이는 이렇게 앞장서는 믿는이이다. 영적 전쟁에서나 주님을 위해 고난받는 일에서나 복음 전파에서 앞장서는 사람이다. 신약의 사도 바울이 그러한 사람이었다. 하나님께서는 이런 사람을 기뻐하시고 축복하신다. 그런데 여기 기묘한 것이 있다. 하나님께서 민수기에서 열두 지파를 편성하실 때 네 기를 따라 편성하셨는데, 유다 진기에는 유다 지파, 잇사갈 지파(6만 4천 3백), 스불론 지파가 속해 있었다(6만 5백 명). 이들이 제 일대이다. 이 세 지파는 다 증가했다. 그래서 이웃을 잘 만나야 한다. 함께하는 사람들이 중요하다. 그들은 다같이 선봉이었고 다같이 증가했다.

28-34절, **"요셉의 아들들은 그 종족대로 므낫세와 에브라임이요 므낫세의 자손 중 마길에게서 난 것은 마길 가족이라 마길이 길르앗을 낳았고 길르앗에게서 난 것은 길르앗 가족이라…헤벨의 아들 슬로브핫은 아들이 없고 딸뿐이라 그 딸의 이름은 말라와 노아와 호글라와 밀가와 디르사니 이는 므낫세의 종족들이라 계수함을 입은 자가 오만 이천 칠백 명이었더라"**. 이 므낫세 지파는 특징이 있는데, 이들은 38년 전보다 20,500명이나 증가했다. 가장 많이 증가했다. 가장 많이 감소한 지파는 시므온 지파이고 가장 많이 증가한 지파는 므낫세 지파이다. 여기서 특별히 딸들의 이름이 기록되어 있다. 이들은 매우 유명하게 된 슬로브핫의 딸들이다. 이들 때문에 이스라엘에는 기업을 분배하는 새로운 법도가 생겨나게 되었다. 이 지파의 분위기는 광야에 있는 동안 열의가 대단하고 기업의 약속을 얻는데 열심이었던 것 같다. 그러니 그 딸들도 상당한 믿음을 갖고 모세에게 나아왔던 것이다. 성도들이 누구와 함께하느냐는 매우 중요하다.

64-65절, **"모세와 제사장 아론이 시내 광야에서 계수한 이스라엘 자손은 한 사람도 들지 못하였으니 이는 여호와께서 그들에게 대하여 말씀하시기를 그들이 반드시 광야에서 죽으리라 하셨음이라 이러므로 여분네의 아들 갈렙과 눈의 아들 여호수아 외에는 한 사람도 남지 아니하였더라"**. 왜 이 말씀을 기록했는가? 우리로 경계하게 하려는 것이다. 하나님께서 말씀하신 것은 그대로 이루어진다. '너희는 40년 동안 광야에서 방황하다 쓰러져 죽을 것이고 너희 중 한 사람도 약속한 땅에 들어가지 못할 것이다.'라고 하셨던 말씀이 그대로 이루어졌다. 그리고 이제 계수함을 입은 육십여만 명의 장정들은 다 새로운 세대이다. 갈렙과 여호수아 외에 옛 세대는 다 죽었다.

민수기 1장 2절에서 이스라엘 백성의 계수가 있었다. 그때는 애굽에서 나온 지 제2년 2월이었다. 이제 그들이 애굽에서 나온 지 40년, 그들이 처음 인수를 계산한 지 38년 만에 다시 한 번 계수하라고 명령을 받는다(26:2). 처음에 계수되었던 60만 전사 중에 지금 살아 있는 사람은 여호수아와 갈렙뿐이다. 나머지는 그 시체가 다 광야에 흩뿌려졌다(히 3:17).

27장

기업을 분배하는 규례 - 슬로브핫의 다섯 딸들의 청원

슬로브핫의 딸들은 인수를 다시 계수하는 앞 장에서 거명되었는데(26:33), 슬로브핫의 가정은 아들이 없고 딸만 다섯이었다. 이스라엘의 율법에는 원래 딸의 상속권이 없었으나 슬로브핫의 다섯 딸들의 청원으로 인하여 결국 딸들도 상속권을 인정받게 되었다. 모세는 이 일을 인하여 아들이 없어 딸들에게 돌아간 기업에 대하여 그 기업을 얻은 딸들이 같은 지파의 남자와 결혼함으로 한 지파의 기업이 다른 지파로 가는 것을 막게 하였다.

이스라엘의 한 남자의 이름은 그 기업이 자손들에게 계승됨을 통하여 계속 유지된다. 그러나 아들이 없어서 기업이 상실되면 그의 이름은 잊어버리게 되고 종래 삭제되고 마는 것이다. 그러므로 슬로브핫의 딸들은 아들들의 경우처럼 아비의 형제들 중에서 기업을 얻음으로 아비의 이름이 딸들을 통하여 계승되게 해 달라고 청원하였던 것이다. 결과적으로 모세는 하나님께 이 사실을 아뢰고 지시를 받음으로 딸들에게도 기업을 상속할 수 있도록 상속법을 만들게 된 것이다.

그러므로 이것은 하나님의 기업을 물려주는 일에 있어서 기업을 받아야 할 사람이 죽은 후에 자녀나 형제가 없는 경우에 가까운 친족에게 그 사람의 기업을 주라고 명하는 계기가 되었다. 그렇게 함으로 열두 지파에게 가나안 땅을 분배한 것이 끝까지 보존되고 유지될 수 있게 하셨다. 결국 슬로브핫의 다섯 딸들의 청원은 자신들의 일만 해결을 본 것이 아니라 이스라엘 전체 열두 지파의 기업이 공평하게 보존되는 데 유익을 주는 사건이 된 것이다.

이 일에서 우리가 배울 수 있는 영적인 공과는 슬로브핫의 딸들의 하나님의 약속에 대한 신뢰와 그것을 얻고자 하는 단호한 믿음이다. 지난 장들에서 우리는 하나님의 약속에 대한 이스라엘 백성의 불신앙들을 보았다. 하나님의 약속을 얻을 수 있었던 자격자들이 하나하나 다 탈락했다. 그러나 여기에 약하고 자격 없는 다섯 처녀들이 하나님의 말씀의 거룩한 표준과 기초를 신뢰하고 간절히 그분의 약속을 얻으려 하는 본이 있다. 그들은 거룩하고 단호한 결의로 하나님께서 택한 백성들에게 주시고자 하는 기업을 반드시 얻고자 했다. 이것은 기업을 얻을 충분한 자격이 있음에도 그것을 허무하게 포기해 버린 많은 불신앙의 사람들과 대조를 이룬다. 슬로브핫의 딸들이 믿음으로 하나님의 기업을 얻고자 간구함으로써 자신들에게 기업을 얻는 유익이 돌아올 뿐 아니라 이스라엘 전체의 기업이 공평하게 유지, 보존되도록 하는 데 필수불가결한 규례를 제정하는 동기를 부여하게 되었다. 이로써 우리는 작은 무리의 믿음의 행위가 자신들은 물론 많은 사람들에게 큰 유익을 미치게 된다는 중요한 교훈을 얻을 수 있다.

이 일은 민수기 마지막 장에 다시 나오는데, 이러한 규례는 훗날 그리스도께서 출생하시는 데에도 기여하는 바가 되었다. 즉 이 규례는 마리아와 요셉이 같은 유다 지파의 사람들로서 결혼하게 될 때, 가난한 요셉과 기업이 있는 마리아가 한 지파의 기업이 감삭되지 않도록 하는 이 규례에 따라 결혼하도록 정해지는 데 사용된 것이다. 그러므로 슬로브핫의 딸들의 간절한 믿음의 청원은 훗날 그리스도가 출생하는 데까지 영향을 미치게 된 것이다. 그들의 이름은 말라, 노아, 호글라, 밀가, 디르사이다.

2-3절, **"그들이 회막문에서 모세와 제사장 엘르아살과 족장들과 온 회중 앞에 서서 가로되 우리 아버지가 광야에서 죽었으나 여호와를 거스려 모인 고라의 무리에 들지 아니하고 자기 죄에 죽었고 아들이 없나이다"**. 슬로브핫의 다섯 딸들은 모세가 26장에서 이스라엘 인수를 계수할 때 왜 계수하는가를 잘 알았다. 그것은 인수대로 계산해서 기업을 할당해 주려고 하는 것이다. 그런데 이 슬로브핫의 딸들이 가만히 생각해 보니까 그 가족은 아들이 없기 때문에 계수에 들어가지 못하는 것이다. 므낫세 지파가 52,700명인데, 이 중에 슬로브핫 딸들은 계수되지 않았기 때문에 기업을 받지 못하게 된 것이다. 그러자 이 딸들은 담대하게 모세에게 나아갔다. 이 자매들의 귀한 점은 그들이 하나님의 약속과 축복을 그대

로 믿었다는 것이다.

이때 이 딸들은 이렇게 말했다. "어찌하여 아들이 없다고 우리 아버지의 이름이 그 가족 중에서 삭제되리이까 우리 아버지의 형제 중에서 우리에게 기업을 주소서". 이것은 그녀들이 생각해낸 기발한 방법이었다. 그 어떤 것도 하나님의 풍성한 은혜와 긍휼을 폐할 수는 없다. 이러한 강력한 믿음의 간구와 요청은 모세조차도 당황하게 만들었다. 율법의 수여자로서 모세는 이에 대해 합당한 규정을 갖고 있지 않았다. 5절은 "모세가 그 사연을 여호와께 품하니라"고 한다. 모세는 이러한 일에 대한 경험이 없었고 율법의 영역 밖의 일이었기 때문에 하나님께 물어야만 했다. 은혜와 긍휼이 풍성하신 하나님은 이렇게 믿음으로 간절히 간구하는 이들을 거절하지 않으신다. 이와 유사한 일이 민수기 9장에도 있다. 시체를 만져서 유월절을 지킬 수 없게 된 경우에, 그래도 유월절을 지키고 싶은 사람에 대해서 모세는 여호와께 물었다. 여기서도 그는 여호와께 묻는다. 모세는 하나님께서 법적으로 정해 주신 것은 알지만, 어떤 것을 하나님께서 은혜로, 호의로 해주실 수 있는지에 관해서는 임의로 할 수 없으므로 하나님께 물은 것이다.

우리는 여기서 하나님의 약속과 축복에 대하여 그분의 율법과 계명에도 들어있지 않은 것을 간절히 구하는 한 무리의 사람들을 대하는데, 이를 통해 중요한 한 가지 사실을 깨달을 수 있다. 그것은 율법을 초월한 것이 은혜라는 것이다. 그녀들의 기업을 얻고자 하는 갈망은 율법의 규정을 초월한 것이다. 은혜란 확실히 율법의 너머에 있다. 바울은 "율법 외에 하나님의 한 의가 나타났으니"라고 말한다. 여기 여인들의 말은 율법으로는 불가능한 것이지만 하나님께서는 그들의 갈망으로 인하여 은혜의 문을 열어주셨다. 오늘날도 당신이 진정 은혜를 얻으려면 하나님을 율법 너머에 계신 분으로 이해해야 한다.

6-7절, **"여호와께서 모세에게 일러 가라사대 슬로브핫 딸들의 말이 옳으니 너는 반드시 그들의 아비의 형제 중에서 그들에게 기업을 주어 얻게 하되 그 아비의 기업으로 그들에게 돌릴지니라"**. 그 딸들의 주장은 하나님께 상달이 되어 그 딸들은 아버지의 기업을 상속받게 되었다. 아들이 없는 경우는 딸들이 아버지의 이름으로 기업을 상속받을 수 있게 된 것이다. 딸도 없을 경우는 아버지의 형제

들에게(가까운 근친 순으로) 돌아가도록 규정하였다. 이에 대해 하나님은 기뻐하시면서 그들의 말이 옳다고 하셨다.

8-11절, **"너는 이스라엘 자손에게 고하여 이르기를 사람이 죽고 아들이 없거든 그 기업을 그 딸에게 돌릴 것이요 딸도 없거든 그 기업을 그 형제에게 줄 것이요 형제도 없거든 그 기업을 그 아비의 형제에게 줄 것이요 그 아비의 형제도 없거든 그 기업을 가장 가까운 친족에게 주어 얻게 할지니라 하고 나 여호와가 너 모세에게 명한 대로 이스라엘 자손에게 판결의 율례가 되게 할지니라"**. 이 슬로브핫 딸들의 일은 민수기 마지막 장인 36장에 다시 한 번 나온다.

모세의 후계자로 여호수아를 세우시다

12-13절, **"여호와께서 모세에게 이르시되 너는 이 아바림 산에 올라가서 내가 이스라엘 자손에게 준 땅을 바라보라 본 후에는 네 형 아론의 돌아간 것같이 너도 조상에게로 돌아가리니"**. 이제 하나님은 모세의 최후를 말씀하신다. 하나님의 충성된 종 모세는 40년 동안 광야에서 이스라엘 백성들을 인도했다. 그는 하나님 집의 사환으로 충성스럽게 수고했다. 모든 임무를 마칠 때 하나님께서는 그분의 말씀대로 그를 돌아가게 하신다. "본 후에는 네 형 아론의 돌아간 것같이 너도 조상에게로 돌아가리니". 여기의 '돌아간다'는 말은 영어로 'be gathered', 즉 추수된다는 뜻이다.

16-17절, **"여호와, 모든 육체의 생명의 하나님이시여 원컨대 한 사람을 이 회중 위에 세워서 그로 그들 앞에 출입하며 그들을 인도하여 출입하게 하사 여호와의 회중으로 목자 없는 양과 같이 되지 않게 하옵소서"**. 모세가 즉시 이렇게 말한 것은 너무나 귀하다. 그런데 신명기 3장을 보면 모세가 좀 더 이야기한 것이 나온다. 모세는 역시 충성된 종이다. 그는 그 자신을 위해서 구하지 않았다. 그는 하나님을 '모든 육체의 생명의 하나님'이라고 부르면서 한 사람을 이 회중 위에 세워달라고 구했다. 그는 이스라엘 백성들의 영혼을 사랑한 사람이다. 그는 하나님의 필요를 관심했고 이스라엘 백성의 필요를 관심했다.

18절, **"여호와께서 모세에게 이르시되 눈의 아들 여호수아는 신에 감동된 자니 너는 데려다가 그에게 안수하고"**. 하나님은 즉시 말씀하신다. 그분은 이미 대비하고 계셨다. 여호수아를 마음에 두고 계신 것이다. 그래서 모세가 이렇게 중보기도할 때 즉시 여호수아에 대해 말씀하셨다. **"네 존귀를 그에게 돌려 온 회중으로 그에게 복종하게 하라"**[20절]. 모세는 온 회중이 그에게 복종하도록 여전히 도와줄 필요가 있었다. 하나님의 종에 대한 성도들의 축복된 자세는 복종이다.

28장

제물과 절기에 관한 규례 - 날마다 드리는 제물

1-2절, **"여호와께서 모세에게 일러 가라사대 이스라엘 자손에게 명하여 그들에게 이르라 나의 예물, 나의 식물 되는 화제, 나의 향기로운 것은 너희가 그 정한 시기에 삼가 내게 드릴지니라"**. 우리는 26장과 27장에서 염병 후에 이스라엘 백성들이 가나안을 정복하기 위해서 또는 그 땅을 기업으로 얻기 위해서 인수를 계수하는 것을 보았다. 그것은 다른 말로 하면 군대로 편성하는 것이다. 그리고 이제 모세의 후임자로 여호수아가 세워진 것도 보았다. 그러면 이제 28장에 와서는 전투를 해야 하는데, 하나님은 여기서 전쟁 나팔이 아니라 그분께 제물 드리는 것을 말씀하고 계신다.

그런데 2절에서 여호와 하나님께서는 이스라엘 자손들에게 "나의 예물, 나의 식물 되는 화제, 나의 향기로운 것"이라고 하시면서 그분의 것을 주장하신다. 주님의 것, 주님께 속한 것을 드리라고 하시는 것이다. 우리는 민수기에서 지금까지 이스라엘 백성이 얼마나 하나님께 패역하게 행했는가를 볼 수 있었다. 거역적이고 하나님의 말씀을 불신했던 많은 사람들이 죽었다. 그러나 그 가운데서 하나님은 새로운 세대를 일으키셨다. 그렇게 일어난 새로운 세대의 사람들은 과거 자기 부모들이 거역하고 잘못 행하는 많은 일들을 보면서 경고를 받고 하나님에게서 배웠다. 밖에서는 거역과 심판들이 진행되고 있었지만 안에서는 새로운 세대가 일어나고 있었던 것이다.

므리바 물가에서 하나님께서는 모세가 반석을 두 번 쳐서 그분의 거룩하심을 나타내지 못했을 때 모세를 꾸짖으시고 스스로 그분의 거룩하심을 나타내셨다. 그럴 때 그것을 보았던 새로운 세대들은 큰 교훈을 얻었을 것이다. 결국 하나님께서 그분의 영광과 그분의 거룩하심을 나타내실 때마다 새로운 세대는 그로 말미암아 새롭게 조성되고 세워졌을 것이며, 그렇게 해서 그들은 가나안 땅에 들어갈 자격을 갖춘 무리가 될 수 있었던 것이다.

그러므로 새롭게 군대로 편성된 이스라엘은 뭔가 하나님께 드릴 것이 있을 정도로 주님에게서 배웠다고 볼 수 있다. 그들은 수십 년 동안 광야에서 만나를 먹었고 하나님의 돌보심을 받았다. 그리고 그 과정에서 많은 하나님의 역사를 보았고 그분의 진노하심과 그분의 영광과 거룩하심이 나타나는 것을 보았다. 그러므로 28장의 지점에 올 때 여호와께서는 그들에게 "나의 예물과 나의 식물 되는 화제, 나의 향기로운 것을 드리라"고 하시면서 그분의 것을 주장하실 수 있게 된 것이다.

3-4절, **"또 그들에게 이르라 너희가 여호와께 드릴 화제는 이러하니 일 년 되고 흠 없는 수양을 매일 둘씩 상번제로 드리되 한 어린 양은 아침에 드리고 한 어린 양은 해 질 때에 드릴 것이요"**. '상번제(continual burnt offering)'란 지속적으로 하나님께 드리는 번제이다. 번제란 온전히 하나님을 기쁘시게 하기 위해 드리는 제사인데(레 1장), 이것은 신약의 이스라엘인 우리 믿는이들에게도 적용된다. 우리 믿는이들은 이 시대에도 동일하게 상번제를 드리는 사람들이어야 한다. 그것은 매일 아침저녁으로 하나님께 기도하고 또 자신을 드리는 것을 말한다.

그런데 여기서 하나님은 일 년 되고 흠 없는 수양을 드리라고 하신다. 이것은 예수 그리스도를 예표한다. 하나님께서 나의 것이라고 주장하시는 것은 바로 그분의 아들이다. 하나님은 우리가 그분의 아들을 믿음과 체험 가운데 얻어서 그분께 다시 돌려드리는 것을 기뻐하신다. 하나님께서는 우리의 기도 가운데에도 그분의 아들이 있기를 원하신다. 우리의 찬미와 감사에도 그리스도의 성분이 있기를 원하신다. 우리의 헌신에도 그리스도의 성분이 있기를 원하신다. 하나님은 우리가 자신을 드리되 그리스도를 내용으로 해서 드리기를 원하신다. 그럴 때 하나님은 그것을 '나의 예물'이라고 하시면서 받으신다. 이 부분에서 제물로 드려야 하는 그리스도는 우리의 필요를 채우기 위한 분이라기보다 아버지의 기쁨과 만족을 위한 제물이신 그리스도이다. 이는 매우 깊은 사상이다. 우리는 그리스도를 제물로 드리기 위해 부르심을 받았고 여러 과정들을 통과하면서 많은 것을 배우고 있다.

주님은 상번제만이 아니라 고운 가루 에바 십분지 일에 빻아낸 기름 힌 사분지 일을 섞어서 소제로 드리기를 원하신다[5절]. “이는 시내 산에서 정한 상번제로서 여호와께 드리는 향기로운 화제며”[6절]. 이것은 항상 드려지는 제물로서 하나님께서 시내 산에서 이미 정하신 규례이다. 무엇이 향기로운 화제인가? 이는 여호와께 드리는 제물이요, 그분의 제물(‘나의 예물, 나의 식물 되는 화제, 나의 향기로운 것’)로서 그리스도 자신이시다.

하나님은 거룩한 교회 생활 안에서 전제를 드리되 독주의 전제를 부어드리라고 하신다[7절]. 독주(strong drink)란 알코올 도수가 높은 술이다. 하나님께 이왕 전제를 드리려면 도수가 높은 강한 술을 부어드리라는 것이다. 사도 바울의 삶은 과연 독주의 전제를 부은 삶이었다.

해 질 때에는 한 어린 양을 드리되 그 소제와 전제를 아침 것같이 드리라고 했다[8절]. 그러므로 그리스도인은 아침에도 하나님께 번제와 소제를 드리고 저녁에 해 질 때에도 동일하게 제물을 드려야 한다.

안식일 제물

안식일에는 평상시에 드리는 것에 더하여 흠 없는 수양 둘을 드리고 고운 가루 에바 십분지 이를 드린다. 두 배로 드리는 것이다. 그런 날은 주일일 수도 있고 특별히 주님을 섬기기 위해 분별한 날일 수도 있다. 그런 날은 보통 날보다 두 배로 드려야 한다.

그 외에도 초하루에 드리는 제물이 있다. 오늘날 우리가 어떻게 월삭을 적용할 것인가? 우리의 환경이 바뀌었거나 어떤 특별한 일이 새로 시작될 때에 월삭을 적용할 수 있을 것이다. 환경이 바뀔 때 조심하지 않으면 우리의 영적 상태가 바뀌게 된다[11-15절].

또 정월 십사일에 드리는 유월절 제물, 처음 익은 열매를 드리는 칠칠절 혹은 초실절 제물 등이 있다.

29장

7월의 절기들 - 초하루에 드리는 나팔절

레위기에서 보았듯이 7월에 있는 절기는 나팔절로서 칠월 초일일이다. 나팔절에는 성회로 모이고 아무 노동도 하지 말아야 한다[1절]. 이제 나팔절에 드릴 제물을 보겠다.

나팔절 곧 칠월 일일에 주님께 드려야 할 제물은 번제로 수송아지 하나, 수양 하나, 일 년 되고 흠 없는 수양 일곱이다. 3절에는 소제가 나온다. 5절에서 속죄제는 수염소 하나로 드리면 된다.

7절, "칠월 십일에는 너희가 성회로 모일 것이요 마음을 괴롭게 하고 아무 노동도 하지 말 것이며". 안식한다는 것은 사람이 스스로 뭔가를 하는 것이 아니라 그리스도께서 자신 안에서 역사하시도록 하고 그분과 동역하며 순종하는 것이다. 마음을 괴롭게 하는 것은 죄악을 회개하는 심령으로 애통해하는 것이다.

7월 10일 속죄일에 드리는 제물은 나팔절인 칠월 일일에 드리는 제물과 그 양이 같다. 칠월 일일 나팔절과 칠월 십일 속죄일은 연결된 것이다. 나팔을 부는 것은 사람들로 하여금 회개하고 속죄를 받아들이게 하려는 것이며, 그래서 그 제물의 양이 같을 것이다. 즉 나팔절에 울리는 나팔은 복음의 나팔이다.

초막절 제사

칠월 십오일부터 팔 일 간은 초막절이다. 첫째 날부터 일곱째 날까지 지정하는 예물로 번제와 소제를 드려야 한다. '거룩한 대회'(solemn assembly)란 히브리어로 '아체래트'이다. 이 말의 어원은 '에워싸다', '통치하다'라는 뜻을 갖고 있다. 그러므로 이것은 교회를 가장 잘 예표하는 말이다. 즉 하나님께서 통치하시는 영역을 가리키는 것이다. 초막절 마지막 날, 곧 여덟째 날은 거룩한 대회로 모이고 아무 노동도 하지 말라고 했다. 요한복음 7장은 초막절 때 일어난 일이다. 그 마지막 날(주님은 그날을 '큰 날'이라고 하셨다) 예수께서 "누구든지 목마른 자는 내게로 와서 마시라"고 외치셨다. 결국 교회란 주님의 부르시는 외침을 듣고 모인 사람들로 이루어진다(계 22장 참조). 그 결과는 하나님의 통치하시는 영역이 생기고 거룩한 대회가 이루어지는 것이다.

35-36절, **"여덟째 날에는 거룩한 대회로 모일 것이요 아무 노동도 하지 말 것이며 번제로 여호와께 향기로운 화제를 드리되 수송아지 하나와 수양 하나와 일 년 되고 흠 없는 수양 일곱을 드릴 것이며"**. 여덟째 날에는 번제로 수송아지를 하나만 드리면 된다. 왜 마지막 날은 한 마리만 드리라고 했겠는가? 그날은 거룩한 대회로 모이는 날로서 신약의 교회 집회를 가장 온전하게 예표하는 날이라고 할 수 있다. 구약의 많은 짐승들이 제물이신 그리스도를 예표한다. 결국 초막절은 그리스도 한 분께 초점이 맞추어 있다.

여기까지가 초막절의 제물이다. 칠월 십오일부터 팔 일 동안 도합 215 마리의 짐승이 제물로 드려진다. 엄청난 양의 제물이다. 이때에 가장 많은 제물을 드린다. 그러면 궁극적으로 초막절은 무엇을 상징하는가? 주님이 다시 오실 때 이 땅에 있게 될 왕국이다. 그 왕국의 예표로서, 종려나무로 초막을 지어 일 주일 동안 거기서 살며 이스라엘 백성이 광야에서 어떻게 살았는지를 기념하는 것이다.

39절, **"너희가 이 절기를 당하거든 여호와께 이같이 드릴지니 이는 너희 서원제나 낙헌제 외에 번제, 소제, 전제, 화목제를 드릴 것이니라"**. 우리 매일의 삶은 하나님께 제물을 드리는 삶이어야 한다. 상번제를 드리고 안식일의 제물을 드리고 월삭의 제물을 드리며, 또 유월절과 오순절 또는 맥추절과 나팔절과 초막절에 제물을 드려야 한다. 어쨌든 우리는 각양 제물을 하나님께 드리는 제사장이 되어야 한다.

30장

서원에 관한 계율들

민수기 30장은 서원에 관한 말씀이다. 민수기 28장과 29장은 하나님께 제물을 드리는 장으로서, 모든 이스라엘 백성들은 반드시 하나님께 제물을 드려야 했다. 그런데 이 30장의 서원은 반드시 해야 할 어떤 것이 아니라 사람이 하나님을 기쁘시게 하기 위해 자원하여 뭔가를 하나님께 드리겠다는 것이다. 어떤 사람이 하나님을 기쁘시게 하기 위해 대가를 지불해서라도 뭔가를 바치거나 어떤 일을 하겠다고 약속하는 행위가 바로 이곳에 있는 서원(vow)이다. 사도행전 18장에서는 "바울이 일찍 서원이 있으므로 겐그레아에서 머리를 깎았더라"고 한다(행 18:18).

여기의 사람은 남자인데, 사람이 하나님께 무언가를 서약했을 때, 가령 '나는 사도 바울과 같이 장가가지 않고 내 일생을 온전히 하나님께 드리겠다'고 서약했다면, 그것을 파약하지 말고 일생을 그렇게 하나님께 드리라는 것이다[2절]. 전도서 5장 5절에서는, "서원하고 갚지 아니하는 것보다 서원하지 아니하는 것이 나으니"라고 했다. 하나님의 말씀은 이렇게 서원을 하고 갚지 않은 것보다 서원하지 않는 것이 더 낫다고 하신다.

여자가 서원하는 경우

여자의 경우 가령 '나는 주님을 위해서 결혼하지 않겠습니다. 그리고 하나님 일에만 전념하겠습니다.'라고 서원한다면, 이것이 여기에서 말하는 일종의 서원이다[3절]. 여자가 어려서 서약했을 경우에 아버지가 그것을 듣고도 아무 말이 없으면 서원을 허락한 것으로 여겨 그것을 지켜야 한다.

5절, **"그러나 그 아비가 그것을 듣는 날에 허락지 아니하면 그 서원과 마음을 제어하려던 서약이 이루지 못할 것이니 그 아비가 허락지 아니하였은즉 여호와께서 사하시리라"**. 고린도 전서 7장을 보겠다. **"누가 자기의 처녀 딸에 대한 일이 이치에 합당치 못한 줄로 생각할 때에 혼기도 지나고 그같이 할 필요가 있거든 마음대로 하라 이것은 죄 짓는 것이 아니니 혼인하게 하라…그러므로 처녀 딸을 시집 보내는 자도 잘 하거니와 시집 보내지 아니하는 자가 더 잘 하는 것이니라"**(고전 7:36-38). 우리는 여기서 딸을 시집보내고 시집보내지 않는 권한이 아버지에게 있다는 암시를 받을 수 있다. 서원은 결혼 문제에 국한된 것이 아니다. 딸의 모든 서원에 대해 그 권한을 주도적으로 행사할 수 있는 사람이 그 아버지라는 것이다. 그러므로 성경에서 우리는 자녀에 대한 아버지의 권위가 크다는 것을 알 수 있다. 성경은 자녀에게는 부모가, 아내에게는 남편이 권위자임을 말하고 있다.

아내의 서원에 대하여 남편이 허락지 않은 경우면 그 서원을 지키지 못해도 죄가 되지 않는다. 과부나 이혼당한 여자는 그녀를 통제할 남편이 없기 때문에 그 서원이나 서약을 지켜야 한다[9절].

이것은 결혼할 때 서원하는 것이 아니라 남편과 함께 살다가 아내가 서원하는 것이다. 그런데 그 서원을 남편이 알게 되었고 아무 말도 하지 않았다면 지켜야 한다[11절].

이처럼 아내의 서원에 대하여는 남편에게 그 권위가 있다[12절]. 하나님께서는 부녀자의 서원에 관하여 남편의 결정을 존중하신다.

31장

하나님의 종 모세의 마무리하는 사역 - 미디안에게 여호와의 원수를 갚다

1-3절, **"여호와께서 모세에게 일러 가라사대 이스라엘 자손의 원수를 미디안에게 갚으라 그 후에 네가 네 조상에게로 돌아가리라 모세가 백성에게 일러 가로되 너희 중에서 사람을 택하여 싸움에 나갈 준비를 시키고 미디안을 치러 보내어서 여호와의 원수를 미디안에게 갚되"**. 여기에 여호와께서 명하신바 모세가 죽기 전에 마지막으로 해야 할 일이 있다. 그것은 바로 이스라엘 자손의 원수를 미디안에게 갚는 것이다. 미디안 역시 아브라함의 자손으로서 후처 그두라의 소생이다. 그런데 이 미디안은 기드온 때부터 이스라엘의 대적이 되었다(삿 6:1).

이스라엘 백성은 발람의 꾀로 인해 미디안 여인들에게 유혹되어 음행의 죄를 짓고 우상숭배에 이끌림으로 많은 사람이 죽게 되었다. 이 미디안 사람에 대해 하나님께서는 이스라엘 자손의 원수라고 하셨고 또 여호와의 원수라고 하셨다. 모세는 31장 이전에 이미 인도 직분을 여호수아에게 넘겨주었지만 아직 모세가 해야 할 일이 남아 있었다. 그것은 바로 미디안을 심판하는 일이었다.

4-5절, **"이스라엘 모든 지파에 대하여 각 지파에서 일천 인씩을 싸움에 보낼지니라 하매 매 지파에서 일천 인씩 이스라엘 천만 인 중에서 일만 이천 인을 택하여 무장을 시킨지라"**. 열두 지파니까 한 지파에 천 명씩이면 일만 이천 명이 된다.

민수기

모세는 미디안에게 원수를 갚기 위해서 이스라엘 백성 전체를 무장시킨 것이 아니라 한 지파에 천 명씩만 무장시켰다.

모세가 이스라엘 백성들을 무장시켜서 미디안과의 싸움에 내어보낼 때 그 방법이 매우 특이하다. 여기서 모세는 제사장 엘르아살의 아들 비느하스에게 성소의 기구와 신호나팔을 들려서 그들과 함께 싸움에 보냈는데, 비느하스는 특히 25장에서 음행했던 남녀를 창으로 찔러 죽임으로 여호와의 진노를 그치게 한 사람이다. 이제 모세는 미디안에게 원수를 갚는 이 전쟁에서 당시 그 일로 하나님을 기쁘시게 했던 사람을 함께 보냈다.

미디안 다섯 왕과 함께 발람이 죽임을 당하다

7-8절, **"그들이 여호와께서 모세에게 명하신 대로 미디안을 쳐서 그 남자를 다 죽였고 그 죽인 자 외에 미디안의 다섯 왕을 죽였으니 미디안의 왕들은 에위와 레겜과 수르와 후르와 레바이며 또 브올의 아들 발람을 칼로 죽였더라"**. 이때 발람이 죽었다. 발람은 22장부터 24장까지에서 이스라엘에 대해 아주 놀라운 예언을 한 이방 선지자이다. 그러나 그는 삯에 이끌려서 꾀를 내어 이스라엘 백성으로 하여금 미디안의 여인들과 간음을 하게 했고 결국 바알브올에게 부속되게 했다. 그때 음행을 주도한 사람들이 바로 미디안 사람들이다. 그 일로 인해 이스라엘 백성들 가운데 염병이 일어났고 이만 사천 명이 죽었다. 하나님께 크게 심판을 받은 것이다.

여기서 이스라엘 군대 일만 이천 명은 미디안을 공격하여 그 모든 남자를 다 죽였으며 또 다섯 왕을 죽였고 그들과 함께 있던 발람도 죽였다. 이렇게 하여 하나님은 삯을 위해서 달려갔던 발람을 심판하신 것이다. 여기서 우리는 발람이 결국 이스라엘의 대적 미디안과 운명을 함께한 것을 볼 수 있다. 사람이 어디 있는가를 보면 그가 어디 사람인가를 알 수 있다. 발람은 결코 이스라엘 편이 아니었다. 그는 대적 편에서 살고 있다가 운명을 그들과 함께했다.

원수는 철저히 심판할수록 좋다

9-12절, **"이스라엘 자손이 미디안의 부녀들과 그 아이들을 사로잡고 그 가축**

과 양떼와 재물을 다 탈취하고 그 거처하는 성읍들과 촌락을 다 불사르고 탈취한 것, 노략한 것, 사람과 짐승을 다 취하니라 그들이 사로잡은 자와 노략한 것과 탈취한 것을 가지고 여리고 맞은편 요단 가 모압 평지의 진에 이르러 모세와 제사장 엘르아살과 이스라엘 자손의 회중에게로 나아오니라". 7절을 보면 그들이 가서 남자를 다 죽였다고 했다. 남자는 세상적인 정욕의 근원이 되는 요소이다. 그것을 다 죽여서 진멸한 것이다.

이스라엘 군대는 가서 미디안의 남자들만 죽이고 여자들은 다 살려 두었다. 그것을 본 모세는 군대의 천부장들과 백부장들에게 노했다. 여기에서 모세의 영과 군대의 장관들, 곧 천부장들과 백부장들의 영이 다름을 알 수 있다. 이 여자들도 이스라엘 백성들을 음행과 우상숭배에 끌어들여 주님께 범죄케 한 자들인데 어찌 그들을 살려 두었느냐는 것이다.

17-18절, **"그러므로 아이들 중에 남자는 다 죽이고 남자와 동침하여 사내를 안 여자는 다 죽이고 남자와 동침하지 아니하여 사내를 알지 못하는 여자들은 다 너희를 위하여 살려둘 것이니라".** 그 죄와 관련이 없는 사람들만 살려 두고 나머지는 다 죽이라고 했다. 이러한 원수에 대하여는 철저히 심판할수록 좋다. 결국 남자를 죽일 뿐 아니라 사내를 안 여자는 다 죽여야 했다.

전리품을 분배하다

이스라엘 백성들은 많은 노획물을 취했다. 엄청난 양이다. 그중에서 여호와께 구별해 드린 것이 있고, 어떤 것들은 제사장에게, 어떤 것들은 레위인에게 나누어 주었다. 여기서 우리가 배울 공과는 이것이다. 하나님의 백성들이 어떤 시험이 있어서 커다란 해를 입었을 때 하나님께서는 그 원수를 그냥 두지 않으시고 반드시 원수를 갚게 하신다는 것이다. 이 일을 통해 우리는 하나님께서 얼마나 그분의 백성들을 위하시는가를 볼 수 있고 또 그분의 온 마음이 그분의 백성에게 있다는 것을 알 수 있다. 하나님께서는 그분의 백성들을 괴롭히고 망하게 하려 했던 원수를 잊지 않으신다. 그리고 그 원수를 갚으신다[39-47절].

48-50절, **"군대의 장관들 곧 천부장과 백부장들이 모세에게 나아와서 그에게 고하되 당신의 종들의 영솔한 군인을 계수한즉 우리 중 한 사람도 축나지 아니하였**

기로 우리 각 사람의 얻은바 금 패물 곧 발목고리, 손목고리, 인장반지, 귀고리, 팔고리들을 여호와의 예물로 우리의 생명을 위하여 여호와 앞에 속죄하려고 가져왔나이다". 여기 31장에서 우리는 이스라엘 백성이 전쟁한 내역을 볼 수 있다. 이들은 전쟁할 때 싸우러 나간 일만 이천 명과 싸우러 나가지 않은 사람들이 완전히 한 마음 한 뜻이 되었다. 나가지 않은 사람들은 한 마음으로 하나님께 기도했고 싸우러 나간 사람들은 생명을 걸고 싸웠다. 여기서 "우리의 생명을 위하여 여호와 앞에 속죄하려고 가져왔나이다"라고 했다. 이들은 생명을 건 것이다.

전리품을 하나님께 드리다

이스라엘 장군들은 이 싸움은 하나님께서 싸우신 것이니 우리가 얻은 이 귀한 노획물들은 하나님께 감사 제물로 드리는 것이 마땅하다고 여겼다. 그래서 그들이 영솔했던 군인들이 얻은 금 패물, 곧 발목고리, 손목고리, 인장반지, 귀고리, 팔고리 등을 여호와께 예물로 드려 속죄하려고 가져온 것이다.

이 구절을 통해서 우리는 미디안이 이스라엘 백성들을 해하려고 했지만 하나님은 도리어 이스라엘 백성들을 일으켜 그 원수를 치게 하시고 그들에게서 하나님의 역사에 필요한 금을 얻게 하신 것을 본다. 이렇게 해서 군인들은 일만 육천 칠백 오십 세겔이라는 많은 금을 여호와께 드릴 수 있었다.

그들이 취한 금은 회막에 사용되었다. 회막이란 오늘날의 교회이고 하나님의 집이다. 즉 전쟁에서 취한 금이 주님의 집의 부요함이 된 것이다. 교회가 진실하고 충성스럽게 주님을 따른다면 어떤 시험이 있든지, 심지어 실패와 어려움이 있을지라도 결국 그 모든 상황을 통해서 하나님은 노획물을 얻게 하시고 그것으로 모든 성도들의 부족함을 채우시며 교회의 풍성이 되게 하신다. 우리가 이러한 하나님의 지혜를 생각할 때 너무나 높고 깊어서 다 측량할 수가 없다.

32장

요단 동편을 선택한 지파들

1절, "르우벤 자손과 갓 자손은 심히 많은 가축 떼가 있었더라 그들이 야셀 땅과 길르앗 땅을 본즉 그 곳은 가축에 적당한 곳인지라". 여기 르우벤 자손과 갓 자손은 가축이 심히 많은데 야셀 땅과 길르앗 땅을 바라보니 가축 먹이기에 적당한 곳이었다. 그들은 지금까지는 내내 하나님의 말씀과 약속을 주의해왔지만 자기들의 양떼와 소떼가 많다보니 야셀 땅과 길르앗 땅을 보았을 때 느낌이 생긴 것이다. 그들은 약속의 말씀보다 눈에 보이는 것에 마음이 더 끌렸다.

2-5절, "갓 자손과 르우벤 자손이 와서 모세와 제사장 엘르아살과 회중 족장들에게 말하여 가로되 아다롯과…쳐서 멸하신 땅은 가축에 적당한 곳이요 당신의 종들에게는 가축이 있나이다…땅을 당신의 종들에게 산업으로 주시고 우리로 요단을 건너지 않게 하소서". 이것이 르우벤 자손과 갓 자손의 청원이었다. 하나님께서는 이스라엘 백성이 요단을 건너서 가나안 땅에 들어가도록 계획하셨다. 그 땅을 그들에게 약속하신 것이다. 그런데 그들은 "우리로 요단을 건너지 않게 하소서"라고 하는 것이다. 요단을 건너지 않게 해달라니 이것이 도대체 무슨 말인가?

5절, "모세가 갓 자손과 르우벤 자손에게 이르되 너희 형제들은 싸우러 가거늘 너희는 여기 앉았고자 하느냐". 가나안 땅으로 들어가는 것은 가나안에 있는 족속들과 전쟁하는 것을 암시한다. 그런데 모세가 들으니까 이 사람들은 요단을 건너지 않고 요단 동편에 머물러 거기서 기업을 얻겠다는 것이다. 그래서 너희 형제들은 싸우러 가는데 너희는 어찌 싸우러 가지 않고 여기 앉았고자 하느냐고 했다. 이스라엘 자손이 다 가나안 땅에 들어가기 위해 싸워야 하는데 여기서 두 지파와 므낫세 반 지파가 가지 않겠다고 하면 나머지 사람들이 낙심하여 힘이 빠지게 될 것이 아니냐는 말이다[7절].

모세는 르우벤과 갓 지파 사람들의 청원이 처음 가데스 바네아에서 낙심하게 된 이스라엘 백성과 같은 논조라고 들은 것이다. 과거 가데스 바네아에서 열두 정탐꾼을 보냈을 때 열 명이 소극적인 보고를 하지 않았는가? 가나안 땅에는 거인들이 살고 있고 그에 비해 우리는 메뚜기 같아서 우리는 그들을 이길 수 없다고 했다. 즉 그들은 그 땅에 들어가지 않겠다고 말한 것이다. 모세는 그 사건을 상기시켜 주면서 너희가 어찌 또 이스라엘을 낙심케 하려느냐고 하는 것이다. 어떤 말을 처음 들을 때 받는 인상이 매우 중요한 때가 있다.

물론 그들의 설명을 듣고 나서 모세가 허락을 해주었지만 그들은 가는 길에 있어서 뭔가 분명치 않은 부분이 있고 경계선에 머무는 자들이라는 인상을 받게 된다.

여기서 모세는 르우벤 사람들과 갓 사람들의 청원에 대하여 상당히 염려하는 말을 했다. '다시 한 번 이스라엘 백성들을 멸망시키려고 이러한 말을 하느냐? 지금 다 함께 가서 싸워야 하는 판에 너희는 가나안을 앞에 두고 여기서 기업을 얻겠으니 요단을 건너지 않게 해 달라고 하느냐? 그런 말을 해서 이스라엘 백성을 다시 한 번 실패케 하려고 하느냐?'는 말이다.

모세는 다시 한 번 심각하게 책망한다. "보라 너희는 너희의 열조를 계대하여 일어난 죄인의 종류로서 이스라엘을 향하신 여호와의 노를 더욱 심하게 하는도다". 모세는 이어서 "너희가 만일 돌이켜 여호와를 떠나면 여호와께서 또 이 백성을 광야에 버리시리니 그리하면 너희가 이 모든 백성을 멸망시키리라"고 한다. 모세가 듣기에 그들의 말은 '여호와를 떠나겠다'는 것이었다[12-15절].

16절, **"그들이 모세에게 가까이 나아와 가로되 우리가 이곳에 우리 가축을 위하여 우리를 짓고 우리 유아들을 위하여 성읍을 건축하고"**. 르우벤과 갓 지파의 말이다. 그들은 여기서 '우리', '우리' 했다. 전부 '우리' 곧 자신들을 위한 것이다. 이 사람들은 '우리'를 위한 사람들이다. 우리 가축을 위하여 우리를 짓고 우리 유아들을 위하여 성읍을 건축하고… 그것은 곧 자기 자녀, 자기 짐승, 자기의 안주할 곳이다. 우리라는 말은 곧 자신들의 안녕과 행복을 많이 관심한다는 뜻이다.

그러나 그들은 그들의 유아들로 먼저 견고한 성읍에 거하게 한 후에 자기들은 무장하고 이스라엘 자손을 그곳에 인도하기까지 그들 앞에 행하겠다고 했다. 즉 함께 싸우러 가서 이스라엘 자손이 각기 기업을 얻기까지는 집으로 돌아오지 않을 것이고 요단 강 건너편에서는 기업을 달라고 하지 않을 것이니 허락해 달라고 간청하는 것이다[18-19절].

20절부터 24절까지는 모세가 한 말이다. 여기서 모세가 한 말에는 특히 '여호와 앞에서'(히브리어로 '리프네 예호와')라는 말이 많다. 여섯 번쯤 된다. 르우벤 자손과 갓 자손이 많이 한 말은 '우리'이다. '우리 유아', '우리 가축', '우리 집'…. 그러나 모세의 말에는 '우리' 대신 '여호와 앞에서'가 많다. 모세의 시각은 르우벤 자손이나 갓 자손과 너무 다르다. 한편은 '우리'를 관심하고 다른 한편은 '여호와'를 관심한다.

24-42절, **"갓 자손과 르우벤 자손이 모세에게 대답하여 가로되 우리 주의 명대로 종들이 행할 것이라 우리의 어린 자와 아내와 양떼와 모든 가축은 이곳 길르앗 성읍 들에 두고 우리 주의 말씀대로 종들은 무장하고 여호와 앞에서 다 건너가서 싸우리이다…모세가 길르앗을 므낫세의 아들 마길에게 주매 그가 거기 거하였고 므낫세의 아들 야일은 가서 그 촌락들을 취하고 하봇야일이라 칭하였으며 노바는 가서 그낫과 그 향촌을 취하고 자기 이름을 따라서 노바라 칭하였더라"**. 33절부터는 두 지파 반, 곧 갓 지파, 르우벤 지파, 므낫세 반 지파가 요단 동편에서 성읍들을 취한 것을 기록하고 있다.

우리는 32장을 마치면서 몇 가지를 보겠다. 첫째는 르우벤 지파와 갓 지파와 므낫세 반 지파가 이렇게 행한 것의 문제점이 무엇이냐는 것이다. 이들은 하나님께서 약속하신 땅 가나안에 들어가기 직전에 목표를 바꾸었다. 민수기 32장에 세 종류의 그리스도인이 있다. 첫째는 광야에서 원망하고 불평하고 패역하다가 엎드러져 죽은 사람들이고, 둘째는 가나안을 향해 가긴 하는데 자기를 위한 여지를 두고 우물우물하다가 미심쩍게 마무리를 짓는 사람들이고, 마지막은 절대적으로 끝까지 깨끗하게 가는 사람들이다.

33장

애굽에서 모압까지의 노정들

33장은 이스라엘 백성이 애굽에서 모압 평지까지, 즉 가나안에 들어가기 직전까지 40여 년 간의 노정을 기록한 것이다. 그들은 비록 불순종하여 40년이나 광야에서 방황하는 불쌍한 형편이 되었지만, 그 노정 가운데 하나님은 끝까지 함께하셨고(신 2:7), 그들을 이끌어 목적지로 인도하고 계신다.

"이스라엘 자손이 모세와 아론의 관할 하에 그 항오대로". '모세와 아론의 관할 하에'라는 말은 '모세와 아론의 인도 직분 아래', '모세와 아론의 손에 의해'라는 뜻이며, '항오대로'라는 말은 '군대대로' 또는 '나누어진', '배치된' 소속의 '대열대로' 함께 질서 있게 나왔다는 뜻이다. 우리가 여기서 반드시 알아야 할 것은 그리스도인의 노정을 걸어갈 때 어떤 인도 직분 아래 놓여진다는 것이다. 오늘날 어떤 그리스도인들은 거듭난 후에 아무런 인도 직분이 없이 자유롭게 마음대로 생활하는 것이 옳다는 관념을 가지고 있다. 그러나 그것은 성경적이 아니다.

2절, **"모세가 여호와의 명대로 그 노정을 따라 그 진행한 것을 기록하였으니 그 진행한 대로 그 노정은 이러하니라"**. 모세가 이스라엘 백성들이 광야에서 진행한 노정들을 하나하나 기록한 것은 여호와의 명령에 따른 것이다.

3절, **"그들이 정월 십오일에 라암셋에서 발행하였으니 곧 유월절 다음날이라 이스라엘 자손이 애굽 모든 사람의 목전에서 큰 권능으로 나왔으니"**. 라암셋은 지도에서 첫 번째 출발 지점이다. 고센 땅 라암셋이다. 출발한 그날은 유월절 다음날이며 이스라엘 백성들은 애굽 모든 사람의 목전에서 큰 권능으로 나왔다.

이스라엘 백성이 나올 때의 애굽 사람들의 상황을 말해 주고 있다. 하나님의 백성들이 원래 있던 자리에서 나올 때 하나님은 그들을 붙잡고 있던 악령을 심판하신다.

5-8절, **"이스라엘 자손이 라암셋에서 발행하여 숙곳에 진 쳤고 숙곳에서 발행하여 광야 끝 에담에 진 쳤고 에담에서 발행하여 바알스본 앞 비하히롯으로 돌아가서 믹돌 앞에 진 쳤고 하히롯 앞에서 발행하여 바다 가운데로 지나 광야에 이르고 에담 광야로 삼 일 길쯤 들어가서 마라에 진 쳤고"**. 출애굽기를 보면 마라에 왔을 때 쓴 물이 있었고 모세가 거기에 나뭇가지를 던져 넣으니까 쓴 물이 단물이 되었다. '마라'라는 이름 자체가 '쓰다'는 뜻이다.

엘림에는 종려 칠십 주가 있었고 열두 샘물이 있었다. **"엘림에서 발행하여 홍해 가에 진 쳤고 홍해 가에서 발행하여 신 광야에 진 쳤고 신 광야에서 발행하여 돕가에 진 쳤고 돕가에서 발행하여 알루스에 진 쳤고 알루스에서 발행하여 르비딤에**

진 쳤는데 거기는 백성의 마실 물이 없었더라"[10-14절]. 이스라엘 백성들의 움직임에 있어서 물은 아주 중요한 관심사이다. 그러므로 물이 있는 곳과 없는 곳을 표시했다. 그리스도인 노정에서 물이 있는 것과 없는 것은 매우 큰 차이가 있다. 물은 성령을 가리키며, 그리스도인에게는 반드시 반석에서 나는 생수가 있어야 한다. 시내 광야에서 이스라엘 백성들은 11개월 간 머물렀다. 거기에서 모세가 산에 올라가 성막의 식양을 받았고 또 가장 중요한 율법의 두 돌판을 받았다.

'기브롯핫다아와'란 '탐욕의 무덤' 혹은 '정욕의 무덤'이라는 뜻이다. 여기서 이스라엘 백성은 메추라기를 원 없이 먹었고 또 많은 사람이 죽었다.

17-18절, **"기브롯핫다아와에서 발행하여 하세롯에 진 쳤고 하세롯에서 발행하여 릿마에 진 쳤고"**. 이 하세롯이라는 곳은 지도를 보면 바란 광야와 연결되어 있는데, 여기서 미리암과 아론이 모세를 비방하는 사건이 일어난다. 그리고 그들이 바란 광야에 왔을 때(그곳이 가데스 바네아임) 열두 정탐꾼을 보내서 가나안 땅을 탐지하게 했다. 그것이 민수기 13장의 내용이다.

"릿마에서 발행하여 림몬베레스에 진 쳤고 림몬베레스에서 발행하여 립나에 진 쳤고"[19-20절]. 이러한 세세한 지명은 지도에서 찾기 어렵다. 21-35절, **"립나에서 발행하여 릿사에 진 쳤고 릿사에서 발행하여 그헬라다에 진 쳤고 그헬라다에서 발행하여 세벨 산에 진 쳤고 세벨 산에서 발행하여 하라다에 진 쳤고 하라다에서 발행하여 막헬롯에 진 쳤고 막헬롯에서 발행하여 다핫에 진 쳤고 다핫에서 발행하여 데라에 진 쳤고 데라에서 발행하여 밋가에 진 쳤고 밋가에서 발행하여 하스모나에 진 쳤고 하스모나에서 발행하여 모세롯에 진 쳤고 모세롯에서 발행하여 브네야아간에 진 쳤고 브네야아간에서 발행하여 홀하깃갓에 진 쳤고 홀하깃갓에서 발행하여 욧바다에 진 쳤고 욧바다에서 발행하여 아브로나에 진 쳤고 아브로나에서 발행하여 에시온게벨에 진 쳤고"**[21-35절].

에시온게벨은 호르산 아래 에돔 땅에 있다. **"에시온게벨에서 발행하여 신 광야 곧 가데스에 진 쳤고"**[36절]. 신 광야는 가데스 바네아와 연결된 곳이다. 이때 이스라엘 백성들은 다시 가데스에 왔다. 이스라엘 백성들이 하세롯에서 바란 광야로 간 것이 18절의 내용인데, 거기서 열두 정탐꾼을 가나안에 보내었고 돌아온 열두 정탐꾼 중 열 명이 소극적인 보고를 함으로써 온 백성이 낙담하여 밤새도록 통곡을 하면서 우리는 가나안으로 올라가지 않겠다고 했다. 가나안 땅까지 일주일이면 갈 수 있는 거리였음에도 그들은 그곳에서 불신과 거역으로 가나안에 들어가지 못하고 다시 광야로 들어가게 되었다. 그렇게 해서 이스라엘 백성들은 광야에서 40년을 헤매었다. 그리고 이제 모압 평지에 이른 것이다.

이스라엘 백성이 진행하면서부터 있었던 일을 다시 한 번 요약해 보겠다.

· 백성이 진행하자마자 악한 말로 여호와를 원망하자 여호와께서 불로 진 끝을 사르게 하심(다베라)

· 먹을 것이 없다고 원망하자 메추라기를 보내시고 탐욕을 낸 백성을 큰 재앙으로 치심(기브롯핫다아와)

· 모세가 구스 여인을 취한 것에 대해 미리암과 아론이 비방함, 이로 인해 미리암이 문둥병에 걸림(하세롯)

· 가나안 땅을 탐지하도록 열두 정탐꾼을 보냄, 이들 중 열 명의 불신의 보고(가데스 바네아)

· 열 정탐꾼의 불신의 보고로 인해 백성이 울며 원망하고 약속하신 땅에 올라가지 않겠다고 함, 여호와의 진노와 모세의 백성을 위한 기도, 그 땅을 악평한 정탐꾼들을 멸하심

· 고라와 다단과 아비람의 반역, 그들을 심판하심, 백성이 모세와 아론을 원망함으로 염병으로 치심

· 다시 신 광야 가데스로 돌아옴, 미리암이 거기서 죽음, 물로 인해 백성이 원망하자 모세가 노하여 지팡이로 반석을 두 번 내리침, 여호와께서 모세와 아론이 백성 앞에서 그분의 거룩함을 나타내지 아니함을 인해 약속하신 땅에 들어가지 못할 것이라고 하심, 아론이 호르산에서 죽음

· 백성이 길로 인해 하나님과 모세를 향하여 원망하자 불뱀을 보내어 물게 하심, 놋뱀을 장대에 매달아 쳐다본 사람은 낫게 하심

· 발람의 계략으로 인해 이스라엘 백성이 미디안 여인들과 음행함으로 우상숭배에 연루되어 하루에 이만 사천 명이 염병으로 죽음

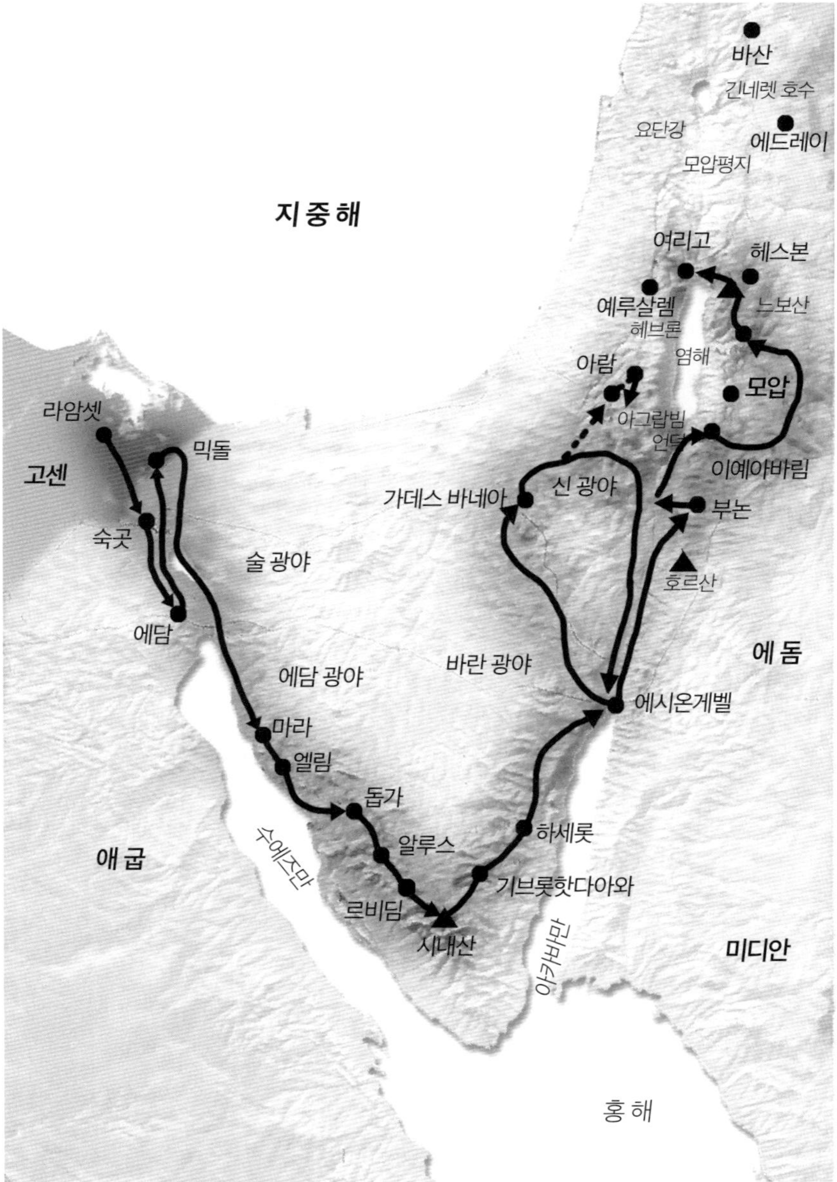

이 모든 노정을 살펴 볼 때 이스라엘 백성들에게는 허물과 실수와 실패뿐이다. 그런데도 하나님께서는 이스라엘 백성들이 거친 그 40개의 지점을 하나하나 기록하라고 하셨다. 그 모든 지점을 통과하면서 한 면으로는 그들의 육체가 드러나고 심판되었지만 또 그러면서 점차적으로 그들은 진보했다. 겉으로 볼 때에는 그 기록이 허물이요 죄요 하나님께 대한 거역이지만 그 모든 것이 나타날 때마다 하나님께서는 철저하게 심판하셨고 계속 그들을 인도하셨다. 이것이 그들의 광야 노정이다.

이제 모압 평지에서 하나님께서는 모세를 통해 이스라엘 백성에게 말씀하신다. 이스라엘 자손들이 가나안 땅에 들어가거든 그 땅 거민을 몰아내고 모든 우상을 다 파멸하라는 것이다. 이스라엘 백성들은 40 지점을 통과하는 동안 모든 육체를 심판함으로써 비로소 영적 전쟁을 할 수 있게 되었으며 대적을 쫓아낼 수 있게 되었다. 성령의 사람, 영적인 사람만이 이러한 영적 전쟁을 할 수 있으며 대적을 쫓아낼 수 있다. 그럴 때 그들 가운데에는 어떤 우상도 없게 된다. 하나님 외에 사모하는 모든 것들이 다 철저히 심판받았기 때문이다.

만일 우리가 처리해야 할 육체를 처리하지 않고 심판해야 할 것을 심판하지 않으면 언젠가 그것이 우리에게 커다란 문제로 다가오게 된다. 그것은 우리 모두에게 괴로움이 되고 옆구리를 찌르는 것이 된다.

33장의 내용은 이스라엘 백성들의 실패와 허물을 보여 주며 또 거기에 하나님의 은혜가 있음을 보여 준다. 그들은 실패하고 또 실패하지만 여전히 하나님은 그들을 한 지점에서 또 다른 지점으로 인도하시면서 돌보아 주셨다. 이와 마찬가지로 우리의 인생에서 걸어온 과정들을 하나님은 귀히 여기신다. 우리가 거친 모든 지점들을 귀히 여기신다. 우리 인생의 모든 노정의 가치는 우리의 육체가 심판되는 데 있다. 그런 모든 과정을 인해서 주님께 감사드린다.

34장

이스라엘의 기업의 땅인 가나안의 사방 경계

34장에서는 가나안 땅의 사방 경계를 말한다. 그 많은 과정을 거치면서 하나님께서는 그분의 백성의 육체를 심판하시고 이제 가나안 땅으로 이끌어들여 가나안 땅을 그들의 기업이 되게 하려 하신다. 기업이란 영어로 'inheritance'인데, 하나님께서는 사실 우리에게 가나안 땅으로 예표된 하늘에 속한 기업을 주기 원하시며 그것은 또한 그리스도의 풍성을 가리킨다.

3-5절, **"너희 남방은 에돔 곁에 접근한 신 광야니 너희 남편 경계는 동편으로 염해 끝에서 시작하여 돌아서 아그람빔 언덕 남편에 이르고 신을 지나 가데스바네아 남방에 이르고 또 하살아달을 지나 아스몬에 이르고 아스몬에서 돌아서 애굽 시내를 지나 바다까지 이르느니라".** 이 바다는 지중해를 말한다.

6절, **"서편 경계는 대해가 경계가 되나니 이는 너희의 서편 경계니라".** 서편 경계는 대해 곧 지중해이다.

7-9절, **"북편 경계는 이러하니 대해에서부터 호르 산까지 긋고 호르 산에서 그어 하맛 어귀에 이르러 스닷에 미치고 그 경계가 또 시브론을 지나 하살에난에 미치나니 이는 너희 북편 경계니라".** 북편 경계이다.

10-12절, **"너희의 동편 경계는 하살에난에서 그어 스밤에 이르고 그 경계가 또 스밤에서 리블라로 내려가서 아인 동편에 이르고 또 내려가서 긴네렛 동편 해변에 미치고 그 경계가 또 요단으로 내려가서 염해에 미치나니 너희 땅의 사방 경계가 이러하니라".** 다윗과 솔로몬 때 하나님은 창세기 15장에서 아브라함에게 약속하신 그 약속의 땅을 다 찾게 하신다. 지금 이스라엘 백성의 역량으로는 그 모든 땅을 취할 수 없기에 하나님은 그들에게 알맞은 영역을 할당해 주신 것이다.

13-17절, **"모세가 이스라엘 자손에게 명하여 가로되 이는 너희가 제비뽑아 얻을 땅이라 여호와께서 이것을 아홉 지파와 반 지파에게 주라고 명하셨나니 이는 르우벤 자손의 지파와 갓 자손의 지파가 함께 그들의 종족대로 그 기업을 받았고 므낫세의 반 지파도 기업을 받았음이라 이 두 지파와 반 지파가 여리고 맞은편 요단 건너편 곧 해 돋는 편에서 그 기업을 받았느니라 여호와께서 또 모세에게 일러 가라사대 너희에게 땅을 기업으로 나눌 자의 이름이 이러하니 제사장 엘르아살과 눈의 아들 여호수아니라".** 땅을 기업으로 나눌 자의 이름은 제사장 엘르아살과 눈의 아들

여호수아이다. 또 기업의 땅을 나누기 위해서는 족장들이 필요하다[18절].

18-29절, **"그 사람들의 이름은 이러하니 유다 지파에서는 여분네의 아들 갈렙이요…납달리 자손 지파의 족장 암미훗의 아들 브다헬이니라 하셨으니 여호와께서 명하사 가나안 땅에서 이스라엘 자손에게 기업을 나누게 하신 자들이 이러하였더라"**. 이제 마지막으로 하나님께서는 그 기업의 땅을 나눌 책임자들을 선택하셨다. 하나님의 백성의 인도자들은 언제나 하나님께서 선택하신다. 오늘날 교회 안에서 스스로 일어나 책임자가 되지 말아야 한다. 하나님으로 선택하시게 하고 하나님께서 세우시게 해야 한다. 민수기는 전투를 하여 기업을 얻기 위한 책이다. 전투는 혼란한 상태로는 하지 못한다. 각인이 자신이 좋아하는 대로, 개별적으로 할 수도 없다. 반드시 군대로 편성되어야 하고 족장들의 인도 아래서 전진해야 한다.

35장

레위인 성읍과 도피성

1-3절, **"여호와께서 여리고 맞은편 요단 가 모압 평지에서 모세에게 일러 가라사대 이스라엘 자손에게 명하여 그들의 얻은 기업에서 레위인에게 거할 성읍들을 주게 하고 너희는 또 그 성읍 사면의 들을 레위인에게 주어서 성읍으로는 그들의 거처가 되게 하고 들로는 그들의 가축과 물산과 짐승들을 둘 곳이 되게 할 것이라"**. 이 말씀은 하나님께서 이스라엘 백성들이 아직 가나안에 들어가기 전 여리고 맞은편 요단 가 모압 평지에 있을 때 하신 말씀이다.

35장의 내용은 이스라엘 백성들이 가나안에 들어가서 기업을 얻게 되면 각 지파에서 얼마씩 레위인들에게 살 거처가 될 땅과 들을 주라고 명하신 것이다. 그것은 전심으로 하나님만 섬기는 레위 지파에 대한 배려이다.

여기서 2,000 규빗이라고 했는데, 다른 몇몇 번역본에는 1,000 규빗으로 되어 있다(KJV, RSV 참조). 레위인에게 주는 성읍들은 성을 중앙에 두고 성벽에서부터 밖으로 사면 1,000 규빗씩을 측량해서 주되, 동쪽으로 1,000 규빗, 서쪽으로 1,000 규빗, 남쪽으로 1,000 규빗, 북쪽으로 1,000 규빗을 측량해 주도록 되어 있다.

레위인에게 주어야 할 성읍은 도합 48성읍인데, 그중에 여섯 성읍은 그릇 살인한 자, 말하자면 의도 없이 잘못해서 사람을 죽인 자가 도망가서 피할 도피성이다. 8절을 읽어 보면 각 지파가 그 받은 대로, 많은 땅을 기업으로 받은 지파는 많이 주고 적게 받은 지파는 적게 주고 해서 48성읍이 되었다.

이스라엘 백성들은 자신들이 얻은 기업에 비례해서 레위인들에게 주어야 했다. 이것은 여호수아 21장에 잘 기록되어 있다. 이 말씀을 읽어 보면 많이 할당받은 유다 지파의 경우는 많이 주었다. 이 말씀과 연관해서 생각할 때 오늘날 전적으로 하나님을 섬기는 사람들, 복음을 위해서 사는 사람들에 대해서 사실상 이 땅에서 직업을 가지고 돈을 버는 성도들은 그들을 공급할 필요가 있다는 것을 배워야 한다.

여기에 '도피성'이라는 말이 나온다. 이 도피성은 히브리어로 '미클랏트'로서 도피하는 성(城), 피난처라는 뜻이다. 이 도피성은 그릇 살인한 자가 도피하기 위한 곳이다. 하나님께서는 이스라엘 백성이 가나안 땅에 들어가서 해야 할 일을 몇 가지 정해 주고 계시는데, 그중 한 가지는 레위인들이 살 수 있도록 성읍들을 구별해 주고 그들의 가축이나 물산이나 짐승을 둘 수 있도록 들을 나눠주라는 것이다. 많이 얻은 지파는 많이 주고 적게 얻은 지파는 적게 주되 도합 48성읍을 만들어 주어야 하며, 그중에 6성읍은 도피성이 되게 하여 그릇 살인한 사람으로 그리로 피하게 하라고 하셨다. 이것 또한 하나님께서 이스라엘 백성에게 정해주신 것이다.

12절, **"이는 너희가 보수할 자에게서 도피하는 성을 삼아 살인자가 회중 앞에 서서 판결을 받기까지 죽지 않게 하기 위함이니라"**. 모세의 법에 의하면 '이는 이로, 눈은 눈으로' 갚으라고 했기 때문에 사람을 죽인 그 사람은 죽어야 한다. 그런데 어떤 경우 정말 죽이려는 의도가 없었는데 잘못해서 실수로 죽였을 때, 그러한 사람은 용서하고 살려주고 싶으신 것이다.

요단 동편, 즉 므낫세 반 지파, 갓 지파, 르우벤 지파를 위해 세 성읍을 도피성으로 주고, 또 가나안 땅의 아홉 지파 반을 위해 세 성읍을 도피성으로 주라고 하셨다. 비록 르우벤 지파와 갓 지파, 그리고 므낫세 반 지파가 요단 동편을 택했을지라도 하나님은 그들을 위해 도피성을 예비하셨다.

15절, "이 여섯 성읍은 이스라엘 자손과 타국인과 이스라엘 중에 우거하는 자의 도피성이 되리니 무릇 그릇 살인한 자가 그리로 도피할 수 있으리라".

'고살(故殺)'이란 고의로 죽인 것인데, 이런 사람들은 의도적으로 살인했기 때문에 다 죽이라고 했다.

민수기 35장에는 두 종류의 살인자를 말하는데, 하나는 의도적인 살인자이고 하나는 의도가 없는 살인자이다. 하나님은 의도적인 살인자에 대해서는 반드시 죽이라고 하셨다. 그러나 의도하지 않았는데 어떻게 하다가 우연히 사람을 죽였을 경우, 하나님께서는 이러한 사람들을 도피성에 보호하여 살려 주고자 하신다. 그래서 도피성 여섯 개를 두라고 하셨는데, 이 도피성들이 이스라엘 각 지파에게서 그리 멀지 않은 거리에 골고루 있게 하셨다. 요단 동편에 세 개, 그리고 가나안 땅에 세 개를 두게 하신 것이다.

이스라엘은 주 예수를 죽인 자들이 되었지만 하나님의 놀라운 은혜로 말미암아 고의적인 살인이 아닌 그릇 살인한 자들로 취급을 받았다. "아버지여 저희를 사하여 주옵소서 자기의 하는 것을 알지 못하나이다"(눅 23:34). 그러기에 이스라엘 백성들은 지금도 주님의 이 기도에 의해 누구든지 예수 그리스도를 도피성으로 취하여 믿고 그리로 피하면 죽음을 면할 수 있다. 베드로는 이에 대하여 "형제들아 너희가 알지 못하여서 그리하였으며 너희 관원들도 그리한 줄 아노라"(행 3:17)고 하였다. 이는 그들이 주 예수를 십자가에 못 박아 죽인 죄에 대하여 고의적인 살인으로 취급하지 않고 있다는 말이다. 바울 사도도 이 비밀을 알고 고백하기를, "내가 전에는 훼방자요 핍박자요 포행자이었으나 도리어 긍휼을 입은 것은 내가 믿지 아니할 때에 알지 못하고 행하였음이라"(딤전 1:13)고 하였다.

26-28절, "그러나 살인자가 어느 때든지 그 피하였던 도피성 지경 밖에 나갔다 하자 피를 보수하는 자가 도피성 지경 밖에서 그 살인자를 만나 죽일지라도 위하여 피 흘린 죄가 없나니 이는 살인자가 대제사장의 죽기까지 그 도피성에 유하

였을 것임이라 대제사장의 죽은 후에는 그 살인자가 자기의 산업의 땅으로 돌아갈 수 있느니라". 어찌되었든 죄인이 구원을 받으려면 도피성이신 그리스도 안으로 들어가는 길밖에 없다. 거기서 나오면 보장이 없다. 그런데 이 도피성에 대해 한 마디를 추가하자면, 이것은 그리스도 안에 있는 것을 말하고 복음을 말하며 동시에 교회를 말하는 것이다. 왜냐하면 이것은 실제로 장소의 문제도 있기 때문이다. 도피성은 이스라엘 백성 가운데 골고루 분산되어 있었다. 사람들이 도피하기에 너무 멀지 않도록 한 것이다.

하나님께서는 이러한 도피성의 법도를 정해 놓으시고 함부로 사람을 죽이지 못하게 하셨다. 무고한 사람의 피가 흘려질 때 그 땅이 더럽혀진다고 하셨다. 그러면서 하나님은 그 땅을 '너희 거하는 땅 곧 나의 거하는 땅'이라고 하셨다. 그러면 오늘날 하나님이 거하시고 또 우리가 거하는 땅이 어디인가? 그것은 곧 그리스도 안이요 교회이다. 교회야말로 우리가 거하고 또 하나님이 거하시는 땅이다. 그분은 이 세상에 교회를 두시어 죽을 죄인을 살리는 복음을 전하게 하셨다. 이것이 도피성의 실제이다[29-34절]. 구약의 중심도 결국은 복음에 있음을 암시하고 있다(행 26:22, 롬 3:20).

36장

여성의 상속에 대하여

1-2절, **"요셉 자손의 자손 중 므낫세의 손자 마길의 아들 길르앗 자손 가족의 두령들이 나아와 모세와 이스라엘 자손의 두령 된 족장들 앞에 말하여 가로되 여호와께서 우리 주에게 명하사 이스라엘 자손에게 그 기업의 땅을 제비 뽑아 주게 하셨고 여호와께서 또 우리 주에게 명하사 우리 형제 슬로브핫의 기업으로 그 딸들에게 주게 하였은즉"**. 므낫세 지파 슬로브핫의 딸들의 이야기는 이미 27장에서 언급된 바 있다. 그 아버지 슬로브핫이 광야에서 죽었고 또 그에게는 아들이 없고 딸들만 있기 때문에 그 기업을 딸들에게 주라고 하셨다.

3-4절, **"그들이 만일 이스라엘 자손의 다른 지파 남자들에게 시집가면 그들의 기업은 우리 조상의 기업에서 감삭되고 그들의 속할 그 지파의 기업에 첨가되리니 그러면 우리 제비 뽑은 기업에서 감삭될 것이요 이스라엘 자손의 희년을 당하여 그**

기업이 그가 속한 지파에 첨가될 것이라 그런즉 그들의 기업은 우리 조상 지파의 기업에서 아주 감삭되리이다". 이 슬로브핫 딸들의 기업은 크게 보면 요셉 자손 므낫세 지파의 기업이다. 그런데 이 딸들이 다른 지파의 남자들에게 시집을 가면 그들에게 할당된 땅이 저절로 다른 지파에게 더해지기 때문에 전체적으로 보면 요셉 자손 지파의 땅이 감소된다. 그리고 희년 때에는 아예 다른 지파의 것이 되어버린다. 그러한 경우에는 어떻게 할 것인가를 지금 묻고 있는 것이다.

5-7절, **"모세가 여호와의 말씀으로 이스라엘에게 명하여 가로되 요셉 자손 지파의 말이 옳도다 슬로브핫의 딸들에게 대한 여호와의 명이 이러하니라 이르시되 슬로브핫의 딸들은 마음대로 시집가려니와 오직 그 조상 지파의 가족에게로만 시집갈지니 그리하면 이스라엘 자손의 기업이 이 지파에서 저 지파로 옮기지 않고 이스라엘 자손이 다 각기 조상 지파의 기업을 지킬 것이니라 하셨나니"**. 이 요셉 자손 지파 딸들은 그 기업을 잃고 싶지 않으면 다른 지파의 남자에게 시집가지 말라는 것이다. 그 지파 내에서 결혼하면 그 기업이 감삭되지 않을 수 있다.

8-9절, **"이스라엘 자손의 지파 중 무릇 그 기업을 이은 딸들은 자기 조상 지파 가족되는 사람에게로 시집갈 것이라 그리하면 이스라엘 자손이 각기 조상의 기업을 보존하게 되어서 그 기업으로 이 지파에서 저 지파로 옮기게 하지 아니하고 이스라엘 자손 지파가 각각 자기 기업을 지키리라"**. 그러면 이 므낫세 지파의 딸들 중에서 다른 지파의 남자와 결혼하고 싶은 사람이 생기지 않겠는가? 물론 생길 수 있다. 그런 경우에 결혼을 하면 어떻게 되는가? 그 지파의 기업이 감소된다. 사실상 므낫세 지파의 딸들 가운데는 다른 지파의 남자가 더 좋아 보이는 경우가 생길 것이다. 하지만 자기의 원하는 대로 결혼을 하면 기업을 얻지 못한다는 것이다. 그러므로 우리는 여기서 한 가지 원칙을 발견하게 되는데, 하나님께서 약속하신 기업을 이어받으려면 자기의 선호를 버리고 순종해야 한다는 것이다.

10-12절, **"슬로브핫의 딸들이 여호와께서 모세에게 명하신 대로 행하니라 슬로브핫의 딸 말라와 디르사와 호글라와 밀가와 노아가 다 그 아비 형제의 아들들에게로 시집가되 그들이 요셉의 아들 므낫세 자손의 가족에게로 시집 간 고로 그 기업이 그 아비 가족의 지파에 여전히 있었더라"**. 결국 이 규례는 후에 그리스도께서 출생하시는 일에서 마리아와 요셉(이들 또한 같은 유다지파 다윗 자손의 사람들이었

으며, 마리아는 기업이 있는 경우며 요셉은 가난하였다)의 결혼에 적용되었다. 하나님은 이와 같이 오래 전부터 한 가지 한 가지 그분의 독생자의 출생을 준비하고 계셨다. 구약의 모든 일과 모든 규례는 결국 한 분 그리스도께 중심이 맞추어져 있음을 보는 것은 매우 중요한 일이다.

모세는 이 모든 말씀의 기록을 마치면서 이 모든 말씀이 하나님께서 주신 신탁의 말씀(God's oracle)임을 분명히하고 있다. 하나님께서 자기에게 어디에서(여리고 맞은 편 모압 평지) 말씀하셨는가도 분명히함으로써 자신이 하나님께로부터 받은 명령과 규례임을 밝힌 것이다[13절]. 즉 이는 하나님의 말씀의 권위를 더욱 강화해 주는 것이며, 하나님께서 주신 명령과 규례이기 때문에 마땅히 지켜야 한다는 것이다.

신명기

1장

모압 평지에 서서 율법을 재강론하기 직전의 일들

신명기는 하나님의 종 모세가 40년 광야 생활을 끝내고 요단 동편에 와서 약속의 땅에 막 들어가려던 시점에서 이스라엘 백성들에게 선포한 말씀을 기록한 것이다. 이는 호렙에서 이스라엘 자손과 세우신 언약 외에, 주님이 모세에게 명하사 모압 땅에서 또 그들과 세우신 언약이다(29:1). 모세는 이 말을 마치고 느보산에 올라가 그의 조상들에게로 돌아가려는 참이고, 이스라엘 백성은 가나안 땅에 들어가려는 참이다. 모세는 지난 40년을 회상하면서 엄숙하고도 애정에 찬 마음으로 이스라엘에게 교훈을 주고 있다. 교훈의 주제는 순종이다. 모세는 많은 말로 이스라엘에게 하나님의 계명에 순종할 것을 강조한다.

신명기를 말한 장소 및 때

이 '요단 저편'이 바로 모압 땅이다. 신명기의 말씀은 이 모압 평지에서 여호와께 명을 받아 모세가 선포한 내용이다[1절].

2절, "호렙 산에서 세일 산을 지나 가데스 바네아에까지 열하룻길이었더라".

호렙 산은 곧 시내 산으로서 그곳은 모세가 하나님의 부르심을 받은 곳이자 또 계명을 받은 곳이기도 하다. 호렙 산에서 세일 산을 지나 가데스 바네아까지는 열하룻길이었다. 말하자면 호렙 산에서 출발하여 가데스 바네아까지 가는 데에는 열하루가 걸린다.(이제 가데스 바네아에서 요단을 건너면 곧 가나안 땅에 들어갈 수 있다.) 이는 오늘날로 말하면 257킬로미터이며, 차로는 세 시간이면 갈 수 있는 거리이다. 그들의 수효는 육십만 장정에다 아이들과 여자와 노약자들과 몸이 약한 사람들까지 합하면 200만 정도 되었을 것이다. 호렙에서 가데스 바네아까지는 이 200만의 사람들이 걸어서 열하루면 도달할 수 있는 거리였다. 그런데 다음 구절인 3절을 보면 '제사십년 십일월 그 달 초일일에'라고 말한다. 열하루면 도착할 수 있는 곳을 사십 년이 걸려 도착한 것이다.

3절, "제사십년 십일월 그달 초일일에 모세가 이스라엘 자손에게 여호와께서 그들을 위하여 자기에게 주신 명령을 다 고하였으니". '제사십년'이란 출애굽으로부터 사십년째라는 말이다. 모세는 지금 120세이다. 모세가 출애굽할 당시는 80세였는데, 사십 년 동안 이스라엘 백성들과 함께 광야를 맴돌다가 세월을 다 보내고 이제 백이십 세의 할아버지가 되었다. 그리고 신명기 말씀을 이스라엘 백성에게 다 고한 다음에 모세는 주님께 가게 된다.

4절, "때는 모세가 헤스본에 거하는 아모리 왕 시혼을 쳐 죽이고 에드레이에서 아스다롯에 거하는 바산 왕 옥을 쳐 죽인 후라". 이때에 이스라엘 백성들이 아모리 왕 시혼에게 사자를 보내어 땅을 좀 통과하게 해달라고 부탁하면서 밭에나 포도원에 들어가지 않고 우물물도 값없이 마시지 않고 그냥 큰 길로 통행하기만 하겠다고 했다. 그러나 아모리 왕 시혼이 자기 지경으로 통과하는 것을 용납지 않고 자기 백성을 다 모아 광야로 나와서 이스라엘을 치므로 이스라엘이 칼날로 그들을 쳐서 파하고 그 땅을 아르논부터 얍복까지 점령했다. 그리고 돌이켜 바산 길로 올라갔는데 바산 왕 옥이 그 백성을 거느리고 나와서 그들을 맞아 싸우려 했다. 이때도 주님이 그들을 모세에게 붙여 이기게 하심으로 그들을 멸절시키고 그 땅을 점령한 것이다.

과거를 회상함

5-8절, **"모세가 요단 저편 모압 땅에서 이 율법 설명하기를 시작하였더라 일렀으되 우리 하나님 여호와께서 호렙 산에서 우리에게 말씀하여 이르시기를 너희가 이 산에 거한 지 오래니 방향을 돌려 진행하여 아모리 족속의 산지로 가고 그 근지 곳곳으로 가고 아라바와 산지와 평지와 남방과 해변과 가나안 족속의 땅과 레바논과 큰 강 유브라데까지 가라 하셨나니…너희 앞에 있으니 들어가서 얻을지니라"**. 여기서 모세는 과거의 역사를 회상하면서 교훈을 주고 있다. 그때 이스라엘 백성들은 호렙 산에서 일 년 가까이 있었다. 그러므로 하나님께서는 이 산에 거한 지가 오래 되었으니 이제 나아가서 가나안을 정복하라고 말씀하신다. 이때 곧바로 순종하였더라면 얼마나 좋았겠는가! 이들은 당시 호렙 산에서 십일개월 정도 머물렀고, 가데스 바네아까지 열하루를 걸려서 왔다.

9절, **"그때에 내가 너희에게 말하여 이르기를 나는 홀로 너희 짐을 질 수 없도다"**. 여기서 모세는 자기가 이스라엘 백성을 다스리기 위해 질서를 세운 것을 말하고 있다. 백성이 많아져서 모세 홀로 그들을 감당하기가 어려웠다는 것을 말한다. 그럼에도 모세는 그들의 인수가 지금도 하늘의 별같이 많거니와 하나님의 언약대로 현재보다 천 배나 더욱 많아지기를 축복한다[10-11절].

13-18절까지에서는 출애굽기 18장에서 백성들의 동의대로 각 지파를 따라 천부장, 백부장, 오십부장, 십부장, 패장 등 여러 종류의 인도자들을 세운 것을 말한다. **"내가 그때에 너희 재판장들에게 명하여 이르기를 너희가 너희 형제 중에 송사를 들을 때에 양방 간에 공정히 판결할 것이며 그들 중의 타국인에게도 그리 할 것이라 재판은 하나님께 속한 것인즉 너희는 재판에 외모를 보지 말고 귀천을 일반으로 듣고 사람의 낯을 두려워 말 것이며 스스로 결단하기 어려운 일이거든 내게로 돌리라 내가 들으리라 하였고"**[16-17절].

정탐할 사람들을 보내다

하나님의 명대로 호렙산에서 발행하여 크고 두려운 광야를 지나 가데스 바네아에 이르렀을 때를 이야기한다. 앞에 하나님께서 약속하신 땅이 있는데 이스라엘 백성이 올라가기를 주저하면서 사람을 보내어 그 땅을 정탐하게 하자고 했다는 것이다.

26-27절, **"그러나 너희가 올라가기를 즐겨 아니하고 너희 하나님 여호와의 명을 거역하여 장막 중에서 원망하여 이르기를 여호와께서 우리를 미워하시는 고로 아모리 족속의 손에 붙여 멸하시려고 우리를 애굽 땅에서 인도하여 내셨도다"**. 이스라엘 백성들은 정탐꾼들의 보고를 듣고서 부정적으로 반응했다. 그들의 보고 중에 소극적인 말이 있었던 것이다. 40년 전의 일의 회상이다.

그때 이스라엘 백성은 "우리가 어디로 갈꼬?" 하면서 방황을 시작했다. 불순종의 시작인 것이다. 28절에서 모세는 열 명의 소극적인 정탐꾼들의 말을 요약한다. 모세는 그 말을 '우리의 형제들의 말'이라고 했다. "그 백성은 우리보다 장대하며 그 성읍은 크고 성곽은 하늘에 닿았으며 우리가 또 거기서 아낙 자손을 보았노라". 이 말을 듣고 두려워하는 이스라엘 백성에게 모세는 **"그들을 무서워 말라 두려워하지 말라…사람이 자기 아들을 안음같이 너희 하나님 여호와께서 너희의 행로 중에 너희를 안으사 이곳까지 이르게 하셨느니라"**고 했다[29-31절].

32절에서 모세는 "이 일에 너희가 너희 하나님 여호와를 믿지 아니하였도다"라고 한다. 하나님께서는 사람이 그분을 믿지 않는 것을 가장 기뻐하지 않으신다. 불신은 사람들의 가장 근원적인 죄이다.

모세는 또한 **"그는 너희 앞서 행하시며 장막 칠 곳을 찾으시고 밤에는 불로, 낮에는 구름으로 너희의 행할 길을 지시하신 자니라"**[33절]고 말한다.

여호와께서 이스라엘을 벌하시다

"여호와께서 너희의 말소리를 들으시고 노하사 맹세하여 가라사대"[34절]. 하나님께서는 그 악한 세대 사람들 중에는 한 사람도 좋은 땅을 볼 자가 없을 것이며 오직 여분네의 갈렙은 온전히 여호와를 순종하였으므로 그 땅을 보고 그것을 얻을 것이라고 하셨다. 결국 어떤 사람이 복을 얻는가? 끝까지 순종하는 사람이다. 신명기의 핵심 단어가 순종이다[35-36절].

37-40절, **"여호와께서 너희의 연고로 내게도 진노하사 가라사대 너도 그리로 들어가지 못하리라 너의 종자 눈의 아들 여호수아는 그리로 들어갈 것이니 너는 그를 담대케 하라 그가 이스라엘에게 그 땅을 기업으로 얻게 하리라…너희는 회정하**

여 홍해 길로 하여 광야로 들어갈지니라 하시매". 불신하는 이스라엘에 대하여 하나님은 그분의 일정을 바꾸셨다. 이제 그들은 가나안으로 들어갈 수 없으니 다시 돌이켜 광야로 들어가라고 하셨다. 그제서야 이스라엘은 범죄하였다고 하면서 명하신 대로 올라가서 싸우겠다고 나섰다. 여호와께서 모세에게 그들더러 올라가지 말라, 싸우지도 말라 대적에게 패할까 하노라 말하라 하셨으며, 모세는 그들에게 그대로 고했지만 그들은 듣지 않고 경솔하게 병기를 가지고 산지로 올라갔다[41절]. 그때 산지에 거하는 아모리 족속이 마주 나와서 벌떼같이 그들을 좇아 세일산에서 쳐서 호르마까지 미쳤다.

그들이 돌아와서 여호와 앞에서 통곡하나 여호와께서 그들의 소리를 듣지 않으셨고 그들에게 귀를 기울이지 않으셨다고 회상한다. 그래서 그들은 가데스바네아에 여러 날 있었다[46절]. 불순종이 얼마나 처참한 결과를 가져왔는지를 말해주고 있다.

2장

이스라엘이 광야에서 보낸 나날들

1절, **"우리가 회정하여 여호와께서 내게 명하신 대로 홍해 길로 광야에 들어가서 여러 날 동안 세일 산을 두루 행하더니"**. 결국 그들은 길을 돌이켜(회정,回程), 광야로 들어가서 38년을 헤매게 되었다. 이 구절에서 "여러 날 동안 세일 산을 두루 행하더니"라고 했는데, 여기 여러 날이란 한 달이나 두 달이 아니고 38년간이다. 우리는 보통 40년이라고 말하는데, 그것은 처음 홍해를 건넜을 때부터 계산한 것이다. 이 38년 간의 역사는 신명기에서 재론하지 않는다. 다만 그렇게 되돌아갔었다는 사실만 회상하고 가나안 땅을 향하여 나아가게 한다.

세일에 거하는 에서 자손의 땅을 지나게 될 것이라 하심

2-3절, **"여호와께서 내게 고하여 이르시되 너희가 이 산을 두루 행한 지 오래니 돌이켜 북으로 나아가라"**. 하나님은 모세에게 그들이 이제는 가나안 땅에 들어갈 수 있도록 북진하라고 명하셨다.

그들이 가나안 땅에 들어가기 위해서는 세렛 시내를 건너야 했고 그러기 위해서는 에서의 지경과 모압과 암몬의 지경을 통과해야 했다. 여기서 주님은 "세일에 거하는 너희 동족 에서의 자손의 지경을 지날 때 그들과 다투지 말라 그들의 땅은 한 발자국도 너희에게 주지 아니할 것이라"고 하셨다. 그리고 "너희는 깊이 스스로 조심하라"고 하셨다. 이것은 에서의 자손에 대해서는 매우 조심성 있게 처신하라는 말씀이다[4-5절].

또 하나님께서는 에서 자손의 땅을 지날 때 돈으로 그들에게서 양식을 사서 먹으며 돈으로 그들에게서 물을 사서 마시라고 하셨다[6절]. 양식이든 물이든 다 사서 마시고 절대 그들에게 신세지지 말라고 하신다. 정당하게 그들과 거래하라는 말씀이다.

"네 하나님 여호와가 너의 하는 모든 일에 네게 복을 주고 네가 이 큰 광야에 두루 행함을 알고 네 하나님 여호와가 이 사십 년 동안을 너와 함께 하였으므로 네게 부족함이 없었느니라 하셨다 하라 하시기로…이제 너희는 일어나서 세렛 시내를 건너가라 하시기로 우리가 세렛 시내를 건넜으니"[7, 13절].

모세는 지금 이 모압 평지에서 이스라엘 백성들에게 율법을 재차 설명해주고 있는데, 그들이 모압 평지까지 온 모든 과정을 다시 한 번 서술하고 있다. 그들은 세일 산에 있다가 에서 자손과 모압 자손과 암몬 사람들의 땅을 통과해서 모압 평지로 갔다. 에돔과 모압의 국경이 세렛 시내인데 그들은 이 세렛 시내를 건너야 했다. **"가데스 바네아에서 떠나 세렛 시내를 건너기까지 삼십팔 년 동안이라 이때에는 그 시대의 모든 군인들이 여호와께서 그들에게 맹세하신 대로 진중에서 다 멸절되었나니"**[14절]. 이들은 마침내 세렛 시내를 건너서 모압 변경에 이르게 된다. 이때 그 시대의 모든 군인들은 다 죽었다. 그리고 이제 새로운 세대가 일어난 것이다. 민수기 14장 23절의 하나님의 말씀이 그대로 이루어진 것이다.

16-19절, **"모든 군인이 사망하여 백성 중에서 진멸된 후에 여호와께서 내게 일러 가라사대 네가 오늘 모압 변경 아르를 지나리니 암몬 족속에게 가까이 이르거든 그들을 괴롭게 말라 그들과 다투지도 말라 암몬 족속의 땅은 내가 네게 기업으로 주지 아니하리니 이는 내가 그것을 롯 자손에게 기업으로 주었음이로라"**. 암몬 자손하고도 다투지 말라고 하셨다. 모압이나 암몬이나 다 롯의 자손이고 하나님께서

그들에게 그곳을 기업으로 주셨기 때문이다.

20절에 나오는 '르바임'이란 거인을 뜻한다(11절 참조). 암몬 족속은 그들을 '삼숨밈'이라 불렀는데, 이 말은 히브리어로 '떠드는 자들', 또는 '악을 꾀하는 자들'이라는 뜻이다. 이들은 몸집만 큰 것이 아니라 떠들고 악을 꾀하는 자들이었다.

21절, **"그 백성은 강하고 많고 아낙 족속과 같이 키가 크나 여호와께서 암몬 족속 앞에서 그들을 멸하셨으므로 암몬 족속이 대신하여 그 땅에 거하였으니"**. 아마 하나님께서는 그 땅에 이러한 '르바임' 족속, 즉 비정상적인 악한 인간들이 사는 것보다는 그래도 모압이나 암몬이나 에서의 자손이 사는 것이 낫다고 여기셨을 것이다. 그래서 원래 살던 악한 종류의 인간들을 다 멸하시고 그 땅을 그들에게 기업으로 주신 것이다. 그러나 이들은 하나님께서 친히 인도하시고 돌보시는 이스라엘 백성과는 다르다.

22절, **"마치 세일에 거한 에서 자손 앞에 호리 사람을 멸하심과 일반이라…"**. 호리 사람은 동굴에 사는 원주민인데 에서 자손이 그들을 쫓아내었듯이 암몬 족속도 르바임을 몰아내고 대신 그 땅에 거했다는 것이다. 2장 23절까지는 모압과 암몬이 어떻게 그 거인들의 땅에 거하게 되었는가를 말해주며, 24절부터는 이스라엘이 아모리 사람 시혼과 그 땅을 정복하는 것을 기술한다.

31-36절, **"때에 여호와께서 내게 이르시되 내가 비로소 시혼과 그 땅을 네게 붙이노니 너는 이제부터 그 땅을 얻어서 기업으로 삼으라 하시더니 시혼이 그 모든 백성을 거느리고 나와서 우리를 대적하여 야하스에서 싸울 때에 우리 하나님 여호와께서 그를 우리에게 붙이시매 우리가 그와 그 아들들과 그 모든 백성을 쳤고 그때에 우리가 그 모든 성읍을 취하고 그 각 성읍을 그 남녀와 유아와 함께 하나도 남기지 아니하고 진멸하였고 오직 그 육축과 성읍에서 탈취한 것은 우리의 소유로 삼았으며 우리 하나님 여호와께서 그 모든 땅을 우리에게 붙이심으로 아르논 골짜기 가에 있는 아로엘과 골짜기 가운데 있는 성읍으로부터 길르앗에까지 우리가 모든 높은 성읍을 취하지 못한 것이 하나도 없었으나"**. 그러나 세일에 사는 에서의 자손과 암몬, 모압은 건드리지 말라고 하셨다. 이들은 모두 이스라엘의 친척들로서 하

나님께서 그들에게 거하도록 주신 땅이 있었다. **“오직 암몬 족속의 땅 얍복 강가와 산지에 있는 성읍들과 무릇 우리 하나님 여호와께서 우리의 가기를 금하신 곳은 네가 가까이 하지 못하였느니라”**[37절].

신명기 1장 4절에서는 “때는 모세가 헤스본에 거하는 아모리 왕 시혼을 쳐 죽이고 에드레이에서 아스다롯에 거하는 바산 왕 옥을 쳐 죽인 후라”고 한다. 그리고 5절은 “모세가 요단 저편 모압 땅에서 이 율법 설명하기를 시작하였더라 일렀으되”라고 한다. 모세가 요단 동편 모압 땅에서 이 율법 설명하기를 시작한 것은 이 두 전쟁을 마치고 난 뒤이다.

3장

바산 왕 옥을 정복한 이야기

1절, **“우리가 돌이켜 바산으로 올라가매 바산 왕 옥이 그 모든 백성을 거느리고 나와서 우리를 대적하여 에드레이에서 싸우는지라”**. 당시 요단 동편(Trans-Jordan) 땅에는 얍복강을 경계로 하여 두 아모리 왕국이 있었는데, 곧 헤스본을 중심으로 시혼이 통치하는 아모리 남 왕국과 옥(Og)이 통치하는 아모리 북 왕국이 그것이었다. 이 구절은 이스라엘 군대가 아모리 남 왕국을 점령하고서(민 21:24-32) 아모리 북 왕국으로 진격하는 모습을 기록한 것이다. 바산 왕 옥은 대화를 나눌 것도 없이 사람들을 끌고 와서 이스라엘을 대적하여 싸웠다.

2-3절, **“여호와께서 내게 이르시되 그를 두려워 말라 내가 그와 그 모든 백성과 그 땅을 네 손에 붙였으니 네가 헤스본에 거하던 아모리 족속의 왕 시혼에게 행한 것과 같이 그에게도 행할 것이니라 하시고 우리 하나님 여호와께서 바산 왕 옥과 그 모든 백성을 우리 손에 붙이시매 우리가 그들을 쳐서 한 사람도 남기지 아니하였느니라”**. 바산 왕 옥도 다 쳐부수었다는 말이다. 한 사람도 남기지 아니하였다는 것은 아모리 족속에게 ‘헤렘’의 원칙을 적용하였다는 말이다. 헤렘이란 우상숭배자 등에 대하여, 저주 받은 물건이나 완전히 바쳐진 것에 대하여(레 27:28-29) 그러한 재산이나 가축까지 완전히 없애게 되어 있는 것을 말한다.

결국 이스라엘 백성들은 바산 왕 옥의 나라와 전쟁을 해서 60여 성읍들을 얻었다[4절]. 이제까지 이스라엘 백성들은 광야에서 그냥 장막을 치고 살았다. 그런데 이제는 싸워서 성읍을 얻은 것이다. 2장 36절에서는 "아르논 골짜기 가에 있는 아로엘과 골짜기 가운데 있는 성읍으로부터 길르앗에까지 우리가 모든 높은 성읍을 취하지 못한 것이 하나도 없었으나"라고 말한다. 그들은 다른 사람들이 이미 만들어 놓은 성읍을 얻은 것이다. 이것은 우리가 영적 전쟁을 치름으로 주님의 유업을 얻게 될 때 예상되는 축복이다.

이 바산이라는 나라의 성읍에는 높은 성벽이 둘려 있고 문과 빗장이 있어서 견고했으며 그 외에도 성벽 없는 고을이 심히 많았다[5절]. 이를 통해 이 나라가 아주 강하고 부요했다는 것을 알 수 있다. 그러면 바산을 쳐서 이긴 것의 의미는 무엇일까? 아모리 족속은 그 자체가 악한 영을 대표하며 이 바산은 강하고 견고한 진을 가진 대적을 나타낸다.

6-9절, **"우리가 헤스본 왕 시혼에게 행한 것과 같이 그 성읍들을 진멸하되 각 성읍의 남녀와 유아를 진멸하였으나 오직 모든 육축과 그 성읍들에서 탈취한 것은 우리의 소유로 삼았으며 그때에 우리가 요단 강 이편 땅을 아르논 골짜기에서부터 헤르몬 산에까지 아모리 족속의 두 왕에게서 취하였으니 (헤르몬 산을 시돈 사람은 시룐이라 칭하고 아모리 족속은 스닐이라 칭하였느니라)"**. 헤르몬 산을 시돈 사람은 시룐이라 부르고 아모리 족속은 스닐이라고 불렀다는 기록은 이러한 말씀의 사실성을 확증해 준다.

10절. **"우리의 취한 것은 평원의 모든 성읍과 길르앗 온 땅과 바산의 온 땅 곧 옥의 나라 바산의 성읍 살르가와 에드레이까지니라"**. 이스라엘이 취한 땅이 어디서부터 어디까지인지 그 경계를 말해주고 있다.

11절, **"(르바임 족속의 남은 자는 바산 왕 옥뿐이었으며 그의 침상은 철 침상이라 지금 오히려 암몬 족속의 랍바에 있지 아니하냐 그것을 사람의 보통 규빗으로 재면 그 장이 아홉 규빗이요 광이 네 규빗이니라)"**. 이 바산 왕 옥을 쳐 죽인 것의 또 하나의 의미는 그가 르바임 족속, 즉 거인 족속의 유일한 생존자였기 때문이다. 하나님께서는 사단 마귀의 세력을 완전히 진멸하기를 원하시는데, 그분의 택하신 백성을 통해서 그 일을 하고자 하신다. 바산 왕 옥은 사단 마귀를 대표하는 악한 세력이다. 여기서는 그 거인의 모습을 묘사하기 위해 그의 철 침상의 크기를 말한 것이다. 장이 아홉 규빗이라 하면 4m 정도 된다. 골리앗의 키가 거의 3m 가까이 되니까 골리앗의 침상이 그 정도 되었을 것이다.

요단 동편에서 분깃을 얻은 지파들

12-13절, **"그때에 우리가 이 땅을 얻으매 아르논 골짜기 곁에 아로엘에서부터 길르앗 산지 절반과 그 성읍들을 내가 르우벤 자손과 갓 자손에게 주었고 길르앗의 남은 땅과 옥의 나라이었던 아르곱 온 지방 곧 온 바산으로는 내가 므낫세 반 지파에게 주었노라 (바산을 옛적에는 르바임의 땅이라 칭하더니"**. 르바임의 땅이란 거인의 땅이라는 뜻이다. 12절부터 17절까지의 말씀은 헤스본 왕 시혼과 바산 왕 옥에게서 빼앗은 요단 동편 땅을 르우벤 자손과 갓 자손과 므낫세 반 지파에게 주었다는 것을 설명하고 있다.

이 두 지파 반이 요단 동편의 헤스본 땅과 바산 왕 옥의 땅을 어떤 식으로 취하였는지를 설명하고 있다[14-17절]. 이들도 40년 광야 길을 통해 육체를 처리하고 온 것이 있어서 하나님이 약속한 바로 그 땅은 아닐지라도 그 가깝고 좋은 땅을 유업으로 받은 것이다. 비록 약속의 땅에 들어가지는 않았지만 그들은 광야에서 엎드러져 죽은 사람들과는 종류를 달리해야 한다.

18-29절은 요단 동편에서 기업을 얻은 르우벤, 갓, 므낫세 반 지파에게 이미 땅을 기업으로 얻었으니 요단 저편으로 함께 무장하고 가서 싸울 것을 명했다고 말한다[18-20절]. 그리고 얻은 기업의 땅으로 돌아가라고 했다.

후계자인 여호수아를 강화시키다

21-22절, **"그때에 내가 여호수아에게 명하여 이르기를 너희 하나님 여호와께서 이 두 왕에게 행하신 모든 일을 네가 목도하였거니와 네가 가는 모든 나라에도 여호와께서 이와 같이 행하시리니 너희는 그들을 두려워하지 말라 너희 하나님 여호와 그가 너희를 위하여 싸우시리라 하였노라"**. 이 부분은 모세가 여호수아를 격려하고 강화시키는 장면이다. 실상 요단을 건너기 전 두 왕에 대한 전투는 장래 가나안 땅의 전투에 대한 훈련의 성격을 지니기도 하고 예비이기도 하다. 그 전

투는 모세가 이끌었으며 승리를 거두었고 여호수아와 이스라엘을 크게 강화시키는 일을 한다.

모세가 약속하신 땅에 들어가게 해달라고 간구하다

25절, **"구하옵나니 나로 건너가게 하사 요단 저편에 있는 아름다운 땅, 아름다운 산과 레바논을 보게 하옵소서"**. 그러나 주님은 모세의 말을 듣지 않으시고 "그만해도 족하니 이 일로 다시 내게 말하지 말라"고 하셨다[26절]. 그러시면서 "너는 비스가 산 꼭대기에 올라가서 눈을 들어 동서남북을 바라고 네 눈으로 그 땅을 보라 네가 이 요단을 건너지 못할 것임이니라"[27절] 하셨다. 하나님께서는 모세가 비스가 산에 올라가서 그 땅을 바라보는 것까지는 허락하셨다. 그렇지만 들어가는 것은 허락지 않으셨다. 이것이 하나님의 주권이다.

28절, **"너는 여호수아에게 명하고 그를 담대케 하며 그를 강경케 하라 그는 이 백성을 거느리고 건너가서 네가 볼 땅을 그들로 기업으로 얻게 하리라 하셨느니라"**. 우리는 마지막으로 여호수아를 세우라는 하나님의 말씀에 겸허하게 순복하는 모세의 모습을 볼 수 있다. 그의 전달하는 말에는 하나님의 통치적인 다스림에 고요히 순종하며 머리를 숙이는 태도가 배어 있다. 그는 하나님의 백성들 가운데 자신의 비(非)이기성을 철저하게 실현한 사람이다. 그에게서 우리는 조금의 거역이나 시기나 질투를 찾아볼 수 없다.

29절, **"그때에 우리가 벧브올 맞은편 골짜기에 거하였었느니라"**. 벧브올 맞은편 골짜기는 모압 평지이며, 이곳이 모세가 장사된 곳이다. 신명기 34장 5-6절은, "이제 여호와의 종 모세가 여호와의 말씀대로 모압 땅에서 죽어 벧브올 맞은편 모압 땅에 있는 골짜기에 장사되었고 오늘날까지 그 묘를 아는 자가 없으니라"고 한다. 그럼에도 그의 묘는 아는 사람이 없다고 했다.

모세는 1-3장에서 그들이 왜 40년을 광야로 들어가서 방황하게 되었는가를 회상시키면서 가나안으로 향하는 노정에서 만난 대적들을 처리한 일들과 거기서 얻은 영토를 두 지파 반에게 분배한 일들을 말해주었다. 그리고 자신이 가나안 땅에 들어가지 못하게 된 일과 여호수아를 후계자로 세운 일 등을 회상시킨다. 이 모든 말씀들은 4장부터 주어지는 하나님의 명령을 더욱 엄위함 가운데서 듣게 하고 그들로 하여금 자신들의 하나님 앞에서의 현재 위치를 깨닫게 하는 데 큰 도움을 준다.

4장

율법과 계명의 재 강론 - 규례와 법도를 듣고 준행하라

신명기 4장부터는 율법과 관련된 규례와 법도를 재 강론하기 시작한다. 신명기의 단락을 구분해보자면, 모세가 백성들에게 들려준 첫 번째 강론(1:1-4:43)과 두 번째 강론(4:44-26:19, 4장 44절부터 11장까지는 주로 십계명에 대한 재강론이며 12장부터 26장까지는 관련된 계명을 재론하는 것이다)이 있고, 27장부터 30장까지는 축복과 저주이며, 31장부터 34장까지는 모세의 작별의 말씀이다.

1절, **"이스라엘아 이제 내가 너희에게 가르치는 규례와 법도를 듣고 준행하라 그리하면 너희가 살 것이요 너희의 열조의 하나님 여호와께서 너희에게 주시는 땅에 들어가서 그것을 얻게 되리라"**. 신명기 전체의 중심 되는 구절이 바로 4장 1절의 '순종'이다. 어떤 사람들이 그 땅을 기업으로 얻게 되는가? 준행하는 자들이다.

2절에서는 주님의 말씀을 가감하지 말고 지키라고 말한다. 하나님의 말씀을 있는 그대로 순종해야지 뭔가를 더하거나 빼지 말라는 것이다[2절]. 하나님은 그렇게 하는 사람을 미워하신다. 잠언 30장 6절은 말씀에 뭔가를 더하는 사람은 거짓말하는 사람이라고 했다.

3절과 4절의 바알브올의 일이란 민수기 25장에 있는 내용이다. 이스라엘 사람들이 싯딤에 있을 때에 음행을 하여 바알브올에게 부속되었다고 했다. 바알브올은 이방 신의 이름이다. 이스라엘 백성들은 발람의 계략으로 음행하게 되었고 우상 숭배를 하게 되었다. 그로 인해 여호와의 진노가 임했으며 그 결과 이만 사천 명이 죽었다. 그때 많은 사람들이 우상 숭배를 하다가 죽었으며 오직 하나님께 붙어 떠나지 않은 사람들만이 생존한 것이다. '여호와께 붙어'라는 말은 히브리어에서 '여호와께 굳게 붙어'라는 뜻이다.

모세가 이스라엘 백성들에게 규례와 율례와 법도를 가르치는 목적은 그들로 가나안 땅에 들어가서 그것을 지키고 행하게 하려는 것이다[5절]. **"너희는 지켜 행하라 그리함은 열국 앞에 너희의 지혜요 너희의 지식이라 그들이 이 모든 규례를 듣고 이르기를 이 큰 나라 사람은 과연 지혜와 지식이 있는 백성이로다 하리라"**[6절]. 이스라엘 백성들의 지혜와 지식은 다른 것이 아니라 하나님이 명하신 규례와 법도를 지켜 행하는 것이다. 그것은 오늘날 우리에게도 동일하다. 오늘날 그리스도인들의 지혜와 지식은 하나님이 하신 말씀을 순종하는 데 있지 그 말씀을 듣고 다만 머리로 이해하고 논리적으로 추론하는 데 있지 않다.

7-8절, **"우리 하나님 여호와께서 우리가 그에게 기도할 때마다 우리에게 가까이 하심과 같이 그 신의 가까이 함을 얻은 나라가 어디 있느냐 오늘 내가 너희에게 선포하는 이 율법과 같이 그 규례와 법도가 공의로운 큰 나라가 어디 있느냐"**. 여기서 모세는 이스라엘 백성들이 하나님의 말씀을 지키도록 격려하기 위해서 그들의 특권을 설명해 주고 있다. 그렇게 기도할 때마다 하나님이 가까이 계시며 뛰어난 법도를 가진 나라는 이 땅에 유일무이하다는 것이다.

우상을 만들어 섬기지 말라

9절, **"오직 너는 스스로 삼가며 네 마음을 힘써 지키라 두렵건대 네가 그 목도한 일을 잊어버릴까 하노라 두렵건대 네 생존하는 날 동안에 그 일들이 네 마음에서 떠날까 하노라 너는 그 일들을 네 아들들과 네 손자들에게 알게 하라"**. 이것이 말씀을 지키는 방법이다. 하나님의 말씀을 지키는 사람들은 하나님의 말씀을 매우 신중하게 상고하면서 힘써 지키며 자손들에게 전하며 생활하는 사람들이다. 말씀을 잊어버리지 않으려면 매일매일 읽고 기도해야 한다.

10-12절은 이스라엘 백성들이 하나님의 말씀을 받을 때의 광경이다. 모세는 그들이 율법을 받을 때의 상황을 회상하게 함으로써 하나님의 말씀의 엄위함을 일깨워주고 있다. 그들은 모세가 시내 산에서 말씀을 받을 때 산 아래에 서 있었다. 그때 산에 불이 붙어 화염이 충천하였고 유암과 구름과 흑암이 덮여 있었는데 여호와께서 화염 중에서 그들에게 말씀하시되 그분의 형상은 보이지 않고 음성만 들렸다[10-12절].

중점은 한 분 하나님만 사랑하고 섬기는 것이다. 여호와 하나님은 유일한 주시므로 우상을 피할 것을 강조한다. 하나님께서는 호렙 산 화염 중에서 말씀하실 때 이스라엘 백성들에게 아무 형상도 보여 주지 않으시고 다만 말씀하셨다. 여기서 모세는 "너희가 아무 형상도 보지 못하였은즉 깊이 삼가라"고 한다. 하나님께서 왜 그분의 형상을 전혀 나타내지 않으시고 말씀만 하셨겠는가? 그리고 왜 여기서 다시금 이 사실을 일깨우겠는가? 그것은 하나님께서 이스라엘 백성에게 말씀을 믿고 순종할 뿐 어떤 형상이든지 우상으로 만들 근거를 주지 않기 위해서였다. 말씀만을 두 돌판에 새겨주신 것은 오직 하나님의 백성이 그분의 말씀을 근거로 살게 하기 위함이다. 그 외에 다른 형상의 우상을 만들어 경배하고 섬기는 것은 우상숭배이고 하나님의 제 1, 2계명을 범하는 것이다.

20절부터 23절까지에서 모세는 하나님께서 그들을 쇠풀무 애굽에서 인도하여 내시고 자기 기업의 백성을 삼으셨기 때문에 그들이 우상을 섬겨서는 안된다고 말하고 있다. 우리가 하나님 아닌 것들을 섬길 수 없는 이유는 하나님께서 우리를 택하시어 부패하고 멸망할 세상에서 구출해내셨기 때문이다.

그런 다음 모세는 자신의 이야기를 했다. **"너희로 인하여 내게 진노하사 나로 요단을 건너지 못하며 네 하나님 여호와께서 네게 기업으로 주신 그 아름다운 땅에 들어가지 못하게 하리라고 맹세하셨은즉 나는 이 땅에서 죽고 요단을 건너지 못하려니와 너희는 건너가서 그 아름다운 땅을 얻으리니"**[21-22절].

24절, **"네 하나님 여호와는 소멸하는 불이시요 질투하는 하나님이시니라"**. 하나님은 우리가 다른 것을 사랑하고 다른 것을 의지할 때 참지 않으신다. 우리는 생계를 위해 일해야 하지만 너무 돈에 매달려 주님을 섬기는 것을 차선으로 둘 때 질투하신다. 우리는 두려워해야 한다. 이 말씀은 신약 히브리서에도 있다. "하나님은 소멸하는 불이심이니라." 우리가 만일 하나님 아닌 다른 것들을 마음 속에 가지고 있다면 하나님은 어떻게든 우리를 심판하시어 그것을 태워 버리실 것이다.

계속적으로 강조하는 것은 음행과 우상숭배에 대한 경고이다. 그 땅에 들어가서 자자손손을 낳고 살아도 우상을 숭배하면 그 땅에서 멸망할 것이라고 하신다. 우상숭배의 결과는 분열이다. 만일 어떤 사람들이든지 주님 한 분만 얻으며 그분만 섬기려 한다면 어떤 형태의 분열도 없을 것이다. 분열이란 결국 우상숭배의 죄로 인한 하나님의 심판(흩으심)의 결과라고 보아야 한다[25-28절].

30절의 "이 모든 일이 네게 임하여 환난을 당하다가 끝 날에 네가 네 하나님 여호와께 돌아와서 그 말씀을 청종하리니". 이 부분의 말씀은 예언적인 성격이 들어있다. 결국 이스라엘은 다윗 이후 쇠패하게 되었고 이 말씀대로 환난을 당하게 되지만 다시 여호와께 돌아오게 된다. 이는 이미 소폭으로 이루어졌지만 장래 왕국에서 온전하게 나타날 것이다. 네 하나님 여호와는 자비하신 하나님이라고 한다[30-31절].

하나님께서 이스라엘을 특별하게 대하심을 상기시키다

32-38절, **"네가 있기 전 하나님이 사람을 세상에 창조하신 날부터 지금까지 지나간 날을 상고하여 보라 하늘 이 끝에서 저 끝까지 이런 큰일이 있었느냐 이런 일을 들은 적이 있었느냐 어떤 국민이 불 가운데서 말씀하시는 하나님의 음성을 너처럼 듣고 생존하였었느냐 어떤 신이 와서 시험과 이적과 기사와 전쟁과 강한 손과 편팔과 크게 두려운 일로 한 민족을 다른 민족에게서 인도하여 낸 일이 있느냐 이는 다 너희 하나님 여호와께서 애굽에서 너희를 위하여 너희의 목전에서 행하신 일이라 이것을 네게 나타내심은 여호와는 하나님이시요 그 외에는 다른 신이 없음을 네게 알게 하려 하심이니라 여호와께서 너를 교훈하시려고 하늘에서부터 그 음성을 너로 듣게 하시며 땅에서는 그 큰 불을 네게 보이시고 너로 불 가운데서 나오는 그 말씀을 듣게 하셨느니라 여호와께서 네 열조를 사랑하신 고로 그 후손 너를 택하시고 큰 권능으로 친히 인도하여 애굽에서 나오게 하시며 너보다 강대한 열국을 네 앞에서 쫓아내고 너를 그들의 땅으로 인도하여 들여서 그것을 네게 기업으로 주려 하심이 오늘날과 같으니라"**. 이것은 격려하는 말씀이다. 우리를 죄와 세상에서 분별하시고 주님의 은혜의 말씀을 지금까지 듣게 하신 것은 장차 그분의 나라를 기업으로 주려 하심이다. 이는 이스라엘에 대한 하나님의 사랑이다.

39-40절, **"그런즉 너는 오늘날 상천하지에 오직 여호와는 하나님이시요 다른 신이 없는 줄을 알아 명심하고 오늘 내가 네게 명하는 여호와의 규례와 명령을 지키라 너와 네 후손이 복을 받아 네 하나님 여호와께서 네게 주시는 땅에서 한 없이**

오래 살리라".

요단 동편의 세 도피성

요단 동편 두 지파 반이 기업을 차지한 곳에 도피성 세 개를 만들어서 부지중에 오살한 자가 도피하여 생명을 보전하도록 해주었다는 것이다. 하나는 광야 평원에 있는 베셀(르우벤 지파)이요, 하나는 길르앗 라못(갓 지파)이며, 하나는 바산 골란(므낫세 지파)이다[41-43절].

모세가 율법을 선포한 곳

44-49절, **"모세가 이스라엘 자손에게 선포한 율법이 이러하니라…규례와 법도를 모세가 선포하였으니 요단 동편 벳브올 맞은편 골짜기에서라 이 땅은 헤스본에 거하는 아모리 족속의 왕 시혼에게 속하였더니 모세와 이스라엘 자손이 애굽에서 나온 후에 그를 쳐서 멸하고 그 땅을 기업으로 얻었고 또 바산 왕 옥의 땅을 얻었으니 그 두 사람은 아모리 족속의 왕으로서 요단 이편 해 돋는 편에 거하였었으며 그 얻은 땅은 아르논 골짜기 가의 아로엘에서부터 시온 산 곧 헤르몬 산까지요 요단 이편 곧 그 동편 온 아라바니 비스가 산록 아래 아라바의 바다까지니라"**. 여기 44절부터 율법의 재 강론의 두 번째 부분이라고 할 수 있는데, 먼저는 모세가 이 율법을 선포한 장소에 대해 설명한다. 그곳은 요단 동편 벳브올 맞은편 골짜기로서 헤스본에 거하는 아모리 족속의 왕 시혼에게 속했었지만 그때 이스라엘 족속이 애굽에서 나와서 쳐서 멸하여 기업으로 삼았으며, 또 바산 왕 옥의 땅이었는데 그것도 싸워서 얻은 것이다.

5장

십계명

본 장은 4장 44절에서 이어지는 모세의 두 번째 설교의 계속이다. 여기서 모세는 38년 전에 자신이 호렙 산에서 언급한 바 있는 하나님이 주신 언약을 재강론하고 있는데, 이는 그들이 가나안에 들어가서 지켜야 할 법이었다.

"모세가 온 이스라엘을 불러". 모세는 먼저 이스라엘을 소집했다. 영문 성경에는 여기에 '이스라엘아 들으라'(Hear O Israel!)는 명령이 있다. 신명기 5장은 출애굽기 20장의 십계명에 대한 재교육으로 이해하면 되겠다. **"오늘 내가 너희 귀에 말하는 규례와 법도를 듣고 그것을 배우며 지켜 행하라"**[1절].

2-3절, **"우리 하나님 여호와께서 호렙 산에서 우리와 언약을 세우셨나니 이 언약은 여호와께서 우리 열조와 세우신 것이 아니요 오늘날 여기 살아 있는 우리 곧 우리와 세우신 것이라"**. 출애굽기 19장과 20장에 있는 율법의 말씀은 그들의 열조와 맺은 것이 아니요 오늘 여기 살아 있는 이스라엘 백성과 맺은 것이라고 한다. 아브라함, 이삭, 야곱 등의 열조와 맺은 언약과 시내산에서 맺은 언약은 본질상 다르다.

4절, **"여호와께서 산 위 불 가운데서 너희와 대면하여 말씀하시매"**. 이스라엘 백성은 여호와께서 불 가운데서 말씀하시는 것을 보았다. 그들은 여호와의 불로 인하여 감히 산에 오르지 못하고 모세가 여호와와 이스라엘 백성 사이에 중재자가 되어 여호와의 말씀을 그들에게 전했다[5절]. 여기서 주신 말씀은 옛 언약이다. 그러나 새 언약은 하나님께서 사람으로 오셔서 직접 사람과 세우신 언약이기에 중재자가 필요치 않으시다.

- 제 일계명

6절, **"나는 너를 애굽 땅에서 종 되었던 집에서 인도하여 낸 너희 하나님 여호와로라"**. 먼저 하나님께서는 그분이 이스라엘 백성을 애굽 땅 종 되었던 상태에서 건져내신 분이라는 것을 말씀하신다. 그분은 이 시점에서 자신이 창조주이심을 말씀하시는 것이 아니라 구속주이심을 말씀하고 있다. **"나 외에는 위하는 신들을 네게 있게 말지니라"**[7절]. 이 '위하는'은 원문에서 '대립하다, 병립하다'라는 뜻이 있다. 만일 어떤 사람이 하나님과 재물을 대립하거나 병립하여 섬긴다면 그것은 제 일계명을 범하는 것이다.

- 제 이계명

8절, **"너는 자기를 위하여 새긴 우상을 만들지 말고 위로 하늘에 있는 것이나 아래로 땅에 있는 것이나 땅 밑 물 속에 있는 것의 아무 형상이든지 만들지 말며"**. 둘째 계명은 어떤 우상도 만들지 말고 아무 형상이든지 만들지 말라는 것이다. 하나님은 보이지 아니하시지만 실제이신 하나님이시다. 진정한 신앙은 보이지 아니하는 분을 보는 것같이 따르며 그분의 말씀을 순종하는 가운데 배양된다(히 11:3,27).

9-10절, **"그것들에게 절하지 말며 그것들을 섬기지 말라 나 여호와 너의 하나님은 질투하는 하나님인즉 나를 미워하는 자의 죄를 갚되 아비로부터 아들에게로 삼사대까지 이르게 하거니와 나를 사랑하고 내 계명을 지키는 자에게는 천대까지 은혜를 베푸느니라"**. 주님은 얼마나 우리를 사랑하시는지! 사랑이 없으면 질투가 없다. "나 여호와 너의 하나님은 질투하는 하나님인즉". 다른 것들을 만들어 놓고 경배하고 섬기면 우리 하나님께서 질투하시며 그 죄를 삼사대까지 갚겠다고 하셨다. 그러나 주님을 사랑하고 그분의 계명을 지키는 자에게는 천대까지 은혜를 베풀겠다고 하신다.

- 제 삼계명

11절, **"너는 너의 하나님 여호와의 이름을 망령되이 일컫지 말라 나 여호와는 나의 이름을 망령되이 일컫는 자를 죄 없는 줄로 인정치 아니하리라"**. 이것이 제 삼계명이다. 여호와의 이름을 망령되이 일컫는 자는 심판받을 자로 여기며 징계를 하신다는 것이다. 망령되이 일컫는다는 것은 마음과 실제에 있어서는 그분이 없으면서 그 이름만을 허무하고 거짓되게 일컫는다는 것이다.

- 제 사계명

12절, **"여호와 너의 하나님이 네게 명한 대로 안식일을 지켜 거룩하게 하라"**. 제4계명으로서 안식일에 관한 것이다. 안식일을 지키는 문제는 매우 중요하다. 이는 안식일이란 하나님과 이스라엘 간의 연결선이기 때문이다. 도적질이나 살인, 간음 등은 이방인의 양심으로도 알 수 있지만, 안식일만은 하나님의 말씀을 직접 받은 자들이 아니면, 그 언약을 사랑 안에서 받은 자들이 아니면 지킬 수 없는 것이다. 실상 안식일은 모세가 출애굽기 20장에서 율법을 받기 전부터 하나님이 명하신 명령이었다. 이미 출애굽기 16장에서 엘림과 시내 사이에서 만나를 내려주실 때도 하나님은 이스라엘이 안식일을 지키도록 훈련을 시키신 것이다. 사실 안식일은 육 일간의 창조 직후 생겨났다. 그러므로 사실 여호와의 안식일은 모든 피조물에게 해당되는 날이다. 그러나 하나님을 모르는 자들은 창조를 모르고 창조주를 모르니 안식을 모를 수밖에 없다.

- 제 오계명

"너는 너의 하나님 여호와의 명한 대로 네 부모를 공경하라 그리하면 너의 하나님 여호와가 네게 준 땅에서 네가 생명이 길고 복을 누리리라". 이제 다섯째 계명이다. 십계명의 다섯 개는 하나님을 향한 계명이고 다섯 개는 사람을 향한 계명인데, 이 다섯째 계명은 하나님을 향한 것이라고도 볼 수 있고 사람에게 대한 것이라고도 볼 수 있으며, 사람에게 대한 것으로는 첫째 계명이라고 할 수 있다.

- 제 육계명부터 제 십계명까지

17-21절, **"살인하지 말지니라 간음하지도 말지니라 도적질하지도 말지니라 네 이웃에 대하여 거짓 증거 하지도 말지니라 네 이웃의 아내를 탐내지도 말지니라 네 이웃의 집이나 그의 밭이나 그의 남종이나 그의 여종이나 그의 소나 그의 나귀나 무릇 네 이웃의 소유를 탐내지도 말지니라".** 여섯째 계명부터 열째 계명까지이다. 살인, 간음, 도적질, 거짓말, 탐욕에 대한 계명이 마지막 다섯 계명이다. 실상 우리들은 믿기 전에 이 다섯 계명을 다 어긴 사람들이라고 고백하지 않을 수 없다.

여호와의 음성 듣기를 두려워하다

22절, **"여호와께서 이 모든 말씀을 산 위 불 가운데, 구름 가운데, 흑암 가운데서 큰 음성으로 너희 총회에 이르신 후에 더 말씀하지 아니하시고 그것을 두 돌판에 써서 내게 주셨느니라".** 하나님께서는 산 위 불 가운데, 구름 가운데, 흑암 가운데서 큰 음성으로 이 모든 말씀을 이스라엘 총회에 이르신 후에 더 말씀하지 않으시고 그것을 두 돌판에 써서 모세에게 주셨다.

율법을 주실 당시 하나님은 이스라엘 백성에게 직접 가까이 오실 수 없는 상태이셨으며, 산 위에는 불이 타오르고 있었고 불 가운데 나오는 음성을 들었다. 너무 두려웠던 이스라엘 백성들도 그것을 느끼고 있었다. 그래서 중보가 필요했던 것이다. 그런데 또 한면으로 그들은 자신이 어떤 사람인지 모르기 때문에 "우리가 듣고 행하겠나이다"라고 했다[23-27절].

여기서 모세는 십계명을 받을 때의 광경과 그 당시 하나님과 했던 대화를 말해준다. 그는 어떻게 해서 이 율법이 그들에게 주어졌는지를 설명하고 있다. 그때 하나님께서 백성은 각기 장막으로 돌아가라 하시고 모세에게는 하나님 곁에서 있어서 모든 명령과 규례를 받아 그들에게 가르쳐서 그분이 기업으로 주시는 땅에서 그것을 행하게 하라고 하셨다면서 모세는 "너희에게 명령하신 대로 너희는 삼가 행하여 좌로나 우로나 치우치지 말라"고 한다[30-32절]. 좋은 그리스도인이 되려면 치우치지 말고 주님이 명령하신 대로 삼가 행해야 한다.

33절, **"너희 하나님 여호와께서 너희에게 명하신 모든 도를 행하라 그리하면 너희가 삶을 얻고 복을 얻어서 너희의 얻은 땅에서 너희의 날이 장구하리라"**. 근본적으로 그들은 이 명령을 지킬 수 없지만, 그들이 이러한 말씀을 준행하여 살고자 했을 때 그들은 약속하신 혜택을 누렸다. 그러나 지키지 못했을 때에는 그에 상당하는 징계와 형벌을 받았다.

6장

율법에 대한 태도

신명기 5장에는 하나님의 율법의 내용이 있고, 이제 6장에서는 어떻게 하나님의 율법을 지키며 하나님의 율법에 대해 어떤 태도를 가져야 하는지를 말하고 있다. 1-3절까지는 율법이 수여된 참 목적을 말해주고, 4-9절은 그 유명한 '쉐마(Shema)'에 대하여 말하고 있다. 이는 복종에 대한 중대한 원칙을 말하는 것으로서 하나님은 유일한 분이며 그분만을 사랑해야 한다는 것이다.

1절, **"이는 곧 너희 하나님 여호와께서 너희에게 가르치라 명하신바 명령과 규례와 법도라 너희가 건너가서 얻을 땅에서 행할 것이니"**. 모세는 여호와 하나님께서 이스라엘 백성들에게 가르치라고 명하신 것, 즉 하나님의 명령과 규례와 법도를 다시 한 번 그들에게 가르쳤다. 사역자는 하나님께서 명하시지 않은 것을 사람들에게 가르쳐서는 안 된다. 여기 모세처럼 하나님께서 가르치라고 명하신 것만 가감하지 말고 가르쳐야 한다.

6장에서 하나님이 이스라엘 백성들에게 주신 말씀의 핵심은 자녀들과 손자들까지도 여호와 하나님을 경외하게 하며 하나님이 그들에게 주신 명령과 규례를 지키게 하라는 것이다. 그럴 때 그들의 날은 장구하게 될 것이다[3절].

2절에서는 하나님의 말씀을 지킬 때 이스라엘 백성들이 그 땅에서 장구하게 된다고 말하며, 3절에서는 그들이 말씀을 행할 때 그들의 수효가 번성하게 된다고 말한다[3절]. 결국 이스라엘 백성이 그 땅에 들어가서 그들의 날이 장구하게 되고 그 수효가 번성하여 강대국을 이룰 수 있는 비결은 여호와 하나님의 말씀을 지키는 데 있다.

쉐마

4-5절, **"이스라엘아 들으라 우리 하나님 여호와는 오직 하나인 여호와시니 너는 마음을 다하고 성품을 다하고 힘을 다하여 네 하나님 여호와를 사랑하라"**. 이 말씀은 신약 복음서의 이곳저곳에서 읽을 수 있다. 주 예수님도 이것을 말씀하셨다. 그리고 이 말씀은 오늘날에도 유대인들이 가장 중요시하는 말씀이다. 히브리어로는 '쉐마'(들으라)라는 말이 서두에 나온다. 그래서 6장 4절부터 9절까지의 말씀을 보통 '쉐마'라고 한다. 이스라엘 백성은 이 말씀을 아침에도 읽고 저녁에도 읽곤 했다.

4절에서 "우리 하나님 여호와는 오직 하나인 여호와시니"라고 한 것은 다른 하나님이 없다는 말이다. 우리가 섬기는 하나님은 오직 한 분이시다. 그분이 바로 이 땅에 오신 예수시다. 그분은 우리의 참 하나님이시요 살아 계신 하나님이시다. **"너는 마음을 다하고 성품을 다하고 힘을 다하여 네 하나님 여호와를 사랑하라 오늘날 내가 네게 명하는 이 말씀을 너는 마음에 새기고"**[5-6절]. 여기서 하나님의 말씀을 지킬 수 있는 비결을 말하고 있다. 그것은 마음에 새기는 것이다. 하나님의 말씀을 다만 지식으로 취하는 것으로는 부족하다. 하나님의 말씀은 반드시 우리 마음에 새겨야 한다. 골로새서 3장 16절에서는 "그리스도의 말씀이 너희 속에 풍성히 거하게 하라"고 했다. 여기서 '거한다(dwell)'는 말은 집을 짓고 거주한다는 뜻이다.

7-9절, **"네 자녀에게 부지런히 가르치며 집에 앉았을 때에든지 길에 행할 때에든지 누웠을 때에든지 일어날 때에든지 이 말씀을 강론할 것이며 너는 또 그것을 네 손목에 매어 기호를 삼으며 네 미간에 붙여 표를 삼고 또 네 집 문설주와 바깥문에 기록할지니라"**. 이 말씀에 의거하여 유대인들은 이것을 외적으로 실행했다. 그들은 말씀을 기록한 경문을 손목에 매고 미간에 붙이고 집의 문설주와 바깥문

에도 말씀을 기록했다. 주 예수님이 이 땅에 오셨을 때 그들이 겉으로는 율법을 따라 그렇게 행했지만 그 속에 하나님을 사랑하는 것이 없었다. 하나님은 밖의 행위만이 아닌 마음으로 하나님을 사랑하기를 원하셨다. 하나님의 말씀을 그들 마음에 새김으로 이러한 밖의 표현이 있기를 원하신 것이다.

불순종에 대한 경고

하나님은 질투하는 하나님이시기 때문에 믿는이들이 하나님을 떠나서 하나님 외에 다른 것들을 섬기는 것은 하나님을 진노하시게 한다[15절]. "너희가 맛사에서 시험한 것같이 너희의 하나님 여호와를 시험하지 말고"[15절]. 이는 출애굽기 17장에 있는 내용이다. 맛사란 히브리어로 '시험'이라는 뜻이다. "백성이 모세와 다투어 가로되 우리에게 물을 주어 마시게 하라 모세가 그들에게 이르되 너희가 어찌하여 나와 다투느냐 너희가 어찌하여 여호와를 시험하느냐…그가 그곳 이름을 맛사라 또는 므리바라 불렀으니 이는 이스라엘 자손이 다투었음이요 또는 그들이 여호와를 시험하여 이르기를 여호와께서 우리 중에 계신가 아닌가 하였음이더라"(출 17:2,7). 하나님을 시험하는 것은 곧 그분의 존재를 의심하는 데서 온다. 마음속에 그분의 살아계심이 분명하다면 어찌 그분을 시험할 수 있겠는가?

하나님의 백성들은 하나님의 말씀을 마음속에 새기고 그분의 명령을 지킬 때 하나님 보시기에 정직하고 선량한 일을 행하게 된다. 이것이 하나님의 원하심이다. 그럴 때 하나님께서는 약속하신 땅을 우리에게 주신다.

부모들은 반드시 자녀들에게 하나님의 구원의 이야기를 들려주어야 한다. 하나님께서 그들을 어떻게 인도하여 내셨는가를 알려주고, 구원의 복음을 전해줌으로 그리스도의 한량없는 은혜를 깨닫게 해주어야 한다.

가나안에 들어가 거하게 될 이스라엘 백성들은 자신들이 말씀을 지킬 뿐 아니라 자녀들에게도 전수해서 자녀들 또한 말씀을 지키며 생활할 수 있도록 이끌어주어야 한다. 특별히 자녀들에게 그리스도의 구속의 은혜를 말해주어야 한다. 우리가 어떠한 죄인의 상태에서 은혜를 얻고 용서를 받고 긍휼을 얻었는지! 우리는 이에 근거해서 다른 사람을 용서하고 사랑하며 긍휼을 베푸는 것이다.

결국 구약 시대에도 하나님께서 얻고자 하신 것은 의로운 백성이다. 하나님께서는 크신 일을 행하셔서 그분을 닮은 의로운 백성 얻기를 원하신다.

7장

여호와께서 택하신 민족

신명기 7장은 이스라엘 백성이 가나안 땅에 들어가서 어떻게 행할 것인지, 또 어떻게 대적과 분별되어 우상을 섬기지 아니하며 어떻게 승리할 것인지 등의 실제적인 문제를 다루고 있다. 6장이 제 1계명을 중점적으로 다루었다면, 7장은 우상을 숭배하지 말라는 제 2계명을 중점적으로 다루고 있다.

먼저, 이스라엘 백성은 그들이 가나안 땅으로 들어가는 일을 누가 주도하는지를 알아야 한다. "여호와께서 너를 인도하사 네가 가서 얻을 땅으로 들이시고"(1절). 하나님께서는 가나안을 기업으로 얻을 사람들에게 강하고 수효도 많은 족속들을 붙여서 싸워 이기게 하신다(2절). 이스라엘 백성은 그 땅에 들어가서 이러한 대적들을 만나면 그들을 다 진멸하게 되어 있었다. '진멸'이란 히브리어로 '카람'인데, 희생 제물이라는 뜻도 있다. 하나님께서는 그들과 언약하지 말고 그들을 불쌍히 여기지도 말라고 하셨다.

3-4절, **"또 그들과 혼인하지 말지니 네 딸을 그 아들에게 주지 말 것이요 그 딸로 네 며느리를 삼지 말 것은 그가 네 아들을 유혹하여 그로 여호와를 떠나고 다른 신들을 섬기게 하므로 여호와께서 너희에게 진노하사 갑자기 너희를 멸하실 것임이니라"**. 이것은 다 이스라엘이 가나안 일곱 족속을 어떻게 대할 것인지를 말씀하는 것이다. 하나님께서는 이스라엘 백성들에게 그 땅에 들어가면 일곱 족속을 다 진멸하고 그들과 어떤 언약도 세우지 말며 그들을 불쌍히 여기지도 말라고 하신다. 더욱이 그들과 결혼 등으로 섞여서는 안 되며 분별되어야 한다고 하신다.

5절, **"오직 너희가 그들에게 행할 것은 이러하니 그들의 단을 헐며 주상을 깨뜨리며 아세라 목상을 찍으며 조각한 우상들을 불사를 것이니라"**. 가나안 땅 족속들의 단을 헐고 주상을 깨뜨리며 아세라 목상을 찍으며 조각한 우상들을 불사르라고 하셨다. 주상이란 고정된 기둥을 우상 삼는 것이다. 그리고 아세라 목상은 여신이다. 아마 다소 부드러운 신(神)일 것이다. 또 조각한 우상은 거기에 뭔가 인간의 공교한 기술이 들어가고 사람들의 찬탄을 자아낼 만한 것이 있을 것이다.

6절, **"너는 여호와 네 하나님의 성민이라 네 하나님 여호와께서 지상 만민 중에서 너를 자기 기업의 백성으로 택하셨나니"**. 여기서는 이스라엘 백성들이 가나안 땅에 들어가서 왜 그 땅의 족속들을 다 진멸해야 하며 그들과 혼인하지 말아야 하며 그들의 모든 우상들을 불살라 버려야 하는지를 말해준다. 그것은 이스라엘이 여호와 하나님의 성민이기 때문이다. 그들은 하나님께서 특별히 선택하신 백성이기 때문에 분별되지 않으면 안 되는 것이다.

7절, **"여호와께서 너희를 기뻐하시고 너희를 택하심은 너희가 다른 민족보다 수효가 많은 연고가 아니라 너희는 모든 민족 중에 가장 적으니라"**. 큰 것을 좋아하지 말라! 적은 무리를 하나님이 택하신다. 하나님께서 그들을 선택하신 것은 그들이 매우 작은 민족이기 때문이며 그들을 애굽 왕 바로의 손에서 속량해 내신 것은 다만 그들을 사랑하시기 때문이다. 또 열조인 아브라함과 이삭과 야곱에게 하신 맹세를 지키시기 위해서다[8절].

9절, **"그런즉 너는 알라 오직 네 하나님 여호와는 하나님이시요 신실하신 하나님이시라 그를 사랑하고 그 계명을 지키는 자에게는 천대까지 그 언약을 이행하시며 인애를 베푸시되"**. 우리는 우리 하나님 여호와는 하나님이시요 신실하신 하나님이심을 알아야 한다. 여기서 하나님은 그분의 신실하심을 강조하신다. 하나님은 그분을 사랑하고 기꺼이 그 계명을 지키려 하는 자들을 참으로 사랑하신다. 그러한 사람들에게는 천대까지 그 언약을 이행하겠다고 말씀하셨다. 하나님은 언약의 하나님이시다. 약속하시고 그것을 이행하기를 기뻐하신다.

10절, **"그를 미워하는 자에게는 당장에 보응하여 멸하시나니 여호와는 자기를 미워하는 자에게 지체하지 아니하시고 당장에 그에게 보응하시느니라"**. 하나님은 그를 미워하는 자를 보응하여 멸하신다고 하셨다. 결국 계명을 지키는 것도 하나님을 사랑하는 문제인 것이다. 그러나 사람들이 그 반대로 하나님을 미워하는 상태에 이를 수 있다. 여기서 '당장'이라는 말은 원문에서 '그들의 얼굴을 향하여(to their faces)'라는 뜻이다. 하나님은 그를 미워하는 자들, 즉 악행하는 자들의 얼굴을 향하여 보응하신다. 베드로 전서 3장의 말씀과 같은 말씀이다 ("주의 낯은 악행하는 자들을 향하시느니라"-12절).

법도를 듣고 지키며 행하는 자의 축복

11-12절, **"그런즉 너는 오늘날 내가 네게 명하는 명령과 규례와 법도를 지켜 행할지니라 너희가 이 모든 법도를 듣고 지켜 행하면 네 하나님 여호와께서 네 열조에게 맹세하신 언약을 지켜 네게 인애를 베푸실 것이라"**. 첫째는 잘 들어야 하고(listen), 둘째는 지키며(keep), 셋째는 행하는(do) 것이다. 이 세 단어를 주의하기 바란다. 그럴 때 복을 받는다. "네 하나님 여호와께서 네 열조에게 맹세하신 언약을 지켜 네게 인애를 베푸실 것이라".

13절, **"곧 너를 사랑하시고 복을 주사 너로 번성케 하시되 네게 주리라고 네 열조에게 맹세하신 땅에서 네 소생에게 은혜를 베푸시며 네 토지소산과 곡식과 포도주와 기름을 풍성케 하시고 네 소와 양을 번식케 하시리니"**. 그분의 말씀을 지키는 자들에게 임하는 축복이다. 이것을 구약에 국한된 말씀이라고만 생각해서는 안 된다. 하나님은 한 번 세우신 언약은 구약 때든 신약 때든 그대로 다 지키신다.

14-15절, **"네가 복을 받음이 만민보다 우승하여 너희 중의 남녀와 너희 짐승의 암수에 생육하지 못함이 없을 것이며 여호와께서 또 모든 질병을 네게서 멀리하사 너희가 아는바 그 애굽의 악질이 네게 임하지 않게 하시고 너를 미워하는 모든 자에게 임하게 하실 것이라"**. 만일 우리가 참으로 주님의 말씀을 지키고 주님을 사랑하는 자들이 된다면 육신의 건강도 허락하신다.

가나안 땅에서 맞닥뜨리게 될 대적을 두려워 말라

16절, **"네 하나님 여호와께서 네게 붙이신 모든 민족을 네 눈이 긍휼히 보지 말고 진멸하고 그 신을 섬기지 말라 그것이 네게 올무가 되리라"**. 하나님께서 진멸하시고자 하는 대적을 우리가 긍휼히 여긴다면 우리는 하나님과 일치되지 않은 것이다.

17-19절, **"네가 혹시 심중에 이르기를 이 민족들이 나보다 많으니 내가 어찌 그**

를 쫓아낼 수 있으리요 하리라마는 그들을 두려워 말고 네 하나님 여호와께서 바로와 온 애굽에 행하신 것을 잘 기억하되 네 하나님 여호와께서 너를 인도하여 내실 때에 네가 목도한 큰 시험과 이적과 기사와 강한 손과 편 팔을 기억하라 그와 같이 네 하나님 여호와께서 네가 두려워하는 모든 민족에게 행하실 것이요". 가나안 땅에서 맞닥뜨리게 될 대적들을 두려워하지 말라고 했다. 왜냐하면 이미 이스라엘을 위해 기적을 베푸시고 강한 손과 편 팔로 그들을 애굽에서 이끌어내신 그 하나님께서 그들이 두려워하는 모든 민족에게 똑같이 행하실 것이기 때문이다.

20절, "네 하나님 여호와께서 또 왕벌을 그들 중에 보내어 그들의 남은 자와 너를 피하여 숨은 자를 멸하시리니". 하나님께서 모든 것을 행하시므로 우리의 할 일은 다만 그분의 말씀을 지키고 그분을 바라보며 의지하는 것이다. 그러면 그분이 우리를 위해 싸우시고 이기신다. 그래도 남아 있는 대적이 있고 피해서 숨은 자들이 있다면 왕벌을 보내서 그들을 멸하시겠다고 했다. 이는 어떤 방법으로든 대적을 다 멸하시겠다는 말씀이다.

21절, "너는 그들을 두려워 말라 너희 하나님 여호와 곧 크고 두려운 하나님이 너희 중에 계심이니라". 크고 두려우신 하나님이 너희 중에 계시니 대적을 멸하는 일에 두려워 말라고 하신다.

22-23절, "네 하나님 여호와께서 이 민족들을 네 앞에서 점점 쫓아내시리니 너는 그들을 급히 멸하지 말라 두렵건대 들짐승이 번성하여 너를 해할까 하노라 네 하나님 여호와께서 그들을 네게 붙이시고 그들을 크게 요란케 하여 필경은 진멸하시고". 하나님께서는 점점 쫓아내신다는 원칙을 갖고 계시며 그다음은 그들을 네게 붙이겠다고 하신다.

탐심은 우상숭배로 이끈다

24-26절, "그들의 왕들을 네 손에 붙이시리니 너는 그 이름을 천하에서 제하여 버리라 너를 당할 자가 없이 네가 필경은 그들을 진멸하리라 너는 그들의 조각한 신상들을 불사르고 그것에 입힌 은이나 금을 탐내지 말며 취하지 말라 두렵건대 네가 그것으로 인하여 올무에 들까 하노니 이는 네 하나님 여호와의 가증히 여기시는 것임이니라 너는 가증한 것을 네 집에 들이지 말라 너도 그와 같이 진멸당할 것이

될까 하노라 너는 그것을 극히 꺼리며 심히 미워하라 그것은 진멸당할 것임이니라". 결국 7장의 우상숭배를 금하게 하는 비결은 하나님을 사랑하는 것이며, 하나님을 사랑하는 것에서 떠나게 하는 가장 큰 문제는 돈을 사랑하는 것이다.

"너는 그것을 극히 꺼리며 심히 미워하라 그것은 진멸당할 것임이니라". 하나님의 말씀은 아주 분명하다. 그런데 우리는 그러한 것들에 붙어 있는 금과 은 때문에 그것들을 긍휼히 여기게 되고 하나님과 일치되지 않은 태도를 취하는 것이다. 결론적으로 7장의 요약은 제 2계명으로서 오로지 하나님의 자녀들은 하나님만을 사랑하고 금전이나 다른 어떤 것도 사랑해서는 안 된다는 말씀이다.

8장

지나온 역사를 회상하게 함으로 순종을 강화함

8장은 계속해서 계명을 전달하는 설교이지만 그 방법에 있어서 앞장들과 차이가 있다. 7장까지는 훈계와 경고를 해왔다면, 8장은 과거 역사를 실례로 들어 교훈을 순종하도록 강화하고 있다. 이는 특히 광야에서 40년 동안 행한 역사들을 상기시켜 줌으로써 그렇게 한다[1-6절]. 그런 다음 가나안 땅의 아름다움을 강조하면서 이스라엘이 그에 대하여 감사하는 마음으로 순종할 것을 권한다[7-10절]. 그리고 11절부터 20절까지는 그 땅에 들어가서 풍요롭게 될 때에 하나님의 은혜를 결코 잊지 말라고 권하는 내용이다.

1절, **"내가 오늘날 명하는 모든 명령을 너희는 지켜 행하라 그리하면 너희가 살고 번성하고 여호와께서 너희의 열조에게 맹세하신 땅에 들어가서 그것을 얻으리라"** 말씀을 지켜야 살고 번성할 수 있다는 이 말씀은 이곳저곳에서 반복하여 주신 말씀이다. 하나님의 종 모세는 거듭거듭 이스라엘 백성들에게 하나님께서 그들에게 주신 계명을 지키고 행하도록 권면하고 있다. 그래야만이 그 열조에게 맹세하신 땅에 들어가서 그 기업의 땅을 얻을 수 있다고 말씀하신다. 여기서 '지켜 행하라'는 말은 영문 성경에서 '주의해서 행하라'(be careful to do)는 뜻이 있다. 조심스럽게 행하라는 뜻이다.

2-3절, **"네 하나님 여호와께서 이 사십 년 동안에 너로 광야의 길을 걷게 하신 것**

을 기억하라 이는 너를 낮추시며 너를 시험하사 네 마음이 어떠한지 그 명령을 지키는지 아니 지키는지 알려 하심이라 너를 낮추시며 너로 주리게 하시며 또 너도 알지 못하며 네 열조도 알지 못하던 만나를 네게 먹이신 것은 사람이 떡으로만 사는 것이 아니요 여호와의 입에서 나오는 모든 말씀으로 사는 줄을 너로 알게 하려 하심이니라". 여기서 하나님이 40년 동안 이스라엘로 광야 길을 걷게 하신 것은 그들을 낮추시기 위한 것이라고 했다. 결국 그들이 하나님을 거역한 것은 교만하기 때문이다. 피조된 사람의 타락은 사람에게 교만을 가져왔다. 사람이 교만하면 자신을 알지 못한다. 하나님께서는 사십 년 동안 이스라엘 백성들로 광야의 많은 지점들을 통과하게 하시면서, 또 여러 상황들을 만나게 하시면서 인간 타락의 상태가 어떠하다는 것이 다 드러나게 하셨다. 그들은 철저하게 실패했고 심판을 받았다. 그런 과정에서 그들은 하나님 앞에 낮아질 수 있었다. **"이 사십 년 동안에 네 의복이 해어지지 아니하였고 네 발이 부릍지 아니하였느니라"**[4절].

모세는 또한 이스라엘 백성들에게 40년 동안에 너희의 의복이 해어지지 않았고 발이 부르트지 않았다는 것을 상기시켜 주었다. 하나님께서는 그렇게 40년 동안 그들을 돌봐주셨다. 어찌하든 하나님의 목적은 그들이 하나님의 입으로 나오는 모든 말씀을 의지해서 살 수 있게 하려는 것이었다. 모든 공급의 근원이 하늘에 있다는 것을 알려주려는 것이었다. 그 건조한 광야에서 도대체 어디서 옷이 생기고 신발이 생기겠는가? 그런 곳에서 그들이 옷이 해어지지 않고 발이 부르트지 않았다면 그것은 틀림없이 하나님께서 돌봐주신 것이다. 이 기본적인 믿음이 결여되면 더 먼 길을 걸어갈 수 없다.

5절, "너는 사람이 그 아들을 징계함같이 네 하나님 여호와께서 너를 징계하시는 줄 마음에 생각하고". 하나님의 사랑은 그분의 백성들에게 먹을 것과 입을 것을 주시고 신을 것을 주셔서 보살피신다. 그러나 또 한 면으로는 징계도 주신다. 어떤 사람들은 입을 것을 주시고 먹을 것을 주시면 하나님의 사랑을 느끼지만 징계를 주시면 사랑이 아니라고 말할 것이다. 그러나 여기서 모세는 네 하나님 여호와께서 그 아들을 징계함같이 너를 징계하시는 줄 마음에 생각하라고 했다. **"네 하나님 여호와의 명령을 지켜 그 도를 행하며 그를 경외할지니라"**[6절].

하나님께서 40년 동안 이스라엘 백성을 광야에 두시고 먹이시고 입히시면서도 징계하신 목적은 하나님의 명령을 지키고 그 도를 행하며 그분을 경외하게 하기 위해서이다. 여기서 도를 행한다는 말은 그분의 길 안에서 행한다(to walk in His ways)는 말이다.

약속하신 땅의 아름다움과 풍성함으로 격려함

7절, **"네 하나님 여호와께서 너로 아름다운 땅에 이르게 하시나니 그곳은 골짜기에든지 산지에든지 시내와 분천과 샘이 흐르고"**. 하나님은 이스라엘이 장차 들어갈 가나안 땅이 아름답고 부요한 땅이라는 것을 알려주심으로써 그들이 그분의 말씀에 순종하는 삶을 살도록 격려하신다. 이 아름다운 땅은 하나님께서 약속하신 가나안 땅이다. 아름다운 땅은 곧 좋은 땅(Good land)이다. 7-10절은 그 땅의 아름다움과 풍성함을 그리고 있다. 이는 하나님이 그분의 성도들에게 주시는 기업의 땅에 대한 스케치이다.

8절, **"밀과 보리의 소산지요 포도와 무화과와 석류와 감람들의 나무와 꿀의 소산지라"**. 밀과 보리는 주된 식물(食物)이다. 이것은 우리가 항상 먹는 음식이다. 포도와 무화과는 일종의 음료라고 할 수 있다. 보리와 밀은 우리의 주식이지만 그것만 먹는다고 되는 것이 아니다. 마실 음료도 필요하다. 그래서 포도, 무화과, 석류 등의 과일이 있는 것이다. 석류는 얼마나 풍성한 생명을 보여주는지! 이는 우리를 신선하게 해주는 풍성한 생명을 의미한다. 감람은 기름이다. 성령의 기름, 등불을 켜서 어둠을 비출 수 있는 것은 감람기름이다. 그다음은 꿀이다. 이는 달콤한 누림이다.

9절, **"너의 먹는 식물의 결핍함이 없고 네게 아무 부족함이 없는 땅이며 그 땅의 돌은 철이요 산에서는 동을 캘 것이라"**. 식물의 결핍이 없으며 또 철이 나고 동이 난다. 이러한 지점에 이른 성도들만이 철과 동으로 영적 전쟁을 할 수 있다. 광야에서 맴도는 사람들은 아직 원망과 거역이 가득하기 때문에 전쟁할 수 없다. 하나님의 군사로서 싸울 수 없는 것이다.

네 하나님 여호와를 잊어버리지 말라

10-11절, **"네가 먹어서 배불리고 네 하나님 여호와께서 옥토로 네게 주셨음을 인하여 그를 찬송하리라 내가 오늘날 네게 명하는 여호와의 명령과 법도와 규례를**

지키지 아니하고 네 하나님 여호와를 잊어버리게 되지 않도록 삼갈지어다". '오늘날 네게 명하는 명령과 법도와 규례'를 지키지 않는 것이 바로 불순종이다. 이러한 불순종하는 죄를 짓지 않도록, 그리고 '네 하나님 여호와를 잊어버리게 되지 않도록' 삼가라고 한다.

12-15절, "네가 먹어서 배불리고 아름다운 집을 짓고 거하게 되며 또 네 우양이 번성하며 네 은금이 증식되며 네 소유가 다 풍부하게 될 때에 두렵건대 네 마음이 교만하여 네 하나님 여호와를 잊어버릴까 하노라 여호와는 너를 애굽 땅 종 되었던 집에서 이끌어 내시고 너를 인도하여 그 광대하고 위험한 광야 곧 불뱀과 전갈이 있고 물이 없는 간조한 땅을 지나게 하셨으며 또 너를 위하여 물을 굳은 반석에서 내셨으며". 이스라엘 백성들이 여호와를 왜 잊어버리게 되는가 하면 배불리 먹고 아름다운 집을 짓고 거기 거하기 때문이다. 하나님께서는 계속해서 이스라엘 백성들이 잊어버릴까봐 염려하신다. 하나님께서는 그들이 광야에 있을 때에도 염려하시고 이제 요단을 건너 가나안에 들어간 후의 일도 염려하신다.

16절, "네 열조도 알지 못하던 만나를 광야에서 네게 먹이셨나니 이는 다 너를 낮추시며 너를 시험하사 마침내 네게 복을 주려 하심이었느니라". 성도들로 하여금 광야 길을 걷게 하신 것은 그들을 낮추시고 시험하시며 마침내 복을 주려 하심이다.

17절, "또 두렵건대 네가 마음에 이르기를 내 능과 내 손의 힘으로 내가 이 재물을 얻었다 할까 하노라". 하박국 1장 15-16절에는 어떤 사람들이 고기를 많이 잡고서 기뻐하고 즐거워하면서 그 그물에다 제사를 했다는 말씀이 있다.

18절, "네 하나님 여호와를 기억하라 그가 네게 재물 얻을 능을 주셨음이라 이같이 하심은 네 열조에게 맹세하신 언약을 오늘과 같이 이루려 하심이니라". 그러한 부를 얻을 수 있는 능력은 원래 네가 가진 것이 아니고 여호와께서 네게 주신 것이라는 말이다. 19절, "네가 만일 네 하나님 여호와를 잊어버리고 다른 신들을 좇아 그들을 섬기며 그들에게 절하면 내가 너희에게 증거하노니 너희가 정녕히 멸망할 것이라".

11절에서 하나님은 이스라엘이 그분을 잊어버리지 않게 되기를 원하셨다. 12-14절에서도 하나님은 그들이 아름다운 집을 짓고 우양이 증식되고 번성하며 소유가 풍부하게 될 때 마음이 교만하여져서 하나님 여호와를 잊어버릴까 염려하셨다. 또 18절과 19절에서도 하나님은 이스라엘이 하나님을 기억지 않고 잊어버릴까 염려하신다. 이처럼 7장과 8장에서는 주로 1, 2 계명인 다른 신과 우상에게로 마음이 향하는 것을 경계하라고 하신다.

하나님께서는 그들의 마음이 여호와의 음성을 청종치 아니하면 "너희의 앞에서 멸망시키신 민족들같이 너희도 멸망할 것이라"고 하셨다[20절].

9장

그 땅을 정복하여 얻은 후 자만하지 말라

9장에서 모세는 이스라엘이 그 땅에 들어가 자만하게 될 위험성에 대하여 예방주사를 놓고 있다. 그들이 지금까지 받은 큰 은혜는 자신들의 의(義)와는 아무 상관이 없다는 것을 알려주고 있다. 9장을 크게 단락별로 나누면 다음과 같다.

1-5절은 이스라엘의 가나안 정복은 스스로의 공로에 의한 것이 아니라 하나님께서 열조와 맺은 언약으로 인한 것이고, 따라서 언약을 신실하게 지키시는 하나님으로 말미암은 것이라는 말이다.

6-21절은 모세가 여호와의 언약의 돌판 둘을 받으려고 산에 올라가 사십 주야를 산에 거하며 떡도 먹지 않고 물도 마시지 않았는데, 마침내 그 돌판 둘을 가지고 내려왔을 때 그들이 금송아지를 만들어 숭배했던 사건을 말해주면서, 이스라엘은 내세울 공로가 전혀 없으며 항상 거역적이고 거스르는 사람들이었다는 것을 알려준다.

22-24절은 여러 다른 곳(다베라, 맛사, 기브롯 핫다아와 등)에서도 이스라엘이 여호와를 격노케 했다는 것을 말해주면서 그들은 항상 여호와를 거역했다고 말한다.

25-29절에서는 하나님께서 그들을 지금까지 멸하지 않고 살려두신 것이 모세의 중재와 언약을 지키시는 하나님의 신실하심 때문이라는 것을 말한다. 이러한 말씀은 우리를 낮추고 우리의 생존과 모든 것이 다만 하나님의 긍휼과 은혜임을 알게 한다.

백성의 불순종의 역사와 하나님의 긍휼

1-2절에서 모세는 "이스라엘아 들으라 네가 오늘 요단을 건너 너보다 강대한 나라들로 들어가서 그것을 얻으리니 그 성읍들은 크고 성벽은 하늘에 닿았으며 그 백성은 네가 아는바 장대한 아낙 자손이라 그에게 대한 말을 네가 들었나니 이르기를 누가 아낙 자손을 능히 당하리요 하거니와"라고 한다.

3-5절, **"오늘날 너는 알라 네 하나님 여호와께서 맹렬한 불과 같이 네 앞에 나아가신즉 여호와께서 그들을 파하사 네 앞에 엎드러지게 하시리니…너는 그들을 쫓아내며 속히 멸할 것이라 네 하나님 여호와께서 그들을 네 앞에서 쫓아내신 후에 네가 심중에 이르기를 나의 의로움을 인하여 여호와께서 나를 이 땅으로 인도하여 들여서 그것을 얻게 하셨다 하지 말라 실상은 이 민족들이 악함을 인하여 여호와께서 그들을 네 앞에서 쫓아내심이라…여호와께서 이같이 하심은 네 열조 아브라함과 이삭과 야곱에게 하신 맹세를 이루려 하심이니라"**. 아름다운 땅 가나안을 이스라엘에게 기업으로 주신 것은 그들이 의롭기 때문이 아니며 도리어 그들은 목이 곧은 백성이라고 한다. 또 그들이 광야에서 그들의 하나님 여호와를 격노케 하신 일들을 잊지 말고 기억하라고 한다. 호렙산에서 그들이 금송아지 우상을 만들어 경배함으로 여호와를 격노케 하여 심지어 그들을 멸하려 하셨다고 한다 [6-8절]. 우리의 지난날의 패역을 망각하는 것은 그 자체가 우리의 영성을 매우 위험하게 한다. 그들에게 40년의 세월이 필요했던 것은 그들의 교만과 거역이 다 드러나야 했기 때문이다.

9-10절, **"그때에 내가 돌판들 곧 여호와께서 너희와 세우신 언약의 돌판들을 받으려고 산에 올라가서 사십 주야를 산에 거하며 떡도 먹지 아니하고 물도 마시지 아니하였더니 여호와께서 두 돌판을 내게 주셨나니 그 판의 글은 하나님이 친수로 기록하신 것이요 너희 총회 날에 여호와께서 산상 불 가운데서 너희에게 이르신 모든 말씀이니라"**. 이것은 출애굽기에 나온 내용으로서 모세가 호렙 산에서 여호

와 하나님으로부터 언약의 돌판들을 받았을 때의 이야기이다. 이것은 하나님께서 친수(親手)로 기록하신 것이며 이스라엘 총회 날에 여호와께서 산상 불 가운데에서 이스라엘 백성에게 이르신 모든 말씀이다.

11-12절, **"사십 주야가 지난 후에 여호와께서 내게 돌판 곧 언약의 두 돌판을 주시고 내게 이르시되 일어나 여기서 속히 내려가라 네가 애굽에서 인도하여 낸 내 백성이 스스로 부패하여 내가 그들에게 명한 도를 속히 떠나 자기를 위하여 우상을 부어 만들었느니라"**. 흠정역이나 NIV에는 '네가 애굽에서 인도하여낸 네 백성'이라고 되어 있다. '내 백성(My people)'이 아니고 '네 백성(Your people)'이다. 이스라엘 백성들은 하나님을 속히 떠났다. 하나님을 떠나는 사람들, 진리를 떠나는 사람들은 대개가 속히 떠난다(갈 1:6 참조).

13절, **"여호와께서 또 내게 일러 가라사대 내가 이 백성을 보았노라 보라 이는 목이 곧은 백성이니라"**. 여호와 하나님께서는 '내가 이 백성을 보았다(I have seen this people)'고 하셨다. 하나님께서는 그렇게 하나님을 떠나 거역하는 백성들을 보고 계신다. 하나님께서는 모르시는 것이 없으시다.

14절, **"나를 막지 말라 내가 그들을 멸하여 그 이름을 천하에서 도말하고 너로 그들보다 강대한 나라가 되게 하리라 하시기로"**. '나를 막지 말라'가 영어로는 'Let me alone(나를 상관하지 말라)'이다. 내가 하고 싶은 대로 할 것이니 내 일에 상관하지 말라는 뜻이다. 출애굽기에서 그들이 금송아지를 만들고 우상숭배를 하였을 때, 진노하심으로 하셨던 말씀이다(출 32:10).

15-17절, **"내가 돌이켜 산에서 내려오는데 산에는 불이 붙었고 언약의 두 돌판은 내 손에 있었느니라 내가 본즉 너희가 너희 하나님 여호와께 범죄하여 자기를 위하여 송아지를 부어 만들어서 급속히 여호와의 명하신 도를 떠났기로 내가 그 두 돌판을 내 두 손에서 들어 던져 너희의 목전에서 깨뜨렸었노라"**. 이스라엘 백성의 상황을 보고 모세는 언약의 돌판들을 던져서 깨버렸다.

18-19절, **"그리고 내가 전과 같이 사십 주야를 여호와 앞에 엎드려서 떡도 먹지 아니하고 물도 마시지 아니하였으니 이는 너희가 여호와의 목전에 악을 행하여**

그를 격노케 하여 크게 죄를 얻었음이라 여호와께서 심히 분노하사 너희를 멸하려 하셨으므로 내가 두려워하였었노라 그러나 여호와께서 그때에도 내 말을 들으셨고". 모세는 이때 심히 두려워했다. 그러나 이스라엘 백성들은 우상을 숭배하고 그 앞에서 뛰어놀면서도 두려운 줄을 몰랐다. 모세는 지금 그 일을 상기시켜 주고 있다. "내가 두려워하였었노라".

20절, **"여호와께서 또 아론에게 진노하사 그를 멸하려 하셨으므로 내가 그때에도 아론을 위하여 기도하고"**. 아론은 당시에 인도자였다. 모세는 산에 올라가면서 백성의 모든 일을 아론에게 맡겼는데, 이 백성들이 아론을 붙들고 금송아지를 만들자고 한 것이다. 그렇기 때문에 하나님께서는 아론에게도 진노하셨고 그를 멸하려 하셨으며, 그때에 모세는 아론을 위해서도 중보 기도를 했다.

21절, **"너희의 죄 곧 너희의 만든 송아지를 취하여 불살라 찧고 티끌같이 가늘게 갈아 그 가루를 산에서 흘러내리는 시내에 뿌렸었느니라"**. 왜 모세는 그 금송아지를 가루로 만들었겠는가? 그것은 하나님의 진노가 그만큼 크시다는 것을 보여주려는 것이라 여겨진다. 가루로 만들어 흩뿌리고 싶을 정도로 하나님을 진노케 한 사건이 바로 금송아지를 만든 사건이었다.

22절부터 25절까지는 이스라엘 백성이 금송아지 사건만이 아니라 많은 곳에서 범죄하고 여호와를 격노케 했음을 말한다. 다베라, 맛사, 기브롯 핫다아와에서 일어난 일에 대해서는 다만 그들이 여호와를 격노케 했다고 말했다. 민수기 11장 1절부터 3절에서는 '다베라'라는 뜻이 '불붙음'이라고 말한다. 거기서 그들이 원망하는 말을 함으로 진 끝에 불이 붙었다. 또 '맛사'의 뜻은 '다툼'이다. 이스라엘 백성들이 마실 물이 없다고 원망하고 모세와 다투었기 때문에 붙여진 이름이다. '기브롯 핫다아와'는 백성들이 고기를 먹지 못해서 정력이 약해졌다고 원망했던 곳이다.

23절, **"여호와께서 너희를 가데스 바네아에서 떠나게 하실 때에 이르시기를 너희는 올라가서 내가 너희에게 준 땅을 얻으라 하시되 너희가 너희 하나님 여호와의 명령을 거역하여 믿지 아니하고 그 말씀을 듣지 아니하였나니"**. 가데스 바네아는 열두 정탐꾼을 보낸 곳이다. 이 일은 민수기 14장에 있다. 가데스 바네아에서 열두 정탐꾼을 보내어 그 땅을 탐지하게 했을 때에 열 명이 여호와의 말씀을 불신하여 소극적인 보고를 하였다. 이것은 그들이 하나님을 격노케 하는 데 있어서 절정이 되는 사건이다.

24절, **"내가 너희를 알던 날부터 오므로 너희가 항상 여호와를 거역하였느니라"**. 모세가 이스라엘 백성을 알아오던 날부터 그들이 늘 여호와를 거역하였다는 것이다. 이스라엘 백성의 특징이 거역이다. 그들이 거친 모든 지점들은 거역으로 점철된 이름들이요 처음 여정부터 끝까지 거역이다.

25절, **"그때에 여호와께서 너희를 멸하겠다 하셨으므로 내가 여전히 사십 주야를 여호와 앞에 엎드리고"**. 모세는 40주야를 여호와 앞에 엎드려 간구했다.

26절부터는 모세의 중보기도 내용이다. **"주 여호와여 큰 위엄으로 속하시고 강한 손으로 애굽에서 인도해내신 주의 백성 주의 기업을 멸하지 마옵소서 주의 종 아브라함과 이삭과 야곱을 생각하사 이 백성의 강퍅과 악과 죄를 보지 마옵소서 그러시면 애굽 사람이 말하기를 여호와께서 그들에게 허락하신 땅에 그들을 인도하여 들일 능력도 없고 미워도 하사 광야에서 죽이려고 인도하여 내셨다 할까 두려워하나이다 그들은 주의 크신 능력과 펴신 팔로 인도하여 내신 주의 백성 곧 기업이로소이다"**[26-29절]. 모세는 이스라엘 백성이 진멸되지 않은 것은 모세의 간절한 중보 기도의 결과였다고 말한다. 그들은 자신들이 의로워서 가나안을 정복하거나 부요한 땅을 기업으로 얻은 것이 아님을 알아야 했다. 하나님의 긍휼로 우리가 오늘 날 우리가 은혜과 구원을 얻고 주님을 따르고 섬기는 이 지점에 이르렀으며 지금도 호흡하며 살아 있음을 알자. 이러한 겸손의 태도가 우리를 끝까지 이 길에서 지켜줄 것이다.

10장

모세가 십계명을 다시 받다

10장은 그들의 패역에도 불구하고 하나님께서 큰 자비를 베푸셨으니 순종해야 하지 않겠느냐는 말씀이다. 그 내용은 첫째로 언약의 돌판들을 다시 주신 것이다. 첫 번째 언약의 돌판들을 깨뜨려버린 것은 하나님께서 진노하시어 언약을 파기하신 것이다. 그러나 하나님은 자비하심으로 다시 언약을 주시고 관계를 회복하셨다[1-5절]. 둘째는 체제를 정비하여 가나안을 향하여 진군하도록 새로이 명령을 주신 것이다[6-11절]. 12-22절은 많은 이유를 들어 그들이 하나님의 뜻을 분별하여 순종해야 함을 역설한다.

1절 **"그때에 여호와께서 내게 이르시기를 너는 처음과 같은 두 돌판을 다듬어 가지고 산에 올라 내게로 나아오고 또 나무궤 하나를 만들라"**. 두 가지를 말씀하셨는데, 하나는 돌판 두 개를 다듬어 가지고 그분께 나아오라는 것이고 또 하나는 그 돌판을 넣을 나무궤를 만들라는 것이다.

2-3절, **"네가 깨뜨린 처음 판에 쓴 말을 내가 그 판에 쓰리니 너는 그것을 그 궤에 넣으라 하시기로 내가 싯딤나무로 궤를 만들고 처음 것과 같은 돌판 둘을 다듬어 손에 들고 산에 오르매"**. 이 '싯딤나무'는 조각목, 즉 아카시아 나무다. 성경에서 조각목은 사람의 인성(人性)을 나타낸다. 모세가 두 돌판을 넣기 위해 만든 궤는 조각목으로 만들어졌고 그 위에 금을 덧입혔을 것이다. 그것이 바로 언약궤이다. 이것은 하나님의 계시의 진보를 말해준다. 이는 그분의 율법을 사람의 심비에 기록한 새 언약의 은은한 그림자를 향해 한 발 더 나아간 것이다. 사람의 실패에도 불구하고 하나님은 한 발 더 전진하여 나아가신다.

4절, **"여호와께서 그 총회 날에 산 위 불 가운데서 너희에게 이르신 십계명을 처음과 같이 그 판에 쓰시고 그것을 내게 주시기로"**. 이것이 모세가 두 번째로 하나님에게서 십계명을 받는 장면이다. 첫 번째 것은 모세가 깨뜨려버렸으며 하나님께서도 '네가 깨뜨린 것'이라고 말씀하셨다[2절]. 이는 하나님께서 모세가 한 일을 승인하신 것이며, 이 일에서 모세가 하나님과 하나였다는 것을 알 수 있다.

우리는 9장에서 이스라엘의 패역함으로 하나님께서 율법을 주셨다가 회수하신 것을 보며, 10장에서 다시 율법을 주시는 하나님의 긍휼을 대한다. 모세는 이 모든 역사를 이스라엘에게 알려줌으로써 하나님과 이스라엘 백성의 관계가 어떻게 성립되어야 하는지를 인식시켜주고 있다. 모세가 두 번째 돌판을 들고 산에 올라갔을 때 하나님께서는 처음과 동일하게 그 판에 십계명을 기록하여 주셨다.

5절, **"내가 돌이켜 산에서 내려와서 여호와께서 내게 명하신 대로 그 판을 내가 만든 궤에 넣었더니 지금까지 있느니라"**. 그 돌판을 넣은 궤가 지금까지 있다는 것이다. 어떻게 얻은 말씀이요 어떠한 긍휼인지 생각해보라는 말이다. 현재 이스라엘 백성 가운데 있는 언약궤와 그 안에 있는 돌판이 그들 가운데 있기까지 어떤 과정을 거쳤는지를 설명한다. 거기에는 이스라엘 백성의 커다란 실패가 있었고, 사십 일 간의 모세의 간절한 중보 기도가 있었으며, 하나님의 용서와 자비와 긍휼이 있었다. 그리고 다시 한 번 돌판에 그분의 말씀을 기록하신 것이 있다. 그들은 현재 그들에게 있는 돌판이 하나님께서 긍휼과 자비와 용서를 나타내심으로 두 번째로 기록해주신 것임을 알아야 했다.

6-9절의 이 부분에서 모세는 일차적으로 그 안에 돌비가 있는 언약궤에 대해 말하고, 그런 다음 아론이 죽고 그 아들 엘르아살이 이어서 제사장 직임을 행한 것을 말했으며, 레위 지파의 봉사와 그들의 섬김과 기업에 대해 말했다. 왜 이런 내용을 괄호에 넣었는지는 이해하기가 어렵다. 6절에 나온 '브에롯 브네야아간'은 지명인데 '야아간의 아들들의 우물'이라는 뜻이다. '모세라'라는 지명은 '징벌'이라는 뜻이다. 이 모세라에서 아론이 죽었다. 이곳은 호르산에 인접해 있을 것이다. 여기서 강조점은 모세라에 이르러서 아론이 죽고 장사되었다는 것이다.

10-11절, **"내가 처음과 같이 사십 주야를 산에 유하였고 그때에도 여호와께서 내 말을 들으사 너를 참아 멸하지 아니하시고 여호와께서 내게 이르시되 일어나서 백성 앞서 진행하라 내가 그들에게 주리라고 그 열조에게 맹세한 땅에 그들이 들어가서 그것을 얻으리라 하셨느니라"**. 여기서 모세는 이렇게 말한다. "내 말을 들으사 너를 참아 멸하지 아니하시고". 중보자의 기도의 힘은 참으로 큰 것이다. 모세는 그리스도의 예표이다. 우리가 이렇게 멸망당하지 않고 하나님 앞에 나아갈 수 있는 것은 하나님의 귀하신 아들 그리스도의 중보기도 덕분이다. 그렇지 않으면 우리는 멸망이다. 그러나 충성되신 그리스도께서 우리 대신 심판을 받으셨고 지금도 우리를 위해 기도하고 계시기 때문에 오늘 우리에게 이러한 축복과 은혜가 임한 것이다.

12절, **"이스라엘아 네 하나님 여호와께서 네게 요구하시는 것이 무엇이냐 곧 네**

하나님 여호와를 경외하여 그 모든 도를 행하고 그를 사랑하며 마음을 다하고 성품을 다하여 네 하나님 여호와를 섬기고". 하나님께서는 그분의 백성이 그분을 경외함으로 그 모든 도를 행하고 그분을 사랑하며 마음을 다하고 성품을 다하여 여호와를 섬기기를 원하신다.

12절부터 22절까지는 모든 것이 하나님의 은혜로 말미암았으니 이스라엘은 마땅히 하나님의 뜻을 분별하여 그분의 말씀을 순종해야 한다는 내용이다. 하나님께서 이 명령을 지키라고 하시는 것은 그들의 행복과 그들의 유익을 위해서이다[13절]. 이스라엘 백성들이 하나님의 명령과 규례를 지켜야 하는 것은 하늘과 모든 하늘의 하늘과 땅과 그 위의 만물이 다 하나님의 것이기 때문이다[14절].

15절, **"여호와께서 오직 네 열조를 기뻐하시고 그들을 사랑하사 그 후손 너희를 만민 중에서 택하셨음이 오늘날과 같으니라"**. 여호와께서 그들의 열조를 기뻐하시고 그들을 사랑하셨다는 것은 원문에서 그들을 친밀히 대하시고 사랑하셨다는 뜻이다. 하나님께서 그 열조를 기뻐하시고 사랑하심으로 이스라엘을 만민 중에서 택하셨다고 했다. **"그러므로 너희는 마음에 할례를 행하고 다시는 목을 곧게 하지 말라"**[16절]. 하나님께서는 외모로 하는 할례를 원치 않으시고 마음에 할례를 행하기를 원하신다.

17절, **"너희의 하나님 여호와는 신의 신이시며 주의 주시요 크고 능하시며 두려우신 하나님이시라 사람을 외모로 보지 아니하시며 뇌물을 받지 아니하시고"**. 그분은 부족함이 없으시니 뇌물을 받지 않으신다. 모세는 이스라엘 백성들에게 하나님이 참으로 존경할만하고 사랑할만하고 섬길만한 분이시라는 것을 이런저런 말로 소개하고 있다.

18절, **"고아와 과부를 위하여 신원하시며 나그네를 사랑하사 그에게 식물과 의복을 주시나니"**. 그분은 주시는 분이지 받기를 원하는 분이 아니시다. 하나님의 성품을 말해주고 있다. 하나님은 그렇게 크고 두려우신 분이지만 한 면으로 고아와 과부를 위해 신원하시고 나그네를 사랑하는 분이시다. **"너희는 나그네를 사랑하라 전에 너희도 애굽 땅에서 나그네 되었었음이니라"**[19절]. 하나님의 백성들은 하나님을 닮아 많이 주어야 한다. 하나님께서는 이스라엘 백성들이 바로 이렇게 하나님의 돌보심을 많이 받을 수 있는 사람들이 되기를 원하신다. 그리고 같은 처지에 있는 나그네 된 사람들을 사랑하기를 바라신다.

20절, **"네 하나님 여호와를 경외하여 그를 섬기며 그에게 친근히 하고 그 이름으로 맹세하라"**. 결론적인 말씀이다. 이스라엘 백성들은 마땅히 여호와를 경외하고 두려워하고 그분을 섬기며 그분을 친근히 해야 한다.

21-22절, **"그는 네 찬송이시요 네 하나님이시라 네가 목도한바 이같이 크고 두려운 일을 너를 위하여 행하셨느니라 애굽에 내려간 네 열조가 겨우 칠십 인이었으나 이제는 네 하나님 여호와께서 너를 하늘의 별같이 많게 하셨느니라"**. 하나님은 이스라엘 백성의 찬송이시다. 하나님께서는 그만큼 이스라엘 백성 가운데서 아름다운 분이시고 놀라운 일을 행하시는 분이기 때문이다. 그중 한 가지가 이스라엘이 요셉 당시 애굽에 내려갔을 때에는 겨우 70인이었는데 430년 후 거기서 나올 때에는 거의 200만 명이 된 것이다[22절]. 하늘의 별같이 많게 하신 것이다. 남자 장정만 60만이었으니 이스라엘 전체는 족히 이백만 명은 되었을 것이다. 이렇게 크신 일을 행하신 여호와 하나님을 마땅히 경외하고 섬기며 친근히 하고 오직 그 이름으로 맹세해야 할 것이다.

11장

신명기는 1장부터 11장까지가 한 부분이고, 12장부터는 또 다른 부분이라고 할 수 있다. 11장까지의 말씀은 주로 이스라엘 백성이 가나안 땅에 들어가서는 하나님의 말씀에 순종해야 한다는 것을 거듭 강조하는 것이다. 그다음 12장부터는 이스라엘 백성이 가나안 땅에 들어가서 행해야 할 규례와 법도를 말한다.

여호와께서 행하신 큰일들

1절, **"그런즉 네 하나님 여호와를 사랑하여 그 직임과 법도와 규례와 명령을 항상 지키라"**. 하나님께서 우리에게 강조하시는 것은 하나님을 사랑함으로 그 말씀을 지켜야 한다는 것이다. 하나님을 사랑하는 것이 없이는 그분의 말씀을 깊이 이해하지 못하고 지킬 수도 없다.

2-6절, **"너희의 자녀는 알지도 못하고 보지도 못하였으나 너희가 오늘날 기억할 것은 너희 하나님 여호와의 징계와 그 위엄과 그 강한 손과 펴신 팔과 애굽에서 그 왕 바로와 그 전국에 행하신 이적과 기사와 또 여호와께서 애굽 군대와 그 말과 그 병거에 행하신 일 곧 그들이 너희를 따를 때에 홍해 물로 그들을 덮어 멸하사 오늘까지 이른 것과 또 너희가 이곳에 이르기까지 광야에서 너희에게 행하신 일과 르우벤 자손 엘리압의 아들 다단과 아비람에게 하신 일 곧 온 이스라엘의 한가운데서 땅으로 입을 열어서 그들과 그 가족과 그 장막과 그를 따르는 모든 생물을 삼키게 하신 일이라"**. 2절부터 6절까지는 이스라엘 백성이 그 하나님 여호와를 사랑하고 그 명령과 법도를 항상 지켜야 하는 이유에 대해서 말하고 있다. 모세는 다시금 애굽에서 바로에게 행하신 열 가지 재앙, 홍해를 건널 때 애굽 군대와 말들을 다 물속에 잠기게 하신 일, 광야 사십 년 동안 그들을 위해 행하신 각종 이적, 즉 만나를 내리시고 반석에서 물을 내심 등, 또한 고라와 르우벤 자손의 엘리압의 아들 다단과 아비람 일당이 거역하다가 결국은 온 이스라엘 한가운데서 땅이 입을 열어 그들과 그 가족과 그 장막과 그를 따르는 모든 생물을 삼키게 하신 일 등을 언급하면서 그들을 일깨운다. 고라 당의 반역의 일은 40년 광야 생활에서 매우 큰 사건이다. 이러한 살아 계신 하나님의 징계와 위엄과 그 강한 손과 펴신 팔을 기억하고 그들은 하나님의 말씀에 순종해야 했다. 우리는 하나님께서 두려우신 분임을 기억해야 한다. 주 예수님은 어제나 오늘이나 영원토록 동일하시다. 오늘날도 고라의 일을 행하면 누구든지 멸망한다. 그러니 두려워해야 한다.

7절, **"너희가 여호와의 행하신 이 모든 큰일을 목도하였느니라"**. 모세가 지금 하고 있는 말은 거기 듣는 사람들이 다 친히 목도한 것들이다.

주리라고 맹세하신 땅에 들어가서 강성케 되는 길

8절, **"그러므로 너희는 내가 오늘날 너희에게 명하는 모든 명령을 지키라 그리하면 너희가 강성할 것이요 너희가 건너가서 얻을 땅에 들어가서 그것을 얻을 것이며"**. 모세가 이스라엘 백성에게 반복해서 하는 말은 그들에게 명하신 모든 명령을 지킬 때 그들이 강성하게 된다는 것이다.

9절, **"또 여호와께서 너희의 열조에게 맹세하사 그와 그 후손에게 주리라고 하**

신 땅 곧 젖과 꿀이 흐르는 땅에서 너희의 날이 장구하리라". 우리의 날이 장구하는 비결, 영적으로 말해서 부흥의 상황이 오래도록 유지되는 비결 또한 하나님의 명령을 지키는 것이다.

10-12절, **"네가 들어가 얻으려 하는 땅은 네가 나온 애굽 땅과 같지 아니하니 거기서는 너희가 파종한 후에 발로 물 대기를 채소밭에 댐과 같이 하였거니와 너희가 건너가서 얻을 땅은 산과 골짜기가 있어서 하늘에서 내리는 비를 흡수하는 땅이요 네 하나님 여호와께서 권고하시는 땅이라 세초부터 세말까지 네 하나님 여호와의 눈이 항상 그 위에 있느니라"**. 이스라엘 백성이 들어가서 얻을 땅의 특징을 말해주고 있다. 그곳은 애굽 땅과 같지 않은데, 애굽 땅은 파종한 후에 발로 물을 대었다. 그런데 그들이 건너가서 얻게 될 땅은 산과 골짜기가 있어서 하늘에서 내리는 비를 흡수하는 땅이라고 했다.

13-14절, **"내가 오늘날 너희에게 명하는 나의 명령을 너희가 만일 청종하고 너희의 하나님 여호와를 사랑하여 마음을 다하고 성품을 다하여 섬기면 여호와께서 너희 땅에 이른 비, 늦은 비를 적당한 때에 내리시리니 너희가 곡식과 포도주와 기름을 얻을 것이요"**. 신명기의 말씀에는 계속해서 하나님의 명령을 지키는 문제와 하나님 여호와를 사랑하는 문제를 강조한다. 오늘 그리스도인인 우리가 가나안 땅(오늘날 교회의 실제)에 있는지, 아니면 아직 광야나 애굽에 있는지를 점검해 보려면, 우리가 실제로 하늘 은혜를 바라보며 사는 사람들인지(하나님께서 때를 따라 도움주시는 도움으로 삶), 아니면 발로 물을 대면서 사는 사람들인지(사람의 노력과 수고를 해야 살 수 있음)를 보면 된다.

15절, **"또 육축을 위하여 들에 풀이 나게 하시리니 네가 먹고 배부를 것이라"**. 하나님께서는 사람을 위해서만이 아니라 육축을 위해서도 들에 풀이 나게 하신다. 그래서 사람으로 잡아먹고 배부를 수 있게 하신다는 것이다.

16-17절, **"너희는 스스로 삼가라 두렵건대 마음에 미혹하여 돌이켜 다른 신들을 섬기며 그것에게 절하므로 여호와께서 너희에게 진노하사 하늘을 닫아 비를 내리지 아니하여 땅으로 소산을 내지 않게 하시므로 너희가 여호와의 주신 아름다운 땅에서 속히 멸망할까 하노라"**. 15절까지는 하나님께 청종하고 마음을 다해서 하

나님을 사랑하고 섬기면 어떠한 축복을 얻게 되는지를 말하고, 이제 여기서는 그들이 마음에 미혹하여 돌이켜 다른 신들을 섬기면 하나님께서 진노하심으로 그들이 그 땅에서 속히 멸망할 것이라고 말한다.

18-20절, **"이러므로 너희는 나의 이 말을 너희 마음과 뜻에 두고 또 그것으로 너희 손목에 매어 기호를 삼고 너희 미간에 붙여 표를 삼으며 또 그것을 너희의 자녀에게 가르치며 집에 앉았을 때에든지, 길에 행할 때에든지, 누웠을 때에든지, 일어날 때에든지 이 말씀을 강론하고 또 네 집 문설주와 바깥문에 기록하라"**. 우리가 말씀을 지킬 수 있는 비결, 즉 미혹되지 않고 늘 하나님께 붙어 있고 하나님의 말씀을 청종하고 하나님을 사랑하고 섬길 수 있는 비결은 말씀을 우리 마음과 뜻에 두는 것이다. 그리스도의 말씀이 우리 마음에 풍성히 거하게 하는 것이다(골 3:16 참조).

이스라엘 사람들은 지금도 이 '쉐마'의 말씀을 가까이하는 것을 철저히 지키고 있다. 유대인의 교육은 오늘날 세계적으로 유명한데, 그 교육 방법이 바로 하나님의 말씀을 늘 가르치는 것이다.

21절, **"그리하면 여호와께서 너희 열조에게 주리라고 맹세하신 땅에서 너희의 날과 너희 자녀의 날이 많아서 하늘이 땅을 덮는 날의 장구함 같으리라"**. 범사에 하나님의 말씀을 가까이하고 우리의 마음과 뜻 속에 말씀이 있게 하며 무엇을 하든지 말씀을 간직하고 또 자녀들에게 가르치며 말씀을 중심 삼는 삶을 살 때 하나님의 축복이 있을 것이다.

22절, **"너희가 만일 내가 너희에게 명하는 이 모든 명령을 잘 지켜 행하여 너희 하나님 여호와를 사랑하고 그 모든 도를 행하여 그에게 부종하면"**. 결국 하나님께서 원하시는 것은 그분의 명령을 잘 지켜 행하고 하나님을 사랑하는 것이다. 여기 '그에게 부종하면'이란 하나님께 굳게 붙어 있는 것을 말한다.

23절, **"여호와께서 그 모든 나라 백성을 너희 앞에서 다 쫓아내실 것이라 너희가 너희보다 강대한 나라들을 얻을 것인즉"**. 대적들을 쫓아내고 영적 전쟁에서 승리하는 비결도 말씀에 순종하는 것이다.

24절, **"너희의 발바닥으로 밟는 곳은 다 너희 소유가 되리니 너희의 경계는 곧 광야에서부터 레바논까지와 유브라데 하수라 하는 하수에서 서해까지리라"**. 이것이 아브라함에게 약속하신바 이스라엘 백성에게 주신 최대의 영토이다. 여호수아 당시에 땅을 분배해주실 때의 영역과 같다.

25절, **"너희 하나님 여호와께서 너희에게 말씀하신 대로 너희 밟는 모든 땅 사람들로 너희를 두려워하고 무서워하게 하시리니 너희를 능히 당할 사람이 없으리라"**. 하나님의 말씀을 순종하는 사람들에게 주시는 축복의 연속이다. 그것은 대적들조차도 그들을 무서워하고 능히 그들을 당할 사람이 없으리라는 것이다.

26-28절, **"내가 오늘날 복과 저주를 너희 앞에 두나니 너희가 만일 내가 오늘날 너희에게 명하는 너희 하나님 여호와의 명령을 들으면 복이 될 것이요 너희가 만일 내가 오늘날 너희에게 명하는 도에서 돌이켜 떠나 너희 하나님 여호와의 명령을 듣지 아니하고 본래 알지 못하던 다른 신들을 좇으면 저주를 받으리라"**[26-28절]. 모세는 지금 이 말씀을 이스라엘 백성들에게 주면서 여호와의 명령을 들으면 복이 되고 돌이켜 떠나서 여호와 하나님을 섬기지 않고 다른 신들을 섬기면 저주를 받을 것이라고 말한다.

29절, **"네 하나님 여호와께서 네가 가서 얻을 땅으로 너를 인도하여 들이실 때에 너는 그리심 산에서 축복을 선포하고 에발 산에서 저주를 선포하라"**. 축복과 저주 두 가지밖에 없다. 신명기 27장에는 구체적으로 축복과 저주를 선포하는 내용이 있다. 그리고 여호수아 8장 33절에서 여호수아가 이 두 산에서 축복과 저주를 선포하는 것을 실행했다.

30절, **"이 두 산은 요단 강 저편 곧 해 지는 편으로 가는 길 뒤 길갈 맞은편 모레 상수리나무 곁의 아라바에 거하는 가나안 족속의 땅에 있지 아니하냐"**. 모세는 미리 두 산이 위치한 그 땅의 약도를 말해주고 있다. 두 산을 정해서 하나는 축복을 선포하는 산이 되게 하고 하나는 저주를 선포하는 산이 되게 했다.

31절, **"너희가 요단을 건너 너희 하나님 여호와께서 너희에게 주시는 땅에 들어가서 얻으려 하나니 반드시 그것을 얻어 거기 거할지라"**. 하나님께서는 이스라엘 백성이 반드시 그 기업의 땅에 들어가서 그것을 얻어 거기 거하기를 원하셨다.

32절, **"내가 오늘날 너희 앞에 베푸는 모든 규례와 법도를 너희는 지켜 행할지니라"**. 11장에서 하나님께서는 모세를 통해 하나님의 말씀을 순종할 때에는 어떤 축복이 있으며 순종하지 않고 돌이켜 다른 신들을 섬기면 어떤 저주가 있는지를 말씀해주고 있다. 모세는 여기까지 말한 뒤에 그들에게 축복과 저주를 선택하라고 한다. 이는 모두 하나님의 명령을 지킬 것을 요청하는 부르심으로 이해하면 된다.

12장

가나안에 들어가서 행할 규례와 법도 - 택하신 예배 처소

· 온 민족의 신앙적 통일성 강조

신명기 12장부터는 이스라엘이 가나안에 들어가서 행해야 할 규범들을 말한다. 첫째로는 그 땅에 들어가서 가나안 땅의 우상들을 제거하는 것이고[1-3절], 다음은 여호와께서 거하시는 처소인 이스라엘의 중앙 성소에 나아가 예배하는 것이다[4-14절]. 12장에서 가장 강조하는 것은 이스라엘 백성이 모든 헌물들을 중앙 성소, 즉 하나님의 이름을 두시려고 택하신 곳에서 드려야 한다는 것이다.

· 우상과 그 단들을 멸하라

1절, **"네 열조의 하나님 여호와께서 네게 주셔서 얻게 하신 땅에서 너희가 평생에 지켜 행할 규례와 법도는 이러하니라"**. 그것은 첫째 높은 산이든지 작은 산이든지 푸른 나무 아래든지 무론하고 마땅히 파멸하고, 그 단을 헐며 주상을 깨뜨리며 아세라 상을 불사르고 조각한 신상들을 찍어서 멸해야 한다[2-3절].

· 여호와께서 자기 이름을 두시려고 택하실 곳에 나아가서

4-7절, **"너희 하나님 여호와께는 너희가 그처럼 행하지 말고 오직 너희 하나님 여호와께서 자기 이름을 두시려고 너희 모든 지파 중에서 택하신 곳인 그 거하실 곳으로 찾아 나아가서 너희 번제와 너희 희생과 너희의 십일조와 너희 손의 거제와 너희 서원제와 낙헌 예물과 너희 우양의 처음 낳은 것들을 너희는 그리로 가**

져다가 드리고 거기 곧 너희 하나님 여호와 앞에서 먹고 너희 하나님 여호와께서 너희 손으로 수고한 일에 복 주심을 인하여 너희와 너희 가족이 즐거워할지니라". 여호와 하나님께서 자기 이름을 두시려고 택하신 곳으로 나아가서 모든 예물을 드리고 그들이 손으로 수고한 일에 복 주심을 인하여 너희와 너희 가족이 즐거워하라고 한다.

8절, "우리가 오늘날 여기서는 각기 소견대로 하였거니와 너희가 거기서는 하지 말지니라". '여기'란 광야이다. 광야에 있는 사람들은 아직 육체와 자아가 처리되지 않은 사람들이다. 그렇기 때문에 자기 소견대로 행하는 것이다.

9-10절, "너희가 너희 하나님 여호와의 주시는 안식과 기업에 아직은 이르지 못하였거니와 너희가 요단을 건너 너희 하나님 여호와께서 너희에게 기업으로 주시는 땅에 거하게 될 때 또는 여호와께서 너희로 너희 사방의 모든 대적을 이기게 하시고 너희에게 안식을 주사 너희로 평안히 거하게 하실 때에". 모든 대적을 이기는 것은 가나안에 들어갔을 때의 이스라엘 백성의 상태이다. 영적 전쟁에서 승리하는 사람들이 아니면 교회를 건축할 수 없다. 참된 교회의 영적 상태는 안식이어야 한다. 이는 그리스도의 십자가의 죽음과 부활과 승천으로 말미암은 것이다.

11절, "너희는 너희 하나님 여호와께서 자기 이름을 두시려고 한 곳을 택하실 그곳으로 나의 명하는 것을 모두 가지고 갈지니 곧 너희 번제와 너희 희생과 너희 십일조와 너희 손의 거제와 너희가 여호와께 서원하는 모든 아름다운 서원물을 가져가고". '여호와께서 자기 이름을 두시려고 한 곳을 택하실 그곳'은 바로 예루살렘이다. 신약의 용법으로 말하면 영과 진리이다(요 4:24 참조). 우리의 육체가 광야에서 멸절되고 요단에 장사되어야 가나안 안식에 들어갈 수 있다. 그곳에서의 예배는 자기 임의대로 하는 혼란스러운 예배가 아니다. 중앙 성소의 자리, 하나님이 택하신 곳, 하나님의 백성의 하나 됨을 지킬 수 있는 자리에서 예배를 드려야 한다.

·제물들과 서원물을 자녀와 노비와 함께 누리되 레위인을 챙기라

12절, "너희와 너희 자녀와 노비와 함께 너희 하나님 여호와 앞에서 즐거워할 것이요 네 성중에 거하는 레위인과도 그리할지니 레위인은 너희 중에 분깃이나 기

업이 없음이니라". '함께'라는 말은 중요하다. 오늘날로 말해서, 교회생활은 함께 하는 것이므로 단독주의나 개인주의는 옳지 않다. 신약에 교회를 말하는 몸(body)이라는 말 자체가 단체적임을 뜻하기 때문이다. 예배를 위하여는 친구와 친척과 이웃의 사랑하는 사람들을 다 데려와야 한다. 또 하나님 앞에서 즐거워할 때 그들 성중에 거하는 레위인과 함께하라고 한다. 레위인에게는 달리 몫이나 기업이 없기 때문이다. 즉 전적으로 하나님을 섬기는 사람들을 기억하라는 말씀이다.

· 번제를 드리되 여호와의 택하실 곳에서 드리라

13-14절, **"너는 삼가서 네게 보이는 아무 곳에서든지 번제를 드리지 말고 오직 너희의 한 지파 중에 여호와의 택하실 그곳에서 너는 번제를 드리고 또 내가 네게 명하는 모든 것을 거기서 행할지니라"**. 이 장에는 우리가 번제를 드릴 곳이 '여호와의 택하신 곳'이라는 말씀이 다섯 번이나 나온다. 즉 우리가 경배를 드리고 특별한 제물을 드릴 곳은 여호와의 택하신 곳이라는 말이다. 우리가 경배를 드리고 제물을 드리는 곳에 대하여 하나님은 우리에게 택하라고 하시지 않고 그분이 택한다고 하신다. 우리는 그저 그분이 택하신 곳으로 가야 한다. 오늘날 교회를 선택하는 것이 우리의 소견이나 선호에 달려 있다고 생각해서는 안된다(고전 1:13 참조).

· 일반적으로 복을 누리는 것에 대하여

15절, **"그러나 네 하나님 여호와께서 네게 주신 복을 따라 각 성에서 네 마음에 즐기는 대로 생축을 잡아 그 고기를 먹을 수 있나니 곧 정한 자나 부정한 자를 무론하고 노루나 사슴을 먹음같이 먹으려니와"**. 정식적인 예배와 일반적으로 복을 누리는 것을 별개로 보시는 것이다. 이것은 일반적으로 하나님의 축복을 누리는 것을 말한다.

· 피를 먹지 말라

16절, **"오직 그 피는 먹지 말고 물같이 땅에 쏟을 것이며"**. 피를 먹지 말라는 것의 의미는 성도들은 예수 그리스도의 보혈로 구속함을 받았고 그 피를 상징하는 포도주를 잔으로 마시기 때문에 그 유일한 그리스도의 피를 다른 생명체의 피와 구별하기 위해 다른 피를 마시지 않는 것이다. 이것이 하나님께 경배할 때에 주의해야 할 사항들이다.

· 소산물의 십일조는 반드시 하나님의 택하실 곳에서 먹되 성중에 거하는 레위인을 저버리지 말라

그 땅에 들어가서 가장 중요한 것은 성전 건축이요 정하신 그곳에서 예배드리는 것으로서 신앙과 경배의 중심을 강조한다. 곧 곡식과 포도주와 기름의 십일조나 우양의 처음 난 것, 서원을 갚은 예물, 손의 거제물 등은 각 성에서 먹지 말라고 하신다. 즉 아무데서나 예배를 드릴 수 없다는 말이다. 경배할 때 또 한 가지 기억해야 할 것은 주님을 섬기는 레위인들과 함께 누리는 것이다. 다른 소득이 없고 오직 주님을 섬김으로 생활하는 레위인들을 저버리지 말라고 하신다 [17-19절].

· 택하신 곳이 네게서 멀거든 너희 각 성에서 고기를 먹되

20-21절, **"네 하나님 여호와께서 네게 허락하신 대로 네 지경을 넓히신 후에 네 마음에 고기를 먹고자 하여 이르기를 내가 고기를 먹으리라 하면 네가 무릇 마음에 좋아하는 대로 고기를 먹을 수 있으리니 만일 네 하나님 여호와께서 자기 이름을 두시려고 택하신 곳이 네게서 멀거든 내가 네게 명한 대로 너는 여호와의 주신 우양을 잡아 너의 각 성에서 네가 무릇 마음에 좋아하는 것을 먹되"**. 어떤 고기든지 다 성전에 가서 먹으라는 말씀이 아니다. 너무 멀리 떨어져 있어서 하나님께서 택하신 곳에 가서 경배를 드릴 수 없을 때에는 자기의 성에서 고기를 먹을 수 있다고 하셨다. 이것은 신약에서 어디서나 말씀을 읽고 기도하고 찬송함으로 예배할 수 있다는 뜻이 되겠다.

· 피는 먹지 말라

22-25절, **"정한 자나 부정한 자를 무론하고 노루나 사슴을 먹음같이 먹을 수 있거니와 오직 크게 삼가서 그 피는 먹지 말라 피는 그 생명인즉 네가 그 생명을 고기와 아울러 먹지 못하리니 너는 그것을 먹지 말고 물같이 땅에 쏟으라 너는 피를 먹지 말라 네가 이같이 여호와께서 의롭게 여기시는 일을 행하면 너와 네 후손이 복을 누리리라"**. 여기서 피를 먹지 말라는 말씀을 다시 한 번 강조하고 있다. 피를 먹는 것은 그 생명을 취하는 것이 되기 때문이다. 우리의 예배에서 우리가 취할 수 있는 유일한 피인 그리스도의 보혈을 귀히 여겨야 한다는 뜻도 있다. 그리스

도의 보혈에 대한 감사와 그 피로 씻음이 교회 집회에 부족해서는 안된다.

26절, **"오직 네 성물과 서원물을 여호와께서 택하신 곳으로 가지고 가라"**. 성물은 히브리어로 '코데시'인데, 거룩하게 분별한 물건이라는 말이다. 하나님을 위해 거룩하게 분별된 물건과 서원물을 가지고 그분의 택하신 곳으로 가야 한다.

27-28절, **"네가 번제를 드릴 때에는 그 고기와 피를 네 하나님 여호와의 단에 드릴 것이요 다른 제 희생을 드릴 때에는 그 피를 네 하나님 여호와의 단 위에 붓고 그 고기는 먹을지니라 내가 네게 명하는 이 모든 말을 너는 듣고 지키라 네 하나님 여호와의 목전에 선과 의를 행하면 너와 네 후손에게 영영히 복이 있으리라"**. 성물과 서원물을 택하신 곳으로 가지고 가라는 것과 피를 먹지 말라는 말씀을 다시금 강조한다. 이러한 말씀에 따라 행하는 것이 여호와의 목전에 선이고 의이며 결국 복을 얻는 비결이다.

다른 신들을 섬기지 말라

또 다른 이방 종교들을 너무 탐구하지 말라고 한다. 많은 경우 호기심을 가지고 이단 종교가 과연 어떤가 알아보려 하다가 이단에 빠지게 되는 경우가 있다. 그리고 일단 빠지면 헤어나기가 어렵다. 하나님께서는 미리 이런 위험성에 대해 경고하고 계신다[29-30절].

"심지어 그 자녀를 불살라 그 신들에게 드렸느니라". 이런 일을 믿을 수 있겠는가? 그러나 그들이 이방 신을 탐구한 결과 그런 일까지 하게 되었다는 것이다[31절]. **"내가 너희에게 명하는 이 모든 말을 너희는 지켜 행하고 그것에 가감하지 말지니라"**[32절]. 그러한 행위를 합리화하는 많은 말들이 필요 없고 단순히 하나님께서 말씀하신 것을 지키라는 것이다. 그대로 지키면 축복이 있다.

12장은 주로 이스라엘 백성의 통일성을 다루고 있는데, 어떻게 그들이 하나를 지킬 수 있느냐는 것이다. 통일성을 갖기 위해 가장 중요한 것은 하나님의 말씀을 지켜 행하고 가감하지 않는 것이다. 하나님은 이스라엘에게 종교적인 예배를 위하여 자기 소견대로 여기가 옳다 혹은 저기가 옳다 해서 모이지 말라고 하신다. 다만 하나님께서 그분의 이름을 두시려고 택하신 곳에서 예배하라고 하신다. 성도들이 십자가 아래서 육체를 처리하고 복종하는 곳, 안식이 있는 곳, 성령께서 권위를 가지고 계신 곳이 오늘날 하나님께서 택하신 예배의 장소라고 해석할 수 있다.

13장

신앙의 정절을 지키라

13장은 가나안 땅에 들어간 후 이스라엘의 신앙의 순수성을 보존하고 신앙의 변질을 막기 위해서 예상되는 미혹 요인들을 지적하여 경고하고 있다. 첫째는 거짓 선지자, 꿈꾸는 자를 죽이라고 한다[1-5절]. 다음은 우상숭배자들을 가차 없이 처벌하라고 한다[6-11절]. 마지막으로는 우상을 숭배하는 성읍을 멸하라고 한다[12-18절].

13장은 신앙의 정절에 관한 문제이다. 과연 하나님께서 그분의 백성들이 여호와 하나님을 사랑하는지 여부를 알고자 시험하시려고 거짓 선지자나 꿈꾸는 자의 활동을 허락하신다는 말씀이다. 그러므로 하나님의 종 모세는 이스라엘 백성에게 그들 가운데 선지자나 꿈꾸는 자가 일어나서 이적과 기사를 보일지라도 그들의 말을 청종하지 말라고 했다. 기적과 같은 놀라운 일, 보통 사람으로서는 행할 수 없는 일을 하면서 그들이 본래 알지 못하던 다른 신들을 섬기자고 유인할 때, 그러한 미혹하는 자의 말을 듣지 말라는 것이다. 하나님은 그 땅에 들어간 이스라엘이 거짓 교훈과 이적이나 기사로 인하여 진리에서 탈선할까 우려하셨다[1-3절]. 따라서 오늘날도 어떤 기적이나 능력 행함, 또는 어떤 가르침을 분별없이 좋다고 따르지 말아야 한다.

4절, **"너희는 너희 하나님 여호와를 순종하며 그를 경외하며 그 명령을 지키며 그 목소리를 청종하며 그를 섬기며 그에게 부종하고".** 그분에게 부종하라는 것은 그분에게 꼭 붙어 있으라는 것이다. 주님의 명령만 지키고 그분의 목소리만 들으라고 하신다. 중요한 것은 역사나 표적이나 기사가 아니라 참된 복음과 진리의 말씀이다.

5절, **"그 선지자나 꿈꾸는 자는 죽이라 이는 그가 너희로 너희를 애굽 땅에서**

인도하여 내시며 종 되었던 집에서 속량하여 취하신 너희 하나님 여호와를 배반케 하려 하며 너희 하나님 여호와께서 네게 행하라 명하신 도에서 너를 꾀어내려고 말하였음이라 너는 이같이 하여 너희 중에서 악을 제할지니라". 여기에 또 거짓 선지자와 꿈꾸는 자가 나온다. 우리는 다시 한 번 기록된 말씀의 중요성을 일깨워야 한다. 꿈은 우리로 하나님의 기록된 말씀을 벗어나 허황되고 엉뚱한 데로 빗나가게 할 위험성이 있다. 거짓 선지자나 꿈꾸는 자를 죽이라는 이 말씀을 오늘 신약에서 그대로 실행할 수는 없을 것이다. 그렇지만 그만큼 하나님께서는 그분의 선민 가운데서 거짓 선지자나 미혹하는 자들의 일을 멸하기 원하신다는 것을 알아야 한다. 그러한 자들은 죽여 없애야 할 정도로 하나님의 백성을 해롭게 하는 자들이라는 것이다.

6절부터의 말씀은, 하나님께서는 이스라엘 백성이 절대로 다른 신들에게 미혹되지 않기를 원하시는데, 사단이 미혹할 때 주로 사용하는 것이 사람의 인정(人情)이라는 것을 암시한다("네 품의 아내나 너와 생명을 함께하는 친구가 가만히 너를 꾀어…다른 신을 섬기자 할지라도 그를 좇지 말라"). 사단은 가장 가까운 사람들을 이용해서 미혹한다[6-8절]. **"너는 용서없이 그를 죽이되 죽일 때에 먼저 그에게 손을 대고 후에 뭇 백성이 손을 대라"**[9절]. 왜 그에게 먼저 손을 대라고 했을까? 접촉한 그 사람부터 마음에서 단호하게 그 일을 끝내야 하기 때문이다. 자기는 차마 죽이지 못하고 다른 사람들이 처리해주기를 바라서는 안 된다. 자기 아내든지 동생이든지 친구든지 먼저 손을 대라고 했다.

10-11절, **"그는 애굽 땅 종 되었던 집에서 너를 인도하여 내신 네 하나님 여호와에게서 너를 꾀어 떠나게 하려 한 자니 너는 돌로 쳐 죽이라 그리하면 온 이스라엘이 듣고 두려워하여 이 같은 악을 다시는 너희 중에서 행하지 못하리라"**. 우리를 자기 피로 구속하신 구속주에게서 떠나게 하려는 자는 긍휼히 여기지 말고 돌로 쳐 죽이라는 것이다. 하나님은 하나님의 백성들 가운데서 이런 악이 철저히 제해지기를 원하신다.

12-13절, **"네 하나님 여호와께서 네게 주어 거하게 하시는 한 성읍에 대하여 네게 소문이 들리기를 너희 중 어떤 잡류가 일어나서 그 성읍 거민을 유혹하여 이르기를 너희가 알지 못하던 다른 신들을 우리가 가서 섬기자 한다 하거든"**. 여기 '잡

류'는 흠정역에서 '벨리알의 아들들(베네 벨리야알-the children of Belial)'로 번역되어 있다. 벨리알이란 원래 '무익한 자들', '경건치 않은 자들'이라는 뜻이다. 또 어떤 번역본은 '가치 없는 인간들'이라고 번역했다.

14-15절, **"너는 자세히 묻고 살펴보아서 이런 가증한 일이 참 사실로 너희 중에 있으면 너는 마땅히 그 성읍 거민을 칼날로 죽이고 그 성읍과 그중에 거하는 모든 것과 그 생축을 칼날로 진멸하고"**. 무심히 지나치지 말고 자세히 살펴보아서 정말 그런 사실이 그들 중에 있는지를 알아보라는 것이다. 이것은 주님 앞에서 엄중한 문제인데, 그들을 구속하신 하나님에게서 멀어지게 하기 때문이다. 이 말씀 중에 '너희 중에'라는 말은 12장에 이어서 하나님께서 이스라엘의 통일성을 중시하신다는 말씀이다.

그들 가운데 이미 이런 일이 퍼졌으면 다 진멸하라고 하신다. 하나님께서는 그분의 백성의 신앙이 지켜지기를 원하신다. 가장 중요한 것이 여호와 하나님을 중심 삼은 신앙이다. 만일 그 가운데 우상이 들어와서 적은 누룩이 온 덩이에 퍼지면 다 부패하게 되어 쓸모없게 된다.

16절, **"또 그 속에서 빼앗아 얻은 물건을 다 거리에 모아 놓고 그 성읍과 그 탈취물 전부를 불살라 네 하나님 여호와께 드릴지니 그 성읍은 영영히 무더기가 되어 다시는 건축됨이 없을 것이니라"**. 거짓된 가르침, 미혹하는 말, 우상 숭배 등은 공개적으로 드러내어 일소함으로 하나님의 백성 가운데서 완전히 제해야 한다. 하나님께서는 그러한 일에 연루된 성읍은 영영히 무더기가 되어 다시는 건축됨이 없을 것이라고 하신다.

17절, **"너는 이 진멸할 물건을 조금도 네 손에 대지 말라 그리하면 여호와께서 그 진노를 그치시고 너를 긍휼히 여기시고 자비를 더하사 너의 열조에게 맹세하심 같이 네 수효를 번성케 하실 것이라"**. 그 진멸할 물건들에 조금도 손대지 말라고 하신다.

18절, **"네가 만일 네 하나님 여호와의 말씀을 듣고 오늘날 내가 네게 명하는 그 모든 명령을 지켜 네 하나님 여호와의 목전에 정직을 행하면 이같이 되리라"**. 13장은 하나님의 백성이 가나안에 들어갔을 때 거짓 선지자, 꿈꾸는 자들을 조심하라고 말한다. 그들이 예언과 기적을 행한다는 구실로 하나님의 백성을 미혹하지 못하게 해야 한다. 또한 친구나 가까운 사람이나 인정이나 친절이나 다수(성읍의 잡류)의 여론이나 유혹으로도 거짓 선지자들의 미혹에 말려들지 말라고 한다.

14장

그 땅에 들어가면 성별된 삶을 살라

12, 13장은 주로 하나님의 백성들이 가나안에 들어가서 종교적인 통일성을 갖는 문제와 순수한 신앙을 지키는 문제를 논하였고, 14장은 이스라엘이 하나님의 자녀로서 생활면에서 거룩하고 성별된 삶을 살 것을 명하고 있다. 그들은 여호와의 성민이기 때문이다[2절].

·죽은 자를 애도할 때 금지된 것들

1절, **"너희는 너희 하나님 여호와의 자녀니 죽은 자를 위하여 자기 몸을 베지 말며 눈썹 사이 이마 위의 털을 밀지 말라"**. 14장의 말씀은 하나님 여호와의 자녀로서 그들이 다른 열방 민족 사람들과 어떤 부분에서 달라야 하는지를 말하고 있다. 그들의 삶 가운데서 발생하는 사람들과의 관계, 그들의 덕성 등을 다루고 있다. 그런데 여기서 첫 번째로 죽은 자를 위해 자기 몸을 베지 말고 눈썹 사이 이마 위의 털을 밀지 말라고 하신다. 여호와의 자녀들인 이스라엘 백성은 죽은 자들이 있을 경우에 다른 이방인들과 달라야 했고 그들의 풍습을 따르지 말아야 했다.

·부정한 짐승을 먹지 말라

하나님은 이스라엘 백성들에게 레위기 11장의 부정한 짐승을 먹지 말 것을 다시 한 번 말씀하신다. **"너희의 먹을 만한 짐승은 이러하니 곧 소와 양과 염소와 사슴과 노루와 불그스럼한 사슴과 산 염소와 볼기 흰 노루와 뿔 긴 사슴과 산양들 무릇 짐승 중에 굽이 갈라져 쪽발도 되고 새김질도 하는 것은 너희가 먹을 것이니라 다만 새김질을 하거나 굽이 갈라진 짐승 중에도 너희가 먹지 못할 것은 이것이니 곧 약대와 토끼와 사반 그것들은 새김질은 하나 굽이 갈라지지 아니하였으니 너희에게 부정하고"**[4-7절]. 어떤 신학자들은 레위기 11장과 신명기 14장의 이런 음식에 관한 규례는 문자 그대로 하나님께서 이스라엘 백성에게 보다 깨끗하고 건강한 식물을 먹으라고 하신 것이지 영해(靈解)를 하는 것은 지나친 것이라고 한다. 그러나 신약에 와서 사도행전 10장을 볼 때, 베드로는 보자기의 이상을 통해 그 안에 많은 부정한 짐승들이 담겨 있는 것을 보았고 하나님께서는 베드로에게 그것들을 잡아먹으라고 하셨다.

물고기의 지느러미는 방향을 설정하여 나아가게 하는 기능을 한다. 이 세상에는 강물처럼 흘러가는 유행이나 풍습이 있는데, 그럴 때 우리 하나님의 자녀들은 살아 있는 물고기처럼 그 흐름을 거슬러 올라가야 한다. 먹지 말라는 것은 사도행전에서 주님이 말씀하신 것에 따라 이 세상 조류에 떠내려가는 사람들, 분별이 없는 사람들을 접하지 말라는 것으로 해석할 수 있다.

8절까지에 나열된 새의 종류는 대개 어둠 속에서 활동하는 새들, 혹은 사체를 먹는 새들이다. 정결한 새들은 주로 곡물을 먹는 새들이다. 이것은 어떤 사람들이 부정한지 혹은 정결한지를 알려면 그들의 성향이 어떠한지를 보아야 한다는 것 같다.

무릇 날기도 하고 기어다니기도 하는 것은 부정하다고 했다. 외식하는 것을 말한다. 어느 때는 아주 영적이고 초월하는 그리스도인처럼 말하는데 어떤 상황이 오면 완전히 땅바닥에서 기고 있는 그런 사람은 부정하다는 것이다. **"무릇 정한 새는 너희가 먹을지니라"**[20절]. 우리가 먹을 수 있는 것은 정한 새이다.

21절, **"너희는 너희 하나님 여호와의 성민이라 무릇 스스로 죽은 것은 먹지 말 것이니 그것을 성중에 우거하는 객에게 주어 먹게 하거나 이방인에게 팔아도 가하니라 너는 염소 새끼를 그 어미의 젖에 삶지 말지니라"**[21절]. 21절에서 하나님은 이스라엘 백성에게 매우 중요한 말씀을 하셨다. 그것은 '스스로 죽은 것은 먹지 말라'는 것이다. 문자 그대로 이것을 순종하는 것은 그리 어렵지 않다.

이제 십일조를 드릴 뿐 아니라 그것을 먹는 문제를 말씀하신다. 신약에서 볼 때 이것은 다 그리스도인의 예배를 말하는 것이다. 예배의 특징에는 우리가 하나님께 돌려드리는 헌신이 있고 또 주님께 드린 것을 우리가 먹는 것이 있다. 여기서 신명기 12장의 말씀이 반복되는데, 그것은 소산물의 십일조를 어디로 가져가서 어디서 먹어야 하느냐는 것이다. 그곳은 여호와께서 그 이름을 두시려고 택하신 곳이다[22-23절]. 24절부터의 말씀을 읽을 때 여러분은 어떤 생각을 갖게 되는가? **"그러나 네 하나님 여호와께서 그 이름을 두시려고 택하신 곳이 네게서 너무 멀고 행로가 어려워서 그 풍부히 주신 것을 가지고 갈 수 없거든 그것을 돈으로 바꾸어 그 돈을 싸서 가지고 네 하나님 여호와의 택하신 곳으로 가서 무릇 네 마음에 좋아하는 것을 그 돈으로 사되 우양이나 포도주나 독주 등 무릇 네 마음에 원하는 것을 구하고 거기 네 하나님 여호와의 앞에서 너와 네 권속이 함께 먹고 즐거워할 것이며 네 성읍에 거하는 레위인은 너의 중에 분깃이나 기업이 없는 자니 또한 저버리지 말지니라"**[24-27절]. 하나님은 배려가 깊은 분이시다. 그 먼 길을 짐승과 소산물을 가지고 가려면 너무 힘이 들기 때문에 그것을 돈으로 바꾸어 가지고 주님이 택하신 곳으로 가서 사고 싶은 것들을 사서 즐겁게 누리되 각자 성읍에 거하는 레위인들을 보살피라는 말씀이다. 레위인들은 그들은 이 땅에서 어떤 분깃이 없고 기업이 없기 때문에 이스라엘 백성들은 하나님의 처소에 와서 경배하고 십일조를 드리고 함께 먹고 마실 때 반드시 하나님을 섬기는 사람들을 챙겨야 했다.

28-29절, **"매 삼년 끝에 그 해 소산의 십분 일을 다 내어 네 성읍에 저축하여 너의 중에 분깃이나 기업이 없는 레위인과 네 성중에 우거하는 객과 및 고아와 과부들로 와서 먹어 배부르게 하라 그리하면 네 하나님 여호와께서 너의 손으로 하는 범사에 네게 복을 주시리라"**. 22절에서는 매년에 토지 소산의 십일조를 드리라고 했다. 이것은 토지 소산의 십일조이다. 민수기 18장 24절에서는 "이스라엘 자손이 여호와께 거제로 드리는 십일조를 레위인에게 기업으로 준 고로 내가 그들에 대하여 말하기를 이스라엘 자손 중에 기업이 없을 것이라 하였노라"고 말한다. 이스라엘 백성들은 여호와께 거제로 드리는 십일조를 레위인에게 주어야 했다. 그리고 여기 28절에서는 "매 삼년 끝에 그 해 소산의 십분의 일을 다 내어 네 성읍에 저축하여 너희 중에 분깃이나 기업이 없는 레위인과…와서 먹어 배부르게 하라". 그렇게 하면 하나님께서 그들의 손으로 하는 범사에 복을 주시리라고 했다. 사실 그들이 먹고 또 드릴 수 있는 것은 다 하나님께서 복을 주셨기 때문이다.

15장

성도들의 재물 관리와 드림에 관하여

하나님께서는 이스라엘 백성이 가나안 땅에 들어가서 행해야 할 바를 계속 말씀하고 계신다. 겉으로는 15장의 내용이 14장의 후반에 있는 구제의 십일조에 이어 보다 적극적이고 구체적인 구제 대책을 말씀하고 있는 듯하다.

1-11절은 매 칠 년마다 돌아오는 안식년에 반드시 이웃의 채무에 대하여 독촉을 면제해 주라는 것이다. 12-18절은 가난으로 인해 동족의 종이 된 자들은 칠 년이 될 때 해방시켜 주어야 한다는 규례이다. 19-23절은 가축 중 처음 난 것들을 성별하여 하나님께 드리는 일에 관한 것이다.

이스라엘 백성들은 해야 할 것이 많았다. 안식일을 지켜야 하고, 매달 초하루를 지켜야 하고, 삼 년마다 십일조를 드려야 하고, 칠 년마다 면제년을 지켜야 했다. 면제년이란 이스라엘 백성이 좋은 땅에 들어가서 살다가 어떤 이유로 빚을 지게 되었을 때 7년째가 되면 그 채주는 채무자의 빚을 다 면제해주어야 한다는 것이다[1절].

2절, **"면제의 규례는 이러하니라 무릇 그 이웃에게 꾸어준 채주는 그것을 면제하고 그 이웃에게나 그 형제에게 독촉하지 말지니 이 해는 여호와의 면제년이라 칭함이니라"**. 7년째에는 모든 빚을 다 면제해주기 때문에 빚을 진 사람들은 7년째가 되기를 기다릴 것이다. 7년째에는 이스라엘 백성 가운데 빚쟁이가 없어지고 다 새롭게 시작한다.

3-5절, **"이방인에게는 네가 독촉하려니와 네 형제에게 꾸인 것은 네 손에서 면제하라 네가 만일 네 하나님 여호와의 말씀만 듣고…다 지켜 행하면 네 하나님 여호와께서 네게 유업으로 주신 땅에서 네가 정녕 복을 받으리니 너희 중에 가난한 자가 없으리라"**. 또한 다른 나라에게서 꾸지 않고 다른 나라의 치리를 받지 않을 수 있는 비결은 하나님의 말씀을 지키는 것이다. 오늘 신약으로 말하면 한 사람 한 사람이 그리스도 안에서 주의 말씀을 지킴으로 가난한 자들을 돌아보고 은혜를 베풀면 온 교회가 복을 받고 지배를 당하지 않으며, 온 교회가 나누어 주는

사람들이 될지언정 다른 사람들에게서 꾸는 일이 없을 것이라는 말씀이다[6절].

신명기 15장 전반부에서 하시는 말씀은 결국 하나님의 백성이 하나님의 성품을 닮기를 원하시는 것이다. 하나님은 후덕하신 분이다. 하나님이 후덕하신 분이라는 것을 말하는 성경 구절이 있는데, 야고보서 1장 5절이다. "너희 중에 누구든지 지혜가 부족하거든 모든 사람에게 후히 주시고 꾸짖지 아니하시는 하나님께 구하라 그리하면 주시리라". 하나님은 후히 주시는 분이며 결코 인색하지 않으시다. 하나님을 닮으려면 후덕한 사람이 되어야 한다[7-8절].

"삼가 너는 마음에 악념을 품지 말라". 여기의 '악념'은 히브리어로 '벨리알'인데, 무익하고 쓸데없는 생각, 경건치 않은 생각, 악한 생각을 말한다. "곧 이르기를 제 칠년 면제년이 가까웠다 하고 네 궁핍한 형제에게 악한 눈을 들고 아무것도 주지 아니하면 그가 너를 여호와께 호소하리니 네가 죄를 얻을 것이라". 형제를 동정하는 일에 계산적이 되어서는 안 된다[9절].

10절, **"너는 반드시 그에게 구제할 것이요, 구제할 때에는 아끼는 마음을 품지 말 것이니라 이로 인하여 네 하나님 여호와께서 네 범사와 네 손으로 하는 바에 네게 복을 주시리라"**. 그때에 그에게 돈을 주는 것은 구제하는 것이다. 구제할 때에는 아끼는 마음을 품지 말고 후하게 주라는 말씀이다.

12-14절은 히브리 동족에 관한 말씀이다. 이는 출애굽기 21장과 같은 내용으로서 히브리 남자나 여자가 팔려서 6년을 섬기면 7년째에 놓아주어 자유케 하라는 말씀이다. 그리고 그를 놓아 자유케 할 때에는 빈손으로 내보내지 말고 양 무리에서와 타작마당에서와 포도주틀에서 그에게 후히 주되 "네 하나님 여호와께서 네게 복을 주신 대로 그에게 줄지니라"고 하신다.

15절, **"너는 애굽 땅에서 종 되었던 것과 네 하나님 여호와께서 너를 속하셨음을 기억하라 그를 인하여 내가 오늘날 이같이 네게 명하노라"**. 왜 종들을 이렇게 놓아주며 또 후하게 삯을 주어서 보내야 하느냐면 이스라엘 백성이 애굽 땅에서 종 된 적이 있기 때문이다. 그때 하나님께서 그들을 속하여 자유케 하신 것이다. 그들이 그러한 은혜를 얻었기 때문에 다른 사람들도 그렇게 대하는 것이 마땅하다고 하신다.

16절, "종이 만일 너와 네 집을 사랑하므로 너와 동거하기를 좋게 여겨 네게 향하여 내가 주인을 떠나지 아니하겠노라 하거든". 종이 주인을 떠나지 않을 수 있는 조건은 사랑이다. 종이 '너와 네 집을 사랑하므로 너와 동거하기를 좋게 여겨' 떠나지 않는 것이다. 성도들이 길을 함께 가는 것은 사랑 때문이어야 한다. 신약의 교회가 서로 하나 되는 끈은 무엇인가? 사랑이다. 사랑은 주님의 가장 큰 계명이며 율법의 완성이다.

우양의 처음 난 수컷을 구별하여 하나님께 드리라

첫 번째는 면제년에 빚을 면제해 주는 것이고, 두 번째는 칠년째에 히브리 종을 자유케 해주는 것이며, 세 번째는 우양의 처음 난 수컷을 하나님께 드리는 것이다[19절]. 다 복음의 예표이다. 이는 애굽 땅에 내린 마지막 재앙에서 애굽의 처음 난 것은 다 죽었는데 이스라엘의 처음 난 것은 어린 양의 피로 구속함을 얻어 죽지 않고 살았기 때문에 이스라엘의 처음 난 것은 다 하나님의 것이라는 말씀이다. 우리는 어린 양이신 그리스도의 피로 구속된 자들이다. 그러므로 우리는 마땅히 자신을 주님께 드려야 한다.

20절, "너와 네 가족이 매년에 여호와의 택하신 곳 네 하나님 여호와 앞에서 먹을지니라". 이 택하신 곳은 당시 예루살렘이었고, 지금 신약에서는 성령 안에서 주의 이름으로 모이는 곳이다. 그곳에서 가족이 함께 이 제물을 먹으라고 하셨다. 사실 그리스도인은 함께 모일 때마다 제물이신 그리스도를 먹는 것이다.

21절, "그러나 그 짐승이 흠이 있어서 절거나 눈이 멀었거나 무슨 흠이 있든지 네 하나님 여호와께 잡아 드리지 못할지니". 흠이 있거나 절거나 눈이 먼 것은 하나님께 드릴 수 없다는 말은 오직 그리스도만 제물로 드릴 수 있다는 것이다. 그리스도인 모임에서는 오직 온전히 흠 없으신 그리스도만을 제물로 드리며 예배할 수 있다. 어떤 인간도 제 아무리 영적이라고 하더라도 약점과 흠 있는 인간은 예배의 중심이 될 수 없다(히 7:20). 어떤 사람도 우리를 위해 십자가에 못박히지 않았다(고전 1:13).

16장

12장부터 15장까지 이스라엘이 가나안 땅에서 지켜야 할 참된 신앙과 그에 부합되는 행위에 대하여 교훈한 모세는 이제 16장에서 그들이 중앙 성소에 1년 3차 올라가서 지켜야 할 절기에 관하여 설명한다. 오늘날 교회 생활은 절기를 지내는 생활이다. 1-8절은 유월절, 9-12절은 칠칠절, 13-17절은 초막절이다. 18-22절은 부가적으로 재판에 있어서의 공의 문제와 우상 숭배에 대한 재삼 재사의 경고를 다룬다.

이 장은 주로 세 가지 절기를 지키는 문제를 말하고 있다. 맨 먼저 절기의 문제가 제기된 것은 출애굽기 23장 14-17절, 34장 18-24절에서다. 또 레위기 23장에는 일곱 절기가 나오는데, 첫째는 유월절이고, 둘째는 무교절이며(이 두 절기는 연결되어 있다), 다음은 초실절, 오순절, 나팔절, 속죄일, 초막절이다. 그리고 그 절기들을 지키는 규례를 자세히 말하고 있다. 그러나 이 장에는 그중 세 절기만 언급되어 있다.

유월절

우리가 기억해야 할 것은, 레위기는 하나님을 섬기는 레위인들을 위한 책인 반면 신명기는 이스라엘 백성 전체를 위한 책으로서, 모압 평지에서 모세가 마지막 유언과 같이 말한 내용이라는 것이다. 간단히 말해서, 유월절은 구속을 말하며 이는 과거에 속하고, 오순절은 성령으로서 현재의 생활을 말하며, 초막절은 영광의 상속자들의 시대를 말하는 것으로 장래의 소망이다.

2절, **"여호와께서 그 이름을 두시려고 택하신 곳에서 우양으로 네 하나님 여호와께 유월절 제사를 드리되"**. 여호와 하나님이 그 이름을 두시려고 택하신 곳에서 우양을 드리라고 하셨다. 신명기에서는 이스라엘 백성이 제사를 드릴 장소를 거듭 강조하고 있다. 그곳은 반드시 여호와 하나님께서 그 이름을 두시려고 택하신 곳이어야 한다. 나머지 절기의 내용은 출애굽기의 내용과 동일하다.

칠칠절

9절부터 12절까지에 있는 칠칠절도 택하신 곳으로 가서 제물을 드리라는 말씀 외에는 출애굽기와 동일하다. 9-12절, "…곡식에 낫을 대는 첫날부터 칠 주를 계수하여 네 하나님 여호와 앞에 칠칠절을 지키되…너와 네 자녀와 노비와 네 성중에 거하는 레위인과 및 너희 중에 있는 객과 고아와 과부가 함께 네 하나님 여호와께서 그 이름을 두시려고 택하신 곳에서 즐거워할지니라 너는 애굽에서 종 되었던 것을 기억하고 이 규례를 지켜 행할지니라".

초막절

13-17절, "너희 타작마당과 포도주 틀의 소출을 수장한 후에 칠 일 동안 초막절을 지킬 것이요 절기를 지킬 때에는 너와 네 자녀와 노비와 네 성중에 거하는 레위인과 객과 고아와 과부가 함께 연락하되 네 하나님 여호와께서 택하신 곳에서…너희 중 모든 남자는 일 년 삼 차 곧 무교절과 칠칠절과 초막절에 네 하나님 여호와의 택하신 곳에서 여호와께 보이되 공수로 여호와께 보이지 말고 각 사람이 네 하나님 여호와의 주신 복을 따라 그 힘대로 물건을 드릴지니라". 그래서 이스라엘 백성들은 일 년에 삼 차씩 이 절기를 지키기 위해 반드시 예루살렘으로 가야 했다. 이것은 오늘날 신약의 교회에 반드시 적용되어야 할 항목들이다. 첫째, 하나님의 교회에는 유월절의 요소가 있어야 한다. 즉 십자가와 보혈이다. 둘째, 오순절의 요소, 즉 성령 충만과 성령의 능력과 역사가 있어야 한다. 그리고 셋째, 그리스도의 재림의 소망과 왕국의 요소가 있어야 한다.

공의로 재판하라

18-20절, "네 하나님 여호와께서 네게 주시는 각 성에서 네 지파를 따라 재판장과 유사를 둘 것이요 그들은 공의로 백성을 재판할 것이니라 너는 굽게 판단하지 말며 사람을 외모로 보지 말며 또 뇌물을 받지 말라 뇌물은 지혜자의 눈을 어둡게 하고 의인의 말을 굽게 하느니라 너는 마땅히 공의만 좇으라 그리하면 네가 살겠고 네 하나님 여호와께서 네게 주시는 땅을 얻으리라". 이 부분의 말씀은 16장에 포함되지 말아야 한다고 하는 성경학자들이 있다. 왜냐하면 세 절기들을 이야기하다가 갑자기 이스라엘 백성 가운데 재판장이나 유사를 두는 문제, 또 재판하는 문제를 말하는 것은 그리 연관성이 없는 것처럼 보이기 때문이다. 그러나 사랑이 넘치고 소망이 넘치는 교회생활을 하려면 거기에 반드시 의(義)가 있어야 한다. 그 의로 백성이 재판되어야 한다. 그렇게 모든 상황에서 의로 재판할 수 있는 권위가 세워진 교회는 축복된 교회이다.

우상을 세우지 말라

21-22절, **"네 하나님 여호와를 위하여 쌓은 단 곁에 아무 나무로든지 아세라 상을 세우지 말며 자기를 위하여 주상을 세우지 말라 네 하나님 여호와께서 미워하시느니라"**. 흠정역에서는 "너는 주 네 하나님을 위하여 쌓은 제단 곁에 어떤 나무로도 작은 숲을 심지 말라"고 했다. 이것 또한 교회에 적용되어야 할 말씀이다. 교회에는 하나님을 위한 제단이 있다. 하나님을 섬기기 위해, 경배하기 위해 모이는 것이 교회이다. 그들의 경배와 섬김은 다 참되고 순수해야 한다.

17장

17장은 하나님께 드리는 제물들이 온전하고 순결해야 함을 말한다. 1절은 제물의 순결성과 완전성, 2-7절은 가나안 땅에서 생겨날지도 모르는 우상숭배자들에 대한 처벌규례, 8-13절은 지방 재판정에서 중앙 성소에 이르는 재판 절차, 14-20절은 장차 이스라엘에 왕이 세워질 경우를 말씀하고 있다.

순결하고 온전한 제물을 드리라

1절, **"무릇 흠이나 악질 있는 우양은 네 하나님 여호와께 드리지 말지니 이는 네 하나님 여호와께 가증한 것이 됨이니라"**. 이 구절은 이스라엘 백성들이 하나님께 드리는 예물이 온전하고 순전해야 함을 말한다. 우양 가운데 흠이 있거나 악질이 있는 것은 여호와께 드릴 수 없다. 하나님께 제물로 드려지는 소나 양은 반드시 온전해야 한다. 이것은 첫째로 하나님께서 받으시는 제물이 오직 그리스도 한 분임을 암시한다. 온 우주 가운데 유일하게 흠이 없는 제물은 그리스도밖에 없기 때문이다.

다른 신들을 섬기는 자는 반드시 돌로 쳐 죽이라

이제 두 번째 이야기는 이스라엘 백성이 가나안 땅에 들어가서 거할 때에 어떤 남자나 여자가 하나님의 언약을 어기고 다른 신들을 섬기는 경우이다. 그럴 때에 하나님께서는 이스라엘 백성들이 그런 것을 보고 그냥 지나쳐서는 안 된다고 하신다. 그런 말을 듣거든 자세히 조사하여 그것이 사실이면 그 남자나 여자를 성문으로 끌어내서 돌로 쳐 죽이라고 하신다[2-7절].

하나님께서는 그분의 선민이 하나님 외에 다른 신을 섬기는 것을 극도로 미워하고 싫어하신다는 것을 알 수 있다.

판결하는 규례

8-11절, **"네 성중에서 송사로 다투는 일이 있으되 서로 피를 흘렸거나 다투었거나 구타하였거나 하여 네가 판결하기 어려운 일이 생기거든 너는 일어나 네 하나님 여호와의 택하실 곳으로 올라가서 레위 사람 제사장과 당시 재판장에게로 나아가서 물으라 그리하면 그들이 어떻게 판결할 것을 네게 가르치리니 여호와께서 택하신 곳에서 그들이 네게 보이는 판결의 뜻대로 네가 행하되 무릇 그들이 네게 가르치는 대로 삼가 행할 것이니 곧 그들이 네게 가르치는 법률의 뜻대로, 그들이 네게 고하는 판결대로 행할 것이요 그들이 네게 보이는 판결을 어기어서 좌로나 우로나 치우치지 말 것이니라"**. 이제 세 번째는 성중에서 어떤 사람들이 서로 송사하여 다투는 경우이다. 이렇게 판결하기 어려운 일이 생길 때 하나님께서 택하실 곳으로 올라가서 레위 사람과 제사장과 당시 재판장에게 나아가 물으라고 했다.

신명기에서는 모든 일들을 택하실 곳으로 가서 하라는 말씀이 특징적이다. 성중에 서로 송사하고 다투는 일이 있어서 판결하기 어려우면 택하실 곳으로 가서 레위 사람과 제사장과 재판장에게 묻고 그들이 어떻게 판결할 것을 가르치는 대로 하라고 한다. 이것을 신약에 적용한다면 바른 위치에 서 있는 교회의 지도자들에게 물으라는 것이다(마 18:15-18). 고린도 전서 6장을 보면, 사도 바울은 믿는 형제들 간에 일이 있을 때 세상 법정에 가서 서로 송사한 것을 꾸짖었다. 그는 '성도들 가운데의 일을 어찌 불의한 자들에게 가서 송사하느냐 너희 가운데 그런 일을 해결할 만한 지혜 있는 사람이 하나도 없다는 말이냐' 하면서 성도들 가운데 다투는 일이 있을 때에는 반드시 교회 중에서 그 일을 판단하라고 했다.

좌로나 우로나 치우쳐 판결하지 말라

하나님의 백성을 판결하는 책임을 짊어진 사람들은 어떤 일이든 한쪽으로 치우치게 판결하지 말아야 한다(doing nothing in a spirit of partiality, 딤전 5:21). 어떤 다툼의 사건이 생겼을 때 그들은 반드시 하나님께서 택하신 곳으로 가서 제사장이나 재판장에게 그들의 일을 고하고, 그들이 법률대로, 즉 하나님 말씀대로 판결해줄 때 거기에 순종하고 따라야 했다. 그러지 않고 좌로나 우로나 치우쳐 임의로 행할 때, 즉 자기 마음대로 행할 때 그 사람을 죽여서 이스라엘 중에서 악을 제하라고 했다[12-13절]. 이는 매우 엄중한 일이다.

우리는 17장에서 세 가지를 보았는데, 첫째는 이스라엘 백성이 가나안 땅에 들어가서 흠 없고 온전한 제물을 드리는 것이고, 두 번째는 다른 신들을 섬기는 사람들이 있을 때에 그들을 철저하고 단호하게 처리하는 것이며, 셋째는 판결하기 어려운 송사 사건이 생겼을 때 레위 사람이나 제사장이나 재판장에게 가서 자신들의 문제를 말하고, 그들이 말씀에 따라 판결하도록 가르침을 줄 때 아멘하고 순종해야 한다는 것이다. 만일 순종하지 않고 자기 마음대로 좌로나 우로나 치우치게 판결하면 하나님께서 그를 심판하신다고 했다.

이스라엘에 왕을 세울 경우

네 번째 이야기는 이스라엘 백성 가운데 왕이 세워질 경우를 말한다. 이것은 사무엘 때에 이루어졌다. 하나님은 사실 그분 자신이 이스라엘 백성 가운데서 왕이 되기를 원하셨다. 그래서 그들은 이방인들처럼 왕을 따로 세울 필요가 없었다. 그럼에도 만일 주위의 열국처럼 너희도 왕을 세워야겠다는 뜻이 생기거든, 왕을 세울 때는 반드시 하나님이 택하신 자를 세우되 형제 가운데서 세우고 타국인을 세워서는 안 된다고 하신다[14-15절].

왕 된 자의 주의 사항

왕 된 자의 주의사항으로, 첫째는 말을 많이 두지 말아야 한다. 말은 당시에 명성과 세력을 의미했다. 말이 많다는 것은 그 세력이 크다는 것이다. 둘째로, 아내를 많이 두지 말아야 한다. 아내를 많이 두면 마음이 미혹되기 때문이다. 셋째로, 자기를 위해 은금을 쌓아두지 말라고 했다. 신약에서도 하나님의 백성의 인도자들은 반드시 이 세 가지를 경계해야 한다[16-17절].

왕은 평생에 율법서를 자기 옆에 두고 읽으라

또한 그가 왕위에 오르거든 레위 사람 제사장 앞에 보관한 이 율법서를 등사하여 평생에 자기 옆에 두고 읽어서 그 하나님 여호와 경외하기를 배우며 이 율법의 모든 말과 이 규례를 지켜 행할 것이라고 했다[18-19절].

그렇게 하면 그가 왕이라 하더라도 형제들 위에 높아져서 교만하게 되지 않는다는 것이다. 영어로는 "His heart may not be lifted up above his brothers"이다. 그가 비록 왕이지만 그 마음이 형제들 위에 높아지지 않는다는 말이다. 하나님께서는 왕이라 하더라도 이스라엘 백성 가운데서 그 형제들과 같이 되기를 원하시지 형제들 위에 높아져서 군림하는 사람이 되기를 원치 않으신다[20절].

18장

제사장의 몫

18장은 레위 사람 제사장과 레위의 온 지파들에 관한 것이다. 말하자면 하나님의 백성 가운데 섬기는 사람들에 관한 것이다. 레위 사람들 중에는 제사장도 있고 다만 성막에서 섬기는 자들도 있었는데, 그들은 제사장이든 섬기는 사람이든 이스라엘 가운데서 분깃이 없고 기업이 없었다. **"레위 사람 제사장과 레위의 온 지파는 이스라엘 중에 분깃도 없고 기업도 없을지니 그들은 여호와의 화제물과 그 기업을 먹을 것이라"**[1절]. 그들은 이스라엘 백성이 하나님께 드리는 화제물을 먹게 되어 있었다.

2절, **"그들이 그 형제 중에 기업이 없을 것은 그들에게 대하여 말씀하심같이 여호와께서 그들의 기업이 되심이니라"**. 이 말씀은 민수기 18장에도 있고 신명기 10장에도 있다. 레위 사람들에게는 여호와께서 그들의 기업이 되시기에 그들은 이스라엘 백성 가운데서 달리 기업을 소유할 수 없다는 말씀이다.

3절, **"제사장이 백성에게서 받을 응식은 이러하니 곧 그 드리는 제물의 우양을 물론하고 그 앞 넓적다리와 두 볼과 위라 이것을 제사장에게 줄 것이요"**. 응식이란 몫이라는 뜻이다. 제사장들은 제물의 소나 양을 물론하고 그 앞 넓적다리와 두 볼과 위를 취하게 되어 있었다. '앞 넓적다리'를 어떤 번역본은 어깨 부분(shoulder)이라고 말한다. 앞 넓적다리 혹은 어깨는 소나 양에게 있어서 가장 힘을 쓰는 부분이다. 볼은 건강도를 측정할 수 있는 부위이며, 위는 소화기관이다. 이 세 부분은 다 연결되어 있다. 소화력(위)이 좋아야 볼이 아름다운 색깔을 띨 수 있다.

4절, **"또 너의 처음 된 곡식과 포도주와 기름과 너의 처음 깎은 양털을 네가 그에게 줄 것이니"**. 이 구절에서는 주로 소산물 중 첫물을 제사장에게 주라고 말한다. 처음 익은 곡식, 포도주, 기름, 처음 깎은 양털 등이다.

5절, **"이는 네 하나님 여호와께서 네 모든 지파 중에서 그를 택하여 내시고 그와 그의 자손으로 영영히 여호와의 이름으로 서서 섬기게 하셨음이라"**. 이 구절은 이스라엘 백성들이 레위 사람 제사장들에게 주어야 하는 이유를 말하고 있다. 그것은 열두 지파 중에서 레위 지파만큼은 하나님께서 택하여 내셔서 영원토록 여호와의 이름으로 서서 섬길 수 있게 하셨기 때문이다.

레위인 중 여호와의 택하신 곳에 와서 섬기려고 할 때

레위인은 열두 지파 속에 흩어져 살게 되어 있는데, 레위인 가운데는 특별히 예루살렘 성전에서 섬기는 사람들이 있었다. 말하자면 백성 가운데 흩어져 섬기는 사람도 있고 중앙 성소에 들어와 섬기는 사람도 있었던 것이다. 그런데 그렇게 각지에 흩어져서 섬기는 레위인 중에 어떤 사람이 간절한 소원이 있어서 그 거한 곳을 떠나 여호와의 택하신 곳, 예루살렘에 이르러 거기서 섬기려고 할 때 그를 막지 말라고 한다. 그는 중앙 성소에서 섬기는 레위인들과 일반으로 여호와의 이름으로 섬길 수 있으며, 그가 받아먹는 음식은 그들과 같아야 한다. 그리고 그가 거하던 곳을 떠나 예루살렘에 왔으므로 자기의 원래 산업은 팔게 되는데 그 돈은 그가 갖게 두라고 했다[6-8절].

그 땅 원주민의 가증한 행위를 본받지 말라

9절부터 14절까지의 말씀은 이스라엘 백성이 가나안 땅에 들어갔을 때 그 민족들의 우상숭배라든가 귀신적인 행동들을 본받지 말라는 것이다. 당시 가나안 사람들은 우상을 숭배하는 행습으로 아들이나 딸을 불 가운데 지나가게 한다든지 복술자나 길흉을 말하는 자의 말을 들었던 것 같다.

한 선지자를 일으키실 것이라는 약속

15절은 "네 하나님 여호와께서 너의 중 네 형제 중에서 나와 같은 선지자 하나를 너를 위하여 일으키시리니 너희는 그를 들을지니라"고 한다. 이스라엘 백성들은 너무 두려워서 "다시는 여호와의 음성을 듣지 않게 하시고 다시는 이 큰 불을 보지 않게 하소서."라고 간청했는데, 이러한 기도가 당시 하나님의 뜻에 부합되었다. 그때 하나님께서는 그분 심중에 있는 말씀을 하실 기회를 얻으셨다.

18-19절, **"내가 그들의 형제 중에 너와 같은 선지자 하나를 그들을 위하여 일으키고 내 말을 그 입에 두리니 내가 그에게 명하는 것을 그가 무리에게 다 고하리라 무릇 그가 내 이름으로 고하는 내 말을 듣지 아니하는 자는 내게 벌을 받을 것이요"**. 이스라엘 백성은 가나안 땅에 들어가서 그 형제 중에서 일어난 한 선지자의 말을 들어야 하는데, 그가 바로 예수 그리스도이시다. 그들은 많은 우상들, 가증한 것들을 좇지 말고 오직 한 분 예수 그리스도의 말을 들어야 하는 것이다. 이 구절을 인용한 사도행전 3장 22절을 읽어보겠다. "모세가 말하되 주 하나님이 너희를 위하여 너희 형제 가운데서 나 같은 선지자 하나를 세울 것이니 너희가 무엇이든지 그 모든 말씀을 들을 것이라".

20절, **"내가 고하라고 명하지 아니한 말을 어떤 선지자가 만일 방자히 내 이름으로 고하든지 다른 신들의 이름으로 말하면 그 선지자는 죽임을 당하리라 하셨느니라"**. 하나님의 선지자들에게는 원칙이 있다. 첫째는 하나님께서 일으키셔야 한다. "너와 같은 선지자 하나를 그들을 위하여 일으키고". 두 번째는 하나님께서 세우신 선지자의 특징은 그 선지자의 입에 할 말을 하나님께서 친히 두시는 것이다 "내 말을 그 입에 두리니". 또 한 가지, 참 선지자는 하나님이 보내셔서 일하게 하는 자로서 그의 위임과 그 결과를 보면 된다. 선지자의 말한 일에 증험이나 성취가 없으면 그는 여호와로 말씀하신 것으로 인정할 수 없으니 두려워하지 말라고 하신다[21-22절]. 오늘날 그 결과가 신약의 사역에 부합하면 그는 진정한 사역자로 인정할 수 있다. 신약의 사역의 결과는 청결한 마음, 선한 양심과 특별히 거짓없는 믿음에서 나오는 사랑이 있어야 한다(딤전 1:5-6). 그리고 진정한 변화와 영적 성장, 그리고 그리스도의 몸인 교회를 이루는 것이다. 이것은 결코 작은 일이 아니다.

19장

우리는 모세 오경을 보면서 거기에 지배하는 원칙이 있는 것을 보는데, 그것이 십계명이다. 십계명이 모세의 사역의 중심이다. 이 신명기도 십계명으로 말한다면 18장까지는 하나님께 대한 것이고 나머지 부분은 사람에 대한 것이다. 따라서 신명기 19장은 분기점이 되는 장으로서, 이 장부터는 사람을 향한 계명들의 부가적인 율법을 자세하게 말하고 있다.

도피성

2절, **"네 하나님 여호와께서 네게 기업으로 주신 땅 가운데서 세 성읍을 너를 위하여 구별하고"**. 이것은 다름 아닌 도피성에 관한 말씀이다. 즉 의도가 없이 사람을 죽이게 된 경우, 오늘날의 법적 용어로 '과실치사'인데, 어떻게 하느냐는 것이다. 5절에서 그 예를 들었는데, 벌목하러 이웃과 함께 삼림에 들어가서 도끼질을 하다가 도끼날이 자루에서 빠져 이웃을 맞춰 죽게 한 경우이다.

또한 도피성을 세울 때에는 땅 전체를 세 구역으로 나누어 가장 북쪽에는 게데스에, 중간은 세겜에, 가장 아래에는 헤브론에 세우게 했는데, 살인자가 도피성까지 빨리 도망갈 수 있도록 도로를 닦으라고 하셨다. 성읍의 가장 중앙에다 도피성을 두어서 어떤 사람에게나 공평하게 하신 일과, 도로를 깔아서 그 도피자가 빨리 도피할 수 있게 하신 것 등을 볼 수 있다.

그가 의도적으로 사람을 죽인 것이 아니므로 죽이기에 합당치 않은데 도피성까지 가는 길이 너무 멀면 복수하려는 사람들이 그 살인자를 쫓아가서 잡아 죽일 수 있기 때문에 쉽게 피할 수 있는 거리에 도피성을 두라는 것이다. 하나님께서는 어떤 이스라엘 백성이든지 이러한 위급한 상황에서 얼른 피하여 목숨을 구할 수 있기를 바라셨다[6-7절].

여기서 도피성으로 가는 도로를 닦으라고 했는데, 지금 모세가 주는 율법은 복음을 받을 수 있도록 도로를 닦는 것이다. 이스라엘 백성에게 율법을 주신 것은 장차 오실 그리스도를 복음으로 영접할 수 있도록 길을 닦는 것이다. 율법을 통해서 자신의 죄악 됨과 자신의 육체가 철저하게 부패한 것을 깨닫고 그리스도께 가게 하려는 것이다. 또한 선지자들을 보내신 것도 길을 닦는 것이요 주 예수님이 오시기 전에 세례 요한이 와서 광야에서 외친 것도 그분을 영접할 수 있도록 앞서 길을 닦는 것이다. 혹 듣지 못하여 죄 용서를 얻지 못할까 염려하시는 하나님의 배려인 것이다. 이것이 여기서 도피성을 골고루 배치하게 하시는 하나님의 마음이다.

하나님께서는 그들이 열조에게 맹세하신 땅으로 들어갔을 때, 이렇게 혐원이 없이 사람을 죽였을 경우 비록 살인자일지라도 그를 죽여서는 안 될 사람으로 보신다. 만일 그러한 사람이 죽임을 당한다면 무죄한 피를 흘린 것으로 보신다는 것이다[8-10절].

11절은 다른 경우이다. "그러나 만일 사람이 그 이웃을 미워하여 엎드려 그를 기다리다가 일어나 쳐서 그 생명을 상하여 죽게 하고 이 한 성읍으로 도피하거든". 이 사람은 이웃을 미워해서 의도적으로 엎드려 기다리다가 그를 쳐서 그 생명을 상하여 죽게 하고서 이 도피성으로 피신한 것이다.

12-13절, **"그 본 성읍 장로들이 사람을 보내어 그를 거기서 잡아다가 보수자의 손에 넘겨 죽이게 할 것이라 네 눈이 그를 긍휼히 보지 말고 무죄한 피 흘린 죄를 이스라엘에서 제하라 그리하면 네게 복이 있으리라"**. 여기 두 종류의 살인자가 있다. 하나는 혐원이 없이 사람을 죽인 살인자이다. 예를 들어, 벌목하러 이웃과 같이 삼림에 들어갔는데 도끼질을 하다가 도끼가 자루에서 빠져 하필이면 그 이웃을 맞춰 죽게 한 경우이다. 그럴 때 그 사람은 도피성으로 피하여 보수자의 손으로부터 보호를 받을 수 있다. 그러나 의도적으로 살인한 경우는 죽음의 형벌을 받아야 한다. 이는 알고도 주 예수를 믿지 않고 멸망하는 자들을 의미한다. 하나님께서는 모든 사람에게 자신을 알리셨으므로 누구든지 모른다고 핑계할 수 없다(롬 1:19-20).

이웃의 경계표를 이동하지 말라

14절, **"네 하나님 여호와께서 네게 주어 얻게 하시는 땅 곧 네 기업 된 소유의 땅에서 선인의 정한 네 이웃의 경계표를 이동하지 말지니라"**. 이 말씀은 도적질하지 말라는 여덟 번째 계명에 관계된 것이다. 첫째는 진리에 대한 경계표이다. 오늘날 성경학자들은 그리스도의 말씀과 사도들의 가르침을 넘어서 특이한 교리와 이론의 체계를 만들어 사람들을 현혹시키는 것을 본다. 성경의 주님의 가르침이 진리에 대한 하나님의 경계표일진대 사역자들은 조심해서 말씀의 범위 밖으로 넘어가지 말아야 한다(요이 9절, anyone who goes too far and does not abide in the teaching of Christ). 여기서 'goes too far' 는 지나친다는 말인데 치우친 것과 일맥상통한다. 뭔가 성경의 순수한 말씀에 덧칠을 하는 것에 비할 수 있다. 어떤 이들은 거룩한 하나님의 말씀이 부족한듯하여 거기에 시사와 교양을 더해야 하는 것으로 여기며, 또 어떤 이들은 철학과 과학을 추가하여 나아간다. 이 모든 것이 진리의 경계표를 옮기는 일이다.

둘째는 사역의 범위 문제이다. 신약 성경 몇 구절을 보겠다. **로마서 15:20, "또 내가 그리스도의 이름을 부르는 곳에는 복음을 전하지 않기로 힘썼노니 이는 남의 터 위에 건축하지 아니하려 함이라"**. 이것이 깨끗한 복음 전파자의 양심이다. **고린도후서 10:13, "그러나 우리는 분량 밖의 자랑을 하지 않고 오직 하나님이 우리에게 분량으로 나눠 주신 그 분량의 한계를 따라 하노니 곧 너희에게까지 이른 것이라"**. 이 말씀에서 하나님께서는 복음 전파자들에게 분량에 따라 한계를 정해주신 것을 알 수 있다. **고린도후서 10:14-15, "우리가 너희에게 미치지 못할 자로서 스스로 지나쳐 나아간 것이 아니요 그리스도의 복음으로 너희에게까지 이른 것이라 우리는 남의 수고를 가지고 분량 밖에 자랑하는 것이 아니라 오직 너희 믿음이 더할수록 우리의 한계를 따라 너희 가운데서 더욱 위대하여지기를 바라노라"**. 사도 바울은 남이 수고한 열매를 가지고 자기가 수고한 열매라고 자랑하지 않았다는 것이다. **고린도후서 10:16, "이는 남의 한계 안에 예비한 것으로 자랑하지 아니하고 너희 지경을 넘어 복음을 전하려 함이라"**. 사도 바울은 복음을 전하는 일에서 매우 순수했다. 그는 자기가 힘써 전해서 그 열매로 자기가 위대해지기를 바랐을 뿐 결코 다른 사람의 열매를 자기의 자랑거리로 삼지 않았다. 그러므로 주님의 일을 하는 사람들은 반드시 하나님께서 나눠주신 분량의 경계표 안에 머무는 것을 배워야 한다.

두세 증인의 입으로 확정하라

이제 15절부터 마지막 절까지는 아홉 번째 계명에 관계된 것이다. 어떤 죄를 단정할 때에는 결코 한 증인의 말만 듣고 판단하지 말고 두 증인이나 세 증인의 입으로 그 사건을 확정하라고 한다.

16절, "만일 위증하는 자가 있어 아무 사람이 악을 행하였다 말함이 있으면 그 논쟁하는 양방이 같이 하나님 앞에 나아가 당시 제사장과 재판장 앞에 설 것이요".

여기 위증죄가 있다. 그럴 때 논쟁하는 양방이 같이 하나님 앞에 나아가라고 했다. 우리는 모세의 율법 가운데서 한 가지 중요한 것을 볼 수 있는데, 그것은 곧 어떤 죄악이든지 회중 가운데서 함부로 판단해서는 안 된다는 것이다. 반드시 두세 증인에 의해 확정되어야 하며, 위증하는 사람이 무고히 악하게 말하는 경우에는 양방이 하나님 앞에 나아가 당시 제사장과 재판장 앞에 서서 판단을 받아야 했다. 이것이 이스라엘 백성 가운데서 악을 판단하는 방법이었다.

재판장이 자세히 조사하여 그 증인이 거짓 증인으로서 그 형제를 무함한 것이 판명될 때에는 그가 형제에게 행하려고 꾀한 대로 그에게 행하여 악을 제하라고 했다. **"네 눈이 긍휼히 보지 말라 생명은 생명으로, 눈은 눈으로, 이는 이로, 손은 손으로, 발은 발로니라"**[21절]. 하나님의 백성 가운데서 위증죄, 즉 형제를 무고히 악하다고 판단하는 죄가 얼마나 심각한 것인지를 알아야겠다.

20장

대적과 싸우려 할 때에

이스라엘 백성들은 애굽에서 홍해를 건너 광야로 나올 때 '항오를 지어' 나왔으며 이십 세 이상의 남자들은 '군대대로' 계수되었다. 말하자면 그들은 하나님의 군대로서 싸우기 위해 나온 것이다. 19장은 주로 이스라엘 백성들의 상호성 문제, 수평적으로 서로 사랑하는 문제를 말했다. 그러나 20장은 전쟁에 관한 것이다.

첫째, 전쟁할 때에 대적의 말과 병거와 민중이 많은 것을 볼지라도 두려워하거나 떨지 말라고 한다[1-3절]. 하나님께서 너희와 함께 행하시며 너희를 위해 대적을 치실 것이고 구원해주실 것이기 때문이다[4절].

5절부터는 전쟁에 나갈 수 없는 사람들을 말한다. 새 집을 짓고 낙성식을 행하지 못한 자는 집으로 돌아가라고 한다. 또 포도원을 만들고 과실을 먹지 못한 자도, 여자와 약혼하고 그를 취하지 못한 자도 집으로 돌아가라고 한다(6-7절). 또한 두려워 마음에 겁을 내는 자도 돌아가라고 한다. 형제들의 마음도 그 영향을 받을 수 있기 때문이다[8절].

또한 군대의 장관들을 세워 무리를 거느리게 하고, 그들이 어떤 성읍에 가서 치려고 할 때 먼저 그 성에 평화를 선포하라고 한다. 그들이 화답하여 평화하기로 하면 그 거민으로 조공을 바치고 섬기게 하라는 것이다. 반대로 평화하기를 싫어하고 대적하여 싸우려 하거든 성읍을 에워싸고 칼날로 그 성읍의 모든 남자를 다 쳐 죽이되 오직 여자들과 유아들과 육축과 그 성중에서 탈취한 것은 하나님께서 주신 것이니 누리라고 하신다[9-15절].

16-18절, **"오직 네 하나님 여호와께서 네게 기업으로 주시는 이 민족들의 성읍에서는 호흡 있는 자를 하나도 살리지 말지니 곧 헷 족속과 아모리 족속과 가나안 족속과 브리스 족속과 히위 족속과 여부스 족속을 네가 진멸하되 네 하나님 여호와께서 네게 명하신 대로 하라 이는 그들이 그 신들에게 행하는 모든 가증한 일로 너희에게 가르쳐 본받게 하여 너희로 너희의 하나님 여호와께 범죄케 할까 함이니라"**. 가나안 일곱 족속은 여자든 유아든 호흡이 있는 자는 다 진멸해야 했다. 그들이 그 신들에게 행하는 모든 가증한 일을 이스라엘에게 가르쳐 본받게 하여 여호와께 범죄케 할 수 있기 때문이다.

19-20절, **"너희가 어느 성읍을 오래 동안 에워싸고 쳐서 취하려 할 때에도 도끼를 둘러 그곳의 나무를 작벌하지 말라 이는 너희의 먹을 것이 될 것임이니 찍지 말라 밭의 수목이 사람이냐 너희가 어찌 그것을 에워싸겠느냐 오직 과목이 아닌 줄로 아는 수목은 작벌하여 너희와 싸우는 그 성읍을 치는 기구를 만들어 그 성읍을 함락시킬 때까지 쓸지니라"**. '밭의 수목이 사람이냐'를 흠정역에서는 '들의 나무들은 사람의 생명이니'라고 번역했다. 사람이 그 과목을 먹고 살기 때문이다.

여기서 우리는 두 가지를 생각해 볼 수 있다. 첫째는 사람이 싸우다 보면 거칠어져서 도끼를 휘둘러 닥치는 대로 죽이게 되는데, 하나님은 전투를 하는 이스라엘 백성이 과격해지지 않기를 바라시는 듯하다. 전투를 하는 중에도 보호할 것은 보호해야 하는 것이다. 둘째는 사람의 생계를 유지하기 위한 것들은 찍어버리지 말아야 한다는 것이다.

21장

신명기 21장을 자세히 살펴보면 다섯 가지의 요점이 발견된다. 하나님께서는 이스라엘 백성들이 가나안으로 들어간 후에 그 땅에서 일어날 일들에 대해 자세한 가르침을 주고 계신다. 우리는 첫 번째로 피살된 시체가 들에 있을 때 어떻게 할 것인지에 대해 말씀하시는 것을 본다. 두번째 부분은 포로로 잡은 여인에 대하여 여자의 존귀를 보호해 주라고 말씀하시며, 총애를 받지 못하는 자라도 장자라면 권한을 부여해 주어야 한다고 하시며[15-17절], 반역하는 아들에게 제재와 벌을 가하라고 하신다[18-21절]. 그리고 죄를 범한 사람을 나무에 단다 하더라도 밤새 달아두지 말고 장사하여 땅을 더럽히지 말라고 하신다[22-23절].

1절, "네 하나님 여호와께서 네게 주어 얻게 하시는 땅에서 혹시 피살한 시체가 들에 엎드러진 것을 발견하고 그 쳐 죽인 자가 누구인지 알지 못하거든". 그 피살된 시체가 있는 곳에서 사면의 각 성읍을 재서 가장 가까운 성읍의 장로들이 그 범죄를 인해 제물을 준비하되 '아직 부리우지 아니하고 멍에를 메지 아니한 암송아지'를 취하라고 했다[2-3절]. 이 암송아지는 그리스도의 예표이다. 아직 한 번도 부리우지 않고 멍에를 메지 않은 분은 그리스도이시다. 누가 사람을 죽였는지는 알 수 없으나 피살된 시체가 있으므로 거기에 죄가 있는 것은 사실이고, 하나님 앞에서 그 죄를 처리함으로 하나님은 그분의 택하신 백성들로 하여금 죄악을 속하여 주신 그리스도의 보혈을 적용하는 연습을 하게 하신다.

그 암송아지를 끌고 성읍의 장로들이 '물이 항상 흐르는' 곳으로 가야 했는데, 이 '물'은 성경에서 주로 성령을 가리킨다. 히브리서에서 우리는 구속 역사를 위한 그리스도의 죽으심에 성령이 함께했다는 것을 알 수 있다[4절]. 또 '항상'이란 히브리어로 '영원히'라는 뜻이다. 영원히 흐르는 물은 영원한 생수이신 성령을 가리킨다. 히브리서 9장 14절은 "하물며 영원하신 성령으로 말미암아 흠 없는 자기를 하나님께 드린 그리스도의 피가 어찌 너희 양심으로 죽은 행실에서 깨끗하게 하고 살아 계신 하나님을 섬기게 못하겠느뇨"라고 한다.

5절, "레위 자손 제사장들도 그리로 올지니 그들은 네 하나님 여호와께서 택하사 자기를 섬기게 하시며 또 여호와의 이름으로 축복하게 하신 자라 모든 소송과 모

든 투쟁이 그들의 말대로 판결될 것이니라". 먼저는 장로들과 재판장이 가서 제물을 드려 그 문제를 해결하고, 이렇게 해서 하나님의 의의 요구가 이루어질 때 레위 자손 제사장들도 그곳에 오게 된다. 이들은 은혜를 예표한다. 의의 요구가 이루어질 때 은혜가 오게 된다.

피살된 곳에서 가장 가까운 성읍의 장로들은 그 골짜기에서 목을 꺾은 암송아지 위에 손을 씻으며 "우리의 손이 이 피를 흘리지 않았고 우리의 눈이 보지도 못했으니 주의 백성 이스라엘의 죄를 사하시고 무죄한 피를 주의 백성 이스라엘에게 머물게 하지 마옵소서" 하면 무죄자의 피 흘린 죄를 제하겠다고 하신다 [6-9절]. 살인한 자를 모르는 채 죽임당한 시체에 대하여도 그것이 어쨌든 죄악의 결과이니 죄악을 모르는 채 넘기지 말라는 말씀이다.

우리가 이것을 신약에 적용할 때, 만일 교회 가운데 우리가 알지 못하는 어떤 죄가 있다고 할 적에 우리는 그러한 죄를 하나님 앞에서 함께 책임지기를 배워야 한다. 많은 그리스도인들이 자기만 관심하고, '나만 죄를 짓지 않았으면 문제가 없고 언제든지 하나님께 나아가 기도할 수 있다'고 생각한다. 그러나 하나님께서는 이 말씀을 통해서 '그렇지 않다. 나는 너희 개개인과의 문제를 처리할 뿐 아니라 너희 단체와의 문제도 처리하기 원한다.'고 하신다.

여자 포로를 아내로 삼는 규정

10절, **"네가 나가서 대적과 싸움함을 당하여 네 하나님 여호와께서 그들을 네 손에 붙이시므로 네가 그들을 사로잡은 후에"**. 20장에서 우리는 이스라엘 백성들이 나가서 어떤 민족(가나안 족속이 아닌)에게 먼저 평화를 청했음에도 그들이 평화하기를 싫어하고 이스라엘을 대적하거든 그 성읍을 에워싸고 남자는 다 쳐서 죽이되 여자와 유아들과 육축들은 그들의 것으로 취하라는 말을 들었다.

그런데 어떤 사람이 포로로 잡은 여자들 중에서 한 여자를 아내로 삼고 싶을 때 어떻게 할 것인가를 말해주고 있다. 이럴 때 하나님의 백성이 아닌 이방인들은 자기 마음대로 여인을 취할 것이다. 그러나 하나님의 백성은 이럴 때 아내를 취하는 방법도 특별하다. 그 여인을 아내로 삼으려면 집으로 데려가 머리를 밀고 손톱을 베고 또 그녀는 포로의 의복을 벗고 그 집에 거하며 그 부모를 위해서 일 개월 동안 애곡을 해야 한다. 그런 다음에 그는 그 여인에게 들어가서 남편이 될 수 있다[11-13절].

그러면 하나님께서는 왜 이렇게 하라고 명하셨을까? 일단 문자 그대로 설명한다면 이것은 하나님께서 이스라엘 남자들이 욕정을 따라 포로 중의 여인을 자기 아내로 삼는 행위를 저지하시려는 것이다. 아마 여인의 머리를 민 모습을 한 달 간 보고 있노라면 여인의 매력이 반감될 것이다. 또 손톱도 마찬가지이다. 그 모든 것이 여인의 아름다움을 나타내는 부분들이기 때문이다. 그런 다음 포로의 의복도 벗으라고 했는데, 아마 당시 이방 여인의 의복은 퍽 매혹적이었을 것이다. 그리고 한 달 동안 그 부모를 위해서 애곡하라고 했다. 이렇게 할 때 남성의 정욕적인 눈과 의지는 다 끝나게 될 것이다.

여기서 하나님께서는 한편 이스라엘 남자들의 정욕과 태도를 철저히 다루고 계신다. 또 한편으로 그 여인 편에서 본다면 그 역시 인간의 성정을 가진 사람이다. 그녀에게도 자기 부모를 잃은 아픔이 있고 타국에 포로로 와서 타국 남자에게 시집가는 애절함이 있을 것이다. 이 모든 정황을 감안해서 적어도 한 달은 정리하는 기간을 주라는 것이다. 이는 하나님의 백성의 표준에 관한 말씀이다. 하나님은 사람이 사람의 자연스런 심성을 무시하는 것을 원치 않으신다. 한 달 동안 그 부모를 위해 애곡하라는 것이 그것이다. 이방인들은 자기 정욕대로, 자기 기질대로 거칠게 행할지라도 하나님의 백성은 어떤 일이든지 인정과 자비를 가지고 행해야 하며 인간다운 도덕성이 있고 절제가 있어야 한다. 어쨌든 이 모든 절차를 밟아서 그 여인을 아내로 삼는다면, 그것은 진정으로 그녀를 자기 아내로 삼고자 하는 의지가 있는 것으로 인정할 수 있을 것이다.

그런 절차를 밟아서 아내로 삼았다가 후에 혹 마음이 변했다면 그 마음대로 가게 하고 결코 돈을 받고 팔거나 종으로 삼지 말라고 하신다. 이 말씀은 포로된 그 여인을 배려하시는 것이다. 인간으로서 합당한 도덕성으로 대하라는 말씀이다[14절].

장자의 상속권

기업을 상속해주는 일이다. 어떤 사람이 두 아내가 있다 할 때(그렇다 해서 성경이 일부다처를 인정하는 것이 아니다), 하나님은 미움 받는 자의 아들이 장자이면 그의 장자권을 인정하고 그에게 소유의 두 몫을 주라고 하셨다. 왜냐하면 그가 그의 기력의 시작이기 때문이다. 이것은 의의 문제이다. 결코 자기의 사적인 감정이 개입되어 원칙에서 어긋난 행동을 해서는 안 된다[15-17절].

패역한 아들에게 내리는 벌

하나님께서는 하나님의 백성 가운데 거역하는 자식들이 있기를 원치 않으신다. 만일 그러한 자식이 있다면 부모는 장로들에게 끌고 가서 이렇게 말해야 한다. "우리의 이 자식은 완악하고 패역하여 우리말을 순종치 아니하고 방탕하며 술에 잠긴 자라". 그러면 성읍의 모든 사람이 그를 돌로 쳐 죽여서 그들 중에 악을 제하라고 했다. 이러므로 사람의 가장 큰 죄는 자식이 부모에게 불순종하는 것이다. 그것이 가장 인륜을 어기는 죄이다[18-21절].

사람이 흉악한 죄를 범하므로 죽여서 나무 위에 달거든

이것은 21장의 다섯 번째 이야기이다. 어떤 사람이 흉악한 죄를 범하므로 죽여서 나무 위에 달거든 그 시체를 밤새도록 나무 위에 두지 말고 당일에 장사를 해서 하나님께서 네게 기업으로 주신 땅을 더럽히지 말라고 하신다[22-23절]. 왜냐하면 나무에 달린 자는 하나님께 저주를 받았기 때문이다. 그런데 갈라디아서를 보면 우리 주님이 나무에 달리시어 우리 대신 저주를 받으셨다고 말한다(갈 3:13 참조). 그것은 우리에게 축복을 돌리시기 위함이다. 우리는 다 죽을 수밖에 없고 저주를 받아 마땅한 죄인들이다. 여기서 구약의 말씀대로 하면 나무에 달리지 않을 사람이 하나도 없다. 그러나 예수 그리스도께서 나무에 달려 돌아가심으로 우리가 받아야 할 저주를 대신 담당하시고 우리에게 축복을 주신 것이다.

22장

형제의 소나 양이 길을 잃은 것을 볼 때 못본체 하지 말라

22장은 하나님의 백성의 성품에 관한 규례이다. 첫 부분의 말씀은 어떤 형제의 소나 양이 길을 잃은 것을 볼 때 그것을 못본체 하지 말고 반드시 그것을 끌어다가 형제에게 돌려주며 그 형제의 집이 멀다든지 그가 어디 사는지, 누구인지를 모른다면 집으로 끌고 와서 그 형제가 찾을 때까지 집에 두었다가 그가 찾으러 오면 돌려주라는 말씀이다. 나귀도 그렇게 하고 의복이라도 그렇게 하며 형제가 잃은 물건은 무엇이든지 못본체 하지 말고 챙겨서 돌려주라고 하신다. 또 형제의 나귀나 소가 길에 넘어진 것을 보거든 못본체 말고 반드시 형제를 도와서 일으켜 주라고 하신다. 이것은 친절하고 자비로운 성품을 갖는 것이다.

여기 네 구절에서 '못본체 하지 말라'는 말씀이 세 번 나온다. 말하자면 우리 그리스도인은 선을 행하되 수동적이거나 마지못해 하는 식으로 해서는 안 된다는 것이다. 우리는 능동적으로, 적극적으로 선을 행해야 한다. 어떤 일을 분명히 내가 도와야 하는데 나서지 않는 것이 바로 못본체 하는 것이다[1-4절].

여자는 남자의 의복을 입지 말고…

5절은 여자는 남자의 의복을 입지 말고 남자는 여자의 의복을 입지 말라고 한다. 그렇게 하는 것은 하나님 앞에 가증한 것이라는 말씀이다. 하나님께서는 결코 혼돈된 방식으로 아무렇게나 창조하신 것이 아니다. 남자는 하나님의 영광이고 여자는 남자의 영광이다(고전 11:7 참조). 여자는 남자의 권위 아래 있고 남자를 돕는 배필로 지어졌다. 그래서 남자에게는 남자의 특성이 있고, 여자에게는 여자의 특성이 있다. 남자는 남자다운 것이 아름답고 여자는 여자다운 것이 아름답다.

어미 새와 새끼나 알을 함께 취하지 말라

6-7절, **"노중에서 나무에나 땅에 있는 새의 보금자리에서 새 새끼나 알이 있고 어미 새가 그 새끼나 알을 품은 것을 만나거든 그 어미새와 새끼를 아울러 취하지 말고 어미는 반드시 놓아 줄 것이요 새끼는 취하여도 가하니 그리하면 네가 복을 누리고 장수하리라"**. 복을 누리고 장수하는 길은 아주 작은 일에서도 발견된다. 우리가 부모님을 공경하는 것은 아주 큰일이며 인간의 덕성 중에서 중요한 항목이다. 그런데 여기 새에 관한 것은 아주 작은 일이다. 하나님께서는 사람이 작은 일을 처리하는 것조차 매우 주의 깊게 보신다. 여기서 어미 새와 새 새끼나 알을 함께 취하는 것은 잔인한 것이며 자비가 없는 행동이다.

새 집을 건축할 때에 지붕에 난간을 만들어…

8절, **"네가 새 집을 건축할 때에 지붕에 난간을 만들어 사람으로 떨어지지 않게**

하라 그 피 흐른 죄가 네 집에 돌아갈까 하노라". 하나님의 자녀들은 자신을 위해서 집을 지을지라도 자신의 유익만 고려할 것이 아니라 항상 다른 사람의 유익과 안전을 고려해야 한다. 혹 나의 일로 다른 사람에게 피해가 돌아가지 않을까 고려해야 한다는 것이다. 또한 하나님의 자녀들은 큰일 작은 일에서 섬세하게 하나님의 인자하심과 긍휼을 나타내는 삶을 살아야 한다.

포도원에 두 종자를 섞어 뿌리지 말라

9절, **"네 포도원에 두 종자를 섞어 뿌리지 말라 그리하면 네가 뿌린 씨의 열매와 포도원의 소산이 다 빼앗김이 될까 하노라"**. 하나님은 혼잡한 것을 매우 싫어하신다. 물고기나 새들이나 모두 종류대로 지으셨다. 하나님의 백성이 가나안 땅에 들어가 씨를 뿌려 경작할 때 두 종자를 섞어 뿌리지 말라고 하신다. 이 말씀을 신약에 대입하면 신약의 가르침은 한 종류라는 의미로 해석할 수 있다. 그것은 곧 은혜의 말씀, 믿음의 말씀이다. 그런데 사도 시대에 이미 많은 사람들이 믿음의 말씀만이 아닌 율법주의와 철학을 가져왔다. 이렇게 다른 가르침을 가져오는 것이 바로 섞어 뿌리는 것이요 말씀을 혼잡케 하는 것이다(고후 2:17).

소와 나귀를 겨리하여 밭을 갈지 말라

소와 나귀는 본성이 다르다. 나귀는 아주 고집이 세고 자기 멋대로 하는 근성이 있어서 소와 나귀를 겨리하여 밭을 가는 것은 거의 가능하지 않다. 이것은 마치 신앙이 맞지 않은 사람들이 함께하는 것과 같다[10절].

양털과 베실로 섞어 짠 것을 입지 말라

11절, **"양털과 베실로 섞어 짠 것을 입지 말지니라"**. 이것은 그 가르침으로 인한 결과, 행실, 열매 등이다. 양털은 자연스럽게 양에서 자라나온 것이다. 그것은 그야말로 성령으로 말미암아 믿음에 의해서 나오는 행실을 가리킨다고 할 수 있다. 그러나 베옷은 사람이 열심히 수고해서 만든 것이다. 율법주의 가르침의 결과로 비할 수 있다.

겉옷 네 귀에 술을 만들라

12절, **"입는 겉옷 네 귀에 술을 만들지니라"**. 겉옷 네 귀에 술을 만드는 것에 관해서는 민수기 15장에서 이미 보았다(민 15:38). 어쨌든 이스라엘 백성은 선택되고 구별된 사람들로서 하나님의 백성, 하늘에 속한 백성이라는 표시가 그 행함에 나타나야 했다.

순결에 관한 법

13절부터 21절까지는 어떤 남자가 자기 아내에 대해 처녀 때의 순결을 의심하는 경우 그 성읍 장로들에게 가서 재판받는 규례를 말하고 있다. 만일 의심받던 여인의 처녀성이 확인이 되면 그 남편은 은 100세겔의 벌금을 그 아비에게 내고 부부관계를 확고히해야 하며, 아내가 순결을 지키지 못했다면 돌로 쳐 죽이라고 한다. 하나님의 백성 가운데 젊은이들은 마땅히 젊을 때부터 거룩함으로 자신의 그릇을 순결하게 지켜야 한다. 이것은 혼전 여성들의 순결을 강조하는 즉 하나님의 백성의 성적 표준을 제시하는 가르침이다.

22절은 결혼한 남자이든 안 한 남자이든 결혼한 남의 여자와 통간했을 경우는 둘 다 죽여서 이스라엘 중에 악을 제하라고 했다. 자의적으로 간음을 한 경우는 남녀 둘 다 죽임을 당하게 되어 있다. 불가항력으로 당한 경우는 강간에 해당됨으로 그 강간한 남자만 죽이도록 되어 있다. 만일 남자가 약혼하지 않은 처녀를 통간하였다면 그는 그 처녀의 아비에게 은 오십 세겔을 주고 그 처녀를 아내로 삼아야 한다. 이는 혼전 남자들의 성적인 방종을 금하는 내용이다[22-30절].

23장

여호와의 총회에 들어올 수 없는 사람들

신낭이 상한 자나 신을 베인 자 그리고 사생자와 암몬 사람과 모압 사람은 여호와의 총회에 들어오지 못한다[1-2절]. '신낭'이나 '신'은 남자의 생식기인데, 신낭이 상하거나 신을 베인 자는 남자의 구실을 할 수 없는 사람을 말한다. 신약에서 여호와의 총회는 교회라고 할 수도 있고 또는 하나님의 권익(權益)을 위해 서 있는 이기는 자들이라고 할 수도 있다.

그러한 여호와의 총회에 들어올 수 없는 사람은 첫째로 겉으로는 남자인데 남자 구실을 하지 못하는 사람이다. 여호와의 총회는 장자들의 총회요 생명의 번식력이 강한 사람들의 총회이다. 그러면 사생자란 무엇인가? 족보가 분명하지 않은 사람, 누구에게서 태어났는지 알 수 없는 사람이다.

그다음은 모압 사람과 암몬 사람이다. 물론 모압 사람과 암몬 사람은 하나님의 부르심을 받은 족속이 아니다. 그들은 롯이 근친상간을 통해 낳은 사람들이다. 모압 왕 발락은 발람을 이용해서 이스라엘을 저주하려 했었다. 하나님은 그 일을 기억하시며 그들의 형통을 구하지 말라고 하신다[1-6절]. 하나님의 총회에 거절되는 사람들이 있다는 것을 아는 것은 매우 중요하다. 모압 사람들은 십 대만이 아니라 영원히 들어오지 못한다고 하셨다. 그러나 모압 여인 룻은 예수 그리스도의 족보에 들어왔다(마 1:5). 놀라운 일이다.

민수기 20장을 보면 에돔 사람도 모압, 암몬 사람과 거의 비슷하게 그들을 어렵게 했다. 그들은 이스라엘이 피곤한 노정에서 길을 좀 내달라고 요청했으나 길을 내주기는커녕 오히려 그들을 공격하고 괴롭혔다. 그런데도 하나님께서는 이스라엘에게 에돔은 형제이니 그를 미워하지 말라고 하셨다. 이 에돔은 원래 이삭의 맏아들로서 야곱의 형제이다.

또 애굽 사람을 미워하지 말라고 하셨는데, 애굽은 이스라엘이 그 땅에서 객이 되었을 때 신세를 많이 진 나라이기 때문이다. 그들은 삼사 대 후에는 여호와의 총회에 들어올 수 있다고 하신다. 그러나 성경에는 에돔 사람이 긍휼을 입은 경우가 없다. 헤롯 왕가가 에돔 사람이었다. 유리한 조건을 가졌다고 해서 반드시 혜택을 얻는 것은 아니다.

진을 정결케 하는 법

9절에서 13절까지는 특히 전쟁하러 나갈 때 사람의 몸에서 어떤 배설물이 나온 경우를 말한다. 하나님은 그러한 부정이 있을 때 그러한 부정을 처리하는 방법을 자세히 제시하여 주신다. 자기가 의도한 것이 아닐지라도, 즉 의도적으로 지은 죄가 아닐지라도 그런 부정한 것을 몸에 지니고 있지 말라는 것이다. 이것은 하나님의 백성의 순결성을 지키는 문제와 관계된다. 이는 승전을 위해 매우 중요한 일이다.

그 외에도 진 밖에 변소를 베풀고 그리로 나가되 작은 삽을 가지고 가서 땅을 파고 통변을 한 다음 몸을 돌이켜 흙으로 그 배설물을 덮으라고 한다. 하나님께서 그들을 구원하시고 적군에 대해 승리하게 하시려고 진중에서 행하시기 때문이다[9-14절].

주인을 피하여 도망간 노예를 만났을 때

어떤 노예가 주인을 피하여 도망갔다고 할 적에 그 주인이 도망간 노예를 붙잡는다면 얼마나 심하게 다루겠는가? 그렇기 때문에 그를 주인에게 돌리지 말고 '그가 너의 성읍 중에서 기뻐하는 곳을 택하는 대로 너와 함께 네 가운데 거하게 하고 그를 압제하지 말라'고 한다. 이것 또한 인정과 자비이다[15-16절].

이스라엘 사람 가운데는 창기나 미동이 있을 수 없다

이스라엘 사람 가운데는 창기나 미동이 있을 수 없다[17절]. **"창기의 번 돈과 개 같은 자의 소득은 아무 서원하는 일로든지 네 하나님 여호와의 전에 가져오지 말라 이 둘은 다 네 하나님 여호와께 가증한 것임이니라"**[18절]. 하나님의 나라는 사회가 깨끗해야 하고 하나님께 드리는 물질이 깨끗해야 한다는 가르침이다.

형제에게 꾸어주고 이자를 받지 말라

형제에게 돈이나 식물을 꾸어주거든 이자를 받지 말라고 하신다. 타국인에게 꾸어준 것은 이자를 취해도 가하나 형제에게 꾸어준 것에 대해서는 이자를 받지 말라는 말씀이다. 그렇게 하면 하나님께서 그들이 들어가서 얻을 땅에서 그 손으로 하는 범사에 복을 내리실 것이라고 하신다[19-20절].

하나님께 서원하거든 반드시 갚으라

21절, "네 하나님 여호와께 서원하거든 갚기를 더디 하지 말라 네 하나님 여호와께서 반드시 그것을 네게 요구하시리니 더디면 네게 죄라". 서원한 것은 반드시 갚아야 하며 입으로 낸 것은 그대로 실행하기를 주의하라고 하신다[23절].

이웃의 포도원에 들어갈 때, 이웃의 곡식밭에 들어갈 때

24-25절, "네 이웃의 포도원에 들어갈 때 마음대로 그 포도를 배불리 먹어도 가하니라 그러나 그릇에 담지 말 것이요 네 이웃의 곡식밭에 들어갈 때에 네가 손으

로 그 이삭을 따도 가하니라 그러나 네 이웃의 곡식밭에 낫을 대지 말지니라". 이것은 다 의(義)의 문제이다. 남의 것을 마치 자기 것인 양 임의로 해서는 안 되는 것이다. 이런 것을 정확하게 구분할 수 있어야 한다.

24장

이혼과 재혼에 관하여

1절, **"사람이 아내를 취하여 데려온 후에 수치 되는 일이 그에게 있음을 발견하고 그를 기뻐하지 아니하거든 이혼 증서를 써서 그 손에 주고 그를 자기 집에서 내어보낼 것이요"**. 이것은 신약에서 사두개인들과 바리새인들이 예수님께 와서 문제를 제기한 바 있는 내용이다. 모세는 율법에서 이혼증서를 주어 아내를 내어보낼 수 있다고 했는데 당신은 어떻게 말하겠느냐고 한 것이다.

2-4절, **"그 여자는 그 집에서 나가서 다른 사람의 아내가 되려니와 그 후부(後夫)도 그를 미워하여 이혼 증서를 써서 그 손에 주고 그를 자기 집에서 내어보냈거나 혹시 그를 아내로 취한 후부가 죽었다 하자 그 여자가 이미 몸을 더럽혔은즉 그를 내어보낸 전부(前夫)가 그를 다시 아내로 취하지 말지니 이 일은 여호와 앞에 가증한 것이라 네 하나님 여호와께서 네게 기업으로 주시는 땅으로 너는 범죄케 말지니라"**. 이 말씀은 여인이 이혼을 당한 후에 개가할 수 있음을 말하며 다만 전 남편은 그녀를 다시 취할 수 없다는 말씀이다. 이는 그녀가 이미 몸을 더럽혔기 때문이요 그러므로 전 남편이 그녀를 다시 취함은 간음하는 것이다(마 5:32). 하나님은 이런 일들을 가증하게 보시며 기업으로 주신 땅을 더럽히는 일로 보신다.

남자가 새로이 아내를 취한 경우

남자가 새로이 아내를 취했을 때 그를 군대로 내어보내서는 안 되며 무슨 직무든지 그에게 맡기지 말고 일 년 동안 집에 한가히 거하여 그 취한 아내를 즐겁게 해주라고 한다[5절]. 이것은 다 하나님께서 사람의 자연스런 성정을 배려하시는 말씀이다. 하나님은 인간으로서 지켜야 할 기본적인 도리를 간과하지 않으신다. 신혼 초의 부부 생활을 세심하게 관심하시는데 이는 특히 새로 시집온 아내에 대한 배려이다. 새로 결혼한 부부의 경우 남편을 군대로 끌어가거나 너무 무거운 직무를 맡기면 그 아내가 시집와서 즐거움을 누리지 못한다는 것이다. 이로써 우리는 하나님께서 하나님의 백성의 혼전 순결부터 신혼생활까지 모두 관심하신다는 것을 알 수 있다.

담보물에 대하여

6절, **"사람이 맷돌의 전부나 그 위짝만이나 전집하지 말지니 이는 그 생명을 전집함이니라"**. 어떤 사람이 돈을 꾸어주면서 물건을 전당잡는다고 할 때 맷돌의 전부나 그 위짝을 전집하지 말라고 했다. 당시 이스라엘 백성들에게는 가정 집기들 중에서 가장 아쉬운 물건이 맷돌이었을 것이다. 그것이 없이는 음식을 만들기가 어렵기 때문이다. 하나님의 백성은 결코 매정하거나 무자비해서는 안 된다.

이스라엘 자손 중 하나를 유괴해서 부리거나 팔 경우

7절, **"사람이 자기 형제 곧 이스라엘 자손 중 한 사람을 후려다가 그를 부리거나 판 것이 발견되거든 그 후린 자를 죽일지니 이같이 하여 너의 중에 악을 제할지니라"**. 여기의 '후린다'는 말은 유괴한다(kidnapping)는 뜻이다. 이스라엘 사람들 가운데 유괴 사건이 있을 때 유괴한 그 사람을 죽여서 그들 가운데 악을 제하라고 했다.

문둥병에 대하여

8-9절의 문둥병에 대해서는 레위기 13장과 14장을 참고하기 바란다. 여기 말씀은 하나님께서 문둥병에 관하여는 아주 철저하게 다루신다는 것을 시사한다. 미리암은 당시 권위자 모세를 비방하다가 문둥병에 걸려 칠 일간 진 밖에 있었으며, 온 이스라엘 백성은 그로 인해 칠 일간 진행하지 못하고 머물러 있었다.

이웃에게 꾸어줄 때

10-11절, **"무릇 네 이웃에게 꾸어줄 때에 네가 그 집에 들어가서 전집물을 취하지 말고 너는 밖에 섰고 네게 꾸는 자가 전집물을 가지고 나와서 네게 줄 것이며"**. 돈이 필요해서 꾸어가는 사람일지라도 그를 존중하는 방식으로 대하라는 말씀이다.

그리고 그가 가난한 사람이라면 전집물을 가지고 자지 말고 해 질 때에는 반드시 그에게 돌려주라고 하신다. **"그리하면 그가 그 옷을 입고 자며 너를 위하여 축복하리니 그 일이 네 하나님 여호와 앞에서 네 의로움이 되리라"**[13절].

곤궁하고 빈한한 품꾼에 대하여

곤궁하고 가난한 품꾼은 이스라엘 사람이든지 우거하는 객이든지 그를 학대하지 말고, 품삯을 당일에 주며 해 진 후까지 끌지 말라고 한다. 왜냐하면 그들은 너무 빈궁해서 마음에 품삯을 사모하기 때문이다. 그들이 만일 빈손으로 슬프게 집에 돌아가 먹을 게 없어서 하나님께 호소한다면 그 죄가 그 품꾼을 부린 주인에게 돌아간다고 하신다. 이것은 참으로 가난한 자들을 생각하시고 보살피시는 하나님의 마음을 보여준다[14-15절].

아비와 자식은 각각 하나님 앞에서 책임을 져야 한다

아비나 자식이나 다 별개의 인격체이므로 자식이 잘못했다고 해서 아비에게 죄를 묻지 않으며 또 아비로 인해 자식이 죽임을 당치 않는다. 아비든 자식이든 하나님 앞에서 각자 책임을 져야 한다[16절].

객과 고아와 과부에 대하여

객이나 고아의 송사를 억울하게 하지 말고 과부의 옷을 전당잡지 말라고 한다. 우리 하나님은 객이나 고아와 과부의 하나님이시다. 우리가 말씀을 읽다 보면 하나님께서는 부유하고 부족함이 없는 사람들보다는 가난한 자, 품꾼, 부림을 당하는 자, 옷을 전당잡히는 자들 편에 서시는 것 같다[17절].

18절, **"너는 애굽에서 종이 되었던 일과 네 하나님 여호와께서 너를 거기서 속량하신 것을 기억하라 이러므로 내가 네게 이 일을 행하라 명하노라"**. 이스라엘 사람들도 과거에 애굽에서 그렇게 종 된 적이 있었다. 그때 하나님께서 그들을 속량해서 이렇게 잘 살게 되었기 때문에 그 시절을 생각해서라도 그런 사람들을 잘 보살펴주고 야박하게 대하거나 압제하지 말라는 말씀이다.

객과 고아와 과부를 위하시는 하나님

19절, **"네가 밭에서 곡식을 벨 때에 그 한 뭇을 밭에 잊어버렸거든 다시 가서 취하지 말고 객과 고아와 과부를 위하여 버려두라 그리하면 네 하나님 여호와께서 네**

손으로 하는 범사에 복을 내리시리라". 이것 또한 하나님의 후하심을 나타낸다. 따라서 하나님의 자녀는 야박해서는 안 된다. 곡식을 베다가 한 뭇을 밭에 잊어버렸다면 다시 가서 취하지 말고 객과 고아와 과부를 위하여 그냥 버려두라고 하신다. 하나님의 자녀들은 하나님을 닮아 넉넉한 성품을 가져야 한다는 말씀이다.

감람나무를 떤 후에나 포도원의 포도를 딴 후에 그 남은 것을 다시 따지 말라고 하신다. 이것도 객과 고아와 과부들을 배려하심이다. 하나님의 마음은 고아와 과부와 나그네에게 있으며 그들을 보살피고자 하신다. 하나님의 백성은 근본적으로 가난하고 어려운 사람들에 대한 동정과 관용과 여유가 있어야 한다 [20-22절].

25장

공정한 재판을 하라

25장은 특별히 하나님의 백성들의 공정성 문제를 제시한다.

1절, **"사람과 사람 사이에 시비가 생겨서 재판을 청하거든 재판장은 그들을 재판하여 의인은 의롭다 하고 악인은 정죄할 것이며"**. 율법에는 하나님의 공의가 나타난다. 하나님의 백성 가운데 옳고그름의 시비가 생겨 재판을 청하거든 의인은 의롭다 하고 악인은 정죄하라고 했다. 하나님의 백성은 의인은 의롭다 하고 악인은 정죄해야지 사건을 흐리멍덩하게 처리하거나 치우치게 판결해서는 안 된다는 것이다.

악인에게 태형이 합당하면 재판장이 그를 엎드리게 하고 죄의 경중에 따라 때려야 한다. 40대까지는 때리되 그것을 넘겨 치지는 말게 하였다[2-3절]. 이것은 형벌 조항들이다. 태형에 대하여 40대까지 때릴 수 있다고 했다. 이 법에 따라 바울은 사십에서 하나 감한 매를 세 번이나 맞았다. 유대인들은 당시 바울의 복음 전파를 다른 신을 섬기는 것으로 여겨 이 형벌을 적용한 것이다.

4절, **"곡식 떠는 소의 입에 망을 씌우지 말지니라"**. 이에 대해서는 신약 디모데 전서 5장과 고린도 전서 9장에서도 언급하고 있다. 복음 전하는 사람들, 하나님의 일을 하는 사람들은 성도들로부터 물질적인 공급을 받을 수 있다는 뜻이다.

계대 결혼에 대하여

형제들이 함께 사는데, 그중 하나가 죽고 아들이 없거든 그 죽은 자의 아내는 타인에게 시집가서는 안 되며 그 형제 중 하나가 그에게로 들어가서 아내를 삼아 그 남편의 형제 된 의무를 그에게 다 행할 것이라 했다. 그렇게 해서 그 여인이 낳은 첫 아들이 그 죽은 형제의 이름을 잇게 하여 그 이름이 이스라엘에서 끊어지지 않게 하라는 것이다[5-6절]. 이스라엘 백성에게는 이러한 특별한 규례가 있었다. 이것은 이스라엘 열두 지파에게 각각 나눠준 기업의 땅을 그 지파 안에 보존하기 위한 것이었다. 룻기에서 보아스와 룻은 바로 이러한 원칙 때문에 결합된 경우이다. 그리고 마태복음 22장에서 사두개인들은 바로 이 계대 결혼에 대한 말씀을 가지고 부활시에 그 여인이 누구의 아내가 되겠느냐며 주님을 올무에 걸리게 하려고 했다.

그러나 어떤 사람이 자기 형제가 죽었을 때 그 아내를 취하여 그 형제의 대를 잇게 하기를 싫어할 때, 죽은 형제의 아내는 성문으로 장로들에게 가서 이 일을 고하며 그 성읍 장로들은 그를 불러다가 말해야 한다. 그런데도 그 사람이 여전히 자기 뜻을 바꾸지 않고 그 여자를 아내로 맞이하고 싶지 않다고 하면 그 형제의 아내가 장로들 앞에서 그 사람의 신발을 벗기고 그 얼굴에 침을 뱉으며 '그의 형제의 집을 세우기를 즐겨 아니하는 자는 이같이 할 것이니라' 하고, 이스라엘 중에서 그를 '신 벗김 받은 자'의 집이라 부를 것이라 했다[7-10절].

기타의 법

11-12절, **"두 사람이 서로 싸울 때에 한 사람의 아내가 그 남편을 그 치는 자의 손에서 구하려 하여 가까이 가서 손을 벌려 그 사람의 음낭을 잡거든 너는 그 여인의 손을 찍어 버릴 것이고 네 눈이 그를 불쌍히 보지 말지니라"**. 하나님의 백성은 아무리 화가 나서 서로 싸우더라도 하지 말아야 할 일이 있음을 가르친다. 남자든 여자든 화가 나더라도 어떤 선을 넘지 말아야 한다는 것이다. 특히 여인은 염치로서 온유함과 정숙함을 지키는 것이 필요하다. 싸우는 한 편의 아내가 상대방 남편의 음낭을 잡는다든지 하는 일은 정숙치 못함과 도를 지나친 느낌을 주

는 일로서 싸움이 끝난 후라도 서로의 화목을 회복하기 어렵게 한다. 이렇게 아내들 중에는 자기 남편에 대한 과잉보호 심리가 있는 경우가 있다. 오늘날도 강한 아내 때문에 망하는 남편들이 많다.

공평한 추와 공평한 되

13-14절, **"너는 주머니에 같지 않은 저울 추 곧 큰 것과 작은 것을 넣지 말 것이며 네 집에 같지 않은 되 곧 큰 것과 작은 것을 두지 말 것이요 오직 십분 공정한 저울추를 두며 십분 공정한 되를 둘 것이라".** 이 구절들은 도량형에서의 공정성을 가르치는 말씀이다. 하나님의 백성은 무슨 일을 하든지 누구를 대하든지 다 공평하고 공정해야 한다. 특히 금전적인 일을 처리하는 것을 보면 그가 공정한 사람인지 아니면 공정성을 잃은 사람인지를 알 수 있다. 정의와 공평은 하나님의 축복을 우리에게 가져다준다. 그러나 공정하지 않게 일을 행하는 자, 악을 행하는 자는 다 하나님께 가증하다고 말한다[15-16절].

아말렉의 이름을 천하에서 도말하라

"너희가 애굽에서 나오는 길에 아말렉이 네게 행한 일을 기억하라 곧 그들이 하나님을 두려워하지 아니하고 너를 길에서 만나 너의 피곤함을 타서 네 뒤에 떨어진 약한 자들을 쳤느니라". 아말렉이 하는 짓은 뱀이 하는 짓과 똑같다. 이스라엘 백성이 가장 힘들고 어려울 때 뒤에 떨어진 약한 사람들을 치는 것이다. 아주 비겁하고 비열한 족속이다. 친구가 가장 힘들고 어려울 때 도움을 주는 것이 가장 감사한 일이다. 반대로 가장 어려울 때 고통을 안겨다 주는 사람도 있다. 이것은 가장 악한 일이니 삼가야 한다. 하나님께서는 아말렉과 같이 비열하고 저속한 죄를 저지르는 것을 철저히 미워하신다. 사람이 가장 약해져 있을 때에는 오히려 도와주어야 할 텐데 그때를 틈타 뒤에 떨어진 약한 자들을 공격한다는 것은 극히 비열한 행동이다[19절].

신명기 22장부터 25장까지의 말씀은 이스라엘 백성들이 가나안 땅에 들어가서 어떻게 행해야 되는지를 자세하게 말씀해주고 있다. 우리는 이 모든 계명과 규례를 통해서 하나님이 어떠한 분이신지를 알 수 있다. 그분은 공의롭고 공정하고 자비롭고 후덕하시지만 반면 죄악되고 비열한 것들은 철저하게 미워하시며 심판하시는 분이다. 우리는 하나님께서 우리 가운데 거하실 수 있도록 일거수일

투족을 주의해야 하며 작은 일 가운데서도 거룩함을 잃지 말아야 한다.

26장

26장은 여호와께 감사 예물 드리는 것을 기록하고 있다. 하나님의 백성들은 하나님께 드리고 감사하는 특징을 지녀야 한다. 본 장은 모세의 두 번째 율법 강론의 마지막 부분이다(4:44-26:19). 하나님의 백성들은 은혜를 모르는 사람이어서는 안 된다. 이스라엘이 여기까지 오게 된 것이 다 하나님께서 하신 일이다. 그리고 그 땅에서 소출물을 얻을 때에 그들은 마땅히 거기서 가장 귀한 것으로 하나님께 감사 예물을 드려야 한다.

토지 소산을 인해 감사 예물을 드리라

이스라엘 백성이 그 땅에 들어가서 첫 번째로 할 일은 그 토지에서 나온 모든 소산의 맏물을 가지고 당시 제사장에게 가서 이렇게 말하는 것이다. **"내가 여호와께서 우리에게 주리라고 우리 열조에게 맹세하신 땅에 이르렀나이다"**[1-3절]. 그러면 '제사장은 네 손에서 그 광주리를 취하여다가 네 하나님 여호와의 단 앞에 놓을 것'[4절]이라고 했다.

우리가 예수 그리스도를 믿고 그 안에 들어간다는 것은 결코 작은 일이 아니다. 구약에서 이스라엘이 들어간 가나안 땅은 참으로 광대하고도 풍요로운 땅이었으며, 이제 우리가 믿고 그 안으로 들어간 그리스도 또한 측량할 수 없이 풍성한 분이시다. 이와 관련하여 몇 구절을 보겠다. 골로새서 2장 6-7절, "너희가 그리스도 예수를 주로 받았으니 그 안에서 행하되 그 안에 뿌리를 박으며". 그리스도는 우리가 그 안에 들어가 행할 수 있고 뿌리를 박을 수 있는 분이시다.

5절에서 '내 조상은 유리하는 아람 사람으로서'라고 했는데, 아브라함과 이삭과 야곱이 아람 사람은 아니지만 야곱이 밧단 아람에 있었기 때문에 그를 아람 사람이라고 칭하는 것이다. 거기서 그는 외삼촌 라반의 집에서 20년을 지냈다.

소수의 사람을 거느리고 애굽에 내려갔다는 것은 야곱이 당시 70명의 가속과 함께 애굽에 내려간 것을 말한다. 말하자면 그들의 수가 매우 적었다는 뜻이다. 적은 수가 애굽에 내려갔는데, 거기서 400년 가까이 지내는 동안 70명에서 거의 200만 명으로 증가한 것이다.

오늘날 우리가 하나님께 합당한 예배를 드리려면 원래 우리 존재가 어떠했는가를 인식하는 가운데 드려야 한다. 그럴 때 그 예배가 하나님께 열납될 수 있다. 우리는 원래 어떤 사람이었는가? 이 세상에서 소망이 없고 다른 이들과 다름없이 본질상 진노의 자식이었으며 하나님과 원수였다. 또 우리는 이스라엘이 애굽의 학정 아래서 압제당하고 고역을 했던 것처럼 세상에서 사탄의 압제 아래 종노릇하던 사람들이었다. 죄인이었고 방탕하던 사람들이었다. 그러한 우리가 그리스도 안으로 들어온 것이다.

하나님께 예배하러 오는 사람은 반드시 광주리에 담아 가지고 오는 것이 있어야 하는데, 그것이 바로 그 땅에서 경작한 소산물 중 첫 열매이다[10절]. 첫 열매란 가장 좋은 것, 귀한 것을 말한다. 그럴 때 하나님께서는 그 예배를 기뻐 받으신다.

레위인과 너의 중에 우거하는 객과 함께 복을 누리라

11절, **"네 하나님 여호와께서 너와 네 집에 주신 모든 복을 인하여 너는 레위인과 너의 중에 우거하는 객과 함께 즐거워할지니라"**. 하나님의 백성은 풍성한 복을 받았을 때 레위인과 객을 기억해야 한다. 자신들만 즐거워하는 것은 합당치 않다. 풍성하게 누릴 때일수록 하나님을 섬기는 종들을 기억하고 딱한 처지에 있는 사람들을 지나쳐서는 안 된다. 마땅히 그들과 함께 누리며 기뻐해야 한다.

12절에서는, 제 삼년 곧 십일조를 드리는 해에 모든 소산의 십일조를 다 내기를 마친 후에 그것을 레위인과 객과 고아와 과부에게 주어서 네 성문 안에서 먹어 배부르게 하라고 한다. 기쁨의 예배 후에는 반드시 레위인과 객과 고아와 과부를 기억하라는 말씀이다. 이것이 하나님의 백성이 배워야 할 하나님의 법도이며 또한 하나님을 섬기는 일이다.

13-15절은 그렇게 하고서 하나님 앞에 고하라는 내용이다. 즉 "내가 성물을 내 집에서 내어 레위인과 객과 고아와 과부에게 주기를 주께서 내게 명하신

명령대로 하였사오니…"라고 하는 것이다. 하나님께서는 예배자들이 레위인과 객과 고아와 과부들을 잘 돌보는지 주의하신다. 오늘날도 하나님의 백성들은 그들을 전적으로 섬기는 주님의 종들을 보살피는 것이 마땅하다. 또한 나그네와 고아와 과부들을 돌아보아야 한다. 주님은 예배자들에게 이러한 일을 명령대로 잘 이행하였으며 잊지도 않았다고 고백하라고 하신다.

14절, **"내가 애곡하는 날에 이 성물을 먹지 아니하였고…주께서 내게 명령하신 대로 다 행하였사오니"**. 즉 객과 과부와 고아와 레위인들에게 나누어줄 성물을 먹지 않고 주님의 명령하신 대로 행했으며 어떤 경우에도 그런 자들을 위한 성물은 떼어 두었다는 말이다. 그리고서 하나님 여호와의 말씀을 청종하여 주께서 내게 주신 명령을 준행하였으니 복을 내려달라고 기도하라고 한다. 우리가 그러한 예배자가 될 때 우리는 복을 구할 수 있다. 여기서 "하늘에서 하감하옵시고(내려다보시고)"라고 했는데, 예배자는 근본적으로 하나님 앞에 낮아야 한다.

하나님의 보배로운 백성의 행함

16절은 지금까지 계속 말씀해 오신 이 규례와 법도를 마음을 다하고 성품을 다하여 지켜 행하라고 강조하시는 것이고, 17절은 그들의 하나님을 인정하고 그 도를 지키고 그 음성을 들으라는 것이며, 18절은 하나님께서 오늘날 그들을 자기의 보배로운 백성으로 인정하시고 그 모든 명령을 지키게 하시리라고 확언하셨다는 것이다. 그리고 19절에서는 여호와께서 칭찬과 명예와 영광으로 그 지으신 모든 민족 위에 그분의 선민을 뛰어나게 하시고 그분이 말씀하신 대로 그들로 여호와 하나님의 성민이 되게 하리라고 하신다. 이렇게 26장을 끝으로 하나님의 계명을 강조하여 설명하는 부분의 말씀이 마쳐진다(4:44-26:19).

27장

율법 재 강론의 결론 - 축복과 저주

이것은 모세의 세 번째 강론이다. 첫 번째는 1장부터 4장 43절까지, 두 번째는 4장 44절부터 26장 19절까지, 그리고 27장부터는 세 번째로서 이미 하신 말씀을 잘 지키라는 권면과 축복과 저주가 있다.

모세의 세 번째 강론 - 석회를 바른 돌에 율법을 새기라

먼저 모세는 이스라엘 백성이 요단을 건너 그 땅에 들어가는 날 큰 돌들을 세우고 석회를 바르라고 했다. 그리고 율법의 모든 말씀을 그 위에 기록하라고 했다. 이는 말씀이 더 분명하게 기록되게 하려는 것이며 그 말씀이 지워지지 않게 하려는 것이다. 그럼에도 구약의 율법은 결국 사라지고 없어지지만 신약의 율법은 우리 마음에 새기시기 때문에 지워지지 않는다.

4절에서는 요단을 건너거든 이 돌들을 에발 산에 세우라고 했으며, 돌단을 쌓되 거기에 철기를 대지 말라고 했다. 그리고 6절에서는 다듬지 않은 돌로 단을 쌓으라고 했다. 이것은 무엇을 의미하는가? 여기의 돌은 하나님의 말씀을 기록하는 것과 관계되는데, 그런 돌은 반드시 다듬지 않은 것이어야 한다. 다듬으면 보기도 좋을 텐데 왜 다듬지 말라고 했을까? 하나님의 말씀은 더 잘 보이도록 인간적인 지능으로 다듬어서는 안된다. 더해서도 안 되고 빼서도 안 되기 때문이다. 주 예수님은 원래의 주 예수님이셔야 한다. 나사렛 사람 예수, 십자가에 못 박히신 예수, 목마르고 배고프며 헐벗고 굶주린 사도 바울의 사역, 다 그대로여야 한다. 나사렛 사람을 현대인과 부자, 도회지 사람으로 만들지 말아야 한다. 말씀을 철학적으로 설득력 있고 지혜로운 말로 다시 만드는 것은 하나님의 금하시는 바이다(고전 2:4-5).

'철기를 대는' 것은 두 가지로 말할 수 있을 것이다. 첫째는 하나님의 말씀을 함부로 유린하는 것이다. 철기는 강한 것, 즉 정이나 도끼 같은 것이다. 강한 기질의 사람들은 하나님의 말씀을 가르치고 선포할 때 조심해야 한다. 함부로 사람의 강한 기질이 말씀에 영향을 주어 말씀이 원래 맛을 잃거나 바로 쪼개지지 않고 좌우로 치우칠 수 있다(딤후 2:15).

번제와 화목제를 드림

그리고 6절에는 번제를 드리는 것이 있고 7절에는 화목제를 드리는 것이 있다. 여기에는 속죄제와 속건제가 없는데, 이들은 이미 모든 죄악과 모든 허물을 사함받은 자들이다. 그렇기 때문에 이제 하나님께 대한 절대적인 헌신인 번제와 하나님과의 화평인 화목제가 있을 뿐이다. 사실 화목제는 속죄제와 속건제의 결과이므로 모든 것을 포함한다.

"거기서 먹으며 네 하나님 여호와 앞에서 즐거워하라". 하나님의 백성들은 말씀을 즐거워하는 특징을 지녀야 한다. 하나님의 말씀 자체를 먹고 마시면서 즐거워해야 한다[2-7절].

8절, **"너는 이 율법의 모든 말씀을 그 돌들 위에 명백히 기록할지니라"** 하고 또 너희가 네 하나님 여호와의 백성이 되었으니 그 말씀을 복종하여 오늘 명하는 그 명령과 규례를 행하라고 한다[9-10절].

에발 산에서 선포한 저주

시므온부터 베냐민까지 여섯 지파는 축복하는 지파로서 그리심 산에 서고, 르우벤부터 납달리까지 여섯 지파는 저주하기 위해 에발 산에 서라고 했다. 그러나 27장의 열두 가지 항목은 모두가 다 저주이다. 저주로 끝난다. 구약 성경에서는 그리심 산의 축복에 관한 한 침묵한다. 이는 복음의 빛이 나타나지 않았기 때문이다[15-26절].

이 부분에서 레위 사람들은 큰 소리로 율법을 선포하고 모든 백성은 아멘으로 응답하라고 말한다. 15절은 우상을 만들어 세우는 자는 저주를 받는다고 한다. 16절, **"그 부모를 경홀히 여기는 자는 저주를 받을 것이라 할 것이요 모든 백성은 아멘 할지니라"**. 17절, **"그 이웃의 지계표를 옮기는 자는 저주를 받을 것이라 할 것이요 모든 백성은 아멘 할지니라"**. 18절, **"소경으로 길을 잃게 하는 자는 저주를 받을 것이라 할 것이요 모든 백성은 아멘 할지니라"**. 소경을 잘 인도해서 길을 찾아 주기는커녕 길을 잃게 하는 것은 무자비한 것이다. 하나님의 백성은 불쌍한 사람들을 동정하는 사람이다. 당연히 객이나 고아나 과부의 송사를 억울하게 해서는 안 된다[19절].

20-23절, **"계모와 구합하는 자는 그 아비의 하체를 드러내었으니 저주를 받을 것이라 할 것이요 모든 백성은 아멘 할지니라…장모와 구합하는 자는 저주를 받을 것이라 할 것이요 모든 백성은 아멘 할지니라"**. 20-23절은 다 음란과 간음의 문제이다. 특히 패륜적인 음란이다. 이런 죄를 짓는 자는 저주를 받는다고 하였다.

24절, **"그 이웃을 암살하는 자는 저주를 받을 것이라 할 것이요 모든 백성은 아**

멘 할지니라". 살인의 문제이다. 제 10계명에 대한 것이다. 25절, **"무죄자를 죽이려고 뇌물을 받는 자는 저주를 받을 것이라 할 것이요 모든 백성은 아멘 할지니라"**. 성경에는 뇌물에 관한 경계가 많이 있다. "악인은 사람의 품에서 뇌물을 받고 재판을 굽게 하느니라"(잠 17:23).

26절, **"이 율법의 모든 말씀을 실행치 아니하는 자는 저주를 받을 것이라 할 것이요 모든 백성은 아멘 할지니라"**. 축복은 없고 다 저주이다. 그것은 율법 아래 있는 자들은 다 저주 아래 있기 때문이다(갈 3:10). 그러나 은혜 아래 있으면 축복 아래 있게 된다. 물론 율법을 다 지키면 저주를 받지 않지만 문제는 스스로 율법을 지킬 수 있는 사람이 없다는 것이다. 우리에게 복음이 없었다면 우리는 다 저주 아래 있을 뻔하였다.

28장

27장에는 저주만 있고 축복이 없다. 이제 28장에 올 때 축복과 저주가 있는 것 같다. 그렇지만 28장의 내용은 에발 산에 대비되는 그리심 산의 선포와 축복이 아니다. 본문의 내용은 출애굽기 23장 20-33절과 레위기 26장의 연장선상에서 읽을 수 있다. 다만 본문 15절 이후에 나오는 저주에 관하여는 단순한 저주가 아니라 이스라엘의 장래를 놓고 예언하는 성질이 있다는 것이 다른 점이다.

말씀을 순종할 때 받는 복

"네 하나님 여호와께서 너를 세계 모든 민족 위에 뛰어나게 하실 것이라"[1절]는 말씀에서, '너'는 이스라엘 국가를 말하는 것이지 한 개인을 말하는 것이 아니다. 하나님께서는 이스라엘이 가나안에 들어가서 하나님의 명령을 지켜 행하면 그를 세계 모든 민족 위에 뛰어난 민족이 되게 하실 것이라고 하셨다.

2-3절, **"네가 네 하나님 여호와의 말씀을 순종하면 이 모든 복이 네게 임하며 네게 미치리니 성읍에서도 복을 받고 들에서도 복을 받을 것이며"**. 축복을 얻는 비결은 하나님의 말씀에 순종하는 것이다. 신약에서도 순종하는 사람이 모든 영적인 축복을 얻을 자격이 있다.

4-6절, "네 몸의 소생과 네 토지의 소산과 네 짐승의 새끼와 우양의 새끼가 복을 받을 것이며 네 광주리와 떡 반죽 그릇이 복을 받을 것이며 네가 들어와도 복을 받고 나가도 복을 받을 것이니라". 이렇게 순종하는 그리스도인이 되면 어디에 있든지 복을 받는다.

7절, "네 대적들이 일어나 너를 치려하면 여호와께서 그들을 네 앞에서 패하게 하시리니 그들이 한 길로 너를 치러 들어왔으나 네 앞에서 일곱 길로 도망하리라". 이스라엘 백성들이 여호와 하나님을 순종하는 위치에 섰을 때 그들은 언제나 강했다.

8-10절, "여호와께서 명하사 네 창고와 네 손으로 하는 모든 일에 복을 내리시고 네 하나님 여호와께서 네게 주시는 땅에서 네게 복을 주실 것이며 네가 네 하나님 여호와의 명령을 지켜 그 길로 행하면 여호와께서 네게 맹세하신 대로 너를 세워 자기의 성민이 되게 하시리니 너를 여호와의 이름으로 일컬음을 세계 만민이 보고 너를 두려워하리라". 그들이 순종하는 위치에 있을 때 복을 받아 강대국이 되고 여호와의 이름으로 일컬음을 받는 것을 보고 세상 모든 열국이 이스라엘을 두려워하게 될 것이라고 했다.

11-12절, "여호와께서 네게 주리라고 네 열조에게 맹세하신 땅에서 네게 복을 주사 네 몸의 소생과 육축의 새끼와 토지의 소산으로 많게 하시며 여호와께서 너를 위하여 하늘의 아름다운 보고를 열으사 네 땅에 때를 따라 비를 내리시고 네 손으로 하는 모든 일에 복을 주시리니 네가 많은 민족에게 꾸어줄지라도 너는 꾸지 아니할 것이요". 하나님께서 하늘의 아름다운 보고(寶庫)를 열으사 그들이 하는 일에 축복을 내리시고 경제적으로 그들을 부하게 만들어 주실 것이라는 말씀이다.

13절, "여호와께서 너로 머리가 되고 꼬리가 되지 않게 하시며 위에만 있고 아래에 있지 않게 하시리니 오직 너는 내가 오늘날 네게 명하는 네 하나님 여호와의 명령을 듣고 지켜 행하며". 이스라엘 나라는 하나님께 순종할 때 이방 열국의 지배 아래 있지 않고 강성하게 되어 모든 나라 위에 뛰어난 위치에 있었다.

14절, **"내가 오늘날 너희에게 명하는 그 말씀을 떠나 좌로나 우로나 치우치지 아니하고 다른 신을 따라 섬기지 아니하면 이와 같으리라"**. 이스라엘 나라가 하나님의 명하신 말씀에 순종하여 좌로나 우로나 치우치지 않고 다른 신을 섬기지 않을 때 강대하고 으뜸가는 나라가 된다는 말이다.

말씀을 불순종할 때 받는 저주

15절, **"네가 만일 네 하나님 여호와의 말씀을 순종하지 아니하여 내가 오늘날 네게 명하는 그 모든 명령과 규례를 지켜 행하지 아니하면 이 모든 저주가 네게 임하고 네게 미칠 것이니"**. 말씀을 순종하지 않는 결과이다. **"네가 성읍에서도 저주를 받으며 들에서도 저주를 받을 것이요 또 네 광주리와 떡 반죽 그릇이 저주를 받을 것이요 네 몸의 소생과 네 토지의 소산과 네 우양의 새끼가 저주를 받을 것이며 네가 들어와도 저주를 받고 나가도 저주를 받으리라"**[16-19절]. 축복의 말씀과 완전히 반대되는 말씀이다.

악행을 하다 보면 하나님을 잊어버리게 된다. 그렇게 되면 **"네 손으로 하는 모든 일에 여호와께서 저주와 공구와 견책을 내리사 망하며 속히 파멸케 하실 것이며"**[20절]. 공구란 재앙으로 인하여 오는 두려움을 말한다.

21-22절, **"여호와께서 네 몸에 염병이 들게 하사 네가 들어가 얻을 땅에서 필경 너를 멸하실 것이며 여호와께서 폐병과 열병과 상한과 학질과 한재와 풍재와 썩는 재앙으로 너를 치시리니 이 재앙들이 너를 따라서 너를 진멸케 할 것이라"**. 많은 질병의 이름이 기록되어 있다. 이러한 많은 질병들로 저주를 받게 될 것이라는 말씀이다.

23절, **"네 머리 위의 하늘은 놋이 되고 네 아래의 땅은 철이 될 것이며"**. 하늘은 더 이상 은혜로운 비를 내리지 않고 땅도 곡식이 자랄 수 있도록 수분과 영양분을 공급하지 않는 상태가 된다는 것이다. 이것은 저주받은 표시이다. 오늘 우리 그리스도인들도 하나님께 불순종할 때 이러한 상황, 즉 하늘이 닫히고 영적 성장이 그치는 상황에 처할 수 있다는 것을 알아야 한다.

여호와께서 비 대신에 티끌과 모래를 네 땅에 내리겠다고 하신다[24절]. 그런

속에서는 사람이 살아나갈 수가 없다. 이것 또한 저주의 표시이다. 오늘날 대기 오염, 미세 먼지, 황사 등은 저주의 표시이다.

25절, **"여호와께서 너로 네 대적 앞에 패하게 하시리니 네가 한 길로 그들을 치러 나가서는 그들의 앞에서 일곱 길로 도망할 것이며 네가 또 세계 만국 중에 흩음을 당하고"**. 축복의 상황에서는 대적이 한 길로 들어왔다가 일곱 길로 도망한다고 했는데, 반대로 저주의 상황에서는 이스라엘 사람들이 한 길로 치러 나갔다가 일곱 길로 도망한다고 했다. 그리고 모든 민족 위에 높여지는 것이 아니라 도리어 세계 만국 중에 흩어짐을 당한다는 것이다.

이스라엘 백성들이 저주를 받아서 만국에 흩어질 것이나 그들의 시체가 새나 짐승들의 밥이 되어도 그것을 쫓아줄 자가 없다. 모든 세상 사람들의 미움과 저주를 받는 그런 처지에 놓이게 될 것이라는 말이다. 치질과 종기와 괴혈병과 개창으로 치실 것인데 치료를 얻지 못할 것이라고 하신다[26-27절]. 개창은 가려움증이다. **"여호와께서 또 너를 미침과 눈멂과 경심증으로 치시리니"**[28절]. 미침, 눈멂, 경심증 같은 것들은 정신적인 질병인데, 역시 저주의 표시이다. 미침은 정신병의 일종이다. 경심증도 역시 그러하다. 경심증이란 조그만 일이 발생해도 깜짝깜짝 놀라는 증세이다.

29-30절, **"소경이 어두운 데서 더듬는 것과 같이 네가 백주에도 더듬고 네 길이 형통치 못하여 항상 압제와 노략을 당할 뿐이니 너를 구원할 자가 없을 것이며 네가 여자와 약혼하였으나 다른 사람이 그와 같이 잘 것이요 집을 건축하였으나 거기 거하지 못할 것이요 포도원을 심었으나 네가 그 과실을 쓰지 못할 것이며"**. 이러한 상황은 전쟁 중에 발생할 수 있다. 특히 전쟁에서 패한 경우이다. 전쟁에 패하여 소나 나귀를 잡았으나 먹지 못하고 빼앗긴다고 하였다[31절]. 자녀를 빼앗기고 토지와 소산에서 수고하여 얻은 것을 알지 못하는 민족이 먹게 된다. 따라서 정신적 충격으로 미치게 된다. 또한 무릎과 다리에 심한 종기를 발하게 하여 고치지 못하게 하신다고 한다.

불순종함으로 받게 될 저주를 예언적으로 말씀하심

30절부터는 그들이 불순종함으로 당하게 될 상황을 미리 예언하는 내용이다. 그들이 알지 못하는 나라에 끌려가서 목석으로 만든 다른 신들을 섬길 것이며, 그 모든 민족에게 놀램과 속담과 비방거리가 될 것이라 하신다.

나중에 이스라엘은 바벨론에게 한 번 크게 멸망을 당하고, 결국 로마에 의해서 완전히 멸망을 당하게 된다. 그들이 대적에게 에워싸임을 당해서 곤란하게 됐을 때 그 자녀의 고기를 먹게 될 것이라고 했는데, 이 일이 실제로 일어난 것을 예레미야 애가에서 볼 수 있다(애 4:10).

이후 68절까지는 모두 저주와 심판의 내용이다. 이는 바벨론에 포로 됨과 A.D. 70년 로마에 패망당함으로 완전히 이루어졌다. 자식을 먹기도 하고, 애굽의 질병들이 들어부어질 것이며 생명에 대한 확신이 없을 것이다. 늘 두려움으로 보는 것도 두렵고 마음도 두려워서 아침에는 저녁이 되었으면, 저녁에는 아침이 되었으면 할 것이라고 한다.

68절, **"여호와께서 너를 배에 실으시고 전에 네게 고하여 이르시기를 네가 다시는 그 길을 보지 아니하리라 하시던 그 길로 너를 애굽으로 끌어가실 것이라 거기서 너희가 너희 몸을 대적에게 노비로 팔려 하나 너희를 살 자가 없으리라"**. A.D. 70년에 로마 군대는 예루살렘을 침공하여 함락시킨 뒤에 수많은 이스라엘 젊은이들을 끌어가 애굽에 노예로 팔았으나 애굽 사람들이 사려고도 하지 않았다. 이 모든 말씀이 역사적으로 이루어졌다. 지금도 유대인들의 역사는 말씀 그대로 이루어지고 있다.

신명기 28장은 이스라엘 백성이 하나님의 말씀을 순종하면 복을 받고 순종치 않으면 그 결과로 이렇게 저주를 받게 된다는 내용이다. 여기서 우리는 택하신 백성에 대한 하나님의 사랑과 관심을 느낄 수 있다. 택하신 백성에 대한 그분의 마음은 얼마나 깊으신지!

29장

요약된 신명기

학자들은 29장을 요약된 신명기라고 부른다. 이는 본장의 내용 속에 첫 번째 율법 강론인 1장 6절부터 4장 43절까지의 내용이 요약되어 있으며(1-8절), 두 번째 강론의 내용도 한 마디로 압축하여 요약하고 있기 때문이다(9절, "그런즉 너희는 이 언약의 말씀을 지켜 행하라 그리하면 너희의 하는 모든 일이 형통하리라"). 또한 16-29절은 27장 1절부터 28장 68절까지에 기록된 축복과 저주를 요약한 것이라고 볼 수 있다.

모압 땅에서 세우신 언약

1절, "호렙에서 이스라엘 자손과 세우신 언약 외에 여호와께서 모세에게 명하사 모압 땅에서 또 그들과 세우신 언약의 말씀이 이러하니라". 신명기 29장을 통해 우리는 구약에서 하나님의 언약이 시내 산에서 이스라엘 백성들과 율법으로 세우신 것 외에 또 있다는 것을 알 수 있다. 오늘날 많은 그리스도인들이 첫 번째와 두 번째 언약에 대해서는 알지만, 세 번째 언약, 즉 모압에서 세우신 언약에 대해서는 잘 알지 못한다. 출애굽기의 언약이 비교적 율법에 속한 것이고 도덕적인 것이고 사람이 하나님 앞에서 지켜야 할 도리들을 말하는 것이라면, 모압 평지에서 세우신 언약은 보다 통치적(統治的)인 것이다. 그래서 우리는 이 신명기라는 책이 다만 출애굽기의 율법을 다시 한 번 강조해서 말하는 책만이 아니라 어느 정도 새로운 부분도 있다는 것을 알아야 한다.

그들은 하나님께서 애굽 땅에서 그들을 구출해 내실 때에 행하신 큰 이적과 기사를 보았지만 아직도 그 마음속에 하나님에 대한 인식이 그리 많지 않았다[2-3절]. 모세는 여호와께서 깨닫는 마음과 보는 눈과 듣는 귀는 오늘날까지 그들에게 아직 주지 않으셨다고 말한다[4절].

5절, "주께서 사십 년 동안 너희를 인도하여 광야를 통행케 하셨거니와 너희 몸의 옷이 낡지 아니하였고 너희 발의 신이 해어지지 아니하였으며". 이것은 40년 동안의 광야생활을 간단한 말로 표현한 것이다. 하나님께서 어떤 식으로든 그들을 계속 보살펴 주셨다는 것이다.

그들은 광야 40년 동안 떡이나 포도주나 독주를 마시지 못했으며 만나만이 그들의 유일한 양식이었다. 하나님께서 그렇게 하신 목적은 그들의 하나님 여호와께서 존재하시고 그들을 돌보고 계신다는 것을 알게 하시려는 것이었다[6절].

7-8절, **"너희가 이곳에 올 때에 헤스본 왕 시혼과 바산 왕 옥이 우리와 싸우러 나왔으므로 우리가 그들을 치고 그 땅을 취하여 르우벤과 갓과 므낫세 반 지파에게 기업으로 주었나니"**. 그들이 애굽에서 모압 땅에 이르기까지 있었던 일을 간략하게 말해 주면서 이 모든 것이 하나님께서 함께하셨기 때문에 가능했음을 말하고 있다.

9절, **"그런즉 너희는 이 언약의 말씀을 지켜 행하라 그리하면 너희의 하는 모든 일이 형통하리라"**. 이 구절은 하나의 결론이 되겠다. 애굽에서 모압 땅에 이르기까지 하나님께서 하신 일을 하나하나 말해주는 이유는 결국 이 언약의 말씀을 지켜 행하게 하려는 것이다. 하나님께서 모세를 통해 모압 땅에서 언약하신 말씀의 핵심은 '하나님의 말씀을 지켜 행하라'는 것이다.

모압 땅에서 여호와의 언약에 참예하기 위해 서 있는 사람들

여기 모압 땅에서 그들은 언약을 받기 위해 서 있는데, 모세는 그들을 낱낱이 거명하고 있다. **"너희 두령과 너희 지파와 너희 장로들과 너희 유사와 이스라엘 모든 남자와 너희 유아들과 너희 아내와 및 네 진중에 있는 객과 무릇 너희를 위하여 나무를 패는 자로부터 물 긷는 자까지 다 너희 하나님 여호와 앞에 선 것은 너의 하나님 여호와의 언약에 참예하며…"**[10-11절]. 그들이 다 하나님의 말씀을 듣기 위해 서 있다.

이렇게 언약하신 것은 아브라함과 이삭과 야곱에게 맹세한 대로 오늘날 이스라엘 백성을 세워서 당신의 백성을 삼으시고 하나님은 친히 그들의 하나님이 되시려는 것이다. 여기서 중요한 것은 이 언약 안에서만 그들이 하나님의 백성이 될 수 있고 하나님은 그들의 하나님이 되실 수 있다는 것이다[12-13절].

14-15절, **"내가 이 언약과 맹세를 너희에게만 세우는 것이 아니라 오늘날 우리 하나님 여호와 앞에서 우리와 함께 여기 선 자와 오늘날 우리와 함께 여기 있지 아니한 자에게까지니"**. '여기 있지 아니한 자'란 장차 태어날 자손들을 가리킬 것이다. 그들은 애굽 땅에 거했었고 또 여러 나라를 통과해 여기까지 왔다. 그런데 하나님은 여기서 무엇을 염려하시는가? 그 과정에서 그들이 여러 가증한 것들과 목석과 은금의 우상을 보았다는 것이다. 하나님께서는 이스라엘 백성들이

본 그것을 염려하신다. 병균 중에도 몸속에 잠복해 있다가 약해지면 나타나는 것들이 있다[16-17절].

이들이 당시에는 하나님의 역사가 강하고 또 은혜가 있어서 그런 가증한 것들이나 여러 우상들로 인해 영향을 받지 않았을 것이다. 그런데 이제 가나안 땅에 들어가서 나라를 형성하고 생활할 때 여러 가지 복잡한 상황이 생기고 어려워지면 그때 보았던 우상들이 생각날 수도 있기에 하나님께서는 바로 이것을 염려하시는 것이다. 그런 상황을 "독초와 쑥의 뿌리가 너희 중에 생겨서"라고 했다. 이런 표현은 히브리서 12장 15절에도 있다. "쓴 뿌리가 나서 괴롭게 하고 많은 사람이 이로 말미암아 더러움을 입을까 두려워하고". 그런데 그러한 자들은 하나님의 저주의 말씀을 듣고도 심중에 스스로 위로한다는 것이다. **"내가 내 마음을 강퍅케 하여 젖은 것과 마른 것을 멸할지라도 평안하리라 할까 염려함이라"**[18-19절].

20절을 간단하게 말하면, 이스라엘이 하나님을 떠날 때 하나님께서 저주를 보내시어 그들을 징계하시면 속히 회개해야 한다는 것이고, 그렇지 않고 오히려 사람들이 회개하는 것을 막고 평안한 마음으로 안주하게 하면 하나님께서 분노와 질투의 불로, 율법 책에 기록된 모든 저주로 그의 위에 붓게 하신다는 것이다.

21절, "여호와께서 곧 이스라엘 모든 지파 중에서 그를 구별하시고 이 율법 책에 기록된 언약의 모든 저주대로 그에게 화를 더하시리라". 모압 땅에서 세우신 하나님의 언약은 두렵다. 이것은 이스라엘 백성에 대한 하나님의 통치에 관계된 것이기 때문이다. 만일 그들이 하나님의 언약을 지키지 않고 그 저주와 재앙을 받는다면 이들 뒤에 일어나는 자손들과 원방에서 오는 객들이 그 땅의 황량하게 됨과 일어나는 유행병과 같은 것을 보리라고 했다. 또한 '그 온 땅이 유황이 되며 소금이 되며 또 불에 타서 심지도 못하며 결실함도 없으며 거기 아무 풀도 나지 아니함이 옛적에 여호와께서 진노와 분한으로 훼멸하신 소돔과 고모라와 아드마와 스보임의 무너짐 같을' 것이라고 했다[22-23절]. 열국 사람들까지도 이스라엘 백성에게 임한 재앙을 보고 놀라면서 왜 저들이 저렇게 되었느냐 하면 그들이 여호와를 떠나서 다른 신을 섬겼기 때문이라고 대답할 것이다. 다시 말하지만 여기의 언약은 이스라엘에 대한 하나님의 통치와 관계된다[24-26절].

하나님은 그들이 언약을 지키지 않을 때 그 땅에서 그들을 뽑아낼 것이고 다른 여러 나라에 던져 보낼 것이라고 하셨으며 또 이 책에 기록된 모든 저주대로 재앙을 내리실 것이라고 하셨다. 하나님의 백성이 하나님의 말씀을 지켜 행하지 않을 때 하나님께서 얼마나 그들을 향하여 분노하시는가를 이 구절에서 분명히 볼 수 있다[27-28절].

29절, **"오묘한 일은 우리 하나님 여호와께 속하였거니와 나타난 일은 영구히 우리와 우리 자손에게 속하였나니 이는 우리로 이 율법의 모든 말씀을 행하게 하심이니라"**. 여기서 오묘한 일이란 하나님의 섭리, 하나님의 깊으신 뜻이다. 하나님은 깊고도 측량할 수 없는 분이시기 때문에 우리가 그 깊이를 다 알 수 없다. 그러나 나타난 일은 영구히 우리와 우리 자손에게 속하였다고 했다. 당시 이스라엘을 구원하고 만족시키는 데 있어서 하나님은 그분의 뜻을 모자람이 없을 정도로 나타내셨다. 그러므로 그 나타내신 것에 관한 한 이스라엘 백성은 핑계할 수 없으니 주신 율법을 지켜 행하지 않으면 안 된다는 말씀이다.

30장

돌이킴과 회개로 말미암은 회복과 축복의 문을 열어놓다

신명기 30장은 크게 신명기를 구분할 때 세 번째 부분의 결론이다(27-30장). 세 번째 부분은 미래를 좌우하는 선택에 관한 것으로서 이스라엘은 순종할 때 축복을 받고 거역할 때 저주를 받게 될 것이다. 그들은 이 둘 중에 하나를 선택해야 했다. 29장에서 불순종에 대한 저주를 엄히 경고한 모세는 이 장에서 이스라엘에 대한 위로와 회복시 얻을 수 있는 긍휼을 말하고 있다(1-10절). 즉 회개에 따른 회복의 축복을 말해주고 있다.

만일 29장의 불순종에 따른 저주만 있다면 그들은 절망일 것이다. 그러나 30장에서 하나님은 그들에게 회복의 문을 열어놓으셨다. 하나님은 그들에게 하나님의 말씀이 결코 지키기 어려운 것이 아니라고 말씀하신다(11-14절). 그리고 마지막으로 순종에 따르는 축복과 불순종에 따르는 저주를 일깨워주시면서 저주의 길을 버리고 축복의 길을 가도록 격려하심으로 끝을 맺는다(15-20절). 30장에서 우리는 복음의 은은한 빛을 볼 수 있다. 결국 복음이 축복이다. 바울은 로마서 10장에서 본 장을 광범위하게 인용했다.

"돌아와서 네게 명한 것을 온전히 따라서 마음을 다하고 성품을 다하여 여호와의 말씀을 순종하면". 그들이 언약을 어기고 떠남으로 저주를 받고 그런 후에 마음속에서 잘못한 것에 대해 생각이 나고 기억이 날 때 돌아와 명하신 말씀을 온전히 따르고 마음을 다하여 순종하는 경우이다[1-2절].

3절, **"네 하나님 여호와께서 마음을 돌이키시고 너를 긍휼히 여기사 네 포로를 돌리시되 네 하나님 여호와께서 너를 흩으신 그 모든 백성 중에서 너를 모으시리니"**. 그럴 때 하나님께서도 마음을 돌이키신다.

4절, **"너의 쫓겨간 자들이 하늘가에 있을지라도 네 하나님 여호와께서 거기서 너를 모으실 것이며 거기서부터 너를 이끄실 것이라"**. 회개하기만 하면 우리가 아무리 멀리 있어도 하나님 아버지는 우리를 다시 돌아오게 하시며 이끌어주신다.

5절, **"네 하나님 여호와께서 너를 네 열조가 얻은 땅으로 돌아오게 하사 너로 다시 그것을 얻게 하실 것이며 여호와께서 또 네게 선을 행하사 너로 네 열조보다 더 번성케 하실 것이며"**. 회개하면 과거에 잃어버렸던 땅을 다시 차지하도록 이끌어주시며 열조보다 더 번성하게 해 주신다고 했다. 여기서 강조하는 바는 하나님께서 회개하는 영혼을 그토록 기뻐하신다는 것이다.

6절, **"네 하나님 여호와께서 네 마음과 네 자손의 마음에 할례를 베푸사 너로 마음을 다하며 성품을 다하여 네 하나님 여호와를 사랑하게 하사 너로 생명을 얻게 하실 것이며"**. 회개하면 하나님께서 그들 마음에 할례를 베풀어 주시겠다고 했다. 즉 육체의 정욕을 제거해 주시겠다는 것이다. 스스로 육체를 제하려고 애쓸 것이 아니라 하나님께 돌아오면 된다. 신약의 어조이다.

7절, **"네 하나님 여호와께서 네 대적과 너를 미워하고 핍박하던 자에게 이 모든 저주로 임하게 하시리니"**. 이제 반대로 그들을 짓밟았던 열국에게 그 모든 저주가 임하게 하시겠다는 것이다. 이 일 또한 역사적으로 일어난 바 있다. 그 후에 이스라엘을 침공했던 바벨론이나 다른 나라들을 하나님께서 혹독하게 짓밟고 징계하셨다. **"너는 돌아와 다시 여호와의 말씀을 순종하고 내가 오늘날 네게 명한 그 모든 명령을 행할 것이라"**[8절].

6절의 축복은 내적인 것, 마음에 할례를 베푸시고 여호와를 사랑하게 해주시며 생명을 얻게 하시는 것이고, 이제 9-10절에 있는 축복은 물질적인 것, 손으로 하는 모든 일과 몸의 소생과 육축의 새끼와 토지 소산을 많게 하시는 것이다. 그리고 하나님께서는 그들의 열조를 기뻐하신 것과 같이 그들을 기뻐하시겠다고 했다.

주님의 명령은 어려운 것도, 먼 것도 아니다

"내가 오늘날 네게 명한 이 명령은 네게 어려운 것도 아니요 먼 것도 아니라"[11절]. 30장까지는 율법의 명령에 대한 결론이다. 그런데 이 마지막 결론을 주면서 모세는 **"내가 오늘날 네게 명한 이 명령은 네게 어려운 것도 아니요 먼 것도 아니라"**고 말한다. 하나님의 명령이 지키는 것이 어려운 것이 아니라는 것이다.

우리는 때로 하나님의 말씀을 지키기가 너무 어렵다고 생각한다. 그러나 주님은 그분의 말씀을 지키기가 어려운 것도 아니고 먼 것도 아니라고 하신다. 과연 말씀을 지키기 원하는가 원하지 않는가가 문제이다. 지키기 원한다면 주님이 지킬 은혜와 능력을 주신다. 또 모세는 주님의 말씀이 먼 것도 아니라고 했다. 주님의 말씀은 가까이 있다. 원하면 누구든지 들을 수 있다. 심지어 너무 가까워 우리의 입에 있고 마음에 있다고 하신다(롬 10:8). 이것은 완전히 복음이다.

12-14절, **"하늘에 있는 것이 아니니 네가 이르기를 누가 우리를 위하여 하늘에 올라가서 그 명령을 우리에게로 가지고 와서 우리에게 들려 행하게 할꼬 할 것이 아니요 이것이 바다 밖에 있는 것이 아니니 네가 이르기를 누가 우리를 위하여 바다를 건너가서 그 명령을 우리에게로 가지고 와서 우리에게 들려 행하게 할꼬 할 것도 아니라 오직 그 말씀이 네게 심히 가까워서 네 입에 있으며 네 마음에 있은즉 네가 이를 행할 수 있느니라"**. 로마서 10장에서 사도 바울은 이 말씀이 믿음의 말씀이라고 했다. 주님의 말씀을 준행하는 것은 어렵지 않다. 우리 주님은 친히 '내 멍에는 쉽고 내 짐은 가볍다'고 말씀하셨다(마 11:30). 또 요한 서신에서도 "그의 계명들은 무거운 것이 아니로다"(요일 5:3)라고 한다. 우리가 하나님의 말씀을 지키

고자 한다면 얼마든지 지킬 수 있다는 말씀이다. 우리는 말씀을 지키기가 어렵다고 핑계 댈 수 없다. 다만 문제는 순종하고자 하는 마음이다. 이 말씀은 우리 입에 있고 우리 마음에 있다. 그러므로 "네가 이것을 행할 수 있느니라"고 하신 것이다. 사도 바울은 신명기 30장 11-14절의 말씀을 신약의 믿음의 말씀으로 인용하였다.

모세는 이 말씀이 너희 입에 있고 마음에 있으니 이를 행할 수 있다고 하였다. 주님은 이 말씀이 우리의 입과 마음에 이르도록 역사하시어 우리로 하여금 행할 수 있게 하셨다. 로마서 10장에서 바울은 이 부분의 말씀을 믿음으로 말미암은 의에 적용하였다. 그는 믿음은 들음에서 나고 들음은 그리스도의 말씀으로 말미암는다고 하였는데, 신명기의 이 부분의 말씀을 그리스도의 복음의 말씀으로 본 것이다.

우리 앞에 생명과 복, 사망과 화를 두시다

15-16절, **"보라 내가 오늘날 생명과 복과 사망과 화를 네 앞에 두었나니…네 하나님 여호와를 사랑하고 그 모든 길로 행하며…"**. 하나님께서는 우리 앞에 두 가지 길 -생명과 복, 사망과 화- 을 두시고 우리에게 어떤 길을 선택할 것인지 물으시는 듯하다.

우리가 생명과 복, 사망과 화 중에 무엇을 선택하느냐가 문제다. 사실상 믿음도 선택의 문제다. 주님은 많은 때 제자들이 믿지 못하는 것을 책망하셨다. 당연히 믿을 수 있기 때문이다. 우리가 믿으면 생명에 이르고 믿지 않으면 사망에 이른다. 나는 여기서 그들 앞에 두신 생명과 복, 사망과 화에 대한 예언과 경고가 교회를 위한 것이라고 확신한다. 복을 받기 원하시는 하나님의 마음이다. 하나님의 경륜의 목표는 신약의 교회이다[17-19절].

20절, **"네 하나님 여호와를 사랑하고 그 말씀을 순종하며 또 그에게 부종하라 그는 네 생명이시요 네 장수시니 여호와께서 네 열조 아브라함과 이삭과 야곱에게 주리라고 맹세하신 땅에 네가 거하리라"**. 이 장의 결론의 말씀이다.

31장

신명기의 부록

앞장에서 모세는 3차에 걸친 긴 강론을 통해 하고자 한 말을 요약했다. 31장부터 34장까지는 신명기의 부록과 같다. 이제 모세는 더 이상 사역을 하지 못할 것을 알기에 조용히 그의 사역을 마무리하고 있다. 그는 후계자인 여호수아를 격려하고(1-8절), 율법서를 기록하여 제사장과 장로들에게 위탁하며(9-13절), 장차 이스라엘이 배교할 것을 예언하면서 하나님께 순종할 것을 재삼재사 당부하며 간절하게 호소하고 있다(24-30절).

모세의 고별 설교

1-2절, **"모세가 가서 온 이스라엘에게 이 말씀을 베푸니라 곧 그들에게 이르되 내가 오늘날 일백 이십 세라 내가 더는 출입하기 능치 못하고 여호와께서도 내게 이르시기를 너는 이 요단을 건너지 못하리라 하셨느니라"**. 31장은 모세가 이스라엘 백성에게 마지막으로 권면하고 당부하는 말씀이다. 하나님께서는 모세의 후계자를 세우셨는데, 그가 바로 여호수아이다. 하나님의 백성들 가운데서 어떤 인도자가 소임을 다했을 때 하나님께서는 새로운 인도자를 세워서 그 백성을 계속 인도하게 하신다. 이 또한 하나님께서 하시는 일 가운데 한 가지 중요한 일이다. 모세는 더 이상 사역할 수 없게 되었지만 하나님께서는 백성들이 뿔뿔이 흩어져 방황하지 않도록 이미 합당한 인도자를 모세의 수하에서 양성하고 계셨다. 그러나 실상은 여호수아가 그들을 데리고 건너간다기보다 여호와께서 그들 앞서 건너가서 그 민족들을 멸하시고 이스라엘 백성들로 하여금 그 좋은 땅을 얻게 하시는 것이다[3절].

4-7절, **"여호와께서 이미 멸하신 아모리 왕 시혼과 옥과 및 그 땅에 행하신 것과 같이 그들에게도 행하실 것이라 여호와께서 그들을 너희 앞에 붙이시리니 너희는 내가 너희에게 명한 모든 명령대로 그들에게 행할 것이라 너는 마음을 강하게 하고 담대히 하라 그들을 두려워 말라 그들 앞에서 떨지 말라 이는 네 하나님 여호와 그가 너와 함께 행하실 것임이라 반드시 너를 떠나지 아니하시며 버리지 아니하시리라 하고 모세가 여호수아를 불러 온 이스라엘 목전에서 그에게 이르되 너는 마음을 강하게 하고 담대히 하라 너는 이 백성을 거느리고 여호와께서 그들의 열조에게 주**

리라고 맹세하신 땅에 들어가서 그들로 그 땅을 얻게 하라". 모세는 이제까지 주님이 그들을 위해 행하신 일을 말해주며 그들을 강화시키고 있다. 그리고 이제 온 이스라엘 목전에서 여호수아를 세워 그 인도 직분을 확고하게 한다.

8절, **"여호와 그가 네 앞서 행하시며 너와 함께 하사 너를 떠나지 아니하시며 버리지 아니하시리니 너는 두려워 말라 놀라지 말라".** 모세는 그의 체험에 근거하여 여호수아를 격려하고 있다. "그가 네 앞서 행하시며"-모세는 40년 가까이 여호와께서 그의 앞서 행하시는 것을 체험한 사람이다. 많은 어려운 과정과 전쟁을 치렀다. 하나님을 섬기는 종으로서, 역전의 장군으로서 후배에게 한 마디 한다면 이 세상에 그렇게 두려워할 일이 없고 놀랄 일이 없다는 것이다.

매 칠년 끝 해 초막절에 회중에게 율법을 낭독해주라

9-11절, **"모세가 이 율법을 써서 여호와의 언약궤를 메는 레위 자손 제사장들과 이스라엘 모든 장로에게 주고 그들에게 명하여 이르기를 매 칠년 끝 해 곧 정기 면제년의 초막절에 온 이스라엘이 네 하나님 여호와 앞 그 택하신 곳에 모일 때에 이 율법을 낭독하여 온 이스라엘로 듣게 할지니".** 말씀을 해설하는 설교만 중요한 것이 아니라 말씀을 그대로 낭독하는 것도 매우 중요하다(딤전 4:13, 읽는 것과 권하는 것).

12절, **"곧 백성의 남녀와 유치와 네 성 안에 우거하는 타국인을 모으고 그들로 듣고 배우고 네 하나님 여호와를 경외하며 이 율법의 모든 말씀을 지켜 행하게 하고".** 타국인까지도 그 말씀을 듣고 배우고 지켜 행하게 하라고 하신다. **"또 너희가 요단을 건너가서 얻을 땅에 거할 동안에 이 말씀을 알지 못하는 그들의 자녀로 듣고 네 하나님 여호와 경외하기를 배우게 할지니라"**[13절]. 그 땅에 들어가서 태어날 자녀들에게도 이 말씀을 가르쳐 배우게 하라는 것이다. 말씀을 가르치는 것이 중요하다. 지금 이 세대는 모세에게서 가르침을 받아 어느 정도 율법을 알고 지킨다. 그렇지만 앞으로 태어날 세대는 율법을 들은 적이 없기 때문에 잘 가르쳐야 한다.

하나님께서 모세에게 마지막으로 명을 내리시다

하나님께서는 모세에게 그의 죽을 기한이 가까웠다는 것을 알려주시면서 여호수아와 함께 회막으로 나오라고 말씀하신다[14절]. 모세와 여호수아가 나아가서 회막문에 서니 여호와께서 구름 기둥 가운데서 장막에 나타나시고 구름 기둥은 장막 문 위에 머물렀다[15절]. 하나님의 영광이 그렇게 현현하신 것이다.

16절부터 하나님께서는 모세와 여호수아에게 이 백성이 그 땅에 들어가면 이방 신들을 음란히 좇아 하나님을 버리고 하나님께서 그들과 세우신 언약을 어길 것이라고 하신다. 이 말씀은 여호수아 이후에 정확히 이루어졌다. 그렇게 되면 하나님께서 그들에게 재앙이 임하게 하실 것이고 또 그들이 하나님을 버리고 다른 신을 섬길 때 그분의 얼굴을 숨기실 것이라고 하신다[17-18절].

하나님께서 노래를 써서 이스라엘 자손에게 가르치라 하시다

그러므로 하나님은 마지막으로 모세에게 노래를 써서 이스라엘 자손에게 가르쳐 부르게 하라고 하신다. 이 노래가 32장과 33장에 나온다.

"모세가 당일에 이 노래를 써서 이스라엘 자손에게 가르쳤더라"[22절]. 나는 하나님의 종 모세가 이 긴 노래를 당일에 써서 가르쳤다는 데 대해 놀라움을 금할 수 없다.

여호와께서 직접 여호수아에게 명하시다

"여호와께서 또 눈의 아들 여호수아에게 명하여 가라사대 너는 이스라엘 자손을 인도하여 내가 그들에게 맹세한 땅으로 들어가게 하리니 마음을 강하게 하고 담대히 하라 내가 너와 함께 하리라"[23절]. 이제 모세는 장면에서 사라지고 여호와께서 직접 여호수아에게 말씀하신다.

27절에서 모세는 "내가 너희의 패역함과 목이 곧은 것을 아나니 오늘날 내가 생존하여 너희와 함께하여도 너희가 여호와를 거역하였거든 하물며 내가 죽은 후의 일이랴"고 한다. 모세는 그들의 패역함과 목이 곧은 것을 안다고 했다. 광야 40년의 체험을 통해 그것을 뼈저리게 느낀 것이다.

28-29절에서 모세는 마지막으로 모든 지파의 장로들과 유사들을 모으게 하고 말씀을 그들의 귀에 들리고 천지로 증거를 삼겠다고 했다. 이것은 32장부

터의 노래를 가리킬 것이다. 이스라엘 백성이 하나님을 떠나서 부패할 것을 알고 모세는 율법책을 써서 언약궤 옆에 두고 노래를 지어 전승되도록 한 것이다. 모세는 그들이 스스로 부패하여 여호와 목전에 악을 행했다고 말한다. 부패하지 않으려면 말씀을 가까이 해야 한다.

"모세가 이스라엘 총회에게 이 노래의 말씀을 끝까지 읽어 들리니라"[30절].

모세가 이 노래의 말씀을 이스라엘 백성에게 끝까지 읽어 들렸다고 했다. 이 노래의 말씀이 32장의 내용이다.

32장

모세의 노래

신명기 32장은 모세의 노래이다. 우리는 출애굽기 15장에서 모세의 노래를 볼 수 있는데, 그것이 모세의 사역의 시작에 지은 노래라면 여기 이 노래는 모세의 사역 마지막에 지은 노래이다. 전자의 노래가 구속의 감격과 기쁨을 노래하는 것이라면 신명기 32장의 노래는 교훈을 위한 것이다. 주제는 장래 이스라엘의 배역과 하나님의 심판이다. 첫째는 하나님의 극진하신 사랑에도 불구하고 이스라엘이 배교할 것임을 예언한 것이며(1-18절), 이에 하나님은 이방 열국들을 들어 이스라엘을 심판하실 것이지만 결국 그 열국도 하나님이 공의의 심판을 받을 것임을 말한다(19-47절). 마지막은 모세의 임종에 대한 것이다(48-52절).

"하늘이여 귀를 기울이라 내가 말하리라
땅은 내 입의 말을 들을지어다
나의 교훈은 내리는 비요 나의 말은 맺히는 이슬이요
연한 풀 위에 가는 비요 채소 위에 단비로다
내가 여호와의 이름을 전파하리니
너희는 위엄을 우리 하나님께 돌릴지어다
그는 반석이시니 그 하신 일이 완전하고 그 모든 길이 공평하며
진실하고 거짓이 없으신 하나님이시니 공의로우시고 정직하시도다"[1-4절].

"그들이 여호와를 향하여 악을 행하니

하나님의 자녀가 아니요 흠이 있고 비뚤어진 종류로다
어리석고 무지한 백성아 여호와께 이같이 보답하느냐
그는 너를 얻으신 너의 아버지가 아니시냐
너를 지으시고 세우셨도다"[5-6절].

5-6절은 이스라엘 백성에 대해 하는 말이다. 모세는 이스라엘 백성을 인도했던 40년 광야생활을 통하여 사람이 어떠한 존재인가를 철저히 깨달았다. 4절까지에서 하나님은 얼마나 은혜롭고 위엄 있고 공의로우신 분인지를 말하고, 5절은 사람은 얼마나 흠이 많고 부패한 존재인가를 말하고 있다. 이 두 가지만 알아도 큰 교훈이 된다. 영적으로 진보하는 그리스도인의 한 가지 비결은 곧 그리스도의 거룩하심과 전능하심과 만유의 주재이심을 알고 또 사람은 얼마나 연약하고 부패했는지를 아는 것이다.

여호와 하나님은 이스라엘을 얻으시고 지으시고 세우신 아버지시건만 그 보답은 도리어 여호와를 향하여 악을 행하는 것이었다[6절]. 4절에서는 하나님을 반석이라고 했고 6절에서는 아버지라고 했다. 32장의 모세의 노래를 분석해볼 때 하나님은 지고한 분이시고 타락한 인생은 너무나 형편이 없음을 알 수 있다. 얼마나 타락했으면 이스라엘에 대하여 "하나님의 자녀가 아니요 흠이 있는 사곡한 종류로다"라고 했겠는가! 하나님이 이렇게 말씀하심은 그분의 백성들로 하여금 낮은 마음을 갖게 하기 위해서다.

"옛날을 기억하라 역대의 연대를 생각하라
네 아비에게 물으라 그가 네게 설명할 것이요
네 어른들에게 물으라 그들이 네게 이르리로다
지극히 높으신 자가 열국의 기업을 주실 때,
인종을 분정하실 때에 이스라엘 자손의 수효대로
민족들의 경계를 정하셨도다
여호와의 분깃은 자기 백성이라 야곱은 그 택하신 기업이로다"[7-9절]

7절은 옛날을 생각해보라고 하며, 8절은 열국의 기업을 주실 때 이스라엘 자손의 수효대로 경계를 정하셨다고 한다. 9절은 여호와의 분깃은 자기 백성이며 야곱은 그 택하신 기업이라고 한다. 그분은 세상 열국 가운데 오직 이스라엘(교회)만 알았다고 말씀하신다(암 3:2, "내가 땅의 모든 족속 중에 너희만 알았나니 그러므로 내가 너희 모든 죄악을 너희에게 보응하리라 하셨나니").

"여호와께서 그를 황무지에서, 짐승의 부르짖는 광야에서 만나시고
호위하시며 보호하시며 자기 눈동자같이 지키셨도다
마치 독수리가 그 보금자리를 어지럽게 하며 그 새끼 위에 너풀거리며
그 날개를 펴서 새끼를 받으며 그 날개 위에 그것을 업는 것같이
여호와께서 홀로 그들을 인도하셨고 함께한 다른 신이 없었도다"[10-12절].

10절을 보면 하나님께서 택하신 백성들은 황무지 아니면 짐승이 부르짖는 광야에 있다. 거기서 그들을 호위하시고 보호하시며 눈동자같이 지키시는 것이다. 마치 독수리가 그 보금자리를 어지럽게 하며 그 새끼 위에 너풀거리며 그 날개를 펴서 새끼를 받아 날개 위에 업는 것 같이 여호와께서 홀로 그들을 인도하셨다고 한다[11절]. 이 모두는 위험스러운 상황 가운데서 이스라엘을 보호하시고 인도하시는 하나님을 묘사한다.

"여호와께서 그로 땅의 높은 곳을 타고 다니게 하시며
밭의 소산을 먹게 하시며 반석에서 꿀을,
굳은 반석에서 기름을 빨게 하시며
소의 젖 기름과 양의 젖과 어린 양의 기름과
바산 소산의 수양과 염소와 지극히 아름다운 밀을 먹이시며
또 포도즙의 붉은 술을 마시우셨도다"[13-14절].

가나안 땅에 들어간 후의 상황이다. 그들이 가나안 땅에 들어가서는 아주 풍요롭게 살게 된다는 것이다. 또 가나안 땅은 지대가 높아서 땅의 높은 곳을 타고 다니며 또 밭의 소산을 먹고 반석에서 나온 꿀과 젖과 기름과 밀과 포도즙을 먹고 마실 것이라고 했다.

"그러한데 여수룬이 살찌매 발로 찼도다
네가 살찌고 비대하고 윤택하매 자기를 지으신 하나님을 버리며

자기를 구원하신 반석을 경홀히 여겼도다
그들이 다른 신으로 그의 질투를 일으키며
가증한 것으로 그의 진노를 격발하였도다
그들은 하나님께 제사하지 아니하고 마귀에게 하였으니
곧 그들의 알지 못하던 신들, 근래에 일어난 새로운 신들,
너희 열조의 두려워하지 않던 것들이로다
너를 낳은 반석은 네가 상관치 아니하고
너를 내신 하나님은 네가 잊었도다
여호와께서 보시고 미워하셨으니 그 자녀가 그를 격노케 한 연고로다
여호와의 말씀에 내가 내 얼굴을 숨겨 그들에게 보이지 않게 하고
그들의 종말의 어떠함을 보리니
그들은 심히 패역한 종류요 진실이 없는 자녀임이로다"[15-20절]

15절의 '여수룬'은 이스라엘의 애칭으로서 '하나님의 사랑하시는 자'라는 뜻이다. 이 노래에서 모세가 예언하는 것은 결국 그들이 가나안 땅에 들어가면 여호와를 버린다는 것이다. 그리고 그들이 하나님을 떠나 다른 우상을 섬기고 다른 신을 따라가게 되면 여호와께서 그들을 미워하시는데, 이는 그들이 여호와 하나님을 격노케 한 까닭이다. 하나님은 인격신이시며 따라서 질투하시는 하나님이심을 잊지 말아야 한다. 하나님께서 그분의 얼굴을 숨기시는 것은 그분의 백성에게 가장 큰 저주요 가장 큰 형벌이다. 오늘날 우리 또한 하나님께서 그분의 얼굴을 숨기시는 것을 두려워해야 한다[20절].

"그들이 하나님이 아닌 것으로 내 질투를 일으키며
허무한 것으로 나의 진노를 격발하였으니
나도 백성이 아닌 자로 그들에게 시기가 나게 하며
어리석은 민족으로 그들의 분노를 일으키리로다
그러므로 내 분노의 불이 일어나서 음부의 깊은 곳까지 사르며
땅의 그 소산을 삼키며 산들의 터도 불타게 하는도다
내가 재앙을 그들의 위에 쌓으며 내 화살이 다할 때까지 그들을 쏘리로다
그들이 주리므로 쇠약하며 불 같은 더위와 독한 질병에 삼켜질 것이라
내가 들짐승의 이와 티끌에 기는 것의 독을 그들에게 보내리로다

밖으로는 칼에, 방 안에서는 놀람에 멸망하리니
청년 남자와 처녀와 젖 먹는 아이와 백발 노인까지리로다
내가 그들을 흩어서 사람들 사이에서
그들에 대한 기억이 끊어지게 하리라 하였다마는
혹시 내가 대적을 격동할까 염려라
원수가 오해하고 말하기를 우리 수단이 높음이요
여호와의 행함이 아니라 할까 염려라 하시도다"[21-27절].

21절에서 "그들이 하나님이 아닌 것으로 나의 질투를 일으키며"라고 했는데, 신약 갈라디아서에서 바울은 믿는이들이 율법으로 돌아갔을 때 그들이 하나님이 아닌 것을 좇는다고 했다. 오늘날에도 하나님을 대치하는 많은 교리와 지식, 거짓 기사와 능력이 있다. 이러한 것들을 따르는 것은 하나님의 질투를 일으킨다. 그럴 때 하나님은 "나도 백성이 아닌 자로 그들의 시기가 나게 하며 어리석은 민족으로 그들의 분노를 일으키겠다"고 하신다. 22절은 "내 분노의 불이 일어나서 음부 깊은 곳까지 사르며 땅의 그 소산을 삼키며 산들의 터도 불타게 하는도다"라고 한다. 하나님은 소멸하는 불이시다(히 12:29). 하나님을 떠난 사람들에게 하나님은 그분의 소멸하는 불을 일으키신다. 23절은 "내가 재앙을 그들의 위에 쌓으며 나의 살을 다하여 그들을 쏘리로다"라고 한다. 이스라엘과 오늘날의 교회는 하나님의 백성으로서 특권을 가지고 있지만, 어느 날 자만하게 되어 하나님 아닌 것을 향하고 마음을 돌이키면 하나님께서는 진노하심으로 그들을 다루시되 아주 혹독하게 다루실 것이다. 24절은 각종 재앙을 임하게 하실 것이라는 말씀이다. 25절은 칼에 멸망하고 놀라서 멸망하되 모든 사람에게 이러한 징계가 임한다고 한다. 26절에서는 하나님께서 아예 그들을 다 흩어서 사람들이 그들을 기억조차 못하게 하시려고 했지만 완전히 끊어버리지 않으셨는데, 그 이유는 원수가 오해해서 자기들이 수단이 높아서 이렇게 된 것이지 여호와께서 행하신 것이 아니라고 할까봐 염려가 되기 때문이라고 하신다.

이 노래의 대강의 내용은 이스라엘이 가나안에 들어가서 젖과 꿀이 흐르는 땅에서 풍요롭게 살다 보니 배가 부르자 그들의 하나님을 하나님 아닌 다른 것으로 바꾸었고, 그럴 때 하나님은 이들을 징계하시되 열국을 들어 징계하시는데, 이스라엘을 다 멸절하면 열국이 오해할까봐 다 없애지는 않으시겠다는 것이다.

"그들은 모략이 없는 국민이라 그들 중에 지식이 없도다
만일 그들이 지혜가 있어서 이것을 깨닫고
자기의 종말을 생각하였으면…"[28-29절]

어떤 사람들은 이 부분의 말씀을 이스라엘에게 적용하는데, 나는 이 말씀이 열국에게 해당된다고 생각한다. 이스라엘이 이렇게 된 것은 여호와의 행함이 아니고 자신들의 수단이 높기 때문이라고 생각하는 자체가 모략이 없는 것이고 지혜가 없는 것이고 지식이 없는 것이라는 말이다.

"그들의 반석이 그들을 팔지 아니하였고
여호와께서 그들을 내어주지 아니하셨더면
어찌 한 사람이 천을 쫓으며 두 사람이 만을 도망가게 하였으리요
대적의 반석이 우리의 반석과 같지 못하니 대적도 스스로 판단하도다"[30-31절].

반석이신 하나님께서 이스라엘을 대적에게 팔고 내어주셨기 때문에 대적 한 사람이 이스라엘 사람 천을 쫓고 두 사람이 만을 도망가게 할 수 있었다는 것이다. 만일 하나님께서 이스라엘을 내어주지 않으셨다면 그들은 결코 이스라엘에게 그렇게 할 수 없었을 것이다. 그러므로 나중에 가서는 열국이 이스라엘의 하나님이 더 강하고 위대하시다는 것을 스스로 판단하게 된다는 말씀이다.

"그들의 포도나무는 소돔의 포도나무요 고모라의 밭의 소산이라
그들의 포도는 쓸개포도니 그 송이는 쓰며
그들의 포도주는 뱀의 독이요 독사의 맹독이라
이것이 내게 쌓이고 내 곳간에 봉하여 있지 아니한가"[32-34절].

이 구절들의 말씀 또한 열국의 악행을 묘사한 것이라고 본다. 열국의 모든 악행들이 하나님 앞에 쌓이고 그분의 곳간에 봉하여 있다는 것이다.
"복수는 내 것이라 그들의 실족할 그때에 갚으리로다
그들의 환난의 날이 가까우니 당할 그 일이 속히 임하리로다"[35절].

하나님께서는 이스라엘을 친 열국에게 복수하시되 그들이 실족할 때 갚는다고 하셨다. 여기서 여호와 하나님의 심정을 이해하기란 참 어렵다. 이스라엘을 징계하신 후 실족하게 될 열국을 심판(복수)하실 것이라는 말씀이다.

"여호와께서 자기 백성을 판단하시고 그 종들을 인하여 후회하시리니
곧 그들의 무력함과 갇힌 자나 놓인 자가 없음을 보시는 때에로다"[36절].

이스라엘이 열국에게 핍박당할 때 하나님께서는 자기 백성을 변호할 마음이 생기셨다(여기의 '판단하다'는 변호한다는 뜻이 있다). 그분이 자기 백성을 변호하시고 그 종들(이스라엘)을 인하여 후회하시되 그들의 무력함과 갇힌 자나 놓인 자가 아무도 없음을 보시는 때이다. 자식을 생각하는 부모의 마음이다.

"여호와의 말씀에 그들의 신들이 어디 있으며
그들의 피하던 반석이 어디 있느냐
그들의 희생의 고기를 먹던 것들, 전제의 술을 마시던 것들로
일어나서 너희를 돕게 하라 너희의 보장이 되게 하라"[37-38절].

오늘날 하나님의 자녀들도 하나님 아닌 것들을 따라가고 섬기면 결국 하나님께 징계를 받게 된다. 환경으로, 질병으로 매를 맞는 것이다. 그럴 때 이제까지 의지하던 것들은 아무 힘을 발하지 못하고 속수무책이 된다. 많은 지식, 권세, 지위, 커다란 조직에 의지하여 힘을 냈는데, 막상 환경이 임하고 질병이 임하여 죽을 지경이 되자 그러한 것들은 전혀 도움도, 보장도 되지 않는 것이다.

"이제는 나 곧 내가 그인 줄 알라 나 외에는 신이 없도다
내가 죽이기도 하며 살리기도 하며 상하게도 하며 낫게도 하나니
내 손에서 능히 건질 자 없도다
내가 하늘을 향하여 내 손을 들고 말하노라
나의 영원히 삶을 두고 맹세하노니
나의 번쩍이는 칼을 갈며 내 손에 심판을 잡고
나의 대적에게 복수하며 나를 미워하는 자에게 보응할 것이라
나의 화살로 피에 취하게 하고
나의 칼로 그 고기를 삼키게 하리니

곧 피살자와 포로 된 자의 피요
대적의 장관의 머리로다 하시도다"[39-42절].

여호와 하나님 외에는 신이 없으며 그분만이 죽이기도 하시고 살리기도 하시고 상하게도 하시고 낫게도 하는 분이시다. 또 하나님은 심판하시고 복수하시며 보응하시는 하나님이시다. 그분은 복수하시되 철저하게 하신다.

"너희 열방은 주의 백성과 즐거워하라
주께서 그 종들의 피를 갚으사 그 대적에게 복수하시고
자기 땅과 백성을 위하여 속죄하시리로다"[43절].

이러한 모든 과정을 거쳐서 하나님은 이스라엘과 열방이 함께 하나님을 찬양하고 즐거워하게 하신다(롬 11장 참조). 이 모세의 노래는 가나안에 들어감으로부터 오늘날까지를 망라하는 광대한 간격을 가진 예언의 노래이다. 이 노래에 벌써 유대인과 이방인이 함께 연합하여 찬미하는 교회의 모습이 들어있다. 이 노래에서 예언한 대로 역사는 진행되었다.

이러한 과정을 거쳐 최종적으로 유대인과 이방인이 다 하나님께 돌아오는 기묘한 역사가 있게 된다. 그러므로 로마서 11장에서는 "깊도다 하나님의 지혜와 지식의 부요함이여 그의 판단은 측량치 못할 것이며 그의 길은 찾지 못할 것이로다"(롬 11:33)라고 말한다.

모세와 여호수아가 이 노래의 말씀을 백성에게 말하다

44-47절, **"모세와 눈의 아들 호세아가 와서 이 노래의 모든 말씀을 백성에게 말하여 들리니라 모세가 이 모든 말씀을 온 이스라엘에게 말하기를 마치고 그들에게 이르되 내가 오늘날 너희에게 증거한 모든 말을 너희 마음에 두고 너희 자녀에게 명하여 이 율법의 모든 말씀을 지켜 행하게 하라 이는 너희에게 허사가 아니라 너희의 생명이니 이 일로 인하여 너희가 요단을 건너 얻을 땅에서 너희의 날이 장구하리라"**. 이 노래를 지어준 것은 요단을 건너 그 땅에 들어가서 그들이 풍요롭게 되어 하나님을 떠날 위험이 있을 때 다시금 이 말씀으로 경고받고 가르침받을 수 있게 하려는 것이다. '이것은 허사가 아니요 너희의 생명이라'고 했다. 이스라

엘이 하나님의 축복을 받기 위해 할 일이라고는 이 한 가지이다. 그것은 곧 하나님의 말씀을 두려워하고 떨면서 지키고 순종하는 것이다. 이 '순종'이라는 한 단어가 신명기의 주제임을 영원히 잊지 말자!

모세의 죽음을 알리시다

48-50절, **"당일에 여호와께서 모세에게 일러 가라사대 너는 여리고 맞은편 모압 땅에 있는 아바림 산에 올라 느보 산에 이르러 내가 이스라엘 자손에게 기업으로 주는 가나안 땅을 바라보라 네 형 아론이 호르 산에서 죽어 그 조상에게로 돌아간 것같이 너도 올라가는 이 산에서 죽어 네 조상에게로 돌아가리니"**. 바로 그날, 하나님께서는 그분의 신실한 종이 어떻게 죽을 것을 미리 말씀해 주고 계신다. 그리고 그가 가나안에 들어가지 못하고 죽을 수밖에 없는 이유를 다음 구절에서 말씀해 주신다.

51절, **"이는 너희가 신 광야 가데스의 므리바 물가에서 이스라엘 자손 중 내게 범죄하여 나의 거룩함을 이스라엘 자손 중에서 나타내지 아니한 연고라"**. 이런 노래를 지어 가르치는 마지막 장에서 하나님은 이스라엘 최고의 인도자 모세가 한 번의 실수 때문에 그 땅에 들어가지 못하고 산에 올라가서 다만 그 땅을 바라볼 수밖에 없다는 그 엄중한 사실을 말씀하고 계신다. 이 노래는 모세의 엄중한 사건과 어우러져서 그 엄숙함이 한층 더 고조된다.

52절, **"내가 이스라엘 자손에게 주는 땅을 네가 바라보기는 하려니와 그리로 들어가지는 못하리라 하시니라"**[52절]. 이 이야기는 모세가 기록한 것이다. 하나님의 충성된 종인 모세일지라도 한 가지 일에서 불순종함으로 약속하신 땅에 들어가지 못하게 되었다는 것을 경계로 삼아 우리는 두렵고 떨림으로 순종해야 한다. 이 길을 가는 사람들은 경거망동하지 말아야 한다. 하나님께서는 마음이 겸손하고 통회하는 자를 권고하신다.

33장

이스라엘 열두 지파에 대한 모세의 예언적 축복

신명기 33장은 모세의 예언적 축복이다. 모세는 그의 사역을 마치고 임종하기 전에 이스라엘 열두 지파에 대하여 예언적인 축복을 하고 그의 말을 마쳤다. 이 장은 이스라엘 자손에 대한 그의 마지막 축복을 담은 내용이다.

1절, **"하나님의 사람 모세가 죽기 전에 이스라엘 자손을 위하여 축복함이 이러하니라"**. 성숙한 성도가 죽음 직전에 마지막으로 이 땅에서 하는 일은 남은 하나님의 자녀들을 축복하는 것이다. 이삭은 야곱을 축복했고, 야곱은 창세기 49장에서 자기의 열두 아들, 즉 이스라엘 열두 지파를 예언적으로 축복했다. 창세기 49장에 있는 야곱의 예언과 신명기 33장의 모세의 축복은 많은 연관성이 있다. 하나는 열두 지파의 아버지인 야곱의 축복이고, 또 하나는 그 열두 지파를 애굽에서 인도해낸 하나님의 종 모세의 축복이기 때문이다. 둘 다 운명하기 전에 한 축복이며, 둘 다 모세가 기록했을 것이다.

2절, **"일렀으되 여호와께서 시내 산에서 오시고 세일 산에서 일어나시고 바란 산에서 비취시고 일만 성도 가운데서 강림하셨고 그 오른손에는 불 같은 율법이 있도다"**. 이 모세의 축복은 실상 하나님의 축복이라고 할 수 있다. 여호와 하나님의 강림하심, 여호와 하나님의 말씀, 여호와 하나님께서 백성을 사랑하심이 결국 모세의 축복의 내용이다. 여기서 시내 산은 하나님께서 이스라엘 백성에게 율법을 주신 곳이고, 세일 산은 에서가 거하는 곳으로서 이스라엘이 지나온 곳이다. 바란 역시 이스라엘이 지나온 곳이다. 하나님께서는 이스라엘 백성이 거쳐 온 시내, 세일, 바란 등에서 계속 함께하셨으며 거기서 일어나시고 비취셨다. 그리고 일만 성도 가운데서 강림하셨으며 하나님의 오른손에는 불 같은 율법이 있다고 했다. 살아계시며 놀라우신 하나님의 관심은 '일만 성도'이며 '불 같은 율법'이다. 교회와 말씀, 이 두 가지가 하나님의 모든 것이다.

3-5절, **"여호와께서 백성을 사랑하시나니 모든 성도가 그 수중에 있으며 주의 발 아래에 앉아서 주의 말씀을 받는도다 모세가 우리에게 율법을 명하였으니 곧 야곱의 총회의 기업이로다 여수룬에 왕이 있었으니 곧 백성의 두령이 모이고 이스라엘 모든 지파가 함께한 때에로다"**. 여수룬이란 이스라엘의 애칭이다. 당시에 이스라엘 백성을 실제로 통치한 왕은 하나님이시고 그 통치를 집행한 종은 모세라고 보는 것이 좋을 것이다.

르우벤에 대한 축복

6절, **"르우벤은 살고 죽지 아니하고 그 인수가 적지 않기를 원하도다"**. 르우벤은 야곱의 맏아들이다. 창세기 49장에서 야곱의 예언에는 르우벤의 실패가 그대로 기록되어 있다. 그러나 신명기 33장에는 짧은 축복만이 있다.

유다에 대한 축복

7절, **"유다에 대한 축복은 이러하니라 일렀으되 여호와여 유다의 음성을 들으시고 그 백성에게로 인도하시오며 그 손으로 자기를 위하여 싸우게 하시고 주께서 도우사 그로 그 대적을 치게 하시기를 원하나이다"**. 유다는 야곱의 넷째 아들이요 싸우는 지파이다. 르우벤, 시므온, 레위, 그다음이 유다이다. 그런데 유다가 먼저 나오는 것은 그가 왕의 지파이기 때문이다. 예수 그리스도께서도 유다 지파를 통해 출생하셨다.

레위에 대한 축복

8절, **"레위에 대하여는 일렀으되 주의 둠밈과 우림이 주의 경건한 자에게 있도다 주께서 그를 맛사에서 시험하시고 므리바 물가에서 그와 다투셨도다"**. 신명기 33장에는 시므온이 나오지 않고 레위만 나오는데, 여기서 레위는 축복을 받는다. 그것은 출애굽기 32장에서 이스라엘 백성이 금송아지를 섬겼을 때 모세가 여호와의 편에 선 자는 나오라고 하자 레위 지파가 일어났기 때문이다. 그런데 시므온은 그때 별 반응이 없었던 것 같다.

9-10절, **"그는 그 부모에 대하여 이르기를 내가 그들을 보지 못하였다 하며 그 형제들을 인정치 아니하며 그 자녀를 알지 아니한 것은 주의 말씀을 준행하고 주의 언약을 지킴을 인함이로다 주의 법도를 야곱에게, 주의 율법을 이스라엘에게 가르치며 주 앞에 분향하고 온전한 번제를 주의 단에 드리리로다"**. 레위 지파는 부모, 형제, 자녀보다 주님의 말씀과 주님의 언약을 더 귀히 여겼다. 그럼으로써 그들은 하나님을 섬기는 지파가 된 것이다. "주의 법도를 야곱에게, 주의 율법을 이스라엘에게 가르치며 주 앞에 분향하고 온전한 번제를 주의 단 위에 드리리로다". 이것이 레위 지파가 얻은 축복이다. 주의 법도와 율법을 이스라엘에게 가르치며 성전에서 주님께 분향하고 번제를 드리는 축복이다.

레위 지파는 이 땅에 기업이 없기 때문에 모세는 그들을 위하여 재산을 풍족하게 해달라고 기도했다. 그리고 그 손의 일을 받아달라고 했다. 또한 대적하는 자의 허리를 꺾으사 다시 일어나지 못하게 해달라고 했다[11절]. 하나님을 섬기는 자들에게는 대적이 있다.

베냐민에 대한 축복

12절, **"베냐민에 대하여는 일렀으되 여호와의 사랑을 입은 자는 그 곁에 안전히 거하리로다 여호와께서 그를 날이 마치도록 보호하시고 그로 자기 어깨 사이에 처하게 하시리로다"**. 이 베냐민에 대해서 모세는 하나님의 사랑을 입은 자라고 했다. 하나님의 사랑을 입은 자는 하나님을 사랑하는 자이다. 신약에서 사도 요한과도 같다. 베냐민과 하나님의 관계는 사랑의 관계이다. 그러한 사람이 안전하다. 이 땅에서 가장 안전한 사람은 하나님의 사랑을 입은 자, 하나님을 사랑하는 자이다. 여호와께서 그를 날이 마치도록 보호하시고 그로 자기 어깨 사이에 처하게 하시겠다고 했다.

요셉에 대한 축복

요셉에 관하여는 창세기 49장에서 그 축복의 내용이 길고도 풍성하다. 여기서 모세 또한 요셉에 대해 다양한 표현으로 축복의 말을 한다. 요셉은 하늘에서도 축복이 임하고 땅에서도 축복이 올라오며 산에도 축복이 있고 언덕에도 축복이 있다. 그에게는 축복이 되지 않은 것이 없다.

르우벤은 장자로서 원래 모든 면에서 탁월하고 대단한 축복을 받을 수 있는 위치에 있었지만 육신의 정욕을 이기지 못하여 다 잃어버리게 되었다. 그리고 그 축복은 첫째 유다에게로 갔다. 왕권이 그에게 간 것이다. 다음으로 제사장권은 레위에게로 갔다. 셋째로 그 땅의 두 배 분깃은 요셉에게로 갔다. 그래서 지금 이 요셉은 땅의 축복을 받고 있는 것이다. 하늘에서는 이슬이 내려오고 땅 아래에는 저장된 물이 있으며, 태양이 결실케 하는 보물이 있고 태음이 자라게 하는 보물이 있다. 또 옛 산, 오래된 산에서는 상품물이 나오고 작은 산에서도 보물이 나온다. 또 가시떨기 나무 가운데 거하시던 자, 곧 모세가 본 하나님의 은혜로 인하여(출 3장) 복이 요셉의 머리에, 그 형제 중 구별한 자의 정수리에 임한다고 했다[13-17절]. 요셉에게는 모세가 할 수 있는 축복을 다 하는 것 같다.

스불론과 잇사갈에 대한 축복

18절, **"스불론에 대하여는 일렀으되 스불론이여 너는 나감을 기뻐하라 잇사갈이여 너는 장막에 있음을 즐거워하라"**. 원래 유다, 잇사갈, 스불론이 한 조이고, 단, 아셀, 납달리가 한 조이다. 여기서 스불론과 잇사갈은 한 팀으로 묶어 축복했다. 스불론에 대해서는 "너는 나감을 기뻐하라"고 했고 잇사갈에 대해서는 "너는 장막에 있음을 즐거워하라"고 했다. 창세기 49장에서 야곱은 스불론에 대하여 "스불론은 해변에 거하리니 그곳은 배 매는 해변이라 그 지경이 시돈까지리로다"라고 했는데, 스불론 지파는 신약으로 말하면 복음 전하는 자들이다. 우리 주 예수님이 이 땅에 오셔서 사역을 시작하실 때에도 갈릴리 해변, 즉 스불론과 납달리 지경에서부터 시작하셨다. 갈릴리로부터 온 세계에 복음이 전파된 것이다. 그것이 바로 배 매는 해변이다. 거기서 배가 출발한 것이다.

그러므로 모세가 '너는 나감을 기뻐하라'고 한 것이다. 복음 전하러 나가는 사람들은 기쁘다. 잇사갈에 대해서 야곱은 "양의 우리 사이에 꿇어앉은 건장한 나귀로다 그는 쉴 곳을 보고 좋게 여기며 토지를 보고 아름답게 여기고 어깨를 내려 짐을 메고 압제 아래서 섬기리로다"라고 했다. 쉴 곳을 보고 좋게 여기며 토지를 보고 아름답게 여긴다는 것은 그가 있는 곳에서 열심히 섬기고 있는 광경을 가리키는 것이다. 복음을 전할 뿐 아니라 장막에 있어야 한다. 성도들 한 무리는 복음을 전하러 나가고 한 무리는 교회를 짊어지고 섬겨야 한다.

19절, **"그들이 백성들을 불러 산에 이르게 하고 거기에서 의로운 제사를 드릴 것이며 바다의 풍부한 것과 모래에 감추어진 보배를 흡수하리로다"**. 이 말씀은 스불론의 나감과 잇사갈의 머무름이 동역하여 이루어낸 결과라고 보고 싶다.

갓에 대한 축복

20절, **"갓에 대하여는 일렀으되 갓을 광대케 하시는 자에게 찬송을 부를지어다 갓이 암사자같이 엎드리고 팔과 정수리를 찢는도다"**. 창세기 49장의 야곱의 예언에서는 갓에 대해 '군대의 박격을 받으나 오히려 추격한다'고 말한다. 갓은 전쟁을 잘 하는 지파이다. 그래서 갓은 광대케 된다. 가나안에서 광활한 영토를 획득할 것이다. 또 그는 암사자같이 엎드리고 팔과 정수리를 찢는다고 했다. 원수를 공격해서 패하게 한다는 것이다.

21절, **"그가 자기를 위하여 먼저 기업을 택하였으니 곧 법 세운 자의 분깃으로 예비된 것이로다 그가 백성의 두령들과 함께 와서 여호와의 공의와 이스라엘과 세우신 법도를 행하도다"**. 이것은 갓이 먼저 요단 동편에서 기업을 택한 것을 말하는 것이다. 그리고 법 세운 자는 모세를 가리킨다. 갓은 가나안 땅에 들어가서 여호수아의 인도 아래 기업을 택한 것이 아니고 법 세운 자, 곧 모세의 분깃을 기업으로 택하였다. 그가 백성의 두령들과 함께 와서 여호와의 공의와 이스라엘과 세우신 법도를 행했다고 한 것은 그들이 요단 동편에서 기업을 얻었지만 앞장서서 요단을 건너 가나안 땅에 들어가 남은 지파들과 함께 전쟁을 치른 것을 의미한다.

단에 대한 축복

22절, **"단에 대하여는 일렀으되 단은 바산에서 뛰어나오는 사자의 새끼로다"**. 단, 아셀, 납달리는 하나의 조를 이루는데, 단에 대하여 창세기 49장에서는 이스라엘의 한 지파같이 백성을 심판한다고 했고 또 단은 길의 뱀이요 첩경의 독사라고 했다. 또 말굽을 물어서 그 탄 자로 뒤로 떨어지게 한다고 했다. 그리 적극적인 표현이 아니다. 그러나 모세는 단에 대해서 간단하게 '바산에서 뛰어나오는 사자의 새끼로다'라고 했다. 어쨌든 모세의 예언에는 소극적인 부분이 없고 적극적인 축복만 있다. 단 지파는 특히 삼손을 배출한 지파이다. 삼손은 사사 시대에 특이한 사람이었고 대단한 인물이었다. 열왕 시대가 유다 지파라면 사사 시대는 단 지파로 대표된다고 말할 수 있을 정도이다.

납달리에 대한 축복

23절, **"납달리에 대하여는 일렀으되 은혜가 족하고 여호와의 복이 가득한 납달리여 너는 서방과 남방을 얻을지로다"**. 창세기 49장의 납달리에 대한 예언에서는 "납달리는 놓인 암사슴이라 아름다운 소리를 발하는도다"라고 했다. 아름다운 소식을 발한다는 것은 신약으로 말하면 복음을 전하는 것이다. 놓인 암사슴이니 얼마나 잘 달리겠는가! 스불론과 납달리 지경은 주 예수님께서 사역하실 때 복음 전파가 시작된 곳이다. 여기서도 납달리에 대해서는 "너는 서방과 남방을 얻을지로다"라고 한다. 복음을 전하는 사람들이 결국 많은 지경을 얻게 된다.

아셀에 대한 축복

24-25절, **"아셀에 대하여는 일렀으되 아셀은 다자한 복을 받으며 그 형제에게 기쁨이 되며 그 발이 기름에 잠길지로다 네 문빗장은 철과 놋이 될 것이니 네 사는 날을 따라서 능력이 있으리로다"**. 이 아셀에게도 축복이 많다. 그는 그 형제에게 기쁨이 되고 그 발이 기름에 잠길 것이라고 했다. 야곱의 예언에서도 아셀 땅에서 나는 식물은 기름지며 왕의 진수를 공궤한다고 했다. 그뿐 아니라 아셀은 강한 능력을 갖고 있다. 그들의 문빗장은 철과 놋이어서 대적이 열 수도 없고 뚫을 수도 없다. 이는 아셀 지파의 땅이 비옥할 것임을 예언한 것이다. 그들은 형제들에게 기쁨이 되는 축복이 있다. 이 또한 큰 축복 중의 하나이다. 기름이 있고 철과 놋이 있으며 능력이 있다는 것은 영적으로 강건하여 전쟁에 참여할 수 있다는 뜻이다.

26절, **"여수룬이여 하나님 같은 자 없도다 그가 너를 도우시려고 하늘을 타시고 궁창에서 위엄을 나타내시는도다"**. 25절까지 각 지파를 축복하던 모세는 26절부터 통칭 이스라엘을 향하여 축복의 말을 발한다. 하나님은 그분의 백성을 돕고 지키시는 분이라고 선포한다.

27절, **"영원하신 하나님이 너의 처소가 되시니 그 영원하신 팔이 네 아래 있도다 그가 네 앞에서 대적을 쫓으시며 멸하라 하시도다"**. "영원하신 하나님이 너의 처소가 되시니". 이는 모세가 시편 90편에서 노래한 것과 상통한다. "주여 주는 대대에 우리의 거처가 되셨나이다"(시 90:1). 우리의 대적을 쫓고 멸하시는 분은 영원한 팔로 우리를 안으시고 붙들고 계시며 우리의 능력이 되신 하나님이시다. 하나님이 우리 앞에서 대적을 쫓고 멸하신다.

28-29절, **"이스라엘이 안전히 거하며 야곱의 샘은 곡식과 새 포도주의 땅에 홀로 있나니 곧 그의 하늘이 이슬을 내리는 곳에로다 이스라엘이여 너는 행복자로다 여호와의 구원을 너같이 얻은 백성이 누구뇨 그는 너를 돕는 방패시요 너의 영광의 칼이시로다 네 대적이 네게 복종하리니 네가 그들의 높은 곳을 밟으리로다"**. 이 말씀이 열두 지파에 대한 축복의 결론이다. 하나님께서는 이스라엘을 돕고 이스라엘의 처소가 되시며 그들로 하여금 안전하게 거하게 하시고 그들의 땅에 축복을 베푸시며 그들을 구원하시고 그들의 방패가 되시어 대적에게서 지켜주시고 또

대적을 멸하게 하신다. 그러므로 이러한 하나님을 모신 이스라엘은 참으로 행복자이다. 이스라엘은 하나님의 축복의 범위이다. 오늘의 교회 또한 다름이 아닌 하나님의 축복의 범위이다.

34장

신명기 32장에는 모세의 노래가 있고, 33장에는 모세의 축복이 있다. 이 34장은 앞에서 언급한 바 있듯이 모세가 직접 쓸 수 없었을 것이다. 누가 썼는지 명시되어 있지 않지만 여호수아나 혹 다른 사람이 썼을 수도 있다. 어쨌든 이 부분은 모세의 죽음에 대해 말하고 있고 거룩한 하나님의 말씀에 포함되어 있다.

모세는 느보 산에 올라가서 하나님께서 친히 보여주신 약속의 땅 전역을 다 바라본 후에(1-4절) 120세의 일기로 임종한다(5-7절). 이스라엘은 모압 평지에서 그의 죽음을 30일 동안 애도하였다고 기록하며(8절), 마지막 9-12절은 후계자에 대한 말씀과 모세의 위대성을 칭송하는 것으로 마친다.

모세의 죽음

1-8절, **"모세가 모압 평지에서 느보 산에 올라 여리고 맞은 편 비스가 산 꼭대기에 이르매 여호와께서 길르앗 온 땅을 단까지 보이시고 또 온 납달리와 에브라임과 므낫세의 땅과 서해까지의 유다 온 땅과 남방과 종려의 성읍 여리고 골짜기 평지를 소알까지 보이시고 여호와께서 그에게 이르시되 이는 내가 아브라함과 이삭과 야곱에게 맹세하여 그 후손에게 주리라 한 땅이라 내가 네 눈으로 보게 하였거니와 너는 그리로 건너가지 못하리라 하시매 이에 여호와의 종 모세가 여호와의 말씀대로 모압 땅에서 죽어 벧브올 맞은편 모압 땅에 있는 골짜기에 장사되었고 오늘까지 그 묘를 아는 자 없느니라 모세의 죽을 때 나이 일백 이십 세나 그 눈이 흐리지 아니하였고 기력이 쇠하지 아니하였더라 이스라엘 자손이 모압 평지에서 애곡하는 기한이 끝나도록 모세를 위하여 삼십 일을 애곡하니라"**. 이 부분은 하나님의 종 모세의 죽음을 말하고 있다. 그는 모압 평지에서 느보 산에 올라 비스가 산 꼭대기에서 죽었다. 느보 산이 큰 산이라면 비스가 산은 그중 한 봉우리인 것 같다. 이 때 모세의 나이가 백 이십 세였는데, 산에 올라갈 때에 모세는 사람들의 부축을

받고 올라간 것 같지 않다. 왜냐하면 비스가 산 꼭대기에는 모세 혼자 올라갔기 때문이다. 그래서 그 시체를 어디에 두었는지 아무도 모른다. 유다서 9절은 "천사장 미가엘이 모세의 시체에 대하여 마귀와 다투어 변론할 때에…"라고 한다. 아마도 천사들을 통해 그를 장사지냈을지도 모른다. 그렇다고 볼 때 모세는 백이십 세가 되었어도 산에 올라갈 기력이 있었던 것이다. 7절에서 "모세의 죽을 때 나이 일백 이십 세나 그 눈이 흐리지 아니하였고 기력이 쇠하지 아니하였더라"고 말한다. 아직 기력이 남아 있는 상태에서 죽은 것이다. 이러한 죽음은 하나님의 행정과 통치 아래 있는 것으로서 매우 특별하다.

또 하나님께서는 그가 죽기 전에 약속대로 장차 이스라엘 백성이 건너가서 취할 가나안 땅 온 지경을 보여 주셨다. 길르앗 온 땅을 단까지 보여주시고 또 온 납달리와 에브라임과 므낫세의 땅과 서해까지의 유다 온 땅과 남방과 종려의 성읍 여리고 골짜기 평지를 소알까지 보여주셨다. 모세의 사역은 애굽에서 홍해를 건너 광야로, 광야에서 모압 평지까지, 즉 요단을 건너기 전까지이다. 그는 거기까지 사역하도록 위임받았다.

이제 요단을 건너 가나안 땅에 들어가서 그 땅 족속과 전쟁을 하고 그 땅을 취하여 이스라엘 백성들에게 기업으로 나눠주는 일은 여호수아에게 맡겨져 있다. 모세에 대해서 히브리서 기자는 장래 말할 것을 증거하기 위하여 하나님의 온 집에서 사환으로 충성하였다고 기록하고 있다(히 3:5). 그는 분명히 하나님의 온 집에서 사환으로 충성을 다한 종이다. 그러한 그가 므리바 물가에서 하나님의 거룩함을 나타내지 못한 고로 하나님께서는 그를 가나안 땅에 들이지 않겠다고 하셨다. 여기에 하나님의 통치가 있다. 하나님은 은혜의 하나님만이 아니고 통치의 하나님이심을 알아야 한다.

지혜의 영이 충만한 여호수아

9절, **"모세가 눈의 아들 여호수아에게 안수하였으므로 그에게 지혜의 신이 충만하니 이스라엘 자손이 여호와께서 모세에게 명하신 대로 여호수아의 말을 순종하였더라"**. 모세가 후계자 눈의 아들 여호수아에게 안수하자 그에게 지혜의 신이 충만하였다. 그래서 이스라엘 자손들은 여호와께서 모세에게 명하신 대로 여호수아의 말을 순종했다.

모세와 같은 선지자는 다시 없음

10-12절, **"그 후에는 이스라엘에 모세와 같은 선지자가 일어나지 못하였나니 모세는 여호와께서 대면하여 아시던 자요 여호와께서 그를 애굽 땅에 보내사 바로와 그 모든 신하와 그 온 땅에 모든 이적과 기사와 모든 큰 권능과 위엄을 행하게 하시매 온 이스라엘 목전에서 그것을 행한 자더라"**. 마지막으로 모세의 인물됨과 사역을 다시 한 번 간략하게 기록하고 있다. 하나님은 그의 충성을 기억하신다. 그의 인물됨도 기억하신다. "그 후에는 이스라엘에 모세와 같은 선지자가 일어나지 못하였나니". 이 어떠한 칭찬의 말인가! 또한 "모세는 여호와께서 대면하여 아시던 자요"라고 한다. 그는 하나님과 친밀하였고 체험적으로 하나님을 안 자였다. 또한 하나님의 보내심을 받아 이스라엘 목전에 많은 기적을 행한 자였다. 성령은 이를 귀한 것으로 기록하고 있다. 하나님은 그분의 종들의 사역의 충성스러움과 귀한 부분들을 결코 잊지 않으신다. 주님은 그들의 그리스도 안의 수고가 결코 헛되지 않다고 하신다(고전 15:58). 또 그들의 업적을 하나하나 기억하시고 반드시 보상하신다(히 11:23-29).

모세는 강에서 건져짐으로부터 시작하여 애굽의 궁정 생활 40년, 미디안 광야 생활 40년, 다시 애굽으로 돌아가 이스라엘을 이끌고 나와 광야에서 40년을 지내다가 이제 모압 평지에 이르러 요단을 앞에 두고 비스가 산으로 한 발 한 발 올라가 이 땅을 떠났다. 그러한 그가 신약 복음 시대에 변화산 상에서 엘리야와 더불어 주 예수님 앞에 그 모습을 나타낼 특권을 얻었다. 그는 진정으로 은혜를 입은 귀한 하나님의 종이다.